DO PARTIDO ÚNICO AO STALINISMO

CONSELHO EDITORIAL
Andréa Sirihal Werkema
Ana Paula Torres Megiani
Eunice Ostrensky
Haroldo Ceravolo Sereza
Joana Monteleone
Maria Luiza Ferreira de Oliveira
Ruy Braga

DO PARTIDO ÚNICO AO STALINISMO

Angela Mendes de Almeida

alameda

Copyright © 2021 Angela Mendes de Almeida

Grafia atualizada segundo o Acordo Ortográfico da Língua Portuguesa de 1990, que entrou em vigor no Brasil em 2009.

Edição: Haroldo Ceravolo Sereza
Editora assistente: Danielly de Jesus Teles
Projeto gráfico e diagramação: Danielly de Jesus Teles
Arte da capa: Nicolau Bruno de Almeida Leonel
Assistente acadêmica: Bruna Marques
Revisão: Paula Vaz de Almeida e Joana Monteleone

CIP-BRASIL. CATALOGAÇÃO-NA-FONTE
SINDICATO NACIONAL DOS EDITORES DE LIVROS, RJ

A444d

Almeida, Angela Mendes de
    Do partido único ao stalinismo / Angela Mendes de Almeida. - 1. ed. - São Paulo : Alameda, 2021.
    516 p. 16x23 cm.

    Inclui bibliografia e índice
    ISBN 978-65-5966-000-1

1. Comunismo - História. 2. Stalin, Josef, 1878-1953. - História. I. Título.

21-70635   CDD: 320.532
                  CDU: 329.15

ALAMEDA CASA EDITORIAL
Rua 13 de Maio, 353 – Bela Vista
CEP 01327-000 – São Paulo, SP
Tel. (11) 3012-2403
www.alamedaeditorial.com.br

[...] No entanto, uma coisa me parece certa: é impossível suportar em silêncio aquilo que fere os sentimentos mais profundos dos homens. Não podemos admitir como justos os atos que sentimos e sabemos serem injustos; não podemos dizer que o que é verdadeiro é falso e que o que é falso é verdadeiro, sob o pretexto de que isso serve a uma ou a outra força presente. Definitivamente, isto recairia sobre a humanidade inteira e, portanto, sobre nós mesmos; e destruiria a própria razão de nosso esforço... Desculpe-me, querida amiga, por esta digressão.

Pietro Tresso, carta à cunhada, Gabriella Maier,
escrita na prisão militar de Lodève, França, em novembro de 1942

SUMÁRIO

Prefácio: *Michael Löwy*	11
Refletindo sobre as grandes escolhas do comunismo	15
1. Social-democracia, bolchevismo e luxemburguismo (1914-1919)	21
Social-democracia e bolchevismo	21
A razão da "traição": a "aristocracia operária"	31
Bolchevismo e o luxemburguismo	40
2. O nascimento da Internacional Comunista (1919-1921)	53
As "21 condições" nos documentos (julho-agosto 1920)	53
As "21 condições" na prática: as cisões	60
Comunistas esquerdistas e direitistas contra o modelo russo	65
Radek, Levi e a "ação de março" (1921)	74
3. A tática da frente única (1921-1926)	89
O Estado determina o partido (1920-1921)	89
O 3º Congresso da Internacional Comunista: a guinada em direção "às massas"– (junho-julho de 1921)	93
O florescimento da tática de frente única (1921-1922)	102
1923, o "ano desumano" na Alemanha	113
A "bolchevização" faz rolar cabeças (1924-1925)	126
A trajetória peculiar do PCI (1921-1926)	134
4. O "terceiro período" e a luta contra o "social-fascismo" (1927-1935)	149
O "terceiro período" nas resoluções da IC (1927-1929)	149
O "terceiro período" na Itália e na França (1928-1932)	160

Os comunistas alemães, impávidos, diante da ascensão do nazismo (1927-1933)	167
Fascismo e "social-fascismo" (1922-1932)	179

5. A Frente Popular (1934-1939) — 195

A reação ao ascenso de Hitler (1933)	195
A Frente Popular na França (1934-1939)	199
O 7º Congresso Mundial e a nova linha da Internacional Comunista (1935)	205
A guerra civil na Espanha (1936-1939)	207
O golpe militar de 17 de julho de 1936	208
O lugar da URSS na guerra civil	221
As Jornadas de maio de 1937 e a perseguição ao POUM	231

6. Os labirintos tortuosos do stalinismo — 243

A instituição policial no início da sociedade soviética (1917-1933)	243
O assassinato de Kírov (1934-1935)	258
Os processos de Moscou (1936-1938)	266
Hitler, amigo (1939-1941)	285
A "Grande Guerra Patriótica" (1941-1945)	292
As "democracias populares"	303
O último Stálin	311

7. Assassinados, assassinos e testemunhas — 327

Testemunhas	327
Oposicionistas assassinados	342
Os trotskistas assassinados	358
Os assassinados na Espanha	391
Os fiéis stalinistas assassinados e os sobreviventes	412
A guerra não parou a máquina de assassinar	431
Episódios stalinistas no Brasil	446

Bibliografia	465
Siglas e abreviações	481
Cronologia	485
Índice onomástico	503

PREFÁCIO

Michael Löwy

Conheci Angela Mendes de Almeida durante seus anos de exílio em Paris, no começo dos anos 1970: há meio século atrás! Na época ela militava junto com seu companheiro Luiz Eduardo Merlino (*alias* "Nicolau") no Partido Operário Comunista – POC-Combate, efêmera seção brasileira da Quarta Internacional. Como se sabe, Merlino foi assassinado pela ditadura – torturado sob ordens do infame Coronel Brilhante Ustra – em 1971, o que levou, de fato, ao desaparecimento do POC no Brasil. Estivemos vários anos juntos nas fileiras da Quarta Internacional, mas em meados dos anos 1970 ela acabou se afastando, por desacordos substanciais. Durante seu percurso político dos anos 1970 até hoje, Angela defendeu orientações bastante diferentes, mas sempre tendo como bússola uma alta exigência moral e a fidelidade à memória de seu companheiro, "Nicolau".

É no curso da segunda metade dos anos 1970 que ela vai redigir uma tese de doutorado sobre a história da Internacional Comunista, apresentada em 1981, na Universidade de Paris 8 – Vincennes/Saint-Denis: uma análise crítica da orientação do movimento comunista, no assim chamado "terceiro período" (1929-1934), com principal ênfase na doutrina stalinista do "social-fascismo". Tive a oportunidade de participar da banca desta tese, um belo trabalho de reflexão histórico-política, que obteve a mais alta distinção, por unanimidade dos examinadores. Como ela explica no prefácio, uma das inspirações principais da tese foram as memórias do ex-comunista alemão Richard Krebs, *Sans Patrie ni Frontières,* publicadas com o pesudônimo "Jan Valtin" – aliás um dos livros de cabeceira dos militantes franceses da Quarta Internacional.

Por circunstâncias da época, a tese acabou não sendo publicada, mas nos últimos anos, já no Brasil, Angela resolveu retomar o trabalho, buscando abranger o conjunto da história do movimento comunista e desenvolvendo de forma mais substancial o papel do stalinismo e de seus crimes.

Este livro é, portanto, uma espécie de história crítica deste movimento, que não tem equivalente na bibliografia brasileira. Angela Mendes de Almeida documenta, com precisão e ampla documentação, os diversos momentos desta história que atravessa o "Século dos Extremos" (Eric Hobsbawm). Seu ponto de vista crítico nada tem em comum com o anticomunismo reacionário: é o de uma historiadora que se situa no campo da esquerda radical e que se refere à Rosa Luxemburgo (nos primeiros capítulos) e a Léon Trótski (para os anos 1920 e 1930). O interesse do livro não é só historiográfico: trata-se de uma obra que tem relevância para os debates políticos no Brasil contemporâneo.

No momento em que indivíduos e grupos políticos, às vezes por simples ignorância ou ingenuidade, tentam uma estranha "reabilitação" de Ióssif Stálin e sua política, o livro documenta, com riqueza de detalhes, crimes do stalinismo, desde os anos 1920 até a morte do ditador. Os assassinatos de críticos de esquerda pela polícia stalinista (GPU, depois NKVD), tanto na URSS como em outros países, são analisados, com a biografia das vítimas. Entre elas, um brasileiro, o comunista dissidente (acusado de "trotskismo") Alberto Besouchet, durante a Guerra Civil na Espanha. Pensar um projeto socialista para o futuro do Brasil exige se libertar desta trágica e nefasta herança.

Outro ponto forte do livro, na minha opinião, é a questão do fascismo e de como combatê-lo. Não é necessário insistir sobre a relevância do tema para o Brasil atual. Alguns dirigentes comunistas alemães ou italianos vão manifestar uma verdadeira compreensão da natureza do fascismo nos anos 1920. Segundo Angela Mendes de Almeida, Clara Zetkin, por exemplo, fez, em 1923, uma memorável intervenção, revelando uma extrema sensibilidade, sobre o fascismo italiano e o perigo mortal que ele representava para o movimento operário. Mas pouco depois, com o início do período stalinista (1924), aparecem discursos sugerindo que a social-democracia "assume um caráter mais ou menos fascista". Durante o assim chamado "terceiro período" da Internacional Comunista (1929-1934) vai predominar a doutrina stalinista que designa a social-democracia, definida como "social-fascismo", como o inimigo principal dos comunistas. Por outro lado, dirigentes sociais-democratas consideravam, por volta de 1930, que não havia perigo nazista, a única ameaça era o perigo comunista.

Vozes dissidentes, como a de Léon Trótski, que pregavam a frente única dos partidos e movimentos operários contra o nazismo, foram marginalizadas pelos aparelhos burocráticos dominantes. Na Alemanha pré-nazista, só o SAP (Partido Socialista Operário), pequena organização composta de uma cisão de esquerda do partido social--democrata e de comunistas dissidentes (entre os quais Paul Frölich, biógrafo de Rosa Luxemburgo), fundado em 1931, defendeu obstinadamente uma orientação de frente única operária. Esta primeira parte do livro tem por centro os debates no movimento comunista alemão, um dos mais importantes da Europa, que são descritos de forma detalhada e precisa. No começo, entre seus dirigentes se encontravam figuras de grande estatura política, vários deles, como Heinrich Brandler ou Paul Levi, próximos de Rosa Luxemburgo. Um detalhe curioso: Brandler, excluído do KPD, vai fundar o KPO (Partido Comunista Alemão de Oposição), cuja publicação se chamava *Arbeiterpolitik* (Política Operária). Um militante desta corrente, que continuou a existir no pós-guerra,

Do partido único ao stalinismo

veio para o Brasil – Erich Sachs – e se tornou um dos fundadores, nos anos 1960, da organização "Política Operária" (POLOP) no Brasil. O POC-Combate, do qual Angela foi uma das dirigentes nos anos 1970, tinha sua origem na POLOP.

Na medida em que o partido se staliniza, são figuras medíocres que tomam a direção, aplicando a desastrosa linha do "terceiro período". O resultado, com se sabe, foi a tomada do poder pelos nazistas em 1933, sem resistência da parte dos comunistas. É a partir deste acontecimento que Léon Trótski chega à conclusão de que a Terceira Internacional, sob a direção de Stálin, não pode mais ser reformada e que uma nova Internacional (a Quarta) se torna necessária.

Salvo um ou outro detalhe, não tenho divergências com a análise que faz o livro da tragédia do comunismo alemão e do papel negativo que teve a doutrina do "social--fascismo". Mas não posso deixar de reconhecer que tenho alguns desacordos com minha amiga Angela. O principal se refere à ideia já sugerida pelo título do livro, de uma simples continuidade entre o partido único bolchevique e o stalinismo. Penso, como Angela, que Rosa Luxemburgo tinha razão em criticar a concepção "centralista" do Partido de Lênin, desde 1904, e as políticas antidemocráticas dos bolcheviques em 1918. O mesmo vale para as críticas dos anarquistas à repressão bolchevique de Kronstadt. Sem dúvidas o autoritarismo bolchevique criou condições favoráveis para o ascenso do stalinismo. Mas discordo da afirmação, na introdução do livro, de que o princípio do partido único dos bolcheviques é o "tronco do qual saíram" as políticas repressivas do stalinismo.

Para começar, não creio que o bolchevismo era baseado no "princípio do partido único". O primeiro governo revolucionário, o do "Comissariado do Povo", depois de outubro de 1917, era composto não só de bolcheviques, mas também de socialistas-revolucionários (SRs) de esquerda e de independentes. Lênin era favorável a um governo monopartidário, mas ficou em minoria. A aliança foi rompida pelos SRs de Esquerda, depois dos acordos de Brest-Litovsk (1918), que eles consideravam uma traição: queriam continuar uma "guerra revolucionária" contra a Alemanha. Se tivessem esperado alguns meses, teriam visto a derrota da Alemanha na guerra, levando os acordos de Brest-Litovsk à lata de lixo da história. Entretanto, indignados, lançaram vários atentados, assassinando o dirigente bolchevique Urítski e ferindo Lênin. Os bolcheviques responderam com uma brutal repressão. Esta divisão trágica criou as condições para o monopólio bolchevique do poder.

Mas, fundamentalmente, acho que existe uma diferença substantial entre o autoritarismo bolchevique e o totalitarismo stalinista. Rosa Luxemburgo se solidarizou com os bolcheviques, mas criticou duramente o que ela considerava "os erros" de Lênin e Trótski. Será que ela falaria dos "erros" de Stálin? A grande anarquista Emma Goldmann colaborou com os bolcheviques até a tragédia de Kronstadt. Não creio que ela faria o mesmo com Stálin e Biéria. Para assegurar o seu poder Stálin acabou exterminando, nos anos 1930, o conjunto dos dirigentes da Revolução de Outubro que ainda viviam. Entre o bolchevismo e o stalinismo há um rio de sangue...

O anarquista italiano Errico Malatesta escreveu, em 1919, numa carta a um amigo, o seguinte comentário sobre a Revolução Russa: os bolcheviques são revolucionários sinceros, mas seus métodos devem ser rejeitados; eles terão por resultado que o poder será monopolizado por um bando de parasitas, que acabarão por exterminá-los; e isto será o fim da Revolução. Parece-me uma previsão bastante acertada do que aconteceu.

Numa passagem do livro, Angela escreve, a propósito da URSS nos anos 1920: "esta configuração modificou-se radicalmente a partir da morte de Lênin". Este juízo me parece acertado: o processo de stalinização posterior à morte de Lênin é uma modificação radical em relação ao período anterior.

O livro aborda também alguns dos estragos do stalinismo no Brasil dos anos 1930. Alguns dos fatos relatados, aliás com precisa documentação, são bastante sinistros. Mas na minha opinião é importante distinguir entre os militantes, muitas vezes pessoas dignas de respeito, que dedicaram sua vida à causa dos trabalhadores – basta pensar em figuras como Carlos Marighella, Joaquim Câmara Ferreira, Mário Alves, Apolônio de Carvalho – e o stalinismo como sistema político perverso. Isto vale, naturalmente, para outros países também: não podemos deixar de admirar uma personagem como Missak Manouchian, o comunista armênio que dirigiu, em Paris, a resistência armada ao nazismo, fuzilado em 1943.

Para concluir: este livro é uma bela contribuição para a reflexão, aqui no Brasil, sobre os caminhos para lutar contra o fascismo e para criar as condições de um novo socialismo, libertário e democrático.

Refletindo sobre as grandes escolhas do comunismo

A parte inicial deste livro é originária de uma tese defendida na década de 1980.[1] Depois disso, muitos acontecimentos vieram iluminar o prisma sob o qual ela foi escrita, sobretudo a implosão da União Soviética, em 1991. Revelações, depoimentos de testemunhas, pesquisas vieram completar ou dar uma nova ênfase ao texto da tese. Contudo, o ponto histórico em que ela se deteve – 1934, o primeiro ano da ascensão de Hitler na Alemanha – deixava em aberto a trajetória posterior da política comunista inspirada nos soviéticos, isto é, no stalinismo. O assunto permaneceu sempre comigo, como uma interrogação que se ia nutrindo de novas leituras, no fundo pelo seu caráter inesgotável e pela importância que tem para a compreensão de comportamentos políticos atuais. Pois, no fundo, o stalinismo, para além de ser um fenômeno histórico, transformou-se em um modo de ser político.

O nome da tese em questão, por motivos acadêmicos, mencionava o termo de "social-fascismo" e a localização cronológica dele no "terceiro período", palavras contemporâneas à época, porém só compreensíveis para os especialistas no "latim" comunista da Terceira Internacional. Em breves e sucintas palavras, o "terceiro período", na liturgia comunista, significava que, depois de uma primeira fase aberta a soluções revolucionárias mundiais (1917-1923) e de uma segunda, "de estabilização relativa do capitalismo" (1924-1927), novamente, a partir de 1928, estava-se diante de um período em que as revoluções voltavam a estar à beira da esquina. Tão arbitrária era esta avaliação conjuntural que rapidamente o termo foi relegado ao baú do esquecimento. Mais arbitrária ainda e desprovida de sentido era a consequência política tirada pelo movimento comunista internacional desta definição: se o período colocava a revolução novamente na ordem do dia, isto se traduzia na "fascistização da social-democracia internacional", que havia sido, até então, ao mesmo tempo, o inimigo mais vilipendiado e o companheiro de diálogo mais frequente. Era como se a "fascistização da social-democracia" fosse uma premissa da revolução, que levaria a massa dos operários social-democratas desiludidos ao colo do bolchevismo. Daí que, de 1928 até 1934, nos

---

[1] *Les rapports entre communistes et social-démocrates à la veille de l'ascension du fascisme: la politique de la troisième période et la thèse du social-fascisme.* Université Paris VIII, Vincennes-Saint-Denis, França. 1981.

textos e na prática, o combate principal dos comunistas foi contra o "social-fascismo", ou seja, a social-democracia.

Para destrinchar o mistério dessas definições aberrantes achei necessário percorrer a história em sentido cronológico contrário. Quis rever o período em que, capitaneados por Lênin, os bolcheviques lideraram a ruptura com a Segunda Internacional, em 1914, contra o apoio dado pela maioria das sociais-democracias aos seus Estados nacionais para empreender a Primeira Guerra Mundial. Para tanto, mergulhei no mapa das correntes socialistas da época e de suas polêmicas, retrocedendo até os pontos de discórdia entre Lênin e Rosa Luxemburgo, em 1903-1904. E se foi necessário fazer isso é porque, criada a Internacional Comunista em 1919, esses pontos, e mais as questões divergentes entre Luxemburgo e os bolcheviques, em 1917, não cessaram de estar presentes nos debates nos primeiros anos do movimento comunista. Principalmente entre os militantes do Partido Comunista Alemão, em confronto com a hegemonia dos soviéticos dentro da Internacional. Gerações desses militantes evocaram o legado de Rosa Luxemburgo e foram sucessivamente afastadas. Tendo a União Soviética instalado em seu território o princípio do partido único, esta definição, com todas as suas consequências para a questão das frentes operárias e socialistas, incidiu diretamente sobre a política comunista e esteve na raiz da incapacidade do comunismo de organizar a luta contra o nazismo ascendente, seu principal inimigo. Daí a aberrante luta contra os "sociais-fascistas".

Toda tese e toda pesquisa tem uma ideia, um acontecimento, uma personagem ou um livro desencadeador da curiosidade e da necessidade de estudar para conhecer. No caso daquela minha tese, foi a leitura do livro apaixonante de Jan Valtin, ex-militante comunista alemão, na verdade Richard Krebs, editado pela primeira vez nos Estados Unidos em 1941. O livro foi rapidamente editado no Brasil.[2] Mas, como temia Gilda de Mello e Souza, em resenha publicada antes da edição brasileira,[3] todo o seu conteúdo humanista foi diluído no caráter aventuresco da narrativa. Ela ressaltava, na resenha, a descrição das situações dramáticas vividas na Europa sob o domínio dos nazistas e se comovia com a indignação do autor diante das manipulações criminosas das cúpulas do serviço secreto comunista alemão e internacional, presididas por uma moral maquiavélica. De fato, na edição brasileira, a introdução insossa de Raimundo Magalhães, que traduziu o livro com A. C. Callado, conseguiu até omitir a existência de uma militância política, transformando Jan Valtin em um vulgar aventureiro. Já o título da

---

2   *Out of the night*. New York, Alliance Book Corporation, 1941; *Do fundo da noite*. Rio de Janeiro, José Olympio Editora, 1942.

3   *Revista Clima*, abril 1942, republicado em: *A palavra afiada*. Organização, introdução e notas de Walnice Nogueira Galvão. Rio de Janeiro, Ouro sobre Azul, 1914, p. 145-152.

Do partido único ao stalinismo

edição francesa, *Sem pátria nem fronteiras*,[4] resume uma militância internacionalista e, ao mesmo tempo, uma perseguição incondicional mundo afora. Editado na França pela primeira vez em 1948, sofreu grande oposição do Partido Comunista Francês, sobretudo no jornal *l'Humanité*. E uma das acusações era de Jan Valtin ter contado, na escrita, com a ajuda do jornalista americano de origem russa Isaac Don Levine, que mais tarde escreveria uma obra sobre o assassino de Trótski.[5]

O livro de Valtin é uma autobiografia romanceada de uma militância comunista de vinte anos, terminada tragicamente. A narrativa vai passando, desde a sua juventude, pela revolução que implantou a República de Weimar, em 1918, e pela insurreição de Hamburgo em 1923, reprimida brutalmente, o que obriga Valtin a deixar seu país e militar no movimento internacional de marinheiros e estivadores. Desde o início, por sua coragem física e pela sua condição de marinheiro, foi integrado ao serviço secreto do comunismo alemão, o "*M-Apparat*", passando a atuar também no aparelho internacional da polícia secreta da União Soviética.

Dentre os períodos em que transcorre a militância de Jan Valtin, o que mais impressiona é a fase em que a essência da luta dos comunistas era um feroz combate aos partidos social-democratas, tratados como "traidores da classe operária". Os documentos e os líderes comunistas internacionais, e sobretudo os alemães, já que nesse período a Alemanha era o palco central da luta operária, diziam que Hitler não era importante, que o nazismo era um fenômeno passageiro que iria se exaurir com as primeiras vitórias. A aproximação da militância comunista às milícias nazistas em formação, sempre em luta contra a República de Weimar e seu principal partido, o social-democrata, foi uma realidade, aprovada pela direção comunista internacional e acompanhada de perto pela política exterior da União Soviética. O ponto culminante dessa frente informal, que escandalizou comunistas e progressistas de outros países, foi a posição assumida pelo Partido Comunista Alemão, em 1931, no caso do referendo da Prússia. Os sociais-democratas alemães dirigiam esta que era a maior e mais importante província da Alemanha desde o início da República de Weimar. Sentindo-se fortes, os nazistas propuseram uma votação pedindo a dissolução do Parlamento prussiano. Por ordem da Internacional Comunista, os comunistas alemães declararam o voto de apoio à proposta dos nazistas.[6] A calamidade dessa política sectária, que tem enorme responsabilidade pela ascensão de Hitler ao poder na Alemanha, em 1933, persistiu ainda por mais de um ano. Na França, desde 1934, militantes de base socialistas e comunistas já vinham atuando unitariamente, em certas ocasiões, contra os

---

4   *Sans patrie ni frontières*. Paris, J.C.Lattès, 1975.

5   *The Mind of an Assassin – The Man who Killed Trotsky*, 1960.

6   Angela Mendes de Almeida, *A República de Weimar e a ascensão do nazismo*. São Paulo, Brasiliense, 1982, p. 108.

grupos fascistas, contrariando a linha comunista oficial. Apenas no ano seguinte, o 7º Congresso da Internacional Comunista decretou a mudança radical da linha. Porém, sem autocrítica. Aqueles mesmos "sociais-fascistas" eram agora parceiros desejáveis. Com a Frente Popular, era preciso se aliar não apenas aos partidos socialistas, mas também aos partidos burgueses radicais e republicanos. E foi o que aconteceu não apenas na França, mas também na Espanha.[7]

Com o esclarecimento das aberrações do "terceiro período", parecia que a curiosidade suscitada pela autobiografia de Jan Valtin tinha sido aplacada. Mas não. Na verdade, enquanto militante ligado ao trabalho de informação, contrainformação e sabotagem, Jan Valtin retrata uma série de procedimentos de engano e traição, por vezes consubstanciados em homicídios, típicos do stalinismo, que não tinham sido analisados. Com as subsequentes leituras e com a ampla informação que pôde vir à tona depois da implosão da União Soviética, em 1991, uma nova curiosidade nasceu. Em que o sectarismo do "terceiro período" no trato com as correntes social-democratas e com todas as que não estavam no único caminho possível para o socialismo, o bolchevismo, influenciou o período posterior a 1934? Pois ao mesmo tempo em que se abria à sua direita, a Internacional Comunista enviesava aquele mesmo sectarismo contra todos os grupos à sua esquerda. A partir de então, o inimigo principal a combater eram os esquerdistas e, principalmente, os "trotskistas", vale dizer, os militantes do movimento trotskista e todos os que fizessem críticas à União Soviética e à "linha do partido", agora também tratados de "agentes fascistas".

Enquanto isso, a convulsão que se abateu sobre a União Soviética nos anos dos processos-farsa de Moscou, entre 1936 e 1938, a perseguição implacável aos dissidentes do partido e aos anônimos assumiu formas jurídicas de terror de Estado. No exterior, essa perseguição se comportou como banditismo dentro do movimento comunista internacional. Na Espanha, durante a guerra civil (1936-1939), uma espécie de Estado policial soviético paralelo funcionou no território republicano, apoiando-se no fato de ser a URSS o único país que enviava armas e conselheiros militares. O sectarismo, antes voltado contra os "sociais-fascistas", transmutou-se em "gangsterismo", nome dado por Trótski e pelos trotskistas,[8] à falta de uma palavra melhor, para as características policialescas com que se armou a atividade comunista nesse período. A palavra induz a pensar em uma atividade executada por particulares. Faltava transpor esse limite e compreender as ações do stalinismo como atividade estatal, orientada por uma ideologia e organizada por um Estado policial. Era preciso liquidar o "trotskismo". Com mentiras e calúnias como antes, e agora também com sequestros, assassinatos e

---

7   Angela Mendes de Almeida, *Revolução e guerra civil na Espanha.* São Paulo, Brasiliense, 1981.

8   Léon Trotsky, *Los Gangsters de Stalin.* México, Fundación Federico Engels/Museo Léon Trotsky/Liga de Unidad Socialista, 2009.

desaparecimento de corpos. Na Espanha a polícia política soviética foi responsável pela liquidação de muitos dissidentes de toda ordem, muitos deles sequestrados e enviados à URSS para desaparecerem.

A compreensão mais em detalhe deste fenômeno foi impulsionada pela implosão da União Soviética. A profusão de revelações e de memórias dos reprimidos mostrou que esse Estado policial não podia ter surgido apenas pelas mãos de um só "mago", Stálin. O realismo em reconhecer a União Soviética como "primeiro Estado socialista", ou a defesa de um "campo socialista" dissolviam-se diante da enormidade dos fatos esclarecidos. Muitos daqueles que acreditaram que o período stalinista constituía o absoluto inverso dos anos anteriores tinham o direito de se perguntar como aquela estrutura repressiva tinha sido montada, com tal riqueza de complementos totalitários.

Este trabalho buscou sua inspiração em publicações que se dividem entre, por um lado, trabalhos históricos e ensaios sobre os fatos ocorridos e, por outro, fontes primárias impressas, sejam documentos da época, sejam memórias e autobiografias através das quais falam os sujeitos da história. É um entrelaçamento de textos, fatos e depoimentos narrados, percorrendo um determinado caminho que não é aleatório. Ainda que baseado em fatos, não se pode dizer que seja um trabalho objetivo, como dizem alguns, ou neutro, como dizem outros. A seleção dos fatos narrados, a opção pelas impressões destes sujeitos aqui reproduzidas, já são, em si, um posicionamento, talvez até uma tese. Minha empatia vai decisivamente para as vítimas, para a verdade dessas vítimas, como é a regra nos direitos humanos. Por isso este trabalho se debruçou sobre a vida de muitos dos assassinados, bem como de seus parentes e amigos, tentando mostrar como uma morte repercutia para bem além do morto. E, ainda, abordou como os assassinos se tornaram, por sua vez, vítimas, pois que a repressão cega se transformou quase que em uma máquina em moto-contínuo. A escolha, como epígrafe deste trabalho, de uma frase do militante trotskista italiano Pietro Tresso tem a ver com a tomada de posição em relação à verdade das vítimas. Nenhum dos assassinados teve mais clareza do que ele sobre o impasse em que se encontrava a sua geração, dilacerada entre a luta contra o nazismo e o necessário combate às mentiras e manipulações do stalinismo.

Em virtude de tudo isso, a narrativa deste livro pode padecer de um certo desequilíbrio entre a primeira parte e o período referente aos anos posteriores a 1934. Talvez haja uma certa diferença de tom. Boa parte da bibliografia utilizada também reflete essa diferença e os próprios fatos são iluminados pelas revelações e depoimentos posteriores à implosão da URSS. Entretanto, minha convicção é que a decisão do bolchevismo de adotar o princípio de partido único funcionou como um certo tronco de onde saíram soluções repressivas encadeadas, que, assoberbadas pelos acontecimentos trágicos do desenvolvimento do fascismo e do nazismo, potencializados pela Segunda Guerra Mundial, acabaram por produzir o fenômeno do stalinismo, tal como é encarado aqui.

1. Social-democracia, bolchevismo e luxemburguismo (1914-1919)

Social-democracia e bolchevismo

Antes da Primeira Guerra Mundial, o Partido Social-Democrata Alemão, o SPD (sigla em alemão para *Sozialdemokratische Partei Deutschlands*), era o partido mais forte da Alemanha desde 1912 e o maior partido socialista do mundo, com 1.085.905 militantes.[1] Mas era, além disso, o partido típico da II Internacional: constituído em um país imperialista em tempo de paz social, estava totalmente integrado à ordem capitalista. Sua adesão ao marxismo funcionava como um divisor ideológico de águas, separando o movimento operário da burguesia. A sua preocupação essencial era a melhoria das condições materiais de existência do proletariado. A única questão política pela qual o partido havia lutado era a abolição da legislação prussiana, baseada em uma divisão dos eleitores em três classes sociais.[2] As características do SPD correspondiam perfeitamente à classe operária alemã da passagem do século XIX para o XX, havendo quase uma simbiose entre partido e classe. O partido era para a classe mais do que a máquina partidária, era um modo de vida, um terreno onde se moldavam as atitudes cotidianas, uma instituição que havia outorgado ao operário um estatuto de dignidade no mundo burguês.[3] É neste contexto que a afirmação de Rosa Luxemburgo, polemizando com Lênin em 1903, ganha outra dimensão. Para ela, "a social-democracia não está ligada à organização da classe operária", ela "é o próprio movimento da classe operária".[4] Desde 1871, quando o sufrágio universal foi outorgado a todo o Império, o SPD foi conquistando a adesão eleitoral do proletariado até atingir, nas eleições de 1903, 1/3 do total

---

1 Harry J. Marks, "The Sources of Reformism in Social Democratic Party of Germany 1890-1914", *The Journal of Modern History*, vol. XI, Sept. 1939, number 3, The University of Chicago Press, p. 355; Pierre Broué, *Révolution en Allemagne (1917-1923)*. Paris, Les Éditions de Minuit, 1971, p. 26.

2 Arthur Rosenberg, *Storia della Repubblica di Weimar*. Firenze, Sansoni, 1972, p. 13.

3 Ruth Fischer, *Stalin and the German Communism – A Study in the Origins of the State Party*. Cambridge, Harvard, Univ. Press, 1948, citado por P. Broué, *Révolution en Allemagne...*, op. cit., p. 27.

4 Rosa Luxemburgo, "Questões de organização da social-democracia russa", in: *Rosa Luxemburgoo, viva! – Antologia*. (Org. César Oliveira). Lisboa, 1972, p. 42. (Edição brasileira: Isabel Loureiro (org.), *Rosa Luxemburgo – Textos escolhidos – Vol. 1 (1899-1914)*, p. 151-175. São Paulo, Editora Unesp, 2011).

dos votos.[5] Na passagem do século, em uma população total de mais de 60 milhões, 2/3 habitavam em cidades e 67% eram proletários no sentido amplo: operários industriais, trabalhadores do comércio, transportes, empregados de indústrias.[6] Simbiose entre a social-democracia e o proletariado, e entre o proletariado e a maioria da população alemã. Era o primeiro país em que se materializava a expectativa de Marx de que o proletariado se transformasse em maioria. E foi o único.

Tal crescimento foi acompanhado pelo surgimento de tendências formadas em torno de debates. A primeira grande polêmica surgiu com a divulgação do "revisionismo" de Eduard Bernstein no livro *Os pressupostos do socialismo* (1899), contra o qual se lançaram, em nome da "ortodoxia marxista", Karl Kautsky e Rosa Luxemburgo. Mas outro debate iria ter lugar, por volta de 1905, em torno não apenas da revolução russa, como também da greve dos mineiros do Vale do Ruhr. Diante delas, a reação dos sindicalistas operários liderados por Carl Legien foi a de frear o movimento reivindicativo. Rosa Luxemburgo, Anton Pannekoek e aquilo que viria a ser a "esquerda radical", defenderam a greve geral, tendo por objetivo o aumento da conscientização operária. Nesse confronto, os sindicalistas obtiveram uma primeira vitória quando, em 1906, o congresso do SPD aprovou uma resolução que colocava em pé de igualdade os sindicatos e o partido. Em 1913, Friedrich Ebert assumiu o lugar de August Bebel na presidência do partido e os sindicalistas operários tomaram definitivamente o poder na máquina partidária. Dessa forma, aquilo que viria a caracterizar desde então a social-democracia não seria o "revisionismo" de Bernstein nem a "ortodoxia" de Kautsky – posteriormente qualificada por Lênin de "oportunista" – e, sim, a dominação dessa camada de sindicalistas de origem operária (essencialmente metalúrgicos). Enquanto a moderação de um Bernstein ou de um Kautsky correspondia à ideologia da social-democracia do século XIX, baseada na crença de que o irreversível progresso social levaria ao socialismo, as posições dos sindicalistas eram de natureza diferente. Contrários a qualquer mudança social e defensores apaixonados da melhoria das condições materiais de vida do proletariado alemão, os sindicalistas elegeriam como eixo de sua política a colaboração com o setor burguês mais progressista. Sua norma seria engajarem-se em uma iniciativa política apenas se o sucesso dela estivesse assegurado. Eles haviam subido na hierarquia da máquina partidária e viam-se como administradores e políticos que aplicavam táticas realistas. Desde 1890, homens como Carl Legien, Friedrich Ebert, Carl Severing e Gustav Noske haviam se destacado pela preocupação com a eficácia e o rendimento do partido.[7] Eles constituíram, assim, o elemento dinâmico – a espinha dorsal da social-democracia – ao qual

---

5   A. Rosenberg, *Storia della Repubblica di...*, op. cit., p. 13; Gilbert Badia, *Histoire de l'Allemagne contemporaine (1917-1933)*. Paris: Editions Sociales, 1975, p. 20-21.

6   P. Broué, *Révolution en Allemagne...*, op. cit., p. 14, 17 e 18.

7   G. Badia, *Histoire de l'Allemagne...*, op. cit., p. 35-36.

Do partido único ao stalinismo

a "esquerda radical" viria a se opor abertamente depois de 1918. Enquanto os "radicais" estimulavam os movimentos espontâneos de massa, os sindicalistas queriam enquadrar esses movimentos. Os radicais exaltavam a democracia, enquanto para os sindicalistas, a disciplina era a maior qualidade dos militantes.[8]

O envolvimento do SPD na Primeira Guerra Mundial, ao votar os créditos que o governo imperial pedia, em agosto de 1914, iria desnudar essa nova configuração em que predominavam os sindicalistas operários. O raciocínio que guiava essa posição era que a derrota da Alemanha seria uma catástrofe, em meio a um vivo sentimento nacionalista e militarista de toda a população. A classe dominante conseguira fazer penetrar a ideia da necessidade de "espaço vital", terras a colonizar, um direito devido à superioridade do povo alemão. Na verdade, a expansão das exportações alemãs esbarrava na rigidez do sistema colonial do qual estava excluída a Alemanha.[9] No primeiro momento, a tão decantada disciplina do SPD calou até mesmo os opositores à guerra. Mas em dezembro de 1914, o então deputado Karl Liebknecht, ligado à tendência de Rosa Luxemburgo, votou contra a aprovação de novos créditos. Em torno destes dois dirigentes e de Franz Mehring começou a se organizar o grupo que daria origem à Liga Spartacus. Por outro lado o grupo "revisionista", que editava a revista *Sozialische Monatsheft* (*Revista Mensal Socialista*) dividiu-se em três frações, dentre as quais a liderada por Bernstein, que se posicionou também contra a continuação da guerra. Um terceiro grupo, que até então se havia identificado com a corrente sindicalista dirigente e que tinha à sua frente Hugo Haase, Wilhelm Dittmann e Kautsky, também se declarou contrário à guerra. Dessa forma os antigos "revisionistas", os "marxistas ortodoxos" e os "radicais" se encontraram na mesma trincheira em oposição aos sindicalistas operários. Em janeiro de 1917, fazendo eco ao sentimento das massas cada vez mais ansiosas pela paz, o conjunto dos opositores adotou uma posição de claro desafio à direção do partido. Esta, aplicando de forma estrita o princípio da disciplina, excluiu todos os grupos opositores, compelidos assim a fundar o Partido Social-Democrata Independente da Alemanha, o USPD (na sigla em alemão de *Unabhängige Sozialdemokratische Partei Deutschlands*), em abril daquele ano. A Liga Spartacus, embora conservando sua linha política e sua autonomia, integrou-se ao novo partido. Surgia assim um segundo partido operário de massas na Alemanha.[10]

Entretanto o ano de 1917 constituiu uma encruzilhada na guerra do ponto de vista do exército alemão e, consequentemente, para os partidos políticos na Alemanha. O Alto Comando Militar, reconhecendo as dificuldades, implementou a guerra submarina, o que teve por resultado a entrada dos Estados Unidos no conflito, em

---

8   Carl E. Schorske, *German Social Democracy (1905-1917)*. Cambridge, Harvard, Univ. Press, 1955, p. 322; P. Broué, *Révolution en Allemagne...*, cit., p. 29 e 30; G. Badia, *Histoire de l'Allemagne...*, op. cit., p. 35 e 36.

9   G. Badia, *Histoire de l'Allemagne...*, op. cit., p. 21; P. Broué, *Révolution en Allemagne...*, op. cit., p. 20.

10 A. Rosenberg, *Storia della Repubblica di...*, op. cit., p. 15 e 16.

abril, reforçando o lado inimigo. Nessas circunstâncias, a repercussão da revolução de fevereiro na Rússia aprofundou o abatimento moral dos altos escalões do exército. Em julho diversos setores políticos, pressentindo a possibilidade de derrota militar, preconizaram, através de um memorável discurso do deputado do Centro Católico, Mathias Erzberger, "uma paz sem anexações e sem indenizações". Uma resolução nesse sentido foi aprovada no Parlamento, surgindo, assim, uma maioria contrária à continuação da guerra. Ao aprovar esta resolução o SPD eliminou a divergência fundamental que o havia levado, poucos meses antes, a expulsar os grupos que haviam formado o USPD. Mas a resolução permaneceu letra morta para os militares, cuja posição foi reforçada quando, depois da revolução de outubro, os bolcheviques propuseram a paz unilateral, dando início, em dezembro, às conversações de Brest-Litovski. Nem as poderosas greves de janeiro e fevereiro de 1918, nas quais participaram mais de um milhão de grevistas, abalaram a estratégia militar dos generais Ludendorff e Hindenburg.[11]

No entanto, a partir de agosto de 1918, a situação militar tornou-se insustentável e repentinamente os generais comunicaram à nação alemã não serem mais capazes de garantir as fronteiras. Mais de um ano depois da resolução aprovada no Parlamento, de uma "paz sem anexações e sem indenizações", eles quiseram então negociar com os Aliados e para isso nomearam como primeiro-ministro o príncipe Max von Baden, apoiado na coalizão que votara a resolução. Mas já era tarde demais. Enquanto uma delegação chefiada por Erzberger se preparava para entabular negociações, surgiam as primeiras notícias da sublevação da frota marítima.[12] A revolução alemã reduziu a pó qualquer tentativa de negociar a paz e o resultado foi o esmagamento completo da Alemanha pelos Aliados, com o Tratado de Versalhes.

O processo revolucionário, iniciado em 9 de novembro, revelou a força e os objetivos estratégicos do SPD, liderado pelos sindicalistas operários, as ambiguidades que prevaleciam no USPD e a debilidade dos "radicais". Nos dias que antecederam a proclamação da República, enquanto a Liga Spartacus, através de Liebknecht, e a ala esquerda do USPD, constituída sobretudo pelo grupo dos "delegados revolucionários", liderada por Richard Müller, propunham a greve geral, a ala direita do USPD, liderada por Haase, hesitava. O SPD tentava frear o movimento de massas materializado na formação dos conselhos de operários e de soldados, mas o realismo dos "majoritários" – designação com a qual era chamado o SPD após a formação do USPD – os fez perceber que frear era impossível e que melhor seria tentar controlar e integrar o movimento, evitando a sua confrontação direta com o exército. Daí seus esforços para contatar o Alto Comando Militar e fornecer-lhe garantias. Esse realismo os fez também tomar a

---

11   Claude Klein, *Weimar*. Paris, Flammarion, 1968, p. 11; G. Badia, *Histoire de l'Allemagne...*, op. cit., p. 76-78, 86 e 89; e A. Rosenberg, *Storia della Repubblica di...*, op. cit., p. 16.

12   Angela Mendes de Almeida, *A República de Weimar e a ascensão do nazismo*. São Paulo, Brasiliense, 1982.

iniciativa da rebelião, propondo aos "independentes" (USPD) as palavras de ordem de greve geral e insurreição para abolir a monarquia e constituir um governo. Os paradoxos da revolução alemã expressaram-se pela primeira vez em uma dupla proclamação da República, pelo "majoritário" Scheidemann e pelo "radical" Liebknecht, para quem a república nascente deveria ser "livre" e "socialista". Em suas memórias, Scheidemann conta que o "majoritário" Friedrich Ebert, a quem o príncipe Max von Baden havia indicado como seu sucessor no ato de sua demissão, era contra a abolição da monarquia.[13] No dia seguinte, 10 de novembro, os paradoxos repetiram-se, constituindo-se um duplo poder *sui generis*. De um lado a iniciativa do SPD levou à formação do "Governo dos Seis Comissários do Povo", três deste partido, Ebert, Scheidemann e Landsberg, e três da ala direita do USPD, Haase, Barth e Dittmann. Os "majoritários" teriam preferido incluir os partidos burgueses da coalizão pela paz, mas os "independentes" se opuseram. A ala esquerda do USPD havia sido, de modo geral, contra a participação no governo. De outro lado constituía-se um outro poder que durante um certo tempo viria a competir com o governo: a assembleia dos delegados dos conselhos de operários e soldados de Berlim elegia seu Comitê Executivo. Porém, seguindo o princípio da paridade que o SPD havia conseguido impor, o Comitê repetia a formação do governo: três do SPD e três do USPD. Além disso a assembleia ratificava seu apoio ao governo. Assim o SPD, a quem a monarquia havia entregado o poder, via sua posição reconhecida pelos órgãos da revolução, os conselhos. Com exceção da mudança do regime político, as transformações no aparelho de Estado foram mínimas. Nenhum general e nenhum funcionário foi destituído. A magistratura permaneceu incólume, o que viria a contribuir amplamente para a impunidade do terrorismo de direita.[14]

O papel desempenhado pela social-democracia na revolução de 1918 só pode ser compreendido à luz do apoio que lhe propiciavam amplos setores das massas. Continuavam na direção, como continuariam até a ascensão do nazismo, os mesmos sindicalistas operários que haviam tomado o partido em 1913. A desnaturalização da revolução foi possível graças ao domínio que o SPD exercia sobre o proletariado, o campesinato, as classes médias e sobretudo os soldados, em geral de origem operária. Foi através deles que os "majoritários" tentaram dominar e enquadrar o movimento. Mas eles também tinham enorme influência entre os operários, apesar de dividirem-na com os "independentes". Por outro lado o SPD enfrentava a radicalização de seus próprios militantes. Em muitas cidades menores os conselhos haviam sido formados por iniciativa de membros do SPD ou dos sindicatos. Por isso o estratagema que os sociais-democratas "majoritários" utilizaram não tinha precedentes na história:

---

13   G. Badia, *Histoire de l'Allemagne...*, op. cit., 1975, p. 96, 97, citação à p. 109; C. Klein, op. cit., p. 14 e 15.

14   São esses paradoxos que levam C. Klein a afirmar que não houve efetivamente uma revolução (op. cit., p. 17). Ver também P. Broué, *Révolution en Allemagne...*, op. cit., p. 141-152.

tentando controlar o movimento dos conselhos, eles cuidavam para nunca se colocarem frontalmente em oposição. O argumento fundamental de que lançaram mão foi o da "unidade" dos partidos operários, o que na Alemanha significava a unidade da própria classe. Isso repercutia profundamente no proletariado, ainda mais porque era levantado por um partido que tinha um passado de lutas contra o absolutismo. Mas a ação do SPD não estava apenas ancorada em apelos. Poucos dias depois, em 15 de novembro, o partido concretizou um trunfo básico para desmobilizar a classe operária. Por sua intermediação os sindicatos e os representantes patronais, como Stinnes, Siemens e outros, assinaram um acordo em que velhas reivindicações operárias até então negadas, como a jornada de oito horas de trabalho, as convenções coletivas e o reconhecimento dos comitês de fábrica, foram aceitas.[15]

No período seguinte o SPD fez da convocação de uma Assembleia Constituinte, o mais urgentemente possível, o seu cavalo de batalhas. Era preciso normalizar o novo regime, evitar que o poder ficasse em mãos dos conselhos. O argumento era de que se tratava de criar uma "democracia de todo o povo", evitando a "ditadura de uma só classe". O Congresso dos Delegados dos Conselhos de todo o Império, realizado entre 16 e 21 de dezembro, terminou por dirimir dúvidas e acabar com a ambígua situação de um duplo poder. Quando Ernst Daümig, da ala esquerda do USPD, apresentou uma moção que afirmava que o poder supremo da nação cabia aos conselhos, os delegados recusaram-na, preferindo aprovar uma emenda que reconhecia como autoridade máxima o "Governo dos Seis Comissários do Povo". Ou seja, democraticamente os conselhos recusaram o poder. E para que não pairassem dúvidas, fixaram para 19 de janeiro as eleições para a Assembleia Constituinte. A composição do Congresso dos Delegados dos Conselhos é a expressão da absoluta preponderância do SPD. Dos 489 delegados, 288 eram do SPD, 90 do USPD, entre os quais 10 spartaquistas, 36 de outros partidos e 75 sem partido. Entre os delegados havia 179 operários ou empregados, 71 intelectuais e 164 "profissionais" do partido (jornalistas, deputados e funcionários sindicais), o que mostra a força da máquina partidária.[16]

A essa autodesmobilização dos conselhos não correspondeu entretanto o apaziguamento social. Ressurgia uma nova corrente de radicalização, sobretudo entre os soldados e marinheiros, que recusavam a disciplina e as regras hierárquicas das instituições militares. Do lado da extrema direita também havia ebulição: os oficiais recalcitrantes organizavam unidades de militares voluntários – os "corpos francos" (*Freikorps*) – para combater a expansão da revolução na fronteira leste e a rebelião

---

15   A. Rosenberg, *Storia della Repubblica di...*, op. cit., p. 7; P. Broué, *Révolution en Allemagne...*, op. cit., p. 174; C. Klein, op. cit., p. 21.
16   Ver P. Broué, *Révolution en Allemagne...*, op. cit., p. 182, 185, 188 e 191; ver também G. Badia, *Histoire de l'Allemagne...*, op. cit., p. 108-110; A. Rosenberg, *Storia della Repubblica di...*, op. cit., p. 22-23.

Do partido único ao stalinismo

operária, e contavam com o sólido apoio da social-democracia através dos sindicalistas Friedrich Ebert e Gustav Noske. A rebelião de soldados e marinheiros crescia, apoiada pelos operários e, nessas circunstâncias, a demissão do delegado-chefe da polícia de Berlim, Emil Eichhorn, membro do USPD, constituiu o estopim que levou a esquerda desse partido e o recém-formado Partido Comunista Alemão – KPD (*Kommunistische Partei Deutschlands*) a recolocar na mesa a hipótese de insurreição. No entanto, as hesitações eram grandes em ambos os partidos, a radicalização não era uniforme e refluía. Em 6 de janeiro uma colossal manifestação, seguida do início de uma greve geral, marcou o ponto de inflexão em que a esquerda decidiu confrontar-se com a direita. É neste momento que o SPD, através de Noske, tomou a decisão histórica de permitir aos "corpos francos" do general Von Lüttwitz a entrada em Berlim, para desocupar os edifícios que estavam nas mãos do movimento de massas desde a revolução de novembro. A repressão, iniciada em 9 de janeiro de 1919, ensanguentou a Alemanha com execuções sumárias e sequestros seguidos de assassinatos, entre os quais o de Rosa Luxemburgo e de Karl Liebknecht. Franz Mehring, já doente, abalado por estes assassinatos, morreu logo em seguida. Dois meses depois, seria a vez de Leo Jogiches, outro grande dirigente da Liga Spartacus, ser assassinado. A social-democracia teve, desde então, seu nome associado a esse banho de sangue que pôs fim às ambiguidades e contradições da revolução alemã.[17]

E, apesar de tudo isso, as eleições para a Assembleia Constituinte, em 19 de janeiro, deram ao SPD mais uma vez uma estrondosa vitória. Obteve 11.500 milhões de votos, enquanto o USPD apenas 2.300 milhões (o KPD absteve-se). Os partidos burgueses da antiga coalizão para a paz obtiveram, juntos, 11.500 milhões de votos e os de direita, 4.500 milhões. A República de Weimar, cidade onde a Constituinte se reuniu, teve seu primeiro governo liderado pelo SPD que, desta vez, com a revolução derrotada, chamou os partidos burgueses da antiga coalizão pela paz para participar do poder.[18]

Para se perceber como os bolcheviques interpretaram esses acontecimentos é necessário voltar à época anterior à Primeira Guerra Mundial. Até 1914 eles haviam considerado o SPD como partido-modelo da Internacional Socialista. Enquanto Robert Michels havia analisado, desde 1910, a disciplina estrita e a exagerada centralização do aparelho partidário como fatores de conservadorismo do SPD, ligando-os à existência de uma burocracia operária,[19] Lênin via nisso apenas a demonstração do caráter exemplar da social-democracia alemã. Em 1910, quando Rosa Luxemburgo rompeu com Kautsky, preconizando a greve de massas e o apoio do partido a essa palavra de ordem, Lênin e

---

17   Ver P. Broué, *Révolution en Allemagne...*, op. cit., p. 228-231, p. 236-237; G. Badia, *Histoire de l'Allemagne...*, op. cit., p. 133-134.

18   A. Rosenberg, *Storia della Repubblica di...*, op. cit., 1972, p. 77-79.

19   Ver Robert Michels, *Les partis politiques*. Paris, Flammarion, 1971.

Angela Mendes de Almeida

todos os sociais-democratas russos reagiram com frieza, posicionando-se contra ela. Em carta a Kautsky, datada de julho de 1910, Trótski reafirma que tanto mencheviques quanto bolcheviques o apoiam. "Em todo o caso não encontrei qualquer camarada – mesmo entre os bolcheviques – que ouse se solidarizar com Luxemburgo. Quanto a mim, acho que o elemento tático motor da tese dela é sua nobre impaciência. É uma bela qualidade, mas fazer dela o princípio dominante no partido seria insensato".[20] Ao ser exposta a polêmica entre Rosa e Kautsky no Burô Socialista Internacional reunido em Zurique, em 1911, Lênin colocou-se do lado da direção do SPD.[21]

Por isso a aprovação dos créditos de guerra pelo SPD, em 4 de agosto de 1914, e o apoio decidido dos sociais-democratas ao esforço de guerra alemão caiu como um raio sobre a cabeça de todos os grupos russos. Segundo Trótski, Lênin chegou a considerar a notícia como falsa, "um documento inventado pelo Quartel General alemão para enganar e aterrorizar o inimigo".[22] A história oficial comunista, no entanto, atribui a Lênin uma pronta reação. Teria declarado, assim que soube da notícia da histórica sessão do Parlamento alemão: "A partir de hoje deixo de ser social-democrata e torno-me comunista".[23] O fato é que, recuperado da surpresa, Lênin redigiu ainda em agosto *As tarefas da social-democracia revolucionária*, em que já estão delineadas as linhas de análise que iriam se cristalizar. A posição dos sociais-democratas alemães, franceses e belgas é qualificada de "pura e simples traição ao socialismo", causada pela presença na Internacional do "oportunismo pequeno-burguês" com "caráter burguês. [...] A futura Internacional deve livrar o socialismo de forma definitiva e resoluta dessa corrente burguesa".[24]

No ano seguinte Lênin iria bater em duas teclas. A primeira: a social-democracia havia se transformado definitivamente em "agente da burguesia no seio do movimento operário".

> Formulando a questão de maneira científica, isto é, do ponto de vista da relação entre as classes da sociedade contemporânea, temos que dizer que a maioria dos partidos social-democratas e, em primeiro lugar, [...] o partido alemão se posicionaram do lado do seu Estado-maior, seu governo, sua burguesia, contra o proletariado. [...] Por social-democracia entendemos a adoção da ideia de defesa da pátria na atual guerra imperialista, a justificação da aliança dos socialistas com a burguesia e o governo de "seus" respectivos

---

20   Arquivos do Instituto Internacional de História Social de Amsterdam, citado por J.-P. Nettl, *La vie et l'oeuvre de Rosa Luxemburg*, tome I. Paris, Maspero, 1972, p. 417.

21   Ibid., p. 417.

22   Léon Trotsky, *Ma vie*. Paris, Gallimard, 1978, p. 281. (Edição brasileira: *Minha vida*. São Paulo, Paz e Terra, 1978).

23   G. Walter, *Lénine*. Paris, 1950, p. 230.

24   V. I. Lénine, *Oeuvres Complètes*, t. 21, "Les tâches de la social-démocratie revolutionnaire dans la guerre européenene" (ag. 1914). Moscou, Éditions du Progrès, 1974, p. 10-11.

Do partido único ao stalinismo

países, a recusa em propor e apoiar ações revolucionárias proletárias contra "sua" burguesia, etc.[25]

Meses depois, dizia:

> Outrora, antes da guerra, o oportunismo era frequentemente considerado como um "desvio", uma "posição extremada", mas era-lhe reconhecido apesar disso o direito de ser parte integrante do partido social-democrata. A guerra mostrou que agora isso é impossível. O oportunismo "realizou-se" plenamente, cumpriu completamente seu papel de emissário da burguesia no movimento operário.[26]

A segunda tecla dizia respeito às consequências organizativas. Era preciso "sair da II Internacional, criar novos partidos sem reformistas". Desde 1914 Lênin lançava a ideia de uma III Internacional: "A II Internacional morreu, viva a III Internacional desembaraçada não apenas dos 'trânsfugas' [...] mas também do oportunismo".[27] E cerca de um ano mais tarde: "O POSDR (Partido Operário Social-Democrata Russo) livrou-se há muito tempo de seus oportunistas. [...] Isso apenas confirma nossa opinião de que a cisão era necessária no interesse do socialismo".[28]

Rosa Luxemburgo também caracterizava a posição dos partidos social-democratas como uma traição à causa proletária, mas propunha apenas, em um primeiro momento, em abril de 1915, a "reconstrução da Internacional", sem avançar considerações sobre o seu caráter de classe burguês ou pequeno-burguês. "Somente através da crítica impiedosa e profunda de nossas próprias fraquezas, de nossa queda moral em 4 de agosto, é que poderemos começar a fazer reviver a Internacional. [...] O caminho deste poder – e não resoluções no papel – é também o caminho que leva à paz e à reconstrução da Internacional".[29]

Esta posição é retomada na famosa *Brochura de Junius* (*A crise da social-democracia*), escrita no mesmo mês, à qual Lênin se oporia radicalmente, formulando então o que viria a ser, posteriormente, a crítica dos bolcheviques à esquerda radical alemã e, ao mesmo tempo, a explicação das vicissitudes enfrentadas pelo KPD: "O maior defeito do marxismo revolucionário alemão é a ausência de uma organização ilegal estreitamente unida, seguindo sistematicamente uma linha própria e educando as massas no espírito das novas tarefas".[30]

---

25   Ibid., t. 21, "La faillite de la IIe Internationale" (jun. 1915), p. 210.

26   Ibid., t. 21, "Le socialisme et la guerre" (set. 1915), p. 322.

27   Ibid., t. 21, "La situation et les tâches de l'Internationale Socialiste" (nov. 1914), p. 35.

28   Ibid., t. 21, "Le socialisme et la guerre" (set. 1915), p. 341.

29   Artigo em *Die Internationale*, citado por J.-Peter Nettl, op. cit., t. 2, p. 604-605.

30   V. I. Lénine, op. cit., t. 22, "A propos de la brochure de Junius" (jul. 1916), p. 330.

30   Angela Mendes de Almeida

Com efeito, a ideia de criar uma nova Internacional, e portanto um novo partido alemão, chegou a ser mais tarde aventada por Rosa Luxemburgo nas teses que redigiu para servir de base programática à Liga Spartacus, criada em janeiro de 1916.[31] Mas, no plano orgânico, mostrou-se sempre reticente em tomar a iniciativa de uma cisão. Quando o SPD expulsou os grupos opositores, em janeiro de 1917, Rosa considerou, em um artigo escrito na prisão:

> Por mais compreensível e louvável que possam ser a impaciência e a amargura que levam os melhores elementos a desertar do partido, [...] uma deserção não deixa nunca de ser uma deserção. Para nós é uma traição em relação às massas que serão abandonadas nas mãos de um Scheidemann ou um Legien, [...] nas mãos da burguesia, que se debaterão e serão esmagadas. Pode-se cindir uma seita ou um grupúsculo, caso não se esteja mais de acordo com o que é feito; pode-se sempre fundar outra seita ou grupúsculo. Mas trata-se de uma pueril utopia falar em liberar todos os proletários, em arrancá-los ao seu destino terrível e amargo, simplesmente cindindo e pretendendo assim dar-lhes corajosamente o exemplo.[32]

Depois da revolução de novembro de 1918, o problema da cisão se recolocou, quando os spartaquistas entraram em conflito com a direção do USPD a propósito da participação no Governo dos Seis Comissários do Povo. Mais uma vez Rosa hesitou em cindir e criar um novo partido. Terminou por aceitar a posição da maioria, guardando, no entanto, a opinião, que era também a de Jogiches, de que a fundação de um partido comunista na Alemanha era prematura.[33] Rosa e os spartaquistas, portanto, divergiam de Lênin quanto à urgência de cindir e criar uma nova organização.

Quem primeiro defendeu nesse país as posições de Lênin foi o militante polonês Karl Radek que, através do jornal *Arbeiterpolitik* (*Política do trabalhador*), editado pelo grupo da "Esquerda de Bremen", preconizava explicitamente a cisão, argumentando: "As orientações divergentes no seio do movimento operário têm sempre suas raízes nas diferenças sociais de sua base, diferenças que conduziram a cisões [...]".[34] A ruptura orgânica com a social-democracia era também defendida nessa época pelos redatores da revista *Vorbote* (*Precursor*), editada em alemão, na Suíça, por membros da fração liderada por Anton Pannekoek e Henriette Roland-Holst, onde estavam também Lênin e os bolcheviques.[35] Assim, se de fato bolcheviques e spartaquistas coincidiam em con-

---

31   P. Broué, *Révolution en Allemagne...*, op. cit., p. 119.

32   Citado por J.-Peter Nettl, op. cit., t. 2, p. 636-637.

33   Ibid., p. 730.

34   Citado por P. Broué, *Révolution en Allemagne...*, op. cit., p. 120.

35   Serge Bricianer, *Pannekoek et les conseils ouvriers* (Textes présentés et rassemblés par S. B.). Paris, EDI, 1977, p. 121.

Do partido único ao stalinismo

siderar a posição da social-democracia como uma traição à classe operária, divergiam quanto aos caminhos a seguir.

A razão da "traição": a "aristocracia operária"

Desde 1914, ao mesmo tempo em que caracterizava a social-democracia como "agente da burguesia" no seio do movimento operário e "traidora" da causa proletária, Lênin dispôs-se a estudar a "base social" deste fenômeno. Para ele, o oportunismo "era o produto da época pacífica do desenvolvimento do movimento operário". Época que havia sido rica em ensinamentos e vantagens para a classe operária, como a utilização do parlamento e das vias legais, bem como a criação de organizações econômicas e políticas de classe, mas que, paralelamente,

> [...] havia engendrado a tendência a negar a luta de classes e a pregar a paz social, a negar a revolução socialista, a negar o princípio das organizações ilegais, a admitir o patriotismo burguês, etc. Certas camadas da classe operária – a burocracia operária no seio do movimento operário e a aristocracia operária, que se beneficiavam de uma parcela das rendas provenientes da exploração das colônias e da situação privilegiada de "sua" pátria no mercado mundial – bem como os "companheiros de viagem", pequeno-burgueses no seio dos partidos socialistas, constituíram o principal apoio social dessas tendências e fizeram-se veículos da influência burguesa sobre o proletariado.[36]

Meses depois, em outro texto volta ao tema:

> O período do imperialismo é o da partilha do mundo entre as grandes nações privilegiadas que oprimem todas as outras. Migalhas dos despojos obtidos por esses privilégios e essa opressão são sem dúvida transmitidos a certas camadas da pequena burguesia, bem como à aristocracia e à burocracia da classe operária. Essas camadas, uma minoria ínfima do proletariado e das massas trabalhadoras, são atraídas pelo "struvismo" porque este lhes oferece uma justificação para a aliança com a "sua" burguesia nacional, contra as massas oprimidas de todas as nações.[37]

Referindo-se à caracterização que Marx e Engels haviam feito do movimento operário inglês e do predomínio do oportunismo em seu seio, Lênin mostrava que, já em meados do século XIX, a Inglaterra possuía imensas colônias e lucros de monopólio. E perguntava-se:

---

36   V. I. Lénine, op. cit., t. 21, "La Conférence des sections à l'étranger du POSDR" (mar. 1915), p. 160.

37   Ibid., t. 21, "La faillite de la IIe. Internationale" (jun. 1915), p. 227. Piotr Bernadovich Struve (1870-1944), economista, era o representante do chamado "marxismo legal", ou "strouvismo", tolerado pelo czarismo.

> Por que o monopólio da Inglaterra explica a vitória (momentânea) do oportunismo nesse país? Porque o monopólio fornece um excedente de lucro, ou seja, excedente em relação ao lucro capitalista normal no mundo inteiro. Os capitalistas podem sacrificar uma parcela (e até grande!) desse excedente de lucro para corromper "seus" operários, criar qualquer coisa como uma aliança [...], aliança de operários de uma nação com seus capitalistas, "contra" os outros países.[38]

Como se vê por estas citações, às quais poderiam ser acrescentadas muitas mais, para Lênin, a existência da aristocracia operária é atribuída a fatores essencialmente de ordem econômica. Ele reafirma abundantemente que a formação dessa "camada superior" do proletariado se deve à distribuição de "migalhas" do excedente de lucro das burguesias nacionais dos países imperialistas, que podem assim corrompê-la. A base econômica da formulação de Lênin sobre a aristocracia operária e a consequente subestimação dos fatores ideológicos e políticos foi ressaltada por alguns autores. Acreditava na falência da social-democracia caso ela fosse privada de conceder as "migalhas". Mas, com a crise do capitalismo após a Primeira Guerra Mundial, o SPD conservou o apoio da maioria da classe operária alemã.[39] Com caracterizações frequentemente imprecisas, vê-se que Lênin aponta como base social do oportunismo uma camada privilegiada do proletariado e os "companheiros de viagem", que define como pequeno-burgueses que se integraram ao partido operário como funcionários ou profissionais. De fato, a introdução do tema da aristocracia operária nos escritos de Lênin data de 1914. Antes disso ele explicava o oportunismo pela presença da pequena burguesia, às vezes dos intelectuais, no partido operário, daí o fato destes dois setores virem acoplados.[40]

Considerando, depois de 1914, que o oportunismo tem por base social de apoio essa camada de operários que obteve privilégios na fase de ascensão do imperialismo, Lênin tende a associar sua análise sobre a etapa superior do capitalismo, com sua previsão de crise geral, ao desaparecimento das condições econômicas que sustentavam a aristocracia operária. Portanto, a crise geral do capitalismo estava associada à perda de importância do SPD. "O que importa é que, do ponto de vista econômico, a ligação da aristocracia operária à burguesia chegou à maturidade, completou-se: quanto à forma política, este fato econômico, esta mudança nas relações de classe encontrará sua expressão sem grande dificuldade".[41]

---

38   Ibid., t. 23, "L'impérialisme et la scission du socialisme" (out. 1916), p. 126.

39   Henri Weber, *Marxisme et conscience de classe*. Paris, Union Générale d'Éditions, 10/18, 1975, sobretudo p. 252 e ss.

40   Ernest Mandel, *La teoría leninista de la organización*, "Rojo", Cuadernos de formación, s.d., p. 9.

41   V. I. Lénine, op. cit., t. 23, "L'impérialisme et la scission du socialisme" (out. 1916), p. 128.

Do partido único ao stalinismo

Para se estudar mais detalhadamente as conexões da teoria da aristocracia operária antes que ela fosse integrada ao arsenal teórico do comunismo, é interessante examinar a sua trajetória. Foi Engels que, pela primeira vez, falou do "aburguesamento" do proletariado, referindo-se ao caso inglês, em várias cartas desde 1858 e na "Introdução" de 1892 à reedição alemã de *A situação das classes trabalhadoras na Inglaterra*. Porém, antes que Lênin estendesse essa noção da Alemanha – onde o oportunismo lhe parecia mais bem implantado – a todos os países imperialistas, um outro militante socialista havia desenvolvido essa análise. Em 1909 Anton Pannekoek havia publicado *As divergências táticas no seio do movimento operário*.[42] A novidade do livro era a de tentar explicar o oportunismo não apenas como uma divergência tática, como havia sido feito até então em relação a Bernstein, mas, sim, a partir de sua base de apoio social.

> Os defensores da social-democracia, os membros do partido, não formam uma massa homogênea cujos pontos de vista, ideias e aspirações são idênticos. Diferentes classes e diferentes grupos, cujos interesses não são sempre os mesmos, estão reagrupados sob esse nome e essa etiqueta partidária. Se seus interesses são comuns, temporária ou permanentemente, esses grupos adquirem certa coerência; mas esses interesses podem diferenciar-se ou até tornarem-se mutuamente hostis, e isso trará conflito.[43]

Para Pannekoek, o revisionismo, ou o oportunismo, representava uma "tendência burguesa" ou, melhor dito, precisava ele mais adiante, uma "tendência pequeno-burguesa" no seio do movimento operário, exprimindo os interesses das categorias pequeno-burguesas e da aristocracia operária. Mas, tendo os olhos postos no movimento operário alemão, Pannekoek explicava a existência da aristocracia operária menos pela possibilidade de a burguesia dos países imperialistas corromper essa camada com parte do excedente de seus lucros e mais pelo próprio desenvolvimento do movimento sindical.

> Esses grupos do proletariado industrial, tendo obtido uma situação privilegiada, um alto salário e uma jornada de trabalho mais curta graças às suas poderosas organizações, não sentem tanto quanto as categorias inferiores da classe operária a necessidade de destruir o capitalismo. [...] O seu ideal é uma ascensão gradual mas constante de seu nível de vida; suas concepções aproximam-se das do pequeno-burguês, assim como sua situação assemelha-se à das classes inferiores da nova classe média.[44]

---

42   Amplos extratos desse livro encontram-se em S. Bricianer, op. cit.

43   Citado por Heinz Schürer, "Anton Pannekoek and the Origins of Leninism", *The Slavonic East European Review*, XVI, nº 97, june 1963, p. 329-330.

44   Transcrito em S. Bricianer, op. cit., p. 71.

Lênin dedicou a este livro de Pannekoek uma pequena notícia bibliográfica bem elogiosa, na qual afirma sua concordância no plano geral.[45] Em 1912, Pannekoek voltou a ficar em evidência dentro do SPD ao entrar em polêmica aberta contra Kautsky em torno da avaliação da ação de massas e do trabalho parlamentar. O seu artigo "Ação de massas e revolução" iria suscitar a formação de um outro grupo de oposição de esquerda dentro do SPD, cujo centro geográfico seria a cidade de Bremen, e que, juntamente com o grupo de Rosa Luxemburgo, constituiriam as duas correntes que, antes de 1914, entraram em divergência aberta com Kautsky e a direção social-democrata. A Pannekoek, Kautsky respondeu o mesmo que a Luxemburgo: as posições deles eram uma transposição mecânica da experiência russa de 1905.[46] Significativamente, Lênin, sendo ainda defensor de Kautsky, guardou silêncio sobre esta polêmica, só vindo a referir-se a ela em 1917, quando em *O Estado e a revolução* rendeu homenagem a Pannekoek. Depois de 1914, entretanto, trabalhando em maior conexão com os bolcheviques a partir da Conferência de Zimmerwald, Pannekoek viria a escrever outro artigo que, este sim, teria impacto direto sobre as posições leninistas: *O imperialismo e as tarefas do proletariado*, publicado pela primeira vez em russo, em 1915. Falando do temor que tem a burocracia operária de que as ações de massa possam levar o Estado a reprimir o partido, dizia: "[...] para os funcionários partidários seria o fim, tendo em vista que a organização é o seu próprio mundo, que não podem viver nem agir fora dela. O instinto de conservação, o interesse de grupo específico, leva-os à tática de dobrar-se diante do imperialismo e fazer-lhe concessões".[47]

Está também estabelecido o papel de ligação que desempenhou Karl Radek – membro do grupo da "esquerda radical de Bremen" durante a guerra – na relação entre os bolcheviques residentes na Suíça, entre os quais Lênin, e as ideias de Pannekoek. Em 1916, em artigo para o jornal *Arbeiterpolitik*, de Bremen, Radek relacionou o fato de os dois únicos partidos socialistas que não aderiram à guerra – o russo e o italiano – estarem em países onde não existia aristocracia operária.[48] Embora a tese da aristocracia operária tenha sido introduzida pela "esquerda radical de Bremen" junto aos bolcheviques a partir de 1914, a análise de Lênin e a de Pannekoek sempre guardaram diferenças: enquanto Lênin atribuía a formação dessa camada reduzida às "migalhas" que a burguesia imperialista podia fornecer-lhe, Pannekoek ligava o fenômeno à força das organizações operárias – partido e sindicato – que não queriam perder "o lugar ao sol" que haviam conquistado no mundo burguês.

---

45   V. I. Lénine, op. cit., t. 16, "Les divergences dans le mouvement européen" (dez. 1910), p. 369-374.

46   H. Schürer, "Anton Pannekoek...", op. cit., p. 332 e 334.

47   Transcrito em S. Bricianer, op. cit., p. 124.

48   Heinz Schürer, "Radek and the German Revolution", *Survey – A Journal of Soviet and East European Studies*, nº 53 and nº 55, oct. 1964 and april 1965, p. 64.

Do partido único ao stalinismo

As insuficiências das análises de Lênin sobre o oportunismo, e em particular sobre a aristocracia operária, já foram ressaltadas por diversos autores no que se refere à incompreensão do fenômeno do reformismo na Europa ocidental, suas ligações com o universo cultural do proletariado, cujo comportamento político estava sempre condicionado ao apego aos valores nacionais e democráticos.[49] Tais insuficiências ganham toda a sua importância se as compararmos com a visão de Rosa Luxemburgo sobre as causas do oportunismo e ligarmos essas duas visões diferentes às duas concepções distintas das questões de organização.

Com efeito, em seu artigo de 1904, "Questões de organização da social-democracia russa", já citado, polemizando contra *Um passo adiante, dois atrás*, de Lênin, Rosa discordava de que a ideia de descentralização organizativa em si fosse fonte de oportunismo. Ao contrário, afirmava ela, "uma centralização rigorosa entregaria esse movimento de proletários ainda incultos aos chefes intelectuais do Comitê Central". Por outro lado, considerando o reformismo de um ponto de vista histórico geral, explicava:

> Ao mesmo tempo, esta afluência de elementos burgueses está longe de ser a única causa das correntes oportunistas que se manifestam no seio da social-democracia. Uma outra fonte se revela na própria essência da luta socialista e nas contradições que lhe são inerentes. O movimento universal do proletariado pela sua emancipação integral é um processo cuja particularidade reside em que, pela primeira vez depois que a sociedade civilizada existe, as massas do povo fazem valer a sua vontade conscientemente e contra todas as classes governantes, enquanto a realização desta vontade não é possível senão para além dos limites do sistema social em vigor. Ora, as massas não podem adquirir e fortificar nelas esta vontade senão na luta cotidiana com a ordem estabelecida, isto é, dentro dos limites desta ordem. Por um lado, as massas do povo, por outro, um objetivo colocado para além da ordem social existente: de um lado a luta cotidiana, e de outro, a revolução, tais são os termos da contradição dialética em que se move o movimento socialista. Resulta daí que ele deve avançar entre dois escolhos, evitando-os incessantemente: um é a perda do seu caráter de massas, o outro, a renúncia ao objetivo final; a recaída no estado de uma seita ou a transformação em um movimento de reformas burguesas. Eis porque é uma ilusão contrária aos ensinamentos da história pretender

---

49   Ver, por exemplo, Heleno Saña, *La Internacional Comunista (1919-1945)*, t. 1. Madrid, Zero, 1972, p. 15; Marcel Liebman, *Le léninisme sous Lénine. t. 2: l'épreuve du pouvoir*. Paris, Seuil, 1973, p. 327-328; Fernando Claudín, *La crisis del movimiento comunista. De la Komintern al Kominform*. Francia, Ruedo Ibérico, 1970, p. 35 e 37 (Edição brasileira: *A crise do movimento comunista*, 2 vols. São Paulo, Global, 1985 e 1986); e Aldo Agosti, *La Terza Internazionale. Storia Documentaria. t. 1 (1919-1923)*. Roma, Editori Riuniti, 1974, p. 207.

fixar, de uma vez por todas, a direção revolucionária da luta socialista e garantir para sempre o movimento operário contra todo desvio oportunista. [...] Considerado deste ponto de vista, o oportunismo aparece como um produto do movimento operário e como uma fase inevitável do seu desenvolvimento histórico.[50]

Aqui há uma análise do oportunismo como fruto das contradições específicas em que se debate o movimento operário e não como resultado da presença no seio do partido operário de forças sociais não proletárias. Se o oportunismo é "uma fase inevitável do desenvolvimento histórico" do movimento operário, quando as massas adotam uma posição oportunista, apoiando o partido reformista, a cisão, como foi visto, é uma "deserção". Mesmo porque Rosa já dizia, neste mesmo artigo, que o partido é "o próprio movimento da classe operária". Para Lênin, para quem o partido não é o movimento da classe, mas a sua vanguarda, portadora da consciência dos interesses históricos do proletariado, e para quem a organização partidária deve estar rigidamente delimitada das organizações de massa, uma cisão não é vista como uma deserção. Nos momentos de refluxo revolucionário, quando a luta pelas reformas produz resultados e os líderes oportunistas ganham autoridade, o partido revolucionário pode ficar reduzido a uma pequena organização de vanguarda ou a uma "seita" nos termos de Rosa Luxemburgo. Quando a crise econômica impedir a burguesia de corromper a sua aristocracia operária, o partido revolucionário entrará em cena. Mas essa análise negligencia o caráter dinâmico do reformismo das grandes organizações operárias de massa da Europa Ocidental e os laços políticos e ideológicos, formados nas lutas nacionais e democráticas, que unem os chefes oportunistas ao conjunto da classe operária, mesmo em períodos de crise.

Em todo caso, a concepção de Lênin sobre a aristocracia operária é perfeitamente coerente com sua teoria da organização, cujo eixo foi a batalha travada com os mencheviques em torno do artigo 1º dos estatutos do partido russo em 1903. A descrição detalhada dos debates que deram origem à cisão entre bolcheviques e mencheviques está em *Um passo adiante, dois atrás*, escrito por Lênin em 1904. A análise de Lênin sobre a aristocracia operária e sua teoria de organização combinam-se perfeitamente, como ficou já exposto.

Outros críticos da análise de Lênin sobre a aristocracia operária preferiram enfatizar as consequências danosas de sua aplicação para a unidade do movimento operário, ao colocar operários qualificados e bem pagos contra operários sem qualificação e com baixos salários. Às vezes, a essa dicotomia seria acrescentada a oposição entre

---

50 Rosa Luxemburgo, "Questões de organização...", op. cit., 1972, p. 52, p. 55-56. (Edição brasileira: I. Loureiro (org.), *Rosa Luxemburgo...*, op. cit., vol. 1 (1899-1914), p. 151-175. São Paulo, Editora Unesp, 2011).

Do partido único ao stalinismo

operários sindicalizados e operários desorganizados.[51] É interessante ver como a interpretação do leninismo feita por Lukács, em 1922, pretendia precaver o partido contra essas divisões "sociais" no interior do proletariado, incorporando contribuições de Rosa Luxemburgo. Michael Löwy assinalou, no artigo de Lukács "Notas metodológicas sobre a questão da organização", uma tentativa de "síntese entre leninismo e luxemburguismo", situando-se, entretanto, mais no "marco do leninismo".[52] Há, no entanto, uma enorme sensibilidade para as problemáticas luxemburguistas, como se nota na seguinte observação perspicaz de Lukács:

> Seria naturalmente insensato não querer ver as estratificações econômicas objetivas no seio do proletariado. Mas é preciso não esquecer que essas estratificações não têm absolutamente por base diferenças objetivas que teriam alguma semelhança com as que determinam, de maneira econômica objetiva, a separação entre as classes. [...] Essas estratificações no seio do proletariado, que levam à formação de diversos partidos operários e à formação do partido comunista, não são exatamente estratificações econômicas objetivas do proletariado, mas gradações na marcha evolutiva de sua consciência de classe. Não há tanto camadas particulares de operários predestinados imediatamente pela sua existência econômica a tornarem-se comunistas, quanto operários individuais comunistas por nascimento. Para cada operário, há um caminho mais ou menos carregado de experiências a ser percorrido para poder realizar em si a consciência adequada de sua própria situação de classe.[53]

É sintomático ver o quanto Lukács está aqui mais próximo de Luxemburgo quando diz que as estratificações no seio do proletariado, que produzem pluralidade de partidos operários, constituem "gradações na marcha evolutiva da sua consciência de classe". É o que para ela corresponde a compreender o oportunismo no movimento operário como "fase inevitável do seu desenvolvimento histórico". Entretanto, em um outro artigo na mesma coletânea e do mesmo ano, embora sobre outro assunto, e assunto candente, "Notas críticas sobre a crítica da revolução russa de Rosa Luxemburgo", Lukács se coloca claramente contra ela e sua posição contrária à dissolução da Assembleia Constituinte na

---

51 Ver Arthur Rosenberg, *Histoire du bolchevisme*. Paris, Grasset, 1967, p. 132-133; e Ossip K. Flechtheim, *Le parti communiste allemand sous la République de Weimar*. Paris, Maspero, 1972, p. 245-249 e 253.

52 Michael Löwy, *Pour une sociologie des intellectuels révolutionnaires*. Paris, PUF, 1976, p. 216 e 217. (Edição brasileira: *A evolução política de Lukáscs: 1909-1929*. São Paulo, Cortez, 1998).

53 "Remarques méthodologiques sur la question d'organisation", in G. Lukács, *Histoire et conscience de classe*. Paris, Les Éditions de Minuit, 1960, p. 363 e 366. (Edição brasileira: *História e consciência de classe*. São Paulo, WMF Martins Fontes, 2012).

Rússia, considerando-a fruto de uma incompreensão de que as camadas pequeno-burguesas da sociedade russa nunca iriam aderir ao partido proletário.[54]

A análise de Lênin sobre a base social do oportunismo, vista como um quisto estranho à classe operária – outras classes ou uma camada aburguesada do proletariado – viria a ter consequências de peso sobre as questões táticas relativas ao reformismo e até sobre a atitude frente a qualquer opositor. Estabelece uma clivagem no seio do partido operário, uma linha de classe que separa militantes não operários dos militantes operários, bem como uma clivagem no seio do próprio proletariado entre aristocracia operária e massa propriamente dita. Mas a questão complica-se mais ainda quando constatamos que Lênin nunca definiu explicitamente a aristocracia operária como sendo composta pelos operários mais bem qualificados e mais bem pagos. Como, então, localizar concretamente a base de apoio do oportunismo? Imperceptivelmente o processo se inverteu: localizada a corrente reformista por sua prática e suas posições, passou-se a atribuir-lhe a condição de classe "não proletária", "pequeno-burguesa" ou "burguesa". O passo seguinte teve ainda maior repercussão: não apenas os que defendiam explicitamente posições reformistas, mas todos os opositores, todos os que não tinham as posições "justas" e "corretas" – pois só podia haver "uma" posição proletária correta – passaram a ser considerados "não proletários".

Nesse sentido, isto é, no sentido do amálgama, a história do leninismo tem seus antecedentes mesmo antes de 1914. Durante o período de refluxo da revolução russa, entre 1908 e 1912, epítetos ligados à ideia de "traição" foram empregados abundantemente, não apenas contra os mencheviques, portanto "os oportunistas", mas igualmente contra o "centrista" Trótski, a quem Lênin chamou de "pequeno Judas", e o esquerdista Bogdánov, que foi qualificado de "um dos piores elementos entre os mentirosos burgueses de *Vperiod (Avante)*". Nessa época, Lênin já chamava sistematicamente todos os seus adversários políticos de "aliados da burguesia". Este método de polemizar foi transposto do período de refluxo para o de ascenso, e da luta entre correntes proletárias para a luta dentro do próprio partido bolchevique. Em 1917, na defesa das *Teses de abril*, Lênin qualificou a posição contrária de "traição ao socialismo". Mais tarde, os bolcheviques que se opunham à insurreição de outubro foram tratados de "desprezíveis traidores da causa proletária".[55] Os termos "traidor" e "aliado da burguesia" sofreram assim uma banalização e se viram privados de qualquer rigor, transformando-se, na linguagem codificada da polêmica, em sinônimo de opositor político.

É assim, por exemplo, que Lênin descreveu a Conferência de Zimmerwald: "A luta ideológica nessa conferência se deu entre um grupo compacto de internacionalistas, de

---

54   "Remarques critiques sur la critique de la révolution russe de Rosa Luxembourg", ibid., p. 323-324.

55   Conforme Marcel Liebman, *Le léninisme sous Lénine. t. 1. La conquête du pouvoir*. Paris, Seuil, 1973, p. 68 e 69, que fez um inventário das citações de Lênin em suas obras completas.

marxistas revolucionários e dos quase kautskistas hesitantes que formavam a ala direita da conferência". Aliás, no próprio texto apresentado à reunião, Lênin havia criticado como "variantes do kautskismo" as posições de Henriette Roland-Holst, na Holanda, de Khristian Racovski, na Romênia, e de Trótski, acrescentando: "Trata-se de manifestações do mal que os marxistas holandeses (Gorter, Pannekoek) chamaram de 'radicalismo passivo', que visa a substituir o marxismo revolucionário pelo ecletismo na teoria e, na prática, pelo servilismo ou a impotência diante do oportunismo".[56] Lênin estava redondamente enganado quanto à Henriette Roland-Holst, que viria a fazer parte da "Esquerda de Zimmerwald", com Gorter e Pannekoek. Um ano mais tarde iria explicar a Boris Souvarine:

> Nunca eu, nem o partido a que pertenço (CC do POSDR), amalgamamos o ponto de vista dos socialistas chauvinistas aos do "centro". [...] A nosso juízo, os primeiros passaram para o lado da burguesia. Contra eles não preconizamos apenas a luta, mas a cisão. Os segundos são indecisos, hesitantes que causam o maior mal ao proletariado com seus esforços para unir as massas socialistas aos líderes chauvinistas.[57]

Sem precisar que os "segundos" não passaram para o lado da burguesia, Lênin consagrou a ideia de que os "centristas", isto é, os que se colocam à esquerda das posições reformistas, mas hesitam, sem adotar o ponto de vista "correto", são piores que os reformistas.

A visão sobre as origens das divergências adotada por Lênin, não poderia ter deixado de influenciar os métodos de polêmica nem a maneira de encarar o direito de tendência dentro do partido, bem como a pluralidade dos partidos operários por oposição ao partido único. Sabe-se que Lênin defendeu explicitamente várias vezes o direito das minorias se expressarem. Mas, recapitulando a história, vê-se que os momentos mais agudos dessa defesa são também momentos em que Lênin se encontrava, ele próprio, em minoria: em 1916, face aos mencheviques, e em 1917, dentro do partido bolchevique. No entanto, mais significativo é o argumento que utilizou em 1907, quando foi convocado diante de um tribunal do partido para explicar os métodos polêmicos que usara contra os mencheviques, considerados exagerados:

> O que é inadmissível entre membros de um partido unido, é admissível e obrigatório entre frações de um partido em cisão. Não se pode escrever sobre um camarada do partido de modo a propagar entre as massas operárias a raiva, a repugnância, o desprezo, etc. contra aqueles que pensam diferentemente.

---

56 V. I. Lénine, op. cit., t. 21, "Les marxistes révolutionnaires à la Conférence socialiste internationale" (out. 1915), p. 404; e "Le socialisme et la guerre" (set. 1915), p. 323.

57 Ibid., t. 23, "Lettre ouverte à Boris Souvarine" (dez. 1916), p. 215, publicada só em janeiro de 1918.

> Pode-se e deve-se escrever dessa maneira a propósito de uma organização cisionista. [...] Por quê? Porque a cisão obriga-nos a arrancar as massas à influência dos cisionistas.[58]

Quando muitos anos mais tarde o italiano Bordiga, ao defender o direito de fração, afirmou que a "história das frações é a história de Lênin", Bukhárin atualizou essa atitude e respondeu de modo sintomaticamente esclarecedor: "A história das frações de Lênin era a história das frações no seio do partido social-democrata. [...] Constituir fração no seio da Internacional [Comunista] e constituí-la dentro de um partido menchevique são duas coisas assaz diferentes".[59]

Bolchevismo e luxemburguismo

Pode-se dizer que na Alemanha pós-revolução de novembro de 1918 se confrontavam a social-democracia, o bolchevismo e o luxemburguismo.[60] Em outros termos, a Alemanha não foi apenas o principal terreno de ação da social-democracia, a corrente com a qual o comunismo disputava a liderança entre as massas operárias. Foi também o único país onde se formou, de maneira irregular e contraditória, uma tendência ao mesmo tempo crítica à social-democracia e alternativa ao bolchevismo, o luxemburguismo. Os contornos dessa tendência conservam-se de fato até hoje ambíguos e indefinidos, uma vez que diversas correntes que se opuseram à Internacional Comunista, em vários momentos, reivindicaram Rosa Luxemburgo contra Lênin e o bolchevismo, apenas em um ponto ou outro. Usualmente, o luxemburguismo é associado às correntes consideradas esquerdistas e espontaneístas. Isso acontece não porque a maior parte dessas correntes, surgidas como oposições de esquerda à direção do Partido Alemão, tenha reivindicado Rosa Luxemburgo. Ao contrário, como será mostrado em seguida, muitas delas demonstraram, em geral, a mais viva antipatia pelas suas ideias. A razão desta associação encontra-se na legenda stalinista, forjada ao tempo da "bolchevização dos partidos comunistas", a partir de 1924, de que Rosa seria a responsável pela "teoria espontaneísta de organização" que orientaria as oposições de esquerda.

Existe, sem dúvida, uma outra forma de encarar o luxemburguismo, em particular se as caracterizações de "esquerdista" e de "espontaneísta" forem dissociadas, e se ao esquerdismo se associar a ideia de uma organização rígida, centralizada e burocrática, como foi o caso muitas vezes na história do comunismo. Nessa perspectiva o luxembur-

---

58   Citado por M. Liebman, op. cit., t. 1, p. 66.

59   Citado por Paolo Spriano, *Storia del Partito Comunista Italiano, t. 2, Gli anni della clandestinità*. Torino, Einaudi, 1976, p. 14

60   Assim como Marx não era marxista, Rosa Luxemburgo também não era luxemburguista. O emprego deste termo visa apenas facilitar a compreensão do caminho das sensibilidades políticas.

Do partido único ao stalinismo

guismo poderá aparecer como uma proposta de partido menos rígida e menos "leninista" no sentido da "teoria leninista de organização" codificada a partir de *Que fazer?* e de *Um passo adiante, dois atrás*. Não a de um partido de "vanguarda" que "intervém" junto à massa para elevar-lhe a consciência, mas de um partido de massas cuja direção só tem legitimidade na medida em que a propaganda que divulga é adotada. Uma proposta, portanto, em nada "esquerdista" no que se refere à relação partido-massas, e no caso da Alemanha, em que o Partido Social-Democrata (SPD) era o grande partido de massas, no que concerne à relação entre comunistas e sociais-democratas.

Nada ilustra melhor essa segunda perspectiva que a história da evolução das correntes que se opuseram ao SPD na Alemanha e que estiveram na origem do Partido Comunista Alemão (KPD). Pois além da conhecida Liga Spartacus, da qual faziam parte Luxemburgo, Leo Jogiches, Franz Mehring, Karl Liebknecht e Paul Levi, entre outros, mais dois grupos participaram das discussões iniciais. Um deles, o dos "delegados revolucionários", era constituído por líderes sindicais como Georg Ledebour, Ernst Daümig, Richard Müller e Emil Barth, e havia se integrado ao Partido Social-Democrata Independente (USPD) desde a sua fundação, em 1917, apesar de manter sua linha política e sua organização próprias. Quanto aos "internacionalistas" IKD (*Internationale Kommunisten Deutschlands*), sua origem era mais dispersa. O seu núcleo mais importante era a "esquerda radical" de Bremen, liderada por Pannekoek, pelo holandês Hermann Gorter e por Johan Knief, tendo também como personagem importante Karl Radek, que transitava entre a social-democracia polonesa e a alemã. Este grupo, em polêmica aberta com a direção do SPD desde 1912, tomou a iniciativa da cisão, em 1916, e transformou o jornal *Arbeiterpolitik* no órgão de divulgação de suas posições. A ele juntaram-se paulatinamente outros grupos: o de Dresden, sob a liderança de Otto Rühle, o de Hamburgo, liderado por Laufenberg e Wolffhein, e um pequeno grupo de Berlim, reunido em torno de Julian Borchardt.[61]

Entre esses três agrupamentos, o primeiro a estabelecer relações com os bolcheviques, logo depois do início da guerra, foi o de Bremen. O *Arbeiterpolitik* publicava artigos de Lênin, Bukhárin, Zinóviev, mas igualmente de Radek, que na Holanda, para onde havia sido obrigado a ir durante a guerra, divulgava também as posições de Lênin. Em seguida Borchardt e seu grupo contataram os bolcheviques: na Conferência de Zimmerwald, em setembro de 1915, ele foi o único delegado alemão a dar apoio à posição de Lênin de "transformar a guerra imperialista em guerra civil". Foi com Borchardt, Pannekoek e com o grupo de Bremen que os bolcheviques formaram a "esquerda zimmerwaldiana", que passou a expressar suas posições na revista *Vorbote* (*Precursor*). Na Conferência de Kienthal, em abril de 1916, mais uma vez só Paul Frölich, representando o grupo de Bremen, apoiou Lênin. Esses grupos ligados entre si eram todos

---

61   O. K. Flechtheim, op. cit., p. 36; P. Broué, *Révolution en Allemagne...*, op. cit., p. 224.

42 Angela Mendes de Almeida

partidários da cisão com o SPD e, pela mesma razão, foram hostis à adesão ao USPD em 1917. Constituíram um grupo único e adotaram o nome de IKD apenas em novembro de 1918.[62] Tais opções baseavam-se nas mesmas ideias de Lênin sobre "traição" da social-democracia, sobre a caracterização da base social do oportunismo como sendo a pequena burguesia e a aristocracia operária, bem como sobre a necessidade de cindir e criar novos partidos. Não é por outra razão que Johan Knief, no *Arbeiterpolitik*, saudou a Revolução de Outubro, atribuindo-lhe como "causa única o fato de existir na Rússia um partido de extrema-esquerda independente que, desde o primeiro dia, desfraldou a bandeira do socialismo e combateu sob o emblema da revolução socialista".[63] Porém estes comunistas internacionalistas desenvolviam, por outro lado, certas posições que não tinham antecedentes entre os bolcheviques e que viriam a ser a marca registrada das primeiras correntes esquerdistas do KPD: a da necessidade de uma organização única, que superasse a dicotomia política-economia ou partido-sindicato. Era uma posição não consolidada e nem comum a todos os colaboradores da imprensa dos IKD, mas apareceu várias vezes desde março de 1917.[64]

Quanto à Liga Spartacus, as suas diferenças com o bolchevismo são, em geral, encaradas à luz das diversas questões que opuseram Rosa Luxemburgo a Lênin. A primeira delas veio à tona em 1903, no 2º Congresso do Partido Social-Democrata Russo e dizia respeito à questão nacional: Lênin, defendendo a autodeterminação das nações oprimidas pelo Império russo, e Rosa, cidadã de uma nação que fazia parte do império do czar, sustentando a inutilidade da luta pela causa nacional polonesa e a integração dos poloneses à luta do proletariado russo pelo socialismo. Como muitos militantes da época, Rosa, nascida na Polônia, tinha atuação importante tanto no SPD alemão, quanto na Social-Democracia do Reino da Polônia e da Lituânia, participando da direção no exílio, juntamente com Leo Jogiches, nascido na Lituânia, que no entanto só se integrou à luta política na Alemanha durante a guerra. Em 1904 Rosa voltou a contrapor-se a Lênin, ao criticar abertamente a sua concepção de organização no artigo já citado – "Questões de organização da social-democracia russa" – que se tornou então, juntamente com a crítica de Trótski em *Nossas tarefas políticas*, leitura obrigatória para quem se voltasse para uma alternativa ao partido leninista. Da mesma maneira, quando Luxemburgo publicou sua importante obra *A acumulação de capital*, em 1913, Lênin criticou-a através de comentários dispersos e veio a desenvolver uma concepção oposta no seu *Imperialismo, fase superior do capitalismo*, escrito em 1916.[65] Lênin e Luxemburgo estiveram também em campos opostos a propósito de duas ques-

---

62   Dados em S. Bricianer, op. cit., p. 102, 131-132 e 141; J.-P. Nettl, op. cit., t. 2, p. 608-609.
63   Citado por S. Bricianer, op. cit., p. 133.
64   Ibid., p. 132.
65   No que se refere à reação de Lênin ao *A acumulação de capital* ver J.-P. Nettl, op. cit., t. 2, p. 515-517.

tões organizacionais. Quando a II Internacional discutiu a cisão na social-democracia russa entre bolcheviques e mencheviques, Rosa, que tinha então grande prestígio internacional, pronunciou-se contra a ruptura, favorecendo, assim, os mencheviques. Anos mais tarde, quando da cisão da social-democracia polonesa, em 1911, Lênin pronunciou-se abertamente pelo grupo de Varsóvia, ao qual pertencia Radek, contra a direção tradicional da qual faziam parte Rosa e Jogiches.

Durante a guerra, apesar da relativa aproximação devido à posição internacionalista comum, as divergências persistiram quanto à forma de encarar a guerra e a paz. Elas estão resumidas na crítica de Lênin ao livro de Rosa conhecido como a *Brochura de Junius* (*A crise da social-democracia*), de abril de 1915.[66] Mas a diferença entre os universos políticos destes dois dirigentes reaparece de maneira contundente nos artigos de Luxemburgo sobre a revolução russa, escritos na prisão, durante 1918, particularmente o último, que só foi publicado alguns anos depois de sua morte, "A revolução russa". Nos primeiros artigos, sempre reconhecendo as dificuldades encontradas pelos bolcheviques e o seu trágico isolamento, concentra-se na análise dos prejuízos que a paz de Brest-Litovski iria trazer à causa do proletariado alemão, adiando o fim da guerra. No último, entra diretamente em polêmica com as diretrizes que estavam sendo aplicadas na Rússia no que se refere à política agrária inicial, que ela achava que poderia resultar em um perigo capitalista. E também quanto à dissolução da Assembleia Constituinte russa, em janeiro de 1918, bem como todos os problemas de democracia que acarretava, tal como a perseguição a outras tendências socialistas e a aplicação do terror. As condições nas quais esse artigo foi depois publicado fazem parte da turbulenta história do comunismo. Em 1918, os dirigentes spartaquistas que não estavam presos – Paul Levi e Eugen Leviné – eram contrários às críticas de Luxemburgo. Levi foi então encarregado de transmitir à Rosa as objeções e de dissuadi-la de publicar o artigo, no que teve êxito.[67] Mas, em 1922, depois de haver sido expulso do partido, Levi publicou o artigo com uma introdução. Sua ousadia iria desencadear o furor de Lênin, sobre o qual se discutirá adiante.

Entre todos os aspectos que Luxemburgo criticou na orientação bolchevique, interessa ressaltar aqui os que têm ligação com a forma de ditadura do proletariado pela qual, segundo ela, teriam optado Lênin e Trótski. A este dirigente que argumentava a favor da dissolução da Assembleia Constituinte invocando o descompasso das instituições democráticas face à evolução da luta política, Rosa responde que "o pesado mecanismo [dessas] instituições encontra o seu reequilíbrio através do movimento vivo das massas, da pressão constante que elas exercem". A respeito da limitação do direito de voto unicamente aos que vivem do seu trabalho, Rosa questiona o seu sentido concre-

---

66 V. I. Lénine, op. cit., t. 22, "A propos de la brochure de Junius" (out. 1916), p. 328-343.

67 Cf. P. Broué, *Révolution en Allemagne...*, op. cit., p. 131.

44 Angela Mendes de Almeida

to em uma sociedade que não está em condições de fornecer trabalho e nem salários condignos. Na prática, essa medida "priva amplas e crescentes camadas da pequena burguesia e do proletariado de direitos, enquanto o organismo econômico não prevê nenhum meio que lhes permita cumprir a regra do trabalho obrigatório". Quanto às liberdades de imprensa, associação e reunião, Rosa acha que sem elas "a dominação de amplas camadas populares é completamente impensável. [...] A liberdade apenas para os partidários do governo, apenas para os membros de um partido – por mais numerosos que sejam – não é liberdade. A liberdade é sempre, no mínimo, a liberdade daquele que pensa diferentemente". Além disso, mostra como tais medidas sufocantes repercutem sobre os sovietes, privando-os de toda energia.

> A vida pública adormece progressivamente; algumas dúzias de líderes partidários, portadores de inesgotável energia e de um idealismo sem limites, dirigem e governam; o poder real encontra-se nas mãos de uma dúzia dentre estes, dotados de eminente inteligência; e a elite operária é convidada de vez em quando para, nas reuniões, aplaudir os discursos dos dirigentes e votar unanimemente as resoluções propostas; no fundo um governo de camarilha, uma ditadura, sem dúvida, não a ditadura do proletariado, e sim a de um grupo de políticos, isto é, uma ditadura no sentido burguês, no sentido da hegemonia jacobina.

Da mesma forma, ela acreditava que a aplicação do terror contra os inimigos só poderia, com o passar do tempo, depravar a sociedade. O único meio do qual disporia a revolução proletária contra seus inimigos seria uma justiça baseada nas decisões das massas, decisões adotadas em um clima de liberdade política ilimitada. Rosa conclui por definir a forma de aplicação da ditadura do proletariado escolhida por Lênin e Trótski como uma ditadura de partido, e não de classe. "Ditadura, perfeitamente! Mas essa ditadura [do proletariado] reside no modo de aplicação da democracia, e não de sua eliminação".[68]

Na época em que o artigo foi publicado, em 1922, os antigos camaradas de Luxemburgo, Clara Zetkin e o polonês Warszawski, foram instados a testemunhar que ela havia modificado suas posições ao sair da prisão. Mas só conseguiram evidenciar que ela havia considerado suas críticas aos russos como secundárias, face à revolução alemã.[69] Quanto à crítica ao terror aplicado pelos bolcheviques, a reprodução de uma discussão tida no fim de 1918 entre ela, Jogiches, Liebknecht e Radek, no "Diário" deste último, escrito em 1926, tem servido para se argumentar que Rosa teria moderado

---

68 Rosa Luxemburg, "La révolution russe", in: *Oeuvres II – Écrits politiques (1917-1918)*. Paris, Maspero, 1971, p. 79-88. (Edição brasileira: I. Loureiro (org.), *Rosa Luxemburgo...*, op. cit., Vol. 2 (1914-1919), p. 175-212. São Paulo, Editora Unesp, 2011).

69 Ver trechos dos depoimentos, citados por J.-P. Nettl, op. cit., t. 2, p. 695-697.

Do partido único ao stalinismo

suas posições. Mas com isso só fica demonstrado que Luxemburgo olhava sobretudo para a Alemanha, acreditando que os erros dos russos viriam a ser corrigidos pela propagação da revolução internacionalmente.[70]

Além dessas polêmicas escritas, existe ainda uma outra subjacente e ligada às questões em debate entre Luxemburgo e Lênin. Como já foi visto, desde 1914, este último defendia a cisão com a II Internacional e a criação de uma nova, apoiando-se na tese de que a base social do oportunismo era a aristocracia operária e a pequena burguesia que aderia ao partido. Já a posição de Luxemburgo era diferente: no universo da Liga Spartacus não havia a categoria da "aristocracia operária" e as "hesitações" de Rosa quanto à cisão estavam apoiadas em uma concepção diferente sobre o partido operário e a origem do oportunismo. Em relação ao problema da cisão, já foi visto que, em janeiro de 1917, referindo-se ao SPD, ela considerava que tal iniciativa constituiria uma deserção. Mais tarde, em dezembro de 1918, em plena revolução, quando a Liga Spartacus ficou em oposição à direção do USPD, mais uma vez ela vacilou em deixar o partido e criar um novo, o comunista. Foi por causa dessa vacilação que ela e Jogiches escreveram a Clara Zetkin, pedindo-lhe que ficasse individualmente ainda um tempo no USPD e tentasse ganhar mais alguns militantes.[71] A esta altura sua vacilação englobava não apenas a preocupação de não se isolar em pequenas seitas, mas também uma certa desconfiança quanto à oportunidade de fundar novos partidos e uma nova Internacional sob a égide dos comunistas russos. É por isso que o delegado do KPD (Partido Comunista Alemão, que tinha sido fundado na passagem do ano de 1918 a 1919) à reunião internacional que decidiu, em março de 1919, criar a Internacional Comunista, recebeu da direção alemã instruções precisas para se opor. Luxemburgo acreditava que essa iniciativa prematura não só estimularia a preponderância russa como isolaria a nova organização dos socialistas da Europa Ocidental. Mais tarde, em 1924, Hugo Eberlein, delegado do KPD ao 1º Congresso da Internacional Comunista, reproduziu as diretrizes então dadas:

> O dever dos comunistas é de ganhar os partidos socialistas da Europa Ocidental, separando-os da II Internacional, a fim de fundar uma nova internacional revolucionária. Sozinho, o partido comunista russo nunca chegará a conseguir isso. O abismo entre ele e os partidos socialistas do Ocidente é profundo, sobretudo no que se refere ao francês, ao inglês e ao americano: cabe a nós, revolucionários alemães, constituir o traço de união entre os revolucionários do leste da Europa e os socialistas ainda reformistas do Ocidente; cabe a nós apressar a ruptura desses socialistas com o reformismo

---

70 Ver "Journal de Radek", in: Gilbert Badia, *Le Spartaquisme – Les dernières années de Rosa Luxembourg et Karl Liebknecht (1914-1919)*. Paris, L'Arche, 1967, p. 401-402. Citado também em J.-P. Nettl, op. cit., t. 2, p. 709.

71 Cf. J.-P. Nettl, op. cit., t. 2, p. 731.

do Ocidente. Nós desempenharemos melhor nosso dever na qualidade de "partido socialista". Se nos apresentarmos como um "partido comunista", a estreita ligação com os russos complicará nossa tarefa no Ocidente.[72]

O congresso de fundação do KPD – em 30 e 31 de dezembro de 1918 e 1º de janeiro de 1919 – ofereceu ocasião a essas diversas linhas de pensamento de se confrontarem, ainda que isso tenha acontecido de maneira ambígua e contraditória. Na época da preparação do congresso, chegaram a Berlim, provenientes de Moscou, três emissários dos bolcheviques, dos quais o mais importante era Radek. Ele tinha a seu favor, enquanto emissário, suas sólidas relações com o grupo de Bremen, antes da guerra, e suas relações mais recentes com Paul Levi, na Suíça, onde este havia se aproximado muito dos bolcheviques. Mas tinha em seu passivo relações tensas com Rosa Luxemburgo e Jogiches, devido ao fato de haver apoiado o grupo de Varsóvia, que no seio da social-democracia polonesa se havia contraposto aos dois dirigentes. Para alguns historiadores, a chegada de Radek está longe de ser uma coincidência, tendo ele constituído o motor da formação do novo partido, vencendo a resistência dos IKD (Comunistas Internacionalistas, em tradução livre da sigla em alemão), para quem os spartaquistas não cabiam em um partido comunista, e também a de Luxemburgo e de Jogiches, hostis à fusão com os "comunistas internacionalistas".[73]

Entretanto, tinha havido uma natural aproximação entre estes e a nova geração de militantes jovens da Liga Spartacus, cuja adesão se produzira sob o efeito da enorme popularidade que havia alcançado Liebknecht. Esses jovens operários e pacifistas haviam aprendido a odiar a toda-poderosa burocracia do SPD e, com ela, todas as formas de organização, inclusive o proletariado que ainda se movia em suas órbitas. Para eles, só havia eficácia na força das armas e, por isso, a revolução russa lhes aparecia apenas pelo prisma da insurreição liderada pelos bolcheviques. Pensavam o partido como uma minoria ativa e não imaginavam que uma ação revolucionária pudesse ter qualquer outro resultado que não fosse a vitória. A presença dessa camada de jovens proletários radicalizados terminou por conferir ao novo partido um caráter essencialmente esquerdista. O número de delegados originários de cada grupo – 83 da Liga Spartacus e 29 dos IKD – nada representa levando-se em consideração que politicamente essa jovem geração de spartaquistas estava mais próxima dos "comunistas internacionalistas" do que dos dirigentes tradicionais da Liga.[74]

---

72 Artigo publicado na *Inprekorr* (28/02/1924), citado por P. Broué, *Révolution en Allemagne...*, op. cit., p. 214; e por H. Saña, op. cit., t. 1, p. 18.

73 Ver H. Schürer, *Radek and...*, op. cit., p. 68; Warren Lerner, *Karl Radek, the last internationalist*. Stanford, California, Stanford Univ. Press, 1970, p. 80; e Richard Lowenthal, "The Bolchevization of the Spartacus League", in: *International Communism*, St. Anthony's Papers nº 9, London, Chatto and Windus, 1960, p. 27.

74 S. Bricianer, op. cit., p. 141; P. Broué, *Révolution en Allemagne...*, op. cit., p. 215.

Do partido único ao stalinismo

A questão mais polêmica durante o congresso de fundação foi a da participação ou não nas eleições para a Assembleia Constituinte que deveriam se realizar em janeiro. Paul Levi apresentou a posição da direção e, a partir do momento em que ficou claro que era favorável à participação, passou a ser aparteado com violência. Inutilmente Luxemburgo defendeu a participação. A maioria esquerdista da Liga Spartacus apoiou a posição de não participação, defendida por Otto Rühle, dos IKD. O resultado do voto – 62 contra a participação e 23 a favor – revelava assim o caráter da nova organização que surgia. Embora houvesse também nos IKD alguns partidários da participação, a decisão do grupo de integrar o novo partido só foi anunciada quando o voto havia sancionado a não participação. O esquerdismo manifestou-se ainda na discussão sobre as "lutas econômicas", durante a qual muitos oradores, principalmente Frölich, dos IKD, pronunciaram-se contra a participação nos sindicatos, retomando a ideia das "uniões operárias", organizações ao mesmo tempo econômicas e políticas, anteriormente veiculada pelo *Arbeiterpolitik*. O debate prosseguiu em uma comissão, sem tomada de posição. Mas a inconsequência do esquerdismo preponderante fez com que, de um lado, a maioria política não se propusesse a assumir o controle da direção, deixando-a nas mãos dos spartaquistas tradicionais, minoritários. De outro lado, essa mesma maioria que se manifestara pelo boicote às eleições para a Constituinte e contra o trabalho sindical, aplaudiu com entusiasmo o discurso de Luxemburgo sobre o programa do partido, cujo conteúdo era oposto, e votou-o ao final unanimemente. Levados pelo entusiasmo pela grande líder, não se deram conta de que o programa do partido ia na direção oposta de suas posições. O único representante dos IKD na direção eleita do KPD era Frölich. Com ele, velhos spartaquistas como Luxemburgo, Liebknecht, Jogiches, Levi, Eberlein e outros.[75]

No programa, denominado "O que pretende Spartacus?", Luxemburgo reitera indiretamente uma de suas críticas aos bolcheviques:

> A revolução proletária não implica nos seus objetivos nenhum terror, odeia e tem horror ao assassinato. Não tem necessidade de verter sangue, não ataca os seres humanos, mas as instituições e as coisas. Não desce à arena com ingênuas ilusões, cuja decepção tenha que vingar pelo terror. Não é a tentativa desesperada de uma minoria em busca de modelar o mundo ao seu ideal, à força de violência. Resulta da ação das grandes massas chamadas aos milhões para preencher a sua missão histórica e para transformar em realidade as necessidades que se imprimem no povo inteiro.

Além disso, ela termina o programa com uma frase destinada a se tornar a pedra angular das divergências no seio do KPD:

---

75 P. Broué, *Révolution en Allemagne...*, op. cit., p. 215-220.

> Se Spartacus se apoderar do poder será apenas sob a forma da vontade clara, indubitável, da grande maioria das massas proletárias de toda a Alemanha e apenas enquanto força de sua consciente adesão às perspectivas, aos objetivos e aos métodos de luta propagados pela Liga Spartacus. A revolução proletária só gradualmente pode abrir caminho para a inteira claridade e a plena maturidade, passo a passo, no longo caminho do sofrimento e das experiências próprias. A vitória de Spartacus não se coloca no começo, mas no final da revolução: é idêntica à vitória definitiva das massas com milhões de cabeças que só agora entram no caminho do socialismo.[76]

Apesar do voto ao programa, o esquerdismo que se propagou a partir do congresso era de tal ordem que convenceu dirigentes, como Jogiches, de que a criação do partido havia sido efetivamente prematura. Rosa, mesmo compartilhando do mesmo ponto de vista, era mais otimista. Em uma carta a Clara Zetkin – provavelmente a última antes de sua morte – assegurava à amiga:

> Antes de mais nada, a questão da não-participação nas eleições: você superestima enormemente o alcance dessa resolução. Não há partidários de Rühle. Na conferência, Rühle não foi um líder absoluto. Nossa "derrota" foi apenas a vitória de um extremismo um pouco pueril, em plena fermentação, sem nuances. [...] Não se esqueça de que os spartaquistas são em grande parte uma geração nova, sobre a qual não pesam as tradições embrutecedoras do "velho" partido, do partido que já deu provas, e é preciso aceitar o fato com seus prós e contras. [...] Na realidade, os acontecimentos atuais que se precipitam colocam totalmente em segundo plano a questão da Assembleia Nacional, e se as coisas continuam como agora, parece-me duvidoso que haja eleições e uma Assembleia Nacional. [...] Os "comunistas" eram essencialmente os de Hamburgo e Bremen: tal aquisição certamente tem seus inconvenientes, mas trata-se de questão secundária que deve se deixar passar e que se ajustará com o progresso de todo o movimento.[77]

Todo este otimismo viria a ser bem rapidamente desmentido por acontecimentos dramáticos que se precipitaram nos dias seguintes, ao fim do congresso, e então as contradições do KPD apareceriam como questões urgentes a resolver. Inconformado com a agitação contínua das massas e a rebelião dos marinheiros concentrados em

---

76   Rosa Luxemburgo, "O que pretende a Liga Spartacus?", in: *Reforma social ou revolução*. Lisboa, Publicações Escorpião, 1975, p. 139 e 145-146. (Edição brasileira: I. Loureiro (org.), *Rosa Luxemburgo* op. cit., Vol. 2 (1914-1919), p. 287-298. São Paulo, Editora Unesp, 2011).

77   Transcrito em Gilbert Badia, *Les Spartaquistes, 1918 – L'Allemagne en révolution*. (Documents présentés par). Paris, Archives Julliard, 1966, p. 228-230; (Edição brasileira: I. Loureiro (org.), *Rosa Luxemburgo* op. cit., *Vol. 3, Cartas*, p.359-360. São Paulo, Editora Unesp, 2011).

Do partido único ao stalinismo

Berlim, o governo de Ebert permitiu que os "corpos francos" (soldados desmobilizados voluntários) estacionassem na fronteira da cidade às vésperas do natal de 1918. Em 4 de janeiro, a situação tornou-se explosiva com a demissão, pelo governo, do chefe de polícia de Berlim, Emil Eichhorn, ligado ao USPD. Este recusou a demissão e foi apoiado por manifestações massivas insurrecionais e espontâneas de operários. Em 9 de janeiro, os "corpos francos" e outros grupos improvisados de soldados voluntários, já dentro de Berlim, começaram a reprimir ferozmente, evacuando edifícios ocupados, prendendo operários e executando-os sumariamente. Rosa Luxemburgo e Karl Liebknecht foram presos e barbaramente assassinados em 15 de janeiro. Começava a "normalização" da revolução.[78]

Ao se analisar o congresso de fundação do KPD, vê-se que as ambiguidades ali apenas afloradas derivam do fato de que havia diversas problemáticas superpostas e às quais foram dadas respostas contraditórias. Em primeiro lugar, havia duas organizações formais em presença: a Liga Spartacus e os IKD. A terceira corrente – "os delegados revolucionários" – não compareceu ao congresso. Tinha feito exigências prévias à sua adesão: o abandono do boicote às eleições, a definição em comum com eles de uma "tática de rua", que visava a coibir a radicalização dos jovens spartaquistas e, pela mesma ordem de razões, a eliminação do nome Spartacus no título do novo partido. Como essas exigências não foram aceitas, o grupo permaneceu dentro do USPD. A exigência quanto ao nome tinha por objetivo demonstrar distância dos jovens spartaquistas. O partido alemão, no entanto, adotou o nome de KPD (*Spartacusbund*), isto é, KPD(S) até novembro de 1920, e o programa redigido por Rosa Luxemburgo ficou conhecido como "Programa da Liga Spartacus". Assim, considerando-se apenas a Liga e os IKD, constata-se que já durante a guerra as duas correntes reagiram de modo diferente face à questão crucial, a da cisão com a social-democracia e a da criação de um novo partido. Além disso, havia em confronto duas linhas de pensamento político, a de Lênin e a de Rosa Luxemburgo, distintas quanto à análise da fonte do oportunismo e à concepção de partido. Por fim, é preciso considerar que se encontraram em presença duas gerações de militantes diferentes, aquela para quem pesavam as "tradições do velho partido que já havia dado provas" e os jovens para quem só a ação contava. As condições nas quais se realizou o congresso, em pleno processo revolucionário, só permitiram que viesse à tona essa última problemática, todas as outras ficando obscurecidas temporariamente. Quanto a ela, tanto os velhos spartaquistas quanto os bolcheviques, na pessoa de Radek, tiveram a mesma reação: todos sabiam que a ação não era tudo. Mas prevaleceu a atitude de condescendência, expressa na carta de Rosa, acima citada, as outras questões ficando pendentes.[79]

---

78 A. Mendes de Almeida, *A República de Weimar...*, op. cit., p. 29-30.

79 P. Broué, *Révolution en Allemagne...*, op. cit., p. 222-223.

Angela Mendes de Almeida

Resta abordar o problema, perfeitamente pertinente, de saber qual dessas duas correntes – os IKD ou a Liga Spartacus – tinha maior proximidade com os bolcheviques. A versão moderna da historiografia comunista ortodoxa da República Democrática Alemã, no afã de restabelecer uma linha genealógica de descendência entre a tendência e a pessoa que teriam sido as "únicas" a ter "a linha política correta", deduz, do fato de Walter Ulbricht ter pertencido ao grupo de Liebknecht antes de 1915, que a Liga Spartacus foi o ascendente do bolchevismo. Ulbricht passou a dirigir o partido alemão em 1933, quando Ernst Thälmann foi preso pelos nazistas, sobreviveu aos expurgos da década de 1930, passou a guerra em Moscou e foi entronizado como primeiro homem do regime comunista alemão depois de 1945, posto que ocupou até 1971.[80] Esta versão oficialista pode ser deixada de lado pelo seu evidente facciosismo.

Entre os outros historiadores, alguns consideram que não havia bolcheviques alemães antes da revolução, o esquerdismo extremista estando igualmente presente entre os spartaquistas e os "comunistas internacionalistas". É o caso especialmente de P. Broué, para quem a influência bolchevique só teria efetivamente chegado aos militantes alemães a partir da transformação havida no 2º Congresso do KPD, em Heidelberg, em outubro de 1919. Defendendo seu ponto de vista, Broué não leva em conta todos os pontos de contato entre os IKD e os bolcheviques que se procurou destacar aqui.[81] Outros historiadores consideram que os IKD, por sua trajetória política e por suas ligações orgânicas, eram o grupo que havia mais bem assimilado o leninismo.[82] Entre estes Heinz Schürer vai mais além, ao tentar evidenciar que as análises de Lênin sobre a base do oportunismo e a aristocracia operária, fundamentais para a linha dos comunistas, têm origem nas contribuições de Pannekoek, e que ligações orgânicas preferenciais se estabeleceram durante a guerra, sendo Radek um fator-chave dessa aliança.[83] É verdade que, contra este último ponto de vista, pode-se argumentar que concepções presentes no congresso de fundação do KPD, de negação da ação parlamentar e sindical, cuja fonte eram formulações dos IKD, nada têm a ver com o bolchevismo. Mas elas tampouco nada têm em comum com a Liga Spartacus. E mais ainda: embora não haja antecedentes entre os bolcheviques de uma recusa por princípio de participar na luta eleitoral e sindical, e nem da proposição de organizações econômico-políticas como as "uniões operárias", essas posições eram defendidas entre os alemães tendo por base a mesma análise de Pannekoek e Lênin sobre a origem do oportunismo no movimento operário. Isso viria a ficar bem claro mais tarde, na resposta de Hermann Gorter, dos IKD, ao *Esquerdismo, doença*

---

80   Ibid., p. 805 e 933.

81   Ibid., p. 207, 209, 213 e 215.

82   Ver O. K. Flechtheim, op. cit., p. 50; Claude Weil, "Introduction", in: Rosa Luxembourg, *Oeuvres – Écrits politiques* (1917-1918), op. cit., p. 14; e Richard Lowenthal, op. cit., p. 26.

83   Ver H. Schürer, *Anton Pannekoek and...*, op. cit.; H. Schürer, *Radek and...*, op. cit.

infantil do comunismo, de Lênin, escrita em 1920. É por isso que o militante holandês iria definir a Internacional Comunista dos primeiros anos como uma corrente que "traiu" suas posições e "degenerou".

A revolução russa venceu por sua "pureza", pela firmeza de seus princípios. [...] Em lugar de aplicar agora também a todos os outros países essa tática comprovada e de reforçar, assim, a III Internacional a partir de seu interior, muda-se a rota e tal como a social-democracia no passado, passa-se ao oportunismo. [...] Este livro (*Esquerdismo...*) é para o proletariado comunista revolucionário o que foi o livro de Bernstein para o proletariado revolucionário.[84]

Todos os elementos conduzem assim à conclusão de que, se havia bolcheviques na Alemanha antes da revolução, estes eram os IKD. Ou seja, mais ainda do que as ligações orgânicas preferenciais, essas duas tendências tinham em comum uma definição teórica de capital importância para a forma de encarar a pluralidade de posições no seio do movimento operário, bem como a concepção de partido e de alianças.

---

84   Hermann Gorter, *Réponse à Lénine*. Paris, Librairie Ouvrière, s.d. (Préface 1930), p. 44 e 89.

2. O nascimento da Internacional Comunista (1919-1921)

As "21 condições" nos documentos (julho-agosto 1920)

A consequência mais imediata das ideias desenvolvidas por Lênin a partir de 1914 iria ser a criação de uma nova Internacional e de novos partidos, sem os reformistas da II Internacional. O congresso de fundação da Internacional Comunista (ou *Komintern*) – em março de 1919 – contou apenas com a presença do único partido comunista que já existia, além do russo, o Partido Comunista Alemão – KPD (*Kommunistische Partei Deutschlands*) que, como foi visto, opunha-se à iniciativa. Também estavam presentes dirigentes de diversos partidos socialistas. Na verdade, esse chamado 1º Congresso da IC foi apenas um embrião que só iria ganhar forma com o 2º Congresso, realizado entre 19 de julho e 7 de agosto de 1920. E esta forma estava profundamente condicionada, de um lado, pelas posições que o bolchevismo havia desenvolvido e, de outro, pela análise da conjuntura daquele momento. As "21 condições de admissão dos partidos à Internacional Comunista", aprovadas no 2º Congresso Mundial como instrumento preferencial de intervenção dos comunistas no movimento operário internacional, refletiam não apenas a linha de pensamento de Lênin sobre as raízes do oportunismo e a natureza do partido, mas também a avaliação que se fazia da conjuntura do pós-guerra. Redigidas por Lênin, elas instituíam, como meio de criar os novos partidos comunistas, a exclusão dos oportunistas dos antigos partidos socialistas, isto é, a cisão. Com efeito, a 7ª condição precisava:

> Os partidos que desejem aderir à Internacional Comunista têm por dever reconhecer a necessidade de uma ruptura completa e definitiva com o reformismo e com a política do centro, bem como de preconizar esta ruptura entre os membros das organizações. [...] A Internacional Comunista exige imperativamente e sem discussão essa ruptura, que deve ser realizada no prazo mais breve.

Em seguida, a 13ª condição afirmava que os comunistas "devem realizar depurações periódicas nas suas organizações, a fim de afastar os elementos interesseiros e pequeno-burgueses". A 20ª condição propunha que os comunistas cuidassem para que "2/3 dos membros do seu Comitê Central e das instituições centrais mais importantes

54 Angela Mendes de Almeida

sejam de camaradas que se tenham pronunciado abertamente pela adesão do partido à III Internacional antes do 2º Congresso" apesar de se admitirem exceções. E, por fim, a 21ª condição precisava que "todos os que não aceitassem estas condições deviam ser expulsos".[1] Começava, assim, a trajetória da Internacional Comunista, pela exclusão e pela cisão, sem discussão com os "vacilantes".

Paralelamente à luta contra os reformistas e os "centristas", ou seja, os que tergiversavam e não queriam expulsar os reformistas, o 2º Congresso atacava também os esquerdistas, através de resoluções que postulavam como obrigatórias as atividades parlamentar e sindical.[2] Com efeito, desde 1919, Lênin começara seu combate contra a "doença infantil do esquerdismo". Mas eram lutas de natureza desigual. Os "centristas" e os reformistas (ou oportunistas) deviam ser excluídos "sem discussão" e "no prazo mais breve". Quanto aos esquerdistas:

> Trata-se de uma doença de crescimento. Passará à medida que o movimento crescer e crescerá maravilhosamente. É preciso lutar abertamente contra os seus erros evidentes, esforçando-se para não exagerar as divergências, pois todos devemos nos dar conta de que em um futuro próximo a luta pela ditadura do proletariado, pelo poder dos sovietes, eliminará a maioria desses desacordos.[3]

A posição de Lênin seria também integrada à tese do 2º Congresso – "As tarefas principais da IC" – onde se diria que o esquerdismo era "um erro menos importante" (do que o "centrismo" e o reformismo), apenas "uma doença de crescimento do movimento".[4] Nessa época, os comunistas russos estavam convencidos de que a pressão das bases operárias, entusiasmadas pelo exemplo da revolução de outubro, havia modificado o caráter das organizações tradicionais. Por isso era preciso apenas depurar o partido de uma pequena minoria de dirigentes. Acreditavam que as grandes massas haviam abandonado seus líderes e se voltavam esperançosas para Moscou, como mostra a tese já citada:

> O grau de preparação do proletariado dos países fundamentais do ponto de vista da economia e da política mundiais caracteriza-se exata e objetivamente pelo fato de que os partidos mais importantes da II Internacional,

---

1   *Manifestes, thèses et résolutions des Quatres Premiers Congrès mondiaux de l'Internationale Communiste (1919-1922)*, "Conditions d'admission des Partis dans l'International Communiste". Paris, Maspero, 1975, p. 40-41.

2   Ibid., "Le mouvement syndical, les comités de fabrique et d'usines", p. 53 e ss.; e "Le Parti Communiste et le parlementarisme", p. 66 e ss.

3   V. I. Lénine, *Oeuvres Complètes*, t. 30, "Salut aux communistes Italiens, Français et Allemands" (set. 1919). Moscou, Éditions du Progrès, 1974, p. 52, escrito antes que Lênin decidisse dedicar uma brochura inteira à "doença infantil".

4   *Manifestes, thèses et...*, "Les tâches principales de l'Internationale Communiste", op. cit., p. 42.

Do partido único ao stalinismo

como o Partido Socialista Francês, o Partido Social-Democrata Independente da Alemanha, o Partido Trabalhista inglês e o Partido Socialista americano deixaram essa Internacional amarela e decidiram, sob condições, aderir à III Internacional. Fica assim provado que a vanguarda não está só, que a maioria do proletariado revolucionário começou a passar para o nosso lado, convencida pela marcha dos acontecimentos. O essencial agora é saber completar essa passagem e firmar solidamente o que já se obteve, através da organização.[5]

A apreciação otimista da situação englobava ainda todos os aspectos da situação econômica, política e social mundial. O manifesto do congresso – "O mundo capitalista e a IC" – afirmava enfaticamente:

> A guerra civil está colocada na ordem do dia no mundo inteiro. A palavra de ordem é: "o poder aos sovietes". [...] A luta passa por diferentes fases, conforme o país, mas trata-se da luta final, [...] o movimento tem, no seu conjunto, um caráter profundamente revolucionário. Não se pode apaziguá-lo nem paralisá-lo. Estende-se, consolida-se, purifica-se, deixa para trás tudo o que está ultrapassado. E não se paralisará até que o proletariado chegue ao poder.[6]

Fica evidente, neste texto como em outros da mesma época, a ideia de que a revolução não era apenas iminente, mas também irreversível. A análise de fundo que engendrava esta conclusão aparece claramente, sobretudo, no "Relatório de Lênin ao 2º Congresso sobre a situação internacional e as tarefas da IC". Segundo ele o Tratado de Versalhes havia dividido as nações em guerra entre vencidas e vencedoras. Às vencidas foram impostas condições de um tal rigor que elas se reencontraram num "estado de dependência colonial". Mas a situação criada atingia economicamente também os países vencedores, a inflação e a baixa dos salários reais, levando ao descontentamento das massas operárias, o que fazia Lênin concluir que "o mecanismo da economia capitalista [estava] completamente avariado". No entanto, imediatamente tomava o cuidado de esclarecer:

> Não existe situação completamente sem saída. [...] O regime burguês atravessa uma profunda crise revolucionária no mundo inteiro. É preciso agora demonstrar, pela ação prática dos partidos revolucionários, que eles possuem suficiente consciência, capacidade de organização, ligações com as massas exploradas, espírito de decisão e conhecimento prático para explorar a crise em proveito de uma revolução vitoriosa.[7]

---

5   Ibid., p. 46.

6   Ibid., "Le monde capitaliste et l'Internationale Communiste", p. 78.

7   Lénine, op. cit., t. 31, "Le IIᵉ Congrès de l'Internationale Communiste – Rapport sur la situation internationale et les tâches fondamentales de l'IC", publicado em julho de 1921, p. 233-234.

Nesse sentido, seria inútil explicar o otimismo das previsões sobre a revolução simplesmente a partir da análise econômica de Lênin sobre o imperialismo como fase superior do capitalismo, sucumbindo às suas próprias contradições e, consequentemente, eliminando qualquer margem de manobra para o reformismo social-democrata. A advertência de Lênin sobre a saída da crise não é, aliás, ocasional. Para ele, é o partido que, pela sua intervenção política, faz a passagem da crise econômica à revolução. Entretanto, se levarmos em conta sua concepção sobre as raízes do oportunismo e, em particular, sobre a aristocracia operária, fica mais claro como a determinação econômica conduz à revolução. A crise, suprimindo a possibilidade de a burguesia distribuir as migalhas de seus lucros à camada superior do proletariado, eliminava quase que automaticamente a base operária do reformismo e abria condições para a ação de um partido, mesmo pequeno. Dentro dessa perspectiva, o que deve ser salientado não é a superestimação da profundidade econômica da crise, e sim a subestimação das ligações político-ideológicas que as organizações reformistas e seus chefes tinham com o conjunto da massa operária, e não apenas com uma "minoria corrompida".[8] Essas ligações eram suficientemente fortes para se manterem, mesmo em uma situação em que coexistissem múltiplos fatores indicativos de uma crise revolucionária. É o caso da Alemanha de novembro de 1918, quando a social-democracia ajudou a sufocar a revolução com o consentimento – ainda que inconsciente de todas as suas implicações – da massa operária. Diante de ligações tão fortes, a intervenção do fator político, entendido então pelos comunistas como sendo a criação de partidos revolucionários e sua "ação prática", significava muito pouco. Para desligar as massas operárias de suas organizações e de seus chefes tradicionais, a fórmula prevista nas "21 condições" era absolutamente ineficaz.

A ideia da iminência da revolução foi ainda mais potencializada pela conjuntura específica em que se realizou o 2º Congresso da Internacional Comunista, concomitantemente com a contraofensiva vitoriosa do Exército Vermelho na Polônia. Desde abril de 1920, quando incentivados sobretudo pela França, os poloneses haviam atacado a Ucrânia, o Exército Vermelho havia resistido e, no contra-ataque, chegara quase às portas de Varsóvia, na mesma época da realização do congresso, em julho. Sintomaticamente, o avanço puramente militar das forças russas foi encarado como peça fundamental da crise revolucionária. A propósito da conveniência de se prosseguir a contraofensiva, as opiniões divergiam nas discussões que aconteceram durante o congresso. Lênin, que ganhou a maioria da direção russa para suas posições, queria "sondar a Europa com a baioneta do Exército Vermelho". Estava convencido de que

---

8   Henri Weber, *Marxisme et conscience de classe*. Paris, Union Générale d'Éditions, 10/18, 1975, p. 253; Fernando Claudín, *La crisis del movimiento comunista. De la Komintern al Kominform*. Francia, Ruedo Ibérico, 1970, p. 35. (Edição brasileira: *A crise do movimento comunista*, 2 vols. São Paulo, Global, 1985 e 1986).

Do partido único ao stalinismo

os operários e camponeses poloneses receberiam os russos como libertadores e, mais ainda, de que na fronteira polonesa com a Alemanha eles constituiriam um poderoso fermento para a insurreição proletária naquele país. Os militantes poloneses, ao serem consultados, eram de outra opinião: Julian Marchlevski e Radek acreditavam que a invasão iria despertar o sentimento patriótico polonês contra os russos. Mas Lênin ficou na sua posição, favorável à ação russa.[9] Meses mais tarde, ele teria reconhecido, em conversa com Clara Zetkin, que se havia equivocado ao chamar Radek de "derrotista", por não esperar uma revolução polonesa a partir do exército russo: "Ele conhece melhor do que nós as coisas de fora da Rússia, sobretudo a dos países ocidentais, e tem talento".[10] Entre os russos, Trótski manifestou-se contra a continuação da contraofensiva, impressionado com os argumentos de Marchlevski.[11] Também Paul Levi, a quem Lênin perguntou se os trabalhadores alemães se levantariam face ao avanço do exército russo na Polônia, respondeu ceticamente: "talvez depois de alguns meses, talvez nunca [...]", o que irritou consideravelmente os partidários da continuação da contraofensiva.[12]

Durante a realização do 2º Congresso, porém, o otimismo era contagiante. Jules-Humbert Droz, delegado suíço, conta que na sala dos fumantes um grande mapa do Estado Maior indicava, dia por dia, o rápido avanço dos russos em direção à Varsóvia.[13] O otimismo não deixaria de influir nas decisões do congresso, como demonstra a modificação do texto inicial de Lênin para a tese "As tarefas principais da IC". Enquanto o projeto dizia: "A tarefa atual dos partidos comunistas não é a de acelerar a revolução, mas sim a de acelerar a preparação do proletariado", o texto final terminou por conter a afirmação de que: "A tarefa atual dos partidos comunistas é, agora, a de acelerar a revolução, sem provocá-la por meios artificiais antes que uma preparação adequada tenha sido feita".[14] A contraofensiva na Polônia influiria também no caráter peremptório das "21 condições", que deveriam ser executadas "sem discussão" e "no

---

9   Isaac Deutscher, *Il profeta armato – Trótski (1879-1921)*. Milano, Longanesi, 1959, p. 623-625. (Edição brasileira: *O profeta armado*. Rio de Janeiro, Ed. Civilização Brasileira, 1968).

10   Clara Zetkin, *Recuerdos sobre Lênin*. Barcelona, Grijalbo, 1975, p. 41.

11   Léon Trótski, *Ma vie*. Paris, Gallimard, 1978, p. 535. (Edição brasileira: *Minha vida*. São Paulo, Paz e Terra, 1978).

12   Richard Lowenthal, "The Bolchevization of the Spartacus League", in: *International Communism*, St. Anthony's Papers nº 9, London, Chatto and Windus, 1960, p. 37; e Margarete Buber-Neumann, *La révolution mondiale. L'histoire du Komintern (1919-1943) racontée par l'un de ses principaux témoins*. Tournai, Casterman, 1971, p. 25.

13   Jules-Humbert Droz, *L'Internationale Comunista tra Lenin e Stalin. Memorie de un protagonista (1891-1941)*. Milano, Feltrinelli, 1974, p. 42.

14   Pierre Broué, *Révolution en Allemagne (1917-1923)*. Paris, Les Éditions de Minuit, 1971, p. 409; R. Lowenthal, op. cit., p. 38; e Aldo Agosti, *La Terza Internazionale. Storia Documentaria. t. 1 (1919-1923)*. Roma, Editori Riuniti, 1974, p. 197.

prazo mais breve". Acreditavam que não havia tempo para a clarificação ideológica, a revolução estava às portas e fazia falta um partido homogêneo.

A ideia de que os problemas da crise revolucionária poderiam ser solucionados pela criação de novos partidos vinha não apenas dessa urgência, mas também da certeza de que a cisão entre as massas operárias e os chefes reformistas já era um ato consumado na consciência delas, bastando apenas ser traduzido em termos orgânicos. Desde o primeiro sintoma da revolução no Ocidente, com o novembro alemão de 1918, os bolcheviques ficaram convencidos de que as premissas objetivas para a revolução estavam maduras. O único obstáculo era a social-democracia e a hegemonia que ela exercia sobre as massas. Para eles, bastaria a existência de uma alternativa, de um partido que levantasse palavras de ordem revolucionárias justas, para que as massas abandonassem seus líderes e suas organizações. Ou seja, esperavam o mesmo efeito que, na narrativa codificada da revolução de outubro, suas palavras de ordem tiveram. Assim as "vacilações" da Liga Spartacus eram sempre lembradas ao se falar do atraso orgânico em relação à situação de crise. A cisão era vista como um ato simples e cristalino, como se vê nos textos de Lênin da época:

> As divergências entre scheidemanianos e kautskistas são divergências de partidos em decomposição, agonizantes, onde os chefes ficam sem massas, os generais sem exército. [...] O partido kautskista (ou independente) periclita e logo perecerá inelutavelmente; entrará em decomposição por causa dos desacordos entre os membros revolucionários de sua massa e os seus chefes contrarrevolucionários.[15]

No próprio texto da resolução sobre as "21 condições", redigido por Lênin, afirmava-se: "A II Internacional está definitivamente derrotada".[16] Trótski compartilhava da mesma crença quando declarava, em uma reunião paralela ao 2º Congresso:

> Está fora de dúvida que o proletariado estaria no poder em todos os países se não houvesse entre eles [os partidos comunistas] e as massas, entre a massa revolucionária e a vanguarda, uma poderosa e complexa máquina, os partidos da II Internacional e os sindicatos que, na época da decomposição e da morte da burguesia, colocaram seu aparelho a serviço dela. [...] A partir de agora, a partir deste congresso, a cisão da classe operária vai se acelerar dez vezes: programa contra programa, tática contra tática, método contra método.[17]

---

15   Lénine, op. cit., t. 30, "Salut aux communistes Italiens, Français et Allemands" (set. 1919), p. 48 e 51. Lênin refere-se aqui aos partidários de Philipp Scheidemann (o SPD) e de Karl Kautsky (o USPD).
16   Ibid., t. 31, "Les conditions d'admission à l'Internationale Communiste" (jul. 1920), p. 210.
17   Citado por P. Broué, *Révolution en Allemagne...*, op. cit., p. 413.

Um outro elemento reforçava a ideia de que a iminência da revolução transformava em necessidade imperiosa e urgente a cisão com os reformistas: o "exemplo da Hungria". O ano de 1919 viu o surgimento de duas experiências de governo de conselhos, de curta duração: o da Baviera, no mês de abril, e o da Hungria, que durou de 21 de março a 1º de agosto. Os dois foram esmagados militarmente, o da Baviera pelos "corpos francos" de tropas alemãs, e o da Hungria por tropas romenas e tchecoslovacas. Mas uma particularidade da experiência húngara aguçava especialmente o interesse da Internacional Comunista: lá os comunistas se haviam fundido com os sociais-democratas em um só partido, para constituir o governo da República Húngara dos Conselhos Operários. Diante do cerco militar, os sociais-democratas tentaram negociar por sua conta, o que não impediu a repressão massiva contra todos os revolucionários. Na já citada tese sobre as tarefas da IC, redigida por Lênin, dizia-se a propósito da coexistência com os reformistas em uma mesma organização:

> Este estado de coisas é absolutamente inadmissível. Ele introduz no seio das massas um elemento de corrupção, impede a formação ou o desenvolvimento de um partido comunista forte, põe em causa a consideração que se deve à III Internacional, ameaçando-a novamente de traições comparáveis às dos sociais-democratas húngaros, rapidamente disfarçados de comunistas.

E o próprio texto das "21 condições" recomendava aos comunistas não esquecerem da Hungria pois "a união dos comunistas húngaros com os reformistas custou caro ao proletariado húngaro".[18] Era a prova de que permitir a coexistência de reformistas com revolucionários em uma mesma organização levava à desgraça e à traição, daí porque a cisão e a expulsão eram necessárias.

A proposta suscitava alguma perplexidade. Durante o congresso, diversos representantes de partidos socialistas, cuja adesão estava em causa, manifestaram-na face à rigidez das "21 condições": Giacinto Serrati, do Partido Socialista Italiano (PSI), Marcel Cachin e Ludovic-Oscar Frossard, do Partido Socialista Francês (PSF), bem como Ernst Daümig, Arthur Crispien e Wilhelm Dittmann, do USPD (Partido Social-Democrata Independente da Alemanha). Ao final, apenas os dois últimos votaram contra. Mas as observações mais interessantes foram feitas por Paul Levi, que apesar de haver votado a favor, era bastante cético quanto à eficácia do novo instrumento. Ele enfatizou a necessidade de colocar as condições políticas, através de uma ampla discussão, em um plano superior às condições organizacionais. Ou seja, já começava a achar na época que o partido revolucionário não deveria ser criado pela pressão de uma cisão, mas através de posições que mobilizassem as bases e isolassem os líderes

---

18 *Manifestes, thèses et...*, op. cit., "Les tâches principales de l'Internationale Communiste". op. cit., p. 42; e ibid., "Conditions d'admission des Partis Communistes dans l'Internationale Communiste", p. 39.

60 Angela Mendes de Almeida

reformistas. As "21 condições" marcam o momento em que Levi começou a tomar consciência de sua oposição ao bolchevismo.[19]

As "21 condições" na prática: as cisões

Entretanto, um dos fatores constitutivos do otimismo prevalecente no 2º Congresso – o avanço do Exército Vermelho – reverteu-se em seu contrário. Em 16 de agosto de 1920, nove dias depois do congresso, os russos foram surpreendidos com a resistência e a contraofensiva dos poloneses, ao mesmo tempo em que constatavam a apatia ou a hostilidade da população civil. O Exército Vermelho teve que recuar rapidamente. A derrota, num episódio no qual tantas esperanças haviam sido depositadas e somando-se ao fracasso das experiências húngara e bávara, não chegou no entanto a ser motivo para reflexão e mudança da perspectiva geral. Mesmo porque surgia na Itália um outro foco de expectativas: entre agosto e setembro do mesmo ano, a luta dos metalúrgicos organizados em conselhos havia culminado na ocupação dos locais de trabalho, o que foi visto pela Internacional Comunista como o primeiro ato da revolução italiana. Portanto concluiu-se que as resoluções do 2º Congresso Mundial continuavam na ordem do dia.

A aplicação das "21 condições" propiciou em alguns países resultados numéricos satisfatórios, ou seja, os comunistas conseguiram ganhar mais da metade dos membros de pequenos partidos socialistas em países como, por exemplo, a Tchecoslováquia, a Iugoslávia. Em outros, onde a social-democracia era mais forte, os novos partidos comunistas eram organizações sem qualquer peso: era o caso da Áustria, da Bélgica, da Inglaterra e de outros.[20] Houve três casos em que as "21 condições" foram aplicadas exemplarmente: na França, na Itália e na Alemanha.

Na França, no congresso de Tours, realizado em dezembro de 1920, 3.028 delegados aprovaram as "21 condições" e, dessa forma, excluíram o resto do partido que era representado por 1.082 delegados. Estes, sob a liderança de Jean Longuet e Léon Blum, constituíram o Partido Socialista Francês (Seção Francesa da Internacional Socialista – SFIO). Os principais dirigentes do novo partido comunista, Cachin e Frossard, haviam manifestado reticências em relação às "21 condições", como já foi visto. Mas talvez incentivados pelo telegrama da Internacional exigindo ruptura com "Longuet e Cia.", terminaram por concluí-la nos moldes preconizados no 2º Congresso Mundial. O Partido Comunista Francês (PCF) começou com 110 mil militantes e o PSF com 30 mil. Contudo, o partido comunista de massas nascido em Tours perdeu, em menos de um ano e meio, quase a metade de seus militantes: em março de 1922 tinha cerca de 60 mil militantes.

---

19   Segundo R. Lowenthal, op. cit., p. 42.

20   A. Agosti, *La Terza Internazionale...*, op. cit., t.1 (1919-1923), p. 303.

Por outro lado, o PSF tinha já no seu 1º Congresso, em 1921, cerca de 55 mil membros.[21] Comentando *a posteriori* as condições em que nasceu o partido francês, Jules-Humbert Droz, que viria a ser delegado da Internacional Comunista na França, afirmava que a direção internacional passou muito facilmente uma esponja no passado nacionalista de Cachin, Frossard e outros que, por oportunismo, aderiram então ao comunismo.[22] Isso demonstra como condições organizacionais mais rígidas eram incapazes de substituir o debate ideológico e impedir que partidários do reformismo permanecessem no partido, dando razão ao que já pensava Paul Levi. O novo partido francês nasceu com uma fisionomia social-democrata e, quando a perdeu, a partir da chamada "bolchevização" que se iniciaria mais tarde, em 1924, já adquiriu a fisionomia stalinista. Estes elementos marcaram a história do PCF e repercutiram até muito tempo depois.

Em relação ao partido italiano, a Internacional teve uma atitude muito mais atuante. No congresso de Livorno, realizado em janeiro de 1921, no qual se discutiu a aplicação das "21 condições", confrontavam-se três tendências: a reformista, liderada por Filippo Turati, a "maximalista", ou "centrista", liderada por Giacinto Serrati, e a comunista, na qual havia duas correntes de origens diferentes: os "abstencionistas" de Amadeo Bordiga e os "ordinovistas" (do jornal *Ordine Nuovo*), onde estavam Antonio Gramsci e PalmiroTogliatti. O Partido Socialista Italiano, com cerca de 216 mil afiliados, era muito mais importante na Itália do que o PS francês. Não havia adotado durante a guerra a posição de defesa da pátria. Antes mesmo do 2º Congresso Mundial havia decidido, contra o voto da tendência reformista, aderir à Internacional Comunista. Serrati era uma das personagens mais importante da Internacional e havia sido eleito no 2º Congresso Mundial para o Comitê Executivo. Já então, havia demonstrado reticências em relação às "21 condições", como vimos. Na época do congresso de Livorno ele considerava ser impossível expulsar a ala reformista, caso ela se dispusesse a acatar a disciplina partidária e, sobretudo, porque constituía uma ala amplamente minoritária. Sua posição de moderação também se baseava na convicção de que as ocupações de fábricas, já então saldadas pelo insucesso, marcavam o começo de um refluxo de massas, tanto mais que coincidiam com o início dos ataques das esquadras fascistas. Para a tendência comunista, ao menos para o seu líder, Amadeo Bordiga, a revolução, ao contrário, era iminente. Mas o seu raciocínio, que iria se repetir durante muito tempo, era o do "quanto pior, melhor". Para ele, o índice da situação revolucionária era o fato de que "a burguesia concentrava suas últimas energias na defesa, através dos guardas brancos", isto é, das esquadras fascistas.[23]

---

21 Ibid., p. 305; Milos Hájek, *Storia dell'Internazionale Comunista (1921-1935)*. Roma, Ed. Riuniti, 1975, p. 42; Jean Lacouture, *Léon Blum*. Paris, Seuil, 1977, p. 182; Heleno Saña, *La Internacional Comunista (1919-1945)*, t. 1. Madrid, Zero, 1972, p. 40-41.

22 J.-H. Droz, *L'Internazionale Comunista tra Lenin e...*, op. cit., p. 51.

23 Citado por Paolo Spriano, *Storia del Partito Comunista Italiano*, t. 1 *Da Bordiga a Gramsci*. Torino, Einaudi, 1967, p. 110; H. Saña, op. cit., t. 1. Madrid, Zero, p. 43 e 46.

62   Angela Mendes de Almeida

Os comunistas russos, analisando à distância, também minimizavam a desmobilização e interpretavam o insucesso das ocupações de fábricas como a clássica situação revolucionária perdida por causa da vacilação e inoperância do PS italiano. Continuavam achando que a ruptura com os reformistas era de grande urgência. Em dezembro de 1920, Lênin escrevia a propósito da Itália:

> [...] encaminhamo-nos para combates decisivos do proletariado contra a burguesia, pela tomada do poder. Em um momento como esse é absolutamente indispensável não apenas eliminar do partido os mencheviques, os reformistas, os partidários de Turati, mas poderia mesmo vir a ser útil afastar de todos os cargos de responsabilidade comunistas excelentes, porém suscetíveis de hesitar e inclinados a defender a unidade com os reformistas.[24]

Foi sem dúvida por essas razões que a pressão da Internacional sobre o congresso de Livorno não se limitou a um telegrama. Foram enviados dois delegados – o húngaro Mátyás Rakósi e o búlgaro Christian Kabakschieff – que viriam a ter um papel decisivo no apoio à intransigência da tendência liderada por Bordiga. Nesse ambiente já prefigurado se confrontaram as três tendências: a reformista, representando cerca de 14 mil mandatos, a "centrista", cerca de 88 mil, e a comunista, 58 mil. Apenas os comunistas votaram a favor das "21 condições".[25] Tendo perdido a votação, retiraram-se do congresso e, reunindo-se em outro lugar da cidade, fundaram o Partido Comunista Italiano.[26] Mais de quatro décadas depois, Togliatti revelaria que ele e Gramsci, naquela ocasião, haviam deplorado que o partido nascesse sobre uma base tão minoritária, trazendo à luz um fragmento de uma carta de Gramsci, provavelmente de 1922, para provar sua afirmação. No fragmento era dito que "a cisão de Livorno foi sem dúvida o maior triunfo da reação".[27]

Mas nos primeiros anos do Partido Comunista Italiano (PCI) nenhum sentimento autocrítico veio à tona. Muito pelo contrário, os comunistas italianos iriam negar-se obstinadamente a reunificar-se com o grupo de Serrati e seriam os mais recalcitrantes opositores da tática da "frente única operária", que iria ser adotada a partir de 1921, contrapondo-se ao sectarismo das "21 condições". Prova disso é que a "questão italiana" – rótulo com que se denominavam as pressões da Internacional contra a resistência italiana – foi frequentemente abordada até 1924. Mesmo após a cisão de Livorno, o PSI manteve a sua adesão à Internacional Comunista, que continuou exigindo a exclusão da tendência reformista de Turati. Quando, em 1922, o PSI executou a exclusão,

---

24   Lénine, op. cit., t. 31, "A propos de la lutte au sein du parti socialiste italien" (dez. 1920), p. 399.
25   A. Agosti, , *La Terza Internazionale...*, op. cit., t.1 (1919-1923), p. 307.
26   Milos Hájek, op. cit., p. 13.
27   Palmiro Togliatti, *La formazione del gruppo dirigente del PCI nel 1923-1924*. Roma, Ed. Riuniti, 1962, p. 29.

Do partido único ao stalinismo

63

a Internacional Comunista começou a pressionar para a fusão do partido de Serrati com o PCI. Mas a resistência dos comunistas era enorme. Finalmente, em 1923, os socialistas, agora sob a liderança de Pietro Nenni, romperam com o comunismo e uma minoria deles entrou no PCI.[28]

Quanto à Alemanha, o processo de aplicação das "21 condições" teve como materialização formal, ainda antes de Tours e Livorno, a cisão do USPD, o Partido Social-Democrata Independente da Alemanha, ocorrida em outubro de 1920, no congresso de Halle, e a fusão da ala favorável à Internacional Comunista com o KPD (Partido Comunista Alemão), em dezembro do mesmo ano. O novo partido oriundo dessa fusão adotou o nome de Partido Comunista Unificado da Alemanha (*Vereinigte Kommunistische Partei Deutschlands* – VKPD). Conservou este nome apenas até o congresso seguinte, em outubro de 1921, quando voltou a se chamar KPD.[29]

A grande batalha política desenvolveu-se nas semanas que antecederam o congresso de Halle, sob o lema "a favor" ou "contra Moscou". Liderando os opositores à Internacional, Crispien e Dittmann, que haviam participado do 2º Congresso Mundial, pediam que se votasse "contra o centralismo" e "a ditadura de Moscou", pela "autodeterminação dos partidos nacionais", pela "liberdade de opinião", contra a "colonização", a "barbárie asiática" e o "*diktat* dos papas de Moscou". Para o congresso de Halle, a Internacional também enviou dois delegados, mas de muito maior peso que os que enviaria mais tarde à Itália: Grigóri Zinóviev, o todo poderoso presidente da Internacional Comunista, e Solomon Losovski, que viria a ser, meses depois, o presidente da Internacional Sindical Vermelha. Zinóviev lançou-se de corpo e alma na batalha política, falando durante mais de quatro horas. Contra seu discurso Rudolf Hilferding invocou a autoridade de Rosa Luxemburgo, citando a velha polêmica dela com Lênin, de 1904. O debate esteve localizado não nas questões de tática e de estratégia para o movimento operário e, sim, nas questões organizacionais: o centralismo internacional e a hegemonia dos russos. O resultado final constituiu, aparentemente, um sucesso para os comunistas: 237 votos de delegados a favor das "21 condições" e 156 contra. Mas, tal como na França, este sucesso ficou bem diminuído comparado com o número de militantes que, finalmente, integrou o KPD (Partido Comunista Alemão): dos cerca de 800 mil membros do USPD, apenas cerca de 350 mil aderiram à nova organização.[30]

Assim, a vaga de entusiasmo da classe operária ocidental pela revolução russa, registrada entre o 1º e o 2º Congressos da Internacional Comunista e ilustrada pelos nu-

---

28 Ver A. Agosti, *La Terza Internazionale...*, op. cit., t .1 (1919-1923), p. 306-307; M. Hájek, op. cit., p. 91; P. Spriano, t. 1, *Da Bordiga a Gramsci*, op. cit., p. 379; e J.-H. Droz, *L'Internazionale Comunista tra Lenin e...*, op. cit., p. 185.

29 E. H. Carr, *La Révolución Bolchevique (1917-1923)*, t. 3. Madrid, Alianza Editorial, 1974, p. 425.

30 P. Broué, *Révolution en Allemagne...*, op. cit., p. 422-432.

merosos pedidos de adesão, ao se traduzir em termos orgânicos mostrou um resultado pífio. Não apenas haviam sido criados poucos partidos que se pudessem denominar "de massas", como, ainda, na maior parte dos países, inclusive onde existiam esses partidos comunistas de massa, como na Alemanha e na França, a social-democracia continuava a existir e viria a se reforçar nos anos seguintes. A explicação oficial para este insucesso era a de que a situação objetiva se havia modificado, deixando de ser revolucionária, e nessas circunstâncias a aplicação das "21 condições" não tinha surtido seu efeito. Mas se analisados os elementos que levaram a definir a situação como revolucionária, vê-se que alguns deles estavam calcados numa visão demasiado otimista, quando não ilusória, como, por exemplo, a ideia de alastrar a revolução através da Polônia por via preponderantemente militar ou, ainda, a esperança de que as massas abandonariam seus chefes reformistas facilmente. O que estas explicações obscurecem é o sentido geral do primeiro cartão de visitas da Internacional Comunista: burocrático, pois queria resolver com regras organizacionais uma questão política. Além do mais, era um modelo de sectarismo e foi interpretado como tal pelo movimento operário europeu.[31]

Analisando mais em detalhe o ponto 6 da já citada tese sobre as tarefas da Internacional Comunista, aprovada no 2º Congresso e redigida por Lênin, pode-se ter uma medida do espírito inquisitorial que os comunistas começaram, desde então, a propagar entre o proletariado.

> Todos os grupos, partidos e militantes do movimento operário que adotem total ou parcialmente o ponto de vista do reformismo, do "centro", etc., colocar-se-ão inevitavelmente, em função da extrema exacerbação da luta, seja do lado da burguesia, seja do lado dos hesitantes, ou (o que é mais perigoso) cairão entre os amigos indesejáveis do proletariado vitorioso. Eis porque a preparação da ditadura do proletariado exige não apenas o reforço da luta contra a tendência dos reformistas e dos "centristas", mas também a modificação do caráter da luta. Ela não pode se limitar a demonstrar os erros dessas tendências, mas deve também desmascarar incansável e impiedosamente todo militante do movimento operário que os manifeste, pois sem isso o proletariado não poderá saber com quem está marchando na luta final contra a burguesia. O teor dessa luta pode mudá-la a todo instante e transformar, como já demonstrou a experiência, a arma da crítica em crítica pelas armas. Toda falta de espírito partidarista, toda fraqueza na luta contra os que se comportam como reformistas, ou como "centristas", tem por consequência um aumento direto do perigo de derrubada do poder proletário pela burguesia, a qual utilizará amanhã, em favor da contrarrevolução, o que hoje parece aos equivocados apenas um desacordo teórico.[32]

---

31   Para uma apreciação no mesmo sentido, ver F. Claudín, op. cit., p. 78.

32   *Manifestes, thèses et...,* op. cit. ,»Les tâches principales de l'IC", op. cit., p. 43-44.

Do partido único ao stalinismo

Este trecho, ao mesmo tempo que contém elementos que já existiam na concepção do método de polêmica empregado por Lênin antes de 1914, introduz alguns mecanismos que viriam a se transformar em diretrizes após 1923. Em primeiro lugar, a ideia de que, entre os que se colocam do "lado da burguesia", os que ficam do "lado dos hesitantes" e os que se transformam em "amigos indesejáveis do proletariado", estes últimos são "os mais perigosos". Assim, a fronteira entre o inimigo de classe e o opositor político torna-se tênue e fácil de manipular. Em segundo lugar, a ideia de que o que aparece hoje como simples "desacordo teórico" pode ser utilizado amanhã pela contrarrevolução. Em decorrência disso, toda luta pode se transformar em "crítica pelas armas", ou seja, é necessário contra ela a repressão pelas armas, como "demonstra a experiência", vale dizer, a russa. Nesse sentido, aqueles que se mostram amigos do proletariado, leia-se, do partido comunista, sem, no entanto, compartilhar integralmente seus pontos de vista, são "os mais perigosos". As entrelinhas mostram como os procedimentos que o stalinismo consagrou foram, na verdade, delineados antes, embora a sua aplicação moderada dentro do círculo dos comunistas, por meio de um paternalismo que é o oposto da democracia, não deixasse de pressagiar o que viria depois. Outro elemento que deve ser levado em conta é a utilização da palavra "centrista". Poderia se pensar uma imagem de centro dentro de uma linha horizontal que vai da esquerda à direita, polos equivalentes. Mas não é assim que ela é empregada. Ao contrário, inspira-se em uma linha ascendente que se dirige a um ápice, o comunismo do partido russo, e que se detém a meio caminho entre o polo justo e correto e o ponto inferior, o "inferno" das posições burguesas e pequeno-burguesas.

Comunistas "esquerdistas" e "direitistas" contra o modelo russo

As análises dos comunistas russos, sua avaliação da conjuntura do pós-guerra e as táticas propostas no 2º Congresso Mundial já estavam sendo contestadas desde antes de agosto de 1920. Tomando consciência de que a revolução na Europa ocidental tardava a chegar, os comunistas europeus haviam começado a criticar e a recolocar em outros eixos a visão dos bolcheviques, num processo de diferenciação que delineou duas abordagens estratégicas diferentes. Isso se tornou evidente desde que os dois secretariados, criados no final de 1919 pela Internacional Comunista, em Amsterdã e em Berlim, para assegurar ligações estáveis com os partidos comunistas ocidentais, começaram a atuar como núcleos de reagrupamento. Em torno do Secretariado de Amsterdã se agruparam todas as tendências esquerdistas de então: a fração de esquerda do KPD (Partido Comunista Alemão), originária dos IKD (Comunistas Internacionalistas Alemães); os "abstencionistas" de Amadeo Bordiga; os grupos obreiristas ingleses de Sylvia Pankhurst; a "escola holandesa" de Hermann Gorter e Anton Pannekoek; e a revista *Kommunismus (Comunismo)*, editada em Viena, e na qual colaborava, entre outros, Georg Lukács. O texto mais importante dessa tendência foi elaborado por Pannekoek no primeiro semestre de 1920. Em *O desenvolvimento da revolução mundial e a tática do comunismo*, ele levantava questões de fundo para apoiar uma tática antissindicalista e antiparlamentar, partindo da premissa de que o "exemplo russo" não dava por si só todas as respostas.

> A revolução russa deu o poder político ao proletariado num movimento tão rápido que, já na época, surpreendeu completamente o observador ocidental, e que agora, comparado com as dificuldades que se encontram na Europa ocidental, parece sempre maravilhoso, se bem que as causas sejam claramente reconhecíveis. [...] Mas a revolução alemã demonstrou que isto não era assim tão simples, e as forças que aí entraram em ação estão igualmente representadas no resto da Europa. [...] [Isso] mostra-nos claramente como a revolução na Europa ocidental tem que ser um longo e lento processo, para edificar tais forças (revolucionárias).

Pannekoek acrescentava que essa complexidade, que produzia o atraso da revolução, estava levando a duas táticas diferentes: uma que procurava esclarecer as massas, defendendo os "antigos princípios", a "radical"; outra, a "oportunista", que querendo ganhar as massas para a ação, buscava tudo o que podia uni-las sem chocá-las.[33] Os "oportunistas", para ele, eram os velhos spartaquistas como Levi, mas também Radek, representante da Internacional Comunista.

As reflexões do Secretariado de Berlim, numa tendência oposta às posições de Amsterdã, devidas principalmente a Paul Levi e Karl Radek, também constatavam, sintomaticamente, que o processo revolucionário da Europa ocidental seria mais lento e cheio de obstáculos que o russo. Mas as conclusões eram diametralmente opostas. Num projeto de tese redigido por esse Secretariado por volta da mesma época, em janeiro de 1920, dizia-se:

> A luta pela ditadura do proletariado será cada vez mais áspera, profunda e ampla, com a desintegração do capitalismo. [...] Mas o desenvolvimento da luta não deve necessariamente tomar a forma de um processo rápido; nos países capitalistas altamente desenvolvidos do Ocidente, é possível que se desenrolem lutas duras e cheias de sacrifícios durante um longo período. Os partidos comunistas ocidentais podem advertir o proletariado contra as tentativas irrefletidas de pequenas minorias ávidas de conquistar o poder com forças insuficientes, e podem também indicar-lhe os meios de luta a aplicar, mas somente se combaterem a ilusão de que a luta poderá eclodir num curto

---

33   "Desenvolvimento da revolução mundial e a táctica do comunismo", in: Anton Pannekoek e outros, *Os comunistas dos conselhos e a III Internacional*. Lisboa, Assírio & Alvim, 1976, p. 95-97.

Do partido único ao stalinismo

prazo, e se fizerem dessa consciência, de que a luta de libertação do proletariado será longa e difícil, o ponto de partida de seu combate.

Eis porque o projeto falava em seguida, longamente, da necessidade de trabalhar nos sindicatos, de estimular a classe operária a lutar e de ganhar a massa dos trabalhadores, ainda iludida com a II Internacional.[34] O alvo teórico desta crítica do núcleo de Berlim não eram, principalmente, as ideias de um Pannekoek, mas sobretudo "as pequenas minorias ávidas de conquistar o poder" dentro do próprio comunismo, os "putschistas", que se nutriam de uma "teoria da ofensiva" jamais realmente elaborada. Os dois núcleos estavam de acordo quanto à maior complexidade da revolução no Ocidente e sua longa duração.

Mas a divergência tática em relação ao trabalho sindical e parlamentar não era de pouca importância, inclusive porque envolvia questões mais de fundo, como a da origem social do oportunismo no movimento operário, como já foi visto. Além disso, era uma divergência paralisante. Foi pensando nestes termos que, desde o congresso de fundação do KPD, no início de 1919, ao qual se seguiram as mortes trágicas de Rosa Luxemburgo, Karl Liebknecht e Leo Jogiches, a direção spartaquista havia se convencido da necessidade de combater, no partido, as posições e o estado de espírito preponderante entre os jovens de origem operária. Ou seja, as "pequenas minorias ávidas de conquistar o poder". Tinha em vista ganhar para o comunismo uma maioria importante do USPD (Partido Social-Democrata Independente da Alemanha), principalmente os "delegados revolucionários", operários mais velhos e experimentados. Para isso, a ambiguidade quanto à luta sindical e parlamentar era um empecilho. Dessa forma, em outubro de 1919, no 2º Congresso do KPD realizado em Heidelberg, Levi e seus partidários haviam apresentado aos delegados teses sobre a participação nos sindicatos e a ação parlamentar, tornando-as obrigatórias. Acreditavam que essa clarificação política era necessária, mesmo ao preço de uma eventual cisão que muito debilitaria o já fraco partido. Com efeito, as teses foram aprovadas por uma pequena margem de votos e os perdedores – militantes vindos dos IKD, na sua maioria – abandonaram o partido, vindo a formar, meses mais tarde, em abril do ano seguinte, o Partido Operário Comunista da Alemanha (*Kommunistische Arbeiterpartei Deutschlands* – KAPD), organização que logo começou a girar em torno do Secretariado de Amsterdã.[35] Em abril de 1920, a Internacional dissolveu esse Secretariado, cujas posições contra a direção iriam se radicalizar a partir do 2º Congresso Mundial.

A cisão de Heidelberg, portanto, filiava-se à mesma linha de reflexão desenvolvida pelo Secretariado de Berlim, à qual se seguiram outras resoluções a que o KPD foi

---

34 "Abozzo di tesi del Segretariato di Berlino sulla tattica dell'Internazionala comunista nella lotta per la dittadura del proletariato", in: Aldo Agosti, op. cit., 1 (1919-1923), p. 148-149.

35 Ver P. Broué, *Révolution en Allemagne...*, op. cit., p. 310-312 e 315.

68   Angela Mendes de Almeida

levado pelos acontecimentos políticos. Tratava-se de formulações em completa e total oposição à narrativa codificada da revolução bolchevique, que bebiam na fonte das ideias de Rosa Luxemburgo. Como se verá em seguida, quando a Internacional Comunista finalmente aceitou essas proposições táticas, elas foram quase que imediatamente desfiguradas e posteriormente amalgamadas à história do bolchevismo, tornando-se, com o tempo, códigos vazios de sentido. O conjunto dessas resoluções lançou a semente da tática da "frente única operária" e das elaborações em torno das "reivindicações de transição" e do "governo operário". Porém era apenas a semente lançada e0 só o desenvolvimento da luta política na Alemanha iria deixar claro que elas levavam a isso.

Uma dessas resoluções do KPD, refletindo, ainda antes do 2º Congresso da Internacional Comunista e das "21 condições", essa nova forma de encarar conjuntura, partido, alianças e massas, havia sido a famosa "declaração de oposição leal", feita no momento do golpe de Estado de Kapp, em março de 1920, e que suscitou infindáveis polêmicas. Em virtude do Tratado de Versalhes, que entrou em vigor em 10 de janeiro, o exército alemão tinha que ficar limitado a 100 mil homens, o que implicava em desmontar grande parte dos "corpos francos", que já somavam 400 mil.[36] Em 13 de março daquele ano oficiais reacionários, liderados pelo general von Lüttwitz e pelo civil Kapp, foram protagonistas de um golpe de Estado que destituiu o presidente social-democrata Friedrich Ebert. Mas enquanto os líderes políticos do SPD, Gustav Noske à frente, fugiam, os dirigentes sindicais do partido, como Carl Legien, lideravam a greve de resistência. A reação operária foi imediata e ampla, formando-se logo conselhos e milícias armadas, o que desarticulou o golpe. Mas Legien estava convencido de que a classe operária não podia mais aceitar aquele governo de coalizão com os partidos burgueses e, em nome do SPD, propôs ao USPD a formação de um "governo operário". A reação dos partidos foi bastante contraditória. O USPD, no qual coexistiam, antes do congresso de Halle, a esquerda e a direita, dividiu-se.[37] O KPD, enfraquecido pela saída da sua esquerda alguns meses antes, também vacilou, mas terminou por aprovar a formação de um "governo puramente socialista". Vacilaram várias vezes, pois se tratava de uma posição altamente polêmica no movimento comunista, uma heresia. Isso porque, pela primeira vez, era colocado sobre a mesa uma forma de governo de transição, que, sendo uma ruptura com o governo parlamentar, não era ainda a ditadura do proletariado, mas apenas um governo de partidos operários e do qual o KPD não participaria. A resolução então votada e divulgada era totalmente explícita:

> A etapa atual do combate [...] prova que não existem ainda bases sólidas para a ditadura do proletariado. [...] O KPD considera que a constituição de um go-

---

36   Sebastian Haffner, *A Revolução Alemã (1918-1919)*. São Paulo, Expressão Popular, 1918, p.287.

37   P. Broué, *Révolution en Allemagne...*, op. cit., p. 342, 350-355.

verno socialista, sem nenhum componente burguês e capitalista, criará condições extremamente favoráveis à ação enérgica das massas proletárias, e lhes permitirá atingir a maturidade de que necessitam para realizar a sua ditadura política e social. O partido declara que sua atividade conservará um caráter de oposição leal enquanto o governo não atentar contra as garantias que asseguram à classe operária sua liberdade de ação política, e enquanto combater por todos os meios a contrarrevolução burguesa e não impedir o fortalecimento da organização social da classe. Ao declarar que a atividade de nosso partido conservará "o caráter de uma oposição leal", subentendemos que o partido não preparará um golpe de Estado revolucionário, mas conservará liberdade completa de ação para a propaganda política de suas ideias.[38]

O caráter herético desta declaração é bem evidente. Subjacente a ela encontram-se algumas posições políticas estranhas ao bolchevismo. Partido e classe são duas categorias distintas, pois o "governo operário" criaria condições para a classe amadurecer, e não para o partido se fortalecer. Além disso, a própria ideia do amadurecimento da classe operária durante o governo socialista se liga à posição que Rosa Luxemburgo havia sustentado em seu texto de 1904, de que "as massas não podem adquirir e fortificar nelas essa vontade (revolucionária) senão na luta cotidiana com a ordem estabelecida, isto é, dentro dos limites desta ordem", posição que constitui o cerne de todas as reivindicações de transição. Por fim, enquanto o "governo operário" pressupõe uma pluralidade de partidos, a "tomada" do poder e a "ditadura do proletariado" dos bolcheviques traz a marca do partido único, da ideia de que só pode haver "um" partido que represente o proletariado.

Mas a posição do KPD não teve qualquer efeito prático, pois, assumida entre idas e vindas e somada à divisão do USPD, não conseguiu responder ao refluxo da greve. Afinal o "governo operário" não aconteceu. A única consequência da declaração foi a de inaugurar um acalorado debate que teve lugar no mês seguinte, sobretudo no 4º Congresso do KPD, realizado em 1920. O artífice principal da "declaração de oposição leal" havia sido Levi, apoiado por antigos spartaquistas como Wilhem Pieck, Jacob Walcher e August Thalheimer. Contra ela colocaram-se Frölich, o "comunista internacionalista" que não havia acompanhado seus antigos companheiros na cisão de Heidelberg, e os dois representantes da Internacional na Alemanha naquele período, Radek e o húngaro Bela Kun. Ao argumentar contra a declaração, uma tática que iludia as massas sobre a possibilidade de um governo revolucionário sem prévio desarmamento da contrarrevolução, que pressupunha etapas entre a democracia burguesa e a ditadura do proletariado, Radek classificava-a como um imobilismo, que caracteriza-

---

38   Citada em ibid., p. 356-357.

70   Angela Mendes de Almeida

ria Levi em suas críticas ao "putschismo".[39] Era o início de uma polêmica sobre a qual se falará logo adiante.

Entretanto, o debate sobre a "declaração de oposição leal" foi interrompido prematuramente com a intervenção de Lênin, cuja aprovação, em termos ambíguos, impediu que a questão se aprofundasse.

> Esta declaração (de "oposição leal") é absolutamente justa tanto do ponto de vista da premissa fundamental, como da conclusão prática. A premissa fundamental consiste em que, no momento atual não existe base objetiva para a ditadura do proletariado, já que a maioria dos trabalhadores urbanos apoia os independentes. Conclusão: promessa de "oposição leal" ao governo socialista (isto é, negação de preparar a sua derrubada pela violência) se os partidos burgueses capitalistas são excluídos. A tática é sem dúvida alguma justa no fundamental. Não é necessário deter-se em pequenos erros de forma, mas é impossível silenciar o fato de que não se pode chamar de "socialista" (em uma declaração oficial do partido comunista) a um governo de social-traidores; não se pode falar de exclusão dos "partidos burgueses capitalistas" quando os partidos de Scheidemann e dos Srs. Kautsky e Crispien são democrático-pequeno-burgueses...[40]

Lênin reclamava, entre os "erros de forma", que não era justo chamar o SPD, de Scheidemann, e o USPD de Kautsky e Crispien, de partidos operários, quando eram na verdade "social-traidores". Na verdade, esta segunda observação invalida completamente o seu apoio à "declaração de oposição leal". Lênin apenas viu na declaração, como fica claro em outros textos seus da época, uma manobra tática, uma necessidade de compromisso, cuja "premissa fundamental" – a falta de "base objetiva" – era o irrefutável fato de que o partido comunista não tinha forças para "assaltar" o poder. A essência do "governo operário", isto é, governo "de partidos operários", portanto da pluralidade de partidos operários, escapava-lhe totalmente.

Na linha direta da tática esboçada na "declaração de oposição leal", cuja base se encontrava nas reflexões do Secretariado de Berlim, encontramos uma outra iniciativa que se concretizou quase um ano mais tarde, em janeiro de 1921: a "carta aberta". Muita coisa se havia passado neste ínterim: em julho e agosto de 1920, o 2º Congresso Mundial havia definido as "21 condições de admissão dos partidos à IC"; em outubro, o USPD se havia cindido em duas partes, a maioria aprovando as "21 condições"; e

---

39   Ibid., p. 374 e 376.

40   Lênin, *La enfermedad infantil del "izquierdismo" en el comunismo*. (abril 1920) *Obras Escogidas*, t.3. Moscú, Editorial Progreso, 1961, p. 427. (Edição brasileira: *Esquerdismo, doença infantil do comunismo*. São Paulo, Global, 1981).

em dezembro essa maioria se havia unificado ao KPD. Ao contrário das iniciativas anteriores que partiram da direção alemã, a "carta aberta" veio das bases partidárias. Em Stuttgart, os comunistas detinham posições importantes no sindicato dos metalúrgicos e elaboraram uma plataforma de reivindicações mínimas a ser proposta aos outros partidos como bandeira de luta comum. A direção do KPD aprovou a iniciativa, divulgou-a e, por fim, elaborou, ela mesma, uma "carta aberta" a todos os partidos operários (SPD, USPD e KAPD), propondo um programa de lutas e ações em comum por reivindicações gerais, políticas e econômicas, cada partido guardando sua independência. Dessa vez, tanto Levi como Radek estiveram de acordo com essa iniciativa que implicitamente reconhecia a pluralidade de partidos operários. A proposta não foi aceita pelos outros partidos, mas teve enorme repercussão entre as massas operárias que ansiavam por um instrumento de luta unitário. Inicialmente, chamou-se de "nova tática" a política delineada na "carta aberta" e, a partir do segundo semestre de 1921, "tática de frente única".[41] Houve grande resistência a ela, tanto na Alemanha, por parte do KAPD e da "nova esquerda" do KPD, liderada por Ruth Fischer e Arkadi Maslow, quanto na Internacional, onde uma maioria do Comitê Executivo, capitaneada por Zinóviev, Bukhárin e Bela Kun, votou contra ela, apesar da defesa feita por Radek e pelo delegado alemão. Mais uma vez, coube a Lênin intervir pessoalmente para recolocar na pauta de discussão do 3º Congresso Mundial a "nova tática". Entretanto, como se verá em seguida, esse congresso pouco discutiria sobre isso, pois os debates mais acalorados seriam travados em torno das consequências desastrosas do que ficou conhecido como a "ação de março", sobre a qual se falará adiante.

Por seu lado, a tendência dos comunistas de esquerda, que se havia reagrupado em torno do Secretariado de Amsterdã e que, com a cisão de Heidelberg, em outubro de 1919, passou a constituir na Alemanha uma organização exterior à Internacional Comunista, teve um desenvolvimento próprio. Seu debate paralelo com os comunistas russos – que só desistiram de recuperar essa corrente muito mais tarde – teve importantes repercussões sobre o próprio movimento comunista. Foi nessa corrente que, inspirados na ideia leninista de que o Tratado de Versalhes havia transformado a Alemanha e a Rússia em colônias, dois dos líderes mais prestigiosos dessa tendência – Wolfhein e Laufenberg, originários de Hamburgo – propuseram uma "guerra popular revolucionária" contra os imperialistas da Entente e a favor da Rússia soviética.[42] Apesar de combatida com virulência pela Internacional, a colocação não era inédita. Traços dela podem ser encontrados em algumas formulações do próprio Lênin, falando de uma "nação colônia". Durante do 2º Congresso Mundial, havia declarado a propósito:

---

41   Ver M. Hájek, op. cit., p. 11.

42   Ver P. Broué, *Révolution en Allemagne...*, op. cit., p. 316-318.

72　　　Angela Mendes de Almeida

> Ela (a guerra) empurrou subitamente uma população de cerca de 250 milhões de habitantes para uma situação análoga à das colônias. Empurrou a Rússia, que tem cerca de 130 milhões de habitantes, a Áustria, a Hungria, a Alemanha e a Bulgária, que contam ao menos 120 milhões. [...] O Tratado de Versalhes colocou a Alemanha e toda uma série de Estados vencidos em condições que tornam impossível sua existência econômica, privam-nos de todos os direitos e humilham-nos.[43]

O manifesto do 2º Congresso ia na mesma direção ao afirmar: "A Rússia primeiro e em seguida a Áustria-Hungria e a Alemanha, foram colocadas fora da arena. [...] Diante do imperialismo vitorioso da Entente, abriu-se um campo ilimitado de exploração colonial, começando no Reno, abarcando toda a Europa central e oriental, terminando no Oceano Pacífico".[44]

A ideia de uma "Alemanha colônia" era parte constitutiva da análise comunista do período, à qual se acoplaria a hipótese de explorar o nacionalismo alemão em favor do socialismo. Tanto assim que este esquema de reflexão viria encontrar lugar nas elaborações da Internacional, como se verá mais adiante, em 1923, com o que se iria denominar de "Linha Schlageter" e, em 1930, com o "programa de libertação nacional e social" do KPD. Em todo caso, entre 1919 e 1920, as posições de Wolfheim e Laufenberg não eram compartilhadas nem pela Internacional e nem pelo conjunto da corrente comunista de esquerda. Hermann Gorter, em sua resposta ao Esquerdismo, doença infantil do comunismo, de Lênin, em 1920, chegou a definir essas posições de "aberrações", embora considerasse indulgentemente que eram "inevitáveis" no começo do movimento.[45]

Mas, ao mesmo tempo em que os dois líderes de Hamburgo perdiam prestígio, Gorter e Pannekoek se afirmavam internacionalmente como líderes dessa corrente, enquanto Otto Rühle, na Alemanha, constituía o seu polo de referência. No texto já citado, sobre a base da análise de fundo das diferenças do processo russo em relação ao do Ocidente, bem como da maior complexidade e duração deste último, Pannekoek chegava a uma conclusão relativamente distinta da que haviam defendido até então os comunistas de esquerda: a impaciência de querer levar as massas à revolução imediatamente de nada adiantava, era preciso defender intransigentemente, e durante muito tempo, os princípios revolucionários através da palavra e da ação exemplar, e eles frutificariam no momento da revolução. Toda a ênfase era colocada na complexidade e na longa duração do processo revolucionário.[46] A atitude dessa corrente

---

43　　Lénine, op. cit., t. 31, "Rapport sur la situation internationale et les tâches de l'IC" (jul. 1920), p. 223.

44　　Manifestes, thèses et..., op. cit., "Le monde capitaliste et l'Internationale Communiste", p. 70.

45　　Hermann Gorter, Réponse à Lénine. Paris, Librairie Ouvrière, s.d. (Préface 1930), p. 24.

46　　"O desenvolvimento da revolução mundial e a táctica do comunismo", in: Pannekoek e outros, Os comunistas dos conselhos..., op. cit., p. 95-97.

Do partido único ao stalinismo

em relação à Internacional Comunista mudou a partir do 2º Congresso Mundial. Até então, eles haviam compartilhado com os comunistas russos a mesma premissa de que a II Internacional estava se esfacelando por causa do entusiasmo das massas pela revolução russa, o que estava levando os dirigentes "centristas" a aceitarem a integração na IC. Mas a rigidez das "21 condições" havia sido insuficiente para satisfazer seus critérios de depuração. Pannekoek considerava que Moscou não queria um partido verdadeiramente comunista, mas, sim, "uma grande força proletária organizada que intervenha em seu favor e possa fazer pressão sobre o governo de seu respectivo país".[47] Gorter iria manifestar-se nos mesmos termos em sua resposta a Lênin.[48]

Por seu lado, os bolcheviques mantiveram em relação aos comunistas de esquerda uma atitude de crítica amplamente complacente, cheia de compreensão para com essa "doença infantil", ao menos até a "ação de março" (1921) e os debates do 3º Congresso Mundial (julho de 1921) em torno dessa ação e da "teoria da ofensiva". Em abril de 1920 Lênin dialogava com os comunistas de esquerda e, sustentando-se na autoridade da única revolução vitoriosa, queria demonstrar que os bolcheviques também haviam tido que combater desvios à sua esquerda, citando a participação, em 1908, num parlamento ultrarreacionário, e em 1918, a aceitação de compromissos com o governo imperial alemão em Brest-Litowski. Nessa ocasião, referindo-se aos esquerdistas russos, Lênin falara de uma base social "pequeno-burguesa":

> [...] o bolchevismo cresceu, formou-se e temperou-se em longos anos de luta contra o "revolucionarismo pequeno-burguês", parecido ao anarquismo ou que tomou algo dele. [...] O pequeno-burguês, enfurecido pelos horrores do capitalismo, é, como o anarquismo, um fenômeno social próprio de todos os países capitalistas.[49]

De um modo geral, Lênin teve uma atitude muito positiva em relação ao anarquismo nos meses que antecederam a revolução e no período imediatamente subsequente.[50] E no 2º Congresso Mundial, nas teses redigidas por Lênin, há um trecho que mostra bem como os comunistas russos apreciavam naquele momento a corrente de esquerda:

> Nessas organizações (esquerdistas), as concepções equivocadas sobre a participação na ação parlamentar explica-se menos pelo papel exercido por elementos saídos da burguesia, que trazem suas concepções carrega-

---

47   "Révolution mondiale et tactique communiste", in: Serge Bricianer, *Pannekoek et les conseils ouvriers* (Textes présentés et rassemblés par S. B.). Paris, EDI, 1977, p. 198 e 200.

48   H. Gorter, op. cit.

49   V. Lenin, *La enfermedad infantil...*, op. cit., p. 360 e 362.

50   Ver Marcel Liebman, *Le léninisme sous Lénine*, t. 1: *La conquête du pouvoir*, 2ª Parte, cap. III e t. 2: *L'épreuve du pouvoir*, 3ª Parte, cap. I. Paris, Seuil, 1973.

das de um espírito no fundo pequeno-burguês, como é o caso frequentemente dos anarquistas, do que pela inexperiência política de proletários verdadeiramente revolucionários e ligados às massas.[51]

Como será visto mais adiante, a Internacional Comunista endureceu suas posições em relação aos comunistas de esquerda a partir dos debates sobre a "ação de março" e teve como réplica uma hostilidade cada vez maior da parte deles. Mas as análises de Lênin quanto à base social do esquerdismo se mantiveram. Em outubro de 1921, justificava retrospectivamente o ódio que o oportunismo da social-democracia alemã havia despertado nos operários: "Esse ódio, o sentimento mais nobre e mais sublime que poderia tomar conta dos melhores elementos da massa oprimida e explorada, tornava as pessoas cegas, impedia-as de raciocinar com sangue frio, de elaborar uma estratégia justa. [...] É esse ódio que levou a insurreições prematuras".[52]

Por seu lado, os comunistas que começaram a se nuclear em torno das posições do Secretariado de Berlim haviam tentado convencer os bolcheviques de que as posições dos comunistas de esquerda atrapalhavam as ligações do partido comunista com as massas e assim justificar a cisão de Heidelberg. Em outubro de 1920, Thalheimer explicava que a clarificação das divergências com os esquerdistas era, na verdade, o primeiro passo para esclarecer as massas operárias dos países ocidentais sobre os problemas táticos colocados. Quanto aos esquerdistas afirmava:

> Eles se desencaminharam com as massas, desenvolveram-se e irão se desenvolver ainda com elas e enganar-se ainda muito mais junto com elas. Nossa posição em relação aos seus erros e fraquezas será como antes, a de uma crítica franca e brutal. Mas não pensamos colocá-los no mesmo plano, sob o ponto de vista moral e intelectual, que os traidores do socialismo, que os fósseis da época de estagnação puramente parlamentarista do movimento operário alemão.[53]

Radek, Levi e a "ação de março" (1921)

Durante todo esse período da história da Internacional, correspondente aos dois primeiros congressos, até meados de 1921, quando se realizou o 3º Congresso Mundial, houve uma linha política predominante: expressou-se pela confiança na iminência da revolução na Europa ocidental, principalmente na Alemanha, que era decorrente de uma determinada análise da social-democracia, conforme foi visto, e pela certeza de

---

51 *Manifestes, thèses et...*, op. cit., "Les tâches principales de l'IC", op. cit., p. 47. Lênin formulou a questão da mesma maneira no seu "Rapport sur la situation internationale et les tâches fondamentales de l'IC" ao 2º Congresso (Lénine, op. cit., t. 31, p. 238).

52 Lénine, op. cit., t. 32, " op. cit., t. 32, "Lettres aux communistes allemands" (out. 1921) p. 546.

53 Citado por P. Broué, *Révolution en Allemagne...*, op. cit., p 335.

Do partido único ao stalinismo

que bastava criar novos partidos, partidos comunistas, para que as massas abandonassem os tradicionais chefes reformistas. Esta linha materializou-se fundamentalmente nas "21 condições", aplicadas sobretudo no sentido da luta contra os reformistas e os "centristas". Vimos também que, enquanto a Internacional sustentava essa análise, o desenrolar da vida política na Alemanha ia colocando novos problemas, aos quais os comunistas alemães deram respostas contraditórias, objeto elas mesmas de novas polêmicas. Na Alemanha, foram veiculadas, pela primeira vez, iniciativas táticas – como a "declaração de oposição leal" e a "carta aberta" – que estavam em correlação direta com a situação de um partido minoritário face às etapas de conscientização que o proletariado percorre entre a adesão total às organizações tradicionais e a ruptura com elas. Foi ainda nesse país que, em vez de expulsar os chamados "centristas", colocou-se a questão de ganhá-los e, com eles, as massas, através de longo e paciente trabalho que se fazia também nos sindicatos e no parlamento.

Nessas condições, desenrolou-se uma viva polêmica sobre o esquerdismo, expresso num primeiro momento pelas posições antissindicalistas e antiparlamentares, mas num segundo momento por uma corrente dentro da própria Internacional Comunista, para quem a revolução continuava iminente e devia ser tentada a qualquer preço. Durante esse período, houve uma controvérsia nas entrelinhas entre o "anti-putschismo" de Levi e o "anti-imobilismo" de Radek, que iria culminar no debate sobre a "ação de março". Estes dois dirigentes comunistas, suas polêmicas e seus contrastes expressam de maneira significativa essa etapa da história do movimento comunista.[54]

Se na pré-história do comunismo Radek representava na Alemanha o bolchevismo, da maneira mais bolchevique possível, tão bem como teria feito qualquer bolchevique da velha guarda que conhecesse bem "as coisas de fora da Rússia", não se pode afirmar que Levi representasse o spartaquismo. Durante a guerra, ele havia sido introduzido entre os bolcheviques na Suíça por Radek e, desde então, passara a defender a posição de Lênin de cisão com os reformistas e "centristas". Depois da revolução russa, foi um importante elo de ligação entre a Liga Spartacus, os bolcheviques e os IKD (Comunistas Internacionalistas Alemães), de Bremen. Entretanto, após o congresso de fundação do KPD e os acontecimentos sangrentos do início de 1919, que levaram à morte os principais dirigentes spartaquistas, Paul Levi havia começado a rever sua adesão ao leninismo, confrontando os problemas que a Alemanha enfrentava com a herança política de Rosa Luxemburgo. Preocupava-se sobretudo com o saldo negativo que consistia o fato de o KPD nascente estar marcado pela presença de militantes aventureiristas e "putschistas", que empurravam a organização para a clandestinidade, isolando-a das massas operárias.[55]

Quanto a Radek, se, de fato, em 1918, era um autêntico bolchevique-leninista – embora se possa admitir que a sua bolchevização se tenha dado a partir do grupo de

---

54   Ibid., p. 294-295.

55   R. Lowenthal, op. cit., p. 29 e seguintes; e P. Broué, *Révolution en Allemagne...*, op. cit., p. 296 e seguintes.

76 Angela Mendes de Almeida

Bremen e de Pannekoek –, o contato com a Alemanha pós-revolucionária transformou-o. Seguramente foi o primeiro bolchevique a entrever com clareza não apenas que o processo revolucionário na Europa Ocidental não era iminente, mas também que os obstáculos eram bem maiores do que se esperava. Seu ceticismo já se expressava quando, em janeiro de 1919, escrevia da prisão na Alemanha aos comunistas:

> [...] se o governo caísse nas mãos de vocês em consequência de um putsch, seria completamente isolado em alguns dias, sufocado pelas províncias. [...] A vanguarda proletária, em seu elã, transformou um protesto em luta pelo poder. [...] Vocês, partido comunista, são a única força, o único freio que pode evitar esta infelicidade.[56]

Daí também porque havia se manifestado contra a ideia de que o avanço do Exército Vermelho na Polônia, em 1920, pudesse funcionar como um fermento revolucionário, como já foi visto.

Em que pese o fato de as reflexões de Radek e Levi serem movidas pelo mesmo tipo de sensibilidade, eles tiveram seu primeiro desacordo explícito, como foi visto, na cisão de Heidelberg, em outubro de 1920, Radek não estando disposto a perder forças do partido comunista apenas por causa de uma "doença infantil". Antes disso, tinha se iniciado uma polêmica aparentemente teórica, tendo por objeto um balanço crítico das revoluções húngara e bávara. Em uma série de artigos durante a primeira metade de 1920, Levi criticara o "putschismo", enquanto Radek e Frölich defendiam o ponto de vista que viria a ser chamado, mais tarde, de "teoria da ofensiva". Desde antes, Levi havia feito comentários sobre essas experiências revolucionárias. Sobre a revolução na Baviera, apontara o erro de transformar uma ação defensiva da vanguarda do proletariado, em uma ação ofensiva que só poderia ser obra de todo o proletariado das cidades e do campo. Logo ao sair da prisão, Radek replicou, repetindo a versão oficial da Internacional: as derrotas da Hungria e da Baviera deviam-se ao erro de se haver colaborado com oportunistas e centristas. Frölich repetiu a mesma explicação.[57] Em fevereiro de 1920, Radek voltou à polêmica em um prefácio a uma obra de um comunista húngaro. Sem mencionar explicitamente Levi, ele criticava o abuso que se estava fazendo da famosa frase de Rosa, do final do programa do KPD, segundo a qual não bastava a crise da classe dominante para que o partido tomasse o poder, era também

---

56 Citado por Gilbert Badia, *Les Spartaquistes, 1918 – L'Allemagne en révolution.* (Documents présentés par). Paris, Archives Julliard, 1966, p. 220. Ver também Heinz Schürer, "Radek and the German Revolution", *Survey – A Journal of Soviet and East European Studies*, nº 53 and nº 55, oct. 1964 and april 1965, p. 126; Warren Lerner, *Karl Radek, the last internationalist.* Stanford, California, Stanford Univ. Press, 1970, p. 91.

57 P. Broué, *Révolution en Allemagne...*, op. cit.,p. 376; R. Lowenthal, op. cit., p. 30.

preciso "a vontade clara e indubitável da grande maioria das massas proletárias". Para ele, a frase tinha apenas um valor circunstancial determinado pelas condições de Berlim, em janeiro de 1919. Dizia que os comunistas não podiam se colocar frente à luta da classe operária como "comentadores políticos" que só combatem

> [...] se a história lhes assegurar a vitória por contrato. [...] Aqueles que morreram nesta batalha [Baviera e Hungria] entrarão nas páginas da história não apenas como mártires da causa proletária, mas como seus bravos, corajosos e previdentes pioneiros. E a lição que nos ensinam as suas feridas – a nós, opositores das tentativas de tomada de poder por uma pequena minoria – é que o seu martírio se assenta sobre o seguinte: temos que nos colocar ali onde a classe operária está lutando, seja para vencermos, seja para sermos derrotados.[58]

Entre o momento dessas formulações de Radek e a resposta de Levi, em junho de 1920, a Alemanha foi sacudida, em março, pela tentativa frustrada do golpe de Estado de Kapp e a resistência da classe operária, já mencionadas. A tática formulada pelo KPD naquela ocasião – a "declaração de oposição leal" – esteve no centro dos debates do 4º Congresso do partido alemão, em abril. Frölich, criticando-a e a seu inspirador, Levi, voltou a comentar a frase de Rosa. Reinterpretando-a, disse que enquanto na ocasião a frase teria servido para combater o "putschismo" que prevalecia no partido, naquele momento estaria sendo usada "num sentido restritivo, para impedir ou frear as ações".[59]

Assim, quando Levi veio a responder ao texto sobre a revolução húngara, de Radek, partiu da explicação de que não se tratava absolutamente de uma frase para o momento específico de janeiro de 1919, mas da "dedução de um princípio político". Contestava também a afirmação de Radek de que uma crise da classe dominante acarretaria necessariamente a conscientização do proletariado, como se fosse "um sistema de tubos de comunicação".

> O que é decisivo não é o elemento negativo do lado da burguesia, mas o elemento positivo do lado do proletariado. [...] O sinal positivo para a tomada do poder pelo proletariado encontra-se apenas nele mesmo e exprime-se pelo grau de evolução revolucionária que ele atingiu.

---

58   Karl Radek, "The Lessons of the Hungarian Revolution", transcrito in: Helmut Gruber, *International Communism in the Era of Lenin – A Documentary History*. Ithaca, Cornell University Press, 1967, p. 157 e 159. Ver também P. Broué, *Révolution en Allemagne...*, op. cit., p. 396 e seguintes.

59   Citado por J.-P. Nettl, *La vie et l'oeuvre de Rosa Luxemburgo*, t. 2. Paris, Maspero, 1972, p. 771.

Angela Mendes de Almeida

Quanto a saber se a história pode assegurar de antemão a vitória, Levi concluía ceticamente que depois da Hungria e da Baviera, bem como das jornadas sangrentas de janeiro de 1919, em Berlim,

> [...] minha fé nas virtudes miraculosas da derrota está abalada. Não creio que se deva rever tão superficialmente derrotas tão duras como a húngara, como o faz Radek. [...] E estou ainda menos disposto a afirmar que é necessário provocar uma derrota se é impossível conseguir uma vitória, sob o pretexto de que a derrota também tem lados positivos.[60]

Alguns meses depois, em janeiro de 1921, ao mesmo tempo em que demonstravam a mesma sensibilidade para com a adoção da iniciativa da "carta aberta", Radek e Levi iniciaram outra polêmica em torno da avaliação da cisão de Livorno, que teve como resultado a criação, pela minoria, do Partido Comunista Italiano. Levi, que era o delegado alemão no congresso italiano, defendeu a posição oficial do KPD de que, sendo inevitável a cisão, era entretanto necessário envidar todos os esforços para que ela abarcasse o maior número possível de componentes da tendência "centrista" de Serrati, procurando por todos os meios um acordo. No decorrer do congresso, Levi entrou rapidamente em divergência com a intransigência de Rakósi e Kabakschiev, delegados da Internacional Comunista, que sustentavam incondicionalmente a tendência comunista liderada por Bordiga, hostilizando Serrati. Em sua volta para a Alemanha, Levi escreveu um artigo de balanço do congresso italiano que tinha a pretensão de espelhar a posição oficial do KPD. A partir de então, Radek respondeu-lhe dando início a uma batalha de artigos, cartas pessoais e intervenções em reuniões por parte de ambos.[61]

Em torno da cisão de Livorno, havia várias questões em discussão. A primeira delas dizia respeito à crítica que fazia Levi sobre o caráter mecânico da cisão imposta na Itália, apoiada nas "21 condições". Era a primeira vez, dizia ele, que se impulsionava uma cisão dentro de um partido que já havia aderido à Internacional. Isso lhe parecia a imposição indiscriminada do esquema de organização de seleção rígida e de recrutamento de um a um, que Lênin havia utilizado com sucesso numa situação de ilegalidade. Queriam aplicar em todos os lugares

> [...] o princípio de criar partidos da IC através de cisões preparadas, e não do crescimento orgânico com as massas. [...] Parece-me que os camaradas não se dão conta que cisões em partidos de massa, com uma estrutura intelectual diferente, por exemplo, do partido ilegal russo – que teve um de-

---

60   Citado por P. Broué, *Révolution en Allemagne...*, op. cit., p. 397 e 399; ver também Paul Levi, "The Lessons of the Hungarian Revolution", transcrito in: H. Gruber, op. cit., p. 166 e 163.

61   P. Broué, *Révolution en Allemagne...*, op. cit., p. 462-463.

Do partido único ao stalinismo

sempenho brilhante, no seu caso – não podem ser realizadas sobre a base de resoluções, mas apenas sobre a base da experiência política.[62]

Tanto neste artigo, como em reuniões com militantes, Levi começava a contrapor a concepção organizativa de Lênin à de Rosa Luxemburgo, lembrando que desde 1904 ela havia colocado esses problemas.[63] A segunda questão em discussão ia mais fundo, pois criticava os métodos de direção empregados pela Internacional Comunista. Levi era particularmente sensível às críticas que Serrati vinha fazendo desde antes de Livorno, sobre a maneira como se comportavam os delegados oficiais da Internacional, ou seja, como informantes. A sensibilidade de Levi advinha do fato de já haver sido vítima dos relatórios do "camarada Thomas", um misterioso representante da Internacional, e de haver denunciado esses expedientes como demonstração de falta de confiança nos dirigente locais.[64] Assim, voltava a considerar abusiva a atuação dos delegados da Internacional no congresso italiano. Explicava esses procedimentos pelo isolamento dos dirigentes russos, pela lentidão nas comunicações e pela dificuldade que tinham em avaliar a situação na Europa Ocidental. Mas tudo estava sendo agravado pelas tradições da mentalidade de organização clandestina que estavam difundindo no movimento comunista.[65] Mal sabia ele que essa mentalidade se transformaria em um espírito inquisitorial policialesco.

A resposta de Radek não questionava a avaliação pessimista de Levi sobre a cisão de Livorno, mas centrava-se na defesa dos dirigentes russos e seus métodos, adotando um verdadeiro "patriotismo de partido". Comentando o artigo de Levi, dizia: "Ele considera os comunistas que cindiram com Serrati como uma massa confusa e recusa-lhes o título de 'núcleo comunista lúcido e firme'. [...] Este artigo foi uma punhalada nas costas tanto do Comitê Executivo da IC, como do partido italiano".[66]

Estas escaramuças escritas e orais pareciam estar concluídas quando a polêmica foi reacendida pela presença de Rakósi na Alemanha. Achando que Levi havia apoia-

---

62   Paul Levi, "The Beginning of the Crisis in the Communist Party and the International", transcrito in: H. Gruber, op. cit., p. 305, 306 e 308.

63   R. Lowenthal, op. cit., p. 56.

64   Ver P. Broué, *Révolution en Allemagne...*, op. cit., p. 460. O "camarada Thomas" (Iakov Reich) foi uma personagem presente no início da Internacional Comunista, enviado à Alemanha em 1919, ver Pierre Broué, *História da Internacional Comunista (1919-1943)*. São Paulo, Sundermann, 2007, p.108. Estava envolvido de atividades sigilosas. Ver seu depoimento em Boris Nikolaevsky, "Les premiers années de l'Internationale Communiste – D'après le récit du 'camarade Thomas' " (propos recueilli, introduit et annoté par) in: Jacques Freymond, (sous la direction de), *Contribution à l'Histoire du Comintern*. Publication de l'Institut Universitaire de Hautes Études Internationales. Genève, Librairie Droz, 1965, p. 19-20.

65   Ver P. Broué, *Révolution en Allemagne...*, op. cit., p. 472-473.

66   Karl Radek,»The Italian Question", transcrito in: H. Gruber, op. cit., p. 312

do abertamente Serrati, ele exigia do partido alemão um desagravo exemplar, uma resolução de total apoio à sua atuação na Itália, contra a opinião de Levi. Em reunião de militantes, argumentava publicamente que, se fosse preciso, seriam feitas "até dez cisões, seja na Itália, na França ou na Alemanha". A Clara Zetkin teria declarado, em privado, que achava o partido alemão excessivamente numeroso e que era desejável a saída de boa parte dos seus 400 mil membros. Levi interpretou a iniciativa de Rakósi como uma falta de confiança dos dirigentes da Internacional nele e, quando em fevereiro, o partido aprovou a resolução proposta por Rakósi, pediu demissão da direção do KPD, juntamente com sua equipe, a maioria da tendência dos ex-"delegados revolucionários".[67]

Sendo assim, quando da "ação de março", em 1921, Levi não era mais dirigente do KPD. Radek, de volta a Moscou, explicava a crítica de Levi à cisão de Livorno como contrapartida da crítica da Internacional ao seu "imobilismo". Afirmava que Levi não estava avaliando adequadamente a "radicalização das massas operárias independentes", querendo significar com esta expressão a fusão da ala majoritária do USPD com o KPD. Com efeito, uma declaração da IC, de abril, iria atribuir a demissão de Levi, Zetkin, Daümig e outros "às vacilações oportunistas sobre política alemã e internacional".[68] Nesse mesmo mês, chegavam à Alemanha Bela Kun e outros, como delegados da Internacional, investidos de funções não esclarecidas. Mais tarde veio a ficar estabelecido que Kun e Rakósi tiveram o papel de "instigadores" da "ação de março". Na época, Levi declarou que Zinóviev estava por trás dessa instigação. Em 1924, estando Zinóviev e Radek em atrito, este reconheceu a responsabilidade do presidente da Internacional na "ação de março".[69]

Em Berlim, Kun teve a oportunidade de desenvolver ideias próximas da "teoria da ofensiva" que circulava então em Moscou e que Radek já havia desenvolvido em alguns aspectos: dada a situação objetiva de crise, o partido deveria "dar o exemplo da resistência, [...] forçar a revolução, [...] despertar a classe operária". Vários comunistas alemães aderiram a essa teoria, entre eles Heinrich Brandler, Frölich, Eberlein, Thalheimer e a "nova esquerda", com Ruth Fischer e Arcadi Maslow. Depois da "ação", Levi iria relatar, em carta a Lênin, ter ouvido Rakósi desenvolver, naquela ocasião, a seguinte ideia em uma reunião:

> A Rússia encontra-se numa situação extraordinariamente difícil. Seria absolutamente necessário que ela fosse aliviada por movimentos no Ocidente e, assim sendo, o partido alemão devia passar imediatamente à ação. Ele

---

67   Citado por P. Broué, *Révolution en Allemagne...*, op. cit., p. 470-471.

68   Citado por ibid., p. 496.

69   Walter Held, "Why the German Revolution Failed?" 1943. https://www.marxists.org/archive/held-walter/1942/12/germrev.htm (consultado em 31.01.2018)

Do partido único ao stalinismo

conta hoje com 500 mil membros militantes e com isso se pode levantar um milhão e 500 mil proletários para derrubar o governo.[70]

Foi num clima desses que a direção do KPD se reuniu para discutir a hipótese de uma ação. No decorrer da reunião, um acontecimento veio convencer os vacilantes: a decisão do governador de Saxe, o social-democrata Hörsing, de fazer a polícia ocupar o setor mineiro de Mansfeld-Eisleben para "sanear" a região, reduto dos comunistas, e na qual muitos operários haviam conservado suas armas desde o golpe de Kap. Dessa forma, o partido decidiu apelar à greve geral na região, em 24 de março, e tentar passar à resistência armada mesmo que fosse preciso "despertar" a classe operária com falsos atentados aos seus próprios militantes e locais. Estavam previstas também greves de solidariedade nas outras regiões. Mas o KPD ficou completamente isolado na sua iniciativa, não conseguindo sequer a adesão de uma parte de seus militantes. Muitos abandonaram o partido, que perdeu, em algumas semanas, cerca de 200 mil militantes. Além disso, a repressão abateu-se sobre os comunistas com prisões, condenações e demissões.[71]

A primeira versão interna dos acontecimentos não dava conta nem da catástrofe e muito menos da responsabilidade do partido. Um dirigente da "nova esquerda", Ernst Friesland, explicava em uma reunião que "a culpa cabia à falência das massas operárias que não compreenderam a situação e não deram a resposta que deveriam ter dado". No início de abril, a própria direção adotou uma resolução em que justificava a "ação de março" pela necessidade de uma "tática ofensiva" e explicava o desastre pela "traição" da social-democracia e a "passividade" da classe operária.[72]

A "ação de março" foi a última gota d'água nas divergências de Levi com o comunismo. Sua primeira reação, indignada, levou-o a escrever longamente a Lênin e avisar-lhe que pretendia publicar um panfleto sobre o assunto. Lênin respondeu-lhe:

> No que se refere às últimas greves e ao movimento insurrecional, não li absolutamente nada. Que um representante do Comitê Executivo da Internacional tenha proposto uma tática imbecil, esquerdista, de ação imediata 'para ajudar os russos', não me surpreende absolutamente: este representante encontra-se frequentemente demasiado à esquerda. Penso que em tais casos você não deve ceder e sim protestar, bem como levar imediatamente a questão ao Pleno do Comitê Executivo.

Lênin também criticava o fato de Levi ter-se demitido da direção por causa de Rakósi e a ideia de publicar uma brochura sobre o assunto. Segundo ele, tudo poderia

---

70 P. Broué, *Révolution en Allemagne...*, op. cit., p. 477 e citação de Levi, p. 489.

71 Ibid., p. 479, p. 481 e 484.

72 Citado por ibid., p. 488 e 491.

ser resolvido no âmbito do 3º Congresso Mundial, "sem polêmica pública, sem demissões, sem brochuras sobre divergências"[73] enfim, em família. Mas Levi não esperou os conselhos de Lênin para publicar, no início de abril, *Nossa via contra o putschismo*. Logo no prefácio mostrava o tom de sua crítica:

> Quando eu projetava escrever este panfleto existia na Alemanha um partido comunista de 500 mil militantes. Agora, enquanto escrevo, oito dias depois, o mesmo partido comunista foi sacudido até às suas estruturas e a sua continuidade está posta em dúvida. [...] Entretanto, uma breve reflexão indicará não apenas a utilidade, mas também a necessidade dessa crítica. O irresponsável jogo com a existência do partido, a vida e o destino de seus militantes deve ter fim.

A partir de um texto de Lênin (*Os bolcheviques conservarão o poder?*), Levi analisava a Alemanha de 1921 para concluir que não havia nenhum dos pré-requisitos que configuravam uma situação revolucionária.

> Como então chegou-se à ação [de março]? A primeira iniciativa não veio de dentro do partido alemão. Sabemos quem é o responsável. No passado aconteceu muitas vezes de os delegados do Comitê Executivo abusarem de sua autoridade e, em seguida, se verificar que eles não tinham mandato para tal ou qual ação. Não estamos em condições de acusar o Comitê Executivo, embora não possamos omitir que entre alguns de seus membros existe uma certa insatisfação em relação ao "imobilismo" do KPD. [...] Eles [os delegados da IC] nunca trabalham com a direção do partido local, mas sempre nas suas costas e frequentemente contra ela. Eles têm a confiança de Moscou, os outros não.[74]

Com isso, Levi colocava publicamente em cheque os métodos de direção da IC, o que nunca lhe seria perdoado. Ele continuava raciocinando a partir do texto de Lênin, para afirmar que a "ação de março" constituía uma ruptura com o passado do KPD, pois o partido havia agido como se a situação revolucionária pudesse ser criada. De fato, era possível criá-la "por meios políticos" e não "por métodos de agentes policiais, pela provocação". Continuava dizendo que "para os comunistas, é impossível, especialmente enquanto são ainda uma minoria no proletariado, engajar-se numa ação no lugar do proletariado, às vezes sem o proletariado, ou ainda contra ele".[75] Comentando

---

73 Ibid., p. 488, e citações de Lênin, ibid. p. 498.

74 Ibid., p. 492; Paul Levi, "Our Course against Putschism", transcrito in: H. Gruber, op. cit., p. 320, p. 322 e 340.

75 P. Levi, op. cit., p. 326 e 331.

Do partido único ao stalinismo

o isolamento real do KPD e a maneira pela qual isso havia sido agravado pelos ultimatos saídos na imprensa do partido, Levi comentava:

> Imaginem se disséssemos a esses trabalhadores para quem a necessidade da ação não é evidente, que seria melhor que como pré-requisito à sua participação, que eles enforcassem seus atuais líderes em postes de iluminação. E caso não quisessem aceitar voluntariamente essa condição, daríamos a eles como alternativa: "aquele que não está comigo, está contra mim". Seria uma declaração de guerra a quatro quintos dos trabalhadores alemães, e isso antes de iniciar a ação![76]

Por seu lado, a direção do KPD, diante deste folheto e de um telegrama da Internacional Comunista felicitando a iniciativa da "ação de março" com a fórmula – "Vocês agiram bem. A classe operária não pode vencer com um único assalto" – decidiu expulsar Levi do partido. Ao apelar contra esta decisão, recebeu apoio de diversos dirigentes: Ernst Daümig, Clara Zetkin, Otto Brass, Adolph Hoffmann, Curt Geyer, Paul Neumann, Heinrich Malzahn, Paul Eckert, que iriam todos sair do partido, com exceção de Clara Zetkin.[77] Paul Levi voltou ao ataque publicando um mês depois *Qual é o crime? A ação de março ou a sua crítica?* Aí, mais uma vez, discutia a herança política de Rosa Luxemburgo. Respondia a Frölich que, em artigo de junho de 1920, havia contraposto seu comportamento ao da heroína desaparecida, afirmando:

> [...] a camarada Luxemburgo aprendeu por experiência própria, e disse muito claramente, que as revoluções se produzem necessariamente sempre demasiado cedo, sem no entanto serem prematuras. [...] [Ela] deu um exemplo memorável dessa tática durante a insurreição de janeiro, apesar de todas essas reservas críticas.[78]

E Levi contrapunha as duas situações: "[...] naquele momento foram as grandes massas que se equivocaram – e não um pequeno círculo de dirigentes levando as massas, que não estavam iludidas, ao desastre –, e aconteceu então um movimento de massas autêntico, enorme, poderoso, espontâneo" [...] Com isso ele voltava a levantar as especificidades de países como a Alemanha:

> E, assim, na Europa Ocidental, a forma de organização não pode ser senão a de um partido de massas aberto, desses partidos de massas abertos que jamais poderiam ser movidos pelo comando de um comitê central, que só podem

---

76 Ibid., p. 332.
77 Citado por P. Broué, *Révolution en Allemagne...*, op. cit., p. 496, p. 497.
78 Citado por J.-P. Nettl, op. cit., t. 2, p. 771-772.

ser movidos no ambiente invisivelmente fluido em que se encontram, na interação psicológica com todo o resto da massa proletária. Eles não se movem por comando, movem-se no próprio movimento das classes proletárias e, por conseguinte, precisam ser dirigentes e condutores dentro do movimento.[79]

Levi levantava ainda mais uma questão de importância capital para o tema tratado aqui. A ideia de construir na Europa Ocidental um partido conforme o modelo bolchevique poderia vir a significar, de um lado, a impossibilidade de se chegar a ter um partido de massas e, de outro, o que seria bem mais perigoso, o risco de cristalizar a cisão que existia naquele momento entre o partido comunista e o partido reformista, que era de massas, como cisão no interior do próprio proletariado, segundo a sua estratificação econômica e social.

> Esse único fato traz em si o grave risco de que a classe operária se divida ao meio, que duas camadas – os organizados e os não organizados, a organização comunista e a organização não comunista – não apenas se confrontem como corpos politicamente separados, mas em certo sentido se cindam como realidades sociais distintas, que uma organização englobe camadas proletárias distintas das outras, [...] que o partido comunista torne-se uma parte do proletariado dividido verticalmente segundo fatores de diferenciação social.[80]

Nesse segundo panfleto, Levi concluía a sua trajetória do leninismo ao luxemburguismo. Recuperava o debate de Rosa, em 1904, contra as concepções de organização de Lênin, colocando o partido operário como um corpo ligado organicamente ao movimento da própria classe, dependendo desse movimento. Retomava assim a contraposição implícita de Luxemburgo à tese da aristocracia operária e à do oportunismo como produto da presença de classes estranhas no seio do proletariado, com a ideia de que oportunismo e diferentes posições no operariado eram o fruto natural da marcha evolutiva da consciência de classe. Mais ainda: premonitoriamente ele apontava um perigo que efetivamente viria a se concretizar tragicamente entre 1928 e 1933, quando, baseando-se nessas premissas de Lênin, os partidos comunistas iriam trabalhar no sentido da cisão, contra a unidade operária. Na verdade, Paul Levi não tinha então plena consciência da ruptura que estava efetuando e esperava muito da sensibilidade "antiputschista" de Lênin. Mas o resultado final, concretizado no 3º Congresso Mundial, em junho de 1921, confirmou a expulsão de Levi. Todas as reticências de Lênin e suas moderadas tentativas de deixar a porta entreaberta para a volta de Levi foram submersas, como se verá, pelas razões "patrióticas" de partido e da Internacional Comunista atacada.

---

79 Citado por P. Broué, *Révolution en Allemagne...*, op. cit., p. 500 e 502.
80 Citado por ibid., op. cit., p. 503.

Do partido único ao stalinismo

85

Antes mesmo do 3º Congresso, Lênin teria transmitido a Clara Zetkin, com franqueza e certo cinismo, suas opiniões sobre a "teoria da ofensiva": "Acaso essa posição é uma teoria? Nada disso! É ilusão, romantismo e nada mais que romantismo". Mas, diante da insistência de Zetkin em saber se além da crítica à "teoria da ofensiva", a sua aplicação na "ação de março" seria condenada no 3º Congresso, havia respondido claramente:

> É claro que a ação defensiva dos proletários dispostos à luta e o avanço ofensivo do partido mal aconselhado, ou melhor, de seus dirigentes, devem ser julgados de forma distinta. [...] Mas vocês, os adversários da "ação de março", também têm sua parte de culpa pelo que foi feito [...]. Além do mais, a crítica puramente negativa de Paul Levi, na qual não existe o sentimento de solidariedade com o partido, [...] justamente desagradou mais aos camaradas pelo seu tom do que pelo seu conteúdo [...]. Vocês e seus amigos terão que engolir a negociação. Terão que se contentar em ganhar a melhor parte dos despojos do congresso. A linha política de vocês obterá um triunfo brilhante. Além disso este fato impedirá que a "ação de março" se repita. [...] O congresso torcerá o pescoço da famosa "teoria da ofensiva" e decretará a tática que corresponde à ação de vocês. Mas, para fazer isso, será necessário jogar migalhas de consolo aos que defendem essa teoria. Isso pode ser conseguido se, ao julgar a "ação de março", destacarmos em primeiro plano o fato de que se tratava de proletários lançados à luta por uma provocação dos lacaios da burguesia e se, além disso, o fizermos com um pouco de indulgência histórica paternal. [...] É necessário que nossos queridos esquerdistas não voltem às suas casas demasiado humilhados e amargurados. [...] Paul Levi é, desgraçadamente, um caso à parte. E a culpa disso cabe principalmente a ele. [...] Você sabe a estima que tenho por Levi e suas qualidades. Conheci-o na Suíça e depositei nele logo em seguida grandes esperanças. Manteve-se firme no tempo das mais duras perseguições; era valente, inteligente, pronto ao sacrifício. [...] Desde a publicação de seu folheto, comecei a duvidar dele. [...] O congresso condenará Levi, será duro com ele. É inevitável. No entanto, a sua condenação se baseará somente na ruptura de disciplina e não na sua posição política fundamental. [...] Por isso o caminho de volta fica aberto para ele. [...] O destino político dele está nas mãos dele próprio. Terá que se submeter à decisão do congresso como um comunista disciplinado e desaparecer da vida política durante algum tempo. [...] Paul deve se voltar sobre si mesmo, como nós, os russos, sob o czarismo, quando nos mandavam para a prisão ou deportação. Pode ser para ele um período de intenso estudo e de sereno exame de consciência. [...] Voltará para nós com conhecimentos teóricos mais aprofundados, fortalecido em seus princípios e como um dirigente do partido excelente, inteligente e hábil. Não devemos perder Levi. [...] Se submeter-se à disciplina e seguir em frente – pode, por

exemplo, colaborar anonimamente na imprensa do partido, redigir alguns bons folhetos – prometo a você que daqui a três ou quatro meses pedirei sua reabilitação em carta aberta.[81]

O tom paternalista e absolutamente antidemocrático de Lênin é muito semelhante ao de um confessor face ao pecador ou, porque não, do promotor dos processos stalinistas pedindo ao dissidente a autocrítica. Mas o texto pode ser relativizado devido às condições em que Clara Zetkin descreveu as recordações de suas conversas com ele. Foi em 1924, no início do processo de "canonização" de Lênin, através do qual Stálin pretendeu codificar o "marxismo-leninismo" a serviço dos interesses do Estado soviético. Porém o conteúdo corresponde em linhas gerais às intervenções de Lênin no 3º Congresso da Internacional, realizado entre junho e julho de 1921, e, depois, no seu "Discurso em favor da tática da IC", no qual ele dizia sobre a "ação de março": "Essa teoria [da ofensiva], aplicada na ação desencadeada na Alemanha em março de 1921, era falsa, devemos concordar; mas de maneira geral, a teoria da ofensiva geral naturalmente não é errada".

Afirmação ambígua em sua forma e confusa em seu conteúdo, como várias outras. Aliás, ele havia dito no início do discurso: "Não é segredo para ninguém que nossas teses são um compromisso".[82] A julgar pela afirmação de que a aplicação da "teoria da ofensiva" – entenda-se "ofensiva militar" – em março, havia sido um erro apenas porque não era adequada à situação, vemos a diferença com o que havia sustentado Levi, para quem as massas não estavam convencidas de quererem usar a violência contra o governo.

Assim, a "nova tática", concretizada pela palavra de ordem do 3º Congresso "Vamos às massas", e que alguns meses depois se transformaria na tática da "frente única", surgiu na Internacional envolvida na maior nebulosidade. E não apenas por causa do paradoxo, reconhecido por Lênin em conversa com Zetkin, que constituiu a adoção da linha defendida por Levi, acoplada à sua expulsão, justificada como necessidade.[83] Mas também pela ambiguidade que cobriu a análise de uma questão tão crucial como a "ação de março". Em outubro seguinte, Lênin sentiu necessidade de justificar

> [...] as razões pelas quais defendi longamente Paul Levi durante o 3º Congresso. Primeiramente, porque conheci Levi por intermédio de Radek em 1915 ou 1916. Já era então bolchevique. [...] A segunda razão foi infinitamente mais importante: é que Levi, no fundo, tem razão em muitos pontos de sua crítica da ação de 1921 na Alemanha (não quando pretende ter sido essa ação um "putsch", bem entendido: esta afirmação é uma inépcia).

---

81   C. Zetkin, op. cit., p. 48-57.

82   Lénine, op. cit., t. 32, "Discours en faveur de la tactique de l'Internationale Communiste" (jul. 1921), p. 504 e 498.

83   Ver C. Zetkin, op. cit., 1975, p. 63.

Do partido único ao stalinismo

Mas, ao ver tantos camaradas considerar Levi como um menchevique, ao mesmo tempo recusando-se a reconhecer os erros da "ação de março", continuava ele, sentia-se obrigado a defendê-lo. "[...] Admitamos que Levi tenha-se tornado um menchevique. [...] No momento, entretanto, nada está provado. A única coisa certa no momento é que ele perdeu a cabeça. Declarar, apenas por isso, que alguém é menchevique é uma infantilidade".[84]

Esta atitude ainda conciliadora mudou radicalmente, transformou-se em verdadeira fúria, quando Levi ousou publicar postumamente o controvertido artigo inédito "A revolução russa", de Rosa Luxemburgo. As duras críticas ao caráter antidemocrático do governo bolchevique no limiar da revolução de outubro caíram como uma bomba sobre a liderança incontestе dos russos. Imediatamente, Lênin começou a usar sua tradicional linguagem polêmica com os adversários, com o uso e o abuso dos amálgamas. Em "Notas de um publicista", redigidas em fevereiro de 1922, Levi já era alguém que se tinha colocado "praticamente a serviço dos agentes da burguesia da II Internacional e da II Internacional e meia". Ao contrário de Rosa Luxemburgo que, "apesar de seus erros [...] continua uma águia", Paul Levi tinha-se transformado, segundo Lênin, "numa galinha" incapaz de voar, "tal como Scheidemann e Kautsky".[85]

Mas, como explicar a atitude de Lênin, antes que a luta entre Levi e a Internacional se radicalizasse, de fazer aparentemente prevalecer uma questão formal de disciplina, que ele sempre soube jogar fora quando se tratava de defender a posição que julgava correta? É que sua concordância com Levi era superficial, considerava a sua crítica "negativa", "uma trituração cruel do partido". Dito de outra maneira, Levi era o primeiro que começava a pôr em cheque a mitificação dos dirigentes russos e as receitas do modelo bolchevique de revolução. O que estava em causa era a hegemonia russa na Internacional, traduzida no centralismo autoritário e arbitrário que perdia a possibilidade de elaborar uma estratégia e uma tática sobre a base de cada vida nacional. A ambiguidade em relação à "ação de março" e ao caso Levi viriam a ter peso importante no período de amadurecimento da "nova tática", a tática da "frente única", cujos fundamentos estavam sendo lançados no 3º Congresso.

---

84 Lénine, op. cit., t. 32, "Lettres aux communistes allemands" (ago. 1921), p. 550.

85 Lénine, ibid, t. 33, "Notes d'un publiciste", (fev. 1922), p. 210 e 212.

3. A tática da frente única (1921-1926)

O Estado determina o partido (1920-1921)

Até os primeiros meses de 1921, época que antecedeu o 3º Congresso da Internacional Comunista, realizado entre 22 de junho e 12 de julho, todas as esperanças de sobrevivência da URSS, enquanto Estado a caminho do socialismo, estavam voltadas para a revolução proletária no mundo ocidental. A tática estabelecida inicialmente pressupunha a iminência da revolução, como foi visto, mas a sucessão de experiências abortadas, culminando com a "ação de março", finalmente tornou evidente que o processo não era imediato. No entanto, não foi apenas a observação da evolução do Ocidente que determinou tal constatação. Ao contrário, a cronologia da tomada de consciência foi muito mais determinada pela situação vivida interna e externamente pelo Estado soviético. Com efeito, entre fevereiro e março de 1921, explodiram várias contradições que vinham se acumulando na nova formação social.

Com o fim da guerra civil, nos últimos meses de 1920, as medidas do "comunismo de guerra", particularmente a requisição de víveres aos camponeses, começaram a deixar claro a sua inadaptação à nova situação. Enquanto a guerra havia durado, os camponeses suportaram, embora mal, essas requisições, por medo de que os "brancos" confiscassem suas terras. Mas, quando desapareceu esse perigo maior, as rebeliões começaram a brotar e se generalizaram rapidamente. Victor Serge, bolchevique russo-belga que atuava então na URSS, refere-se a cerca de 50 focos insurrecionais de camponeses só na Rússia europeia.[1] A situação era tanto mais dramática na medida em que era acompanhada de uma crise sem precedentes na agricultura. A produção havia diminuído em quantidade e em valor. A superfície cultivada havia se reduzido a 16% do que era antes da guerra. Grandes áreas que antes estavam destinadas à produção para o comércio passaram a ser utilizadas para a subsistência dos camponeses. O fornecimento de alimentos às cidades, seja pela venda, seja pela requisição, reduziu-se ao mínimo, inclusive porque as cidades nada tinham a oferecer em troca. A

---

1 Victor Serge, *Mémoires d'un révolutionnaire*. Paris, Ed. du Seuil, 1978, p. 138 (Edição brasileira: *Memórias de um revolucionário. São Paulo,* Companhia das Letras, 1987). Ver também E. H. Carr, *La Révolución Bolchevique (1917-1923),* t. 2. Madrid, Alianza Editorial, 1974, p. 283.

produção industrial apresentava o mesmo quadro de retrocesso, pois correspondia, em quantidade, a 20% da produção de antes da guerra, e em valor, a 13%. Grande parte dos equipamentos estava inutilizada. Diante dessa situação, o mercado negro florescia, apresentando preços até 50 vezes superiores ao estabelecido legalmente. As pessoas abandonavam as cidades fugindo da fome. A população das capitais regionais diminuiu em 33%, Moscou em 44% e Petrogrado em 57% em relação a 1917. Os três milhões de operários que, em 1919, trabalhavam na indústria foram reduzidos a um milhão e 250 mil, em 1921. Entre estes últimos, generalizou-se o procedimento de vender diretamente no mercado os produtos fabricados. Durante 1921, apesar das medidas que a NEP (Nova Política Econômica) iria implementar, a fome iria atingir, segundo os dados oficiais, cerca de 36 milhões de camponeses. Paralelamente às rebeliões camponesas, iriam se verificar greves operárias em fevereiro, reivindicando, entre outras coisas, a melhoria do abastecimento e a redução dos poderes da *Tcheká* (polícia política).[2] A influência dos mencheviques entre os operários havia crescido porque eles haviam defendido a independência sindical e, desde 1919, haviam preconizado a liberalização das medidas do "comunismo de guerra" no sentido que a NEP viria a adotar. Por isso, nessa época explosiva, eles foram acusados de estarem por trás das greves e proscritos definitivamente da vida política.[3]

Nessas condições, já por si só criticas, eclodiu a revolta dos marinheiros da base naval de Kronstadt. Poucos dias decorreram entre o primeiro momento (28 de fevereiro de 1921), em que eles formularam suas reivindicações, a data em que se colocaram em rebelião (1º de março), o ultimato dado por Trótski, enquanto chefe do Exército Vermelho (5 de março) e o início do assalto comandado por Tukhatchiévski, em 7 de março. Os combates duraram um pouco mais – dez dias – e culminaram na repressão violenta aos sobreviventes rebeldes. Kronstadt, que em 1917 havia sido o bastião dos marinheiros revolucionários, havia se transformado: em vez de bolcheviques, havia agora a presença dos socialistas-revolucionários e, sobretudo, dos anarquistas. Além disso, a maior parte dos marinheiros era agora de origem camponesa, vindos da Ucrânia e de outras regiões do oeste.[4] A influência anarquista e a origem camponesa de fato deixaram sua marca nas reivindicações elaboradas em quinze pontos pelos rebeldes: novas eleições para o soviete com voto secreto; liberdade de imprensa e de expressão para camponeses e operários, bem como para todos os partidos socialistas e anarquistas; reconsideração de todos os casos dos detidos em prisões e campos de concentração; rações alimentares iguais para todos; abolição dos destacamentos especiais de comunistas no exército e dos guardas comunistas nas fábricas; liberdade para

---

2   Pierre Broué, *Le parti bolchevique*. Paris, Les Editions de Minuit, 1971, p. 148-156.

3   Marcel Liebman, *Le léninisme sous Lénine. t. 2: l'épreuve du pouvoir*. Paris, Seuil, 1973, p. 64-66.

4   M. Liebman, op. cit., t.2, p. 72; Paul Avrich, *La tragédie de Cronstadt – 1921*. Paris, Seuil, 1975, p. 89.

Do partido único ao stalinismo

todo camponês que não usasse mão de obra assalariada, de dispor de seu gado e de sua terra, entre outras.[5]

Na verdade, com a implantação da NEP (Nova Política Econômica) no 10º Congresso do Partido Comunista da URSS, que estava se realizando nos mesmos dias da rebelião, as reivindicações econômicas de Kronstadt foram em parte satisfeitas. O mesmo não aconteceu com as reivindicações políticas, pois, como veremos, o 10º Congresso caracterizou-se pelo reforço da máquina repressiva do Estado, ao mesmo tempo em que limitou os mecanismos de democracia intrapartidária. De fato, a rebelião deu-se em um momento particularmente difícil para o governo soviético e Kronstadt constituía uma base naval militarmente estratégica. Essas foram as razões que os bolcheviques alegaram para justificar a repressão sangrenta. Mas, além de reprimir, a propaganda governamental não teve escrúpulos em apresentar o episódio como um "complô de brancos", atrás do qual estaria um general branco reintegrado ao Exército Vermelho. Kronstadt foi a primeira ferida profunda aberta no movimento comunista. Entre os bolcheviques russos, o mal-estar foi enorme. Victor Serge conta que:

> [...] encontrei camaradas, vindos com suas *mausers*, que me diziam tratar-se de uma mentira abominável, que os marinheiros se haviam rebelado, que se tratava de uma revolta da frota dirigida pelo seu próprio soviete. [...] O pior era que a mentira oficial nos paralisava. Nunca havia acontecido até então de o partido nos mentir assim. [...] Kronstadt abriu no partido um período de consternação e dúvida.[6]

Foi nessa situação convulsiva que se realizou o 10º Congresso, crucial na história do partido e da União Soviética. Frente ao isolamento do país e aos problemas enfrentados, os bolcheviques deram dois tipos de resposta. Uma liberal, no campo econômico, a NEP, que se substituindo ao "comunismo de guerra", aparecia como uma paralisação na marcha da construção do socialismo.[7] Outra autoritária, no campo político, a famosa resolução apresentada por Lênin, propondo a dissolução imediata de todas as frações ou grupos dentro do partido e a expulsão dos que não cumprissem a decisão. Essa medida, que visava, sobretudo, bloquear a discussão sobre a questão sindical, na qual a "oposição operária" lançava penetrantes alertas contra a burocratização do partido, viria a ter consequências duráveis e profundas.[8] Reforçava mecanismos autoritários que o bolchevismo carregara desde sempre e dava o argumento formal para a perseguição a qualquer dissidência. No que se refere ao campo, a NEP era essencialmente a supressão das

---

5   P. Avrich, op. cit., p. 75-76.

6   V. Serge, op. cit., p. 134-141. Sobre a versão do governo, ver Broué, *Le parti bolchevique...*, op. cit., p. 152.

7   A definição é de V. Serge, op. cit., p. 143

8   M. Liebman, op. cit.,t. 2, p. 138.

requisições, substituídas por um imposto em produtos; quanto ao comércio e à indústria, introduzia-se uma relativa liberdade para a iniciativa privada e o apelo aos investimentos estrangeiros sob controle estatal.[9]

No plano das relações internacionais, os esforços que os dirigentes soviéticos vinham fazendo para romper o seu isolamento foram lentamente dando seus frutos. Desde o fim da guerra civil, em 1920, momento em que os bolcheviques começaram a constatar que a revolução europeia tardava a se concretizar, a União Soviética tentou romper o seu isolamento diplomático, comercial e militar. Do ponto de vista soviético a Alemanha ocupava um lugar único. Vista depois do Tratado de Versalhes como uma "colônia", Lênin dissera dela que, "se encontrando em condições que a impedem de existir", tendia "naturalmente para uma aliança com a Rússia".[10] Mas a URSS também ocupava um lugar muito especial para a Alemanha. Mesmo antes da revolução, os investimentos alemães ocupavam o primeiro lugar na economia russa, como também pesava o fornecimento de produtos manufaturados. Além disso, a URSS exercia um verdadeiro fascínio sobre certos setores políticos alemães, justamente os de direita, que nutriam a esperança de revanche para com os vencedores de Versalhes e mantinham raízes na Alemanha monárquica: ou seja, os setores políticos que representavam o exército e a indústria pesada. Para estes, o favorecimento pró-oriental permitiria burlar as cláusulas do Tratado de Versalhes, desenvolver a indústria de armamentos e reconstruir o exército. A guerra russo-polonesa, em 1920, foi o primeiro sinal que fez brotar nesses setores a admiração pela capacidade bélica russa e a alegria pelo combate dado a um Estado, criado em Versalhes, às expensas da Alemanha.[11] Por outro lado, o Partido Social-Democrata Alemão (SPD) era o partido que tinha relações mais sólidas com o Ocidente, através da Segunda Internacional. Tradicionalmente hostil à Rússia, país considerado bárbaro e atrasado, a social-democracia estendeu sua hostilidade aos bolcheviques. Sua atuação na República de Weimar tinha por objetivo principal a conciliação entre os vencidos e os vencedores de Versalhes. O caso da Inglaterra era diferente. Para a União Soviética, ela representava, no início da década de 1920, o mais importante país imperialista e o setor hegemônico dos Aliados. Era, portanto, um país com o qual a URSS tinha o maior interesse em estabelecer relações. Dessa forma, o primeiro acordo assinado pelos soviéticos com o mundo capitalista foi com a Inglaterra, em 1921, ao qual se seguiram vários outros com países menos importantes, mas que tiveram resultados

---

9   P. Broué, *Le parti bolchevique...*, op. cit., p. 155.

10   Discurso de Lenin ao 8º Congresso dos Sovietes de toda a Russia (1920), citado por E. H. Carr, *La Revolución Bolchevique...* op. cit., t. 3, p. 342.

11   E. H. Carr, *La Revolución Bolchevique...* op. cit., t. 3, p. 317-319, p. 335-336; Lionel Kochan, *Russia and the Weimar Republic*. Cambridge, Bowes and Bowes, 1954, p. 35.

Do partido único ao stalinismo

mais palpáveis. Os Estados Unidos permaneciam impermeáveis à União Soviética, e a França, solidamente hostil.[12]

O ano de 1922 marcou uma nova fase nas relações soviéticas com os países capitalistas, na qual os bolcheviques começaram a intervir com o projeto de impedir a unidade do bloco imperialista contra a URSS. E a Alemanha ocupava então o lugar-chave. Assim, na Conferência de Gênova, convocada pela Inglaterra para restabelecer a ordem monetária mundial após a primeira guerra, entre os 34 países convidados estavam tanto a Alemanha derrotada, como a URSS. Mas a delegação diplomática soviética, formada por Geórgi Tchitchiérin, Leonid Krásin, Khristian Rakóvski e Adolf Ioffe, conseguiu realizar a incrível façanha de afastar a delegação alemã da cidade e, na vizinha Rapallo, firmar com ela o famoso tratado de tão amplas consequências. Este foi encarado como a formação de um verdadeiro bloco coligado não só pela URSS, como pelos Aliados, que protestaram veementemente contra o estratagema dos soviéticos. Pelo tratado, os dois países abdicavam mutuamente de reclamações financeiras resultantes da guerra e das alterações posteriores (por exemplo, as nacionalizações de empresas alemãs na Rússia) e reatavam relações diplomáticas. No plano econômico, estabeleciam cláusulas de cooperação que, de um lado, satisfaziam as necessidades de importação de capitais e de tecnologia por parte da URSS, através de companhias mistas previstas pela Nova Política Econômica (NEP) implantada por Lênin, e de outro, preenchiam as necessidades da Alemanha de burlar as cláusulas do Tratado de Versalhes referentes à fabricação de armas e à indústria pesada.[13] A reação diferente dos partidos alemães à assinatura do Tratado de Rapallo expressava o dilema vivido pela Alemanha, dividida entre uma orientação econômica, diplomática e militar privilegiando a União Soviética, e outra privilegiando o Ocidente. No parlamento, a social-democracia protestou: o presidente da República, o ex-metalúrgico Ebert, declarou-se "surpreso e amargurado". Também Hermann Müller pediu que se encaminhasse uma política análoga em relação ao Ocidente. Crispien, do Partido Social-Democrata Independente da Alemanha (USPD) denunciou o significado de um tratado unindo "a indústria pesada e o capital financeiro alemão" ao Estado socialista. Paul Frölich, então porta-voz do KPD no parlamento, ficou sem palavras para justificar o acordo.[14]

O 3º Congresso da Internacional Comunista: a guinada em direção "às massas" – (junho-julho de 1921)

Tanto o contexto russo quanto as decisões determinantes adotadas no 10º Congresso do PCURSS serviram como pano de fundo para as transformações ocorridas

---

12   E. H. Carr, *La Revolución Bolchevique...*, op. cit., t. 3, p. 283 e 351-353.

13   Ibid., p. 351, 387-389; L. Kochan, op. cit., p. 52-53.

14   L. Kochan, op. cit., p. 57-58.

em 1921, no 3º Congresso Mundial, quanto à forma de preparar a revolução e às relações entre comunistas e outros partidos operários. Entretanto, a "nova tática", este título genérico, apareceu no começo acompanhada de contradições implícitas e ambiguidades. Lênin já havia assinalado à Clara Zetkin que se tratava de um compromisso. Todos sabiam. Era um compromisso entre aqueles que defendiam ainda as posições dos 1º e 2º congressos mundiais, materializadas nas "21 condições" e na "teoria da ofensiva", e aqueles que começavam a se dar conta do irrealismo anterior e a aceitar alguns elementos da proposição de Levi e sua tendência. A "nova tática" apontava como modelo a "carta aberta" do KPD, mas o congresso sancionava a exclusão de Levi. Não por acaso, no texto congressual sobre o assunto, não há nenhuma referência à "ação de março", salvo no título.[15] Sob a palavra de ordem "Às massas", aprovou-se uma linha que, no início, só tinha por defensores Lênin, Trótski e Kámenev, no partido soviético, e, no partido alemão, a tendência de Levi: Clara Zetkin, Heinrich Malzahan, Paul Neumann e outros.[16] Quase todos os partidos foram hostis ou simplesmente não entenderam a mudança. Como antes, viria a ser o KPD o primeiro partido que, logo depois do 3º Congresso, em contato com a complexa realidade social alemã e fazendo o balanço da recaída na "doença infantil" do esquerdismo, na "ação de março", iria pôr em prática a nova linha.

Toda a ambiguidade que envolveu a guinada do 3º Congresso podia ser notada no argumento com que Zinóviev, presidente da Internacional Comunista, havia justificado a convocação do congresso para dois meses antes do previsto: a urgência se devia ao crescimento do "desvio oportunista" nas fileiras da IC, representado, sobretudo, por Levi na Alemanha e Serrati na Itália. Mas admitia que tal crescimento se devia a que "o ritmo da revolução proletária internacional estava, por toda uma série de circunstâncias, tornando-se mais lento". A grande maioria do Comitê Executivo da Internacional Comunista, inclusive Radek, nadava ainda nas águas da "teoria da ofensiva" e do combate aos "desvios de direita". Bukhárin havia explicitado claramente este ponto de vista em um artigo de janeiro de 1921, em que dizia que "toda a possibilidade de apressar a derrubada do capitalismo nos outros países" era "uma necessidade", não apenas para a revolução russa, como para o movimento comunista internacional.[17] Só a intervenção decidida de Lênin, às vésperas do 3º Congresso, apoiado por Trótski e secundariamente por Kámenev, iria alterar a rota seguida pelo Comitê Executivo. É conhecido, porém, em que condições Lênin interveio: teria dito ser necessário usar de

---

15   *Manifestes, thèses et résolutions des Quatres Premiers Congrès mondiaux de l'Internationale Communiste (1919-1922)*, "Resolution sur l'action de Mars et sur le Parti Communiste Unifié d'Allemagne". Paris, Maspero, 1975, p. 124.

16   Milos Hájek, *Storia dell'Internazionale Comunista (1921-1935)*. Roma, Ed. Riuniti, 1975, p. 21.

17   Citado por Aldo Agosti, *La Terza Internazionale. Storia Documentaria. t. 1 (1919-1923)*. Roma, Editori Riuniti, 1974, p. 367-368 e 335-336.

Do partido único ao stalinismo

"indulgência histórica paternal" com os esquerdistas, "jogar-lhes migalhas de consolo", conforme a narração de Zetkin.

Entre os dois projetos de tese sobre a tática apresentados – o de Thalheimer e Bela Kun, então porta-vozes da "teoria da ofensiva", e o de Radek – Lênin se pronunciou por este último, apesar de achar que ele ainda pendia muito para a ideia de ofensiva geral.[18] Esta tese e a referente à situação mundial e as tarefas da Internacional, redigida por Euguiéní Varga e Trótski, e apresentada pelo último, constituíram o núcleo das novas posições. Nelas estão explícitas a maneira como os comunistas avaliavam os dois primeiros anos de vida da Internacional e, pela primeira vez, a relativização da crise geral do capitalismo. Na tese sobre a situação mundial, afirmava-se:

> O primeiro período do movimento revolucionário depois da guerra se caracteriza por sua violência elementar, pela imprecisão muito significativa dos objetivos e métodos, e pelo enorme pânico que toma conta das classes dirigentes; ele parece, em grande parte, haver terminado. [...] Será que há razões para supor que após um período de abalos políticos e de lutas de classes venha uma nova e prolongada época de restabelecimento e de crescimento do capitalismo? Não se concluiria disso a necessidade de revisar o programa e a tática da Internacional Comunista? [...] A guerra não deu lugar imediatamente à revolução. A burguesia assinala esse fato, com certa aparência de razão, como sua maior vitória. [...] a luta revolucionária pelo poder se apresenta no momento em parte paralisada, numa certa marcha lenta. [...] Se o ataque do proletariado não for coroado de sucesso, a burguesia passará na primeira ocasião ao contra-ataque.

Quanto às razões pelas quais a guerra não foi seguida pela revolução proletária na Europa Ocidental, como havia acontecido na Rússia, a tese retomava a explicação já clássica da Internacional:

> Não [havia] um partido comunista realmente internacionalista, bem preparado e fortemente centralizado dirigindo a classe operária. [...] Diversas causas históricas e influências do passado colocaram à frente do proletariado europeu, durante a guerra e depois, a organização da II Internacional.

Contraditoriamente a esta afirmação, em que a social-democracia aparece como suficientemente forte para impedir a revolução, a tese considerava, indo assim na tradição dos dois primeiros congressos da IC, que o peso ainda conservado pelos sociais-democratas "era totalmente inconsistente".[19] Apesar de não mais repetir que a

---

18   M. Hájek, op. cit., p. 18-19.

19   *Manifestes, Thèses et...*, op. cit., "Thèse sur la situation mondiale et les tâches de l'IC", p. 85-93.

social-democracia estava "em agonia", "em decomposição", a tese não enfrentava absolutamente a raiz do fenômeno dessa persistência. Tantas fórmulas ambíguas não chegam a dar a exata medida de que se tratava efetivamente de uma mudança de linha, ao contrário do que explicita a frase final do relatório de Trótski sobre a tese:

> A situação agora, no momento do 3º Congresso da IC, não é a mesma que nos tempos dos 1º e 2º Congressos. Naquele tempo, havíamos estabelecido uma ampla perspectiva, traçado a linha geral, e dito: "Com esta linha, sob este emblema, conquistaremos o mundo". Isso ainda é certo? Totalmente. Em um plano mais amplo continua sendo certo. Mas não havíamos calculado os altos e baixos da perspectiva e agora tomamos consciência deles. Tomamos consciência deles através de nossas derrotas e desenganos, e também através de nossos sacrifícios e erros, que se deram em todos os países, aqui na Rússia em grande quantidade. Agora, pela primeira vez, vemos e sentimos que não estamos tão próximos da meta, da conquista do poder, da revolução mundial. Naquela época, em 1919, dizíamos: "É questão de meses". Agora dizemos: "Talvez seja questão de anos".[20]

Mas é na "Tese sobre a tática da IC", redigida por Radek, que a ambiguidade e o compromisso aparecem com mais evidência. O texto é uma sucessão de tímidas afirmações no sentido da tática de "frente única" e das avaliações da tendência de Levi que lhe deram origem, rapidamente relativizadas e mesmo contraditas por outras, indo no sentido da visão de conjunto que havia prevalecido até então na IC. Começava por afirmar que o 3º Congresso iria examinar as questões táticas "em condições novas", que se caracterizavam pelo fato de que "em diversos países a situação objetiva havia adquirido grande aguçamento revolucionário" e de que "se haviam formado diversos grandes partidos comunistas". Todavia, estes "grandes" partidos "não possuíam ainda, em nenhum lugar, a direção efetiva da maioria da classe operária na luta revolucionária real". Apesar da situação objetiva ter-se aguçado do ponto de vista revolucionário, a tese constatava mais0 adiante que a revolução "iria exigir um período bastante longo de combates revolucionários". Reconhecia também ter havido "razões suficientes" para que o fim da guerra não houvesse engendrado a revolução: "o aguçamento diferenciado dos antagonismos, a diferença de estruturas sociais e de obstáculos a ultrapassar conforme o país, o alto grau de organização da burguesia nos países mais desenvolvidos [...]". Entretanto, apesar disso:

> Os comunistas tiveram razão em declarar ainda durante a guerra que o período imperialista conduziria à época de revolução social, isto é, a uma

---

20   Citado por E. H. Carr, *La revolución bolchevique...*, t. 3, op. cit., p. 397.

Do partido único ao stalinismo

> longa sucessão de guerras civis no interior dos diversos Estados capitalistas e de guerras entre Estados capitalistas, de um lado, e Estados proletários e povos colonizados e explorados, por outro. [...] O que devemos esperar não é o afrouxamento da revolução mundial, nem o refluxo de suas ondas, mas o contrário: em certas circunstâncias o que é mais provável é uma exasperação imediata de antagonismos sociais e de combates.

Em todo caso, a tese reconhecia que de nada adianta "uma situação econômica e política objetivamente revolucionária" se "a maior parte dos operários não está ainda sob a influência do comunismo". Por isso o fundamental naquele momento era a conquista da maioria da classe operária, colocando-se à frente de todas as suas lutas.

> Toda a agitação e a propaganda, toda a ação do Partido Comunista devem ser penetradas pelo sentimento de que não é possível, no âmbito do capitalismo, nenhuma melhoria durável da situação das massas do proletariado. [...] Porém esse sentimento não deve nos fazer renunciar ao combate por reivindicações vitais atuais e imediatas do proletariado. [...] A natureza revolucionária da época atual consiste precisamente no fato de que as condições de existência mais modestas das massas operárias são ainda assim incompatíveis com a existência da sociedade capitalista, e por essa razão a própria luta pelas reivindicações mais modestas assume proporções de luta pelo comunismo.

O ponto 6 da tese formulava ainda, de modo muito geral, a linha que mais tarde viria a se desenvolver com a tática da "frente única":

> Diante do fato de que na Europa Ocidental e na América as massas operárias estão organizadas em sindicatos e em partidos políticos, e consequentemente não será o caso de contar por enquanto com movimentos espontâneos a não ser em casos muito raros, os partidos comunistas têm o dever de, usando toda a sua influência nos sindicatos e aumentando sua pressão sobre os outros partidos que se apoiam sobre as massas operárias, procurar obter a irrupção geral do combate pelos interesses imediatos do proletariado. E se os partidos não comunistas forem levados a participar desse combate, a tarefa dos comunistas consiste em preparar de antemão as massas para uma possível traição por parte desses partidos, durante as fases ulteriores do combate, em impulsionar ao máximo a situação e em agravá-la, a fim de serem capazes, se for necessário, de continuar o combate sem os outros partidos (ver a carta aberta do KPD, que pode servir de ponto de partida exemplar para outras ações).

A ambiguidade da guinada fazia a tese insistir em defender a "ação de março". Ela é definida como "um passo adiante", uma "luta imposta" ao KPD, "uma luta heroica levada a cabo por centenas de milhares de proletários". O erro do KPD havia sido apenas o de, "no lugar de deixar claro o caráter defensivo da luta, ter fornecido à burguesia, à social-democracia e ao partido independente, com o seu grito de ofensiva, um pretexto para denunciá-lo como 'provocador de putschs'". Esta crítica indulgente, porém, só vem depois de se haver afirmado que o partido comunista é, "por sua essência, partido de ataque, de assalto contra a sociedade capitalista; tem por dever, desde que uma luta defensiva ganha profundidade e amplitude, transformá-la em ofensiva".[21] A ambiguidade se manifesta em todos os detalhes, em torno do essencial que estava sendo questionado: tratava-se de definir em que medida a situação era ou não revolucionária, em que medida a social-democracia tinha ainda forças sobre o proletariado e, portanto, a importância não apenas do trabalho sindical, mas das próprias lutas econômicas e imediatas. É por isso que o texto diz e se desdiz, para dizer em seguida e voltar a se desdizer.

Toda essa ambiguidade não preservou, entretanto, a tese de ser o estopim de uma viva discussão. Porque, na verdade, as ideias que tinham começado a brotar com a "teoria da ofensiva" correspondiam ao desenvolvimento ascendente da lógica que presidiu a criação do comunismo. O que escandalizou particularmente os congressistas foi a afirmação enfática de que em nenhum lugar os partidos comunistas detinham a liderança sobre a maioria da classe operária. Daí porque se definia como tarefa do momento a de se fazer reconhecer enquanto direção e ganhar as massas para as suas ideias. Isso significava reconhecer implicitamente que a social-democracia não se havia decomposto, que existia e era a real liderança das massas na Europa Ocidental. A tática simplista de criar partidos à imagem e semelhança do bolchevique, com seus imperativos peremptórios das "21 condições", aparecia em toda a sua vacuidade. O que estava apenas subentendido na tese só foi afirmado claramente em 1924, quando Zinóviev declarou em relatório no 5º Congresso Mundial: "Em 1921-1922 começamos a compreender que, primeiro, não tínhamos a maioria da classe operária, em seguida, que a social democracia ainda era forte".[22]

Contra a "nova tática", colocaram-se a maioria dos delegados alemães, todos os italianos, austríacos, poloneses, húngaros e búlgaros. Umberto Terracini, falando em nome da delegação italiana, desencadeou com suas afirmações o ponto mais tenso do debate, ao declarar não ser necessário que o partido tivesse atrás de si a maioria da classe operária para tomar a iniciativa da revolução.

> A luta do proletariado deverá ser verdadeiramente a luta do proletariado todo, ou quase todo; mas não acreditamos que para desencadear uma ação

---

21   *Manifestes, Thèses et...*, op. cit., "Thèse sur la tactique", p. 94-102.

22   Fernando Claudín, *La crisis del movimiento comunista. De la Komintern al Kominform*. Francia, Ruedo Ibérico, 1970, p. 574.

Do partido único ao stalinismo

revolucionária seja preciso esperar que a maioria do proletariado esteja organizada e tenha aderido aos princípios do comunismo. [...] Trata-se de um princípio democrático que se quer aplicar ao partido comunista, mas que é bom apenas para os reformistas...

E para reforçar o seu argumento citou o exemplo dos bolcheviques: "A única coisa que interessa é que os partidos comunistas sejam capazes de arrastar atrás de si as massas no momento da luta".[23] Essa intervenção levou Lênin a desencadear o que ele mesmo chamou, fazendo um trocadilho, de uma "ação ofensiva" contra ela. Sua primeira preocupação, ao defender a nova tática, foi a de situá-la no quadro de um compromisso que se impunha, dadas as circunstâncias.

> Nossas teses, propostas pela delegação russa, foram estudadas e preparadas da forma mais minuciosa possível; são o resultado de longas reflexões e de conferências com as diversas delegações. Têm por finalidade fixar a orientação da IC e são particularmente necessárias agora que excluímos do partido os verdadeiros centristas, por ser insuficiente condená-los *pro forma*. Estes são os fatos. Diante deles constituo-me em defensor destas teses [...].

Mas ao mesmo tempo em que criticava indignadamente Terracini por fazer "da luta contra os homens de direita um esporte", Lênin contrabalançava seu furor com ironia,[24] pondo em prática a "indulgência histórica paternal" que teria preconizado em conversa com Clara Zetkin. Dessa forma, a intervenção refletiu a exata medida da inflexão que a guinada deveria ter: defendendo a "carta aberta" do KPD como uma iniciativa exemplar, porém, justificando a expulsão de Levi e minimizando os erros que deram origem à "ação de março". No debate intervieram ainda Trótski que, convencido da justeza da modificação da linha dos 1º e 2º Congressos, declarara ser aquele compromisso com os opositores a maior concessão possível, e Zinóviev que, apesar de suas recentes simpatias pela "teoria da ofensiva", sustentou a linha geral das teses por disciplina. Sob o peso da autoridade de Lênin e dos soviéticos, a "nova tática" foi aprovada por unanimidade, não sem que as delegações recalcitrantes, que na verdade não estavam absolutamente convencidas, fizessem várias declarações de voto, ressalvando não estar de acordo com certas interpretações, aceitá-la apenas em princípio etc.[25]

---

23 Citado por A. Agosti, op. cit., t. 1: (1919-1923), p. 375; por M. Hájek, op. cit., p. 20; ver também Paolo Spriano, *Storia del Partito Comunista Italiano*, t. 1 *Da Bordiga a Gramsci*. Torino, Einaudi, 1967, p. 157-158.

24 Lénine, *Oeuvres, t. 32*, "Discours en faveur de la tactique de l'Internationale Communiste" (jul.1921). Moscou, Editions du Progrès, 1974, p. 498-499.

25 Pierre Broué, *Révolution en Allemagne (1917-1923)*. Paris, Les Éditions de Minuit, 1971, p. 524; M. Hájek, op. cit., p. 22.

100   Angela Mendes de Almeida

A palavra de ordem divulgada pelo "Manifesto" do congresso – "Às massas" – embora tivesse por objetivo fundamental uma ação comum com outros partidos operários, foi aplicada inicialmente através da criação de organizações periféricas ao comunismo. Eram formadas por simpatizantes e destinadas a agrupar pessoas que não concordavam integralmente com o programa comunista, ou não estavam dispostas a submeter-se à sua disciplina. Entre essas organizações, as mais importantes foram a Internacional Sindical Vermelha e a Internacional das Juventudes Comunistas. Pouco antes do 3º Congresso Mundial, fora criada a Internacional Comunista Feminina. E por iniciativa do militante alemão Willi Münzenberg, surgiu, por volta de outubro de 1921, a Internacional do Socorro Operário. Por fim, na França, alguns intelectuais (Anatole France, Romain Roland, Henri Barbusse) fundaram o grupo *Clarté* (Clareza), que deu origem a outros semelhantes em diversos países. Dessas organizações, apenas a Internacional das Juventudes Comunistas já existia, sendo a sucessora de sua homônima na Internacional Socialista e tendo em seu ativo um passado de lutas antimilitaristas durante a guerra mundial. Quanto à Internacional Sindical Vermelha, embora o projeto de sua criação existisse desde o 2º Congresso Mundial, só foi concretizado durante a realização do 3º. Dessa forma, uma iniciativa que aparecia aos setores não comunistas do movimento operário como um passo para a cisão da unidade sindical, veio sincronizada com o início da mudança que deveria levar à tática da "frente única". Todas essas organizações, que em princípio deveriam agrupar simpatizantes, evoluíram rapidamente até se colocarem integralmente sob o centralismo e a disciplina da Internacional Comunista, conformando o fenômeno que veio a ser denominado de "correia de transmissão" das posições do partido.[26]

A quase totalidade dos historiadores e dos protagonistas que se debruçaram sobre o 3º Congresso Mundial concorda em afirmar que este constituiu uma verdadeira guinada face às posições anteriores.[27] Há, no entanto, os que minimizam o caráter de mudança. Como o historiador francês Pierre Broué, que enfatizando a modificação das condições objetivas, afirma que o alvo dos comunistas em 1921 permanecia o mesmo dos anos de 1917 a 1920, de ofensiva revolucionária. Afirma também que a frente única já estava implícita na política bolchevique de 1917.[28] Broué, este brilhante historiador do comunismo, que tantas obras importantes nos legou, é caudatário, no entanto, na qualidade de militante trotskista, da versão segundo a qual a história da Internacional Comunista se divide em dois blocos homogêneos e contraditórios entre

---

26   Ver E. H. Carr, *La révolución bolchevique...*, t. 3, p. 409-417.

27   Ver ibid., p. 395; M. Hájek, op. cit., p. 25; A. Agosti, op. cit., t. 1: (1919-1923), p. 367; F. Claudín, op. cit., p. 34; Jules-Humbert Droz, *L'Internazionale Comunista tra Lenin e Stalin. Memorie de un protagonista (1891-1941)*. Milano, Feltrinelli, 1974, p. 75; Arthur Rosenberg, *Histoire du bolchevisme*. Paris, Grasset, 1967, p. 234.

28   P. Broué, *Révolution en Allemagne...*, op. cit., p. 535-536.

Do partido único ao stalinismo

si, o período leninista, de 1917 a 1923, e o período stalinista, de 1924 em diante. Usa as ambiguidades da mudança para argumentar que as iniciativas tomadas sob a liderança de Paul Levi – a cisão do congresso de Heidelberg, em 1919, a "declaração de oposição leal", em 1920, a fusão do KPD com o USPD, no mesmo ano, e a "carta aberta", de 1921 – nada mais eram do que a aplicação na Alemanha dos "princípios" e da "tática" do bolchevismo na Rússia. Em livro mais recente, sobre a questão polêmica da expulsão de Paul Levi, considera que embora ele tenha sido "fiel ao pensamento e à tradição de Rosa Luxemburgo", sua defesa contra o KPD era também "uma defesa da tradição bolchevique". Quanto ao 3º Congresso, reconhece que foi um compromisso proposto por Lênin, mas quanto à falta de visão crítica sobre a "ação de março", culpa disso apenas o Comitê Executivo da Internacional.[29]

Na verdade, a "nova tática" apenas colocou novos problemas. Imenso tempo foi perdido em convencer os recalcitrantes. Em seguida, quando os comunistas iriam começar a elaborar sobre o novo, em meio a grandes contradições, os resultados globalmente negativos da revolução de 1923, na Alemanha, iriam levar ao retrocesso, à negação de fato da essência da tática da frente única. Mantida formalmente, carregou consigo as ambiguidades de nascença. Mas nada demonstra melhor ter se tratado efetivamente de uma guinada, do que a enorme resistência encontrada pela nova linha entre os comunistas mais ardentes, muitos dos quais a qualificaram até de "traição".

Em outra linha de interpretação está a análise que considera que o 3º Congresso da Internacional Comunista havia marcado um retorno à prática da II Internacional, isto é, "lutas parciais pacíficas no terreno econômico" e abandono da perspectiva da luta armada. É a posição do historiador Arthur Rosenberg, ex-militante comunista alemão da tendência de ultraesquerda, em 1925, com Karl Korsch, e que deixaria o KPD em 1927.[30] Sua interpretação mantém a dicotomia entre o programa mínimo – as lutas econômicas e locais –, simbolizado pela Internacional Socialista, e o programa máximo – a luta pelo poder, armada e violenta –, simbolizado pelo Marx da Liga dos Comunistas e pelo movimento comunista de 1917 a 1921. Era essa dicotomia que justamente a tática da frente única e, depois, o "governo operário", pretendiam superar, inspirados em Rosa Luxemburgo, as reivindicações de transição unindo o econômico e parcial ao político e geral, unindo a vida cotidiana ao poder.

Outros historiadores atribuíram as mudanças realizadas no 3º Congresso Mundial também à situação interna russa.[31] Por seu lado, os opositores, desde o início, rela-

---

29 Pierre Broué, *História da Internacional Comunista (1919-1943)*. São Paulo, Sundermann, 2007, p. 281, p. 284-291. (A edição francesa é de 1997).

30 A. Rosenberg, *Histoire du bolchevisme...*, op. cit., p. 237. Rosenberg transformou-se em seguida em historiador do movimento comunista e escreveu, entre 1927 e o início da guerra, duas importantes histórias, a do bolchevismo e a da República de Weimar.

31 Ver Ossip K. Flechtheim, *Le parti communiste allemand sous la République de Weimar*. Paris, Maspero, 1972, p. 105; Jane Degras, *The Communist International (1919-1943) – Documents*. t. 1: (1919-

cionaram a "nova tática" com o recuo na URSS, ilustrado pela NEP, inclusive atribuindo-a às necessidades da situação russa e não à realidade imposta na Europa Ocidental. Não foi, portanto, por acaso, que surgiu, pela primeira vez, a hipótese de que, naquelas condições, os interesses de Estado da União Soviética estavam se tornando contraditórios com os da luta do proletariado internacional. A Internacional Comunista poderia estar privilegiando os primeiros em detrimento dos segundos. Foi o Partido Operário Comunista da Alemanha (KAPD) quem levantou essa preocupação pela primeira vez. Ela encontrou algum eco no círculo que até recentemente havia defendido a "teoria da ofensiva" – Zinóviev, Bukhárin, Bela Kun, Mátyás Rákosi – uma vez que justamente essa ofensiva havia pretendido evitar a necessidade das concessões aos camponeses que caracterizou a NEP.[32]

O florescimento da tática de frente única (1921-1922)

Depois do 3º Congresso da Internacional Comunista, caberia mais uma vez ao KPD ser o pioneiro na aplicação da nova linha, reatando seus laços com a experiência da "carta aberta", de janeiro de 1921. No entanto, tal aplicação não se fez sem polêmicas e contradições. Pouco depois do congresso mundial, em agosto de 1921, o 7º Congresso do KPD viveu um clima contraditório: os delegados haviam sido eleitos antes dele, num clima de "caça às bruxas centristas". Mas depois desse congresso era necessário ater-se ao verdadeiro "tratado de paz" selado entre a "oposição levista" (os partidários do dirigente expulso) e a maioria da direção alemã, responsável pela "ação de março". Assim, apesar das poderosas objeções às resoluções do 3º Congresso Mundial levantadas pela "nova esquerda" recém-formada – liderada por Ruth Fischer e Arkadi Maslow –, as decisões finais do congresso alemão integraram, em parte por disciplina, a tática definida no plano mundial. Adotaram um manifesto que propunha a frente única com os sociais-democratas. A nova direção então eleita – liderada por Ernst Meyer e Ernst Friesland – estava convencida da necessidade de uma atitude moderada em relação à "oposição levista", para preservar a unidade. Isso não impediu a expulsão de alguns militantes como Curt e Anna Geyer, Ernst Daümig, Adolf Hoffmann e outros, que juntamente com Levi vieram a formar no Parlamento alemão o Grupo de Trabalho Comunista (*Kommunistische Arbeitsgemeinschaft* – KAG).[33]

Os acontecimentos políticos na Alemanha posteriores ao 7º Congresso do KPD impulsionaram ainda mais o partido na via da rejeição ao esquerdismo da "ação de

---

1922). London, Oxford Univ. Press, 1956, p. 10; F. Claudín, op. cit., p. 82. Carr vincula ainda as posições do 3º Congresso à situação internacional da URSS e aos primeiros tratados comerciais que estavam sendo firmados (E. H. Carr, *La révolución bolchevique...*, t. 3, op. cit., p. 395).

32 A. Agosti, op. cit., t. 1: (1919-1923), p. 341.

33 P. Broué, *Révolution en Allemagne...*, op. cit., p. 542 e 544.

Do partido único ao stalinismo

março" e da aplicação da frente única. No último dia do congresso alemão, em 26 de agosto, o assassinato, pela direita, do deputado do Centro Católico, Mathias Erzberger – que em 1917 se havia celebrizado pelo seu discurso propondo ao governo imperial alemão negociações de paz – constituiu o ponto de partida para uma série de ações espontâneas de protesto unitárias das massas operárias. Pouco tempo depois, tendo as eleições de setembro de 1921 para o Parlamento regional da Turíngia dado a vitória a uma coalizão SPD-USPD, o KPD fez uma nova "declaração de oposição leal", reatando com sua experiência de 1920.[34]

Entretanto, entre agosto de 1921 e janeiro de 1922, teve lugar dentro do KPD uma feroz luta interna entre uma "nova oposição levista", agora dirigida por Ernst Friesland, que havia passado da "teoria da ofensiva" às ideias de Levi e de Luxemburgo, e a maioria da direção. Os principais pontos de conflito com essa nova oposição eram a crítica que ela fazia à concepção esquerdista de luta política e à ingerência autoritária do Comitê Executivo da Internacional na vida dos partidos. Friesland criticou especificamente o papel de agentes como Félix Wolf e Radek. A nova oposição defendia ainda relações privilegiadas com o KAG, que os dirigentes internacionais consideravam então como "inimigos do comunismo". Em janeiro de 1922, depois de diversos apelos e manifestos, essa nova leva de opositores foi expulsa, entre eles, além de Friesland, Otto Brass, Richard Müller, Paul Neumann, Heinrich Malzahn, Paul Eckert, quase todos oriundos dos "delegados revolucionários" do USPD. Apenas Clara Zetkin permaneceu no KPD. Os outros se uniram ao KAG, reintegraram depois o USPD e, em seguida, o SPD, quando da reunificação dos dois partidos em setembro de 1922.[35]

Paradoxalmente, porém, uma nova evolução produziu-se durante este tempo com a grande maioria da direção recém-eleita: dirigentes como Ernst Meyer, Heinrich Brandler, August Thalheimer, Jacob Walcher e o próprio Frölich assimilaram profundamente a "nova tática" definida no 3° Congresso da IC, afastando-se da "doença infantil". Paralelamente, constituiu-se a "nova esquerda", que além de Ruth Fischer e Maslow, era formada por Ernst Thälmann, Hugo Urbahns, Karl Korsch e Arthur Rosenberg, entre outros.[36]

Embora o Manifesto do 3° Congresso Mundial falasse várias vezes de uma "frente única proletária", o termo que até então caracterizava a guinada era a vaga definição de "nova tática". Quando, no mês de dezembro de 1921, o Comitê Executivo da Internacional começou a discutir um projeto com o nome de "Teses sobre a unidade da frente proletária", estava generalizando mais uma vez a experiência dos comunistas alemães. Redigido por Zinóviev, Bukhárin e Radek, o documento foi aceito pelo Executivo em 18

---

34   Ibid., p. 545; A. Agosti, op. cit., t. 1: (1919-1923), p. 485; M. Hájek, op. cit., p. 27.

35   Ver P. Broué, *Révolution en Allemagne...*, op. cit., p. 548-549 e 553.

36   Ver ibid., p. 554 e 557.

de dezembro, mas sua aprovação oficial só veio entre fevereiro e março de 1922, durante a realização da 1ª Plenária do Executivo Ampliado.[37] As teses começavam por constatar a existência de uma nova fase que se caracterizava pelo "agravamento da crise mundial", pela "ofensiva sistemática do capital contra os trabalhadores" e pela redução das ilusões reformistas. Tudo isso teria suscitado nas massas "uma tendência espontânea, e literalmente impossível de ser contida, em direção à unidade, acompanhada de um aumento gradativo da confiança nos comunistas por parte das grandes massas de trabalhadores". Mas, apesar de tudo isso, essas massas ainda continuavam ligadas aos reformistas e apoiando os partidos da II Internacional. Diante dessa situação, o documento considerava que "a palavra de ordem 'às massas', definida no 3º Congresso Mundial, e os interesses gerais do movimento comunista exigem que os partidos comunistas e a Internacional no seu conjunto apoiem a palavra de ordem de frente única dos trabalhadores e assumam a iniciativa de sua prática". O exemplo do KPD, que havia defendido a frente única em seu último congresso, vinha ressaltado como extremamente positivo. Mas o documento terminava com uma ressalva, advertindo que:

> O Comitê Executivo estipula como condição rigorosamente obrigatória para todos os partidos comunistas, para todas as seções que tenham concluído qualquer acordo com os partidos da II Internacional e da "Internacional II e meia", a liberdade de continuar a propaganda de nossas ideias e a crítica aos adversários do comunismo. Embora se submetendo à disciplina de ação, os comunistas devem reservar-se o direito e a possibilidade totais de, não apenas antes e depois, mas também durante a ação, exprimir sua opinião sobre a política de todas as organizações operárias, sem exceção.[38]

Com este texto foi dado um passo a mais, importante e considerável, em direção à tática da frente única e, portanto, em direção à ruptura com as perspectivas bolcheviques desde 1914, aplicadas particularmente nos 1º e 2º congressos. Que esse passo não foi definitivo nem suficiente, nem essa ruptura conclusiva, demonstra-o à exaustão a análise das teses, fundamentalmente pela colocação do exemplo do bolchevismo russo como um antecedente dessa política. Aparentemente levantada apenas pontualmente como prova de que era possível a um partido revolucionário fazer compromissos e alianças

---

37 A. Agosti, op. cit., t. 1: (1919-1923), op. cit., p. 486 e 490.

38 *Manifestes, Thèses et...*, op. cit., "Thèses sur l'unité du front prolétarien", op. cit., p. 160-162. "Internacional II e meia" era a denominação pejorativa que os comunistas davam então aos "centristas", aos que criticavam o comunismo de um ponto de vista semelhante ao da social-democracia, mas mantinham distância na II Internacional. Tratava-se então, particularmente, do Partido Social-Democrata Independente Alemão (USPD) e dos socialistas austríacos (o "austro-marxismo"), que depois iriam constituir a ala esquerda da social-democracia internacional. A organização internacional tinha o nome de União de Viena.

Do partido único ao stalinismo

sem se conspurcar, a observação tinha na verdade um sentido mais profundo, que iria ser incorporado à história oficial da Internacional. Tratava-se de lembrar a experiência do partido russo, "por enquanto o único que conseguiu obter a vitória sobre a burguesia", afirmação em que o realismo político prestigiava a força do exemplo triunfante.

> Durante os quinze anos transcorridos entre o nascimento do bolchevismo e sua vitória sobre a burguesia (1903-1917), ele nunca deixou de conduzir uma luta sem quartel contra o reformismo, ou, o que é a mesma coisa, o menchevismo. Mas, ao mesmo tempo, durante esses quinze anos, os bolcheviques russos, em diversas ocasiões, concluíram acordos com os mencheviques. A primeira cisão formal teve lugar em 1905. Mas no fim deste mesmo ano, sob a influência do movimento impetuoso dos operários, os bolcheviques formaram uma frente comum com os mencheviques. Uma segunda separação formal, dessa vez definitiva, teve lugar em janeiro de 1912. No entanto, entre 1905 e 1912, verificaram-se alternativamente ora cisões ora uniões e acordos temporários – nos anos 1906-1907 e em 1910 – e essas uniões e acordos não se realizaram apenas no decorrer de lutas de frações, mas também sob pressão direta das grandes massas operárias que despertavam para a vida política e queriam ver por si próprias em que medida os caminhos do menchevismo afastavam-se efetivamente da revolução.[39]

Mais do que nunca a apresentação do "modelo russo" serviu para fomentar toda sorte de ambiguidades e mostrou como o caminho em direção à frente única estava cheio de obstáculos. Pela história do movimento comunista, verifica-se de modo evidente que a inspiração da "nova tática" não veio da experiência bolchevique e, sim, daquela do KPD. E a razão também aparece cristalinamente: tratou-se de uma conscientização empírica, no início dos anos 1920, da existência de uma divisão no seio do movimento operário, profunda, durável e difícil de ultrapassar, entre revolucionários e reformistas. Ora, para superar essa divisão e, do ponto de vista comunista, arrancar amplas massas à liderança reformista, a tática elaborada anteriormente nos 1º e 2º Congressos Mundiais, essa sim assentada na experiência russa, de nada serviu. Esta consciência empírica surgiu na Alemanha porque era aí que o problema se colocava de forma mais aguda. Além do mais, a tomada de consciência foi, em grande medida, impulsionada por Paul Levi em sua oposição aos bolcheviques russos e suas receitas, retomando fios de reflexão da obra de Rosa Luxemburgo.

Dessa forma, a menção das "uniões" e "acordos temporários" que teriam sido celebrados com os mencheviques antes de 1917 só serviu para obscurecer e confundir a real questão. Os mencheviques, sob o czarismo, nunca entretiveram relações com a

---

39 *Manifestes, Thèses et...*, op. cit., p. 162-163.

massa dos seus aderentes e simpatizantes do tipo das que os sociais-democratas entretinham com os que os seguiam; nunca viveram sob uma democracia parlamentar duradoura, ainda que restrita, nunca foram os agentes de concessões que a burguesia tivesse feito aos operários, como no caso da social-democracia alemã. Além disso, nunca é demasiado repetir, ao contrário dos aderentes proletários do SPD, que provinham do setor que constituía a maioria esmagadora da população na formação social alemã, os seguidores dos mencheviques (bem como os dos bolcheviques) compunham apenas uma parte do proletariado urbano que constituía uma ínfima minoria das massas populares na formação social russa. Outro elemento não menos importante: não havia na Rússia czarista, tal como na Alemanha de Weimar e em outros países da Europa Ocidental, entre as duas guerras mundiais, um passado e uma tradição de lutas democráticas nas quais a classe operária, liderada pelo seu partido reformista, tivesse participado e com elas obtido toda uma série de direitos, fator que criava um tipo de ligação diferente das massas aos chefes tradicionais. Além do mais, as condições em que a frente única foi definida eram de uma cisão durável e difícil de superar, entre comunistas e socialistas, produzida pela ferida de uma guerra mundial e pela experiência de uma revolução proletária, fatores de magnitude não comparável com as divergências entre bolcheviques e mencheviques antes de 1917.

Mesmo se a "origem bolchevique" da frente única for reduzida ao curto período entre fevereiro e outubro de 1917, no qual os bolcheviques teriam aplicado a tática de "combater Kornílov sem apoiar Kiérenski", ainda assim a única relação seria a tática "flexível" aplicada, dando conta da correlação de forças social e política.[40] As analogias terminam aí. Kiérenski não tinha atrás de si a social-democracia ocidental, com seus sindicatos, sua presença no Parlamento e nas administrações locais. O período revolucionário entre fevereiro e outubro de 1917 não é comparável com uma situação estável, durável, de coexistência entre dois ou mais partidos operários, um deles sendo um partido reformista com um sólido apoio de massas.

A confusão criada pela referência aos bolcheviques levaria, por um lado, a que os comunistas italianos, os mais radicais opositores da "nova tática", mantivessem a sua recusa à frente única e à volta atrás à sua "cisão revolucionária de Livorno"; por outro lado, levaria a que a tendência de direita do partido francês lamentasse a "unidade rompida em Tours", apoiando por essa razão a guinada.[41] A hesitação da guinada em direção à frente única é demonstrada ainda no texto por outro elemento que reatava as ligações com o passado recente da Internacional, constituindo, por assim dizer, uma quase concessão à "teoria da ofensiva". Rendendo tributo ao ritual de reafirmar a infa-

---

40   É a opinião, entre outros, de R. Massari ("Introduzione", in: *All'Opposizione nel PCI con Trótski e Gramsci - Bolletino dell'Opposizione Comunista Italiana (1931-1933)*. Roma, Controcorrente, 1977, p. 14.

41   Ver ibid., p. 14; Jules-Humbert Droz, *L'Internazionale Comunista tra Lenin e...*, op. cit. p. 123; e Jules-Humbert Droz, *L'oeil de Moscou à Paris*. Paris, Julliard,1964, p. 45 e 57.

Do partido único ao stalinismo

libilidade das posições anteriores, ao falar do crescimento da confiança das massas nos partidos comunistas o texto diz:

> Apenas agora círculos operários cada vez mais importantes começam a dar valor à coragem da vanguarda comunista que se lançou à luta pelos interesses da classe operária em um momento em que toda a imensa massa operária era indiferente, ou tinha até uma atitude hostil em relação ao comunismo. [...] Agora os partidos comunistas podem e devem recolher os frutos da luta que conduziram no passado em condições extremamente desfavoráveis de indiferença das massas. [...] Na Alemanha, mais do que em outros países, as grandes massas se convencerão cada dia mais, quanta razão tinha a vanguarda comunista que se recusava a depor as armas nos tempos mais difíceis.[42]

Dessa forma, utilizando essas ambiguidades, antigos defensores da "teoria da ofensiva", como Zinóviev, procuravam negar qualquer caráter defensivo à "nova tática". A frente única colocava-se apenas como possibilidade, segundo eles, devido à "radicalização de novos extratos operários", resultado da acertada ação dos comunistas. Zinóviev, entre outros, só aprovou a frente única em função das ambiguidades que o texto permitia. Mais tarde, no 5º Congresso Mundial, em 1924, quando se trataria de revisar essa tática, Zinóviev viria a argumentar: "Sabe-se que a tática da IC, a tática do bolchevismo e do leninismo, nasceu, sobretudo, da luta contra os direitistas e os centristas [...]".[43] Bukhárin era ainda mais reticente em aceitar a frente única, só o fazendo dentro da perspectiva de que era apenas uma tática conjunturalmente defensiva. Por isso se opôs, no 4º Congresso Mundial, em 1922, à inclusão da frente única no programa que estava encarregado de elaborar:

> [...] essa posição nada mais é do que a expressão da posição oportunista dos camaradas em questão. Tais considerações repousam sobre dados totalmente circunstanciais, a saber, a atual depressão no interior do movimento operário. Mas esses camaradas querem eternizar no programa a situação defensiva em que se encontra hoje o proletariado, tornando assim impossível passar à ofensiva.[44]

Na mesma trilha de ambiguidades, as "Teses sobre a unidade da frente proletária" oscilavam em sua avaliação sobre a social-democracia, ora mencionando a sua "decomposição acelerada", característica dos textos dos dois primeiros congressos da

---

42   *Manifestes, Thèses et...*, op. cit., p. 160.

43   A. Agosti, op. cit., t. 1: (1919-1923), p. 487; citado por J.-H. Droz, *L'Internazionale Comunista tra Lenin e...*, op. cit., p. 204.

44   Citado por E. Ragionieri, "Le Programme de l'Internationale Communiste", *Cahiers d'Histoire de l'Institut Maurice Thorez*, nº 22, 3e. trimestre, 1977, p. 28.

Internacional, ora reconhecendo que amplos setores de massa continuavam a apoiar a II Internacional.

Tanta ambiguidade não permite, no entanto, elidir o fato de que houve uma ruptura, sendo verdadeiramente nova a tática preconizada. Não apenas em relação à "teoria da ofensiva", que nunca chegou a ser uma linha votada e unanimemente defendida dentro da Internacional, mas também em relação às "21 condições", à ideia da iminência da revolução e da crise econômica que tirava qualquer margem de manobra aos reformistas. Um dos reflexos da nova atitude apareceu ao final do texto, a propósito das tendências "reformista" e "semicentrista" no interior dos partidos comunistas. Declarava-se aí que a "nova tática" contribuiria para "a consolidação revolucionária de nossos partidos, tanto educando através da experiência os militantes impacientes e sectários, quanto desvencilhando-os do peso morto do reformismo".[45] Como fica evidente aqui, ao contrário do texto das "21 condições", os "direitistas" são distinguidos dos "centristas", aos quais se atribui o amável e recatado prefixo de "semi", e a intenção não é mais a de excluí-los "sem discussão" e "no espaço mais breve de tempo", mas sim de conservá-los.

Tal como havia acontecido durante o 3º Congresso da Internacional Comunista, a discussão deste texto na 1ª Plenária do Executivo Ampliado suscitou numerosas oposições. Algumas delas desapareceram, ao menos formalmente, no decurso da discussão, mas os delegados de três partidos ainda votaram contra, limitando-se a declarar que iriam aplicar a decisão apenas por disciplina: tratava-se do PCI, do PCF e do PC espanhol. Mais uma vez coube a Terracini o destaque na resistência à frente única. Em sua argumentação vinham à tona a todo momento as "cisões revolucionárias" de Livorno e de Tours. Os argumentos do PCF eram ainda mais complicados, aparecendo como uma objeção tática: não era necessária a frente única ao partido francês, pois ele já era majoritário na classe operária. Em março de 1922, tratava-se de uma maioria muito reduzida, já que desde Tours o PCF havia perdido cerca da metade dos seus militantes e o PSF havia duplicado seus quadros. Para Jules-Humbert Droz, que foi o enviado do Comitê Executivo da Internacional junto ao PCF durante anos, o fato de as tendências de centro e de direita do partido francês não aceitarem a frente única (os delegados da esquerda – Treint, Souvarine e Ker – apoiaram a nova tática) devia-se a que, como partido cuja ruptura com a social-democracia havia sido fundamentalmente formal, não aceitavam a ingerência da Internacional nas questões internas francesas.[46]

Com a aprovação oficial da tática da "frente única", a Internacional decidiu aceitar o convite, cuja iniciativa havia partido da União de Viena – que os comunistas denominavam pejorativamente de "Internacional II e meia" – para uma conferência das três internacionais. Realizada em Berlim, em abril de 1922, não produziu nenhum

---

45   *Manifestes, Thèses et...*, op. cit., p. 163.

46   M. Hájek, op. cit., p. 32; J.-H. Droz, , *L'Internazionale Comunista tra Lenin e...*, op. cit., p. 121.

Do partido único ao stalinismo

resultado. Enquanto a União de Viena ia animada da ingênua esperança de restaurar a unidade operária rompida em 1914, a II Internacional não queria nenhum nível de colaboração com a IC e usou a conferência para reivindicar um tratamento democrático para os presos políticos russos ligados a ela. Os comunistas também usaram a conferência mais como tribuna, mas esperavam chegar a acordos para algumas ações concretas, como prescreviam as teses sobre a frente única. O comitê eleito para convocar um congresso operário não conseguiu realizá-lo.[47]

O 4º Congresso da Internacional Comunista, realizado mais tarde, em Moscou, entre novembro e dezembro de 1922, constituiu uma confirmação e um aprofundamento da linha iniciada no 3º Congresso. Uma confirmação na medida em que o documento principal – a "Resolução sobre a tática" – subscrevia todas as análises do congresso anterior, bem como as teses sobre "frente única" aprovadas na 1ª Plenária. E um aprofundamento porque vinha colocar duas questões-chave no desenvolvimento lógico da frente única: a das "reivindicações de transição" e de um "programa de transição" e, mais particularmente, a de uma palavra de ordem transitória, a de um "governo operário". O 4º Congresso constituiu assim o primeiro momento de amadurecimento da nova tática e, portanto, o ponto de verdadeira ruptura com a anterior. O tema das reivindicações de transição já havia sido claramente colocado por Radek em um texto paralelo ao Congresso:

> A era da revolução social à escala mundial, que durará provavelmente diversas dezenas de anos, não permite, inclusive pela sua duração, que nos contentemos com perspectivas gerais. Coloca aos comunistas um certo número de questões concretas que eles tinham resolvido até agora de modo puramente empírico. [...] Subjacente a todas, há a do caráter particular da fase atual do desenvolvimento da revolução mundial, a saber, se devemos lançar a palavra de ordem de reivindicações de transição, que absolutamente não concretizam a ditadura do proletariado, como, por exemplo, as reivindicações concretas do programa de Spartacus, mas que encaminharão a classe operária à luta, a qual só terá por objetivo a ditadura proletária depois de aprofundar-se e generalizar-se.[48]

O texto se intitulava inicialmente "Notas preliminares", mas foi depois publicado sob o título de "A questão do programa". É interessante ressaltar que o "modelo" aí não é mais o bolchevismo e sim o programa da Liga Spartacus. O mesmo Radek, que em março de 1920 se havia colocado contra a "declaração de oposição leal" do KPD,

---

47   Ver A. Agosti, op. cit., *t. 1: (1919-1923)*, p. 496-498; F. Claudín, op. cit., p. 112-115; e Pierre Frank, *Histoire de l'Internationale Communiste (1919-1943)*, t. 1. Paris, La Brèche, 1979, p. 208-212.

48   Citado por P. Broué, *Révolution en Allemagne...*, op. cit., p. 634.

que no início de 1921 se mostrara francamente partidário da "teoria da ofensiva" e que no 3º Congresso Mundial havia redigido com a maior ambiguidade as "Teses sobre a tática", que tiveram que ser "corrigidas" por Lênin, havia mudado. Em certa medida, tinha sofrido o mesmo processo que a maioria da direção do KPD: havia-se tornado um dos mais ardentes defensores da tática da frente única, retomando sua experiência no KPD ao tempo da direção de Paul Levi. Já em novembro de 1921, defendendo em uma carta ao KPD a adoção da palavra de ordem de "governo operário", havia escrito:

> Isto [este passo adiante] só pode ser feito se as massas veem que nós queremos mudar as coisas da forma que é possível mudar hoje, isto é, não através da propaganda daquilo que nos separa delas, e sim pela realização e o aprofundamento daquilo que elas consideram como a saída possível para a atual situação.[49]

No momento do 4º Congresso, as tendências se haviam, pois, relativamente invertido no interior do partido russo: Radek encontrava-se claramente "à direita", contra a posição de Zinóviev e Bukhárin. E a maioria da delegação russa pendeu para a posição de Radek, o que o levou a ser o redator e apresentador da "Resolução sobre a tática". Este texto, ao mesmo tempo que constituía um ponto de consolidação da nova linha, ilustrava a mudança de posição de Radek e de uma faixa importante de dirigentes comunistas. Nele não havia nem sombra de concessões à "teoria da ofensiva" e a ênfase em uma tática que se aplicasse às lutas cotidianas era bastante grande. Radek viria a ser incisivo sobre esta questão em seu relatório:

> A característica do período em que vivemos é que, embora a crise do capitalismo não tenha ainda sido ultrapassada, embora a questão do poder esteja ainda no centro de todos os problemas, camadas cada vez mais amplas do proletariado perderam a confiança em sua capacidade de conquistar o poder em um espaço de tempo previsível. Estão assim compelidas a ficar na defensiva. [...] A conquista do poder não está na ordem do dia enquanto tarefa imediata...[50]

Em relação à social-democracia o texto não sentenciava como até então a sua decomposição, mas apenas constatava o desaparecimento da "Internacional II e meia" e sua fusão com a II Internacional, fato aliás considerado benéfico para o movimento operário, já que daí por diante haveria somente duas correntes lutando

---

49   Citado por ibid., p. 624.
50   Citado por ibid., p. 636.

Do partido único ao stalinismo 111

pela maioria da classe operária. Tendo admitido, assim, implicitamente, a existência e a relativa força da social-democracia, o texto reafirmava a palavra de ordem do 3º Congresso de "ganhar a maioria da classe operária" e repetia o chamado à "frente única", precisando:

> A tática da frente única significa que a vanguarda comunista deve assumir a direção das lutas cotidianas das massas trabalhadoras pelos seus mais urgentes interesses vitais. [...] Cada luta pela mais modesta exigência cotidiana constitui uma fonte de educação revolucionária, pois as experiências de luta convencerão os trabalhadores da fatalidade da revolução e da importância do comunismo. [...] A tática de frente única não deve ser entendida como frente eleitoral de cúpula, objetivando um alvo parlamentar ou outro. [...] O mais importante na tática de frente única é a concentração das massas operárias do ponto de vista orgânico e propagandístico. O verdadeiro sucesso da frente única vem de baixo, da base das massas operárias. No entanto, os comunistas não podem deixar de celebrar acordos com as direções dos partidos adversários, dentro de certas condições.[51]

Durante o debate Radek observou: "A tática da frente única é mais difícil do que aquela que aplicamos em 1919, quando dizíamos: 'Destruam tudo!' É mais fácil e mais agradável destruir tudo".[52]

A "Resolução sobre a tática" introduzia em seguida a palavra de ordem de "governo operário", o que queria dizer, "governo de partidos operários". Era entendida como "palavra de ordem de propaganda geral" a ser empregada em todos os países, mas tendo em alguns deles maior atualidade, como "nos países em que a situação da sociedade burguesa é particularmente pouco segura, em que a relação de forças entre os partidos operários e a burguesia coloca na ordem do dia a solução do governo operário como uma necessidade política". Explicava, em seguida, que, embora um governo que aplique uma política verdadeiramente operária só pode nascer das lutas e apoiar-se nos órgãos de poder operário, um governo nascido de uma frente eleitoral podia ser um ponto de partida e, na medida em que afirmasse seu caráter operário, seria levado a uma luta sem trégua, eventualmente à guerra civil contra a burguesia.

> Os comunistas estão dispostos a caminhar lado a lado com os operários social-democratas, cristãos, sem partido, sindicalistas, etc., que não reconheceram ainda a necessidade da ditadura do proletariado. Os comunistas estão igualmente dispostos a apoiar, sob certas condições e mediante certas garantias, um governo não comunista. Mas deverão a todo custo

---

51   "Tesi del IV Congresso sulla tattica del Comintern", in: A. Agosti, op. cit., t. 1: (1919-1923), p. 652-653.
52   Citado por P. Broué, *Révolution en Allemagne...*, op. cit., p. 637-638.

explicar à classe operária que sua libertação só poderá advir da ditadura do proletariado.[53]

Todas as resistências à frente única concentraram-se no debate em torno do "significado do governo operário". Enquanto Zinóviev fazia força para delimitar o alcance da guinada, ao entender que o "governo operário" era apenas um "sinônimo da ditadura do proletariado", Radek especificava que se tratava de "uma possível transição para a ditadura do proletariado".[54] Simbolizando o momento-chave de tomada de consciência que a guinada dos 3º e 4º Congressos expressaram, a "Resolução sobre a revolução russa" iria enfatizar a interdependência entre ela e a revolução mundial:

> O 4º Congresso relembra, no entanto, aos proletários de todos os países que a revolução proletária não poderá vencer nunca, de modo definitivo, no interior de um só país, e que precisa vencer no plano internacional como revolução mundial. A luta da Rússia soviética pela sua existência e pelas conquistas da revolução é a luta pela libertação dos trabalhadores, dos oprimidos e dos explorados de todo o mundo. Os proletários russos cumpriram amplamente o seu dever de vanguarda revolucionária do proletariado mundial. É hora que este cumpra a sua parte.[55]

Fazendo eco da preocupação implícita de que os interesses de sobrevivência da URSS pudessem vir a colidir com os interesses da revolução em cada país, Bukhárin formulou nessa ocasião, pela primeira vez, e de forma inocente, um critério que mais tarde iria generalizar-se. Para ele, face à existência do Estado proletário, a atitude dos comunistas, de repúdio à defesa nacional, deveria se transformar. A União Soviética tinha que ser defendida não apenas pelo proletariado russo, mas também pelo proletariado de todas as outras nações. Dessa forma, no caso de uma aliança entre o Estado soviético e um Estado burguês, "o dever dos camaradas de cada país era o de contribuir para a vitória dos dois aliados".[56] A afirmação, rica de pesadas consequências, viria a ser posta à prova, em seguida, durante o ano de 1923, que viu o Estado alemão, então o interlocutor diplomático e comercial privilegiado da URSS, chegar à beira do caos.

---

53 *Manifestes, Thèses et...*, "Résolution sur la tactique", op. cit., p. 158-159.
54 Citado por P. Broué, *Révolution en Allemagne...*, op. cit., p. 637.
55 *Manifestes, Thèses et...*, op. cit., "Résolution sur la révolucion russe", op. cit., p. 166.
56 Citado por A. Agosti, op. cit., t. 1: (1919-1923), p. 602; e P. Broué, *Révolution en Allemagne...*, op. cit., p. 663.

Do partido único ao stalinismo 113

1923, o "ano desumano" na Alemanha

Chegada a esse ponto de maturação, a tática da frente única iria ser objeto de uma dura prova, através de sua aplicação em uma das situações mais convulsivas que a Europa Ocidental conheceu na década de 1920: a do ano de 1923, na Alemanha, "o ano terrível", "o ano desumano". Não cabe aqui discutir minuciosamente a experiência revolucionária de 1923.[57] Interessa apenas destacar em que medida a frente única foi aplicada, para depois mostrar a mutilação de que foi vítima, constatado o fracasso da revolução.

Mas, para isso, é preciso ir aos fatos. Em 11 de janeiro, forças militares francesas e belgas ocuparam o Vale do Ruhr, sob o pretexto de garantir o fornecimento de matérias-primas – sobretudo carvão – como parte do pagamento das reparações de guerra, apesar da reprovação da Inglaterra e dos Estados Unidos. A resposta do governo encabeçado por Kuno, empresário que se apoiava em uma coalizão de partidos de direita, foi a de fazer votar pelo Parlamento a "resistência passiva": nenhum funcionário alemão deveria colaborar com as forças ocupantes, os pagamentos e fornecimentos seriam igualmente suspensos. A declaração de "resistência passiva" suscitou, no seu início, um ardor patriótico comparável ao de agosto de 1914. Todos os partidos, inclusive o social-democrata, aprovaram o primeiro-ministro no parlamento, tendo havido apenas reticências por parte de alguns sociais-democratas e o voto contrário do KPD (Partido Comunista Alemão). Mas desde o início esta resposta aos invasores estava destinada ao fracasso. A única resistência que de fato impediria o confisco do carvão pelos franceses seria a paralização dos mineiros, mas o patriotismo dos proprietários das minas não chegava a tanto, de modo que a produção não foi interrompida. No entanto, a "resistência passiva" serviu para fomentar um clima de enorme tensão na relação da população com os ocupantes. Além disso, despertando paixões nacionalistas, polarizou a atenção dos grupos de extrema-direita que, com o aval do exército, passaram a atuar sob a forma de sabotagem e terrorismo. De uma dessas ações de comandos paramilitares, resultou a prisão e o fuzilamento, pelos franceses, de Leo Schlageter, antigo membro dos "corpos francos" e membro do partido hitleriano nascente, que viria a se transformar em herói dos grupos da direita nacionalista. Curiosamente, o nome de Schlageter viria também a ocupar um lugar peculiar na história do movimento comunista, sobre o qual se falará mais adiante.[58]

---

57 Muitos autores, que escreveram sobre a história do movimento operário alemão tendo como ponto culminante e conclusivo a experiência de 1923, debruçaram-se longamente sobre ela, particularmente P. Broué, *Révolution en Allemagne...*, op. cit.; e W. R. Angress, *Stillborn Revolution – The Communist Bid for Power in Germany (1921-1923)*. Princeton, New Jersey, 1963.

58 Arthur Rosenberg, *Storia della Repubblica di Weimar*. Firenze, Sansoni, 1972, p. 135-136; H. E. Carr, *El Interregno (1923-1924)*. Madrid, Alianza Editorial, 1974, p. 186; M. Hájek, op. cit., p. 69.

A crise aberta com a ocupação do Vale do Ruhr desencadeou rapidamente toda uma série de processos já latentes no país e, em particular, a inflação, que subverteu completamente as condições sociais e políticas. O dólar, cotado em abril de 1922 a mil marcos, passou a 56 mil em janeiro de 1923, a mais de dois milhões em agosto e a 350 milhões em setembro. Os preços subiram mais ou menos na mesma proporção, a vida tornou-se quase impossível para a grande maioria da população, salvo para os grandes industriais, os grandes proprietários de terra e os especuladores financeiros. As maiores vítimas foram os proletários e amplas camadas da pequena burguesia, que foram literalmente expropriadas e proletarizadas. Nessa situação, até então jamais verificada, a vida social e política transformou-se rapidamente: os sindicatos perderam sua razão de existência e os valores que antes eram atribuídos à atividade sindical e à parlamentar se esvaziaram. O clima explosivo em toda a Alemanha foi conduzido a uma situação em que os proletários estavam novamente dispostos a qualquer coisa para derrubar o governo. Assim, entre 9 e 11 de agosto, os delegados de uma assembleia de conselhos de fábrica de Berlim decidiram decretar uma greve geral, que logo se propagou por todo o país. Reivindicavam várias medidas visando pôr fim às condições insustentáveis de vida, e em primeiro lugar a demissão do governo Kuno. Além dos comunistas, os sindicalistas sociail-democratas também tiveram um papel importante na decretação da greve, e isso levou a bancada parlamentar do SPD a retirar seu apoio ao governo, que terminou se demitindo em 12 de agosto. Mas tal como já havia acontecido em 1919, o SPD estava novamente disposto a estender a mão à burguesia, ao mesmo tempo em que ela, como em 1919, aceitava "perder os anéis para não perder os dedos". A solução encontrada foi um governo dirigido pelo deputado do partido popular alemão (de direita), Gustav Stresemann, com quatro sociais-democratas em ministérios de importância, inclusive Rudolf Hilferding nas Finanças.[59]

A queda de Kuno e a subida de Stresemann é um marco crucial no ano de 1923 na Alemanha. Aparentemente, a situação continuou igualmente explosiva e a inflação prosseguiu. Mas os dois principais objetivos a que se tinha proposto o governo de Stresemann – um acordo com os Aliados e a estabilização do marco – começaram a ser resolvidos a médio e longo prazo, de tal forma que a data de agosto de 1923 constitui o ponto de partida da era mais estável da República de Weimar, os anos entre 1924 e 1928. Em 26 de setembro, o governo suspendeu a "resistência passiva" e reconheceu oficialmente a ocupação francesa, optando pelo caminho da negociação. Nesse mesmo mês, diversas medidas foram tomadas para terminar com a inflação, embora os resultados só aparecessem mais tarde. A "atmosfera de novembro de 1919" durou pouco. Rapidamente a burguesia, tendo salvado os dedos, quis também recuperar os anéis: era preciso que as medidas de estabilização do marco viessem acompanhadas de um

---

59 P. Broué, *Révolution en Allemagne...*, op. cit., p. 675-676, p. 679, p. 717, p. 752.

Do partido único ao stalinismo

aumento de produtividade e uma baixa real dos salários. Desde o início de outubro, os partidos burgueses da coalizão governamental quiseram diminuir o peso da social-democracia no governo, particularmente eliminando Hilferding, e aumentar a jornada de trabalho, anulando a conquista das oito horas. Os dois objetivos foram conseguidos, mas a social-democracia aceitou continuar a colaborar no governo.[60]

Enquanto isso, a extrema-direita se agitava, especialmente na Baviera, onde havia um estado de virtual rebelião. Tomando consciência do clima explosivo, o KPD e a Internacional Comunista prepararam um plano de insurreição para outubro, que no entanto foi abortado. Em seguida, será visto em que condições se deu essa trágica experiência que marcaria profundamente o movimento comunista internacional. Por seu lado, ameaçado pela direita e temendo uma explosão popular, Stresemann optou por golpear à esquerda, intervindo, no fim desse mês, nas províncias da Saxônia e Turíngia e depondo os governos social-democratas das duas regiões, legalmente constituídos. Essa intervenção levou o SPD a, finalmente, retirar-se do governo. Mas a extrema-direita bávara não estava aplacada e, em novembro, ameaçou o governo de Stresemann com um golpe. Foi nessa ocasião que o presidente social-democrata da República, o ex-sindicalista operário Ebert, em acordo com o primeiro-ministro, confiou plenos poderes ao general von Seeckt. O golpe foi desmantelado graças à falta de apoio do exército na Baviera, reduzindo-se a uma passeata que, reprimida violentamente, levou os conspiradores Hitler e Ludendorff à prisão. Mas o governo, sem o apoio da social-democracia, terminou por cair. Wilhelm Marx, do partido do centro católico, tornou-se o novo primeiro-ministro em 23 de novembro, embora Stresemann tenha conservado – até a sua morte, em 1929 – o cargo de Ministro das Relações Exteriores que vinha exercendo cumulativamente. Pouco mais de três meses havia durado o governo saído da greve geral operária de agosto e, quando caiu, a relação de forças já se havia deteriorado, paulatina mas decisivamente, em detrimento dos trabalhadores.[61]

Do ponto de vista aqui trabalhado, o que cabe é analisar alguns eixos ao longo da experiência de tentativa de insurreição programada pelo Partido Comunista Alemão (KPD), em outubro de 1923. O primeiro deles é o modo pelo qual se aplicou a frente única. Em segundo lugar, cabe estudar a relação da tática de frente única com outra tática aplicada pelo KPD durante alguns meses de 1923: aquilo que se convencionou chamar de "linha Schlageter", uma política que pretendia arrebatar aos fascistas as massas pequeno-burguesas. Uma terceira questão, ligada diretamente às duas primeiras, bem como à "capitulação" pela qual Brandler foi responsabilizado ao suspender a ordem de insurreição em outubro, é a de saber sob que forma a direção comunista,

---

60   Ibid., p. 738; A. Rosenberg, *Storia della Repubblica di...*, op. cit., p. 151;

61   A. Rosenberg, *Storia della Repubblica di...*, op. cit., p. 133-135; P. Broué, *Révolution en Allemagne...*, op. cit., p. 653 e ss.; M. Hájek, op. cit., p. 69.

116 Angela Mendes de Almeida

liderada pelos russos, tomou consciência, ao longo do ano de 1923, de que a situação na Alemanha era explosiva e revolucionária.

Dentro deste triplo enfoque, o elemento que primeiro surpreende é o fato de que a invasão do Ruhr pelos franceses, em janeiro, não suscitou, por parte da direção da Internacional Comunista, nenhuma perspectiva longinquamente revolucionária. A primeira preocupação entre os dirigentes soviéticos foi a de que a invasão pudesse ser prenúncio de uma nova guerra e de que nessa guerra a Alemanha subjugada abrisse caminho para um bloco franco-polonês, que logo se voltaria contra a Rússia. Ou seja, um acontecimento desse porte não levou a nenhuma reflexão sobre a situação do povo alemão, mas a um movimento de autodefesa da "pátria socialista" remotamente em perigo. O jornalista inglês Ransome obteve a esse respeito uma explicação explícita de Trótski. Perguntou-lhe porque, se os franceses tivessem invadido a Alemanha em 1919, Moscou teria visto o acontecimento como prelúdio de uma situação revolucionária e porque, agora, via as coisas de outra maneira. Teve a seguinte resposta: " [...] é contrário aos nossos interesses que a revolução tenha lugar em uma Europa exausta e aniquilada". A guerra levaria "a morte e a destruição a gerações de trabalhadores que são os promotores do futuro". Isso acarretaria "uma absoluta decadência da cultura europeia durante muito tempo" e "o adiamento das perspectivas revolucionárias". Tal como Kámenev havia declarado dias antes ao mesmo jornalista, Trótski reiterou que a Rússia faria tudo para a manutenção da paz. Além disso, a preocupação com uma Alemanha subjugada vinha associada aos danos que isso traria ao mais espetacular fruto da diplomacia soviética, o Tratado de Rapallo, assinado com o governo alemão em 1922. Essa foi a ótica do discurso do enviado do Comitê Executivo da IC, o búlgaro Vasil Koralov, ao 8º Congresso do KPD, em janeiro de 1923, em Leipzig, ao afirmar que a ocupação do Ruhr não era a premissa de uma "situação revolucionária". A direção do KPD concordava e a invasão não foi avaliada, sendo considerada um conflito entre burgueses.[62]

As questões centrais desse congresso alemão – que teoricamente devia se pronunciar sobre as decisões do 4º Congresso Mundial – foram a frente única e o "governo operário". Em torno delas confrontaram-se, de um lado, a direção liderada por Brandler, tentando aprofundar os temas do 4º Congresso, de outro a "nova esquerda", que via neles apenas uma tentativa de conciliar a democracia burguesa com a ditadura do proletariado. As teses propostas por Brandler foram, no entanto, aprovadas por uma cômoda maioria – 118 contra 59 – e constituíram um passo importante no aprofundamento teórico das questões ligadas à frente única. Todo um novo estilo de atuação

---

62   *Manchester Guardian*, fevereiro de 1923, citado por E. H. Carr, *El Interregno (1923-1924)...*, op. cit., p. 162,173; mencionado também por F. Claudín, op. cit., p. 102-103; O. K. Flechtheim, op. cit., p. 113; Heleno Saña, *La Internacional Comunista (1919-1945)*, t. 1. Madrid, Zero, 1972, p. 110; M. Hájek, op. cit., p. 67; P. Broué, *Révolution en Allemagne...*, op. cit., p. 661.

Do partido único ao stalinismo

política ia se delineando.[63] "A concepção segundo a qual a formação da frente única proletária só é possível ou através do apelo às massas para a luta (só pela 'base'), ou por negociações com organismos de cúpula ('por cima') é antidialética e estática". Também era esclarecida a questão do "governo operário".

> O governo operário não é nem a ditadura do proletariado, nem a ascensão pacífica, parlamentar, em direção a ela. Na verdade constitui uma tentativa da classe operária, no marco, e no início, com os meios da democracia burguesa, de fazer uma política operária apoiada nos órgãos proletários e nos movimentos de massa, na medida em que essa política, visando à ditadura do proletariado, leva conscientemente à explosão do marco da democracia, destrói o aparelho de Estado democrático, com o fim de substituí-lo completamente pelos órgãos proletários. [...] O governo operário não é de forma alguma uma etapa necessária e sim uma etapa possível na luta pelo poder político.[64]

A aprovação das teses da direção não eliminou a confrontação entre as duas tendências, que depois do congresso iria ser agudizada pela tensão crescente no país, sobretudo em torno de dois eixos, duas questões diferentes e localizadas nas duas regiões "quentes" da Alemanha: a província da Saxônia e o vale do Ruhr.

Desde março a Saxônia era governada pelos sociais-democratas e o KPD ofereceu seu apoio ao governo na medida em que este aceitou as reivindicações de armamento dos operários e controle dos conselhos de fábrica sobre todas as atividades. Mas a "nova esquerda", ao mesmo tempo em que não apoiava a experiência "oportunista" de "governo operário" liderada por Brandler na Saxônia, tentava conseguir no Ruhr uma corrente favorável às suas posições. A tensão reinante na região ajudou-a, rapidamente, a sentir-se forte o suficiente para propor a ocupação das fábricas e a ofensiva pelo poder. Em abril o confronto político entre a "nova esquerda" e a direção do partido alemão havia chegado a um ponto limite e o Comitê Executivo da Internacional resolveu intervir, de uma forma que já se havia tornado praxe, isto é, convidando as duas partes para uma reunião extraordinária em Moscou. A reunião realizou-se em maio e a ela assistiram, em nome do Executivo, Trótski, Bukhárin, Zinóviev e Radek, já que Lênin, completamente paralisado, havia estado ausente das reuniões desde janeiro. O objetivo era o de fortalecer um acordo entre as duas tendências e por isso a "Resolução" produzida era muito mais uma solução de compromisso, do que uma tentativa de autoesclarecimento sobre o que se passava na Alemanha de 1923. Tudo continuava a ser visto rotineiramente. Apesar de uma dosagem igualitariamente distribuída de crítica ao que considerava os desvios de esquerda e de direita, nas questões concretas,

---

63   P. Broué, *Révolution en Allemagne...*, op. cit., p. 642-643
64   Citado por ibid., p. 644-647.

a "Resolução" pendia para as posições da direção do KPD. A ocupação das fábricas no Ruhr era considerada prematura e inoportuna e a aplicação da tática de frente única da Saxônia era aprovada. [65]

Neste texto, entretanto, já apareciam alguns dos elementos que viriam a constituir, algumas semanas depois, a famosa e efêmera "linha Schlageter", especialmente uma caracterização específica da burguesia alemã, que

> [...] derrotada na guerra, é obrigada a conduzir uma luta contra o capital vitorioso da Entente, é obrigada a sacudir e tirar de suas costas as cadeias da paz de Versalhes. Preocupada em manter a própria posição de domínio sobre a classe operária, desenvolvendo para este fim uma política até contrarrevolucionária, desempenha, no entanto, graças a essa sua posição, um papel revolucionário desintegrador em relação ao capital da Entente.

Mais adiante, a "Resolução" lembrava que os comunistas deviam mostrar às massas pequeno-burguesas e aos intelectuais que "somente a classe trabalhadora, uma vez vitoriosa, estará em condições de defender o solo alemão, os tesouros da cultura alemã e o futuro da nação".[66]

Na verdade, estas ideias já haviam aparecido mesmo antes. Em um artigo de fevereiro de 1923, Thalheimer havia afirmado que "os papéis das burguesias francesa e alemã não são idênticos, apesar de sua identidade de classe". Com sua resistência, a burguesia alemã desempenha "um papel objetivamente revolucionário, contra sua própria vontade" e, se "a derrota do imperialismo francês não foi um objetivo dos comunistas na guerra mundial, sua derrota na guerra do Ruhr deve sê-lo". Em seguida, Radek escreveu no mesmo sentido, enquanto os comunistas tchecoslovacos Neurath e Sommer polemizavam contra essa audaciosa afirmação, ao que parece incentivados por Zinóviev.[67]

Mas, se houve oposição, ela havia desaparecido totalmente na reunião de maio e também na 3ª Plenária do Comitê Executivo Ampliado da Internacional, realizada em junho, quando a ideia se tornou ponto de partida da "linha Schlageter". Essa plenária, realizada apenas dois meses antes da greve geral de agosto que iria depor o governo Kuno, é uma boa ilustração da forma pela qual a Internacional Comunista vinha encarando o ano de 1923 na Alemanha. Tanto no informe inicial de Zinóviev, como no

---

65 Ibid., p. 667-668, p. 670-671.

66 "Risoluzione del Comitato esecutivo in merito alle divergenze tattiche in seno al KPD", in: A. Agosti, op. cit., t. 1: (1919-1923), p. 708. No contexto, Entente referia-se sobretudo à França e à Inglaterra, aliados principais na Primeira Guerra Mundial.

67 P. Broué, *Révolution en Allemagne...*, op. cit., p. 662; por E. H. Carr, *El Interregno...*, op. cit., p. 167-168. Sobre a hesitação de Zinóviev, ver R. Fischer, *Stalin and the German Communism – A study in the origins of the State Party.* Cambridge, Harvard Univ. Press, 1948, p. 282.

Do partido único ao stalinismo

relatório de Radek sobre a situação internacional, pouca atenção foi dada à invasão do Ruhr. Nada se debateu sobre a existência ou não de uma "situação revolucionária". O único tema alemão com o qual a reunião se ocupou foi a chamada "questão nacional". Veio à tona nas discussões acima mencionadas e reapareceu espetacularmente no debate em torno do relatório de Clara Zetkin sobre o fascismo, quando em um memorável discurso, Radek lançou o que veio a chamar-se de "linha Schlageter".[68] Ou seja, face ao fascismo ascendente e a sua transformação em movimento de massas, sobretudo das massas pequeno-burguesas proletarizadas e desmoralizadas pela paz de Versalhes, o movimento comunista deveria tentar reagir e ganhar essa pequena burguesia para a causa proletária. Mas desta aspiração totalmente compatível com a perspectiva da revolução proletária saltavam para a constatação heterodoxa, e de resto desnecessária ao objetivo de ganhar a pequena burguesia, do "papel revolucionário" da burguesia alemã. Marcando esta nova postura, Radek começou por reivindicar para o comunismo o título de "nacional-bolchevismo".

> O nacional-bolchevismo significava, em 1920, uma tentativa feita em favor de alguns generais; hoje traduz o sentimento unânime de que a salvação se encontra nas mãos do partido comunista. Somos os únicos capazes de encontrar uma saída para a atual situação na Alemanha. Colocar a nação em primeiro plano, na Alemanha como nas colônias, é dar provas de ser revolucionário.[69]

Continuou comparando a Alemanha de Weimar a uma colônia e retomando assim as linhas lançadas por Lênin no 2º Congresso Mundial, em 1920.[70] Mas no decorrer do debate sobre o fascismo, foi mais além, com uma intervenção destinada a causar sensação.

> Durante todo o discurso de nossa camarada Zetkin, eu tinha sob os olhos o cadáver do fascista alemão, nosso inimigo de classe, condenado à morte e fuzilado pelos lacaios do imperialismo francês, [...] eu estava obcecado pelo nome de Schlageter e seu fim trágico. [...] O destino desse mártir do nacionalismo alemão não deve cair no silêncio e nem ser homenageado com uma palavra de passagem. Pois ele tem muito a nos ensinar, a nós e ao povo alemão. [...] Schlageter, o valente soldado da contrarrevolução, merece de nossa parte, soldados da revolução, uma homenagem sincera. [...] Entretanto acreditamos que a grande maioria das massas que são movidas

---

68   P. Broué, *Révolution en Allemagne...*, op. cit., p. 690; E. H. Carr, *El Interregno...*, op. cit., p. 184-185.

69   Citado por P. Broué, *Révolution en Allemagne...*, op. cit., p. 690.

70   Lénine, *Oeuvres*, t. 31, "Rapport sur la situation internationale et les tâches fondamentales de l'IC" (julho 1920), p. 223; "Le monde capitaliste et l'Internationale Communiste", in: *Manifestes, Thèses...*, op. cit., p. 70.

> por sentimentos nacionalistas pertence ao campo do trabalho, e não ao do capital. Nós queremos procurar e encontrar o caminho para atingir essas massas e conseguiremos. Faremos tudo para que homens que estejam prontos, como estava Schlageter, a dar a vida por uma causa coletiva, não se tornem peregrinos do nada, e sim peregrinos de um futuro melhor para toda a humanidade [...] [71]

A menção a Schlageter provocou inaudita surpresa em alguns: "Os delegados estavam siderados. O que significava este estranho preâmbulo? O que se seguiu não explicou, ao contrário, veio reforçar a primeira impressão", conforme o francês Alfred Rosmer.[72] Desde então, o KPD passou a aplicar a "linha Schlageter", incentivando debates públicos fraternais com os nazistas em revistas, reuniões e comícios. Alguns deles responderam, mas o diálogo durou pouco: incomodados, os chefes nazistas proibiram, em 14 de agosto, qualquer contato com comunistas.[73] Apesar de sua efêmera duração, a "linha Schlageter" conseguiu causar muitos prejuízos. Diversos comunistas fora da Alemanha ficaram indignados com o nacionalismo exacerbado dessa posição. Na França, país crucial do ponto de vista da solidariedade proletária para com a revolução alemã, os comunistas, confundidos, não aceitavam a nova linha. "Alguns bons camaradas pensam que a tática é perigosa e que certas declarações são demasiado patrióticas", escrevia na época J.-H. Droz, de Paris a Moscou. "Acham obscura a defesa da pátria revolucionária por antecipação, quando é ainda a pátria de Stinnes [...] pensam que os camaradas alemães exageraram esta tática e fizeram declarações inadmissíveis. [...] Muitos camaradas enviados daqui a Berlim voltam sem ter compreendido nada, ou quase nada sobre as tarefas do partido".[74]

Por seu lado, a social-democracia não deixou de explorar o episódio, tanto na Alemanha como em outros países, denunciando o que aparecia como uma frente entre comunistas e nazistas. Assim o *Vörwarts (Avante)*, jornal do SPD, reproduziu trechos de um discurso de Ruth Fischer, carregados de racismo: "Quem quer que seja, que lute contra o capital judeu [...] já é um combatente de classe, mesmo que não o saiba. [...] Eliminem os capitalistas judeus, enforquem-nos nos postes de iluminação, esmaguem-nos!" Os sociais-democratas denunciaram também que o dirigente comunista Hermann Remmele, em um comício comum com os nazistas, havia não apenas atacado o Tratado de Versalhes, mas a própria República de Weimar.[75] A efêmera "linha Schlageter" de fato colocava muitos problemas. Não era uma aliança com os nazistas e sim a tentativa de

---

71   Citado por P. Broué, *Révolution en Allemagne...*, op. cit., p. 692; e E. H. Carr, *El Interregno...*, op. cit., p. 186.

72   A. Rosmer, *Moscou sous Lénine*. Paris, Ed. P. Heray, 1953, p. 289.

73   P. Broué, *Révolution en Allemagne...*, op. cit., p. 694; E. H. Carr, *El Interregno...*, op. cit., p. 190.

74   J. H. Droz, *L'Internazionale Comunista tra Lenin e...*, op. cit., p. 174.

75   P. Broué, *Révolution en Allemagne...*, op. cit., p. 695.

Do partido único ao stalinismo

disputar com os partidos fascistas a pequena-burguesia. Mas a ênfase dada a esse trabalho na Alemanha durante o ano de 1923, em detrimento da "frente única", os argumentos nos quais se baseava e, sobretudo, os excessos de linguagem causaram grandes danos. No curto período em que essa política foi aplicada, as duas tendências do KPD a apoiaram e se rivalizaram no ardor patriótico.[76]

Ainda durante a aplicação da "linha Schlageter", em julho, Brandler surpreendentemente lançou um apelo ao partido, conclamando-o a uma jornada antifascista. Dando por pressuposto que os nazistas conspiravam e atacariam mais dia, menos dia, salientava a necessidade de uma frente comum com os trabalhadores social-democratas. O Partido Comunista Alemão, cuja prática vinha se caracterizando nas últimas semanas por uma polêmica de tom fraternal com os nazistas, recebeu surpreso e reticente o apelo de Brandler. Era uma contraposição da frente única com a social-democracia à "linha Schlageter" predominante. Por outro lado, a grande imprensa, a burguesia e o movimento nazista interpretaram a "jornada" como um chamamento à guerra civil e a manifestação foi proibida. A sua realização ganhava, assim, o estatuto de um desafio ao poder e a proposta de Brandler suscitou, portanto, grandes reticências também entre os comunistas, que consideravam que não havia na Alemanha uma "situação revolucionária". A "jornada" foi proibida pelo governo.[77] Tudo isso acontecia com o vale do Ruhr ocupado pelos franceses.

A discussão em torno da questão de saber se era o caso de afrontar a decisão governamental, ou de curvar-se a ela, é extremamente elucidativa, mais uma vez, da avaliação dos comunistas a respeito da crise na Alemanha. A esquerda do KPD advogava desrespeitar a proibição, mas a direção resolveu consultar Moscou. Zinóviev e Bukhárin telegrafaram de sua estância de férias, incentivando a manifestação. Trótski alegou não ter dados para opinar. Stálin era contrário ao enfrentamento, mas seus argumentos baseavam-se exclusivamente em uma analogia com a situação russa, desconhecendo literalmente a realidade alemã. A intervenção decisiva veio de Radek que se opôs ao desafio. Além disso, telegrafou a Bukhárin e a Zinóviev, criticando-os por terem dado "a impressão de que a IC empurrava o partido para a derrota de julho". O único dirigente russo que opinava com pleno conhecimento da realidade alemã, Radek, achava que a situação estava longe de ter características de "revolucionária". O Comitê Executivo da IC terminou por propor o abandono da manifestação.[78]

Em vista de tudo isso não é surpreendente que a greve geral de 9 de agosto de 1923 pegasse os líderes soviéticos completamente desprevenidos. Imediatamente, no

---

76   P. Broué, *Révolution en Allemagne...*, op. cit., p. 696; E. H. Carr, *El Interregno...*, op. cit., p. 191-192; O. K. Flechtheim, op. cit., p. 119.

77   P. Broué, *Révolution en Allemagne...*, op. cit., p. 700-701.

78   P. Broué, *Révolution en Allemagne...*, op. cit., p. 702-705; E. H. Carr, *El Interregno...*, op. cit., p. 193.

entanto, a atitude deles mudou e, na segunda quinzena, começaram a discutir febrilmente um plano de insurreição. O Comitê Executivo convocou para irem a Moscou alguns dirigentes alemães: Clara Zetkin e Edwin Hoernle, representantes do KPD junto ao Executivo, Brandler e os representantes da tendência de esquerda, Ruth Fischer, Maslow e Thälmann. Entre os soviéticos, Trótski foi quem, desde o início, colocou-se à frente dos partidários da preparação imediata da insurreição, considerando que era chegado o momento. Foi apoiado por Zinóviev e Bukhárin. Stálin manteve o ceticismo anterior devido a razões que nada tinham que ver com a realidade alemã, e Radek continuou mantendo uma atitude de prudência, embora apoiasse a proposta de insurreição. Na verdade, conservava bastante pessimismo quanto aos resultados da luta e à capacidade combativa dos sociais-democratas alemães, conforme confidenciou mais tarde em Varsóvia, a caminho da Alemanha.[79] Entre os dirigentes alemães, a tendência de esquerda sustentava naturalmente a ideia de que a situação estava madura para a tomada do poder, enquanto Brandler, sem se colocar frontalmente contra, mantinha certas reticências. Os temas em discussão eram políticos e técnicos. As divergências, logo aplainadas, pareciam tocar mais em detalhes: seria necessário a formação de sovietes antes da insurreição? Devia-se fixar desde já, e em Moscou, a data da insurreição? Porém o mais surpreendente é que essas discussões se desenrolavam a milhares de quilômetros de Berlim, onde o governo Stresemann dava os primeiros passos bem sucedidos para a solução burguesa da crise. E duraram muitas semanas. Brandler, o principal dirigente do partido, esteve ausente da Alemanha durante seis semanas. As discussões propriamente ditas duraram de 21 de setembro a 4 de outubro. Foi com certa dificuldade que Brandler, apoiado por Radek, conseguiu fazer prevalecer o critério de que a data da insurreição só poderia ser fixada na Alemanha, no contato com o desenvolvimento político da crise.[80]

Um dos elementos-chave do plano de insurreição aprovado em Moscou era a entrada dos comunistas nos governos provinciais da Saxônia e da Turíngia. Essa participação era encarada tanto do ponto de vista político, como um foco de resistência operária à contrarrevolução, quanto do ponto de vista militar e logístico, como meio de armar os combatentes. No entanto, na prática da preparação, prevaleceram os aspectos militar e técnico da insurreição, tendo havido até casos de dirigentes que consideravam as greves e agitações espontâneas como prejudiciais à insurreição. Outro elemento-chave, e especialmente do ponto de vista de Brandler, era a expectativa de radicalização da social-democracia de esquerda, sobretudo nos lugares onde havia um

---

79   P. Broué, *Révolution en Allemagne...*, op. cit., p. 719, 720, 721; E. H. Carr, *El Interregno...*, op. cit., p. 209-210, p. 224.

80   P. Broué, *Révolution en Allemagne...*, op. cit., p. 725, 726, 728; E. H. Carr, *El Interregno...*, op. cit.,p. 209-210, 212; O. K. Flechtheim, op. cit., p. 122.

Do partido único ao stalinismo

"governo operário" e de onde deveria partir a insurreição. Por isso o comitê revolucionário montado para dirigi-la decidiu que o levantamento seria lançado a partir da greve geral que os comunistas proporiam na conferência dos conselhos de fábrica da Saxônia, convocada para 21 de outubro, em Chemnitz.[81]

Porém, na conferência, assim que Brandler propôs a greve geral face à ameaça de invasão dos nazistas da Baviera, um dos líderes da social-democracia de esquerda, Graupe, respondeu que cabia ao próprio governo definir os meios de defesa. Acrescentou que ele e seus camaradas abandonariam o recinto se os comunistas insistissem. Brandler retirou então a proposta e, não havendo plano alternativo, a insurreição foi suspensa. Na mesma noite a direção do KPD aprovou por unanimidade a decisão de Brandler, inclusive com os votos da tendência de esquerda e dos conselheiros militares soviéticos. Radek e Gueórgui Piatakov, enviados da IC, que ainda não haviam chegado, deram mais tarde o seu aval. Apesar da suspensão da ordem de insurreição, os comunistas de Hamburgo se sublevaram. A origem deste desencontrado levante parece ter sido o engano de um emissário, que partiu antes da decisão final. Nessas condições, algumas poucas centenas de comunistas totalmente isolados da massa lutaram durante três dias e conseguiram bater em retirada com um mínimo de perdas possível.[82] Dias depois, em 28 de outubro, Stresemann destituiu os governos da Saxônia e da Turíngia. Seguiu-se uma grande repressão contra o KPD.[83]

Esse episódio constituiu o que depois veio a ser chamado de "capitulação" de Brandler. A questão mais discutida no balanço da experiência abortada de 1923 é a de saber se existia ou não uma "situação revolucionária", enfim, se havia condições para a tomada do poder. Escapa ao âmbito deste trabalho discutir especificamente esta questão. Entretanto, a afirmação de que o "outubro alemão" foi uma "clássica situação revolucionária perdida" teve frequentemente como corolário a contestação da frente única, motivo do fracasso. Para a historiografia comunista oficial, a derrota deveu-se à política oportunista da direção liderada por Brandler. Tal versão desaparece na década de 1960, em livro sobre a história do movimento operário alemão editado pelo Partido Comunista da República Democrática Alemã. Nele se explica que "as forças revolucionárias não tinham ainda aprendido suficientemente como

---

81 Dados retirados de P. Broué, *Révolution en Allemagne*..., op. cit., p. 735, 754, 765, 768, 771; E. H. Carr, *El Interregno*..., op. cit., p. 225; M. Hájek, op. cit., p. 71; e O. K. . Flechtheim, op. cit., p. 121, p. 122-123.

82 P. Broué, *Révolution en Allemagne*..., op. cit., p. 768-772; E. H. Carr, *El Interregno*..., op. cit., p. 225-226; O. K. Flechtheim, op. cit., p. 126-127. O número de comunistas que combateram oscila muito nas diversas fontes. E. H. Carr fala de 1.300; Gilbert Badia, *Histoire de l'Allemagne contemporaine (1917-1933)*. Paris: Editions Sociales, 1975, p. 201, citando o próprio Thälmann, que estava em Hamburgo, fala de 300; M. Hájek (op. cit., p. 72) e H. Saña (op. cit., t. 1, p. 115) falam de 200.

83 E. H. Carr, *El Interregno*..., op. cit., p. 226.

conduzir à luta a maioria da classe operária e da vasta massa de camponeses [...]".[84] Antes disso, a "culpa de Brandler" havia se tornado uma versão mais ou menos clássica. Para uns – para a "nova esquerda" do KPD de 1923, liderada por Fischer e Maslow, e para a Internacional Comunista depois de 1924 – a "política oportunista de Brandler" significava simplesmente a "tática de frente única", embora nem sempre isso fosse dito claramente. Quanto a Trótski, embora nos seus escritos sobre a Alemanha de 1929-1933 fale de Brandler como o maior responsável pela "capitulação" que engendrou a derrota, não era essa a sua opinião na época, quando considerava a Internacional e seu presidente, Zinóviev, igualmente responsáveis. Naturalmente, a crítica de Trótski a Brandler não teve nunca o sentido de crítica à frente única, e sim de incapacidade de se adaptar dinamicamente à situação de convulsão vivida pela Alemanha.[85]

Como se poderá ver em seguida, a trajetória da crítica da derrota alemã de 1923 foi feita de forma perfeitamente sincronizada com a luta interna do partido russo. A progressão dessa crítica viria acompanhada de novas precisões sobre o que era e o que não era a frente única, que significaram na prática a sua total descaracterização. O balanço crítico dessa experiência foi totalmente instrumentalizado em função da luta contra o trotskismo, que com a morte de Lênin, em janeiro de 1924, ganharia um vigor sem precedentes. A "bolchevização" dos partidos comunistas era o eufemismo para designar o processo de eliminação de todos os dirigentes não suscetíveis de formar uma equipe fiel a Stálin, inaugurado no 5º Congresso da Internacional Comunista, em 1924. Mas o elemento-chave nesse balanço, que tradicionalmente tem sido deixado de lado, é o exame da cronologia da tomada de consciência, por parte da Internacional Comunista, da real situação na Alemanha de 1923.

Embora Trótski tenha sustentado na época que o período de crise aberta havia se prolongado de julho a novembro, quando "o general Seeckt toma o poder",[86] todas as evidências históricas mostram que o verdadeiro ponto de inflexão da situação explosiva se deu com a subida de Stresemann ao governo, em seguida à greve geral, na primeira quinzena de agosto. Nele, a burguesia havia encontrado o homem capaz de resolver a crise a seu favor, atuando sobre os dois pontos de estrangulamento, a inflação e as relações com os Aliados. Além disso, do ponto de vista do conjunto do movimento operário, a entrada do SPD no governo, em agosto, constituiu um freio no processo de radicalização do operariado que vinha se desenvolvendo durante o

---

84   Citado por M. Hájek, op. cit., p. 73.

85   Ver Leon Trotsky, *Revolução e contra-revolução*. Rio de Janeiro, Laemmert Editora, 1968, p. 34 e 47; Isaac Deutscher, *Il profeta disarmato (1921-1929)*. Milano, Longanesi, 1959, p. 191 (Edição brasileira *O profeta desarmado*. Rio de Janeiro, Civilização Brasileira, 1968).

86   Léon Trótski, *Cours nouveau*. Paris, Union Générale d'Editions, 10/18, 1972, p. 80 (escrito em 1923).

Do partido único ao stalinismo

governo Kuno. Ora, foi justamente a partir da greve geral que os soviéticos tomaram consciência do caráter da crise que a Alemanha atravessava, exatamente no seu ponto mais alto e quando ela começava a se resolver.

Diversos autores têm ligado essa dessincronia com os problemas enfrentados pelo Estado soviético. Se, entre janeiro e agosto, os russos encararam a invasão do Ruhr de forma rotineira e a situação criada como uma prova da "resistência revolucionária" da burguesia alemã à sua forçada "colonização", é porque viam a Alemanha fundamentalmente como o seu aliado de Rapallo. As iniciativas de Stresemann buscando acordo com os Aliados e o Plano Dawes, de ajuda americana, teriam sido vistos como uma ameaça ao "espírito" de Rapallo. Maior apreensão causou o Tratado de Locarno, firmado em outubro de 1925, pelo qual a Itália e a Inglaterra se faziam responsáveis pelas fronteiras entre a Alemanha e a França, bem como entre a Alemanha e a Bélgica. Esse tratado, de fato, reforçou o peso da Inglaterra entre os Aliados em relação à França. Mas enquanto a Alemanha via nele uma forma de dividir os Aliados e aliviar a pressão, a intenção da Inglaterra era a de não deixar que a Alemanha se isolasse e se voltasse para a URSS. Foi por este último prisma que os soviéticos encararam o Tratado de Locarno e tentaram bloquear as intenções inglesas. Os esforços soviéticos resultaram no Tratado de Berlim, em 1926, que reiterava o de Rapallo. Mas a Alemanha de Stresemann procurava usar o espantalho russo para melhor barganhar com os Aliados. A "linha Schlageter" e a valorização do nacionalismo se explicariam, da mesma forma, pelo interesse em ter na Alemanha um aliado forte e independente. Além disso, diversos autores salientam uma série de acontecimentos internacionais ocorridos em maio e que recolocaram no horizonte dos soviéticos o perigo de uma guerra contra a URSS. A visita do marechal francês Foch a Varsóvia reacendeu a hipótese de um bloco franco-polonês contra a URSS. O ultimato da Inglaterra, exigindo a paralisação das atividades dos comunistas no Afeganistão, Pérsia e Índia, sob pena de romper o acordo anglo-soviético, obrigou os russos a cederem. Por fim, o assassinato na Suíça do diplomata soviético Vorowski, perpetrado por um russo branco, impressionou-os. Tudo isso parecia uma cadeia de acontecimentos negativos, mais presente na URSS do que a luta de classes na Alemanha.[87] Em todo caso, resta a certeza de que a tomada de consciência dos soviéticos se deu no sentido inverso do desenvolvimento da crise alemã de 1923.

---

87 Ver L. Kochan, op. cit., p. 96-98, 115-118; H. Saña, op. cit., t. 1, p. 113; A. Rosenberg, *Storia della Repubblica di...*, op. cit., p. 146; E. H. Carr, *El Interregno...*, p. 208-209; Julius Braunthal, *History of the International (1914-1943) t. 2*. London, Nelson, 1967, p. 277 e 283; Margarete Buber-Neumann, *La révolution mondiale. L'histoire du Komintern (1919-1943) racontée par l'un de ses principaux témoins*. Tournai, Casterman, 1971, p. 102; e O. K. Flechtheim, op. cit., p. 113.

A "bolchevização" faz rolar cabeças (1924-1925)

As grandes repercussões da "derrota de outubro" na Alemanha não apareceram imediatamente. Nos primeiros dias de novembro de 1923 a direção do KPD (Partido Comunista Alemão) aprovou as teses redigidas por Brandler e Radek, nas quais os acontecimentos eram caracterizados como "o fim da república de novembro" (de 1919) e a "vitória do fascismo sobre a democracia burguesa". A passividade do proletariado era atribuída à responsabilidade da social-democracia. A linha geral aplicada não foi posta em causa.[88] Mas um mês depois, em dezembro, a situação mudou completamente e a "derrota de outubro" passou a ser o foco das divergências. Dois fatores concorreram para isso. Por um lado, a situação de ilegalidade e perseguições a que ficaram sujeitos os comunistas alemães estimulou a irritação dentro do partido. A tendência de esquerda voltou a atacar a direção "oportunista" de Brandler. Mas surgiu um fato novo: no interior da maioria que apoiara a direção brotou um grupo de "centro", criticando a condução de Brandler, mas marcando distância da esquerda. Para eles, havia objetivamente uma "situação revolucionária" que não foi detectada a tempo, o que teria sido a causa da "capitulação", isto é, da derrota. Assim, ao contrário de Brandler, que considerava os acontecimentos inevitáveis face ao fato de que a classe operária não estava disposta à luta, a nova tendência de "centro" exigia uma autocrítica. Uma particularidade importante, no entanto, fortaleceria essa tendência. É que atribuíam à direção alemã os erros de avaliação da crise e as consequentes decisões tomadas, enquanto à direção internacional atribuíam a clarividência de haver detectado a "situação revolucionária".[89] Porém, como foi demonstrado, a Internacional Comunista só detectou a crise quando ela já começava a ser resolvida. Esta particularidade viria a fazer do "centro" o candidato ideal para substituir, na direção, as cabeças que em breve iriam a rolar.

Outro fator que concorreu, e de forma decisiva, para que a avaliação do outubro alemão mudasse, determinando em última instância as características do balanço crítico, foi a agudização da luta interna dentro do Partido Comunista da URSS. Desde os últimos meses de 1923, uma nova grave crise econômica se gestara na União Soviética, colocando mais uma vez em questão o intercâmbio entre a cidade e o campo. Além disso, após o afastamento de Lênin, já completamente ausente das decisões, havia se acelerado a luta pelo poder no partido. Na direção, estabeleceu-se um confronto entre os velhos bolcheviques Zinóviev, Kámenev e Stálin, e o bolchevique de última hora, Trótski, secundado, no entanto, por nomes de prestígio bolchevique, como Evguiéni Preobrajiénski, Piatakov e Radek. As questões em discussão eram, de um lado, o ritmo e o

---

88   Citado por P. Broué, *Révolution en Allemagne...*, op. cit., p. 779. Ver também M. Hájek, op. cit., p. 73; E. H. Carr, *El Interregno...*, op. cit., p. 230.

89   P. Broué, *Révolution en Allemagne...*, op. cit., p. 793; Aldo Agosti, *La Terza Internazionale – Storia Documentaria. t. 2: (1924-1928)*. Roma, Editori Riuniti, 1976, p. 6-7.

equilíbrio entre o desenvolvimento do setor agrícola e do setor industrial, a oposição de Trótski criticando as excessivas concessões aos camponeses e reivindicando a aceleração da industrialização. De outro lado, as questões ligadas à democracia interna do partido, a oposição denunciando a burocratização em curso. Na primeira quinzena de outubro de 1923, no mesmo momento em que se aplicava na Alemanha o plano de insurreição definido em Moscou, um documento importante havia marcado o início do conflito aberto: uma declaração enviada ao Comitê Central do partido russo, iniciativa de Evguiéni Preobrajiénski, assinada por 46 bolcheviques, à qual em seguida aderiram Trótski e muitos outros. Em um primeiro momento, a discussão interna russa parecia se desenrolar de forma totalmente separada da análise dos acontecimentos na Alemanha. Entretanto, no início de dezembro, uma indiscrição de Radek, recém-chegado de lá, mostrou que a "derrota de outubro" poderia ser proveitosamente utilizada na luta interna russa. Ele afirmou que a oposição de Trótski e dos 46 era apoiada por alguns grandes partidos europeus, como o francês, o alemão e o polonês. Era, na verdade, apenas uma conjectura. No partido francês, os favoráveis à oposição – Boris Souvarine, Alfred Rosmer e Pierre Monatte – foram logo afastados e Albert Treint, o "homem de Zinóviev", assumiu a direção. O partido polonês, de fato, se pronunciou clara e formalmente pela oposição russa. Mas, um semestre depois, a direção composta por Wera Kostrzewa, Adolf Warski e Maximilian Walecki iria ser destituída no processo de "bolchevização" votado no 5º Congresso Mundial, em 1924. Quanto ao KPD, apesar da associação que se quis fazer, Brandler e Thalheimer preferiram se dissociar explicitamente da oposição.[90]

A declaração de Radek viria alterar completamente os marcos em que a luta interna russa vinha se fazendo. Para a *troika* e para Zinóviev, em primeiro lugar, responsabilizar Brandler e Radek pela "derrota de outubro" era atingir diretamente a oposição e Trótski. Tal alteração se fez sentir plenamente tanto na reunião do *Presidium* do Comitê Executivo da Internacional Comunista (órgão dirigente durante o tempo decorrente entre as plenárias do Comitê Executivo), em janeiro de 1924, como na 13ª Conferência do Partido Comunista da URSS, realizada na mesma época. Enquanto a conferência estigmatizava a oposição russa como "fracionista" e "inimiga do bolchevismo", a reunião do *Presidium* destituía Brandler, que foi substituído por Hermann Remmele, do "centro". Também foi aprovada uma "Resolução" sobre os acontecimentos na Alemanha.[91] É interessante notar que nesse balanço do ano de 1923 nada, absolutamente nada, se falou sobre a "Linha Schlageter". Era como se ela não tivesse existido. Uma

---

90   P. Broué, *Révolution en Allemagne...*, op. cit., p. 781, 785, 792; E. H. Carr, *El Interregno...*, op. cit., p. 237 e 243; e A. Agosti, *La Terza Internazionale...*, op. cit., t. 2, p. 89-90.

91   P. Broué, *Révolution en Allemagne...*, op. cit., p. 793; A. Agosti, *La Terza Internazionale...*, op. cit., t. 2, (1924-1928), p. 12; e "Risoluzione del Comitato esecutivo sugli insegnamenti degli avvenimenti tedeschi (19 gennaio 1924)", in: ibid. p. 24.

menção indireta seria feita pelo comunista russo Dmítri Manuílski, em seu relatório sobre a "questão colonial e nacional", no 5º Congresso Mundial, em 1924, ao afirmar que Thalheimer – e não o KPD ou a IC – teria errado ao identificar a causa do comunismo com a do nacionalismo burguês alemão em sua luta contra o Tratado de Versalhes. Também Remmele, sob o pseudônimo de "Freimuth", no seu informe ao congresso sobre o fascismo, fez uma crítica velada nos seguintes termos: "O fascismo só pode ser combatido pela força, com os métodos e técnicas do comunismo revolucionário".[92]

Desde então, o movimento comunista enveredou por uma linha em que a frente única e o "governo operário" foram sendo totalmente renegados. Ao mesmo tempo, a social-democracia foi sendo redefinida, de forma a preparar amplamente o terreno para a sua caracterização como "social-fascismo", em 1928. A nova guinada nessa altura iniciada, que voltava atrás em relação a todo o processo começado em 1921, teve várias ocasiões de aprofundamento, sobretudo no 5º Congresso Mundial, realizado entre junho e julho de 1924. Em relação à frente única, o processo se deu sob a forma de correções e precisões. Assim, ainda em janeiro, na "Resolução" sobre os acontecimentos na Alemanha adotada pela reunião do *Presidium* dizia-se ser necessário que todos soubessem o que é e o que não é a frente única. "É uma tática de revolução e não de evolução. [...] É apenas um método de agitação e de mobilização revolucionária. Todas as outras interpretações nós as recusamos como oportunistas".[93] Durante o 5º Congresso, em junho, Zinóviev faria uma correção, retomando a ideia de que a frente única era um tática correspondente a um período em que a revolução não está ainda na ordem do dia:

> Havíamos compreendido a tática da frente única como a tática da revolução no período de refluxo da luta. Imediatamente apareceram nas nossas fileiras companheiros que a transformaram em uma coisa muito diferente, uma tática de evolução, uma tática de oportunismo contra a tática revolucionária. Havíamos concebido a tática de frente única como a preparação da revolução. Mas certos companheiros nas nossas fileiras a consideraram como uma tática de substituição da tática revolucionária através de métodos pacíficos e evolutivos [...], uma tentativa de aliança com a social-democracia, como uma coalizão de "todos os partidos operários".[94]

Apenas Radek, isolado e transformado em bode expiatório e artífice da "derrota de outubro", renovou os laços com a concepção de frente única do 4º Congresso Mundial:

---

92   Citado por E. H. Carr, *Socialism in one Country* (1924-1926), t. 3. Harmondsworth, Penguin Books Ltd., 1972, p. 85 e 89.

93   A. Agosti, *La Terza Internazionale...*, op. cit., t. 2, (1924-1928), p. 26.

94   Citado por J.-H. Droz, *L'Internazionale Comunista tra Lenin e...*, op. cit., p. 205.

Do partido único ao stalinismo

> O sentido de nossa tática de frente única consiste em que estamos verdadeira e honestamente preparados para percorrer um pedaço da estrada com cada partido operário que queira combater, o pedaço que esse partido queira fazer conosco. [...] Os nossos discursos a respeito do desmascaramento tornam mais difícil que os sociais-democratas se desmascarem. Permitem-lhes afirmar que os comunistas não querem a frente única, que ela é para eles apenas uma manobra tática. E os operários traduzem este latim em linguagem simples: empulhação do partido.[95]

Finalmente o 5º Congresso aprovou nas "Teses sobre a tática" a caracterização da frente única apenas como "método de agitação e de mobilização revolucionárias". Precisou ainda as condições em que ela deveria ser aplicada: "em um período em que os partidos comunistas estão ainda em minoria em muitos dos países mais importantes, em que a social-democracia, por causa de determinadas condições históricas, é ainda apoiada por grandes massas proletárias". As "Teses" vedavam qualquer interpretação da frente única como "uma aliança política com a social-democracia contrarrevolucionária". Prescreviam então que a aplicação da "frente única pela base" é sempre necessária; que a "frente única pela base e pela cúpula" concomitantemente pode ser adotada nos países em que a social-democracia é uma força importante; e por fim que a "frente única só pela cúpula" é "categórica e decididamente recusada pela IC".[96]

Dessa maneira, ficou consagrada a fórmula "frente única pela base", que constitui a sua verdadeira negação, uma vez que, se os comunistas fossem capazes de mobilizar as bases social-democratas sem passar pelos seus dirigentes, a própria necessidade da frente única deixaria de existir. É interessante verificar que um projeto de tese preparado por Trótski em 1922, e não adotado, respondia de antemão a este contrassenso:

> A unidade da frente estende-se somente às massas operárias ou compreende também os chefes oportunistas? Essa pergunta só pode resultar de um mal-entendido. Se pudéssemos unir as massas operárias sob a nossa bandeira e sob as nossas habituais palavras de ordem, deixando de lado as organizações reformistas, partidos e sindicatos, seria ótimo. Só que nesse caso a frente única sequer seria colocada sob a atual forma. A questão da frente única coloca-se pelo próprio fato de que frações importantes da classe operária pertencem às organizações reformistas ou as apoiam.[97]

---

95   Citado por M. Hájek, op. cit., p. 100.

96   "Tesi del V Congresso sulla tattica del Comintern (8 luglio 1924)", in: A. Agosti, *La Terza Internazionale...*, op. cit., t. 2, (1924-1928), p. 119-121.

97   Léon Trótski, "Le front unique", in: *Classe ouvrière, parti et sindicat*. Paris, Maspero, Classique Rouge 4, 1973, p. 16.

Quanto à palavra de ordem do "governo operário", a guinada em direção à sua negação foi total. Adotou-se o sentido da concepção que Zinóviev já havia manifestado no 4º Congresso Mundial, de "governo operário" como "sinônimo de ditadura do proletariado". Em vão levantaram-se vozes contra isso, como a de Radek, que chamou a atenção para o erro de se perder de vista a possibilidade de etapas na estrada da ditadura do proletariado; ou Clara Zetkin, que afirmou que o "governo operário", nos países altamente desenvolvidos, é a expressão de uma situação histórica em que "a burguesia não consegue mais manter o poder e o proletariado não é ainda suficientemente unido e maduro para exercer plenamente seu poder".[98] A versão final, tal como aparecia nas "Teses sobre a tática", consagrou a concepção de Zinóviev, significando na prática o enterro desta palavra de ordem de transição, ao afirmar que o "governo operário":

> [...] não foi e não pode ser outra coisa senão um método de agitação e mobilização das massas com a intenção de provocar a derrubada da burguesia por via revolucionária e de edificar o poder soviético. Para instituir um verdadeiro governo operário, ou operário e camponês, é necessário em primeiro lugar derrubar a burguesia ainda hoje no poder em todos os lugares, com exceção da União Soviética.[99]

Enfim, o outro elemento fundamental da guinada era o tipo de caracterização da social-democracia que começou a ser feito. Como já foi visto, desde 1914, ela havia sido definida como "traidora" e "aliada da burguesia", bem como, às vezes, como "partido burguês". A partir da introdução da frente única, nenhum acerto teórico foi feito de forma sistemática e voltou-se a falar da social-democracia como "partido operário". Mas tudo mudou com o balanço da experiência de 1923. Os comunistas passaram a referir-se à social-democracia como "ala da burguesia" e, às vezes, como "ala do fascismo". Todas essas imprecisões não eram gratuitas e nem fruto de radicalismo verbal. E iriam ter consequências na incompreensão que o comunismo demonstrou em relação ao fenômeno do fascismo nascente. Uma década antes, já havia uma análise teórica que servia de base para essas definições, construída pelo bolchevismo e em especial por Lênin. A confusão estabelecida constituiu a plataforma dos grandes equívocos políticos dos comunistas nesse período. Através dela, eles foram levados a amalgamar, sob o signo do "burguês", a social-democracia, a democracia burguesa e a ditadura burguesa, militar ou fascista.

Mas a velha tese da "aristocracia operária" cruzou-se, além disso, com uma análise *sui generis* da conjuntura mundial que se abria entre o fim de 1923 e o início de 1924. Toda uma série de fatos diversos ocorridos nessa época levaram os comunistas a retomar

---

98   Citado por A. Agosti, *La Terza Internazionale...*, op. cit., t. 2, (1924-1928), p. 74.

99   "Tesi del V Congresso sulla tattica del Comintern (luglio 1924)", in: ibid., p. 122.

uma hipótese aventada pontualmente por Trótski no 4º Congresso, a da possibilidade de uma "era democrático-pacifista". Para os congressistas, esses fatos eram o fim do isolamento diplomático da URSS, com o reconhecimento por parte da Inglaterra e da Itália, os resultados eleitorais e a subida ao governo de coalizões menos reacionárias em países como França, Alemanha e, sobretudo, a vitória do *Labour Party* na Inglaterra. Mas enquanto para Trótski essa era constituiria a expressão de que a burguesia recuperava confiança nos seus recursos, sentia-se forte e, portanto, podia renunciar à utilização do fascismo e jogar a carta do reformismo, para Zinóviev, ela tinha um significado oposto, contraditório com o termo "democrático-pacifista". Para ele, essa era caracterizava-se pelo fato de a burguesia estar fraca e, portanto, o processo revolucionário acelerar-se. Nessas condições de iminência de uma situação revolucionária, em que existia apenas a alternativa entre a ditadura burguesa e a ditadura proletária, a burguesia utilizava indistintamente a carta reformista – a social-democracia –, ou a carta repressiva – o fascismo. Daí porque, partindo dessas duas premissas, a da fraqueza da burguesia e a de que, nessas condições, os recursos reformista e repressivo eram equivalentes, podiam os comunistas chegar ao amálgama entre democracia burguesa, social-democracia e fascismo.[100]

O emaranhado de absurdos aqui exposto faz parte da atmosfera lunar em que viviam os soviéticos, encarando tudo essencialmente pelo prisma dos interesses da URSS. As "Teses sobre a tática" aprovadas no 5º Congresso consideravam que a "era democrático-pacifista era uma das últimas fases do capitalismo", na qual a aventura de uma guerra contra a União Soviética poderia ser tentada.[101] Não é de se admirar, pois, que no calor da polêmica a social-democracia começasse a ser definida como "ala do fascismo". De fato, as tendências de esquerda dentro do comunismo já faziam esse amálgama há muito tempo e, mesmo em textos partidários da frente única, escapava às vezes uma fórmula ambígua. Mas a ideia de que naquele período tanto fazia para a burguesia usar o fascismo ou a social-democracia veio consagrar a fórmula de que se tratava de "duas faces da mesma moeda", que passou a estar presente em todos os documentos da Internacional.[102] Por exemplo, no relatório de Zinóviev ao 5º Congresso: "O fato mais importante é que a social-democracia se transformou em uma ala do fascismo. É um fato politicamente importante".[103] Ou nas teses sobre a tática:

> A burguesia utiliza ora o fascismo, ora a social-democracia. Em ambos os casos, se esforça por dissimular o caráter capitalista do seu poder e por lhe emprestar traços mais ou menos populares. Tanto os fascistas (primeiro período do governo Mussolini) quanto os sociais-democratas (primeiro período do

---

100 Ibid., p. 14.
101 "Tesi del V Congresso sulla tattica del Comintern (luglio 1924)", in: ibid, p. 109.
102 M. Hájek, op. cit., p. 75.
103 Citado por J.-H. Droz, *L'Internazionale Comunista tra Lenin e...*, op. cit., p.204.

Angela Mendes de Almeida

> governo Noske) colocam-se à disposição da burguesia no momento oportuno como organização de luta contrarrevolucionária, como bandos armados, com punhos armados de paus, contra o exército subversivo do proletariado. [...] Há vários anos a social-democracia está sujeita a um processo de transformação de ala direita do movimento operário em ala da burguesia, às vezes em ala do fascismo. [...] O fascismo e a social-democracia são a mão direita e a mão esquerda do capitalismo moderno...[104]

Ou na "Resolução sobre o fascismo":

> Dada a progressiva desagregação da sociedade burguesa, todos os partidos burgueses, em particular a social-democracia, assumem um caráter mais ou menos fascista, servem-se de métodos de luta do fascismo contra o proletariado, e assim contribuem, eles próprios, para dissolver aquela ordem burguesa para cuja conservação se formaram. O fascismo e a social-democracia são dois aspectos de um mesmo instrumento da ditadura do grande capital.[105]

Um pouco depois do 5º Congresso, Stálin escreveria sobre o assunto para dar sua contribuição para o aprofundamento da confusão.

> O fascismo é uma organização de choque da burguesia, que conta com o apoio ativo da social-democracia. A social-democracia é objetivamente a ala moderada do fascismo. [...] Estas organizações não se excluem, mas ao contrário, complementam-se. Não são antípodas e sim gêmeas. Dentre as duas, é o fascismo que é o bloco político tático, surgido numa situação criada pela crise do imperialismo no pós-guerra para lutar contra a revolução proletária. Sem este bloco a burguesia não pode se manter no poder. Por isso seria errado pensar que o "pacifismo" significa a liquidação do fascismo. Na situação atual "pacifismo" é a afirmação do fascismo, pondo em primeiro plano a sua ala moderada, sua ala social-democrata.[106]

Até abril de 1925, quando se realizou a 5ª Plenária Ampliada do Comitê Executivo, a linha da Internacional permaneceu inalterada e, mesmo nessa reunião, a concepção de frente única apenas como "método de agitação revolucionária e de organização das massas" foi reafirmada. Também foi reivindicada a guinada à esquerda realizada pelo 5º Congresso Mundial, já que a palavra de ordem de "ganhar as massas", de 1921,

---

104   "Tesi del V Congresso sulla tattica del Comintern", in: A. Agosti, *La Terza Internazionale...*, op. cit., t. 2, (1924-1928), p. 106, 111, 112.

105   "Risoluzione del V Congresso sul fascimo", in: ibid., p. 163.

106   Citado por F. Claudín, op. cit., p. 119.

Do partido único ao stalinismo

havia corrido "o perigo de uma degeneração oportunista".[107] No entanto, foi durante essa plenária que os comunistas começaram a tomar consciência daquilo que chamaram de "estabilização relativa do capitalismo" e de "fim da era democrático-pacifista", tal como a haviam entendido. O reconhecimento da retomada do crescimento capitalista foi se fazendo mais claro nas semanas que se seguiram a essa reunião e foi complementado pela observação da evolução política de certos países. Chamou a atenção dos comunistas a situação da Alemanha, quando, após a morte do presidente da república, o social-democrata Ebert, as eleições de março de 1925 deram a vitória ao velho marechal da direita, Hindenburg. Tanto mais que ela só foi possível graças ao fato de a candidatura comunista de Thälmann ter tido dois milhões de votos que faltaram ao candidato do centro, Wilhelm Marx, apoiado pelo SPD, para vencer a direita. A vitória de Hindenburg recolocava o perigo de uma restauração monárquica e, nessas condições, a direção do KPD, agora formada por Fischer, Maslow e Thälmann, achou mais prudente desenterrar a prática da "frente única pela cúpula" e dirigir-se diretamente ao SPD. Uma carta da Internacional ao 10º Congresso do KPD, em julho de 1925, apesar de reafirmar que a social-democracia era uma "ala do fascismo", exortava os comunistas a não manterem "uma atitude de indiferença entre a república e a monarquia", dirigindo-se ao SPD para a luta em comum.[108]

Nessa época, daquela antiga "nova esquerda" já se haviam desvinculado e saído do partido a chamada "ultraesquerda", na qual estavam, entre outros, Karl Korsch, Arthur Rosenberg e Werner Scholem. A nova guinada à direita, com a constatação da "estabilização relativa do capitalismo", viria a ser pretexto para que, no congresso, rolassem as cabeças de Fischer e Maslow, cuja ligação com Zinóviev era conhecida, concomitantemente com o início da luta de Stálin e Bukhárin contra o presidente da Internacional e Kámenev. Foi formada uma nova direção, totalmente fiel ao stalinismo, na qual estavam, entre outros, Ernst Thälmann e Heinz Neumann.[109]

A partir de então, as análises do 5º Congresso sobre a social-democracia ficariam congeladas até 1927, quando voltariam vigorosamente a integrar o arsenal político do comunismo. A modificação da linha, mais uma vez, iria coincidir com mudanças na cúpula do partido soviético: desde o primeiro semestre de 1925, Zinóviev e Kámenev iriam contrapor-se à nova teoria forjada por Stálin, com base nas reflexões de Bukhárin contra Trótski e sua "teoria da revolução permanente", bem como contra Preobrajiénski. A teoria de Bukhárin e Stálin passou a se intitular "socialismo num só país". As diferenças, como é óbvio, além de teóricas, tinham por objeto os caminhos a seguir no

---

107 "Tesi del V Plenum sulla bolscevizzazione dei partiti comunisti", in: A. Agosti, *La Terza Internazionale...*, op. cit., t. 2, (1924-1928), p. 267 e 274.

108 "Lettera del Comitato esecutivo al Congresso di Berlino del KPD", in: ibid., p. 334, 363.

109 Ibid., p. 243.

134 Angela Mendes de Almeida

planejamento econômico da URSS e a luta dentro do aparelho partidário. Em meados de 1926, os zinovievistas foram totalmente eliminados dos postos importantes no partido russo e, mais tarde, na Internacional, substituídos pelo grupo de Bukhárin.

A trajetória peculiar do PCI (1921-1926)

O Partido Comunista Italiano (PCI) tem uma história peculiar, já que caminhou contra a corrente da linha da Internacional desde 1921 até 1924, negando as novas questões táticas que iriam dar origem à frente única e ao "governo operário". Só começou a absorver a frente única, e muito parcialmente, em 1924, quando a própria Internacional Comunista já a estava enterrando.

Os comunistas italianos aplicaram rigorosamente as "21 condições", abandonando a sala em que estava a maioria do PSI (Partido Socialista Italiano), em Livorno, e fundando o PCI com a minoria. Permaneceram contrários às mudanças de orientação da Internacional promovidas nos 3º e 4º Congressos, entre 1921 e 1923. Dedicaram-se, nesses anos, ao desmascaramento da "traição" dos sociais-democratas e não podiam aceitar que a Internacional lhes pedisse a reunificação com os "centristas" de Giacinto Serrati e uma ação em comum com os "traidores". A desobediência obstinada do PCI tornou-se "a questão italiana".[110] Em plena crise alemã de 1923, esta "questão" ofuscou os debates. Tanto Zinóviev como Radek atribuíram grande responsabilidade ao PCI pelo ascenso de Mussolini ao poder, em outubro de 1922, e o primeiro afirmou que o partido italiano havia considerado Serrati como o inimigo principal, sem ver que este era, na verdade, Mussolini. Surdo a qualquer argumentação, o líder incontesto do PCI, Amadeo Bordiga, reafirmou que a "nova tática" era simplesmente a "liquidação da cisão de Livorno".[111] Quando, em março de 1922, o PCI realizou o seu 2º Congresso, as teses formuladas por Umberto Terracini e Bordiga estavam em completo desacordo com as posições da Internacional e foram duramente criticadas por Trótski e Radek, bem como pelo enviado internacional ao congresso, Kolarov. Jules-Humbert Droz, representante permanente da Internacional na Itália, relatava então a Zinóviev seus vãos esforços para diluir os preconceitos dos italianos contra a frente única, conseguindo que as teses fossem objeto apenas de um voto consultivo.[112] Nessa época, Gramsci e quase todo o grupo originário do jornal *Ordine Nuovo* apoiavam a liderança de Bordiga.

Nos meses seguintes Gramsci, enviado a Moscou como representante do PCI, foi pressionado por alguns soviéticos para destacar-se da maioria liderada por Bordiga. Sabe-se de discussões importantes que ele teria tido com Trótski sobre a "questão

---

110   P. Spriano, op. cit., t. 1, *Da Bordiga a Gramsci*, p. 277 e 281.

111   Ibid., p. 159.

112   Quentin Hoare, "Gramsci et Bordiga face au Komintern", *Les Temps Modernes*, nº 343, fév. 1975, p. 931.

Do partido único ao stalinismo

italiana".[113] O período passado em Moscou, de maio de 1922 a dezembro de 1923, e depois em Viena, até maio de 1924, viria a ser crucial para a lenta aproximação de Gramsci às posições dos 3° e 4° Congressos da Internacional Comunista. O primeiro momento dessa aproximação pode ser localizado na época da 3ª Plenária, em meados de 1923. Nessa ocasião, o Comitê Executivo interveio no PCI, impondo a presença na direção de Angelo Tasca, da "oposição de direita". Frente a isso, Bordiga assumiu a posição de boicote a essa presença imposta autoritariamente e, além do mais, segundo ele, contrária aos critérios de homogeneidade específicos do comunismo. Por sua vez, Gramsci conseguiu convencer Togliatti, Terracini e Mauro Scoccimarro a aceitá-la, com o argumento de que pior seria uma direção liderada por Tasca.[114] Desde o início, a motivação principal de Gramsci parece ter sido a convicção de que a oposição sistemática e profunda de Bordiga iria levar à ruptura com a Internacional. É o que transparece em carta que mais tarde, em fevereiro de 1924, enviaria a Togliatti, Terracini e outros:

> Para resolver a situação, para conseguir imprimir ao desenvolvimento do nosso partido a linha que Amadeo quer, é necessário conquistar o Executivo internacional, ou seja, tornar-se o polo de uma oposição. Politicamente caminhamos para isso e é natural que o Executivo internacional tente destruir o Executivo italiano. [...] Amadeo coloca-se do ponto de vista de uma minoria internacional. Nós devemos colocar-nos do ponto de vista de uma maioria nacional.[115]

O segundo momento da aproximação, entre Gramsci e as posições da Internacional, pode ser situado em outubro de 1923, quando Bordiga, recém-saído da prisão, pediu a adesão dos dirigentes italianos a um manifesto criticando a frente única, o "governo operário" e as relações com os socialistas "maximalistas", isto é, "centristas", enfim, a linha da Internacional.[116] Conseguiu a adesão de todos, menos de Gramsci, que começou então a encarar a formação de uma "tendência de centro", entre Bordiga e Tasca. Entre fevereiro e março de 1924, ele conseguiu ganhar a maioria dos dirigentes originários do *Ordine Nuovo*, através, sobretudo, da já citada carta, em que expunha suas diferenças.[117] Mesmo assim a formação dessa tendência de centro não constituiu

---

113   R. Massari, "Introduzione", in: *All'Opposizione nel PCI...*, op. cit., p. 12-13.

114   Ver P. Spriano, op. cit., t. 1, *Da Bordiga a Gramsci*, p. 285; e Q. Hoare, op. cit., p. 939.

115   In: Palmiro Togliatti, *La formazione del gruppo dirigente del PCI nel 1923-1924*. Roma, Ed. Riuniti, 1962, p. 196-197.

116   P. Spriano, op. cit., t. 1, *Da Bordiga a Gramsci*, p. 302; Q. Hoare, op. cit., p. 944; Helmut Gruber, *International Communism in the Era of Lenin – A Documentary History*. Ithaca, Cornell University Press, 1967, p. 370-371; "Manifesto" de A. Bordiga, in: H. Gruber, op. cit. p. 375.

117   P. Spriano, op. cit., t. 1, *Da Bordiga a Gramsci*, p. 312; Q. Hoare, op. cit., p. 944.

uma adesão plena à linha tática definida entre o 3º e o 4º Congresso Mundial. A fidelidade à Internacional e à direção hegemônica russa parece ter sido um móvel decisivo na aproximação de Gramsci, a atitude contestatória de Bordiga sendo vista do ponto de vista da indisciplina.

O mesmo critério teria levado Gramsci, que no início da luta interna russa havia manifestado uma certa simpatia pelas posições de Trótski, a uma atitude de total solidariedade com a *troika* da direção, Zinóviev, Kámenev e Stálin. Preocupava-o o "divisionismo"que atribuía ao rol das culpas da oposição, por causa da equação Bordiga-Trótski que seria feita quando, em 1925, o primeiro aderiu à Oposição Internacional. Na já citada carta de fevereiro de 1924, quando ainda nutria aquela simpatia, afirmava:

> Na recente polêmica existente na Rússia, Trótski e a oposição em geral preocupam-se muito, tendo em vista a prolongada ausência de Lênin na direção do partido, com a possibilidade de volta à velha mentalidade [que Zinóviev e Kámenev manifestaram às vésperas da insurreição de outubro], que seria negativa para a revolução. Reivindicando uma maior intervenção do elemento operário na vida do partido e uma diminuição dos poderes da burocracia, eles querem, no fundo, assegurar à revolução o seu caráter socialista e operário, bem como impedir que lentamente se chegue àquela ditadura democrática [dos operários e dos camponeses], invólucro de um capitalismo em desenvolvimento que era o programa de Zinóviev e seus amigos ainda em novembro de 1917. [118]

No que se refere ao conteúdo político da aproximação com as posições da Internacional, pode-se verificar que foi a palavra de ordem de "governo operário", ou "operário e camponês", que mais sensibilizou Gramsci. Mas o sentido dado e o objetivo visado eram diferentes dos que haviam prevalecido na formulação alemã. Muito mais próximo da interpretação de Zinóviev, Gramsci via o "governo operário e camponês" não como um governo de transição, e sim como "preparação ideológica" para o regime soviético, como propaganda com o objetivo de consolidar a aliança das massas operárias do norte da Itália com os camponeses do sul. Tanto é assim que toda a sua elaboração sobre o tema vem mesclada com a discussão da "questão meridional". Em uma carta de setembro de 1923, ele dizia:

> [...] depois da decisão do Executivo ampliado sobre o governo operário e camponês, nós devemos dar especial importância à questão meridional, isto é, à questão na qual o problema das relações entre operários e camponeses se

---

118 In: P. Togliatti, *La formazione del gruppo dirigente del PCI...*, op. cit., p. 187-188. Gramsci refere-se aqui ao confronto entre Lênin e Trótski de um lado, e Kámenev e Zinóviev de outro, às vespera da revolução de outubro de 1917.

coloca não apenas como um problema de relações de classe, mas também como um problema territorial, ou seja, um dos aspectos da questão nacional.[119]

Quanto à frente única, a adesão do grupo de Gramsci se fazia no marco da negação dessa tática pela Internacional Comunista a partir de 1924. Assim, tal como aparece nas teses da "tendência de centro", redigidas por Togliatti em maio de 1924, a frente única só é admitida "pela base" e a social-democracia é definida como "ala esquerda do fascismo". Dessa forma, a lenta e trabalhosa evolução de uma das facções fundadoras do partido italiano em Livorno, em direção à frente única, cruza-se com a involução por parte da Internacional em direção à negação de toda a tática elaborada a partir das experiências alemãs e sob a influência de Rosa Luxemburgo. O PCI, ao romper com a sua direção esquerdista, encontrava o caminho ainda marcado pelo esquerdismo e já corroído pelo stalinismo.[120] Afinal, o congresso do PCI, realizado clandestinamente na cidade francesa de Lyon, em janeiro de 1926, ilustrou, com suas teses, a síntese dessa evolução. Sancionou, pela representatividade dos votos – 90,8% para o "centro", ao qual se havia integrado a "tendência de direita", de Tasca, e 9,2% para Bordiga – a liderança de Gramsci. As "Teses de Lyon", como ficaram conhecidas, por constituírem o ponto máximo das elaborações, dão a medida de suas insuficiências. Nelas, a frente única segue sendo vista como instrumento para "desmascarar os partidos e grupos ditos democráticos" e o "governo operário e camponês".

> [...] indica também às massas mais atrasadas a necessidade da conquista do poder para a solução dos problemas que lhe interessam, e fornece os meios de levá-las ao terreno específico da vanguarda avançada [luta pela ditadura do proletariado]. Nesse sentido, é uma fórmula de agitação mas não corresponde a uma fase real do desenvolvimento histórico. [...] A sua realização, de fato, não pode ser concebida pelo partido senão como início de uma luta revolucionária direta, isto é, da guerra civil conduzida pelo proletariado em aliança com os camponeses pela conquista do poder. O partido poderia ser levado a graves desvios da sua tarefa de guia da revolução se interpretasse o governo operário e camponês como correspondente a uma fase real do desenvolvimento da luta pelo poder, isto é, se considerasse que esta palavra de ordem indica a possibilidade de que o problema do Estado seja resolvido no interesse da classe operária de uma forma que não seja a da ditadura do proletariado.[121]

---

119   Antonio Gramsci, "Lettera inedita per la fondazione dell'*Unitá*", *Rivista Storica del Socialismo*, nº 18, 1963, p. 945.

120   Q. Hoare, op. cit., p. 949; M. Hájek, op. cit., p. 93.

121   Citado por M. Hájek, op. cit., p. 134; e por R. Massari, "Introduzione", in: *All'Opposizione nel PCI...*, op. cit., p. 44-45; ver também P. Spriano, op. cit., t. 1, *Da Bordiga a Gramsci*, p. 494.

Uma negação mais explícita do sentido original desta palavra de ordem de transição seria difícil encontrar. Foi com essa bagagem teórico-política que o PCI iria enfrentar, a partir de fins de 1926, a consolidação do regime de Mussolini, a prisão de Gramsci e, dois anos mais tarde, a aplicação na Itália da política do "terceiro período" e da tese do "social-fascismo", como se verá em seguida. No entanto, nas condições difíceis da prisão, Gramsci viria a esboçar algumas elaborações interessantes e que se tornariam famosas, comparando as diferenças entre o caso russo, traduzido em modelo nas resoluções dos dois primeiros congressos da Internacional, e o Ocidente. Aquilo que os alemães já haviam feito, ele o fez de maneira independente, como se essa discussão já não tivesse sido feita.

O problema da oposição estrutural entre o leste e o oeste é, aliás, anterior à revolução russa. Kautsky, em suas polêmicas contra Rosa Luxemburgo e Pannekoek a partir da revolução russa de 1905, já havia argumentado que aquilo que era bom para a Rússia não servia para a Europa. Utilizando termos militares, ele opôs a "estratégia de derrubada", a greve geral revolucionária, possível na Rússia graças ao caráter atrasado de sua estrutura social, à "estratégia de esgotamento", campanhas eleitorais sucessivas que poderiam vir a dar ao SPD a maioria no parlamento e a única estratégia possível no Ocidente.[122] A oposição entre leste e oeste foi retomada depois de 1917 pela social-democracia em seu combate contra o bolchevismo. Do caráter atrasado da estrutura social russa, os sociais-democratas deduziram o "terrorismo bolchevique", o "despotismo oriental" ou a "barbárie asiática".

Por outro lado, dentro da Internacional Comunista, o termo "ocidental" foi muitas vezes utilizado de forma pejorativa. Ruth Fischer, da tendência de esquerda do KPD, referiu-se em 1922, no 4º Congresso Mundial, ao "governo operário" como simplesmente "um penteado à moda ocidental" para a ditadura do proletariado. Nessa época ainda foi possível a Radek reconhecer explicitamente que se tratava, de fato, de uma tática específica para o Ocidente, ao afirmar que as massas europeias não eram "tão amorfas e desarticuladas" como na Rússia antes de 1917.[123] "A classe operária seguirá a via democrática até que conquiste, por essa via, a maioria no parlamento, instaure o governo operário e, graças às experiências dele, às lutas que a burguesia começará contra ele, apoiando-se nos direitos democráticos, será obrigada a lutar pela ditadura do proletariado".[124] Efetivamente, o "governo operário" tinha, entre outras características, a de levar em conta as condições de democracia

---

122   Ver Perry Anderson, *Sur Gramsci*. Paris, Maspero, 1978, p. 108-114. Coube a este autor salientar a coincidência entre certos argumentos desses escritos de Kautsky e a contraposição, formulado por Gramsci, nos *Cadernos do Cárcere*, entre "guerra de movimento" e "guerra de posição".

123   Citado por A. Agosti, , *La Terza Internazionale...*, op. cit., t. 1: (1919-1923), p. 604.

124   Citado por M. Hájek, op. cit., p. 47.

Do partido único ao stalinismo

parlamentar vigentes que esvaziavam um apelo à tomada do poder pela insurreição. Um governo operário legalmente eleito, ao contrário, colocava nas mãos da classe dominante a iniciativa de romper a legalidade.

Inicialmente, o "modelo russo" tinha sido apenas uma tentativa de generalizar os traços fundamentais da experiência russa, tal como era vista pelos soviéticos. Mas a partir de 1924 ganhou uma conotação claramente ideológica a serviço da formação de direções incondicionalmente fiéis ao stalinismo. Todo desvio "antileninista", especialmente o "trotskismo", passou a ser visto como produto de influências estranhas à tradição bolchevique, isto é, da influência "ocidental", muitas vezes amalgamada à influência social-democrata. Dentro dessa ótica, nas "Teses sobre a bolchevização", apresentadas na 5ª Plenária, em 1925, os "erros de Rosa Luxemburgo" foram amalgamados ao dos "marxistas holandeses" – Gorter e Pannekoek – e depois catalogados: "Um desvio particularmente perigoso do leninismo é o trotskismo, uma variedade do menchevismo que integra o oportunismo europeu com a retórica da esquerda radical e assim, frequentemente, mascara a sua própria passividade política".[125] Este juízo correspondia ao formulado pouco antes pelo partido soviético. O "trotskismo" era "uma falsificação do comunismo, no espírito de uma aproximação a modelos pseudomarxistas europeus, isto é, em última análise, no espírito da social-democracia europeia". Apesar de "social-democrata", Trótski pôde ser amalgamado a Bordiga, expressão do "extremismo ocidental", já que em ambos os casos se tratava de desvios "antibolcheviques", "europeus" e "ocidentais".[126]

Pouco depois disso, seria a vez dos próprios Arkadi Maslow e Ruth Fischer, afastados da direção do KPD em 1925, serem acusados de "desvio ocidental". Maslow, então na prisão, havia escrito um opúsculo que deu ensejo a duras críticas da nova direção alemã, como a de Heinz Neumann, que se tinha tornado a segunda personalidade na direção stalinista comandada por Thälmann. Para ele, o opúsculo era expressão de uma atitude tipicamente ocidental. "O desvio ocidental foi o pecado original que caracterizou o KPD a partir da morte de Rosa Luxemburgo e todos os que se haviam desviado, desde o KAPD até Brandler e Scholem, passando por Paul Levi, haviam se colocado contra o leninismo, passando dessa forma para o campo inimigo".[127] Maslow e Fischer foram então responsabilizados pelas "tendências antimoscovitas", inclusive as manifestas pela "ultraesquerda" excluída antes deles. É o que se pode ver em uma carta do Comitê Executivo da IC ao partido alemão, de setembro desse ano: "As experiências de sete anos da revolução alemã ensinam como todos esses desvios, sejam

---

125 "Tesi del V Plenum sulla bolscevizzazione dei partiti comunisti (aprile 1925)", in: A. Agosti, *La Terza Internazionale...*, op. cit., t. *2*, (1924-1928), p. 271 e 273.

126 Ibid., p. 233-234.

127 Citado por M. Buber-Neumann, *La révolution mondiale...*, op. cit., p. 146-147.

de direita ou de suposto 'esquerdismo', desembocam diretamente na social-democracia ou, de fato, em uma aliança com ela".[128] No congresso do KPD, de 1927, o rótulo dos "desvios ocidentais" de Fischer e Maslow foi consagrado quando Philipp Dengel afirmou: "Sabemos, camaradas, que todo intento de criar um suposto comunismo da Europa ocidental leva ao campo do reformismo".[129]

Entretanto, antes que o "leninismo" tivesse sido canonizado pelo stalinismo, as diversas correntes de oposição já haviam aprofundado a questão das diferenças entre o processo revolucionário russo e o ocidental. Já vimos como, desde 1919, ao defender contra Lênin a cisão de Heidelberg – que tinha excluído os esquerdistas através da decisão da obrigatoriedade do trabalho sindical e parlamentar – Thalheimer a justificava como primeiro passo para esclarecer as massas sobre uma tática apropriada ao Ocidente. A cisão de Heidelberg foi, de fato, na Alemanha, o início de uma nova atitude tática, à qual se seguiram a "declaração de oposição leal", em 1920, e a "carta aberta", em 1921, culminando posteriormente com a adoção pela Internacional Comunista da frente única e do "governo operário". Embora estas soluções táticas tenham sido inicialmente tomadas empiricamente, paralelamente a elas era feita uma reflexão que tinha por eixo as especificidades do Ocidente, presente tanto na atividade do Bureau de Berlim, quando nos escritos de Levi e, depois, de Radek.

Levi nunca deixou de salientar, ainda que pontualmente, as diferenças entre a formação social russa e as ocidentais. Fez isso ao longo de sua polêmica com Radek sobre as experiências húngara e bávara, em 1920; em seguida, na sua oposição à cisão do PCI, em Livorno, em 1921; e por fim nos textos de crítica à "ação de março" e de ruptura com a IC, do mesmo ano. Com isso retomou algumas ideias e sensibilidades de Rosa Luxemburgo. Redimensionou principalmente a chamada "teoria da ofensiva" a partir da famosa frase do programa de fundação do KPD, em que Luxemburgo afirma que o partido jamais tomaria o poder contra a vontade da maioria da classe operária. A partir de então, Paul Levi começou a questionar a concepção organizativa de Lênin, a seu ver imprópria e ineficaz para a realidade ocidental. Contra a cisão de Livorno, argumentou que era impossível criar partidos no Ocidente sobre a base de resoluções no papel. Mais tarde, defendendo sua posição contra a "ação de março", voltou a apontar a diferença entre um partido clandestino, atuando em uma sociedade atrasada como a Rússia, e um partido de massas legal, que não poderia atuar segundo ordens de um comitê central, mas no "fluido invisível" em que se encontra, na interação com as massas.[130]

---

128 "Lettera del Comitato esecutivo a tutte le organizzazioni e a tutti i membri del KPD (settembre 1925)", in: A. Agosti, *La Terza Internazionale...*, op. cit., t. 2, (1924-1928), p. 345.

129 Citado por O. K. Flechtheim, op. cit., p. 181.

130 Ver "O que pretende Spartacus?", in: Rosa Luxemburgo, *Reforma social ou revolução*. Lisboa, Publicações Escorpião, 1975, p. 145 (Edição brasileira: I. Loureiro (org.), *Rosa Luxemburgo*, op. cit., vol. 2 (1914-1919), p. 287-298. São Paulo, Editora Unesp, 2011); P. Levi, "The Italian Question", in: H. Gruber, op. cit., 308; e P.

Do partido único ao stalinismo

Por sua vez, as observações de Radek iam no sentido de enfatizar que o processo revolucionário no Ocidente seria de maior duração. Em um texto de 1920, ele falava de "um longo período de duras lutas e sacrifícios". Em 1921, nas "Teses sobre a tática" do 3º Congresso Mundial que elaborou, ele voltava ao mesmo tema mencionando "um período longo de combates revolucionários", caracterizando-o mais adiante como "uma longa sucessão de guerras civis no interior de diversos Estados capitalistas e de guerras entre esses Estados, de um lado, e os Estados proletários e os povos coloniais, de outro". Em 1922 especificou a duração provável – "diversas dezenas de anos" – e indicou as reivindicações de transição como instrumento-chave para tais situações, dando o exemplo do programa da Liga Spartacus.[131]

Anton Pannekoek e Hermann Gorter também desenvolveram a questão das diferenças entre a formação social russa e as ocidentais, embora as consequências táticas que retirassem fossem radicalmente diversas das de Levi e Radek. Abordaram aspectos ideológicos que ainda não tinham sido tratados. Em seu texto de 1920 Pannekoek falava do poder oculto da burguesia, um poder "que lhe permite, quando tudo parece desmoronar, restabelecer sua dominação". Classificava-o de "poder espiritual". "Nesses países [da Europa Ocidental], o modo de produção burguês e a alta cultura ao qual está ligado há séculos impregnaram profundamente a maneira de sentir e de pensar das massas populares".[132] Em outro trecho, falava também da maior duração do processo revolucionário, maior que uma insurreição e tomado do poder instantâneas. Será preciso a "dissolução das condições antigas" e a criação de uma "nova organização do trabalho". Por isso é previsível "um período transitório de caos social e político", mais longo do que na URSS.[133] Em 1921, Gorter retomou estes elementos lançados por Pannekoek, sob a forma de um diálogo com o Lênin do *Esquerdismo, doença infantil do comunismo*, contestando a frente única e a ideia de que os "camponeses pobres" eram sempre um "fator revolucionário". Os camponeses "continuarão com o capitalismo enquanto ele ainda tiver um pouco de vida. Os operários da Europa Ocidental estão completamente sós". Continuando o diálogo com Lênin, diz:

Levi, "Quel est le crime? L'action de mars ou sa critique?", citado por P. Broué, *Révolution en Allemagne...*, op. cit., p. 502.

131 "Abbozzo di tesi del Segretariato di Berlino sulla tattica dell'Internazionale comunista nella lotta per la dittadura del proletariato (gennaio 1920)", in: A. Agosti, *La Terza Internazionale...*, op. cit., t. 1: (1919-1923), p. 149; "Thèse sur la tactique", in: *Manifestes, thèses et...*, op. cit., p. 94; e "La question du programme de l'IC", citado por P. Broué, *Révolution en Allemagne...*, op. cit., p. 634.

132 Anton Pannekoek, "La révolution mondiale et la tactique communiste", in: *Pannekoek et les conseils ouvriers*. Textes présentés et rassemblés par S. Bricianer. Paris, EDI, 1977, p. 170-172 e 175.

133 Anton Pannekoek, "Desenvolvimento da revolução mundial e a tactica do comunismo", in: *Os comunistas dos conselhos e a III Internacional*. Lisboa, Assírio e Alvim, 1976, p. 121.

Angela Mendes de Almeida

> Camarada, se você pensa que exagero, olhe pois para a Alemanha. Lá está um Estado em completa bancarrota, privado de qualquer esperança. Mas, ao mesmo tempo, todas as classes, grandes e pequeno-burguesas, camponeses ricos e pobres, estão todas contra o comunismo. E será sempre assim entre nós.[134]

A consequência tática desse isolamento do proletariado era que, de um lado, seria exigido das massas um esforço muito maior, e de outro, a importância dos chefes diminuiria proporcionalmente, "o parlamentarismo e o sindicalismo expressando o poder intelectual e material dos chefes sobre as massas". Citando Pannekoek, Gorter continua a propósito dos chefes:

> Se devemos ganhar, como vocês, com sete ou oito milhões de proletários num país de cento e sessenta milhões de habitantes, então, sim, a importância dos chefes é enorme! [...] De nada serve dizer, camarada Lênin: na Rússia nós agimos desta ou daquela maneira. Já que, em primeiro lugar, vocês não tinham na Rússia organizações de luta tão imprestáveis tal qual são muitos de nossos sindicatos. Em segundo lugar, o espírito dos operários era mais revolucionário. Em terceiro lugar, a organização dos capitalistas era fraca. Assim também o era o Estado.[135]

Assim, quando Gramsci elaborou seus famosos textos, a problemática do Oriente *versus* Ocidente já havia sido bastante tratada em torno da experiência alemã.[136] Ainda antes de ser preso, na já citada carta de fevereiro de 1924, ao defender contra Bordiga a linha da Internacional, Gramsci falava das diferenças entre a Rússia e o Ocidente europeu.

> [Bordiga] pensa que a tática da Internacional representa os reflexos da situação russa, isto é, que tenha nascido sobre o terreno de uma civilização capitalista atrasada e primitiva. [...] Ele acha que essa tática é inadequada e inútil para os países mais desenvolvidos da Europa central e ocidental. Nesses países, o mecanismo histórico funciona segundo todos os parâmetros marxistas: há a determinação histórica que faltava na Rússia e por isso a tarefa essencial deve ser a de organizar o partido em si e para si. Eu acho que a situação é muito diferente. Em primeiro lugar porque a concepção dos comunistas russos formou-se sobre o terreno internacional e não sobre o nacional; em segundo lugar porque na Europa central e ocidental o desenvolvimento do

---

134   Hermann Gorter, *Réponse à Lénine*. Paris, Librairie Ouvrière, s.d. (Préface 1930), p. 11-12, p. 100-101.

135   Ibid., p. 15, p. 17, p. 20 e p. 30-31.

136   Uma abordagem desta problemática está em Angela Mendes de Almeida, "Comunismo (Oriente e Ocidente)", in: Francisco Carlos Teixeira da Silva (org.), *Enciclopédia de Guerras e Revoluções do século XX*. Rio de Janeiro, Elsevier, 2004, p. 181-183.

Do partido único ao stalinismo

capitalismo não determinou apenas a formação de amplas camadas proletárias, mas também, e por isso mesmo, criou uma camada superior, a aristocracia operária, com seus anexos de burocracia sindical e de grupos social-democratas. A determinação que na Rússia era direta e lançava as massas na rua para o assalto revolucionário, na Europa central e ocidental se complica por causa de todas estas superestruturas políticas criadas por um desenvolvimento do capitalismo maior, torna mais lenta e mais prudente a ação das massas e exige do partido revolucionário toda uma estratégia e uma tática bem mais complexas e de longo alcance do que as que foram necessárias aos bolcheviques entre março e novembro de 1917.[137]

Esta linha de raciocínio seria retomada em alguns trechos dos *Cadernos do Cárcere*, mantendo, no entanto, as características que já estão presentes nesta carta. Através de metáforas e alusões à arte militar, devidas à censura carcerária, Gramsci iria comparar a estratégia e a tática utilizadas pelos bolcheviques em 1917, consubstanciadas como política internacional nas "21 condições" e na apenas esboçada "teoria da ofensiva", ultrapassada, mas ainda defendida por alguns, com elementos de uma tática e uma estratégia para a Europa ocidental. As primeiras ele iria chamar de "guerra de movimento" e as segundas, de "guerra de posição".

Os próprios técnicos militares que agora adotam a guerra de posição, como antes adotavam a guerra de movimento, não sustentam naturalmente que o tipo de guerra precedente deva ser banido da ciência; mas na guerra entre Estados industrial e civilmente mais adiantados, este tipo deve ser considerado como tendo apenas uma função tática, mais do que estratégica. [...] O mesmo processo deve suceder na arte e na ciência política, ao menos no que se refere aos Estados mais avançados, onde a "sociedade civil" se transformou em uma estrutura muito mais complexa e resistente às "irrupções" catastróficas do elemento econômico imediato (crises, depressões, etc.); as superestruturas da sociedade civil são como o sistema de trincheiras na guerra moderna. Tal como nela acontecia que um obstinado ataque de artilharia parecia haver destruído todo o sistema defensivo adversário, mas em vez disso havia destruído apenas a superfície externa e, no momento do ataque e do avanço, os assaltantes encontravam-se diante de uma linha defensiva ainda eficiente, assim acontece na política durante as grandes crises econômicas; nem as tropas assaltantes se organizam fulminantemente no tempo e no espaço, nem muito menos adquirem um espírito agressivo por efeito da crise; por outro lado os assaltados tampouco se desmoralizam, nem abandonam a defesa, mesmo entre ruínas, e nem perdem a confiança em sua própria força e em seu futuro. [...]

---

137   In: P. Togliatti, *La formazione del gruppo dirigente del PCI...*, op. cit., p. 196-197.

O último fato desse tipo na história política foram os acontecimentos de 1917. Eles assinalaram uma viragem decisiva na história da arte e da ciência da política.[...] Uma tentativa de iniciar uma revisão dos métodos táticos teria sido a exposta por L. Davídovich Bronstein na 4ª reunião, quando fez um confronto entre a frente oriental e a ocidental, afirmando que a primeira caiu logo, mas a isso seguiram-se lutas inauditas, enquanto na segunda as lutas verificaram-se "antes". Isto é, tratar-se-ia de ver se a sociedade civil resiste antes ou depois do assalto, onde isto acontece, etc. [...] [138]

[...]

É o caso de se ver se a famosa teoria de Bronstein sobre a permanência do movimento não é o reflexo da teoria da guerra de movimento, [...] em última análise, reflexo das condições gerais, econômicas, culturais e sociais de um país no qual os quadros da vida nacional são embrionários e frouxos, e não podem tornar-se "trincheira ou fortaleza". Neste caso, poder-se-ia dizer que Bronstein, que aparece como "ocidentalista", era, ao contrário, um cosmopolita, isto é, superficialmente nacional e superficialmente ocidentalista ou europeu. Ilitch, ao contrário, era profundamente nacional e profundamente europeu. [...] Parece-me que Ilitch havia compreendido que era preciso uma mudança da guerra de movimento, aplicada vitoriosamente no Oriente em 1917, para a guerra de posição, que era a única possível no Ocidente [...]. Nisso me parece estar o sentido da fórmula de frente única. [...] O único problema é que Ilitch não teve tempo de aprofundar sua fórmula, mesmo levando em conta que ele só poderia aprofundá-la teoricamente, na medida em que a tarefa fundamental era nacional e exigia que se reconhecesse o terreno e que se determinassem os elementos de trincheira e de fortaleza representados por fatores da sociedade civil, etc. No Oriente, o Estado sendo tudo, a sociedade civil era primitiva e gelatinosa; no Ocidente, entre Estado e sociedade civil havia uma relação equilibrada, e em um Estado cambaleante descobria-se subitamente uma robusta estrutura da sociedade civil. O Estado era apenas a trincheira avançada, atrás da qual se achava uma robusta cadeia de fortalezas e casamatas; maiores ou menores de um Estado para outro, mas é exatamente isso que requer um atento reconhecimento do caráter nacional.[139]

---

138   Antonio Gramsci, "Arte militare e arte politica", in: *Note sul Machiavelli*. Roma, Editori Riuniti, 1977, p. 81-82. Gramsci refere-se aqui a trecho do relatório de Trótski ao 4º Congresso da Internacional, sobre a revolução russa e as perspectivas da revolução mundial. É de se notar que este parágrafo, que não trata Trótski (L.D.Bronstein) de forma negativa, havia sido expurgado na edição inicial dos *Quaderni del carcere* e só reapareceu no final da década de 1960. Deve ser por isso que não consta da edição brasileira. (*Maquiavel, a política e o Estado moderno*. Rio de Janeiro, Civilização Brasileira, 1967, p. 67 e ss.)

139   "Guerra di posizione e guerra manovrata o frontale", in: ibid., p. 82-84.

Do partido único ao stalinismo

Como se vê, correntes partindo de pontos tão díspares e chegando a conclusões às vezes diametralmente opostas, como Levi e Radek, de um lado, Pannekoek e Gorter de outro, e por fim Gramsci, abordaram, no entanto, de forma criativa a especificidade das formações sociais da Europa Ocidental em relação ao "modelo" russo. O traço comum nestas reflexões é a constatação de que o processo revolucionário no Ocidente seria necessariamente mais longo e difícil, face à presença de uma estrutura social mais complexa que a russa. Partindo de Rosa Luxemburgo, Levi, e depois Radek, foram evoluindo, da valorização implícita da democracia proletária para a frente única e o "governo operário", entendido como "governo de transição". Para ressaltar a democracia proletária, tomavam a afirmação do programa de fundação do KPD, escrito por Luxemburgo, de que o partido jamais tomaria o poder sem o apoio da maioria do proletariado alemão. A maioria, neste caso, não era apenas a maioria dos trabalhadores alemães, mas sim a maioria da população. A frente única não era uma manobra, era o reconhecimento explícito da pluralidade de partidos operários legítimos. E o "governo operário", de transição, era a prática da afirmação acima citada e a antítese de uma insurreição preparada por um só partido, nos moldes bolcheviques. Pode-se imaginar que Levi teria preferido dizer que, se foi possível na Rússia atrasada uma insurreição vitoriosa, conduzida por um só partido operário, seguida mais tarde de repressão às outras correntes operárias, isso não era praticável na Alemanha.

Os esquerdistas ocidentais, sobretudo Pannekoek e Gorter, apontaram com muita sensibilidade a questão ideológica a que chamaram de "poder espiritual" da burguesia sobre o proletariado ocidental e a inviabilidade de uma aliança operário-camponesa pelo socialismo nos moldes russos. Disso concluíram, tragicamente, que o proletariado europeu estava completamente só, "deve estar só". Para vencer necessita de "um núcleo tão resistente como o aço, tão puro como o cristal".[140] Devia lutar sozinho durante longo tempo contra todas as classes e também contra a influência burguesa em seu seio, consubstanciada na liderança dos chefes sindicais e parlamentares. Por estar absolutamente só, o proletariado precisava do comunismo "puro", sem alianças, sem frente única. O valor democrático dessas proposições, ao advogar as decisões das massas proletárias contra a ditadura dos chefes, é relativo. Na medida em que isolavam o proletariado não apenas das outras classes, mas ainda das camadas operárias subjugadas ideologicamente pelos sociais-democratas, propondo um comunismo "puro", não estavam longe da concepção de partido único dos bolcheviques, que representava, ele próprio, a consciência proletária por excelência. Daí porque a frente única com a social-democracia era inaceitável para eles.

A análise de Gramsci vai mais na direção daquela de Levi e Radek. Porém ignora completamente a origem – alemã e luxemburguista – da "nova tática" que chama, no

---

140   H. Gorter, op. cit., p. 46 e 98.

contexto da censura da prisão, de "guerra de posição". Pretendendo evitar se colocar no lugar de uma "minoria internacional", conforme a carta de fevereiro de 1924, já citada, coloca-se no lugar de apoiador da política da direção oficial do comunismo e da memória de Lênin reconstruída. Ou seja, em total harmonia com a política da "maioria internacional", de "bolchevização dos partidos". Por isso atribui a guerra de movimento – ou seja, a oposição à frente única – a Trótski e a Rosa Luxemburgo. Com efeito, no mesmo trecho já citado e referindo-se ao livro de Rosa, *Greve geral, partido e sindicato*, de 1906, ele o caracteriza como "um dos documentos mais significativos da teorização da guerra de movimento aplicada à arte política".[141] E em outro trecho de seus escritos de prisão ele afirma que Bronstein, "de um modo ou de outro pode ser considerado como teórico político do ataque frontal em um período em que isso é apenas causa de derrotas [...]".[142]

A referência a Luxemburgo é sem propósito, refere-se a um contexto histórico sepultado pela guerra de 1914-18 e se enquadra na campanha póstuma que o stalinismo desencadeou contra o luxemburguismo, suposta fonte de todo desvio "ocidental". É o preço pago para ficar dentro da linha da maioria e em acordo com a direção internacional, naquele momento chefiada por Stálin. Quanto à referência a Trótski, é também sem propósito, pois como já se viu, ele esteve na linha de frente, com Lênin, na guinada iniciada no 3º Congresso Mundial com a tática de frente única, em 1921, posição que não se alterou depois. Além do mais, essa referência contrasta com a experiência vivida pelo próprio Gramsci, que participou de discussões pessoais com Trótski que o instava a aderir às posições então defendidas pela Internacional, rompendo com Bordiga.[143] Gramsci sabia, portanto, pessoalmente, que Trótski sempre se havia manifestado a favor da frente única, nos moldes limitados e ambíguos em que o leninismo a havia adotado, isto é, atribuindo-a à experiência russa e não à alemã. É interessante notar que, sempre mantendo uma fidelidade incondicional à direção hegemônica russa do comunismo, Gramsci tinha para com Trótski uma atitude diferente quando este era ainda o segundo homem do partido russo. Na carta já citada, de 1924, comentando o fracasso da revolução alemã de 1923, afirmava: "Se erros existiram, foram cometidos pelos alemães. Os companheiros russos, isto é, Radek e Trótski, erraram ao acreditar nos exageros de Brandler e seus camaradas [...]".[144]

A referência à "famosa teoria de Bronstein sobre a permanência do movimento" é ainda mais incongruente. A "teoria da revolução permanente" que Trótski voltou a

---

141   "Arte militare e arte politica", in: *Note sul Machiavelli*, op. cit., p. 79.

142   Antonio Gramsci, "Passaggio della guerra manovrata (e dall'attacco frontale) alla guerra di posizione anche nel campo politico", in: *Passato e presente*. Roma, Editori Riuniti, 1977 (2), p. 90.

143   R. Massari nos dá conta de duas fontes que atestam essas conversas: Camilla Ravera, *Diario di trent'anni (1919-1943)*. Roma, 1973; e G. Berti, *I primi dieci anni di vita del PCI*. Milano, 1967. ("Introduzione", in: *All'Opposizione nel PCI...*, op. cit., p. 12).

144   In: P. Togliatti, *La formazione del gruppo dirigente del PCI...*, op. cit., p. 189-190.

Do partido único ao stalinismo

reivindicar em sua luta contra a "teoria do socialismo em um só país", sustentada por Stálin e Bukhárin a partir de 1926, nada tem a ver nem com uma oposição à tática da frente única, nem com uma possível ideia de "insurreição permanente", subjacente ao termo "guerra de movimento", tal como ele é definido por Gramsci. A "revolução permanente" foi para Trótski, em 1906, a resposta à "ditadura democrática do proletariado e do campesinato", de Lênin. Em um país atrasado como a Rússia, argumentava então ele, as "tarefas democráticas", sobretudo "a revolução agrária", não seriam obra da fraca burguesia, e sim do proletariado. Este, na sua revolução, passaria da execução dessas tarefas às socialistas, sem solução de continuidade, através da ditadura do proletariado. Tratar-se-ia, pois, de uma "ditadura proletária, apoiada sobre o campesinato", pois a este não caberia nenhum papel independente. Como é notório, com as "Teses de abril", de 1917, Lênin se colocou em uma posição muito mais próxima da que Trótski havia defendido desde 1906, do que da posição tradicional dos bolcheviques. Na sua defesa da "revolução permanente" a partir de 1926, Trótski punha ênfase em uma questão que jamais havia sido posta em causa pelos bolcheviques até então: o socialismo não pode ser construído no marco nacional, enquanto internacionalmente prevalecerem as relações capitalistas de produção.[145] Gramsci se equivocou inclusive no plano estritamente militar, pois no Exército Vermelho Trótski se notabilizou por combater aqueles que queriam elevar a guerra de movimento e a ofensiva em geral à categoria de princípio absoluto na estratégia militar.[146] Dessa forma, segundo Gramsci, enquanto Trótski era "cosmopolita", "superficialmente nacional e superficialmente ocidentalista", Lênin era "profundamente nacional e profundamente europeu", e teria sido o primeiro a compreender que era preciso mudar da "guerra de movimento" para a "de posição". Endossa, portanto, a falsa ideia de que a frente única partiu da iniciativa dos bolcheviques como já havia ficado patente nas "Teses de Lyon", em 1926.

Mas a sua contraposição de uma sociedade civil "gelatinosa" nos países atrasados ("Oriente") a uma sociedade civil "robusta" no Ocidente mostra a complexidade da estrutura social desses países. Incita ao raciocínio e encaminha para a ideia de que, contra a dominação ideológica da burguesia sobre o proletariado, que advém das reais vantagens que as lutas democráticas trouxeram, não bastam fórmulas e programas revolucionários. Se as reflexões de Gramsci na prisão permaneceram congeladas na época, mais tarde elas seriam amplamente usadas pelo PCI, sobretudo, na época do "eurocomunismo".

---

145   Léon Trótski, *La révolution permanente*. Paris, Les Éditions de Minuit, 1975, p. 22 e ss; e p. 124 e ss. Ver também, do mesmo autor, *Bilan et perspectives*. Paris, Seuil/Les Éditions de Minuit, 1969; e de V. I. Lênin, "VII Conferencia (Conferencia de abril) de toda Rusia del POSDR (b), 24-29 de abril de 1917", in: *Obras escogidas*, t. 2. Moscú, Editorial Progreso, 1961, p. 82 e ss.

146   Ver Perry Anderson, op. cit., p. 128-133.

4. O "terceiro período" e a luta contra o "social-fascismo" (1927-1935)

O "terceiro período" nas resoluções da Internacional Comunista

A política sectária que havia desfigurado a frente única em 1924, no 5º Congresso da Internacional Comunista, permaneceu a mesma daí em diante, durante o período que se convencionou chamar de "estabilização relativa do capitalismo", ou "segundo período". Mas tudo mudou em dezembro de 1927, no 15º Congresso do PC da URSS, quando uma nova análise da situação internacional pretendeu que um "terceiro período" havia sido aberto. E com ele veio um aprofundamento daquele sectarismo. A nova análise coincidiu com a derrota definitiva da Oposição de Esquerda Unificada russa, isto é, a tendência de Trótski unificada à de Zinóviev e Kámenev, e a vitória da linha de "construção do socialismo em um só país", defendida por Bukhárin e Stálin. E com essa linha veio a defesa inconteste da URSS como "pátria do socialismo". Coincidiu, ainda, com uma prática que depois viria a se generalizar, a das chamadas capitulações. Pressionados, "convencidos", muitos zinovievistas e depois trotskistas fizeram um *mea-culpa* por escrito, abjurando suas antigas posições. Era o segundo degrau na consolidação do regime stalinista.

No relatório sobre o tema da situação internacional ao congresso russo, Bukhárin mencionava certas mudanças estruturais no capitalismo – "tendências em direção ao capitalismo de Estado sob a ditadura burguesa" – que demonstravam que a estabilização capitalista não era um fato acidental. Ou seja, a estabilização não era relativa como se definia antes. Embora Bukhárin aceitasse que as tendências por ele apontadas levariam a uma exacerbação das contradições intrínsecas do capitalismo, descartava o surgimento imediato de situações revolucionárias.[1] Em relação à frente única, ele voltava a indicar a sua aplicação exclusivamente "pela base". "Quanto às pequenas transações com as esferas superiores [da social-democracia], elas agora têm menos razão de ser que antes, pois que se observa desse lado uma indicação em direção 'à direita', a despeito de certas manobras feitas para dar a impressão de uma política de esquerda".[2] O

---

1   Cf. Aldo Agosti, *La Terza Internazionale – Storia Documentaria*. t. 2: (1924-1928). Roma, Editori Riuniti, 1976, p. 791.

2   N. Boukharine, *La situation internationale et les tâches de l'IC – Rapport du XVe Congrès du PC de l'URSS*. Paris, Bureau d'Editions, s.d., p. 48.

150 Angela Mendes de Almeida

relatório de Stálin ia num sentido praticamente oposto. Para ele, a estabilização se tornava cada dia "mais precária e podre", e a Europa estava claramente "entrando na fase de uma nova retomada revolucionária". A tensão entre Bukhárin e Stálin era patente e prenúncio de que a aliança entre ele e a segunda *troika*, a tendência de direita, formada ainda por Alexei Rykov e Mikhail Tómski, estava por se romper. Frases soltas de fiéis seguidores de Stálin, como Chátskin, Beso Lominadze e Salomon Losovski, criticavam a subestimação do perigo da direita na Internacional, por parte de Bukhárin.[3]

Logo em seguida, em janeiro de 1928, a radicalização dos comunistas contra a social-democracia se fez sentir em um episódio ligado ao Partido Comunista Francês (PCF). Tendo que definir uma política eleitoral para abril desse ano, o Comitê Executivo da IC, contra a opinião dos franceses, que era a de aderir ao bloco social-democrata/radical no segundo turno – era a primeira eleição com dois turnos –, impôs a tática que viria a ser chamada de "classe contra classe". Significava, na prática, a manutenção dos candidatos do PCF no segundo turno, favorecendo a direita. O principal instigador dessa posição teria sido Jules-Humbert Droz, então representando da IC na França. Mas, embora reivindicando a paternidade da palavra de ordem "classe contra classe", Droz diz, *a posteriori,* ter-lhe atribuído apenas o sentido de separar os dois partidos operários – comunista e socialista – dos radicais burgueses.[4]

A 9ª Plenária Ampliada do Comitê Executivo da Internacional Comunista, realizada em fevereiro desse ano, viria a retomar vários fios. De um lado, a tática eleitoral "classe contra classe" foi confirmada para o PCF e estendida ao partido comunista inglês. De outro lado, a análise da situação internacional, feita no 15º Congresso do partido russo por Stálin, foi reivindicada. Na "Resolução contra a oposição trotskista", para chegar à proposta de luta contra o trotskismo, mencionava-se o aprofundamento dos conflitos interimperialistas e da luta do imperialismo contra os povos coloniais e a URSS; a fusão dos trustes capitalistas com o Estado e a maior integração da social--democracia nesses órgãos; a radicalização das massas operárias; e o crescimento da campanha contra a URSS por parte dos capitalistas e da social-democracia. Depois de denunciar o "papel farisaico" da esquerda da social-democracia (Max Adler e Otto Bauer, os austro-marxistas e Paul Levi), a resolução identificava o trotskismo como "uma variante da política de Otto Bauer e dos representantes do reformismo de sua espécie".[5] Esse amálgama, juntamente com a estigmatização do "perigo da direita" nas fileiras da Internacional Comunista – posição sobre a qual Bukhárin manifestava muita

---

3   A. Agosti, *La Terza Internazionale...*, op. cit., t. 2, (1924-1928), p. 792.

4   Ver Jules-Humbert Droz, *L'Internazionale Comunista tra Lenin e Stalin. Memorie de un protagonista (1891-1941).* Milano, Feltrinelli, 1974, p. 210; Milos Hájek, *Storia dell'Internazionale Comunista (1921-1935).* Roma, Ed. Riuniti, 1975, p. 153-154.

5   Cf. A. Agosti, *La Terza Internazionale...*, op. cit., t. 2, (1924-1928), p. 844-846.

Do partido único ao stalinismo

reticência – permite melhor entender a ponte que iria ser erguida nos meses seguintes: a tendência de direita na URSS tornava-se uma variável da social-democracia de esquerda, o que iria dar ensejo a amalgamar Bukhárin a Trótski e a Bauer.

No mesmo momento em que se esboçavam essas novas definições, acontecimentos da maior importância dentro da Rússia viriam a criar uma fissura intransponível no seio da direção do partido russo, entre Bukhárin, Tómski e Rykov, de um lado, e Stálin, de outro. Esses acontecimentos foram, sem dúvida, a razão maior da definição catastrofista do "terceiro período". Na URSS, tornou-se evidente uma queda vertiginosa no fornecimento de trigo por parte dos camponeses, demonstrando que estava em curso um boicote. Os "culpados" eram os *kúlacs*, os camponeses ricos, dizia o governo. Foram assim providenciadas medidas extraordinárias, entre elas expedições das forças da polícia política (o GPU) para o confisco do trigo. Mas enquanto a facção de Bukhárin as via como excepcionais e passageiras, Stálin começava a conceber nelas um elemento da nova política que uniria o 1º Plano Quinquenal – que viria a ser estabelecido em maio de 1928, prevendo uma expansão industrial da ordem de 130% – e a coletivização forçada do campo. Todo camponês – rico, remediado ou mesmo pobre – que não quisesse ser expropriado de sua produção, suas terras e seu gado em proveito do *kholkoz* local, era preso e deportado para a Sibéria, Urais, Cazaquistão ou Grande Norte. Este processo, que estava apenas se esboçando nesse momento, adquiriu nos anos seguintes um caráter de verdadeiro cataclismo, com o deslocamento de milhões de camponeses, a morte por fome e acidentes de percurso de muitos milhares, a fuga de outros tantos para as cidades.[6]

Nessas condições, o 6º Congresso Mundial, reunido durante 47 dias, entre julho e setembro de 1928, realizou-se já em presença de uma oposição significativa entre Bukhárin e Stálin, mas sem que ela viesse a público. Aparecia sob a forma de ênfase na análise sobre a situação internacional, pois o projeto de tese inicial elaborado por Bukhárin foi submetido a cerca de 20 emendas da delegação soviética, todas indo no sentido da visão de Stálin. O documento distinguia historicamente três períodos. Um "primeiro período" de "crise aguda do capitalismo e de ações diretas do proletariado", cujo ponto culminante teria sido 1921 e que terminou em 1923, essa periodização fazendo referência implícita à política das "21 condições" e mesmo à "teoria da ofensiva". Falava depois de um "segundo período" de maturação da "estabilização parcial do sistema capitalista, de reconstrução da economia capitalista". E, em seguida, introduzia um "terceiro período" que então se iniciava, com a seguinte caracterização:

---

6   Nicolas Werth, "Um Estado contra o povo – Violência, repressão e terror na União Soviética", in: *O livro negro do comunismo*. Rio de Janeiro, Bertrand Brasil, 2001, p. 178 e ss.; Jean-Jacques Marie, *Stálin*. São Paulo, Babel, 2011, p. 357 e ss.; Pierre Frank, *Histoire de l'Internationale Communiste (1919-1943)*, t. 1. Paris, La Brèche, 1979, p. 581-584.

> Para o mundo capitalista, este é um período de rápido desenvolvimento da técnica, de intenso crescimento dos cartéis, dos trustes e das tendências ao capitalismo de Estado. [...] período de um potente desenvolvimento das contradições da economia mundial. [...] que agravou particularmente as contradições existentes entre o aumento das forças produtivas e a redução de mercados, e torna inevitável uma nova fase de guerra entre os Estados imperialistas, destes contra a URSS e de guerras de libertação nacional. [...] Desembocará fatalmente em um novo colapso da estabilização capitalista e no agravamento agudo da crise geral do capitalismo.[7]

No seu relatório sobre as teses, Bukhárin havia enfatizado pontos diferentes, afirmando inúmeras vezes que o "terceiro período" se caracterizava "por um progresso quantitativo que ultrapassava a situação de antes da guerra. O crescimento das forças produtivas do capitalismo decorre, de um lado, de um progresso técnico bastante considerável e, de outro, de uma ampla reorganização das relações econômicas capitalistas". Portanto, a questão da estabilização devia ser tratada diferentemente, ou seja, já não podia ser tratada de "relativa" ou "parcial". Dessa forma, para ele, o "terceiro período" era muito mais a continuação e o aprofundamento do "segundo"[8] do que uma ruptura com ele, como seria em seguida encarada pelos comunistas.

Quanto às relações com a social-democracia e a tática de frente única, as "Teses" representavam igualmente uma espécie de transição entre as posições de Bukhárin, admitindo a frente única "pela base", e as novas posições de Stálin, que iriam prevalecer mais adiante. Segundo elas, no "terceiro período",

> dada a nova ideologia completamente burguesa e ativamente imperialista da social-democracia, é necessário intensificar a luta contra estes "partidos operários da burguesia". [...] A experiência dessa tática, através das eleições francesas e do movimento inglês, demonstrou a sua absoluta correção. [...] O reforço da luta contra a social-democracia desloca o centro de gravidade em direção à frente única "pela base", mas não diminui em nada, ao contrário, aumenta os deveres dos comunistas de fazer a distinção entre operários social-democratas que se enganam de boa fé e os chefes social-democratas, vis servidores do imperialismo.[9]

---

7 "Tesi sulla situazione internazionale e sui compiti dell'Internazionale comunista (agosto 1928)", in A. Agosti, *La Terza Internazionale...*, op. cit., t. 2, (1924-1928), p. 883, 932-933.

8 "La situation internationale et les tâches de l'Internationale Communiste", Rapport de N. Bukhárin, *La Correspondance Internationale*, nº 72, 01/8/1928, p. 834-835;

9 "Tesi sulla situazione internazionale e sui compiti dell'Internazionale comunista (agosto 1928)" in: A. Agosti, *La Terza Internazionale...*, op. cit., t. 2, (1924-1928), p. 945.

Do partido único ao stalinismo

Aliás, a ficção de que a nova tática "classe contra classe" era apenas uma aplicação particular da frente única foi mantida durante muito tempo. Entretanto, ainda não se designava a social-democracia de "social-fascismo", apenas se falava "tendências fascistas" ou "embrião de fascismo", retomando as versões do 5º Congresso Mundial. Houve várias intervenções chamando a atenção para as enormes diferenças entre fascismo e social-democracia, entre elas a de Togliatti, embora um ou outro delegado, como Thälmann, por exemplo, já falasse de "desenvolvimento do reformismo em direção ao social-fascismo". Os chefes social-democratas de esquerda eram considerados "os agentes mais perigosos da política burguesa" e os desvios de direita dentro da Internacional Comunista, os mais importantes a combater.[10] Um ano mais tarde Stálin iria elencar da seguinte maneira os desacordos que então o haviam oposto a Bukhárin: sobre o caráter da estabilização, sobre a necessidade de enfatizar o combate à social-democracia de esquerda, sobre a urgência de uma luta não só contra as "tendências de direita" na Internacional Comunista, mas também contra as "conciliadoras", e sobre a necessidade de uma disciplina de ferro.[11]

Além disso, o 6º Congresso Mundial retomou o tema da iminência da guerra contra a União Soviética. Este "mito fabricado"[12] tinha a função prática, de um lado, de distrair a atenção dos comunistas europeus dos graves problemas que a União Soviética enfrentava, de outro, tinha a vantagem de unificar em um bloco todas as espécies de críticos. Por isso, desde o primeiro momento, a ideia da inevitabilidade da guerra contra a URSS vinha associada à denúncia da social-democracia como principal agente de sua preparação. E, seguindo o hábito dos amálgamas, não só a social-democracia em geral, como a sua chamada ala esquerda, e mais a oposição trotskista e até os anarcossindicalistas eram acusados de estarem a preparar a guerra. Já havia sido assim em 1927, na 8ª Plenária do Comitê Executivo da IC, quando se havia afirmado que "o capitalismo se armou e fez os preparativos técnicos para a guerra, a social-democracia, por seu lado, ocupou-se da preparação ideológica". E voltou a acontecer em 1928, no 6º Congresso:

> A social-democracia está preparando ativamente a guerra contrarrevolucionária contra o poder soviético. Por isso é indispensável reforçar por todos os meios a luta contra os chefes social-democratas, sejam de direita, sejam de "esquerda", bem como contra os seus acólitos, os trotskistas e anarcossindicalistas. Em primeiro lugar, é necessário denunciar e desacreditar entre as massas as diversas palavras de ordem e argumentos dos quais se servirão para tentar justificar uma guerra fatal contra a URSS: "luta pela democracia

---

10   "Tesi...", in: ibid., p. 940-941; também citado por P. Frank, *Histoire de l'Internationale...*, t. 2, op. cit., p. 593.

11   J. Staline, *As questões do leninismo*, t. 1. Lisboa, Ed. J. Bragança, 1975, p. 172-173.

12   A expressão é Philippe Robrieux, *Maurice Thorez – Vie secrète et vie publique*. Paris, Fayard, 1975, p. 128.

contra a ditadura", "degeneração", "invasão dos *kulaks*", "termidor do poder soviético" e outras fábulas sobre o imperialismo vermelho ou palavras de ordem como "neutralidade em casos de guerra".[13]

Desde então, a tarefa principal dos comunistas passou a ser a defesa da "pátria do socialismo", na prática, a defesa dos interesses do Estado soviético. Por aquela época, o nível de radicalização das posições da Internacional Comunista, particularmente das de Stálin, no que dizia respeito à análise do estado de ânimo das massas, da conjuntura econômico-política europeia e da evolução da social-democracia baseava-se em alguns acontecimentos. Por exemplo, as ações insurrecionais dos operários vienenses, em julho de 1927, bem como a atitude conciliadora do partido social-democrata austríaco, o mais importante da ala esquerda da Internacional Socialista, pareciam confirmar a "bancarrota ideológica do austro-marxismo" e o caráter transitório e oscilante da estabilização relativa. Como ilustração desses acontecimentos, veja-se a cena descrita pelo jornalista comunista Ernst Fischer em que os dirigentes social-democratas, procurados pelos operários para decretar a greve geral, saem pelos fundos do edifício. "Braunthal disse: 'Vamos. Não tem sentido que falem conosco'. E tomando o telefone: 'Mandem-nos o elevador, e depois mandem-no aos camaradas!'. Bauer continuava titubeando, mas Braunthal arrastou-o até o elevador". Depois da repressão à ação insurrecional, Otto Bauer declarou em assembleia sindical: " 'Quero justificar nossa atuação. [...] Nesses momentos em que as paixões estalam, uma ampla distribuição de armas talvez tivesse significado o princípio de uma guerra civil aberta. Mas nosso primeiro dever, desde que possamos, é não fazer nada que leve à guerra civil."[14] Paralelamente, entre 1927 e 1928, greves importantes haviam estourado na França, na Alemanha e nos Estados Unidos, bem como lutas camponesas na Romênia e na região dos Balcãs. Por fim, as manifestações contra a condenação dos anarquistas Sacco e Vanzetti, nos Estados Unidos, haviam assumido inesperadas proporções no mundo inteiro. O conjunto desses acontecimentos serviam para confirmar o crescimento da combatividade no Ocidente.

Pouco depois do 6º Congresso Mundial, a posição de Stálin foi fortalecida por um incidente que ilustrou a sua força: o chamado "caso Wittorf", envolvendo a descoberta de um desvio de dinheiro no partido alemão, em Hamburgo, do qual foi acusado Wittorf, cunhado de Thälmann, que tentou abafar o caso. Diante disso, a direção do KPD

---

13   "Tesi dell'VIII Plenum sulla guerra e sul pericolo di guerra (maggio 1927)", in: A. Agosti, *La Terza Internazionale...*, op. cit., t. 2, (1924-1928), p. 727; "Thèses sur la lutte contre la guerre impérialiste et la tâche des communistes", in: *La Correspondance Internationale*, nº 149, 11/12/1928, p. 1717; também citado por Paolo Spriano, *Storia del Partito Comunista Italiano, t. 2, Gli anni della clandestinità*. Torino, Einaudi, 1976, p.171.

14   Citado em Ernst Fischer, *Recuerdo y reflexiones*. Madrid, Siglo XXI, 1976, p. 179 e 193.

Do partido único ao stalinismo

(Partido Comunista Alemão), formada por muitos "conciliadores", demitiu Thälmann. Mas o Comitê Executivo da Internacional Comunista interveio autoritariamente, restituindo o demitido às suas funções. Antes do fim de 1928, os "direitistas" Brandler, Thalheimer, Frölich e outros seriam expulsos, vindo a formar o KPD-Oposição, e os "conciliadores" seriam excluídos de suas funções e neutralizados. A intervenção do Executivo provocaria o protesto formal de Droz e de Angelo Tasca, também depois afastados do órgão internacional.[15] Alguns meses depois, o "1º de maio sangrento" (1929) viria a sancionar as análises sobre a "fascistização" da social-democracia. Em Berlim, o governo prussiano liderado pelos sociais-democratas, depois de proibir a manifestação, comandou a repressão sangrenta nos bairros operários de Wedding e Neukölln, chegando a matar 32 pessoas. No 12º Congresso do KPD, realizado em julho, a tese do "social-fascismo" obteve a sua primeira grande consagração.[16]

No partido russo, as divergências entre Stálin e Bukhárin eclodiram publicamente a partir da publicação de um artigo deste, em fins de setembro de 1928 – "Notas de um economista" –, que se colocava abertamente contra a solução da fração stalinista para a crise no fornecimento de trigo. A nova luta de tendências no partido russo, no entanto, era apenas o reflexo do acontecimento de transcendência muito maior que se estava verificando no país, com a política de industrialização acelerada e de coletivização forçada aplicada pelo governo. Isaac Deutscher assim introduz a discussão deste período na biografia de Stálin, escrita na década de 1960:

> Em 1929, cinco anos depois da morte de Lenin, a Rússia Soviética tomou o caminho da segunda revolução, dirigida só e exclusivamente por Stalin. No alcance e no impacto imediato sobre a vida de cerca de 160 milhões de pessoas, a segunda revolução foi até mais abrangente e radical que a primeira. Desembocou na rápida industrialização da Rússia; obrigou a mais de 100 milhões de camponeses a abandonarem propriedades pequenas e primitivas e a se estabelecerem em fazendas coletivas; retirou, impiedosamente, o ancestral arado de madeira das mãos do mujique e o forçou a segurar o volante de um trator moderno; conduziu dezenas de milhões de analfabetos à escola e fez com que aprendessem a ler e escrever; e espiritualmente separou a Rússia europeia da Europa e trouxe a Rússia asiática mais para perto da Europa. O desfecho dessa revolução foi espantoso, assim como o custo: a completa perda, por parte de toda uma geração, de liberdade política e espiritual.[17]

---

15   Ossip K. Flechtheim, *Le parti communiste allemand sous la République de Weimar*. Paris, Maspero, 1972, p. 187-188.

16   Ibid., p. 189-190; M. Hájek, op. cit., p. 172; e Evelyn Anderson, *Hammer ou Anvil – The Story of the German Working Class Movement*. London, Victor Gollancz Ltd.,1945, p. 131.

17   Isaac Deutscher, *Stalin – Uma biografia política*. Rio de Janeiro, Civilização Brasileira, 2006, p. 319.

156   Angela Mendes de Almeida

O aspecto modernizador ressaltado neste trecho dá muito pouco peso ao custo da repressão sangrenta derivada da coletivização forçada, que veio a ser denominada mais tarde, simplesmente, de "Terror" pelos próprios russos. Foi um ponto de inflexão importante na espiral da sociedade repressiva e totalitária. É verdade que entre os anos de 1950 e 1960, época em que Deutscher escreveu as biografias de Trótski e Stálin, podia parecer extraordinário o caminho percorrido pela URSS na modernização tecnológica e havia ainda muita fé no progresso material como fonte automática de civilização, herdado do século XIX. Mas as medidas de confisco dos estoques de trigo, determinadas no início de 1928, eram paliativas porque os camponeses podiam responder, como de fato responderam, reduzindo a produção e alterando as culturas. Outra solução possível, a integração voluntária dos camponeses nas fazendas coletivas, os *kolkhozes*, que Deutscher apresenta como realidade, não aconteceu. O impasse nessa nova crise camponesa era absoluto e a solução, amadurecida durante 1928 e no primeiro semestre de 1929, teve finalmente uma aplicação brutal no segundo semestre: a eliminação do *kulak*, o confisco de suas terras e equipamentos em proveito dos *kolkhozes*, a deportação de toda a sua família para a longínqua Sibéria e, enfim, a repressão violenta aos recalcitrantes do campo, rico, remediado ou pobre.[18] Os efeitos diretos e indiretos da verdadeira guerra civil que se estabeleceu entre o governo soviético e os camponeses espalharam uma enorme tensão em todo o país. Victor Serge, então vivendo na Rússia, assim descreve esse processo:

> É o que foi chamado de "eliminação dos *kulaks* enquanto classe". Saberemos algum dia até que ponto a agricultura foi desorganizada? Os camponeses, para não ter que ceder seu gado aos *kolkhozes*, matavam-no, vendiam a carne e faziam botas do seu couro. Com a morte dos rebanhos, o país passou da penúria à fome. Cartões para o pão nas cidades, mercado negro, queda do rublo e dos salários reais. Foi necessário instituir passaportes internos para conservar a mão-de-obra qualificada nas fábricas, contra a sua vontade. Tendo a coletivização resultado num desastre, foi declarado que ela tinha sido aplicada em 68%, e isso, muito tarde, em março de 1930, no ponto crítico da fome e do terror. [...] Quantas vítimas resultaram da coletivização total, fruto da imprevidência, da incapacidade e da violência totalitária? Um especialista russo, Prokopovitch, fez um cálculo segundo as estatísticas soviéticas oficiais, em uma época, aliás, em que se prendia e se fuzilava os estatísticos. Até 1929, o número de unidades camponesas tinha sempre aumentado: 1928: 24 milhões e 500 mil unidades; 1929: 25 milhões e 800 mil unidades. Ao final da coletivização, em 1936, havia apenas 20 milhões e 600 mil unidades. Em sete anos, desapareceram cerca de cinco milhões de

---

18   Pierre Broué, *Le parti bolchevique* - Paris, Les Editions de Minuit, 1971, p. 315-316.

Do partido único ao stalinismo

famílias. [...] Engenheiros, agrônomos e especialistas denunciaram corajosamente os erros e excessos; foram presos aos milhares e processados por sabotagem, desviando-se as responsabilidades sobre alguns. [...] A acusação de sabotagem contra milhares, dezenas de milhares de técnicos, em geral, era uma calúnia monstruosa, apenas justificada pela necessidade de apontar responsáveis por uma situação econômica insustentável. O estudo detalhado de inúmeros casos demonstra-o irrefutavelmente. Aliás, apelou-se constantemente para o patriotismo dos técnicos com o objetivo de arrancar-lhes confissões. Na industrialização, tudo se passava em meio a um tal desperdício e sob um regime autoritário de tal forma intratável, que era possível encontrar "sabotagem" em todo lugar e hora.[19]

Elisabeth Poretski, cujo marido trabalhava para o serviço secreto russo, vivendo em Moscou nesse período, conta que:

> [...] apresentou-se outro visitante inesperado, um ucraniano de Kiev, vindo a Moscou por razões profissionais. Nós lhe oferecemos chá, ele se extasiou com o pão, apesar de pesado e úmido... mas era pão, e na Ucrânia, o celeiro da União Soviética, de onde vinha esse pão, era impossível achá-lo. Nosso visitante pôs-se a falar da Ucrânia: a fome nas cidades, os cadáveres inchados nas ruas, as hordas de crianças abandonadas que circulavam em volta das estações de trem, os levantamentos de camponeses desesperados, as aldeias desertas e fantasmagóricas coalhadas de cadáveres atingidos pela fome e pelo tifo.[20]

Estes relatos ilustram da melhor forma possível a situação social vivida pela Rússia soviética durante os anos da "construção do socialismo em um só país" e o preço que a população pagou pela industrialização. É por isso que logo após a Segunda Guerra Mundial Stálin afirmaria a Churchill que esses anos haviam sido piores que os da invasão alemã de 1941, que o governo esteve muito mais ameaçado em 1929-1930 do que durante a guerra.[21]

Foi no início dessa época conturbada, em julho de 1929, que se realizou a 10ª Plenária Ampliada do Comitê Executivo da Internacional Comunista, na qual ficou consagrada a tese do "social-fascismo". Em um dos relatórios da reunião, o finlandês Otto Kuusinen tentou, com malabarismos, definir as semelhanças entre fascistas e "sociais-fascistas" (sociais-democratas) para justificar a adoção do termo:

---

19   Victor Serge, *Mémoires d'un révolutionnaire*. Paris, Ed. du Seuil, 1978, p. 257-260 (Edição brasileira: *Memórias de um revolucionário*. *São Paulo*, Companhia das Letras, 1987).

20   Elisabeth Poretski, *Les nôtres – Vie et mort d'un agent soviétique*. Paris, Denöel, 1969, p. 117.

21   Cf. Philippe Robrieux, "Un tyran et un mythe", *Le Monde*, 22/12/1979, p. 18.

> Normalmente os sociais-fascistas agem como os fascistas, mas não levam a cabo sua obra fascista abertamente, enquanto tais, e sim com dissimulação, como em tempo de guerra. A própria natureza do social-fascismo lhe impõe uma política imperialista em nome do internacionalismo, uma política capitalista em nome do socialismo, a abolição dos direitos democráticos dos trabalhadores em nome da democracia, a supressão das reformas em nome do reformismo, o assassinato de operários em nome de uma política operária. O *pathos* do fascismo "puro e simples" exprime-se nas palavras de ordem sobre "a nação" e na incitação clara à expansão imperialista. O *pathos* dos sociais-fascistas, por sua vez, exprime-se nas palavras de ordem "manter-se no poder", "nós salvamos o Estado, sem nós ele teria ido à ruína!" [...] Os objetivos dos fascistas e dos sociais-fascistas são os mesmos, a diferença entre eles está só nas palavras de ordem e, parcialmente, nos métodos.[22]

A 10ª Plenária também reafirmou a caracterização do "terceiro período" do 6º Congresso Mundial, como

> [...] um período de aprofundamento de sua crise geral, de acelerada acentuação das contradições externas e internas do imperialismo, de modo a levar inevitavelmente a guerras imperialistas, a graves conflitos de classe, a uma época na qual se desencadeará uma vaga revolucionária nos principais países capitalistas e, enfim, grandes revoluções anti-imperialistas nos países coloniais.[23]

Nessa reunião a guinada estava concluída e cristalizada, bem como todas as oposições esmagadas. No partido alemão desapareceram "blanderianos" e "conciliadores", e a direção, composta por Ernst Thälmann, Hermann Remmele e Heinz Neumann, fez-se a fiel executora da política de Stálin. No partido italiano, Togliatti, o dirigente mais importante após a prisão de Gramsci, em novembro de 1926, depois de haver manifestado análises nuançadas sobre as caracterizações de fascismo e social-democracia no 6º Congresso Mundial, alinhou-se totalmente à nova política. Ainda mais porque o PCI viu-se outra vez no centro das acusações por não haver ainda expulsado Angelo Tasca. Querendo corrigir a impressão de vacilação, a delegação italiana fez-se porta-voz dos "excessos" da linha oficial.[24]

---

22   "La situation internationle et les tâches de l'Internationales Communiste", Rapport de Kuusinen, Xe. session plénière du Comité Executif de l'Internationales Communiste, *La Correspondance Internationale*, nº 71, 17/8/1929, p. 972.

23   "Tesi del X Plenum sulla situazione internazionale e i compiti immediati dell'Internazionale comunista (luglio 1929)", in: Aldo Agosti, *La Terza Internazionale – Storia Documentaria. t. 3 (1929-1943)*. Roma, Ed. Riuniti, 1979, p. 98.

24   Paolo Spriano, op. cit., t. 2: *Gli anni della clandestinitá...*, p. 198.

Do partido único ao stalinismo

A guinada iniciada, portanto, em dezembro de 1927, chegou ao seu ponto culminante em julho de 1929, quatro meses antes do início da maior crise econômica que o capitalismo tinha conhecido até então e, em todo caso, muitos meses antes que os seus efeitos devastadores se fizessem sentir com evidência na Europa. É ociosa a discussão sobre uma possível perspicácia maior da fração stalinista – com suas profecias catastrofistas – em prever a crise, diante de uma imprevidência dos bukharinistas, confiantes no lento aguçamento das contradições capitalistas. Ociosa porque todos os elementos históricos indicam que a guinada inaugurada entre 1927 e 1929 foi produto dos problemas internos enfrentados pela União Soviética.

Diversos autores, contemporâneos ou posteriores ao "terceiro período", debruçaram-se sobre as causas que teriam determinado a guinada política da Internacional Comunista. Trótski, escrevendo em 1932, relacionou a linha da Internacional diretamente aos interesses da casta burocrática da URSS, de se manter a todo custo no poder.[25] Arthur Rosenberg, da tendência de "ultraesquerda" do KPD, excluído em 1927, escreveu também em 1932 que a guinada do "terceiro período", como antes a NEP, fora diretamente determinada pelos acontecimentos soviéticos, inclusive porque a Internacional havia abandonado qualquer veleidade de influência revolucionária sobre o movimento operário.[26] Fernando Claudín, expulso do Partido Comunista Espanhol (PCE) em 1965, e o historiador Robert Paris vão também no sentido de localizar nos acontecimentos internos da Rússia a razão da modificação da linha, o primeiro enfatizando a luta pela eliminação das tendências não stalinistas, o segundo a luta contra os *kulaks*.[27] Apenas dois autores, Nicos Poulantzas e Yves Leclerc, situam os equívocos do "terceiro período" em um plano exclusivamente teórico e metodológico, o "economicismo", que teria prevalecido nas análises da Internacional Comunista desde 1919 e, surpreendentemente, de acordo com Poulantzas, contra a orientação do próprio Lênin.[28] Segundo este último autor, isso teria levado os comunistas a deduzirem, da crise econômica de 1929, prevista "de maneira notável" no 6º Congresso Mundial, a visão "evolucionista" e "catastrofista" do "terceiro período". Ora, como a análise dos documentos históricos demonstra, a opinião de Stálin, de que a estabilização capitalista estava "podre", não se baseava em

---

25 L. Trotsky,»Et maintenant?", in: *Ecrits*, t. III (1928-1940). Supplément à la Quatrième Internationale. Paris, avril 1959, p. 182-186.

26 Arthur Rosenberg, *Histoire du bolchevisme*. Paris, Grasset, 1967, op. cit., p. 316-317.

27 Fernando Claudín, *La crisis del movimiento comunista. De la Komintern al Kominform*. Francia, Ruedo Ibérico, 1970, p.121.(Edição brasileira: *A crise do movimento comunista*, 2 vols. São Paulo, Global, 1985 e 1986); e Robert Paris, "La tattica 'classe contro classe' ", in: *Problemi di Storia dell'Internazionale Comunista (1919-1930)*, a cura de A. Agosti. Torino, Fondazione L. Einaudi, 1974, p. 152 e 184-189.

28 N. Poutantzas, *Fascisme et dictature*. Paris, Seuil/Maspero, 1974, p. 16, 36-40, 42-50, 59, 175 e 185; e Yves Leclerc, "La théorie de l'Etat et la Troisième Internationale", in: *Sur l'Etat*. Bruxelles, Association pour la critique des Sciences Economiques et Sociales, 1977, p. 166 e 197.

160   Angela Mendes de Almeida

nenhuma previsão econômica e nem o 6º Congresso previu a crise de 1929. Quando, um ano depois disso, na 10ª Plenária da IC, em julho de 1929, Euguiéní Varga falou em fim iminente da alta conjuntura econômica, baseando-se em dados estatísticos, foi violentamente criticado por usar a estatística burguesa, que também estava se "fascistizando," e "embelezar o capitalismo".[29] Em 20 de outubro de 1929, quatro dias antes do estouro da Bolsa de Nova York, o relatório econômico trimestral da Internacional Comunista constatava que os elementos apontados não configuravam "uma crise aguda".[30]

O "terceiro período" na Itália e na França (1928-1932)

O Partido Comunista Italiano (PCI) havia percorrido sempre uma trajetória contra a corrente da linha da Internacional Comunista. Os comunistas italianos só viriam a aceitar a frente única, proposta em 1921, através de um longo processo interno iniciado em 1924 e concluído em 1926, com as "Teses de Lyon". Dessa forma, sua aceitação já se fazia no marco da negação da essência da frente única. Como foi visto, na 10ª Plenária do Comitê Executivo da Internacional, em 1929, o PCI havia tentado acertar o passo com as guinadas, fazendo-se o mais ardoroso defensor dos excessos da linha do "terceiro período" para ser perdoado. Na verdade, esta fase, conhecida na história do PCI como "*la svolta*" ("a virada"), teve algumas características particulares. Constituiu, principalmente, um esforço de reinserção de um partido cuja direção, no exterior, havia perdido quase completamente o contato com o interior da Itália, onde os militantes estavam totalmente dispersos. A narrativa de um dos "*svoltisti*", escrita décadas depois, Giorgio Amendola, membro da nova geração de dirigentes, explicava assim a virada:

> É pela *svolta* que o PCI escapa do seu destino de se tornar um partido de emigrados como os outros [partidos italianos], reafirma sua presença organizativa no país, desenvolve o recrutamento que em certos momentos e em certas localidades torna-se de massa, inverte as velhas relações de força no seio do movimento operário, particularmente em algumas regiões (Emilia), conquista, enfim, a hegemonia na luta antifascista que manterá com vigor nas batalhas da Resistência. [...] *La svolta*, que no plano internacional se ligava a uma orientação esquerdista, sectária e esquemática, fixada pelo 6º Congresso da IC, na realidade de sua aplicação no país assumiu frequentemente o caráter de iniciativa unitária concreta.[31]

---

29   Ernesto G. Della Loggia, "La IIIème Internationale et le destin du capitalisme: l'analyse de I. Varga", in: *Histoire du Marxisme Contemporain*, 5. Paris, Union Générale d'Editions/10-18, 1979, p. 406.

30   Citado por P. Frank, *Histoire de l'Internationale...*, *t.2*, op. cit., p. 650.

31   "Un archivista della rivoluzione", citado por P. Spriano, op. cit., t. 2: *Gli anni della clandestinitá...*, p. 287-288.

Do partido único ao stalinismo

Que esse esforço tenha sido feito dentro de uma visão geral triunfalista e que por isso custou um preço desproporcionalmente alto, em número de militantes presos ou colocados na clandestinidade, é fato constatado. Foi exatamente essa a base das divergências, como se verá em seguida, que levaram ao outro lado da "*svolta*", a exclusão, entre 1929 e 1930, de importantes dirigentes do partido – Angelo Tasca, Amadeo Bordiga, Alfonso Leonetti, PietroTresso, Paolo Ravazzoli e Ignazio Silone – levando à direção a nova geração de "*svoltisti*". Segundo o historiador do PCI, Paolo Spriano, essas expulsões, particularmente as de Tresso, Leonetti e Ravazzoli, constituíram uma ferida jamais cicatrizada, sobre cuja justeza se discute desde então.[32]

A exclusão de Angelo Tasca, exigida na 10ª Plenária da IC, em julho de 1929, caso ele se negasse a modificar suas posições, só foi concluída em setembro, face à sua negativa. Entre o final desse ano e o início de 1930, começou um longo processo de discussão, característico da "*svolta*", em torno de um projeto de trabalho para o partido, apresentado por Luigi Longo, um dos jovens que até então havia feito parte da oposição esquerdista. O projeto, entendido como a aplicação da linha da 10ª Plenária e prevendo uma radicalização das massas na Itália, propunha a reinserção, em poucas semanas, de todo o aparelho do partido que desde 1927 funcionava no exterior. Para avaliar o que estava em jogo, é preciso levar em consideração que desde 31 de dezembro de 1926, com o atentado contra Mussolini, as estreitas margens de legalidade que o fascismo italiano havia conservado haviam desaparecido e o PCI havia sido duramente golpeado pela repressão. Até o fim do ano seguinte, um terço de seus militantes, inclusive Gramsci, foi preso. Em seguida, no início de 1929, Mussolini havia levado a cabo com sucesso uma dupla operação para reforçar a base de sustentação popular do fascismo. Conseguiu firmar com o Vaticano uma Concordata entre Estado e Igreja, para logo depois lançar um plebiscito de apoio ao regime. Os resultados constituíram uma consagração para Mussolini: com apenas 10,4% de abstenção, ele obteve 8.519.559 votos a favor e 135.761 contra.[33]

Nessas condições, três membros da direção, originários do *Ordine Nuovo*, Tresso, Leonetti e Ravazzoli, colocaram-se em oposição ao projeto de Longo, julgando que ele arriscava a destruição completa do partido nas mãos da polícia. Além disso, essa "oposição dos três", como foi chamada, opunha as "Teses de Lyon", com sua defesa da frente única, à linha da 10ª Plenária e ao "terceiro período" em geral. Em junho de 1930, tendo conhecimento de que Leonetti e Ravazzoli haviam contatado a oposição trotskista na França, a direção do PCI expulsou os três. Um ano depois, Silone, também da direção, foi excluído por sua oposição ao "terceiro período". Mas os parcos resultados obtidos com o plano de reinserção de Longo eram tão desproporcionais às perdas, que

---

32   Ibid., p. 262.
33   Ibid., p. 62, 201, 206, 215, 227, 239.

a própria Internacional teve que reconhecer, em meados de 1931, que a situação na Itália não justificava a expectativa de radicalização.[34]

O "terceiro período" na Itália foi caracterizado pela propaganda dos mesmos temas dos outros países: radicalização das massas, "social-fascismo" como o maior inimigo e o perigo iminente da guerra. Quanto a este último tema, ele era de difícil aceitação entre os simpatizantes comunistas. Em primeiro lugar, porque não se via na Itália nenhum sinal de seus preparativos e, em segundo lugar, porque, em caso de guerra, a Itália estaria contra os Aliados e uma provável derrota dela só facilitaria a queda do fascismo. Os comunistas do PCI defenderam a tese do "social-fascismo" com o mesmo vigor que em outros lugares. Em julho de 1930, Togliatti afirmava:

> Existem camaradas que não acreditam que os sociais-democratas sejam sociais-fascistas, ou então pensam que eles são tão antifascistas quanto nós. É a mentalidade provinciana do interior. Eles veem os chefes sociais-democratas que ainda estão nas cidadezinhas, falam com eles sobre o fascismo, encontram-se à tardinha para conversar; não fazendo trabalho militante, não se confrontam com a social-democracia.[35]

Mas a trajetória nacional específica do PCI, e particularmente o papel de Gramsci, viriam a pesar décadas mais tarde nas revisões que seriam feitas. Sobre esse período, por exemplo, o próprio Togliatti viria a dizer algo bem diferente em 1959:

> Penso que o erro mais sério foi a definição da social-democracia como social-fascismo, e erradas foram as consequências políticas que dela resultaram. É verdade que os chefes social-democratas tinham chegado até a combater e a esmagar o movimento revolucionário de massas com as armas, tal como faziam os fascistas. [...] Mas a natureza social dos dois movimentos era profundamente diferente. Atrás dos fascistas estavam os grupos mais reacionários do capital. Os chefes reformistas relacionavam-se, pelo contrário, a grupos de outra natureza, ainda ligados a uma certa tradição de democracia e de pacifismo burguês. Diferente era a base de massa dos dois movimentos: às organizações dirigidas pelos reformistas pertenciam, em muitos países, a maioria dos trabalhadores, e a violência dos fascistas voltava-se contra elas para destruí-las. Mais importante todavia era compreender a tempo a perspectiva que se abria com o avanço do fascismo. Era uma

---

34   Ibid., p. 257-260 e 296; ver também R. Paris, "La tattica 'classe contro classe' ", in: Aldo Agosti, *Problemi di Storia dell'Internazionale...*, op. cit., p. 157.

35   "Rapport d'Ercoli", *La Correspondance Internationale*, nº 25, 1/9/1930, p. 1679.

Do partido único ao stalinismo

perspectiva de ataque devastador a todas as instituições e a todas as liberdades democráticas.[36]

O que Togliatti não admite em seu texto é que o comunismo se originou de um movimento que sempre colocou mais ênfase em excluir, separar, cindir, e não em unir pluralmente. Portanto, afirmar em 1930 que a social-democracia defendia a democracia não teria sido um mérito aos olhos dos comunistas que, eles próprios, colocavam a democracia e o fascismo no mesmo nível. Os comunistas só viriam a valorizar a democracia, ainda que na maior parte das vezes só formalmente, a partir de 1935, com a guinada da "frente popular". Mesmo durante a vigência da frente única, os comunistas não deram mostras de valorizar as instituições democráticas como instrumento de luta, salvo as vozes isoladas que defenderam o "governo operário". Este período, de 1928 a 1935, permaneceu, no entanto, para o PCI como ponto de referência e Togliatti voltou a se referir a ele insistentemente nos meses que precederam a sua morte, em 1964.[37] Mas o líder italiano só formulou este juízo 30 anos depois, enquanto outras vozes discordantes se fizeram ouvir dentro do PCI ainda na época. Escrevendo da prisão onde se encontrava, em 1930, o dirigente Terracini analisava a expulsão dos "três". Dizia-se surpreendido com a rapidez com a qual "a partir das primeiras divergências", se chegou às medidas definitivas, ou seja, à expulsão. Comparou essa rapidez com a duração das divergências internas com Bordiga, à esquerda, e com Tasca, à direita.

> O que se quis foi que todos os elementos dessas duas questões ficassem sem equívocos diante de todo o partido, antes de chegar a uma solução organizativa. E também se quis fazer todas as tentativas possíveis para ver se era possível conservar forças talvez úteis ao partido. Desta vez, pelo contrário, liquidou-se todo um núcleo, senão de líderes, ao menos de valorosos elementos revolucionários.[38]

Por seu lado, Gramsci também teria discordado, na época, da política do "terceiro período", da "*svolta*" e da expulsão dos "três". Mas sua posição só veio a ser revelada durante a década de 1960, através do depoimento de seu irmão, Gennaro, ao biógrafo de Gramsci, Giuseppe Fiori. A versão dada na biografia é a que teria sido Gennaro a mentir a Togliatti e a esconder a verdadeira posição de Gramsci, por medo de retaliações e punições a seu irmão.[39]

---

36 Palmiro Togliatti, "Alcuni problemi della storia dell»Internazionle Comunista", *Rinascita*, luglio-agosto 1959, p. 447.

37 G. Caforno, "Il dibattito al X° Plenum della Terza Internazionale sulla social-democrazia, il fascismo e il social-fascismo", in: *Critica Marxista*, n° 4, luglio-agosto 1965, Roma, Ed. Riuniti, p. 117.

38 Citado em P. Spriano, op. cit., t. 2: *Gli anni della clandestinitá...*, p. 263.

39 Ver Giuseppe Fiori, *La vie de Antonio Gramsci*. Paris, Le Livre de Poche, 1977, p. 453.

No que se refere à França, o "terceiro período" não foi mais feliz. Idealizada por Droz como meio de frear o "tradicional oportunismo" do PCF, "curá-lo do eleitoralismo e do legalismo" e provocar uma ruptura entre o partido radical e os socialistas, unindo estes últimos aos comunistas, a tática "classe contra classe" rapidamente degenerou em uma política de seita, que isolava os comunistas franceses não apenas dos socialistas, mas até da própria realidade nacional.[40] De acordo com o decidido por sua direção, em janeiro de 1928, e ratificado pela 9ª Plenária da Internacional, em fevereiro, o PCF abandonou a tradicional "disciplina republicana" da esquerda – desistir, no segundo turno, em favor do candidato progressista com maiores chances de vitória – e conclamou os seus eleitores a repetir, em qualquer hipótese, o voto no PCF nas eleições de abril. Os resultados foram desastrosos: os comunistas perderam 13 deputados, passando de 27, em 1924, a 14 em 1928.[41] Segundo o historiador do PCF Gerard Walter, dos 425.751 eleitores que tiveram que decidir, 231.794 permaneceram fiéis ao voto comunista.[42] A campanha eleitoral foi conduzida dentro do novo espírito: o partido socialista esteve no centro dos ataques, principalmente "a autodenominada esquerda do socialismo", que "com sua demagogia, esforça-se por manter os operários sob a influência do partido socialista e constitui um obstáculo à adesão ao comunismo".[43] A tática "classe contra classe" levou também o PS a perder 20 deputados. Léon Blum, o grande líder socialista, derrotado pelo comunista Jacques Duclos, analisou penetrante e sarcasticamente a nova linha do PCF.

> O Bureau Político do PCF deu-se conta, antes de qualquer outra pessoa, de que as ordens de Moscou não correspondiam nem ao pensamento e nem ao interesse de seus militantes. [...] Os trabalhadores franceses que seguem o comunismo estão sujeitos a essa disciplina militar. A III Internacional desloca-os e manobra-os como pedras em um tabuleiro de xadrez. Mas se eles fossem manobrados em função da "revolução mundial", ainda seria aceitável. Porém Moscou não acredita na "revolução mundial". Eles são manobrados conforme os acidentes e caprichos da política interna russa. [...] Trata-se de provar (a Trótski, que acusa) que os atuais chefes do comunismo permaneceram revolucionários puros, e como é difícil prová-lo na Rússia, são os trabalhadores franceses que pagarão por essa demonstração.

---

40   J.-H. Droz, *L'Internazionale Comunista tra Lenin e...*, op. cit., p. 211. Ver também J.-H. Droz, *L'oeil de Moscou à Paris*. Paris, Julliard,1964, p. 255.

41   Jacques Fauvet, *Histoire du Parti Communiste Français de 1920 à 1976*. En collaboration avec A. Duhamel. Paris, Fayard, 1977, p. 76; Jean Lacouture, *Léon Blum*. Paris, Seuil, 1977, p. 220.

42   Gérard Walter, *Histoire du Parti Communiste Français*. Paris, Somogy, 1948, p. 191-192.

43   "Risoluzione del IX Plenum sulla questione francese (febbraio 1928)", in: A. Agosti, *La Terza Internazionale...*, op. cit., t. 2: (1924-1928), p. 863.

Do partido único ao stalinismo

165

> É preciso, para isso, que haja na França um governo reacionário, uma maioria reacionária.[44]

Com as eleições de 1928, abriu-se um período difícil para o PCF, que passou a ser visto pela maioria governamental como o maior inimigo. A repressão perseguia seus militantes e dirigentes, obrigando-os à semiclandestinidade. A tática da polícia era prender preventiva e massivamente antes de qualquer manifestação prevista. Em junho de 1929, Thorez e muitos outros militantes foram presos. Paralelamente, continuava a existir dentro do partido uma tendência rigorosamente legalista: Marcel Cachin, por exemplo, apresentou-se para ser preso e Pierre Sémard, liberado por engano, manifestou a intenção de voltar a entregar-se. Dessa forma, completamente isolado da realidade nacional, o PCF tinha necessidade, mais que qualquer outro partido, de orientar sua ação pelo tema do perigo iminente de guerra contra a URSS, na qual o governo francês faria parte do grupo agressor. No plano sindical, os comunistas, aplicando a linha do "terceiro período", chegaram a defender a ideia de que os operários deveriam combater os seguros sociais, uma vez que, face à iminente tomada do poder, as reivindicações imediatas deveriam ser substituídas pelas estratégicas. O número de militantes diminuiu em escala vertiginosa: de 74 mil, em 1924, a 45 mil, em 1929, a 39 mil, em 1930, e continuou diminuindo em 1931, atingindo a perda de três quartos dos efetivos em relação ao ano de fundação do PCF, 1921. Em sua *História do PCF*, de 1931, escrita portanto durante o "terceiro período", o militante André Ferrat explicava que enquanto até 1928 o alvo do governo francês havia sido a Alemanha e os pagamentos por reparações de guerra, depois dessa data, a França visava novos mercados para a exportação de capitais e, dada a repartição do mundo já concluída entre os imperialistas, só a URSS, através de uma guerra, apresentava-se como possibilidade.[45]

Em meados de 1930, os dirigentes internacionais, com Manuílski à frente, haviam se preocupado com a situação da direção do partido francês, da qual haviam sido excluídos sucessivamente Alfred Rosmer, Boris Souvarine e Pierre Monatte, partidários de Trótski, e Albert Treint, de Zinóviev. Para contrabalançar o núcleo de dirigentes de formação e de temperamento social-democrata, como Cachin e Sémard, a Internacional havia decidido promover um grupo novo, proveniente das juventudes – Henri Barbé, Henri Lozeray e Ferrat, entre outros – destinado a ser a alma do "terceiro período" na França. Mas, diante dos informes francamente negativos dos resultados, os

---

44 Citado por J. Lacouture, op. cit., p. 217.

45 André Ferrat, *Histoire du PCF*. Paris, Bureau d'Editions,1931, p. 215-216. Ver também J. Fauvet, op. cit., p. 79, 81 e 89; P. Robrieux, *Maurice Thorez...*, op. cit., p. 110, 130 125-128; P. Frank, "Introduction" a Drizdo Losowsky, *L'Internationale Syndicale Rouge*. Paris, Maspero, 1976, p. 21; William A. Hoisington Jr., "Class against class: the French Communist Party and the Comintern: A Study of Election Tatics in 1928", *International Review of Social History*, vol. XV, 1970, Part 1, p. 24.

dirigentes oriundos da juventude foram criticados pelo seu esquerdismo e Maurice Thorez foi transformado em líder. Nessa ocasião, ele chegou a criticar o abuso que se fazia do termo "social-fascismo": "O caráter do social-fascismo é que ele continua conservando uma série de elementos que lhe permitem manter a influência sobre a maioria da classe operária".[46]

A partir da 11ª Plenária da Internacional, em abril de 1931, os dirigentes internacionais se convenceram de que a neutralização do grupo da juventude não podia ficar depositada apenas em uma admoestação e criaram uma equipe de dirigentes estrangeiros, informal e superposta à direção formal, chefiada pelo tchecoslovaco Fried, e que recebeu o apelido de *"collège de direction"*. Thorez foi mantido como dirigente, apesar da concorrência de Jacques Doriot, a nova estrela operária que começava a surgir. Pouco tempo depois, a Internacional decidiu radicalizar mais ainda o combate ao grupo dos jovens e Manuílski desembarcou em Paris, exigindo a sua eliminação da direção. Dentro das mais sofisticadas práticas stalinistas, o "grupo de jovens" foi transformado em bode expiatório dos fracassos do PCF, dele se exigiu e se obteve sucessivas e cada vez mais comprometedoras autocríticas sobre conspiração, fracionismo e até sobre a existência de um provocador no "grupo". Paralelamente, a imprensa comunista francesa demolia moralmente os "jovens". Mais uma vez Thorez era o porta-voz da campanha contra o "espírito de seita" com que o "grupo" havia impregnado o partido. Em seguida, os dirigentes soviéticos mantiveram o PCF sob estrito controle, cuidando para que a relativa guinada à direita não saísse dos marcos esquerdistas do "terceiro período", no que foram coadjuvados pelo *collège de direction* e pelo novo trio da direção, Thorez, Duclos e Benoît Frachon.[47] Mas os ajustes não deram certo e o PCF demonstrou o seu desligamento das camadas populares francesas com o novo fracasso eleitoral, em maio de 1932, perdendo 279.110 votos e passando de 14 para 10 deputados. Cachin, André Marty e Duclos não foram eleitos, e Thorez só o conseguiu graças aos votos dos socialistas, que aplicaram unilateralmente a "disciplina republicana". Os socialistas, por seu lado, aumentaram o número de seus deputados de 113 para 130.[48] Comentando com amargura os resultados eleitorais, Léon Blum afirmava:

> Enquanto os comunistas, em nome da tática "classe contra classe", favoreciam a classe capitalista contra a classe operária, nós, desistindo em favor dos comunistas mais bem colocados que nossos candidatos, praticamos de fato a tática "classe contra classe"; reconstituímos por um instante, no terreno eleitoral, esta

---

46   Citado por G. Walter, op. cit., p. 216.
47   P. Robrieux, *Maurice Thorez...*, op. cit., p. 144-145, p. 149-150, p. 153-154.
48   Ibid., p. 157.

Do partido único ao stalinismo

unidade política da classe operária contra a qual o comunismo vem trabalhando continuamente há doze anos.[49]

Em 1932, várias outras seções da Internacional Comunista demonstravam cansaço quanto aos resultados de quatro anos de sectarismo e mostravam-se cada vez mais sensibilizadas no que dizia respeito à necessidade da frente única com a social-democracia para deter o fascismo. No partido polonês, uma ala foi expulsa – inclusive Isaac Deutscher – por concordar com as críticas de Trótski à Internacional. Na Tchecoslováquia, a direção do partido, sem criticar diretamente a Internacional, entabulou contatos com a cúpula da social-democracia, mas foi obrigada, em 1933, a fazer autocrítica.[50] Às vésperas da ascensão de Hitler, e mesmo imediatamente depois, a Internacional Comunista seguia impassível a absurda linha do "terceiro período".

Os comunistas alemães, impávidos, diante da ascensão do nazismo (1927-1933)

O exemplo mais gritante das aberrações suscitadas por essa linha é, sem dúvida, o caso da Alemanha. Enquanto a Internacional Comunista falava, desde fins de 1927, de fim da "estabilização relativa do capitalismo", 1928 foi, para a Alemanha, o ponto mais alto da recuperação econômica e da estabilização política, já que, desde fins de 1923, com a política de Stresemann e os créditos estrangeiros, foi se processando uma contínua retomada da economia. 1928 e 1929, até outubro, foram inclusive anos de alta conjuntura. Os salários continuaram a subir (213 em relação ao índice 100 de 1900) e os créditos americanos propiciaram grande prosperidade. O otimismo reinante trouxe de volta ao poder os sociais-democratas, que venceram as eleições de maio de 1928 e fizeram novamente um governo de coalizão com os partidos burgueses, liderado por Hermann Müller.[51]

Entretanto, com a crise econômica mundial aberta em outubro de 1929, a Alemanha, como país extremamente dependente dos investimentos estrangeiros vindos com o Plano Dawes e o Plano Young, sofreu os seus efeitos mais rápida e profundamente que os outros países europeus. Os americanos retiraram os capitais investidos, tão importantes para o país. A queda das exportações comprometeu a importação de matérias primas, conduziu a demissões e fechamento de fábricas e produziu o fenômeno mais marcante da Alemanha desses anos, o desemprego. Entre 1929 e 1932, a produção baixou do índice 100 a 58; o número de desempregados passou de três milhões, no

---

49   Citado por J. Lacouture, op. cit., p. 231.

50   M. Hájek, op. cit., p. 209-211.

51   Julius Braunthal, *History of the International (1914-1943)* t. 2. London, Nelson, 1967, p. 354; E. Anderson, op. cit., p. 127; e O. K. Flectheim, op. cit., p. 191.

início de 1929, para seis milhões no início de 1932. É preciso ter em conta que mesmo durante os anos de *boom* econômico de 1927 a outubro de 1929, o número de desempregados nunca chegou a ser menor que um milhão e quatrocentos mil, por efeito da reestruturação industrial e da racionalização. Durante 1929, antes da crise eclodir, juntaram-se a esses desempregados os de inverno e outros despedidos em função de diversos problemas. Nesse ano, 1/3 do total de assalariados estava desempregado e entre estes estavam incluídos 44,9% do total dos membros dos sindicatos. Mais uma vez, esse eixo básico da vida econômica e política da Alemanha, o sindicato, de cofres vazios, perdeu sua função.[52]

O efeito mais imediato da crise foi a queda do governo do social-democrata Hermann Müller, em março de 1930, e o ascenso de Brüning, um deputado do centro católico. As novas eleições realizadas em setembro do mesmo ano tiveram um resultado totalmente diferente: o partido nazista aumentou seus votos em cinco milhões e quinhentos mil, obtendo 6.409.000 votos; o KPD aumentou em um milhão e trezentos, obtendo 4.590.000; e o SPD recuou de nove milhões para oito milhões e quinhentos mil votos. O impressionante salto dado pelos nazistas não preocupou os comunistas que declararam: "O único vencedor nas eleições de setembro é o partido comunista".[53] Tal otimismo tinha razões imediatas objetivas. Entre 1930 e 1932, o KPD havia ganhado grande influência, principalmente entre os desempregados. Isso levou certos autores a afirmar que nos últimos anos da República de Weimar o KPD havia se transformado em um partido composto, na sua maioria, por desempregados. Em 1932, o número de militantes empregados em fábricas correspondia a 11% do total. Além disso, eram, na maioria, jovens: a idade média de seus dirigentes era de 35 anos e a dos militantes mais baixa ainda; a percentagem de membros com menos de 40 anos era duas vezes maior do que a mesma percentagem no conjunto da população. Se comparados com o SPD, estes dados ficam mais significativos, pois, entre os sociais-democratas menos de 8% tinha menos de 25 anos e mais de 55% tinha mais de 40 anos. O abismo separando o KPD do SPD era, portanto, não apenas político, mas também social e geracional: de um lado, jovens e desempregados, de outro operários maduros e empregados. Se acrescentarmos, ainda, a extrema mobilidade dos militantes comunistas – por exemplo, em 1931, em um total de 260 mil membros, entraram 210 mil e saíram 130 mil – poderemos imaginar que boa parte desses jovens jamais havia trabalhado em uma fábrica. Dessa forma, a

---

52 Ver E. Anderson, op. cit., p.129; Gilbert Badia, *Histoire de l'Allemagne contemporaine (1917-1933)*. Paris: Editions Sociales, 1975, p. 266-267; Georges Castellan, *L'Allemagne de Weimar (1918-1933)*. Paris, Armand Colin, 1969, p. 176-178; Charles Bettelheim, *L'économie allemande sous le nazisme*, t. 1. Paris, Maspero, 1971, p. 21; Helga Grebing, *The History of the German Labour Movement – A survey*. London, Oswald Wolff, 1969, p. 134.

53 H. Remmele, "Les resultats des élections de septembre", citado por O. K. Flechtheim, op. cit., p. 199-200; J. Braunthal, op. cit., p. 355; F. Claudín, op. cit., p. 125.

Do partido único ao stalinismo

169

radicalização do KPD combinou-se adequadamente com os sentimentos de uma camada específica da população trabalhadora.[54] Diante da nova situação, qual foi a política dos comunistas? De uma maneira geral, os documentos e as intervenções nas três reuniões da Internacional Comunista realizadas durante o período entre a crise econômica de outubro de 1929 e a ascensão de Hitler ao poder, em fevereiro de 1933 – a reunião do *Presidium* do Comitê Executivo, em fevereiro de 1930; a 11ª Plenária, em março de 1931; e a 12ª Plenária, em agosto de 1932 – embora mantendo a linha estabelecida na 10ª Plenária, de 1929, apresentaram algumas outras características.

A primeira delas é o fato de que, diante de uma efetiva crise geral do capitalismo tantas vezes prevista de modo genérico nos anos anteriores, os dirigentes comunistas mantiveram uma atitude de reserva e prudência. Na reunião do *Presidium*, em fevereiro de 1930, Manuílski, referindo-se à crise iniciada em 1929, declarava tratar-se apenas do "início do desmoronamento da estabilização capitalista", o que não trazia, por si só, "a criação de uma situação revolucionária nos países capitalistas". Na 11ª Plenária, em março de 1931, Manuílski voltava a frisar que em nenhum país a crise econômica havia-se transformado em crise revolucionária, inclusive pela deficiência do fator subjetivo, ou seja, os partidos comunistas. Na 12ª Plenária, em agosto de 1932, Kuusinen avançava a constatação de que "o fim da estabilização capitalista tinha começado", especificando em seguida que não existia ainda "uma situação revolucionária imediata nos países capitalistas mais importantes e decisivos", afirmação que seria retomada nas "Teses" da Plenária.[55] Trótski se refere a essa moderação quando comenta que depois de aplicar a tática do "terceiro período" no "segundo período", a IC queria aplicar, em 1930, a tática do "segundo período" no "terceiro período".[56] Na verdade, diante de uma crise real do capitalismo, a direção stalinista estava fundamentalmente preocupada em manter o *status quo* mundial daquele período, para que "a construção do socialismo em um só país" não fosse ameaçada por uma alteração na correlação de forças. Essa alteração poderia vir não apenas de uma tentativa "aventureirista" de comunistas minoritários de tomarem o poder em algum país, mas, também, senão principalmente, de uma tentativa que obtivesse sucesso.

A segunda característica constante desses anos é a comparação entre o mundo capitalista em crise e o socialismo em construção. Na reunião de fevereiro de 1930,

---

54   O. K. Flechtheim, op. cit., p. 249; Hermann Weber, "Postface, in: ibid., p. 330; E. Anderson, op. cit., p. 130; M. Hájek, op. cit., p. 190; P. Frank, *Histoire de l'Internationale...*, t. 2, op. cit., p. 663; Aviva Aviv, "The SPD and the KPD at the end of the Weimar Republic: Similarity within contrast", *Internationale Wissenschaftliche Korrespondenz zur Geschichte der Deuschen Arbeiterbewegung*, nº 14, 1978, p. 174 e 183.

55   Citado por A. Agosti, *La Terza Internazionale...*, op. cit., t. 3 (1929-1943), p. 176, 206 e 324; e "Tesi del XII Plenum sulla situazione internazionale e i compiti delle sezioni dell'IC (settembre 1932)", in: ibid., p. 381.

56   Leon Trotsky, *Revolução e contra-revolução*. Rio de Janeiro, Laemmert Editora, 1968, p. 50.

170   Angela Mendes de Almeida

enquanto Mólotov evocava os sucessos da coletivização e da industrialização, Manuíl-ski afirmava que em pouco tempo "a bancarrota do mundo capitalista se explicará, em toda a sua clareza, às grandes massas e então de nada servirão as mentiras e as calúnias contra a URSS para dissuadi-las da certeza de que a sua salvação está no caminho da revolução de outubro e da ditadura do proletariado".[57] Uma resolução final esclarecia:

> Os sucessos do plano quinquenal e em particular a transformação do campo no sentido socialista representam o motivo real da crescente agressividade do imperialismo contra a União Soviética. [...] O país da construção do socialismo, que constitui o contraste mais irredutível com o pantanoso mundo capitalista, monopoliza cada vez mais os olhares dos trabalhadores e dos oprimidos de todos os países, que o consideram o mais sólido apoio na sua luta de libertação, e cada dia mais se acelera o processo de crise da estabilização capitalista.[58]

O mito da União Soviética, país que não tinha desemprego, conforme a propaganda, exercia grande atração sobre os desempregados.[59] O símbolo gráfico dessa quimérica prosperidade era, dizia Elisabeth Poretsky,

> [...] a famosa família Filipov, uma família soviética típica, feliz, que aparecia regularmente nas revistas de Willi Münzenberg no exterior. As fotografias retocadas dos Filipov mostravam uma família de adultos e crianças de todas as idades, todos bem vestidos e saboreando uma ótima refeição em uma mesa enfeitada com um fulgurante samovar, com um piano e mesinhas de toalhas bordadas ao lado. Mostrava-se, dessa forma, ao Ocidente como vivia a família soviética típica. Nenhum de nós jamais conheceu a abundância de que gozavam os míticos Filipov, embora fôssemos infinitamente privilegiados em relação ao cidadão soviético médio, a uma Anuchka, ou a um chofer de ônibus.[60]

Assim, desde 1930, lançava-se a ideia de que o contraste "chocante" entre a abundância do socialismo e a miséria do capitalismo compeliria o mundo capitalista a atacar a União Soviética. Na 11ª Plenária, em 1931, esta ideia seria reafirmada:

> Nessas condições, o imperialismo internacional coloca de novo a questão da solução pela guerra do contencioso histórico entre capitalismo e socialismo. Os sucessos do plano quinquenal da construção socialista nas cidades e no

---

57   Citado por A. Agosti, *La Terza Internazionale...*, op. cit., t. 3 (1929-1943), p. 175-176.

58   "Risoluzione del Presidium allargato, sul rapporto del Comitato centrale del VKP (b) (febbraio, 1930)", in: ibid., p. 232-233.

59   Ibid., p. 191-192.

60   E. Poretski, op. cit., p. 119.

Do partido único ao stalinismo

campo, que as massas operárias opõem à crise crescente e à desagregação do capitalismo, tornaram-se já um perigo para o capitalismo, pelo simples fato da sua existência; de um lado a melhoria do nível de vida dos trabalhadores soviéticos, de outro, os sofrimentos inauditos, o desemprego em massa, a miséria, a opressão fascista que, depois da crise mundial do capitalismo, chegou a um nível sem precedentes, mostram a diferença entre os dois sistemas mundiais: o socialismo e o capitalismo.[61]

A mesma ideia seria mantida na 12ª Plenária, embora de forma menos explícita: os sucessos da edificação socialista eram vistos como fatores de prestígio junto ao proletariado ocidental e era reafirmada a inevitabilidade da guerra contra a URSS, como fruto do acirramento das contradições interimperialistas. Paralelamente, a social-democracia era também vista durante esses anos como o principal instigador de um ataque armado à União Soviética. Na resolução já citada, da 11ª Plenária, há até um capítulo dedicado ao assunto.[62] Na prática, as relações com os sociais-democratas oscilaram entre a aplicação da "frente única só pela base" e os contatos com as cúpulas. A fase de relativa moderação iniciada em fevereiro de 1930, na reunião já citada do *Presidium*, foi seguida por aquilo que foi chamado de "luta em duas frentes", isto é, contra o "desvio oportunista", como sempre, mas também contra o "sectarismo de esquerda", posição dos que subestimavam o trabalho nos sindicatos reformistas, privilegiando a formação de organizações paralelas. Mas essa relativa moderação no trato com os sociais-democratas durou só até meados de 1931, quando a exacerbação dos acontecimentos na Alemanha trouxe novamente a tese do "social-fascismo" a um lugar de honra. Não por acaso, nessa mesma época, o ritmo da coletivização forçada no campo soviético, mais lento por um período, voltou a acelerar-se.[63]

De modo geral, o KPD atuou dentro da linha estabelecida pela Internacional Comunista durante os anos entre a crise de 1929 e a ascensão de Hitler. Mas houve oscilações, algumas devidas à enorme pressão das bases operárias dos dois partidos em prol da unidade. De início, ao mesmo tempo em que negava qualquer plataforma de trabalho com a social-democracia, o KPD enveredou, em certo momento, pelo caminho de responder ao terrorismo fascista com o terrorismo individual. Em novembro de 1929, lançou a palavra de ordem de "golpear os fascistas em qualquer lugar em que estejam". Em 1931, em nome da Internacional, Manuílski advertiu que esta palavra de ordem só era

---

61   "Risoluzione dell'XI Plenum sull'aggravamento del pericolo di un intervento armato contro l'URSS e i compiti dei comunisti (aprile 1931)", in: A. Agosti, *La Terza Internazionale...*, op. cit., t. 3 (1929-1943), p. 278 e 280.

62   "Tesi del XII Plenum sulla situazione internazionale e i compiti delle sezioni dell'IC (settembre 1932)", in: ibid., p. 380.

63   Ibid., p. 196-198, p. 201 e 313.

172 — Angela Mendes de Almeida

eficaz quando o fascismo ainda não era um movimento de massas. Ao cair em desgraça no partido alemão, em 1932, Heinz Neumann foi acusado de ser o responsável por ela.[64]

A partir da queda do governo de Hermann Müller, em março de 1930, a situação se transformou qualitativamente. Não tendo uma maioria parlamentar a seu favor, Brüning começou a governar por decretos, fórmula prevista no artigo 49 da Constituição de Weimar, com a aprovação do presidente Hindenburg e a complacência do SPD, que se abstinha. O primeiro deles foi feito para aprovar o orçamento financeiro recusado pelo parlamento, razão que levou o presidente Hindenburg a dissolvê-lo e a convocar novas eleições para setembro. A era Brüning, que durou até maio de 1932, iniciou assim o começo do fim da democracia parlamentar de Weimar, sem ser ainda a ditadura fascista. Mas para o KPD, mesmo o governo social-democrata de Müller já era o início do fascismo, de modo que a transformação passou desapercebida, o governo Brüning sendo pura e simplesmente denominado fascista. Várias nuances foram depois acrescentadas, servindo apenas para demonstrar a incompreensão sobre o fascismo. Como, por exemplo, quando Thälmann declarou, em 1931, que "entre a ditadura fascista plenamente desenvolvida e o governo Brüning não havia nenhuma diferença de classe, mas apenas uma diferença na marcha do desenvolvimento".[65] Nas eleições de setembro de 1930, o KPD lançou a "Declaração-Programa pela libertação nacional e social do povo", uma reedição da operação lançada em 1923 com o discurso sobre Schlageter, outra vez pretendendo atingir os setores populares que pendiam para os nazistas. O início da "Declaração" dizia: "Nós rasgaremos o tratado de pilhagem de Versalhes e o Plano Young que subjuga a Alemanha, anularemos todas as dívidas exteriores e os pagamentos a título de reparações".[66] Nessa época, os comunistas acreditavam que os chefes nazistas logo desiludiriam seus eleitores por não serem capazes de libertar a Alemanha. Mas a campanha deu magros resultados.

O exemplo mais gritante da política sectária do KPD em relação ao SPD foi o episódio do referendo sobre a Prússia, em agosto de 1931. Querendo aproveitar a maré ascendente, os nazistas apresentaram um referendo propondo a dissolução antecipada do parlamento provincial da Prússia, um bastião da social-democracia desde o fim da guerra. Consideravam que novas eleições provavelmente liquidariam a maioria liderada pelo SPD. Nessa questão, a posição do KPD foi, em um primeiro momento, de se opor a uma participação em comum com os nazistas contra a social-democracia. Mas, em julho, a direção alemã, por pressão da Internacional Comunista, decidiu apoiar o projeto nazista. O referendo foi um fracasso tanto para os nazistas quanto para os comunistas: apenas 37% dos eleitores se pronunciaram pela dissolução. Este

---

64 M. Hájek, op. cit., p.194-195; O. K. Flachtheim, op. cit., p. 209; e M. Buber-Neumann, *La révolution mondiale...*, op. cit., p. 273.

65 Citado por O. K. Flechtheim, op. cit., p. 201.

66 Citado por ibid., p. 210.

Do partido único ao stalinismo

episódio desmoralizou profundamente o operariado, afastando simpatizantes comunistas e reforçando a distância das bases social-democratas, embora o *Pravda* o descrevesse como "o maior golpe que a classe operária deu na social-democracia".[67] Trótski analisou com precisão o significado desastroso do que a Internacional Comunista chamou de uma aplicação decisiva da política de frente única pela base:

> [...] reforçando a social-democracia e, consequentemente, o governo Brüning, cobrindo a derrota dos fascistas, afastando os operários social-democratas e uma parte considerável de seus próprios eleitores, o partido tornou-se, no dia seguinte ao referendo, bastante mais fraco do que estava antes. Não se poderia prestar melhor serviço ao capitalismo alemão e mundial.[68]

Frente ao fiasco, como sempre, a direção internacional atribuiu as posições aberrantes aos militantes alemães Remmele e Neumann. Mas a historiografia da República Democrática Alemã publicou documentos que deixam claro que a indicação de participar veio de Stálin e Mólotov.[69]

O lema da guerra contra a URSS também existiu no KPD, exercendo um papel muito importante em suas análises políticas. Assim, por exemplo, a política de Stresemann, que desde 1923 encaminhava uma linha de diálogo e compromisso com os vencedores de Versalhes, era vista pelos comunistas alemães como um congelamento do tratado soviético-alemão de Rapallo, de 1922. Em 1927, Thälmann situava, em 1923, o momento a partir do qual o governo alemão teria iniciado uma política antissoviética, associado à Inglaterra, acrescentando: "O SPD é, sem sombra de dúvida, o principal apoio para a política interior e exterior do imperialismo alemão".[70] O eixo, nesses anos, era a defesa da URSS.

Por outro lado, no primeiro semestre de 1927, uma série de acontecimentos reduziu consideravelmente o espaço ocupado pela União Soviética, isolando-a. O assassinato do embaixador russo em Varsóvia, a ruptura diplomática com a Inglaterra e a deterioração completa das relações com a França, todos esses acontecimentos foram vistos como preocupantes pelo setor diplomático da URSS. Para os soviéticos, o papel da Alemanha tornou-se ainda mais importante, mas para Stresemann o fundamental era a revisão do Tratado de Versalhes. Essa preocupação acentuou-se no segundo semestre de 1927, quando se fizeram visíveis os sinais da nova crise no abastecimento de trigo às cidades russas, que se tornariam agudos no ano seguinte, levando à catástrofe da coletivização forçada e sua consequente repressão. A entrada da social-democracia

---

67   M. Hájek, op. cit., p. 197; e A. Agosti, *La Terza Internazionale...*, op. cit., t. 3 (1929-1943), p. 315.

68   Leon Trotsky, *Revolução e contra-revolução...*, op. cit., p. 82

69   Ver Hermann Weber, "Posface", in: O. K. Flechtheim, op. cit., p. 322.

70   Citado por O. K. Flechtheim, op. cit., p. 182.

no governo alemão chefiado por Müller, decididamente pró-ocidental, em maio de 1928, seria a última gota. Consagrou ao mesmo tempo o medo da guerra iminente contra a URSS e a tese de que o "social-fascismo" atuava na preparação da guerra. Em seguida, o Plano Young, substituindo o Dawes, e a evacuação da Renânia pelas tropas francesas consolidaram entre os soviéticos a convicção de que a Alemanha se tinha integrado ao bloco ocidental.[71]

Em março de 1930, a queda do governo Müller e, em outubro, a morte de Stresemann, levou Curtius, partidário da colaboração com a URSS, ao Ministério da Relações Exteriores e a crise pareceu superada. Não é, sem dúvida, estranha a esse acontecimento a fase de moderação do "terceiro período" em relação à luta contra a social-democracia entre 1930 e 1931. Em meados desse último ano, no entanto, a política alemã passou novamente a estar voltada para o Ocidente, em condições em que cada vez mais visível se tornava a possibilidade de ascensão do nacional-socialismo. Quanto a este, a atitude de Stálin era aparentemente pragmática: o essencial é que os nazistas se opunham vigorosamente ao Tratado de Versalhes e, portanto, automaticamente, voltariam-se para o Oriente.[72]

Em abril de 1932, o KPD parecia estar começando a tomar consciência do perigo fascista e da necessidade de unir forças com a social-democracia para a defesa comum. Por isso lançou um apelo a todos os operários alemães, inclusive a qualquer organização de operários disposta a lutar. Apesar de tímida, essa tentativa de reativar a frente única operária foi imediatamente coibida pela Internacional Comunista, através de um telegrama em que eram criticados "os excessos oportunistas" do KPD e a superestimação do perigo nazista. Poucos meses depois, em julho, o partido comunista alemão foi sacudido por um acontecimento que viria a estimular novamente sua tímida guinada em direção à frente única. Por um decreto de emergência do presidente Hindenburg, o social-democrata Braun foi destituído do governo da Prússia, sendo colocado em seu lugar von Pappen, como "Comissário do governo federal para o Estado da Prússia". Reagindo de forma intempestiva, o KPD tomou uma iniciativa única, depois de muitos anos: propôs ao SPD um manifesto em comum chamando à greve geral. Os sociais-democratas, mais uma vez, não aceitaram, optando pelas vias legais ao invés do apelo às massas. E a 12ª Plenária da Internacional Comunista, realizada em setembro seguinte, criticou e julgou com severidade essa posição do KPD.[73] Contudo, à parte esses fugazes momentos de consciência, os juízos triunfalistas do KPD proliferavam. O fascismo era frequentemente

---

71   Lionel Kochan, *Russia and the Weimar Republic*. Cambridge, Bowes and Bowes, 1954, p. 130 e 140; A. Agosti, *La Terza Internazionale...*, op. cit., t. 2: (1924-1928), p. 778; e M. Hájek, op. cit., p. 151.

72   Heleno Saña, *La Internacional Comunista (1919-1945)*, t. 2. Madrid, Zero, 1972, p. 14.

73   Ver A. Agosti, *La Terza Internazionale...*, op. cit., t. 3 (1929-1943), p. 320-323 e 328; M. Hájek, op. cit. p. 201-202; e Angela Mendes de Almeida, *A República de Weimar e a ascensão do nazismo*. São Paulo, Brasiliense, 1982, p. 109 e ss.

Do partido único ao stalinismo

encarado como prelúdio da crise definitiva do capitalismo, antessala da ditadura do proletariado, ponte para o socialismo, porque destruiria a social-democracia e os sindicatos reformistas. Em 1931, um artigo assinado pelas iniciais "KR" expressava assim esta ideia: "Um governo social-democrata de coalizão, tendo diante de si um proletariado confuso, disperso, incapaz de lutar, seria um mal mil vezes pior que uma ditadura fascista clara, tendo diante de si um proletariado consciente, decidido a lutar, massivamente unido".[74] Essa ilusão pueril perdurou mesmo depois do ascenso de Hitler ao poder. Em abril de 1933, uma resolução do *Presidium* do Comitê Executivo da Internacional Comunista declarava: "O estabelecimento de uma ditadura fascista clara, destruindo todas as ilusões democráticas entre as massas e liberando-as da influência social-democrata, acelera o ritmo de desenvolvimento da Alemanha em direção à revolução proletária".[75]

Por outro lado, o julgamento dos comunistas sobre a direitização da social-democracia não era baseado em puras abstrações. Toda uma série de fatos a confirmavam. Em primeiro lugar, assim como os comunistas subestimavam a importância do fascismo e amalgamavam-no à social-democracia, esta fazia o raciocínio análogo do ponto de vista inverso. Em 1928, Kautsky afirmava:

> [...] a ditadura do fascismo italiano e a do bolchevismo russo nada mais são do que o resultado de situações locais passageiras, que não se reproduzirão em outros lugares. Há toda uma série de argumentos que me levam a crer que nos países capitalistas mais importantes a tendência à manutenção, ao reforço e ao desenvolvimento da democracia não está diminuída, apesar da crescente animosidade de muitos elementos burgueses.[76]

Isso foi afirmado antes da grande crise de 1929, quando a fé no progresso do capitalismo ainda não estava abalada e quando o fascismo podia parecer um fenômeno marginal de países atrasados, como a Itália. Mas mesmo depois da crise, em novembro de 1930, o social-democrata Grzesinski afirmava que não havia um perigo nazista, mas apenas um perigo comunista, e isto depois de o partido de Hitler ter aumentado seus votos de um para quase seis milhões. Em 1931, Breitschel, na presidência do Partido Social-Democrata Alemão (SPD), manifestou um tênue momento de consciência do perigo ao acenar com a possibilidade de unidade com os comunistas, oferta que, no entanto, foi prontamente rechaçada por estes.[77]

---

74   Citado por O. K. Flechtheim, op. cit., p. 202.

75   Citado por Theodore Draper, "The Ghost of Social Fascism", *Commentary*, vol. 47, number 2, Febr. 1969, New York, p. 38.; e "Risoluzione del Presidium sulla situazione in Germania (aprile 1933)", in: A. Agosti, *La Terza Internazionale...*, op. cit., t. 3 (1929-1943), p. 481.

76   Citado por P. Spriano, op. cit., t. 2: *Gli anni della clandestinitá...*, p. 164.

77   Gilbert Badia, *La fin de la République Allemande*. Paris, Editions Sociales, 1958, p. 77; ver também P. Frank, *Histoire de l'Internationale...*, t. 2, op. cit., p. 664; e M. Hájek, op. cit., p. 197.

Com a queda de Müller e a subida de Brüning como primeiro-ministro, em março de 1930, o papel do SPD havia-se tornado chave. As condições em que se deram esta queda já expressavam uma luta interna dentro da grande coalizão que o sustentara, produto das divergências sobre como enfrentar a crise. Os partidos de direita preconizavam uma diminuição das cotas pagas pelo seguro contra o desemprego. Os ministros social-democratas estavam dispostos a ceder, mas por pressão dos sindicatos, para os quais o seguro era vital, o grupo parlamentar se opôs, obrigando Müller a renunciar. Logo depois da dissolução do parlamento e das novas eleições, em setembro, Brüning só teve condições de governar através de decretos de emergência, pois não dispunha de maioria. Mas, para isso, era necessário – como de fato aconteceu – que a social-democracia se abstivesse de votar os constantes pedidos dos nazistas e do KPD, de revogação dos decretos de emergência. Os sociais-democratas encaravam o governo através desses decretos, ainda como um governo constitucional, e apoiavam-no pensando com isso defender a democracia contra o avanço de Hitler. Foi a política denominada de "mal menor" que constituiu a armadilha autoarmada pelos sociais-democratas. Tornaram-se, dessa forma, prisioneiros de Brüning e endossaram suas medidas antipopulares. Diante dessa capitulação, a tensão interna se agravava dentro do SPD e, em outubro de 1931, um grupo importante, dirigido por Seydewitz e Rosenfeld, cindiu e veio a conformar o Partido Socialista Operário (*Sozialistische Arbeiterpartei* – SAP).[78]

Durante o ano de 1932, a crise política acelerou-se brutalmente na Alemanha e os primeiros-ministros se sucederam. Depois de Brüning, von Papen, e depois von Schleicher, até que em 29 de janeiro de 1933, de acordo com os preceitos constitucionais e como resultado de complicadas intrigas dos setores mais reacionários, o velho general conservador eleito presidente, Hindenburg, demitiu o último primeiro-ministro e nomeou Hitler. Pouco menos de um mês depois, na noite entre 26 e 27 de fevereiro, um incêndio proposital destruía com impressionante eficácia o parlamento (*Reichstag*) e, com essa imagem turbulenta, era consumida no fogo a própria República de Weimar. O incêndio, do qual deveriam ser acusados os comunistas, foi o pretexto para que os nazistas obtivessem inicialmente a maioria no parlamento, pois os cem deputados comunistas foram postos na ilegalidade. Thälmann foi preso em 3 de março e o KPD ilegalizado em seguida.[79]

O tênue momento de consciência que foi, para o KPD, o do golpe de Estado contra o governo prussiano, em julho de 1932, deveria tê-lo sido também para o SPD. Mas isso não aconteceu. A social-democracia internacional já havia discutido anteriormente sobre a hipótese de, diante de um avanço fascista, dar uma resposta de massas, eventualmente até militar. Havia uma organização paramilitar – a Frente de Ferro – formada por

---

78   A. Aviv, op. cit., p. 174; E. Anderson, op. cit., p. 142; J. Braunthal, op. cit., t. 2, p. 356-358.
79   A. Mendes de Almeida, *A República de Weimar...*, op. cit., p. 114.

Do partido único ao stalinismo

pressão da juventude social-democrata. E a resolução do 6º Congresso da Internacional Socialista (a Segunda Internacional), de julho de 1931, havia previsto a autodefesa contra a violência desencadeada pelos fascistas. No entanto, apesar disso, o SPD não reagiu, temendo mais ainda a guerra civil. Preferiu ver no golpe contra a Prússia apenas um arranhão na Constituição, optando pela revanche nas eleições seguintes.[80]

A atitude de se agarrar aos restos de legalidade viria a ser levada às raias do absurdo depois do ascenso de Hitler ao posto de primeiro-ministro, em 29 de janeiro de 1933. Um editorial nessa data do *Vorwärts (Avante)*, jornal do SPD, diria que mesmo um governo de Hitler, estabelecido por vias legais, era um "mal menor" que um governo imposto ilegalmente pela violência. Depois do incêndio do parlamento (*Reichstag*), em 27 de fevereiro, o SPD não foi ilegalizado, como o KPD, e dentro desse marco tentaria se defender por todos os meios. Em março, os deputados que não haviam sido presos e nem se exilado votaram a favor da política externa de Hitler, repetindo o voto em maio. Os sindicatos também pretenderam negociar com os nazistas a sua continuidade, mas em maio viriam a ser fechados, tendo seus bens confiscados. Enquanto um grupo de líderes no exílio – Breitschel, Crispien, Dittmann, Hilferding e outros – tentava organizar em Praga a luta contra Hitler, em junho, os sociais-democratas da Alemanha o desautorizava, decidindo defender o marco legal de sua atuação. Na mesma época, decidiram expulsar em Berlim os dirigentes da juventude que preconizavam a passagem à clandestinidade. Tantas e tão imensas concessões não impediriam, no entanto, que Hitler também ilegalizasse o SPD como partido, o que aconteceria nesse mesmo junho: mandatos de deputados cassados, militantes presos e bens apreendidos sepultariam em cinzas o apego à legalidade de Weimar e a política do "mal menor" da social-democracia.[81]

O impacto do ascenso de Hitler não foi suficiente para fazer mudar a linha da Internacional Comunista. Em março, o *Presidium* do Comitê Executivo da Internacional reuniu-se para ouvir um informe do KPD sobre os acontecimentos na Alemanha. Em uma resolução, datada de 1º de abril, ficou explicitada a incapacidade dos comunistas de reconhecer os absurdos equívocos de sua linha:

> O *Presidium* do Comitê Executivo da IC, depois de ter ouvido o relatório do camarada Heckert sobre a situação na Alemanha, constata que a linha política e a política de organização que o Comitê do KPD, sob a liderança do camarada Thälmann, seguiu até o golpe de Estado de Hitler e no próprio momento, foram inteiramente justas. [...] a ditadura fascista sob a forma dos governos

---

80   J. Braunthal, op. cit., t. 2, p. 372 e 363; A. Aviv, op. cit., p. 175; e Aldo Agosti, *Le Internazionale Operaie*.Torino, Loescher Editore, 1973, p. 167.

81   Rudolf Schlesinger, *Central European Democracy and ist Background*. London, International Library of Sociology and Social Reconstruction, 1953, p. 362; J. Braunthal, op. cit., t. 2, p. 385; e M. Hájek, op. cit., p. 233.

von Papen e von Schleicher, tinha se mostrado incapaz de deter o crescimento do comunismo e encontrar uma saída para a crise econômica que se tornava, por outro lado, cada vez mais aguda; a burguesia alemã encarregou o fascista Hitler e seu partido "nacional-socialista" de realizar uma ditadura fascista aberta. [...] A instauração da ditadura fascista na Alemanha é, portanto, a consequência, em última análise, da política social-democrata de colaboração com a burguesia durante todo o tempo de duração da República de Weimar. A social-democracia declarou inúmeras vezes não ter nada contra a subida de Hitler ao poder pela via "constitucional". [...] Os comunistas tinham razão ao definir os sociais-democratas como sociais-fascistas. [...] Cada novo dia do governo Hitler revelará sempre mais claramente o engano de que foram vítimas as massas que o seguiram. Cada novo dia mostrará sempre mais claramente que Hitler arrasta a Alemanha à catástrofe. A calma atual que se seguiu à vitória do fascismo é apenas um fenômeno transitório. O impulso revolucionário na Alemanha crescerá inevitavelmente, não obstante o terror fascista. A ação de defesa das massas contra o fascismo deverá necessariamente crescer. A instauração da ditadura fascista aberta, destruindo todas as ilusões democráticas das massas e liberando-as da influência social-democrata, acelera o ritmo do processo da Alemanha em direção à revolução proletária.[82]

Durante todo o ano de 1933, multiplicaram-se afirmações no mesmo sentido na imprensa comunista. Em março: "O fato de o governo de Hitler ter acedido ao poder acelera muito a maturação revolucionária na Alemanha. Este país está no limiar de uma crise revolucionária". Em junho: "A completa exclusão do social-fascismo do aparelho de Estado e a supressão até das organizações e da imprensa social-democrata não altera de modo nenhum o fato de que a social-democracia é, agora, como antes, o principal apoio da ditadura capitalista". Em abril de 1934: "A presente vaga de fascismo não é um sinal de força e sim de fraqueza e instabilidade de todo o sistema capitalista. [...] A Alemanha era e ainda é o elo mais fraco da cadeia de Estados imperialistas. [...] É por isso que a revolução proletária está mais próxima na Alemanha do que em qualquer outro país".[83] Dessa forma, o acontecimento mais importante da história europeia e mundial no período entre as duas guerras, que transformou a correlação de forças em detrimento da classe operária internacional e, em grande medida, predeterminou o futuro, passou totalmente despercebido diante dos olhos dos comunistas.

---

82   "Risoluzione del Presidium sulla situazione in Germania (1 aprile 1933)", in: A. Agosti, *La Terza Internazionale...*, op. cit., t. 3 (1929-1943), p. 475-481; reproduzido também em P. Frank, *Histoire de l'Internationale...*, *t.2*, op. cit., p. 678-680.

83   Citações em T. Draper, op. cit., p. 38.

Do partido único ao stalinismo

Fascismo e "social-fascismo" (1922-1932)

Essas aberrações na definição do "social-fascismo" mostram uma incompreensão não apenas em relação à social-democracia, velha herança dos primeiros anos do bolchevismo, mas também e principalmente incompreensão e até inconsciência quanto ao caráter do novo fenômeno, o fascismo.

Entretanto, tinha havido um bom começo. Desde o 4º Congresso da Internacional, em novembro de 1922, algumas semanas depois da "marcha sobre Roma", que consagrou a tomada do poder pelos fascistas italianos, os comunistas começaram a se preocupar sistematicamente com o fascismo. O início da discussão sobre o tema foi relativamente promissor. A "Resolução sobre a tática", elaborada por Radek, continha todo um capítulo sobre o "fascismo internacional", demonstrando a superação da ideia de que se tratava de movimentos específicos de países atrasados. No texto o fascismo é visto como reação da burguesia "às tentativas do proletariado para melhorar sua situação". Quanto à Itália, dizia-se:

> O traço característico do fascismo italiano, do fascismo "clássico", que conquistou por um tempo todo o país, é que os fascistas constituem não apenas organizações de combate estritamente contrarrevolucionárias e armadas até os dentes, mas também ensaiam uma demagogia social para conseguir uma base entre as massas, no campesinato, na pequena burguesia e mesmo em certos setores do proletariado, utilizando sagazmente para seus objetivos contrarrevolucionários as decepções provocadas pela assim chamada democracia.

Os elementos mais essenciais e ao mesmo tempo mais elementares da análise do fascismo já estão contidos nesta resolução: trata-se de um partido da grande burguesia, que mobiliza sua base social na pequena burguesia rural e urbana, com a finalidade de destruir as organizações operárias, liquidar suas conquistas e sua capacidade de luta. Mas a ideia, contida em outro trecho, de que "os métodos de coerção legal não mais bastavam à burguesia", embora correta, continha uma armadilha: o fascismo era visto como "a última chance da burguesia", última porque depois dele a democracia burguesa estaria desmascarada. Apesar de perceber que o fascismo ataca "as próprias bases da democracia burguesa", aparece a ideia de que ele é o sinal que precede a queda do domínio burguês.[84] O debate revelaria que essa caracterização do fascismo não correspondia à opinião generalizada. Enquanto Radek definia a "marcha sobre Roma" como "a mais grave derrota que o socialismo e o comunismo sofreram", tanto Zinóviev quanto Bordiga descaracterizavam a especificidade do fascismo, entendendo-o como um passo normal na agudização da reação capitalista. Bordiga pretendia que ele não introduzia "nenhum elemento novo na vida política e na ideologia burguesa tradicional". Além disso, ele já começava a fazer

---

84 *Manifestes, Thèses et...*, op. cit., p. 157.

convergir fascismo e social-democracia.[85] Desde abril de 1921, enquanto cresciam os ataques das bandas fascistas, ele afirmava que "fascistas e sociais-democratas são dois aspectos do mesmo inimigo de amanhã". Essa opinião era corrente no PCI.[86]

Alguns meses depois, durante a 3ª Plenária do Comitê Executivo da Internacional, realizada entre junho e julho de 1923, a questão do fascismo foi um ponto separado da pauta e sobre ele se adotou uma resolução. Estava transcorrendo o primeiro ano da ditadura fascista e a "questão italiana", ou seja, a fusão entre comunistas e socialistas recomendada pela IC, mas recusada pelo PCI, era uma espinha nas relações entre os comunistas italianos e a Internacional. Estava também transcorrendo o "ano terrível" na Alemanha. A "Resolução sobre o fascismo" foi apresentada por Clara Zetkin em uma memorável intervenção que demonstrava extrema sensibilidade. Polemizando contra os que encaravam o fascismo como uma forma, entre outras, de reação, e contra a social-democracia, que o entendia como uma resposta à violência revolucionária do proletariado, e mais particularmente, à revolução russa, ela esclarecia:

> O fascismo, considerado objetivamente, não é a resposta da burguesia a um ataque do proletariado: é o castigo que se abate sobre ele por não ter continuado a revolução iniciada na Rússia. Seus organizadores não são uma pequena casta, ao contrário, penetram profundamente nas camadas sociais. Não se trata de vencer o fascismo apenas militarmente, mas também política e ideologicamente.

A expressão "castigo" carregava a ideia de que, não tendo a classe operária conseguido explorar a crise em favor de uma revolução socialista, as classes médias, empobrecidas pela guerra e pela crise econômica, bem como desiludidas com o socialismo reformista que havia prometido transformações sociais, tornavam-se a base de apoio do fascismo. Daí porque o combate também era político e ideológico. Analisando depois o fascismo italiano, ela assinalava que, ao chegar ao poder, os fascistas abandonavam suas promessas sociais progressistas e o movimento tendia com o tempo a entrar em decadência tanto ideológica quanto política. "Mas seria muito perigoso pensar que a decadência ideológica e política do fascismo na Itália será imediatamente seguida pela decadência militar. Ao contrário, devemos saber que o fascismo procurará se manter por todos os meios terroristas".[87] A "Resolução sobre o fascismo" seguia essa mesma linha de pensamento. O elemento mais enfatizado era o fato de a base de

---

85   Citado em Q. Hoare, op. cit., p. 933; ver também A. Agosti, *La Terza Internazionale...*, op. cit., t. 2 (1924-1928), p. 598-599.

86   Citado por P. Spriano, op. cit., t. 1: *Da Bordiga a Gramsci*, p. 126-127. Ver também A. Agosti, *La Terza Internazionale...*, op. cit., t. 1 (1919-1923), p. 598.

87   "Rapport de Clara Zetkin, 3ème Plenière du CEIC", *La Correspondance Internationale*, nº 53, 4/7/1923, p. 8-9.

Do partido único ao stalinismo

apoio do fascismo ser composta pela massa da pequena burguesia, proletarizada pelos efeitos da guerra, que poderia ter sido ganha para o socialismo, mas que, perdida, se transformava em perigosa força da contrarrevolução. O texto fala ainda longamente sobre a frente única como forma de luta.[88]

Todas essas promissoras análises foram reduzidas a pó depois da fracassada tentativa insurrecional na Alemanha de 1923 e a revisão da tática de frente única. O 5º Congresso Mundial, entre junho e julho de 1924, foi o marco dessa transformação da análise sobre o fascismo. Nessa ocasião, foi introduzida uma ideia fundamental para entender a confusão que se estabeleceu a seguir: a da alternância entre fascismo e social-democracia. O fascismo não era mais visto como expressão de que os métodos legais e democráticos, através dos quais a social-democracia era utilizada, não serviam mais à burguesia, e sim como um método alternativo aos democráticos, no mesmo período de tempo. "A burguesia utiliza agora, ora o fascismo, ora a social-democracia", eis o elo teórico fundamental do amálgama estabelecido na tese do "social-fascismo". Nessas condições, qualquer elemento repressivo do sistema de dominação democrático-burguês – sobretudo aqueles de que participava a social-democracia – seria a partir de então taxado de fascista. Daí porque também era possível concluir que, diante disso, "todos os partidos burgueses, em particular a social-democracia, assumem um caráter mais ou menos fascista".[89] Ficava assim anulada a distinção que Zetkin havia feito entre fascismo e reação burguesa em geral. Depois de 1924, o fascismo ocupou um lugar totalmente secundário nas elaborações dos comunistas, seu desenvolvimento sendo visto, de forma geral, como paralelo ao da social-democracia. Nos documentos do 6º Congresso Mundial, entre julho e agosto de 1928, a ideia de alternância aparece nuançada, como nuançado aparece também o próprio fascismo, já que se fala muito mais de "tendências", "embriões" e "métodos" fascistas.[90] Mas esses documentos relativamente anódinos decorriam, em grande medida, da situação de Bukhárin, ainda presidente da Internacional Comunista, mas já em vias de cair em desgraça. Nessa ocasião, manifestaram-se, pela última vez na história das reuniões da Internacional, discordâncias no amálgama entre social-democracia e fascismo. Foi o caso de Togliatti, que concordando com as diretrizes oficiais, estabeleceu um adendo:

> Nossa opinião sobre este ponto é a de que é totalmente correto lembrar as ligações ideológicas muito evidentes entre o fascismo e a social-democracia.

---

88   "Risoluzione del III Plenum sul fascismo (giugno 1923)", in: A. Agosti, *La Terza Internazionale...*, op. cit., *t. 1 (1919-1923)*, p. 726-730.

89   "Tesi del V Congresso sulla tattica del Comintern (luglio 1924)", in: A. Agosti, *La Terza Internazionale...*, op. cit., t. 2 (1924-1928), p. 111-112; e "Risoluzione del V Congresso sul fascismo (luglio 1924)", in: ibid., p. 163.

90   "Tesi sulla situazione internazionale e sui compiti dell'Internazionale comunista (settembre 1928)", in: ibid., p. 940-941.

> Neste caso, existem até ligações orgânicas e, em geral, a social-democracia emprega em certas circunstâncias métodos claramente fascistas. Mas também neste terreno é preciso ter cuidado com as generalizações excessivas porque há diferenças profundas. O fascismo é, enquanto movimento de massas, um movimento da pequena e média burguesia, dominado pela grande burguesia e pelos latifundiários; além disso, ele não tem base em uma organização tradicional da classe operária. Ao contrário, a social-democracia é um movimento de base operária e pequeno-burguesa que extrai sua força sobretudo de uma organização que é reconhecida pelas grandes massas operárias como organização tradicional de sua classe.[91]

Dando conta dessas discussões, Bukhárin estabeleceu sua posição na discussão final, também concordando mas estabelecendo nuances. "Não há dúvidas de que é próprio da social-democracia tendências social-fascistas; mas são tendências e não um processo acabado; seria irracional colocar a social-democracia no mesmo saco que o fascismo".[92] Apesar das contradições, nestas duas falas, à linha oficial da Internacional, a moderação de Bukhárin cairia junto com ele, em 1929, e a de Togliatti seria metamorfoseada em adesão total à radicalização da linha do "terceiro período".

Na mesma época Bukhárin, Tómsky e Rykov eram neutralizados e excluídos da direção russa, e Stálin, que já havia conseguido a capitulação de Zinóviev, Kámenev e seus seguidores, obteve a de famosos trotskistas. Radek, Preobrajiénski, e outros se declararam convencidos de que a industrialização acelerada e a coletivização forçada eram uma aplicação, ainda que deformada, da plataforma da "oposição de esquerda". Apenas Rakóvski e Trótski recusaram-se a capitular. Este último, que já tinha sido deportado para Alma-Ata, no Casaquistão, foi expulso da União Soviética para a ilha de Prinkipo, na Turquia, em janeiro de 1929.[93] As alterações ficam então evidentes nos diversos relatórios introdutórios da 10ª Plenária. Kuusinen, por exemplo, afirmaria:

> É claro que quanto mais o social-fascismo se desenvolve, mais ele se aproxima do fascismo "puro e simples". [...] Em nosso último congresso mundial, falamos de "germes" de social-fascismo na II Internacional. Atualmente esses germes estão florescentes. Posteriormente, ficará cada vez mais difícil aos sociais-fascistas esconder a contradição gritante entre suas palavras e seus atos. Assim sendo, o social-fascismo perderá definitivamente seu papel particular.[94]

---

91 "Ercoli, VIème Congrés mondiale", *La Correspondance Internationale*, n° 89, 22/8/1928, p. 948-949.

92 "VIème Congrés mondiale, Discours de clôture de Boukharine à la discussion sur le programme de l'IC", *La Correspondance Internationale*, n° 95, 31/8/1928, p. 1023.

93 P. Broué, *Trotsky*. Paris, Fayard, 1988, p. 531 e ss.

94 "Rapport de Kuusinen, 1ère Session de la Xème Plenière du CEIC", *La Correspondance Internationale*, n° 71, 17/8/1929, p. 971-972.

Do partido único ao stalinismo

Por seu lado, Manuíski explicitaria:

> A social-democracia internacional e a burocracia reformista sindical evoluem rapidamente para a sua transformação em social-fascismo porque, pela sua fusão com o aparelho de coerção de classe do Estado centralizado, dirigido contra as massas proletárias, elas tornam-se, elas próprias, um elemento deste aparelho, contribuindo, assim, para uma maior pressão sobre as massas operárias.[95]

A "fascistização" do Estado burguês e a integração da social-democracia no aparelho estatal, principalmente nos órgãos repressivos, sustentava a posição da transformação da social-democracia em "social-fascismo". Nesse sentido, algumas intervenções procuraram situar teoricamente esse processo. Como a de Heinz Neumann, por exemplo.

> Se a Itália é o país clássico do fascismo, a Alemanha é o país clássico do social-fascismo. [...] Qual é um dos motores essenciais que acelera a tendência social-fascista? É a participação da social-democracia no governo. A Alemanha é o país onde a social-democracia está há muito tempo no governo; essa interpenetração com o aparelho do Estado em um sentido mais claro e concreto do que em qualquer outro país, essas dezenas de postos de delegados de polícia ocupados por sociais-democratas, essas pastas de ministros exercidas por sociais-democratas, essa interpenetração de dezenas de milhares de funcionários social-democratas com o Estado, é a fusão do aparelho do partido com o aparelho de Estado e o aparelho policial, e isso acelera a evolução em direção ao social-fascismo.[96]

Bela Kun também se lançou no desbravamento deste tema teórico.

> Pode-se já delinear a via que segue a social-democracia para se transformar em fascismo. O primeiro fator é a mudança de base social da social-democracia, a composição social de seus partidos. A burocracia operária atual dos partidos social-democratas não é a mesma coisa que antes da guerra. [...] Michels e outros escreveram coisas muito interessantes sobre a burocracia de antes da guerra. Mas se levarmos em conta que hoje a burocracia não está mais apenas nas companhias de seguro médico e nos sindicatos, mas também no aparelho de Estado, constataremos uma modificação importante na estrutura da burocracia operária: a integração completa no aparelho de Estado burguês. [...]

---

95 "Rapport de Manouilski, 2ème Session de la Xème Plenière du CEIC, *La Correspondance Internationale*, nº 74, 21/8/1929, p. 996-997.

96 "Neumann (Heinz), 2ème Session de la Xème Plenière du CEIC", *La Correspondance Internationale*, nº 85, 13/9/1929, p. 1212.

184   Angela Mendes de Almeida

> As relações entre a social-democracia e o fascismo distinguem-se no terceiro período daquilo que eram no período anterior: antes a burguesia servia-se às vezes da social-democracia, às vezes do fascismo para manter a sua ditadura, para salvar a exploração capitalista, para manter a classe operária na obediência. Agora esse desenvolvimento entrou em nova fase: a democracia pura é cada vez mais absorvida pelos elementos fascistas, as fronteiras entre o fascismo e a social-democracia, enquanto protagonista da democracia, se apagam gradualmente; a social-democracia evolui para o social-fascismo enquanto campeã e servidora da ditadura fascista da burguesia.[97]

Ao final da 10ª Plenária, os textos aprovados inaugurariam um novo estilo de tratar o fascismo, que perduraria nos documentos oficiais da 11ª Plenária, em 1931, e da 12ª Plenária, em 1932. Neles, o estudo do fenômeno do fascismo viria integrado ao da social-democracia, nos capítulos referentes a ela. Não se discutiria o fascismo enquanto movimento e, sim, a "fascistização do Estado burguês". O próprio caráter de movimento de massas da pequena burguesia, tão ressaltado entre 1922 e 1923, desapareceria.[98] Nas discussões nessas e em outras reuniões, os dirigentes comunistas eram obrigados a uma enorme ginástica mental para discernir as semelhanças entre fascismo e social-democracia, em época em que as diferenças se tornavam cada vez mais evidentes. Era com essa preocupação, por exemplo, que Manuílski argumentava na 11ª Plenária (1931):

> O regime fascista não é um novo tipo de governo; é apenas uma das formas da ditadura burguesa na fase imperialista. O fascismo é um produto orgânico, sob certo sentido, da democracia burguesa. O processo de passagem da ditadura burguesa a formas de repressão aberta contra os trabalhadores constitui a própria essência da fascistização da democracia burguesa. [...] só um liberal burguês pode opor a atual democracia burguesa ao regime fascista, considerá-la como uma forma política proveniente de um princípio diferente.[99]

Entretanto, prudente, o próprio Manuílski, em seu discurso final na mesma Plenária, esboçou uma crítica aos que consideravam os movimentos fascistas como a antessala da revolução, porque "destruiriam a estabilidade do sistema capitalista e

---

97   "Bela Kun, 2ème Session de la Xème Plenière du CEIC", *La Correspondance Internationale*, nº 75, 22/08/1929, p. 1011-1013.

98   "Tesi del X Plenum sulla situazione internazionale e i compiti immediati dell'Internazionale comunista (luglio 1929)", in: A. Agosti, *La Terza Internazionale...*, op. cit., t. 3 (1929-1943), p. 102-103; "Tesi dell'XI Plenum sui compiti delle sezioni dell'IC di fronte all'aggravarsi della crisi economica e alla maturazione delle premesse di una crisi revoluzionaria (aprile 1931)", in: ibid., p. 271; e "Tesi del XII Plenum sulla situazione internazionale e i compiti delle sezioni dell'IC (settembre 1932)", in: ibid., p. 383-384.

99   "Rapport de Manouilski, XIème Session Plenière du CEIC", *La Correspondance Internationale*, nº 51, 11/6/1931, p. 679.

Do partido único ao stalinismo

retirariam à social-democracia a sua base de massa". Para ele, os comunistas não podiam aceitar tal posição porque embora a luta contra o fascismo pudesse, se vitoriosa, levar ao socialismo, a instauração do fascismo poderia apenas constituir uma grande derrota para o proletariado.[100] O tom de bom senso aqui contido correspondia à fase entre 1930 e 1931, em que face aos efeitos avassaladores da quebra da Bolsa de Nova York, a Internacional insistia em avisar que a situação não era ainda "imediatamente revolucionária" e lutava, portanto, contra o esquerdismo exagerado. Mas essa lucidez não prevaleceu nas fileiras comunistas. Ao contrário, às vésperas do ascenso de Hitler, a Internacional apostava na experiência do fascismo para encurtar a via ao comunismo. Diante de juízos tão estapafúrdios, cabe perguntar em que medida os contemporâneos tinham condições de discernir um fenômeno de tal forma novo, que contrariava a trajetória da democracia formal burguesa de até então, que mobilizava as massas pequeno-burguesas, pregando a solução de alguns problemas sociais e nacionais, mas por vias autoritárias. A leitura de textos produzidos à margem da Internacional mostra que a compreensão da natureza do fascismo era possível.

August Thalheimer desenvolveu suas posições sobre o fascismo em uma série de artigos publicados no jornal do "KPD – Oposição" (tendência expulsa do KPD) entre 1929 e 1931. Em "Sobre o fascismo" (1930), ele procurou aplicar ao estudo a categoria de "bonapartismo", introduzida por Marx na análise das lutas de classe na França do século XIX.

> Mais importante são as diferenças que proveem da mudança do caráter geral do capitalismo. O terceiro Napoleão agia ainda na época do capitalismo de livre concorrência e das revoluções burguesas inacabadas na Itália e na Alemanha. [...] A política externa de Mussolini, pelo contrário, é desde o início baseada e dirigida de forma imperialista, no sentido moderno da palavra. Ela é assim "moderna", mesmo que fantasiada de antiga. [...] Outra diferença é aquela condicionada pelo desenvolvimento geral da sociedade burguesa e pelo estado das lutas de classes internacionais, que se revela nos princípios organizatórios e meios de poder do Estado fascista. O "bando decembrista" de Luís Napoleão era a contrapartida das pequenas organizações revolucionárias secretas da classe operária francesa de então. O partido fascista é a contrapartida contrarrevolucionária do Partido Comunista Soviético. Ele é, portanto, diferentemente do de Luís Napoleão, desde o início, uma ampla organização de massas. Isto o torna mais forte em determinados períodos, mas aumenta também as contradições no seu interior, as contradições entre o interesse social destas massas e o interesse das classes dominantes, às quais foi colocado a serviço.[101]

---

100 Citado por A. Agosti, *La Terza Internazionale...*, op. cit., t. 3 (1929-1943), p. 326.

101 August Thalheimer, "Sobre o fascismo", *Marxismo Militante* (Órgão teórico da Política Operária no Exterior), nº 1, 1975, p. 77-78; ver também August Thalheimer, *Sobre o fascismo*. Salvador, Centro de Estudos Victor Meyer, 2009.

186 Angela Mendes de Almeida

Em outros textos, Thalheimer chamou a atenção para o perigo crescente do fascismo na Alemanha, denunciou a tese do "social-fascismo" como fator de divisão da classe operária e combateu a ideia de que o fascismo alemão seria "mais civilizado" do que o italiano. Ao contrário, afirmou ele, o fascismo alemão seria provavelmente "uma inigualável e bárbara ditadura".[102]

Em Gramsci, a análise do fascismo se apresenta de forma atomizada, através de inúmeros comentários, quase todos eles pontuais e visando a um momento determinado na trajetória do fascismo italiano. Além disso alguns aspectos de suas posições foram variando em função de sua evolução política pessoal e da experiência fascista na Itália. O Gramsci "bordiguista" de 1921 tendia a dissolver a especificidade do fascismo em uma das diversas manifestações do esfacelamento da pequena burguesia, ao lado do liberalismo e do socialismo reformista: "O fascismo foi a última 'apresentação' oferecida pela pequena burguesia urbana no teatro da vida política nacional. [...] O processo de esfacelamento da pequena burguesia inicia-se na última década do século passado".[103] Da mesma forma, colocava os socialistas na liderança de uma aliança reacionária: "Desenvolver-se-á na Itália o mesmo processo que se desenvolveu em outros países capitalistas. Contra a ofensiva da classe operária surgirá a coalizão de todos os elementos reacionários, dos fascistas aos populares e aos socialistas: aliás, os socialistas tornar-se-ão a vanguarda da reação antiproletária, já que conhecem melhor as fraquezas da classe operária e têm vinganças pessoais a cumprir".[104]

Como se vê por esses textos, estão presentes os componentes do esquerdismo de um Bordiga, que antes mesmo da Internacional Comunista, já considerava os socialistas como os principais inimigos de classe, abrindo assim terreno para a sua equiparação com os fascistas e para a tese do "social-fascismo". Mas as preocupações de Gramsci levaram-no desde o início a também pesquisar a natureza de classe do movimento de massas fascista e as suas componentes ideológicas. Apontou mais de uma vez, tanto antes quanto depois da "marcha sobre Roma", as diversas correntes existentes no fascismo e sua crise interna.[105] A partir de 1924, comentando o assassinato pelos fascistas do líder socialista Matteotti e a crise do regime que se seguiu, Gramsci começou a discutir as saídas possíveis. Contrapondo-se à visão levantada ocasionalmente pela Internacional Comunista de que o fascismo seria o prelúdio do comunismo, ele desenvolveu a hipótese da queda do regime ser seguida de uma democracia, à qual então dava o nome de "*intermezzo democratico*", apenas um hiato transitório para o socialismo. E, em tais circunstâncias,

---

102   Citado por Martin Kitchen, "August Thalheimer's theory of fascism", *Journal of the History of Ideas*, vol. 33, Part 1, 1973, p. 74-77.

103   "Il popolo delle schimmie", *L'Ordine Nuovo* (1921), in: *Sul fascismo*. Roma Editori Riuniti, 1974, p. 96.

104   "Bonomi", *L'Ordine Nuovo* (1921), in: ibid., p. 121.

105   Ver, por exemplo, "I due fascismi", *L'Ordine Nuovo* (1921), in: ibid., p. 133-135.

Do partido único ao stalinismo

discutiu também a posição a ser assumida pelos comunistas. Em um relatório de 1924 à direção do PCI, mesmo diante do *intermezzo,* ele mantinha a ideia de recusar qualquer aliança com a oposição antifascista e, portanto, com os socialistas.

> A crise Matteotti nos forneceu muitas lições a este respeito. Ensinou-nos que as massas, depois de três anos de terror e de opressão, tornaram-se muito prudentes e não querem dar o passo mais longo que a perna. Essa prudência chama-se reformismo, maximalismo, "bloco das oposições". Está certamente destinada a desaparecer, e não daqui a muito tempo; mas por ora existe e pode ser superada apenas se nós, cada vez, em cada ocasião, em cada momento, mesmo caminhando para a frente, não perdermos o contato com o conjunto da classe trabalhadora. Assim devemos lutar contra qualquer tendência de direita que queira um compromisso com as oposições, que tente obstacularizar o desenvolvimento revolucionário da nossa tática e o trabalho de preparação para a fase seguinte.[106]

Dessa forma, o Gramsci de 1924, que iniciava seu processo de ruptura com Bordiga em uma época em que a Internacional Comunista renegava, na prática, a frente única, embora reconhecesse a situação objetiva como "democrática" e o sentimento das massas como "reformismo", ou "prudência", continuava achando que o partido não deveria se comprometer com uma frente antifascista. A mesma atitude quanto às oposições antifascistas permanece nas "Teses de Lyon", documento que sancionou a vitória do grupo de Gramsci contra o de Bordiga, em janeiro de 1926.

> O fascismo é obrigado a lutar contra estes grupos restantes (antifascistas) de forma muito acelerada. [...] Esta luta que é, quer se queira, quer não, um indício de ruptura do bloco das forças conservadoras e antiproletárias, pode, em determinadas circunstâncias, favorecer o desenvolvimento e a afirmação do proletariado enquanto terceiro e decisivo fator da situação política.[107]

Em 31 de outubro de 1926, Mussolini, a partir do atentado frustrado contra ele de um jovem anarquista de 15 anos, Zamboni, conseguiu o pretexto para desfechar um verdadeiro golpe dentro do golpe. A partir de então acabou a fase experimental do fascismo, o folclore dos castigos com óleo de rícino e o regime assumiu claramente a sua face autoritária. Na repressão que se seguiu, Gramsci foi preso nos primeiros dias de novembro e sua elaboração teórica, nos anos que sobreviveu, até 1937, só seria conhecida após a guerra, através da publicação, a partir de 1948, dos *Cadernos do*

---

106   "Il destino de Matteotti", *Stato operaio* (1924), in ibid., p. 258-259.
107   "Il fascismo e la sua politica", "Tesi di Lione" (1926), in: ibid., p. 306.

cárcere.[108] Neles Gramsci trata o fascismo sob o nome de "cesarismo" e analisa-o também por comparação ao "bonapartismo" discutido por Marx. Mas, evidentemente, suas condições de elaborar sobre esse tema por escrito, dentro da prisão, tinham diminuído sensivelmente. Sabe-se que ele se preocupou ainda com a questão do *intermezzo democratico* que se seguiria ao fascismo, avançando a palavra de ordem de Assembleia Constituinte, em conferências dissimuladas que fez no cárcere. Um ex-companheiro dessa época, Athos Lisa, fez, muitas décadas mais tarde, um relato de memória das posições então desenvolvidas por Gramsci sobre a Constituinte:

> A luta pela conquista direta do poder é um passo que estes extratos sociais (os camponeses) só poderão transpor por graus, na medida em que a tática do partido os conduza pouco a pouco a constatar a justeza do seu programa e a falsidade do dos outros partidos políticos, em cujo programa demagógico o camponês e o pequeno burguês acreditam ainda. Ao camponês do sul da Itália e de outras regiões, será fácil hoje fazer entender a inutilidade do rei. [...] A tática do partido deve apontar esse objetivo, sem medo de parecer pouco revolucionária. Deve fazer sua, antes dos outros partidos que lutam contra o fascismo, a palavra de ordem da Constituinte, não como objetivo em si, mas como meio. A Constituinte representa a forma de organização no seio da qual podem ser colocadas as reivindicações mais sentidas da classe trabalhadora, dentro da qual se pode e se deve desenvolver a ação do partido por meio de seus representantes, no sentido de desvalorizar os programas de reforma pacífica, demonstrando à classe trabalhadora italiana que a única solução na Itália é a revolução proletária.[109]

Este Gramsci, censurado pelos fascistas e por seus próprios companheiros do PCI, chegou, com esta proposta, ao ponto mais próximo da ideia de um "governo operário", de "transição". Nela, o partido, abandonando o papel implícito de espectador, assumiria com as massas, com as forças operárias e, no caso italiano, com as antifascistas, a tarefa de impulsionar a democracia ao seu ponto máximo. Por seu lado,

---

108 Os *Quaderni* foram redigidos entre 1929 e 1935, em 33 cadernos escritos mais ou menos simultaneamente com divisões por tema, e foram reagrupados depois, na sua edição de pós-guerra, feita sob os auspícios do PCI, em seis títulos: *Il materialismo storico, Il Rissorgimento, Note sul Machiavelli, Gli intellectuali, Letteratura e vita nazionale* e *Passato e Presente.* Somente em 1975 foi feita uma edição do Instituto Antonio Gramsci, por Valentino Gerratana (Torino, Einaudi) com os textos dos *Quaderni,* exatos e completos, por ordem cronológica, e na qual se baseiam as da Editori Riuniti de 1977 (Ver. L. Gruppi, "Introduzione", in: A. Gramsci, *Il Materialismo Storico.* Roma Editori Riuniti, 1977, p. XIII-XLIV; e Perry Anderson, *Sur Gramsci.* Paris, Maspero, 1978, p. 11). Ver ainda a edição brasileira dos *Cadernos do cárcere,* organizada por Carlos Nelson Coutinho (Rio de Janeiro, Civilização Brasileira, 1999-2001).

109 Relatório de A. Lisa, do arquivo do PCI, publicado em *Rinascita,* nº 49, 12/12/1964, citado por P. Spriano, op. cit., *t. 2: Gli anni della clandestinitá...,* p. 282 e 284.

Do partido único ao stalinismo

a hipótese de uma Constituinte como continuidade para a queda do fascismo italiano havia sido também levantada por Trótski, em discussão com os "três" da oposição italiana, Leonetti, Tresso e Ravazzoli. Em uma carta de julho de 1930, ele colocava a questão da seguinte forma:

> Nós, comunistas, por acaso negamos *a priori* qualquer fórmula democrática, qualquer palavra de ordem de transição ou de preparação, limitando-nos rigorosamente à única palavra de ordem da ditadura proletária? Seria dar prova de um vão sectarismo doutrinário. Não acreditamos absolutamente, nem mesmo por um segundo, que um simples salto revolucionário seja suficiente para superar aquilo que separa o regime fascista da ditadura proletária. Não negamos absolutamente a fase de transição com as suas exigências transitórias, inclusive as exigências de democracia. Mas é precisamente com a ajuda destas palavras de ordem transitórias, com as quais se abrem a via em direção à ditadura proletária, que a vanguarda comunista deverá conquistar a inteira classe operária, e que esta última deverá unir em torno de si todas as massas oprimidas da nação. Aqui não excluo sequer a eventualidade de uma Assembleia Constituinte que, em circunstâncias determinadas, poderia ser imposta pela marcha dos acontecimentos, ou mais precisamente, pelo processo do despertar revolucionário das massas oprimidas. Certamente no plano histórico e no espaço de numerosos anos, os destinos da Itália se reduzirão incontestavelmente à alternativa entre fascismo e comunismo. Mas pretender que a noção desta alternativa tenha já, hoje, penetrado na consciência das classes oprimidas do povo seria pura fantasia e equivaleria a dar por resolvido um gigantesco problema cuja solução, pelo contrário, se coloca em face de um frágil partido comunista.[110]

Foi em seus escritos sobre a Alemanha, ao longo dos anos entre 1930 e 1933, que Trótski desenvolveu a sua concepção sobre a natureza do fascismo, ao mesmo tempo em que ia combatendo, passo a passo, as concepções típicas do "terceiro período". Em seu famoso texto "Está na Alemanha a chave da situação internacional", de novembro de 1931, ele discutia as condições que permitiram a emergência do movimento fascista.

> O fascismo provém de duas condições: de um lado, de uma grave crise social; de outro, da fraqueza revolucionária do proletariado alemão. A fraqueza do proletariado alemão, por sua vez, tem duas causas: primeiro, o papel histórico particular da social-democracia, que ainda é uma agência poderosa do capitalismo nas fileiras do proletariado; em seguida,

---

110   Carta do arquivo de Alfonso Leonetti, citado por P. Spriano, op. cit., t. 2: *Gli anni della clandestinità...*, p. 273.

a incapacidade da direção centrista do partido comunista em reunir os operários sob a bandeira da revolução.[111]

Ficava assim mais próximo da caracterização que Clara Zetkin havia feito em 1923, do fascismo como "castigo" pela incapacidade do proletariado. Pouco tempo depois, no artigo "E agora?", de janeiro de 1932, ele precisava sua análise.

> O fascismo não é simplesmente um sistema de repressão, de atos de força e de terror policial. O fascismo é um sistema de Estado particular, baseado na exterminação de todos os elementos de democracia proletária na sociedade burguesa. A tarefa do fascismo não consiste somente em destruir a vanguarda proletária, mas também em manter toda a classe num estado de fragmentação forçada. Para isto a exterminação física da camada proletária mais revolucionária é insuficiente. É preciso destruir todos os pontos de apoio do proletariado e exterminar os resultados do trabalho de três quartos de século da social-democracia e dos sindicatos. Porque, neste trabalho se apoia também, em última instância, o partido comunista.

Contrapondo-se à assimilação entre social-democracia e fascismo, Trótski esclarecia:

> Entre a democracia e o fascismo há uma contradição. Esta contradição não é de forma alguma "absoluta" ou, para falar-se como marxista, não significa de forma alguma a dominação de duas classes irredutíveis. Mas significa sistemas diferentes de dominação de uma única e mesma classe. [...] A social-democracia que hoje é a representante principal do regime parlamentar burguês, apoia-se nos operários. O fascismo porém apoia-se na pequena burguesia. A social-democracia não pode ter influência sem as organizações operárias. O fascismo, porém, não pode consolidar seu poder de outra forma senão destruindo as organizações operárias. A arena principal da social-democracia é o parlamento. O sistema do fascismo é baseado na destruição do parlamentarismo. Para a burguesia monopolista, o regime parlamentar e o regime fascista não representam senão diferentes instrumentos de sua dominação: recorre a um ou a outro segundo as condições históricas. Mas para a social-democracia, como para o fascismo a escolha de um ou outro instrumento tem uma importância própria; ainda mais, é para eles uma questão de vida ou de morte política.

Incansavelmente, Trótski salientava o valor da democracia burguesa para a classe operária:

---

111 Leon Trotsky, *Revolução e Contra-revolução...*, op. cit., p. 27.

Do partido único ao stalinismo

> Durante muitas décadas, no interior da democracia burguesa, servindo-se dela e lutando contra ela, os operários edificaram suas fortificações, suas bases, seus núcleos de democracia proletária: sindicatos, partidos, clubes de educação, organizações esportivas, cooperativas, etc. [...] Mas é precisamente para a via revolucionária que o proletariado tem necessidade das bases de apoio da democracia operária no interior do Estado burguês. Foi na criação de tais bases que se manifestou o trabalho da II Internacional, na época em que ela realizava um trabalho historicamente progressivo.[112]

Trótski também procurou combater a ideia de que diante do ascenso irresistível do fascismo, seria inútil "bater-se às cegas", seria preferível esperar que, uma vez no poder, o fascismo se desgastasse. O resultado desta atitude seria que "combates terríveis se dariam não antes da tomada do poder pelos fascistas, mas depois, isto é, em condições infinitamente mais favoráveis para os fascistas".[113] Ele foi uma voz quase solitária a propugnar pela frente única com a social-democracia. Foi quem, dentre os que escreveram antes da ascensão de Hitler ao poder, em 1933, mais próximo chegou da compreensão da catástrofe que estava para se abater sobre a humanidade. Suas elaborações confirmam que era possível aos contemporâneos sentir, perceber e compreender que o destino da classe operária alemã não estava traçado *a priori* e que o emaranhado de ilogicidade que constituíam os documentos da Internacional Comunista não serviam para nada.

Em 1936, o marxista libertário Daniel Guérin publicou, baseando-se nos escritos de Trótski, em textos de Silone e em um inédito de Andreu Nin, um vasto estudo sobre o fascismo na Itália e na Alemanha até hoje clássico, em que vários procedimentos do movimento, antes e depois da tomada do poder, eram postos a nu. O livro foi editado novamente em 1945, meses antes do fim da guerra, com um breve prólogo no qual reafirmava que o objetivo de seu escrito, mostrar como a emergência do fascismo correspondia à ausência de socialismo, permanecia válido. Aborda também os elementos de fascismo presentes em países democráticos, muitas vezes disfarçados.[114] Outros estudos do período – de Ignazio Silone (*O fascismo, suas origens e seu desenvolvimento*, Zurique, 1934), de Angelo Tasca (*Nascimento e florescimento do fascismo*, Paris, 1938), de Otto Bauer (*Entre as duas guerras mundiais*, Bratislava, 1936) – também trouxeram contribuições. Mas a sorte da Europa já estava lançada.

Muito se tem discutido sobre a responsabilidade dos dois partidos operários alemães na derrota sem luta da classe operária. Uma camada importante da social-democracia alemã, sobretudo aqueles setores que estiveram envolvidos na direção do Partido Social-

---

112   Ibid., p. 139, p. 152, p. 156.

113   "Está na Alemanha a chave da situação?" (novembro 1931), in: ibid., p. 30-31.

114   Daniel Guérin, *Fascismo y gran capital*. Madrid, Editorial Fundamentos, 1973, p. 7, p. 15-27.

-Democrata Alemão (SPD), culpou exclusivamente o Partido Comunista Alemão (KPD) pelo fracasso. É o caso, por exemplo, de Otto Braun, para quem a divisão do movimento operário, causada pelo KPD, foi fundamental para ao ascenso de Hitler.[115] Outros setores da social-democracia internacional, no entanto, não pouparam críticas ao SPD. Otto Bauer, principal expoente da esquerda da social-democracia, considerou ainda em 1933, que o SPD havia cometido graves erros e que a direção não era mais digna da confiança dos trabalhadores. Isso não impediu que a social-democracia austríaca agisse com a mesma passividade quando, um ano depois, o chefe de governo Dollfuss, um fascista mais ligado a Mussolini, esmagasse com uma repressão sangrenta a rebelião dos operários. E Bauer teve que renovar suas observações, dessa vez como autocrítica, concluindo que "depois da terrível catástrofe que foi a vitória do fascismo, só os loucos podem pensar que os velhos partidos possam ressuscitar da forma que eram antes".[116] Quanto às responsabilidades do KPD, Fernando Claudín, com seu passado de quadro do comunismo, considera que

> o fracasso do Partido Comunista Alemão não apenas deixa livre o caminho para o imperialismo hitleriano desencadear a segunda guerra mundial, mas além disso influi em grau considerável para que a segunda crise global do capitalismo não tenha como desenlace a revolução socialista em escala europeia. Quando, em 1943, desenha-se a derrota do nazismo e, em todos os países da Europa, inclusive na Itália fascista, inicia-se um ascenso das forças populares e revolucionárias, o comunismo alemão continua praticamente inexistente como fator político. Entretanto, dispôs de dez anos para reorganizar suas forças e disporá ainda de mais dois para atuar na fase de retirada e derrota final do Terceiro Reich. Mas não levantará a cabeça.[117]

Os juízos mais críticos da época e, em geral considerados um parâmetro de uma política alternativa à do KPD, estão nos escritos de Trótski sobre a Alemanha. Desde dezembro de 1931, ele considerava:

> Sim, se os fascistas tomassem de fato o poder, isto não só significaria o esmagamento físico do partido comunista, como a sua verdadeira bancarrota política. Os milhões de proletários da Alemanha jamais perdoariam à Internacional Comunista e à sua seção alemã uma derrota infame infligida por bandos de poeira humana.[118]

---

115   Citado por A. Aviv, op. cit., p. 171.

116   Citado por M. Hájek, op. cit., p. 234; e por Yves Bourdet, *Otto Bauer et la révolution*. Paris, EDI, 1968, p. 56.

117   F. Claudín, op. cit., p. 96.

118   "Carta ao operário comunista alemão do PCA", in: L. Trotsky, *Revolução e Contra-revolução...*, op. cit., p. 125.

Logo depois do ascenso de Hitler ao poder Trótski diria que "o stalinismo teve na Alemanha o seu 4 de agosto de 1914. [...] O partido comunista oficial alemão está condenado. [...] Nenhum meio artificial poderá salvá-lo. O comunismo alemão só poderá renascer sobre uma nova base e com uma nova direção".[119] Mais tarde, em julho de 1933, fazendo o balanço da posição da Internacional justificando a ação do KPD, Trótski tiraria além disso a conclusão de que:

> A Internacional Comunista está morta! [...] A influência da catástrofe alemã devia necessariamente provocar uma mudança na Internacional Comunista ou no sentido de uma reforma ou no sentido da aceleração da desintegração. A Internacional Comunista não podia permanecer o que era antes da catástrofe alemã. A estrada que escolheu está agora totalmente clara. Não há milagres a esperar.[120]

As advertências de Trótski assumem um caráter profético face à inconsciência dos comunistas. Desde 1931, ele havia afirmado que a obra de destruição do nazismo contra o movimento operário seria tão exterminadora que, diante dela, o "infernal" fascismo italiano viria a parecer "uma experiência quase humanitária".[121] E, efetivamente, os campos de extermínio em massa de Hitler fizeram o castigo pelo óleo de rícino de Mussolini aparecer como um inconsequente autoritarismo. A política do "terceiro período" e a tese do "social-fascismo" só foram abandonadas pela Internacional Comunista em 1935, no seu 7º Congresso, quando as bases socialistas e comunistas já faziam a frente única na prática, na França. Foram, porém, abandonadas sem qualquer autocrítica.

---

119   L. Trotsky, "La tragédie du proletariat allemand (La classe ouvrière allemande se relèvera; le stalinisme jamais)", in: *Ecrits,* t. III (1928-1940). Supplément à la Quatrième Internationale. Paris, avril, 1959, p. 386-387.

120   L. Trotsky, "Pour de nouveaux partis et la nouvelle Internationale", in: *Oeuvres,* t. 2 (juillet-octobre 1933). Paris, EDI, 1978, p. 49.

121   "La clé de la situation internationale est en Allemagne", in: L. Trotsky, op. cit., Ecrits, t. III..., p. 98.

5. A Frente Popular (1934-1939)

A reação ao ascenso de Hitler (1933)

Depois do incêndio do Reichstag, em 27 de fevereiro de 1933, a Alemanha se tornou um deserto para o comunismo. Este país, que tinha sido desde o início o eixo das formulações da Internacional Comunista, desapareceu completamente do radar político em proveito da França e depois da Espanha. A ascensão de Hitler ao poder foi recebida pelo KPD (Partido Comunista Alemão) e pela Internacional com frieza e equidistância, como já foi dito. Prevaleceu e até reacendeu, no início, a tese de que o nazismo era a "antessala da revolução".[1] Era preciso negar ter havido uma mudança radical na conjuntura para não ter que fazer balanços e autocríticas. Não aceitavam a natureza específica do fascismo. O primeiro movimento de Stálin foi o de buscar aliança com Hitler através do revigoramento do Tratado de Rapallo.[2] O governo soviético se mostrava cauteloso e sem posição política, negando internamente que este acontecimento fosse um marco na conjuntura, o fascismo sendo visto apenas como uma outra face do imperialismo, análoga ao parlamentarismo capitalista.

Na Alemanha a repressão foi imediatamente brutal contra os comunistas, os socialistas e a esquerda. "Mais de quatro mil ativistas comunistas e socialistas foram presos na noite do incêndio do Reichstag. Grupos de saqueadores nazistas ocuparam todas as sedes comunistas da Prússia".[3] O KPD foi ilegalizado em 9 de março e nesse mesmo dia foi preso, sob a acusação de cumplicidade no incêndio, Georgi Dimítrov, o búlgaro que chefiava o Burô Ocidental da Internacional, uma estrutura não legalizada na Alemanha de Weimar.[4] Alguns dias antes, tinha sido preso, pela mesma acusação, o líder da bancada comunista no Parlamento, Ernst Torgler, que, não encontrado na primeira busca, apresentou-se ele próprio às autoridades[5], demonstração de que os comunistas encaravam o golpe de Hitler como mais uma repressão qualquer.

---

1   Aldo Agosti, *La Terza Internazionale – Storia Documentaria*. t. 3 (1929-1943). Roma, Ed. Riuniti, 1979, p. 433.

2   Lionel Kochan, *Russia and the Weimar Republic*. Cambridge, Bowes and Bowes, 1954, p. 165.

3   Jan Valtin, *Sans patrie ni frontières*. Paris, JCLattès, 1975, p. 387.

4   Pierre Broué, *História da Internacional Comunista (1919-1943)* t. 2. São Paulo, Sundermann, 2007, p. 826.

5   A.Agosti, op. cit., t. 3 (1929-1943), p. 436.

Os contatos do KPD com a social-democracia continuaram a não existir durante todo o ano de 1933. O primeiro grande impulso para a ruptura dessa situação e para a unidade contra o fascismo foi dado pelo processo, cujo julgamento foi realizado na cidade de Leipzig, contra os acusados comunistas do incêndio do Reichstag, Dimítrov, seus companheiros búlgaros Blagoi Popov, Vassil Tanev e, ainda, Ernst Torgler, entre setembro e dezembro. Comunistas e socialistas de todo o mundo uniram-se espontaneamente pela base, em uma campanha de grande amplitude, o que foi um fator para a absolvição dos acusados.[6]

Consta, entre as lendas da Internacional, que Dimítrov foi absolvido pelo Estado nazista em virtude do corajoso e agressivo discurso que fez durante o julgamento. Esta lenda, que depois marcou a sua carreira no aparelho da Internacional Comunista, foi contrabalançada pelo testemunho posterior de alguns ex-comunistas alemães. Estavam convictos de que o GPU (Diretório Político do Estado), a polícia política soviética, negociou com a *Gestapo* (polícia secreta alemã) a troca de Dimítrov e seus companheiros búlgaros, Popov e Tanev, por três militares alemães que estavam na União Soviética em atividades ligadas ao Tratado de Rapallo.[7] Um desses ex-comunistas era Jan Valtin, que afirma em seu livro:

> Meses antes que o célebre processo começasse em Berlim, negociações secretas já estavam em curso entre Moscou e Berlim para trocar Dimítrov e seus dois cúmplices búlgaros por três oficiais alemães, presos por espionagem pelo GPU em território soviético. Era necessário poupar Dimítrov da prova das torturas da *Gestapo*, não para salvá-lo, mas para salvar o funcionamento do serviço secreto soviético e preservar a Internacional Comunista cujas íntimas engrenagens ele conhecia muito bem.

Continuando o relato, Jan Valtin diz que o acordo só foi fechado na véspera do dia do julgamento.

> Este homem, na qualidade de preso-vedete da *Gestapo*, beneficiou-se de privilégios completamente desconhecidos para a massa de detidos anônimos. Lia jornais, tinha direito de fumar charutos na cela e de receber correio. Os "pequenos" camaradas, por essa época, apenas recebiam pancadas – ou uma bala na cabeça. Nos anos seguintes eu os ouvi falar amargamente, nos campos de concentração, de Dimítrov e da intervenção de Stálin a seu favor.[8]

---

6   Milos Hájek, *Storia dell'Internazionale Comunista (1921-1935)*. Roma, Editori Riuniti, 1975, p. 237.

7   Citado por Heleno Saña, *La Internacional Comunista (1919-1945)*, t. 2. Madrid, Zero, 1972, p. 53-54.

8   J. Valtin, op. cit., p. 478, 479.

Do partido único ao stalinismo

Segundo relatou a ex-opositora da "nova esquerda" no KPD dos anos 1920, Ruth Fischer, ela se encontrou separadamente em Paris, durante a realização do julgamento, com Wilhelm Pieck e Maria Reese, comunistas alemães que lhe confirmaram que Dimítrov já conhecia o acordo entre o GPU e a *Gestapo* quando fez a sua grandiosa autodefesa no tribunal. Também o deputado do Partido Trabalhista Independente da Inglaterra, E. Bob Edwards, escreveu que, ao encontrar Torgler em 1947, este lhe comentou que Dimítrov parecia estar a par da negociação, pois demonstrava bom humor e otimismo antes da audiência do julgamento. Além disso, era tratado com grande respeito e privilégios pelos carcereiros e, ao contrário dos outros presos, não estava amarrado por correntes.[9] Pierre Broué nega ter havido esse acordo, desqualificando o testemunho de Ruth Fischer e dos outros.[10] Em virtude de sua suposta saga, Dimítrov iria aparecer, no congresso seguinte da Internacional, aureolado pela figura de herói, responsabilizando apenas a social-democracia pelo ascenso de Hitler.

Mas o palco da modificação da linha da Internacional Comunista, o abandono da nefasta política do "terceiro período" e do uso da tática de ter como inimigo principal o chamado "social-fascismo", viria a ser a França. E o estopim seriam os acontecimentos de fevereiro de 1934. Socialistas, comunistas, progressistas e o povo em geral manifestaram-se em uníssono, para deter as bandas fascistas que protestavam contra a corrupção e o "parlamentarismo podre". A explosão popular nas ruas selou a modificação da linha. Mas as novas teses de "frente popular" só viriam a tomar forma na França, em julho desse ano, para serem consagradas um ano depois, no 7º Congresso Mundial.[11]

Para o historiador e ex-comunista Fernando Claudín, o momento escolhido por Stálin para dar o sinal verde para a mudança de linha tem a ver com a política exterior soviética. O período inicial do ascenso de Hitler ao poder é marcado pela tentativa soviética de salvaguardar o velho Tratado de Rapallo, pacto germano-soviético de 1922, que de fato foi prorrogado três meses depois. Portanto, não era o momento de alianças antifascistas. Mas, em janeiro de 1934, Alemanha e Polônia firmaram um pacto de não-agressão, interpretado imediatamente pelos soviéticos como um passo para o ataque hitlerista às portas da União Soviética. Desde então, a França não era mais a potência "antissoviética" por excelência. Fica, assim, mais claro, porque apenas em meados desse ano a direção da Internacional Comunista iniciou a revisão, sem lhe dar esse nome, da linha sectária e absurda do "terceiro período". Esse jogo geopolítico contaminou também a França que achou oportuno retomar a estratégia tradicional,

---

9   H. Saña, *La Internacional Comunista...*, op. cit., t. 2, p. 53-54, citando o livro de Ruth Fischer, *Stalin and the German Communism,* 1948, e o *News Chronicle,* 11/06/1949.

10   P. Broué, *História da Internacional...*, op. cit., t. 2, p. 826-827.

11   M. Hájek, p. 240-245; Robert Paris, "La tattica 'classe contro classe' ", in: *Problemi di Storia dell'Internazionale Comunista (1919-1930)*, a cura de A. Agosti. Torino, Fondazione L. Einaudi, 1974, p. 167; Philippe Robrieux, *Maurice Thorez – Vie secrète et vie publique*. Paris, Fayard, 1975, p. 185.

anterior à Primeira Guerra Mundial, de aliança com a Rússia dos czares, mesmo que agora tivesse que ser com Stálin.[12] Eram as andanças das peças de xadrez, tendo em vista a próxima guerra que todos julgavam inevitável. Com esses acontecimentos, estava dado o sinal para começar a Frente Popular, que era não apenas com os partidos social-democratas, desde sempre considerados ocidentalistas e atlantistas, mas também, com os governos.

No que se refere à sintonia da mudança de linha com os acontecimentos internos na URSS, aconteceu o contrário: aparentemente os caminhos se bifurcaram. No terreno internacional, a IC se abria à direita, ultrapassando o sectarismo de combater principalmente a social-democracia, e ia muito mais além. Abria a sua "frente popular" também aos partidos radicais burgueses e antifascistas. Contudo, na URSS, iniciava-se o período mais obscuro da repressão contra a população, centrada agora nos sangrentos expurgos de quadros do partido soviético. O assassinato de Serguei Kírov, em 1º de dezembro de 1934, foi o sinal de partida. Trata-se de uma bifurcação apenas aparente, porque ao mesmo tempo em que se abria à direita, a Internacional Comunista consolidava internamente um período de violentos expurgos que atingiriam também o movimento comunista internacional: assassinatos e desaparecimentos seletivos em diversos países, acompanhados de um extraordinário sectarismo. Assim, todo o ódio com que os comunistas haviam combatido os sociais-democratas, equiparando-os aos fascistas, enviesava agora para o esquerdismo, mais precisamente para o que chamavam de "trotskismo", isto é, os militantes do movimento trotskista e todos os que fizessem críticas à União Soviética e à "linha do partido". Contra estes, foi desviada a atividade policialesca que já tinha sido experimentada por meio de provocações durante o "terceiro período".

Em 1934, ainda se faziam sentir no mundo capitalista os efeitos da crise de 1929. O ascenso de Hitler funcionou como um eletrochoque sobre as classes trabalhadoras, propiciando um reflexo anticapitalista. Em Viena, em fevereiro, as milícias social-democratas bateram-se corajosamente contra o ditador recém-instalado, Dollfuss, e terminaram derrotadas.[13] A passividade da social-democracia austríaca, hegemônica no país, e a amplitude da repressão – mais de 1.200 mortos, 10.000 presos e muitos condenados à morte – provocaram uma grande comoção internacional, removendo mais uma pedra no caminho da unidade.[14]

Na França, socialistas e comunistas de base se uniram, sem fazer caso de suas direções, para fazer frente às ligas fascistas. Na Espanha, em outubro, o movimento

---

12   Fernando Claudín, *La crisis del movimiento comunista – De la Komintern al Kominform*. Francia, Ruedo Ibérico, 1970, p. 139 e 141; L. Kochan, *op. cit.*, p. 172.

13   F. Claudín, op. c, p. 133.

14   M. Hájek, op. cit., p. 239.

insurrecional, preparado para barrar a entrada do partido católico de direita Ação Popular no governo, fracassou no território do Estado espanhol e se reduziu a uma greve geral. Ao norte, porém, nas Astúrias, os mineiros tomaram o poder e o defenderam durante cerca de um mês contra as forças do Exército, muito superiores. Nessa Comuna das Astúrias, lutaram, lado a lado, anarquistas, socialistas e comunistas. Daí por diante, tanto na França como na Espanha, greves, manifestações, assaltos para liberar presos, ocupações de terras iriam confluir, em 1935, para a política de Frente Popular adotada no 7º Congresso da IC. Na prática, durante 1934, a linha da Internacional Comunista estava sendo ignorada pelas suas bases. Era preciso mudar oficialmente. O sinal foi dado por um artigo do jornal russo *Pravda*, publicado pelo jornal francês comunista *L'Humanité*, em 31 de maio de 1934, no qual se dizia ser perfeitamente aceitável propor aos dirigentes socialistas franceses a unidade de ação contra o fascismo.[15] A lembrar que na época dos 5º e 6º congressos da Internacional, mesmo quando se falava de frente única proletária, era considerado inadmissível propor ações conjuntas aos dirigentes socialistas, só sendo aceita a frente única "pela base". Assim, de repente, os "social-facistas" viraram antifascistas. A mudança radical de linha não exigiu muito esforço, pois nenhuma autocrítica foi feita. Argumentou-se que os erros tinham sido cometidos única e exclusivamente pelos comunistas alemães que não souberam aplicar "a linha geral".

A Frente Popular na França (1934-1938)

O palco da modificação da linha da Internacional Comunista, como já foi dito, foi a França. Em janeiro de 1934 veio à luz um grande caso de corrupção, o caso Stavisky, envolvendo deputados e funcionários do partido radical, no governo em nome da esquerda. Em função disso, diversos grupos fascistas e monarquistas começaram a se agitar. A situação do país era de crise. O desemprego continuava crescendo, atingindo mais de 300 mil pessoas, os patrões despediam facilmente, ao menor movimento de greve, readmitindo depois, mas excluindo os sindicalistas. A sociedade estava indignada com os escândalos de corrupção por parte de parlamentares que estavam no governo, sobretudo os do partido radical. As manifestações das ligas de extrema-direita levaram à queda do governo e à nomeação de um outro, chefiado pelo radical-socialista, Édouard Daladier. Durante esse mês de janeiro grupos como Cruz de Fogo e Juventudes Patrióticas, entre outros, haviam-se enfrentado com estudantes de esquerda que já visualizavam o perigo fascista. Socialistas e comunistas continuavam sem ter relações. Os grupos de extrema-direita haviam marcado a sua grande manifestação para o dia da posse de Daladier, em 6 de fevereiro.

---

15   F. Claudín, op. cit., p. 133 e 137.

A ação ameaçadora, que cercou o parlamento, foi violentamente reprimida, houve uma dezena de mortos e mais de mil feridos.[16] Daladier caiu e o governo retornou às mãos da reação, que defendia a militarização da França e a preparação para a guerra contra a Alemanha. Esta reviravolta no governo foi apoiada pela URSS, conforme o delegado soviético à conferência de desarmamento, previamente fracassada, Maksim Litvinov, em Genebra, que considerou necessário favorecer a segurança dos Estados "não agressores".[17] E disse mais: "O essencial é que a França não deixe que se debilite sua potência militar. Desejamos que nenhum distúrbio interior favoreça os desígnios do Reich".[18]

Depois dos acontecimentos de 6 de fevereiro, uma delegação de socialistas de esquerda, entre eles Marceau Pivert, dirigiu-se à sede do PCF propondo uma ação unitária diante daquela situação. André Marty lhes respondeu que só o Burô Político poderia decidir. Por sua vez, Maurice Thorez declarou, em resposta à proposta: "Certos camaradas demonstram uma emoção incompreensível diante do fascismo". Afinal, os comunistas marcaram separadamente uma manifestação de protesto para dia 9. Os socialistas decidiram marcar a sua para dia 12, data em que já estava marcada uma greve geral chamada pela CGT, central sindical socialista. Na primeira destas manifestações, a polícia reprimiu e houve quatro comunistas mortos. Mas a massa de base do PCF, bem como os sindicalizados da CGTU, central sindical comunista, aderiram à greve chamada pela CGT socialista. Foram, então, formadas duas colunas separadas de manifestantes que se deslocaram em lados diferentes da mesma avenida. A ordem do PCF era para a dispersão quando acabasse a manifestação. Mas antes disso, ao grito de "Unidade", surgido espontaneamente, as duas colunas se misturaram, impedindo que a ordem comunista fosse seguida. Era a confraternização espontânea das bases socialistas e comunistas. Houve repressão às duas manifestações e, em seguida, os cortejos públicos dos féretros dos mortos foram mais uma ocasião para solidificar a unidade "pela base".[19] Em um filme de 2011 dedicado a esses episódios – *Le Front Populaire: à nous la vie,* de Jean-François Delassus – enquanto são passadas cenas dessa manifestação em duas colunas separadas, a narração diz:

> [...] 4 milhões de trabalhadores invadem as ruas. Os socialistas estão lá, os comunistas também. Eles gritam as consignas do partido [...] Sobretudo nenhuma junção com os socialistas. [Ouvem-se gritos de "Unidade agora!"] Em Paris, Place de la Nation, comunistas e socialistas ultrapassam

---

16   Dominique Desanti, *L'Internationale Communiste.* Paris, Payot, 1970, p. 203, p. 207-208.

17   Daniel Guérin, *Front populaire – révolution manquée.* Paris, Maspero, 1976, p. 81-82.

18   *Le Petit Parisien,* citado por F. Claudín, op. cit., p. 160.

19   Citado por D. Desanti, op. cit., p. 208, e p. 209-210.

Do partido único ao stalinismo 201

seus chefes, juntam-se, misturam-se, confraternizam-se. A base falou e ela reclama a unidade.[20]

A resistência à mudança de linha era grande dentro do PCF, mas a decisão chegou através de um telegrama de Manuílski, sem dúvida com o aval de Stálin. Para tanto, foi recomendado que se esclarecesse que não se tratava de uma nova linha, de uma reviravolta, e sim de "uma marcha mais resoluta e mais rápida na via correta traçada pela Internacional Comunista". Como a Frente Popular era um programa de unidade com os partidos da esquerda francesa que já haviam sido governo – os socialistas e os radicais-socialistas – tratava-se de uma reviravolta e tanto. Pela primeira vez, na luta contra o avanço do fascismo representado pelas ligas de extrema-direita, o PCF tornava-se parceiro da legalidade democrático-burguesa, da ordem estabelecida.[21]

Em seguida, em 2 de maio, o Ministro de Negócios Estrangeiros francês do novo governo reacionário, Pierre Laval, e o embaixador russo em Paris, V. P. Potemkin, firmavam um pacto de ajuda mútua, que foi seguido pela viagem de Laval, a Moscou.[22] Laval, homem de extrema-direita, mais tarde, ficaria famoso como a segunda autoridade da República de Vichy, julgado e condenado à morte por colaboração com os invasores alemães na França do pós-guerra. Voltando a maio de 1935, seguiu-se o pacto entre Stálin e Laval. E o artigo já citado do *Pravda*, publicado no *L'Humanité*, em 31 de maio, que mudava completamente a linha dos comunistas sem dizer que estava mudando. No mesmo timbre que a União Soviética, o PCF também passou a defender a segurança da França, opondo-se à política tradicional socialista e comunista na iminência de uma guerra, o "derrotismo revolucionário", que implicava em se opor a todos os atos de militarização nacional. Comunistas passaram a associar a bandeira vermelha à tricolor francesa, o hino da Internacional ao hino francês, *La Marseillaise*. Era a união sagrada na guerra contra a Alemanha, contra a qual se manifestaram apenas a esquerda socialista de Marceau Pivert, tendência do PS, escritores, trotskistas e sindicalistas revolucionários. Na opinião de André Ferrat, então dirigente comunista e depois historiador do PCF, a reviravolta da linha em 1934, preconizando a todo custo uma frente única pelas cúpulas, rejeitada desde a fundação da Internacional Comunista, já era uma preparação para a Frente Popular de 1936, que incluiria os radicais-socialistas. Considerado um partido burguês, representante das chamadas classes médias, achava-se que a presença dos radicais-socialistas ajudaria a quebrar a resis-

---

20 Citado por Nicolau Bruno de Almeida Leonel, "Percursos da formação de Chris Marker". Tese de Doutorado, USP, 1914, p. 78. http://www.teses.usp.br/teses/disponiveis/27/27161/tde-24112015-163738/pt-br.php (consultado em 10.03.2018).

21 Citado por D. Desanti, op. cit., p. 214-215.

22 H. Saña, *La Internacional Comunista...*, op. cit., t. 2, p. 49.

tência do grande capital financeiro e industrial. Era a posição dos três parceiros, mas, principalmente, do PCF, a quem interessava mais a aliança com os radicais-socialistas do que com os socialistas, Blum sendo considerado ainda pacifista demais. Esta linha foi aplicada passo a passo com um conjunto de enviados secretos de Moscou, uma direção oculta do PCF, não conhecida do público, entre os quais, os mais importantes eram o tcheco Eugen Fried, o húngaro Ernö Gerö e a romena Ana Pauker.[23]

Seguiram-se grandes atos unitários, o mais importante deles sendo a espetacular manifestação do dia da festa nacional francesa, o 14 de julho. Do conjunto desses atos surgiu, em outubro de 1935, um Comitê de Organização da Reunião Popular, que seria a frente eleitoral para a participação nas eleições, à qual se uniram os radicais-socialistas. O programa da Reunião Popular foi publicado em janeiro de 1936.[24] Era progressista, porém moderado. Compreendia, entre outros itens, a anistia geral, o desarmamento, a dissolução das ligas fascistas paramilitares, o respeito ao direito sindical, a defesa da paz, um fundo para a defesa dos desempregados, a redução da semana de trabalho sem redução de salários, a nacionalização dos bancos, etc. As eleições, realizadas entre abril e maio de 1936, levaram à vitória dos partidos da Frente Popular, que obtiveram a maioria no parlamento.[25] Esperava-se que os radicais-socialistas tivessem a maior votação, mas isso não aconteceu porque eles se haviam desmoralizado no período anterior. Elegeram apenas 106 parlamentares, contra 72 comunistas e 147 socialistas. Na expectativa soviética, o governo seria dos radicais-socialistas, com ministros socialistas secundários. Mas, afinal, a direção do governo ficou com o socialista Léon Blum. "A experiência Blum iniciada não seria o cartel social-patriota desejado por Moscou, nem a transformação revolucionária esperada por nós, esquerdistas, dizia Guérin, que deveria liberar o povo e evitar-lhe tanto a vergonha do fascismo como os horrores da guerra, mas uma tentativa inédita de colaboração de classes e de relançamento econômico".[26] Por ordem de Moscou, o PCF não aceitou participar do governo. Nessas eleições, foi acordado que, em cada circunscrição, no leque da esquerda, o candidato menos votado desistiria, no segundo turno, em favor do mais votado. Quem mais ganhou com este acordo foram os comunistas e quem mais perdeu foram os radicais-socialistas. Precedida de grandes negociações, a unidade também se fortaleceu ao nível sindical, com a unificação da velha CGT do Partido Socialista francês com a CGTU dos comunistas, em 6 de maio.[27]

---

23   D. Guérin, op. cit., p. 84, 86-87, e citação de Ferrat p. 90-92.

24   Ibid., p. 88, 90; H. Saña, *La Internacional Comunista...*, op. cit., t. 2, p. 71.

25   Pierre Frank, *Histoire de l'Internationale Communiste (1919-1943), t. 2*. Paris, La Brèche, 1979, p. 759-760.

26   D. Guérin, op. cit., p. 110, 112.

27   H. Saña, *La Internacional Comunista...*, op. cit., t. 2, p. 72; D. Desanti, op. cit., p. 235, 228, D. Guérin, op. cit., p. 105.

À vitória eleitoral seguiu-se, em junho de 1936, um explosivo movimento operário de greve geral com ocupação de fábricas, pretendendo obter dos empresários a satisfação de suas velhas reivindicações. Dada a amplitude do movimento a desocupação pela força não era factível. O Partido Socialista, o Comunista e os sindicatos tudo fizeram para colocar frente a frente os empresários e os operários, empurrando para uma solução que terminasse com o movimento. Os patrões consideraram melhor fazer concessões, não prolongar o enfrentamento que não se sabia como iria terminar. Surgiram, assim, os "Acordos de Matignon", assinados na noite de 7 para 8 de junho de 1936, com a mediação de Blum, legalizando reivindicações históricas que por muito tempo permaneceram um marco quase intocável: reconhecimento de delegados sindicais dentro das empresas, convenções coletivas, 40 horas semanais como jornada de trabalho, 15 dias de férias por ano pagos pelas empresas. Blum iria se referir depois à sua angústia, por ser considerado pelo patronato como um salvador, em circunstâncias em que se estava quase perto de uma guerra civil. Admitia que tinha um poder de persuasão que podia fazer a classe operária ouvir a razão e "não usar, não abusar de sua força". E foi isso que ele fez, levou a torrente popular ao seu lugar tradicional.[28]

O movimento de greve com ocupação continuou se estendendo a mais fábricas, por uma semana, mesmo depois de assinados os acordos. Foi então que o principal dirigente comunista, Maurice Thorez, alertando para o perigo de ter a pequena burguesia contra o movimento operário, conclamou: "É preciso saber terminar uma greve quando as satisfações já foram obtidas". As greves refluíram, para a alegria também do Partido Socialista, e a frase ficou famosa.[29] No mesmo discurso, publicado no *l'Humanité* de 13 de junho, Thorez especifica melhor: "O PC, consciente de suas responsabilidades, tomou assim corajosamente posição sem temer enfrentar as gesticulações históricas dos trotskistas e trotskizantes, como fez triunfar a Frente Popular ao combater a conversa fiada dos sectários, que condenavam a aliança da classe operária e das classes médias".[30] Não interessava aos soviéticos radicalizar o movimento francês e colocar em causa o pacto Laval-Stálin.[31]

Quando o movimento estava esfriando, o governo da Frente Popular colaborou, evacuando pela força as últimas fábricas ocupadas. As ligas fascistas voltaram, com outros nomes. Os membros do Partido Radical-Socialista no governo eram os que mais pressionavam contra as reivindicações operárias. Já o tratamento dado aos trabalhadores grevistas das colônias foi brutal: foram metralhados ou presos na Argélia, em Marrocos e na Tunísia. O Partido Comunista Francês, tergiversando, argumentava que

---

28 P. Frank, op. cit., t. 2, p. 760-762; L. Blum, citado por D. Guérin, op. cit., p. 121-122.

29 Citado por P. Frank, op. cit., t. 2, p. 762-763.

30 P. Broué, *História da Internacional...*, op. cit., t. 2, p. 867.

31 H. Sanã, op. cit., t. 2, p. 74.

era de interesse dos povos coloniais permanecer em união com o povo francês, para não correr o perigo de cair sob o jugo de Hitler, Mussolini ou do Japão.[32]

Não se pode analisar a trajetória da Frente Popular na França sem levar em conta a sua conexão com os acontecimentos na Espanha. Um mês depois da greve geral na França iniciava-se, em julho de 1936, a guerra civil espanhola a partir da rebelião militar contra do governo da Frente Popular da Espanha. Desde o início, o primeiro-ministro Léon Blum, em vez de socorrer seus aliados espanhóis, por pacifismo mas também a reboque dos interesses da Inglaterra em território espanhol, criou a política dita de "não-intervenção".[33] É claro que a prática desta política foi um embuste, face às massivas intervenções militares italiana e alemã em auxílio aos rebeldes franquistas logo após o início da guerra. O argumento principal dos socialistas e dos radicais-socialistas franceses era o perigo da guerra. O PCF propunha o envio de armas, tanques e aviões à Espanha, porém permaneceu apoiando o governo, sem participar dele.[34] O governo de Frente Popular de Blum seguiu, de recuo em recuo, tentando conter os operários. As greves e ocupações continuavam, o que irritava os banqueiros e era objeto de pressão dos radicais-socialistas. Em junho de 1937 o Senado negou a Blum um pedido de poderes financeiros, ao que o primeiro-ministro, sem usar nenhum dos recursos à sua disposição, demitiu-se, passando a participar em um ministério chefiado por um radical-socialista.[35]

O governo da Frente Popular da França durou pouco mais de dois anos. A pá de cal foi lançada por um acontecimento internacional que constituía o primeiro passo da Alemanha na sua campanha de conquista do "espaço vital" europeu e mundial que os nazistas consideravam direito deles. Pretendendo anexar a região dos sudetos, na Tchecoslováquia, com população de origem alemã, Hitler organizou uma reunião em Munique, à qual compareceram representantes dos governos da Itália, da Inglaterra e da França. O governo tchecoslovaco, principal interessado, não foi convidado. As nações que haviam negado apoio à Espanha republicana cederam à demanda de Hitler, imaginando que isso apaziguaria o apetite alemão. O Acordo de Munique foi selado em uma hora e meia de negociações, em 29 de setembro de 1938, dando à Alemanha a região dos sudetos e o controle efetivo do resto do território tchecoslovaco. Na França, a CGT, sob a pressão dos comunistas, conclamou a uma greve geral contra, mas o apelo foi pouco seguido.[36]

---

32   Citado por P. Frank, op. cit., t. 2, p. 765-767.

33   D. Guérin, op. cit., p. 150.

34   P. Frank, op. cit., t. 2, p. 768.

35   D. Guérin, op. cit., p. 136, p. 138, p. 161-162.

36   P. Frank, op. cit., t. 2, p. 769.

Do partido único ao stalinismo

O 7º Congresso Mundial e a nova linha
da Internacional Comunista (1935)

Como já foi dito, a frente entre socialistas e comunistas começou pela base, isto é, sem qualquer contato entre as direções dos partidos ligados às duas Internacionais. Nesse, sentido, a Internacional Comunista tinha necessidade de ajustar os seus novos documentos àquela prática que já existia, deixando para trás o mirabolante "terceiro período" e o sectário combate ao "social-fascismo". Sete anos haviam passado desde o último congresso. Previsto para 1934, o 7º Congresso da Internacional só se realizou no ano seguinte, entre 25 de julho e 20 de agosto, em Moscou. Eram 513 delegados entre os quais 371 com voto deliberativo, representando 65 partidos. Mais que debater, os delegados ouviram e aprovaram unanimemente os relatórios. Nenhuma sombra de autocrítica foi feita em relação ao que se havia passado na Alemanha. Só se ouviam elogios estrondosos a Stálin, embora ele estivesse ausente, e em menor medida, a Dimítrov, o herói de Leipzig, cuja eloquente defesa os serviços de propaganda na Europa ocidental, dirigidos pelo comunista alemão Willi Münzenberg, encarregaram-se de divulgar.[37] Foi nesse congresso que Dimítrov, com o apoio de Dmitri Manuílski e do finlandês Otto Kuusinen, pavimentou sua posição que viria a ser a de secretário-geral da Internacional Comunista, participando ativamente na preparação dos documentos. Consta de certa bibliografia que era Kuusinen quem escrevia esses documentos, o que combina com outras características descritas de Dimítrov, como homem às vezes pouco sutil. A eles se opunham de forma bastante discreta, como defensores da antiga linha do "terceiro período", entre outros, o húngaro Bela Kun e Salomon Lozóvski. Coube ao comunista alemão Wilhelm Pieck expor o relatório do Comitê Executivo da IC sobre as suas atividades, portanto, sobre sua política para a Alemanha. Em linhas gerais, ela tinha sido correta, apenas indivíduos ou grupos de indivíduos teriam cometido erros sectários. Parece ter sido uma exigência de Stálin, para aceitar a guinada para a "frente popular", que nenhuma autocrítica fosse feita, a mudança sendo justificada apenas por causa da alteração da conjuntura mundial. E, nas discussões, nas quais os comunistas alemães eram os mais resistentes à mudança, o exemplo do "indivíduo sectário" era sempre Heinz Neumann.[38] Um outro relatório, sobre o perigo da guerra imperialista, foi apresentado por Togliatti ("Ercoli"). Dimítrov ficou encarregado do relatório sobre "a ofensiva fascista e a luta pela unidade da classe operária". E Dmitri Manuílski ficou com o relatório sobre a vitória da construção do socialismo na URSS,

---

37   P. Broué, *História da Internacional...*, op. cit., t. 2, p. 839, 827; Pierre Frank, op. cit., t. 2, p. 713, 714, 715. Broué fala de 513 delegados, enquanto Frank (op. cit., p. 714) e A. Agosti falam de 510 (op. cit., t. 3 (1929-1943), p. 815).

38   P. Broué, *História da Internacional...*, op. cit., t. 2, p. 830, citando obra de Arvo Tuominen; e op. cit., t. 2, p. 829, 831.

206   Angela Mendes de Almeida

no qual enumerou cifras e mais cifras sobre os progressos econômicos obtidos com o Plano Quinquenal de industrialização.[39]

No relatório sobre o fascismo, coube a Dimítrov admitir, porém culpando apenas "certos comunistas", que teria sido um erro identificar o poder fascista a qualquer outra forma de dominação burguesa capitalista. Avaliando a situação concreta de alguns países capitalistas, particularmente a França, o relatório indicava que poderia haver situações em que seria defensável um governo de "frente única proletária" ou de "frente popular antifascista", como se fossem coisas do mesmo gênero. Dimítrov também fazia questão de estabelecer que essa unidade de partidos operários que se propunha com o governo de "frente única" ou "frente popular" não se referia a governos a serem formados "depois do triunfo da revolução proletária". Continuava a dizer que a participação dos socialistas-revolucionários de esquerda no primeiro governo bolchevique havia sido uma "particularidade" a não ser repetida, ficando assim assegurado o princípio de partido único depois da revolução.[40] O que seria um postulado de grande utilidade na formação das "democracias populares" no pós-guerra. Ou seja, longe deles a lembrança do "governo operário" proposta pela Internacional no 4º Congresso como um governo de transição, de pluralidade de partidos.

No relatório sobre a guerra imperialista – "A preparação de uma nova guerra mundial por parte dos imperialistas e as tarefas da IC" – Togliatti chamou a atenção para mudanças táticas na linha geral de "defesa da paz e da União Soviética", devido à nova fase nas relações entre a URSS e o mundo capitalista. Segundo ele, isso se devia à consolidação do socialismo no solo soviético e também ao crescimento do perigo da guerra, que exigia sempre definir o inimigo principal. Seguiu fazendo considerações sobre diversos países capitalistas para concluir que a França representava o país que, defendendo o *status quo*, defendia ao mesmo tempo a paz que interessava aos soviéticos. Daí a defesa do pacto Laval-Stálin.[41] Com efeito, quando Laval foi a Moscou, Stálin esclareceu-lhe que a política de frente popular era também um apoio aos países hostis ao fascismo.[42] A resolução final sobre o assunto resumia como se devia executar "a luta pela paz e pela defesa da URSS" e como "a frente popular devia atuar na luta pela paz e contra os incentivos à guerra". Especificando logo adiante as tarefas dos comunistas, esclarecia:

> Ao mesmo tempo, o congresso chama a atenção dos comunistas e dos operá-
> rios revolucionários contra os métodos anarco-sindicalistas de luta contra a
> guerra, consistindo, por exemplo, na recusa de se apresentar ao alistamento

---

39   Ibid., p. 832; P. Frank, op. cit., t. 2, p. 715-716.

40   Citado por P. Frank, op. cit., t. 2, p. 717- 718; ver também, Dimitrov, *A unidade operária contra o fascismo*. Contagem/Belo Horizonte, Ed. História/ Aldeia Global Liv. Ed., 1978, p. 22, 37, 64-65.

41   P. Frank, op. cit., t. 2, p. 721- 723; A. Agosti, op. cit., t. 3 (1929-1943), p. 854 e 890.

42   P. Broué, *História da Internacional...*, op. cit., t. 2, p. 838-839.

militar, no boicote da mobilização, na sabotagem dos escritórios de guerra, etc. O congresso considera que esses métodos de luta nada mais fazem senão prejudicar o proletariado. [43]

As atas o 7º Congresso mencionam, ainda, que as delegações aplaudiram freneticamente a chegada de Nikolai Iejov, que iria ser colocado logo depois na chefia do NKVD (Comissariado do Povo para o Interior), no lugar de Guenrikh Iagoda, caído em desgraça.[44] Como sempre, a eleição do novo corpo dirigente da Internacional Comunista deu a chave do período seguinte. O peso que os comunistas alemães haviam tido antes nos diversos cargos foi substituído pelo dos comunistas franceses.[45] Do aparelho soviético, foram excluídos de postos dirigentes Vilhelms Knorin, Óssip Piátnitski, Bela Kun e Salomon Lozóvski, considerados muito ligados à rejeição da mudança de linha. Os três primeiros seriam presos e fuzilados pouco tempo depois, o último depois da guerra. Dimítrov foi eleito secretário-geral, coadjuvado por outros secretários: Manuílski, Kuusinen, Togliatti, Pieck, o francês André Marty e o tchecoslovaco Klement Gottwald. Entraram para o *Presidium* o agente do NKVD Meir Trilisser, sob o nome de Mikhail Moskvin, e o futuro chefe da polícia política Nicolai Iejov. Com estas presenças tão significativas de membros do NKVD, a Internacional Comunista se tornava um órgão do aparelho policial da URSS.[46]

Assim, embora no relatório de Pieck e sua correspondente resolução aprovada, bem como no discurso final de Dimítrov fosse dito que a nova estruturação da IC tendia a não intervir nas questões internas dos partidos comunistas, reservando-se o papel de orientação política e tática, o que se viu foi, ao contrário, uma fase caracterizada por formas radicais de controle e ingerência nos partidos por parte dos soviéticos.[47] Stálin sempre desprezou a Internacional Comunista, considerava-a um simples órgão de financiamento e controle dos partidos comunistas. Embora fosse membro do seu *Presidium* desde abril de 1931 e tivesse preparado o congresso com Dimítrov, não o assistiu. Já estava nas suas férias de verão.[48]

A guerra civil na Espanha (1936-1939)

A guerra civil na Espanha é um dos acontecimentos fundamentais para iluminar a evolução do comunismo. Foi, enquanto guerra, um preâmbulo da Segunda

---

43   "Risoluzione sui compiti dell'IC di fronte alla preparazione di una nuova guerra mondiale da parte degli imperialisti" (20 agosto 1935), in: A. Agosti, op. cit., t. 3 (1929-1943), p. 895.

44   P. Frank, op. cit., t. 2, p. 715-716.

45   A. Agosti, op. cit., t. 3 (1929-1943), p. 868.

46   P. Broué, *História da Internacional...*, op. cit., t. 2, p. 844, p. 851.

47   A. Agosti, op. cit., t. 3 (1929-1943), p. 867, p. 869.

48   Jean-Jacque Marie, *Stálin*. São Paulo, Ed. Babel, 2011, p. 427.

Guerra Mundial. Tropas fascistas italianas e alemãs, em apoio aos generais rebelados de Franco, puderam experimentar novas armas e táticas. A sua longa duração, de quase três anos – de 18 de julho de 1936 a 1º de abril de 1939 – constituiu um compasso de espera para todos os futuros beligerantes em vista da guerra mundial inelutável que se aproximava em razão, sobretudo, das ambições imperialistas e revanchistas da Alemanha nazista. Para o comunismo, apesar das esperanças do 7º Congresso da Internacional Comunista estarem voltadas para a França, a Espanha foi o *locus* principal de aplicação da tática de frente popular então definida. Mas foi sobretudo o território em que o caráter policialesco do Estado soviético e, consequentemente, dos partidos comunistas, desabrochou em todo o seu horror. A linha sectária do "social-fascismo", antes aplicada sobretudo na Alemanha, foi deixada de lado, sem qualquer autocrítica, e substituída pela mais ampla aliança, agora não apenas com os socialistas, antigos "sociais-fascistas", mas, também, como já vimos no caso da França, com os partidos republicanos burgueses radicais, representantes dos interesses das classes médias. Mas, ao mesmo tempo, o sectarismo da linha anterior transferiu-se para os esquerdistas, isto é, os "trotskistas", ou seja, todo e qualquer opositor à esquerda da linha soviética. E não era mais apenas o sectarismo verbal, acompanhado das usuais manobras sórdidas de engano e mentira. Foi um verdadeiro laboratório de repressão policialesca que os soviéticos tentaram implantar na zona republicana da Espanha em guerra civil. Acompanhava passo a passo a lógica repressiva dentro da URSS, com seus processos-farsas teatrais, seus expurgos no aparelho comunista, bem como a repressão massiva e calculada a toda a população. O Partido (a Internacional Comunista) e o Estado (generais e técnicos militares do Exército Vermelho) atuaram em uníssono para controlar todo o movimento político espanhol e as operações de guerra.

O golpe militar de 17 de julho de 1936

Desde fevereiro de 1936, quando da eleição vencida pela coligação da Frente Popular espanhola, o país estava em efervescência, com greves generalizadas, seguidas de ocupações de fábricas. O governo, presidido pelo republicano radical da *Izquierda Republicana* Manuel Azaña, quando intervinha na disputa entre operários e patrões, em geral arbitrava favoravelmente aos primeiros. Embora em Madrid a UGT (*Unión General de Trabajadores*), central sindical ligada ao PSOE (*Partido Socialista Obrero Español*), fosse majoritária, a CNT (*Confederación Nacional del Trabajo*), que agrupava os sindicatos anarquistas, tinha-se tornado a mais ativa. Por seu lado os grupos fascistas (da *Falange Española*) atacavam constantemente os operários em locais públicos e na rua. Os quadros reacionários do exército também conspiravam abertamente, sobretudo, no Protetorado Espanhol de Marrocos. Nesse ambiente, também aconteciam assassinatos políticos, de lado a lado, entre eles o do líder falangista, Calvo Sotelo, em 13 de julho, que teve enorme repercussão. Os enterros davam lugar a grandes manifestações da esquerda e da direita.[49]

Foi nessas condições que, em 17 de julho, primeiro em Marrocos e depois em várias cidades da Espanha, os generais deram início à sublevação das guarnições. Ao mesmo tempo, os operários, decretando a greve geral, desenterravam as armas escondidas desde 1934, por ocasião da Comuna de Astúrias, e assaltavam locais onde elas estavam estocadas, também pressionando as autoridades do governo da Frente Popular para distribuí-las. Desde o primeiro momento, nas cidades mais importantes do país – Madri, Barcelona e Valência –, os trabalhadores saíram vitoriosos. Em três dias foi redesenhado o mapa do país, dividido em duas zonas. A leste, toda a costa mediterrânea e o interior, integrando essas três cidades, e mais, em separado, uma faixa ao norte, com províncias do País Basco, constituíram-se como a zona republicana. Os franquistas ficaram, a oeste, com algumas áreas fronteiriças a Portugal e uma grande parte do norte, estabelecendo a sua sede na cidade de Burgos. O governo da Frente Popular entrou em crise porque parte dos ministros queria ainda negociar com os generais rebelados e não admitia armar os trabalhadores. Afinal, caucionado pelo grande líder socialista Largo Caballero, assumiu como primeiro-ministro José Giral, também da *Izquierda Republicana*, que decretou a dissolução do exército e a distribuição de armas às milícias operárias formadas pelos partidos e sindicatos.[50]

Nos três meses seguintes, a situação foi se reconfigurando em torno do que foi a verdadeira chave da guerra: as armas e sua insuficiência. De um modo geral, onde prevaleceu o respeito que o governo da Frente Popular tinha pelas instituições, bem como pelos generais e chefes militares, o golpe prevaleceu. Onde os trabalhadores, por meio de seus sindicatos e partidos, tomaram a iniciativa de se armar, bem como de atacar os quartéis e postos institucionais, mesmo sem armas, a República venceu. Diante da multidão de trabalhadores, os soldados contrariavam a disciplina militar, recuavam e não atiravam. No entanto, rapidamente vieram à tona as implicações da questão militar. Do lado dos generais golpistas, havia armas em abundância, ordem e disciplina. Do lado das milícias de trabalhadores, formadas no calor da resistência, havia energia, às vezes desbaratada em ofensivas destinadas ao fracasso, conjugando bravura e medo. Se isso foi fundamental para vencer dentro das cidades, já não o era no combate de trincheiras em campo aberto.[51] O desenrolar militar da guerra, com suas derrotas e vitórias para os dois lados, tem aqui apenas o sentido de situar o território geográfico

---

49   Pierre Broué e Émile Témine, *A revolução e a guerra de Espanha*. Lisboa, Textos para uma cultura popular, 1976, p. 91-95.

50   Ibid., p. 98-103, p. 100 e 101.

51   Pierre Broué, *Staline et la révolution – Le cas espagnol*. Paris, Fayard, 1993, p. 82-83.

210   Angela Mendes de Almeida

onde as questões políticas se desenvolveram no seio da zona republicana e onde o papel da União Soviética floresceu no sentido já mencionado.

Em Barcelona, o lado popular conseguiu a mais espetacular vitória. Operários apossaram-se de todas as armas e explosivos estocados na cidade, inclusive, através dos estivadores, das que estavam nos navios ancorados. Contaram com a ajuda de uma parte da Guarda Civil e de "guardas de assalto" (corpo policial criado logo após a proclamação da República). Ocuparam os principais edifícios da cidade, entre eles a Central Telefônica. Eram militantes da JSU (*Juventudes Socialistas Unificadas*), produto da fusão, em março de 1936, das juventudes dos partidos socialista e comunista, do POUM (*Partido Obrero de Unificación Marxista*), denominado com frequência, erroneamente, de "trotskista" e, na sua maior parte, de militantes anarquistas da CNT-FAI (*Confederación Nacional del Trabajo - Federación Anarquista Iberica*). Contavam, ainda, com a adesão passiva da burguesia autonomista representada no governo local, a *Generalitat*. No terceiro dia, atacaram o quartel da *Capitania* e impuseram ao general Goded, um dos principais chefes da rebelião, uma rendição humilhante.[52]

> Barcelona ficou totalmente nas mãos dos combatentes da FAI, e particularmente os quartéis, que conservamos até que se resolveu depois entregar alguns deles aos partidos e às organizações que desejavam organizar milícias para a guerra iniciada contra as forças fascistas.

Assim descreve Abad de Santillan, dirigente da FAI e, mais tarde, conselheiro de economia da *Generalitat* de Catalunha,[53] o júbilo que tomou conta da cidade com essa vitória total no terceiro dia. A primeira providência: esvaziar a prisão de Barcelona repleta de companheiros que aderiram imediatamente às milícias que se criavam. Logo após esse dia em que a cidade se converteu em "um povo armado orgulhoso de sua vitória e consciente do poder adquirido", o presidente da *Generalitat*, Lluis Companys, chamou os anarquistas, que compareceram com grande escolta armada, felicitou-os pela vitória e perguntou-lhes o que pretendiam fazer.

> Podíamos ser únicos, impor nossa vontade absoluta, declarar caduca a *Generalitat* e instituir em seu lugar o verdadeiro poder do povo; mas, da mesma maneira em que não acreditávamos na ditadura quando se exercia contra nós, não a desejávamos quando a podíamos exercer prejudicando os outros. A *Generalitat* ficaria em seu lugar, com o presidente Companys à cabeça, e as forças populares se organizariam em milícias para continuar a luta pela liberação da

---

52   P. Broué, É. Témine, op. cit., p.110-112.

53   Citado por Heleno Saña, "Prologo", in D. Abad de Santillan, *Por que perdimos la guerra – Memorias de la guerra civil española 1936-1939*. Madrid, G. del Toro, 1975, p. 13.

Do partido único ao stalinismo

Espanha. Assim surgiu o Comitê Central das Milícias Antifascistas da Catalunha, que abrimos para todos os setores políticos liberais e operários.[54]

Era o duplo poder, que se repetiu em muitas outras regiões e cidades onde foram criados comitês-governo, conselhos-governo, juntas-governo, expressão das forças populares locais ou regionais, que patrulhavam a cidade, organizavam tanto a produção como os tribunais revolucionários, um verdadeiro duplo poder em relação ao governo central, contradição que teria que ser resolvida por um lado ou outro.[55]

Como os franquistas haviam tomado as províncias de Aragão e Navarra, vizinhas, o Comitê Central de Milícias da Catalunha se organizou para atacá-las com duas colunas comandadas pelos anarquistas Pérez Farraz e Buenaventura Durruti. Em dois meses essas milícias retomaram uma grande parte de Aragão, onde reorganizaram a agricultura, praticando coletivizações de terras, votadas pela maioria das populações rurais locais. O Comitê Central de Milícias organizou toda a ação militar na região, a transformação das indústrias de paz em indústrias de guerra, as relações com o governo central, a vigilância da fronteira norte e da costa, a saúde, a ajuda a outros centros de luta, o pagamento do soldo aos milicianos, a suas viúvas, etc.[56] Paralelamente, a Frente de Aragão era objeto de um verdadeiro boicote de armas entregues ao governo central e que, quando repassadas à Catalunha, iam direto para as mãos do PSUC (*Partido Socialista Unificado de Catalunha*), ou seja, dos comunistas.[57]

Por outro lado, avançando de oeste a leste, as tropas franquistas conseguiram, em fins de setembro de 1936, tomar a cidade de Toledo. Estava então aberto o caminho para Madri. A conquista da capital era vista não apenas pelos atacantes, como também pela imprensa estrangeira, como o fim da República. Novos avanços até meados de outubro levaram a uma situação de cerco quase total da cidade. Avaliava-se que a população e o governo não estavam preparados para uma resistência. Os próprios chefes militares republicanos, isto é, os poucos oficiais do exército que tinham ficado do lado da República, como o general Asensio, já se sentiam derrotados. Informadas da iminência da chegada da ajuda militar russa as tropas franquistas avançaram ainda mais, alcançando a Cidade Universitária de Madri, onde se travaram intensas batalhas, ao mesmo tempo em que, pela primeira vez, a população urbana era bombardeada.[58]

É nesse momento que, sob impulso de Largo Caballero, primeiro-ministro desde 4 de setembro, foi tomada a decisão de transferir a capital para a cidade litorânea de Valência. Antes da partida, em 6 de novembro, o Conselho de Ministros criou uma Junta de

---

54 D. A. de Santillan, op. cit., p. 70-72.

55 P. Broué, É. Témine, op. cit., p. 193-195.

56 D. A. de Santillan, op. cit., p. 84-85, p. 91-92.

57 H. Saña, *La Internacional Comunista...*, op. cit., t. 2, p. 185.

58 P. Broué, É. Témine, op. cit., p. 249-251.

Defesa de Madri e, por decisão de Caballero, à sua frente ficou o general da reserva José Miaja, até então mais conhecido por sua proximidade com os sublevados. Participavam também representantes de todos os partidos e sindicatos. A Junta acabaria tendo o papel de governo durante a atormentada resistência da cidade. Sendo um militar, Miaja iria se apoiar no 5º Regimento das Milícias Populares, organizado pelos comunistas. Participavam da Junta ainda vários militantes comunistas, entre eles Santiago Carrilho, pela JSU, Vittorio Vidali, sob o nome de "Carlos Contreras", Fernando Claudín, Enrique Castro Delgado e, como dirigentes dos comissários políticos do exército que estava sendo criado, Francisco Anton, companheiro da famosa "Pasionaria" (Dolores Ibarruri) e o misterioso "Miguel Martinez", um agente soviético que se passava por mexicano. Participavam também militantes da UGT e da CNT. Foi nesse período que chegaram as armas trazidas pela URSS, que também começaram a atuar massivamente os técnicos e conselheiros militares soviéticos, e que entraram em ação as Brigadas Internacionais.[59]

Para assegurar a defesa de Madri, a Junta permitiu o armamento do povo, a ação de massas e a justiça revolucionária. A polícia foi reorganizada, expulsando-se os partidários dos sublevados. As prisões encheram-se de fascistas que foram depois julgados rapidamente e executados. É conhecido o episódio em que é dada a ordem de evacuação da *Carcel Modelo* dos 600 mais importantes presos falangistas, como se de uma transferência se tratasse. Foram, na verdade, executados em uma estrada. A mesma sorte coube a outros presos sublevados. O principal executor desta ação foi Santiago Carrillo, porém, segundo o jornalista soviético Koltsov, foi "Miguel Martinez" quem deu a ordem. Foi assim que eliminaram a chamada "quinta coluna", destinada, segundo acreditavam os dois lados da guerra, a sustentar de dentro o avanço franquista. Madri não caiu, mas combates sangrentos e bombardeios constantes deixaram a cidade com luzes e faróis apagados durante a noite, cinzenta pelos incêndios durante o dia, sofrendo com a fome e o frio. Até novembro de 1936, prevalecera a entusiasmada unidade de toda a esquerda. Prova disso são as homenagens triunfais prestadas ao grande líder anarquista, Durruti, morto na resistência na Cidade Universitária em 21 de novembro, em uma situação jamais esclarecida. Mas logo em dezembro a unidade começou a se esfacelar pois a Junta de Defesa de Madri extinguiu todos os comitês populares e decidiu militarizar imediatamente todas as milícias. Jornais anarquistas foram censurados. Aconteceram enfrentamentos armados entre membros da CNT e do PCE. O pagamento do transporte público e dos aluguéis foi restabelecido. A Junta se encarniçou particularmente contra o POUM, bem mais fraco do que era na Catalunha, fechando seus jornais e suas sedes.[60]

---

59   Martinez, descrito pelo jornalista soviético Mikhail Koltsov como um mexicano, reconhecido por todos como oficial soviético. O historiador Broué diz que o escritor Ilya Ehrenburg identificou Martinez como sendo o próprio Koltsov; ibid. p. 252-256.

60   Ibid., p. 258-260, p. 263, p. 265-267.

Do partido único ao stalinismo

A partir de novembro, o lado franquista já não pretendia assaltar Madri, mas associá-la até obter a sua capitulação. Enrique Lister, militante comunista que havia estudado na academia militar do Exército Vermelho, em Moscou, assumiu o comando da 1ª Brigada Mista do Exército Popular da República, oriunda do 5º Regimento, criada depois da militarização das milícias e das batalhas que se travaram em seguida. As tropas franquistas, em uma empedernida batalha para os dois lados, conseguiram atravessar o rio Jarama e alcançaram a estrada para Valência, nesse momento a capital. Mas a resistência desesperada dos republicanos fez com que elas recuassem e novamente a estrada ficasse desimpedida. Esta vitória em Guadalajara, entre 20 e 23 de março de 1937, teve um enorme impacto entre os republicanos. É que, do lado dos franquistas, estavam tropas de soldados italianos que acabaram sendo sensibilizados pelos panfletos nesse idioma que eram lançados, conclamando-os a desertar e a unirem-se ao lado republicano. Isso os desmobilizou para a luta e os incitou à fuga. A ampla utilização do "derrotismo revolucionário", tão defendido durante a Primeira Guerra Mundial, fez de Guadalajara um marco importante na defesa da República. Reforçou a convicção de que "Madri seria o túmulo do fascismo". Infelizmente, ou melhor, por força dos fatores sobre os quais em seguida se falará, ela foi seguida pelas derrotas de Brunete, Belchite, Teruel e Ebro, completando-se com a capitulação de Barcelona, em janeiro de 1939, que selou o fim da guerra civil.[61]

Pode-se ver, nesta síntese muito resumida, que a guerra civil teve inicialmente dois palcos, em certa medida opostos: Barcelona e Madri. A oposição tem a ver com as forças políticas que já estavam presentes nessas duas regiões e prevaleceram no momento do golpe franquista. A partir deste ponto inicial, os fatos se desenrolaram quase como se houvesse várias guerras simultâneas, algumas contraditórias. A Espanha apresentava nesse momento um panorama político completamente diferente dos outros países europeus, nos quais a social-democracia havia se desenvolvido desde o fim do século XIX, dando lugar, depois da Primeira Guerra Mundial, à cisão da qual surgiu o comunismo. Isso essencialmente pela presença maciça e vigorosa do anarcossindicalismo e de uma social-democracia de outro tipo.

Por uma ironia da história, o núcleo inicial do que veio a ser depois o PSOE (*Partido Socialista Obrero Español*) nasceu de um pequeno grupo de "autoritários", excluídos em 1872 pelos anarquistas da AIT (Associação Internacional dos Trabalhadores), de Bakúnin, unido em torno de Pablo Iglesias, por influência, entre outros, de Paul Lafargue.[62] O anarquista José Peyrats, escrevendo na década de 1960, narra, ainda indignado, como Marx enviou seu genro, Lafargue, para cindir os anarquistas e criar "um partido político eleitoralista".[63] Em 1888, já fortalecidos, os socialistas fundaram a

---

61   Ibid., p. 268-273, p. 574-578.

62   Ibid., p. 58.

63   José Peyrats, *Une Révolution pour horizon – Les Anarcho-Syndiclistes espagnols. 1869-1939*. Clemont-Ferrand, Ed. CNT-RP & Libertalia, 2013, p. 220-221.

UGT (*Unión General de Trabajadores*), que levou mais de uma década para se tornar uma organização de massas explicitamente reformista, tanto assim que recusou a III Internacional e suas "21 condições", em 1920. Uma minoria, na qual estavam Andreu Nin e Joaquín Maurín, formou então o Partido Comunista Espanhol.[64]

Sob a ditadura do conservador Primo de Rivera (1923-1930), o PSOE já tinha como principais líderes Largo Caballero e o liberal Indalecio Prieto. Caballero aceitou colaborar com Primo de Rivera, que perseguiu anarquistas e o pequeno partido comunista. Proclamada a República, em 1931, os socialistas participaram, como era de praxe, dos governos que se sucederam, junto com os partidos radicais burgueses. Porém, quando em 1933 as direitas venceram as eleições e depois, com a insurreição de 1934 – vitoriosa nas Astúrias por cerca de um mês, sobretudo pela ação da Aliança Operaria, recém-criada pelo PSOE, à qual se juntaram a CNT e os comunistas – o partido, sob a liderança de Caballero, tornou-se radical e revolucionário. Ele tinha tido uma experiência ministerial antes de 1933 e convenceu-se, e aos seus seguidores, de que nada se podia fazer no quadro institucional republicano burguês, que só a revolução de massas resolveria. O movimento nas Astúrias tornou-se um exemplo para todos os partidos. Na prisão, Caballero começou a ler os marxistas e tornou-se admirador de Lênin, sem pensar, no entanto, em aderir à Internacional Comunista.[65] Visitado na prisão, em dezembro de 1935, por socialistas que secretamente já tinham aderido ao PCE, como Santiago Carrillo, afirmou a necessidade de ter no programa do partido a ditadura do proletariado. "É imperiosamente necessário preparar nosso partido para uma nova etapa na qual o proletariado não tenha, como dizem alguns, a missão de consolidar a república burguesa, mas de lutar sem hesitação pela república socialista".[66]

De origem operária, já com mais de sessenta anos, tornou-se o líder adorado dos trabalhadores, sobretudo em Madri, trabalhadores que tinham em certa medida compartilhado com ele as mesmas desilusões sobre a democracia no regime burguês. Indalecio Prieto, o socialista liberal acostumado aos gabinetes ministeriais, tornou-se seu rival. Depois do movimento de 1934, a UGT e os anarquistas da CNT passaram a atuar juntos. Dentro da Espanha, as duas centrais sindicais tinham mais ou menos o mesmo número de aderentes, pouco mais de um milhão, entretanto situados em locais geográficos diferentes, respectivamente a região de Madri e a Catalunha.[67] Entre o fim de 1935 e o início da guerra civil, Largo Caballero era favorável, contra a opinião de Prieto, a uma fusão, ou ao menos a uma estreita aliança com o PCE (Partido Comunista Espanhol). Achava

---

64 P. Broué, É. Témine, op. cit., p. 58-59.
65 Ibid., p. 58-62.
66 Citado por P. Broué, *Staline et la révolution...*, op. cit., p. 52.
67 P. Broué, É. Témine, op. cit., p. 63-65.

Do partido único ao stalinismo · 215

que um partido socialista radicalizado e dirigido por ele poderia absorver os comunistas. Mas, desde o início da guerra, Caballero se deu conta da política reformista e contrar-revolucionária dos comunistas e de suas manobras através da força das armas da União Soviética. Em sua *Correspondência secreta*, vinda à luz mais tarde, ele diz:

> A Terceira Internacional queria fazer no resto da Espanha o que havia feito na Catalunha e nas *Juventudes Socialistas*: unificar os partidos socialista e comunista e colocá-los no mesmo saco; mas encontrava dificuldades já que o Partido Comunista não tinha homens e nem autoridade e prestígio para esse trabalho tão importante, nem para dirigir depois o Partido Único. Os homens que valiam algo tinham passado para o trotskismo.

Narra como o comunista argentino da Internacional Comunista, Victorio Codovilla, o assediava: "Na sua fala, ressaltava os resultados da fusão dos dois partidos, indicando que quem era chamado a realizar essa tarefa era eu, pela minha autoridade e prestígio entre os trabalhadores; que eu seria o chefe do novo partido e como consequência o dono da Espanha". Quando Codovilla passou dos elogios mais deslavados para as ameaças mais ou menos abertas, que diziam respeito à subordinação da Espanha aos interesses da União Soviética, Caballero reagiu:

> Contendo minha indignação respondi que não era verdade que a fusão era pedida por todos os trabalhadores e ainda que a pedissem, eu não me prestaria a esse jogo e lhe solicitava que não me falasse mais do assunto; que se alguém desejava a unidade dos operários era só ingressar na UGT e no Partido Socialista, organizações que não eram manejadas por caprichos, nem por mim nem por ninguém, e que não estava disposto a manchar minha modesta história política e sindical com uma traição como a que me propunha.[68]

Quando os comunistas viram que Caballero, apesar de sua idade avançada, não iria ser uma marionete e nem aderir secreta ou publicamente ao PCE, forjaram a primeira crise. Com a queda de Málaga nas mãos dos franquistas, em fevereiro de 1937, propuseram a destituição do posto de subsecretário da guerra do comandante de Málaga, o general Asensio, o único oficial legalista que não tinha aceitado entrar para o PCE. Como Caballero se opusesse, o embaixador soviético, Marcel Rosenberg, com a maior sem-cerimônia, juntamente com o socialista já integrado secretamente ao PCE, Álvarez del Vayo, chefe dos comissários políticos do novo exército popular, dirigiram-se ao gabinete do primeiro-ministro para exigir essa destituição. Encolerizado, Caballero expulsou o embaixador e criticou del Vayo por servir de porta-voz das propostas

---

68   Citado por H. Saña, *La Internacional Comunista...*, op. cit., t. 2, p. 191-193.

216 Angela Mendes de Almeida

soviéticas.[69] Era apenas o início da campanha que levaria os comunistas espanhóis e os soviéticos a destituírem Caballero.

Quanto aos anarquistas, a história começa também ainda no século XIX. Mesmo antes da fundação da AIT (Associação Internacional dos Trabalhadores), em 1864, já era grande a efervescência entre camponeses e operários da Andaluzia e da Catalunha. Em 1868, por iniciativa de Bakúnin, que enviou à Espanha Giuseppe Fanelli, o núcleo de trabalhadores de Madri e o de Barcelona se uniram sob a bandeira do anarquismo. Uma ocasião de importantes definições foi o congresso realizado em Barcelona, em 1870, com ampla participação de delegações estrangeiras. No primeiro manifesto adotaram a posição de que "toda participação da classe operária na política governamental da classe média apenas pode resultar na consolidação da ordem de coisas existente, paralisando a ação revolucionária e socialista do proletariado". Foi uma declaração de guerra à participação em eleições, governos e partidos políticos. Em 1910, foi fundada a CNT (*Confederación Nacional del Trabajo)*, agregando apenas sindicatos de trabalhadores, e não permitindo a entrada de pessoas que fossem filiadas a partidos. "Os sindicatos que aderem à federação nacional só podem ser constituídos por operários que ganham seus salários nas empresas ou indústrias exploradas pela burguesia ou pelo Estado". Em 1919, em congresso regional da Catalunha, esta decisão foi adotada, reafirmando que a CNT lutaria sempre "no terreno econômico mais puro, isto é, na ação direta [...] livrando-se completamente de qualquer ingerência política ou religiosa". Outra resolução dizia que "os políticos profissionais não podem jamais representar as organizações operárias". No Congresso Nacional de 1919 outra resolução dizia: "A união do proletariado organizado deve se fazer pela ação direta revolucionária, rejeitando sistemas arcaicos que foram empregados no passado". Em 1931, Francisco Ascaso, secretário-geral da Catalunha, foi expulso porque declarou o fim de uma greve em uma rádio oficial. A FAI (*Federación Anarquista Ibérica*) surgiu depois da CNT, em julho de 1927, pretendendo agrupar grupos anarquistas portugueses e espanhóis. Era vista, em certa medida, como a guardiã dos princípios anarquistas, que podiam ser transgredidos pelos sindicalistas mais pragmáticos, como de fato aconteceu com alguns dissidentes. A FAI e a CNT comungavam do mesmo "movimento psicológico", salvo em momentos de crise. Daí porque se falava sempre da CNT-FAI.[70]

> O anarcossindicalismo tinha um passado de luta contra a instituição do Estado, contra a instituição partido político, contra a política como prática que, se de um lado havia galvanizado os trabalhadores desiludidos com a República proclamada, de outro, pela sua pregação de abstenção, havia fa-

---

69 Ibid., p. 193.
70 Citado por J. Peyrats, op. cit., p. 217-220, p. 224-225, p. 233, p. 305-307.

Do partido único ao stalinismo

cilitado a vitória das direitas. Isso se modificou nas eleições de fevereiro de 1936, quando a CNT-FAI, embora não tendo participado da frente eleitoral Frente Popular, apelou à votação por ela, pois o que estava em causa era a libertação de mais de 30 mil presos do outubro de 1934. Ora, com esse passado, o desconcerto foi imenso entre os anarquistas quando "de repente o poder da rua caiu majoritariamente em suas mãos, principalmente nas zonas industriais e mineiras da Catalunha. O que fazer com esse poder?"[71]

Foi, portanto, uma enorme surpresa para muitos quando, em 4 de novembro de 1936, Largo Caballero, o já então primeiro ministro, anunciou que quatro militantes anarcossindicalistas passavam a fazer parte do governo: Federica Montseny, ministra da saúde, García Oliver, como ministro da justiça, Joan Peiró e Juan Sánchez, ministros da indústria e do comércio. Com efeito, não foi fácil responder ao convite de Caballero e nem muito menos convencer os militantes de base. Primeiro cogitaram que, para entrar, proporiam a mudança do nome de "governo" para "junta nacional de defesa", e que os ministros seriam chamados de "delegados", representando tendências, e não partidos. Pensaram outros nomes para trocar, um programa mínimo, e propuseram à UGT. Em nome dela, Caballero recusou. Mais plenárias e acabaram cedendo, envolvidos pelo clima de guerra de Madri. Mais tarde, em dezembro 1937, em relatório enviado à AIT, explicaram-se dizendo que tinham força total em Catalunha e Aragão, bastante presença na região de Valência, mas forças inferiores na região de Madri, "onde reinavam o governo central e os partidos clássicos". Não podiam levar uma luta em três fronts ao mesmo tempo: contra os fascistas, contra os governamentais e contra "o capitalismo exterior". Decidiram pela colaboração antifascista, o que levava a atuar junto com o governo central.[72]

Quanto aos comunistas, tratava-se de um partido bastante pequeno até a eleição da Frente Popular, em fevereiro de 1936, com líderes desconhecidos – a não ser a *Pasionaria*, Dolores Ibárruri – líderes que tinham aderido há pouco tempo, como José Diaz, por exemplo.[73] Nessa data, o PCE poderia ter cerca de 10 mil militantes, embora reivindicasse 40 mil, o que não seria nada perto das massas aderentes do PSOE, de sua juventude e da UGT, bem como dos anarcossindicalistas da CNT-FAI. Logo depois do início da guerra, cresceram e chegaram a ter, em março de 1937, cerca de 250 mil militantes.[74] O núcleo inicial do PCE, fundado em 1920, já tinha se fracionado várias vezes, Andreu Nin e Joaquín Maurín, com percursos diferentes, estavam agora no POUM. A linha sectária

---

71   Julián Gorkin, "Las jornadas de mayo en Barcelona". http://archive.is/k7sR salvo de http://www.fundanin.org/gorkin8.htm (consultado em 03.03.2018).

72   J. Peyrats, op. cit., p. 217, p. 238, p. 240 e 233.

73   P. Broué, É. Témine, op. cit., p. 67.

74   P. Broué, *Staline et la révolution...*, op. cit., p. 54 e 289.

do 6º Congresso da Internacional, de 1928 a 1935, de atacar principalmente os "sociais-
-fascistas", ou seja, os socialistas, só tinha ajudado ao isolamento.[75]

Até 1934, os comunistas tinham tentado ganhar quadros dentro da CNT, mas depois do movimento das Astúrias passaram a atuar dentro da UGT. Ganharam alguns militantes socialistas que entraram secretamente para o PCE, como Alvarez del Vayo e Santiago Carrillo, e foram ganhando as juventudes socialistas ligadas a Largo Caballero. Em março de 1936, surgiram desse trabalho as JSU (*Juventudes Socialistas Unificadas*), que atuaram, sobretudo, na Catalunha. Mais tarde, já iniciada a guerra civil, os comunistas conseguiram a fusão de vários grupos socialistas da Catalunha com o partido comunista catalão, formando o PSUC (*Partido Socialista Unificado de Catalunha*), nome com o qual atuaram durante toda a guerra. Notabilizaram-se, desde o início, por defender os interesses da pequena burguesia urbana, contra a transformação econômica revolucionária que se desenrolava na Espanha, contra as expropriações e coletivizações, em defesa do Estado central.[76] Sirva de exemplo estas citações do jornal comunista *Mundo Obrero*, datadas do primeiro período da guerra:

> As forças obscuras da Espanha querem que os trabalhadores, esfomeados e desesperados, tomem atitudes violentas, deixem a via pacífica e se lancem em greves para empregar a violência e assim fazer os trabalhadores enfrentarem a força de repressão do Estado, o governo e romperem com a Frente Popular. (*Mundo obrero*, 24.06.1936)

> Somos a favor das greves, mas das greves organizadas, greves que têm a possibilidade de vencer [...] somos contra as lutas que trazem a marca do aventureirismo e que traduzem movimentos esporádicos, de derrota, que a classe operária paga com seu sangue. (*Mundo obrero*, 02.07.1936)[77]

Ganharam, assim, membros dos partidos republicanos defensores da ordem, bem como gente dos meios burocráticos e intelectuais que tinham perdido espaço. Além disso, o grande argumento para ganhar aderentes era o de que só o fortalecimento do PCE levaria a URSS a ajudar militarmente a Espanha. Conforme a política ditada pela União Soviética, os comunistas precisavam dissolver e desarmar os comitês populares formados a partir do golpe militar fascista e, para isso, tiveram o auxílio dos ministros anarquistas que votaram os decretos governamentais. O ministro anarquista Juan Peiró por essa época declarou: "Ou o governo está demais, ou são os comitês que estão demais".[78]

---

75   P. Broué, É. Témine, op. cit., p. 66-67.

76   J. Peyrats, op. cit., p. 254-256.

77   P. Broué, *Staline et la révolution...*, op. cit., p. 55.

78   Citado por J. Peyrats, op. cit., p. 256-257.

Do partido único ao stalinismo

Para conseguir explicar porque os comunistas deveriam ser contra as transformações revolucionárias do socialismo na Espanha, veio em seu socorro a estratégia montada na URSS por Stálin, que falou através de seu oráculo, Palmiro Togliatti. Conforme artigo publicado na URSS, a revolução na Espanha tinha que ser entendida como "parte integrante de uma luta geral antifascista de todos os povos do mundo". A Frente Popular da Espanha não poderia ser entendida apenas como "ditadura democrática do proletariado e do campesinato", pois abrangia ainda outras classes sociais, como a pequena e média burguesia urbana.[79] Para Santiago Carrillo, não era de socialismo que a Espanha precisava e, sim, de uma democracia "de tipo novo", "forte".[80] Em 21 de dezembro de 1936, Stálin ousou dirigir ao primeiro ministro espanhol Largo Caballero uma carta de conselhos. Recomendava-lhe atenção para com os camponeses, que tanto peso tinham na Espanha. Recomendava-lhe ainda tentar ganhar a pequena e média burguesia urbana, protegendo-a de qualquer confiscação e assegurando o livre comércio. No mesmo sentido recomendava-lhe buscar grande aproximação com os partidos radicais burgueses. Recomendava também ao governo espanhol que declarasse não tolerar que fossem violados a propriedade e os interesses estrangeiros.[81]

Durante a guerra civil, as decisões do PCE eram tomadas por seu Burô Político ao qual assistiam, é claro que com direito de voto e veto, os enviados da Internacional Comunista, o argentino Vittorio Codovilla, o italiano Palmiro Togliatti, o húngaro Ernö Gerö, os franceses Jacques Duclos e André Marty, entre outros. As ordens da União Soviética nem sempre eram aceitas sem vacilação pelos dirigentes espanhóis. Há indicações de que Jesus Hernandez e José Diaz faziam parte de um núcleo mais reticente aos ditames de Moscou, que teriam se oposto, em março de 1937, ao projeto de derrubada de Largo Caballero, enquanto Dolores Ibárruri e seu companheiro, Francisco Anton, faziam parte dos incondicionais. Os comunistas tinham uma máquina de propaganda e uma técnica de persuasão incomparáveis. Assim, apesar de perseguir pessoas e objetivos específicos, faziam passar a ideia de serem os maiores defensores da unidade frente ao fascismo. Como conseguiram dominar o exército popular criado no início da guerra em razão de ser a URSS a única provedora de armamentos, diziam lutar por um "partido único do proletariado" e por uma central sindical única. Outra marca do comunismo foi o constante ataque aos "trotskistas". No entanto, os comunistas evitaram, durante a guerra, criticar e atacar o anarquismo em geral, embora na prática combatessem-no em mil situações específicas.[82]

---

79   Citado por P. Broué, *Staline et la révolution...*, op. cit., p. 151.

80   Citado por ibid., p. 152.

81   Citado por ibid., p. 155-156.

82   H. Saña, *La Internacional Comunista...*, op. cit., t. 2, p. 169-171, p. 177-179, p. 203.

Por fim, é preciso falar do POUM, partido fundado em setembro de 1935, resultado da fusão da ICE (*Izquierda Comunista de España*) com o BOC *(Bloco Obrero Campesino)*. A ICE, de Andreu Nin e Juan Andrade, tinha tido ligação formal com os militantes que depois fundaram a Quarta Internacional. Mas contrariando a posição de Trótski, que os aconselhava a atuar dentro do PSOE, eles optaram por lutar pela construção de um partido marxista que reunisse outras forças, tendo como referência Lênin. O BOC, cujo dirigente mais importante era Joaquín Maurín, estava presente principalmente na Catalunha e tinha estado até há pouco tempo dentro do PCE.[83] Tinham um jornal, *La Batalla*, que assumia uma posição neutra em relação à URSS, enquanto o grupo de Nin divulgava a repressão soviética à Oposição de Esquerda. O POUM, denominado pelos comunistas e outros de "trotskista", era violentamente criticado por Trótski e pelos chamados "bolcheviques-leninistas" que vieram a formar a Quarta Internacional. Numericamente frágil, o POUM tinha, no entanto, grande presença na Catalunha.[84] Segundo o historiador espanhol Saña, "a força do POUM estava centrada na sua intransigência ideológica e na sólida formação dos seus dirigentes e quadros, mais preparados que os de qualquer outro partido de esquerda".[85] Para o escritor inglês George Orwell, o POUM era: "numericamente um pequeno partido, não tendo influência fora da Catalunha, e cuja importância tinha a ver sobretudo com o fato de que ele detinha uma proporção extraordinariamente elevada de membros muito conscientes, politicamente falando".[86] Durante a guerra civil, o POUM foi representado, principalmente, por Andreu Nin e Juan Andrade, já que Juaquín Maurín foi preso pelos franquistas no início da guerra, na Galícia, permaneceu preso sob um nome falso e só foi julgado em 1944, tendo sido liberado bastante tempo depois.[87]

O grupo trotskista dos "bolcheviques-leninistas" era minúsculo, porém contribuiu desproporcionalmente para o lote de vítimas de desaparecimento após prisão pelo NKVD, que então atuava na Espanha. Por seu lado, as posições de Trótski, tal como se pode ver nos seus escritos sobre a Espanha, situavam-se em um nível genérico. Exilado e quase preso na Noruega e depois, bem longe, a partir de janeiro de 1937, no México, estava desprovido de informações sobre o que se passava realmente. Além disso, seus parâmetros, como quase sempre, eram os acontecimentos da revolução russa, versão bolchevique. Sempre perseguido pelas personagens de 1917, polemizava

---

83   Wilebaldo Solano, "História del POUM" https://www.lahaine.org/est_espanol.php/historia_del_poum (consultado em 04.03.2018)

84   P. Broué, É. Témine, op. cit., p. 69, 70.

85   H. Saña, *La Internacional Comunista...*, op. cit., t. 2, p. 215.

86   George Orwell, *Hommage à la Catalogne*. Paris, Ed. Ivréa, 2000, p. 249. (Edição brasileira: George Orwell, *Lutando na Espanha*. Porto Alegre, Globo, 1986.)

87   Juaquin Maurin, "Recuerdos" https://www.marxists.org/espanol/maurin/1972.htm (consultado em 04.03.2018)

Do partido único ao stalinismo

duramente contra membros de sua própria organização que se opunham a seus julgamentos implacáveis sobre a ação do POUM, como o belga Georges Vereeken, o holandês Henk Sneevliet e Victor Serge, como se percebe nestes seus escritos.[88] Por outro lado, na correspondência com seus seguidores atuantes na Espanha, parte se perdia, ocasionando mal-entendidos. Além disso, na aplicação de suas orientações, alguns tendiam a endurecer suas posições até o envenenamento das divergências.[89]

Sobre Trótski e a Espanha, para não expor suas ideias, muitas delas fora de contexto, é melhor tomar como testemunho uma carta dele a seus camaradas na Espanha, escrita por volta de agosto de 1936, mas que nunca chegou ao seu destino, cheia de simpatia e fraternidade, onde ele diz textualmente: "Quanto a Nin, Andrade e outros, seria criminoso deixar-se guiar agora, na grande batalha, por reminiscências do período precedente. Se existem divergências, elas não devem de modo algum impedir uma aproximação sincera e duradoura".[90] O editor dos escritos de Trótski sobre a Espanha informa que a carta foi descoberta na Itália pelo historiador italiano do comunismo Paolo Spriano, e deduz que teria sido levada pelos serviços secretos italianos. Por minha parte, considero que há outra hipótese mais linear e evidente: o confisco da carta pelos serviços secretos soviéticos que atuavam como polícia na zona republicana, que a teriam encaminhado a Togliatti, chefe da equipe de dirigentes da Internacional Comunista na Espanha.

O lugar da URSS na guerra civil

A guerra civil na Espanha se tornou imediatamente um acontecimento mundial, redesenhando o marco das pedras de xadrez em que a Alemanha nazista se preparava para atacar, em busca de mais espaço geopolítico. A União Soviética se encontrava na outra ponta, observando a conjuntura mundial, procurando por todos os meios não ficar isolada e não se tornar o alvo do projeto expansionista nazista.

A Espanha não estava no radar nem do governo soviético, nem da Internacional Comunista. No início dos anos 1930, o desprezo desta última pela Espanha era total. Sirva de exemplo esta frase do dirigente Manuílski: "Uma só greve parcial pode ser, para o movimento operário internacional, mais importante que uma 'revolução' do tipo espanhol, que se realizaria sem o papel dirigente do Partido Comunista e do proletariado".[91] Dentro dessa perspectiva, ao estourar a guerra com o golpe militar e

---

88   Léon Trotsky, "La Verificación de las ideas y de los individuos a través de la revolución española", p. 151-162; "Observacciones sobre la insurrección (12 de mayo de 1937)", p. 147-150, in: *Escritos sobre España*. Paris, Ruedo Iberico, 1971.

89   Michel Lequenne, *Le trotskisme, une histoire sans fard*. Paris, Syllepse, 2005, p. 37.

90   Léon Trotsky, "El POUM y los anarquistas en la revolución española", in: *Escritos sobre España...*, op. cit., p. 135-136.

91   Citado por H. Saña, *La Internacional Comunista...*, op. cit., t. 2, p. 62.

a sucessiva resistência dos trabalhadores espanhóis, criando, em poucos dias, as duas zonas que já mencionamos, a URSS permaneceu muda, na expectativa do desenrolar dos acontecimentos. Stálin queria, antes, ver se Franco conseguiria vencer rapidamente.[92] Nesse período o que mais interessava aos soviéticos era a manutenção do equilíbrio precário daquele pré-guerra, sendo os acontecimentos da Espanha um fator desagregador, uma ameaça.[93]

Os fatos internacionais que interferiram diretamente no desdobramento da guerra foram, de um lado, a intervenção imediata da Itália e da Alemanha, com todo tipo de ajuda militar aos franquistas. Particularmente importante nesse primeiro momento foi o transporte para o território espanhol, por avião, feito pelos nazistas, das tropas marroquinas afiadas para o combate. De outro lado, e ao mesmo tempo, a proposta aparentemente pacifista e conciliadora da política de "não intervenção", apresentada por Léon Blum, primeiro ministro da França. Pressionado pela Inglaterra, ele logo teve a ideia de convidar diversos países – inicialmente a Inglaterra e a Itália, e logo depois também a Alemanha – para a assinatura de um tratado de não intervenção. Foi criado um comitê destinado a pôr em prática o embargo de fornecimento de armas aos dois lados do conflito espanhol, com sede em Londres. Itália e Alemanha assinaram o tratado que descumpriram descaradamente desde o início, favorecendo o lado dos generais golpistas. Uma série de outros países também assinou, entre eles, a própria União Soviética. O ministro soviético das Relações Exteriores, Maksim Litvinov, deu seu acordo ao tratado em 5 de agosto.[94] Esse compasso de espera durou até o início de outubro de 1936. O governo de Stálin só começou a mudar de posição sobre a ajuda militar à República espanhola em fins de agosto, quando as tropas de Franco estavam próximas de Madri. E as armas só chegaram à Espanha em fins de outubro de 1936.[95]

Os acontecimentos na Espanha mobilizaram extraordinariamente, desde o seu início, a opinião pública mundial. Esperava-se que os partidos socialistas e comunistas, e mesmo as democracias ocidentais, viessem em socorro dos republicanos, atacados por fascistas. Mas não foi isso que aconteceu. Dentro da União Soviética, no decorrer de agosto, a imprensa começou a noticiar os fatos da guerra, sobretudo através de reportagens do jornalista do *Pravda*, Mikhail Koltsov. O governo soviético organizou manifestações de solidariedade "às crianças e mulheres" da Espanha, recolhendo víveres para enviar por navios, colocando toda a ênfase na agressão fascista e na ajuda humanitária, esperando que o governo republicano se desenrascasse sozinho.

---

92   Walter Krivitsky, *J'étais un agent de Staline*. Paris, Ed. Champ Libre, 1979, p. 84.

93   P. Broué, *Staline et la révolution...*, op. cit., p. 69.

94   Ibid., p. 71, 76; H. Saña, *La Internacional Comunista...*, op. cit., t., p. 146-147..

95   W. Krivitsky, op. cit., p. 87-88; H. Saña, *La Internacional Comunista...*, op. cit., t. 2, p. 155-156.

Do partido único ao stalinismo

Os navios iam carregados de farinha, açúcar e manteiga. Peyrats menciona certo navio que aportou em Barcelona, em 20 de janeiro de 1937, com uma carga, entre outras, de 568 toneladas de manteiga, o que levou os moradores a considerar que "manteiga" era um código para "canhões", pois na costa mediterrânea da Espanha quase não se consome manteiga. Um funcionário do Ministério da Guerra testemunhou, no porto de Alicante, estivadores agradecerem os alimentos, mas esclarecerem que do que precisavam, mesmo, era de armas. *A posteriori*, depois de ter abandonado o comunismo, o ex-ministro comunista do governo republicano Jesús Hernández se lamentava: "Se, nas primeiras semanas, Stálin, em vez de ter enviado 'conselheiros' e 'técnicos', tivesse enviado armas, os golpes assestados contra o inimigo teriam sido mortais".[96] Esses mais de três meses perdidos parecem ter sido fatais para que não houvesse um desenlace favorável para as forças populares logo no início da guerra.[97]

Nesse interregno, para a Internacional Comunista, o que acontecia na Espanha continuava a ser secundário, como se nota em reunião do seu *Presidium,* realizada de 17 a 21 de setembro. Nas intervenções do francês Maurice Thorez e do argentino Vittorio Codovilla, que estava presente como delegado da Espanha, só se ouviram comentários de crítica e desprezo pelos anarquistas e pelas coletivizações, julgadas pelo primeiro como um "crime". Com o usual método de desqualificação do divergente, Codovilla afirmou que alguns grupos anarquistas combatiam, mas "a maioria preferia passear com mulheres, ir ao restaurante [...]".[98]

O governo soviético mudou de posição no momento em que as tropas de Franco cercavam perigosamente Madri. De acordo com Walter Krivitsky, naquele momento agente da inteligência soviética ligado ao NKVD, vivendo na Holanda, o processo-farsa contra Zinóviev e Kámenev havia causado uma impressão desastrosa entre os simpatizantes pró-soviéticos. A situação de paralisia da URSS começava a prejudicá-la perante a opinião pública de esquerda internacional.[99] Se para a Alemanha e a Itália interessava uma guerra que se resolvesse rapidamente, o ponto de vista da URSS era outro. Preferia uma guerra mais longa, que se tornasse continental, porém longe das fronteiras soviéticas. Assim se explica que a decisão, quando tomada, fosse de uma "ajuda calibrada" à Espanha. Mas para realizar este objetivo era preciso que a URSS controlasse as operações militares e o governo, bem como sufocasse os órgãos de controle popular nascidos da resistência ao golpe. Enquanto a guerra durasse Hitler estaria ocupado e não avançaria suas tropas a leste. Nesta tática havia

---

96   P. Broué, *Staline et la révolution...*, op. cit., p. 71-74; J. Peyrats, op. cit., p. 269; H. Saña, *La Internacional Comunista...*, op. cit., t. 2, 158; Jesús Hernandez, *La Grande Trahison*. Paris, Fasquelle, 1953, p. 31.

97   P. Broué, *Staline et la révolution...*, op. cit., p. 95.

98   Ibid., p. 89-90.

99   W. Krivitsky, op. cit., p. 87, 89; Boris Volodarsky, *El caso Orlov*. Barcelona, Crítica, 2013, p. 94; P. Broué, É. Témine, op. cit., op. cit., p. 385-386.

o perigo de as relações sovieto-alemãs se deteriorarem, daí porque a ajuda deveria ser "dosificada".[100]

Segundo Krivitsky, apesar de o governo republicano ter dinheiro em ouro para comprar armas, ninguém lhe vendia por causa do acordo de não intervenção. Quando a decisão de ajuda foi tomada, Stálin decidiu receber os três altos funcionários do governo republicano que vinham comprar armas com o ouro do Banco de Espanha. No entanto, eles não foram autorizados a seguir para Moscou. Permaneceram detidos no porto de Odessa, na Ucrânia, enquanto o Burô Político era consultado sobre "o plano de intervenção prudente". Fazia parte dessa prudência, na fase inicial, o segredo. O material militar que vinha da URSS tinha que ser carregado em zonas restritas e descarregado na Espanha sempre à noite, sob vigilância de agentes do NKVD. Só as doações de alimentos eram descarregadas publicamente por estivadores espanhóis. A esta altura, em 15 de setembro, o governo soviético, através de Ivan Máiski, embaixador na Inglaterra, já havia declarado não se sentir mais ligado ao dever de não intervenção face à situação da guerra. As primeiras armas fornecidas pela URSS só iriam chegar a partir fins de outubro de 1936.[101] Foram usadas no momento em que ficou demonstrado que Madri poderia resistir ao cerco das tropas de Franco, pois era também o momento em que estava sendo criado um exército popular, porém convencional, inclusive com a entrada em ação das Brigadas Internacionais.

As armas não foram doadas e, sim, pagas a peso de ouro. Enquanto Madri estava sendo assediada pelos franquistas, o governo republicano colocou-se uma série de questões, sendo uma delas a evacuação do ouro que o Estado espanhol possuía, como herança da colonização americana. Por outro lado, o Conselho de Ministros havia decidido a compra de armas com esse dinheiro e o seu envio à URSS. Foi Largo Caballero que, seguindo as instruções do seu então ministro das Finanças, Juan Negrín, encaminhou o ouro através do novo embaixador soviético na Espanha, que tinha chegado em 27 de agosto, Marcel Rosenberg. Foram 7.800 caixas carregadas para o navio por soviéticos entre 23 e 25 de outubro e levadas para o porto de Odessa, na Ucrânia: 500 toneladas de ouro.[102] No entanto, quando dois anos mais tarde, em setembro de 1938, a República precisou de mais armas do que as transportadas até meados de 1937 e enviou o militar Hidalgo de Cisneros, um aliado do PCE, com uma lista precisa das necessidades, as autoridades soviéticas disseram que o ouro havia acabado. Stálin e Mólotov concordaram, afinal, em fornecê-las através de um

---

100   J. Peyrats, op. cit., p. 252-253. H. Saña, *La Internacional Comunista...*, op. cit., t. 2, p. 151.

101   W. Krivitsky, *op. cit.*, p. 87-89; P. Broué, *Staline et la révolution...*, op. cit., p. 92, 94; H. Saña, *La Internacional Comunista...*, op. cit., t. 2, p. 156.

102   P. Broué, É. Témine, op. cit., p. 388; P. Broué, *Staline et la révolution...*, op. cit., p. 96, seguindo Angel Viñas, *El oro de Moscú – Alfa y Omega de un mito franquista*. Madrid, 1978; A. de Santillan, op. cit., p. 162, fala de "mais de 500 toneladas".

empréstimo. Quando tais armas chegaram à Espanha, entregues no momento da derrota, já não puderam ser utilizadas.[103]

Entre outubro e novembro de 1936, o material bélico enviado pela URSS, bem como a intervenção das Brigadas Internacionais salvaram Madri e modificaram o curso da guerra. Além das armas, os soviéticos enviaram aviões, alguns a serem montados na própria Espanha, bem como pilotos, e propiciaram a espanhóis cursos de capacitação em escolas russas. Também enviaram tanques, automóveis blindados, canhões pesados e metralhadoras. Na metade de outubro, as cargas começaram a chegar. Para o transporte em navio, falsificaram os nomes dos barcos transportadores e da equipagem. Krivitsky conta, além disso, que 50 aviões foram levados, a partir de um vendedor da Europa oriental, em peças desmontadas. Contudo, o navio, ao chegar à Espanha, foi proibido pelo governo soviético de desembarcá-las em Barcelona; a ordem foi para desembarcar em um porto mais ao sul, Alicante, que no entanto estava cercado pelas tropas de Franco. Depois de idas e vindas, o navio conseguiu afinal romper o bloqueio franquista.[104]

As Brigadas Internacionais foram um corpo de combatentes formado por voluntários de esquerda, de várias nacionalidades, a maior parte deles militantes comunistas. A ideia das Brigadas surgiu inicialmente no seio do aparato policial soviético, o NKVD, inclusive como forma de integrar cerca de 600 comunistas estrangeiros refugiados na URSS: italianos, alemães, tchecos e outros, fugidos de seus fascismos, muitos com grande experiência militar. Mas coube à Internacional Comunista colocá-la em prática, organizando o recrutamento a partir dos partidos comunistas, principalmente o francês, centralizando em Paris. Dois dos mais ativos recrutadores foram o italiano Palmiro Togliatti e o iugoslavo Josip Broz, mais tarde conhecido como Marechal Tito, àquela época exilados na França. Desde o início, foi criado um filtro para aceitar os voluntários, conforme suas posições políticas. Nenhum russo soviético participou das Brigadas, a não ser russos "brancos" exilados, que com a sua participação, pretendiam ter direito a voltar à URSS.[105] O centro de concentração e de instrução das Brigadas ficava na cidade de Albacete, situada pouco ao sul de Madri e de Valência. O governo republicano não foi consultado a respeito da criação das Brigadas. Embora a chegada dos primeiros voluntários e seu desfile pela cidade de Albacete tenham suscitado aplausos entusiasmados dos moradores, o governo não viu o envio com bons olhos, inclusive Largo Caballero.[106]

---

103   P. Broué, *Staline et la révolution...*, op. cit., p. 95-96.

104   H. Saña, *La Internacional Comunista...*, op. cit., t. 2, p.157; P. Broué, *Staline et la révolution...*, op. cit. p. 95; W. Krivitsky, op. cit., p. 94-99.

105   W. Krivitsky, op. cit., p. 100; Vincent Brome, *A batalha das Brigadas Internacionais*. Lisboa, Edição Livros do Brasil, 1965, p. 30-32; B. Volodarsky, *El caso Orlov...*, op. cit., p. 132; P. Broué, É. Témine, op. cit., p. 394.

106   H. Saña, *La Internacional Comunista...*, op. cit., t. 2, p. 159-160.

O número de combatentes presentes em solo espanhol variou muito conforme a fase. Enrique Lister, comunista, chefe do 5º Exército, citado pelo historiador Saña, fala de um total de 35 mil homens que passaram por suas filas, sendo que cinco mil teriam morrido em combate. Eram estritamente vigiados por comissários políticos do exército popular espanhol, todos em ligação com o serviço secreto soviético. Ao chegar, eram obrigados a entregar seus passaportes, de maneira que não pudessem desertar, o que foi fator de permanente conflito com muitos que não eram militantes, mas apenas idealistas ou aderentes ocasionais devido ao desemprego. Esses passaportes passavam a fazer parte do acervo do NKVD para utilização em ações ilegais variadas, como é o caso do passaporte falso usado pelo assassino de Trótski, Ramón Mercader. Os brigadistas começaram a ser retirados do solo espanhol em setembro de 1938. Em 15 de novembro, eles foram oficialmente homenageados em Barcelona, com a presença do então primeiro-ministro Juan Negrín e da "Pasionaria".[107]

Muitos outros estrangeiros foram lutar na Espanha sem passar pelas Brigadas, como, entre outros, os anarquistas italiano Carlo Rosselli e Camilo Berneri, o inglês George Orwell, em centúrias de voluntários em Aragão,[108] a filósofa francesa Simone Weil, na coluna Durruti,[109] e o brasileiro Alberto Besouchet.[110] Também, por iniciativa de André Malraux, foi criada a esquadrilha *España*, cerca de vinte aviões, utilizados no primeiro momento, quando os republicanos ainda não dispunham de qualquer meio aéreo.[111]

O controle soviético sobre as Brigadas em solo espanhol era total, através dos "comissários políticos", uma instituição soviética do Exército Vermelho recriada na

---

107   B.Volodarsky, *El caso Orlov...*, p. 385; p. 160; W. Krivitsky, op. cit., p. 101; B. Volodarsky, *El caso Orlov...*, op. cit., p. 89; Angela Mendes de Almeida, "O homem incapaz de matar cachorros", *PassaPalavra*, 13.03.2014 http://passapalavra.info/2014/03/93003 (consultado em 05.03.2018); V. Brome, op. cit., p. 335.

108   Orwell esteve em Huesca, Frente de Aragão. Pello Ersoziain, "El POUM en el frente de Huesca", http://archive.is/xyFsW salvo de http://www.fundanin.org/pelloerdoziain15.htm (consultado em 05.03.2018).

109   V. Brome, op. cit., p. 33; P. Broué, *Staline et la révolution...*, op. cit., p. 116; Ecléa Bosi, *Simone Weil*. São Paulo, Brasiliense, 1982, p. 51-67.

110   Paulo Roberto de Almeida, "Brasileiros na guerra civil espanhola", *Revista Sociologia e Política*, nº 12, jun. 1999, p. 50; Dainis Karepovs, "O caso Besouchet, ou o lado brasileiro dos processos de Moscou pelo mundo", *Olho da História*, 8/12/2006 - http://doczz.com.br/doc/184016/o-%E2%80%9Ccaso--besouchet%E2%80%9D---o-olho-da-hist%C3%B3ria (consultado em 06.01.2018); P. Broué, *História da Internacional...*, op. cit., t. 2, p. 885; Angela Mendes de Almeida, *Revolução e guerra civil na Espanha*. São Paulo, Brasiliense, 1981, p. 80; Angela Mendes de Almeida, "Alberto Besouchet, fuzilado pelos republicanos na Espanha", *Correio da Cidania*, 21.10.2014 http://www.correiocidadania.com.br/index.php?option=com_content&view=article&id=10163:submanchete211014&catid=72:imagens-rolantes (consultado em 06.03.2018).

111   P. Broué, É. Témine, op. cit., p. 395.

Espanha. Além disso, foram enviados cerca de 2 mil especialistas militares que atuavam como conselheiros e supervisores, não participando como combatentes, em trincheiras: engenheiros, mecânicos de aviação, operadores de rádio, etc.[112] Só entraram em ação os pilotos e operadores de tanques. Ficaram, todos, rigorosamente separados da população espanhola e eram vigiados constantemente. Este corpo militar estava sob o controle direto do general soviético letão Ian Berzin, que havia sido chefe do "Quarto Burô" do Exército Vermelho (serviço de inteligência militar). O chefe político e financeiro do grupo de soviéticos enviado por Stálin era, conforme Krivitsky, Arthur Stachevski, judeu de origem polonesa que ocupava a função de adido comercial da URSS. Segundo ele, Stachevski teve o principal papel, em ligação com Juan Negrín, na transferência do ouro espanhol para Moscou, enquanto o historiador Volodarsky, contesta essa preponderância e atribui a outros soviéticos esse papel. Stachevski também teria, segundo Krivitsky, "escolhido" Negrín para a futura sucessão de Caballero, considerando-o "um homem aceitável por Londres e Paris", ao contrário do outro, Largo Caballero , um "idealista".[113] Porém, tanto Berzin quanto Stachevski tiveram curta duração na Espanha, foram ambos chamados de volta à URSS em junho de 1937 para serem executados, quando a Barcelona revolucionária já estava neutralizada.

O chefe formal das Brigadas, escolhido pelos soviéticos, "a figura mais dramática da heroica defesa de Madri", era Emilio Kleber. Foi apresentado pelos soviéticos como um austríaco, naturalizado canadense, que teria se ligado aos "guardas brancos" para combater os bolcheviques e, depois, prisioneiro de guerra na URSS, teria se convertido ao comunismo. A história é, em parte, verdadeira, menos a ligação aos "guardas brancos" e a imigração para o Canadá. O nome também era outro: Manfred Stern, judeu austríaco. Sua figura sensacional, no entanto, nada tinha a ver com sua pouca importância política, segundo Krivitsky. Também teve curta duração na Espanha, tendo sido destituído em fevereiro de 1937. Atribui-se essa destituição, entre outros motivos, às cartas de delação de André Marty, criticando sua ostentação. Kleber foi substituído por Pavel Lukács, na verdade o comunista húngaro Mate Zalka, que morreu na frente de batalha, em junho seguinte. Teve um enterro glorioso, embora, segundo Valentín González, "El Campesino", comandante durante a guerra civil, sua morte tenha ocorrido pouco antes de ser destituído e preso pelos soviéticos.[114]

Entre os dirigentes políticos das Brigadas, destacaram-se André Marty e Luigi Longo ("Gallo"), que sobreviveram à experiência espanhola. Longo deixou um livro sobre as Brigadas sob o ponto de vista dos comunistas. Quanto a Marty, sua

---

112 H. Saña, *La Internacional Comunista...*, op. cit., t. 2, p. 161.

113 W. Krivitsky, op. cit., p. 102-103, 105-106; B. Volodarsky, *El caso Orlov...*, op. cit., p. 106-107, p. 179.

114 W. Krivitsky, op. cit., 103-104; B. Volodarsky, *El caso Orlov...*, op. cit., p. 182-184; H. Saña, *La Internacional Comunista...*, op. cit., t. 2, p. 161-162.

participação foi das mais polêmicas. Vinha precedido pela fama de ter sido um dos heróis do motim de marinheiros da frota francesa, em 1919, levada às portas de Odessa para combater a revolução russa. Mas os relatos de sua brutalidade são numerosos. Entre eles, o de ter presidido um conselho de guerra que julgou, condenou e executou um voluntário belga, cujo crime teria sido o de ter contato com a CNT; ou ter executado pessoalmente, à queima-roupa, quatro soldados desertores que reclamavam de suas injúrias.[115] Esta brutalidade ficou imortalizada em uma personagem do romance de Hemingway, *Por quem os sinos dobram*, a quem foi dada a alcunha de "o carniceiro de Albacete".

Outra categoria de enviados por Stálin era a dos diplomatas. O judeu russo Moses Israélevitch Rosenberg, mais conhecido como Marcel Rosenberg, havia sido da oposição de esquerda trotskista,[116] havia feito sua autocrítica pública exigida e, antes de ir para a Espanha, havia sido representante da URSS na Sociedade das Nações. Teria chegado em fins de agosto de 1936, como embaixador. Embora tenha declarado, ao chegar, que a URSS não queria impor ao governo republicano o ponto de vista soviético, foi isso exatamente o que ele fez desde que entrou em Madri. Naquele momento, Largo Caballero criticava o governo de Giral por ser excessivamente moderado e pretendia formar um governo CNT-UGT, com os sindicatos. Um governo operário, de sindicatos, era tudo o que a URSS menos queria. Segundo a ex-deputada do Partido Radical, Clara Campoamor, Rosenberg foi em pessoa à *Casa del Pueblo,* onde estavam reunidos os representantes sindicais e impediu que isso acontecesse. Conseguiu em troca um governo dos partidos da Frente Popular, incluindo dois membros do Partido Comunista Espanhol. Além disso, determinou, sob a ameaça de cortar o envio de armas, que um dos dois representantes do PSOE fosse Álvarez del Vayo, que já era secretamente um agente soviético. Para Clara Campoamor, Rosenberg agia como se fosse um vice--rei da Rússia em uma colônia espanhola. Visitava Caballero todos os dias, às vezes acompanhado de importantes personagens soviéticas, e despachava com ele durante horas, dando-lhe instruções e ordens, inclusive sobre os postos de comando no exército que recém estava sendo criado.[117] A um político americano Rosenberg declarou que "o novo governo [...] iria em breve acabar com as atividades ilegais de certos elementos irresponsáveis". O tradutor de Rosenberg era Álvarez del Vayo.[118] Sua estadia também foi breve. Em abril de 1937, ele já tinha sido substituído por Ivan Gaikis. Foi depois encaminhado para a URSS, para um posto na cidade de Tiflis, à qual nunca chegou.[119]

---

115   P. Broué, É. Témine, op. cit., p. 403, p. 588.

116   P. Broué, É. Témine, op. cit., p. 391.

117   Clara Campoamor, *La révolution espagnole vue par une republicaine*, 1937, citado por P. Broué, *Staline et la révolution...*, op. cit., p. 100-102.

118   Citado por ibid., p.103.

119   José Fargo, "La nuit espagnole du stalinisme", *À contretemps*, n° 11, mars 2003 - http://acontretemps. org/spip.php?article379 (consultado em 06.03.2018); P. Broué, *Staline et la révolution...*, op. cit., p. 143.

Outro militante em funções diplomáticas a mencionar é Vladimir Antónov-Ovsiéenko, que chegou em 1º de outubro de 1936 para ser cônsul da URSS em Barcelona. Tinha participado da revolução de 1905, quando foi preso, condenado à morte, porém indultado. Durante a Primeira Guerra, uniu-se a Trótski para fazer em Paris o jornal *Nache Slovo*. Na revolução de outubro de 1917, dirigiu o assalto ao Palácio de Inverno. Organizou os guardas vermelhos durante a guerra civil. Também tinha sido da oposição de esquerda de 1923 a 1927, quando então capitulou perante Stálin.[120] São várias as indicações de uma certa benevolência ou admiração em relação aos anarquistas espanhóis, por parte de Antónov-Ovsiéenko, de reconhecimento pela sua importância. Achava que se eles estivessem no governo, seu radicalismo se abrandaria.[121] Abad de Santillan, da FAI, narra diálogo entre ele e Antónov-Ovsiéenko pouco depois das "Jornadas de maio", em Barcelona, em que reclamava da repressão de que estavam sendo vítimas os anarquistas e os do POUM. Conta que Ovsiéenko foi compreensivo, "pareceu-nos que tinha simpatia por nós, que nos queria, apesar de que, por outro lado, fosse um fanático quanto às ordens de Stálin".[122] Conforme seu "Diário", descoberto no antigo arquivo central de Moscou depois da implosão da URSS, ele gostava da Catalunha, seu clima, sua gente e seus dirigentes políticos. Pediu a Moscou que cessasse a campanha hostil contra os anarquistas e apoiasse o governo da *Generalitat*.[123] No entanto, foi Antónov-Ovsiéenko quem iniciou a campanha de perseguição contra o POUM.[124] Foi chamado de volta a Moscou em agosto de 1937.

Moisei Haimovitch Fridliand, judeu russo conhecido como Mikhail Koltsov, era um jornalista, redator do *Pravda*, misto de militante combatente, ficcionista e agente do NKVD. Também tinha sido membro da oposição de esquerda até 1927. Quase todos o descrevem como um sedutor, realista e ao mesmo tempo cínico em sua apreciação das situações, porém totalmente fiel ao stalinismo. Dizia-se que era o homem de confiança de Stálin na Espanha. Teve papel importante na organização da defesa de Madrid e nas execuções sumárias dos franquistas presos. Deixou uma coletânea de seus artigos reunidos sob o nome de *Diário da Espanha*. Neles aparecem as ações de um "Miguel Martinez", que na maior parte das vezes seria ele próprio.[125] Antes que a guerra civil terminasse foi preso em Moscou.

Também foi enviada à Espanha uma série de dirigentes da Internacional Comunista que se reuniam sistematicamente com o comitê central do PCE. Entre eles o mais importante era Palmiro Togliatti ("Ercoli", ou "Alfredo"), que havia tido um papel

---

120   P. Broué, *Staline et la révolution...*, op. cit., p. 103.

121   J. Fargo, op. cit., http://acontretemps.org/spip.php?article379 (consultado em 06.03.2018).

122   D. Abad de Santillan, op. cit., p. 171.

123   Conforme B. Volodarsky, *El caso Orlov...*, op. cit., p. 117-118.

124   P. Broué, *Staline et la révolution...*, op. cit., p. 103.

125   Ibid.,p. 105-106.

230   Angela Mendes de Almeida

de peso no 7º Congresso da IC e na adoção da política de Frente Popular. Segundo a versão oficial, ele teria chegado à Espanha em julho de 1937, mas é quase certo que esteve algumas vezes antes desta data, em viagens curtas. Ernö Gerö, nome verdadeiro Ernö Singer, na Espanha "Pedro", ou "Guéré", era o segundo homem da hierarquia do partido comunista húngaro, depois de Bela Kun. Teria chegado em agosto de 1936. Atuou sobretudo na Catalunha, a ele sendo atribuído um papel importante na política do PSUC (Partido Socialista Unificado da Catalunha) e na perseguição ao POUM e aos anarquistas.[126] Era agente do serviço secreto da IC, a OMS (Seção de Relações Internacionais – serviço de inteligência da IC).[127] Depois da Segunda Guerra Mundial Gerö viria a ser um dos homens da repressão stalinista frente à insurreição húngara de 1956.[128] Fazia também parte deste conjunto de dirigentes Victorio Codovilla, na Espanha "Luis Medina", argentino nascido na Itália, que já estava atuando em Madri desde 1932.[129] Também era agente secreto da OMS.[130] No entanto, foi chamado de volta a Moscou em setembro de 1937, ficando Togliatti e Gerö como os dirigentes mais importantes da IC na Espanha.[131] Codovilla continuou pelo resto de sua vida atuando com os comunistas, na Argentina e onde fosse enviado, sempre fiel à matriz.

Segundo Krivitsky, quem organizou a rede de agentes do NKVD na Espanha, conforme o modelo russo, foi Abram Arónovich Slútski, que era então chefe do Departamento de Inteligência Estrangeira do NKVD. Krivitsky, então seu subordinado, ouviu-o comentar que:

> Não podemos tolerar que a Espanha se torne um lugar de reagrupamento para todos os elementos antissoviéticos vindos dos quatro cantos do mundo. Afinal, trata-se agora da nossa Espanha, uma parte do front soviético. É preciso torná-la sólida para nós. Sabe-se lá quantos espiões existem entre esses voluntários. Quanto aos anarquistas e aos trotskistas, mesmo sendo soldados antifascistas, são nossos inimigos. São contrarrevolucionários, devemos nos desfazer deles.[132]

Para Elisabeth Poreski, companheira de outro agente, Ignace Reiss, Slútski era um homem atravessado por contradições, podendo chorar ao falar das deposições dos acusados nos processos de Moscou e, subitamente, saltar indignado taxando-os

---

126   Ibid., p. 110, 111.
127   B. Volodarsky, *El caso Orlov...*, op. cit., p. 74-75.
128   Julián Gorkin, *L'assassinat de Trotsky*. Paris, Julliard, 1970, p. 296.
129   P. Broué, *Staline et la révolution...*, op. cit., p. 110.
130   B. Volodarsky, *El caso Orlov...*, op. cit., p. 56.
131   P. Broué, *Staline et la révolution...*, op. cit., p. 212-213.
132   W. Krivitsky, op. cit., p. 107.

todos de trotsko-fascistas.[133] O homem principal do núcleo do NKVD na Espanha era o judeu russo Aleksandr Mikháilovich Orlov ("Schwed"), cujo nome verdadeiro era Lev Lazárevich Feldbin e que oficialmente trocou o sobrenome para Nikólski.[134] Graças a ele, depois dos acontecimentos das "Jornadas de maio" em Barcelona, o serviço secreto por ele organizado autonomizou-se, agindo independentemente do governo republicano, com suas prisões (*checas*), sequestros e assassinatos. Estar em Barcelona era como estar nas mãos do NKVD na União Soviética. Era extremamente fácil levar alguém de Barcelona até Moscou. Era o trabalho de Orlov-Nikólski. Navios soviéticos ancoravam naquela cidade para levar aqueles que eram chamados ou para arremessar outros tantos ao mar.[135]

A audácia de Orlov suscitou críticas dos próprios russos. Krivitsky conta ter tido acesso, em maio de 1937, a um relatório do general Berzin ao Comissário do Povo para assuntos militares, Vorochílov, em que relatava os protestos dos políticos espanhóis em relação a Orlov e pedia a sua retirada da Espanha. Nessa ocasião, Slútski concordou com Berzin, comentando que os agentes do NKVD "se comportavam na Espanha como em país conquistado, como os conquistadores espanhóis faziam com os indígenas".[136] Entretanto, Slútski foi envenenado em fevereiro de 1938 e postumamente expulso do partido como "inimigo do povo". Como se verá mais adiante, Berzin foi preso em maio de 1938 e Orlov, pressentindo que iria ter o mesmo fim, desertou no mesmo ano, vindo a morar no Canadá. Outros homens que estiveram ligados às ações de Orlov e seus crimes na Espanha tiveram um percurso até agora pouco esclarecido. O italiano Vittorio Vidali – que era conhecido nos Estados Unidos como "Enea Sormenti" e no México e na Espanha como "Carlos Contreras" – foi comandante nas Brigadas, mas ao mesmo tempo agente do NKVD. Seu nome, bem como o de outros dois agentes, Ióssif Griguliévitch e Nahum Isaákovich Eitingon ("Leonid", "Kotov", ou "Pedro") aparecem em vários episódios durante a guerra civil espanhola, bem como, depois, no México, nas tentativas para assassinar Trótski, como se verá adiante.

As Jornadas de maio de 1937 e a perseguição ao POUM

O desenvolvimento paralelo, desigual e combinado da guerra e da revolução nos dois epicentros já citados, Madri e Barcelona, foi completamente alterado por fatos que precipitaram várias consequências, separando historicamente esta primeira etapa do resto do período da guerra. Fatos que colocaram a URSS no domínio completo das forças políticas estatais da zona republicana. Os acontecimentos que deram lugar ao

---

133   Elisabeth K. Poretski, *Les nôtres*. Paris, Denoël, 1969, p. 210.
134   W. Krivitsky, op. cit., p. 90.
135   E. K. Poretski, op. cit., p. 215.
136   W. Krivitsky, op. cit., p. 111-112.

episódio conhecido como "Jornadas de maio," na Catalunha, em 1937, devem ser enquadrados dentro da ideia de liquidar a proeminência daquela região e, de modo geral, da esquerda: os "trotskistas" e os "incontroláveis", isto é, os anarquistas. Esta operação correspondia à forma desenhada em um artigo-aviso saído em 17 de dezembro do ano anterior, no *Pravda*, cujo recorte foi enviado ao POUM por Victor Serge: "Na Catalunha, começou a eliminação dos trotskistas e dos anarcossindicalistas; esta eliminação será concretizada com a mesma energia que na União Soviética".[137] Para Krivitsky, as "Jornadas de maio" foram simplesmente um "complô" do NKVD em Barcelona, necessário para descartar o governo de Caballero e substituí-lo pelo de Juan Negrín, totalmente afinado com os soviéticos.[138] Para o anarquista alemão Rudolf Rocker, "o que aconteceu na Catalunha não foi o resultado de uma 'conspiração anarquista e trotskista' contra o governo, mas uma longa e cuidadosamente preparada trama contra a classe trabalhadora espanhola, na qual os comunistas e seus aliados, os nacionalistas catalães, tiveram o papel mais importante. [...] Os planos foram feitos durante meses, como é claramente mostrado por numerosos fatos indiscutíveis".[139] Para Andreu Nin, as "Jornadas de maio":

> [...] foram o resultado direto e imediato de uma monstruosa provocação do PSUC, que se serviu, para realizar seus intentos, desse Noske de baixa condição, traidor do proletariado revolucionário, que responde pelo nome de Rodríguez Salas. Nessas condições, apresentar os acontecimentos de maio como uma "luta fratricida", como um combate violento entre "as duas centrais sindicais" é deturpar deliberadamente os fatos, uma vez que toda gente sabe perfeitamente que a luta teve lugar entre os operários revolucionários, incluindo os da UGT, e uma parte das forças públicas.[140]

Era na Catalunha e em Aragão que os andaimes de uma estrutura socialista tinham avançado mais. Os líderes do movimento sindical e operário eram os anarquistas da CNT-FAI, que tinham um apoio maciço do proletariado, e o POUM. O prédio da Central Telefônica, em Barcelona, estava ocupado pelos sindicatos UGT (socialista) e CNT desde o início da guerra, juntamente com uma delegação do governo da Catalunha, a *Generalitat*.[141] Durante o mês de abril, uma série de confrontos episódicos, que resultaram em mortes ocasionais, espelharam o clima tenso entre, de um lado,

---

137 J. Gorkin, "Las jornadas de mayo en Barcelona", op. cit., http://archive.is/k7sR salvo de http://www.fundanin.org/gorkin8.htm (consultado em 03.03.2018).

138 W. Krivitsky, op. cit., p. 107.

139 Rudolf Rocker, *A tragédia da Espanha*. São Paulo, Terra Livre, 2016, p. 91.

140 Andrés Nin, *A guerra civil de Espanha*. Porto, Textos Marginais, 1975, p. 165.

141 J. Gorkin, "Las jornadas de mayo en Barcelona", op. cit., http://archive.is/k7sR.

Do partido único ao stalinismo

estes protagonistas citados e, de outro, a *Generalitat*, o governo central, agora situado em Valência, e o PSUC, dos comunistas.[142] Em vista disso, o governo central declarou o 1º de maio como dia normal de trabalho, prevendo que das manifestações surgissem distúrbios.[143] Conforme o historiador inglês Ronald Fraser, nos últimos dias de abril, o comitê central do PSUC tomou a decisão de desalojar da Telefônica as milícias da CNT, a partir de uma proposta de Gerö ("Pedro").[144]

Em 3 de maio de 1937, o prédio foi atacado por guardas de assalto chefiados pelo comunista Rodríguez Salas, Comissário da Ordem Pública. O pretexto era que os ocupantes da CNT ouviam e intervinham nas comunicações entre Barcelona e Valência. Houve resistência e um pequeno tiroteio, as forças atacantes não conseguiram chegar ao segundo andar. Em seguida, em poucas horas, espontaneamente, as lojas e cafés fecharam, a circulação de transportes parou, as fábricas entraram em greve, os operários recolheram suas armas escondidas e se concentraram, junto com os membros das milícias, em volta da Telefônica. À noite surgiram as primeiras barricadas por iniciativa do PSUC, o que causou grande agitação e a certeza de "traição", alarido que rapidamente espalhou-se pelos subúrbios. Conforme Rocker, "os trabalhadores sentiram que um ataque tinha sido organizado contra eles e decidiram preparar-se para defender a si próprios, sem esperar pela decisão de suas organizações". Nos subúrbios, a resistência era tão forte que a polícia permaneceu neutra. Apenas no centro da cidade, onde a velha classe média residia, os comunistas e seus aliados permaneceram senhores da situação. No dia seguinte, o confronto teve maior intensidade. Os telhados estavam tomados por combatentes dos dois lados. Tudo tinha parado, menos os telefones. O governo da *Generalitat* declarou-se em crise, seu presidente, Companys, com o apoio do Comitê Regional da CNT, em mensagem radiofônica, condenou a iniciativa de Rodríguez Salas, mas pediu o desarmamento das massas. À tarde desse segundo dia chegaram de avião os ministros e líderes anarquistas, García Oliver, Federica Montseny, Abad de Santillan e Hernández Zancajo, este da UGT, para terminar com o enfrentamento "fratricida". A resposta veio das juventudes do grupo anarquista chamado "Amigos de Durruti", e apoiada pelo POUM, que pediram um governo CNT-FAI-POUM. No dia seguinte, 5, com a aprovação do ministro da Marinha, Indalecio Prieto, chegaram a Barcelona três navios de guerra ingleses. Por seu lado, Caballero enviou uma coluna motorizada de cinco mil homens para restabelecer a ordem. Foi feito um novo apelo pela cessação das hostilidades. No dia 7, sentindo-se fortes, o PSUC e os stalinistas saíram de seus esconderijos e começaram a repressão. Além dos cerca de 500 mortos e mil feridos dos quatro dias de enfrentamento, somaram-se os

---

142   P. Broué, *Staline et la révolution...*, op. cit., p. 231-233.

143   J. Peyrats, op. cit., p. 276.

144   Citado por P. Broué, *Staline et la révolution...*, op. cit., p. 233, p. 304.

assassinatos seletivos como os de Alfredo Martinez, líder das juventudes anarquistas, do teórico italiano do anarquismo, Camillo Berneri e de seu colaborador Francesco Barbieri, cujos corpos foram encontrados mutilados por torturas.[145] Berneri, refugiado do regime de Mussolini, estava na Espanha desde julho de 1936. Havia escrito um artigo sob o título "Burgos e Moscou", referência à capital dos franquistas, em que desnudava as maquinações clandestinas dos stalinistas. Havia também escrito uma carta aberta a Federica Montseny, acusando a imprensa anarquista de silencio cúmplice com os cirmes do stalinismo. Não foi perdoado.[146] Não faltam historiadores conservadores dispostos a branquear a responsabilidade da URSS no assassinato desses italianos, atribuindo-a à polícia secreta italiana.[147]

George Orwell participou desses acontecimentos e combateu nas trincheiras, ligado ao POUM, mais ou menos por acaso, conta ele em livro que publicou apenas seis meses depois, *Homenagem à Catalunha*. O episódio foi o núcleo do filme de Ken Loach, "Terra e Liberdade" (1995), baseando-se neste relato. A importância de seu testemunho vem do fato de que foi das primeiras vozes a romper com a cortina de fumaça da versão stalinista dos fatos. Relatando o seu dia a dia nos quatro dias das jornadas, não cansa de ressaltar o seu despreparo político para entender as contradições vividas. Mas mesmo assim percebeu que o POUM iria se tornar o bode expiatório daquilo que os comunistas depois chamariam de uma insurreição contra o governo republicano. Orwell critica as versões de que teria sido uma "insurreição premeditada e preparada contra o governo, fomentada unicamente pelo POUM, com a ajuda de alguns 'incontroláveis' iludidos". Que teria sido "um complô fascista", que o POUM seria a "quinta coluna de Franco", uma organização "trotskista".[148] Na parte final de seu livro, Orwell se dedica a desmontar essas afirmações aberrantes, inclusive mostrando que o POUM não tinha forças suficientes para organizar esse movimento. Seu empenho em desacreditar o rol de mentiras soviéticas fica entretanto aquém da compreensão do papel da URSS. No momento da redação, ele ainda não tinha consciência de como a guerra contra o POUM fazia parte do *script* da farsa dos grandes processos de Moscou.

Para o anarquista Peyrats, que analisava criticamente os fatos na década de 1960, o envio pelo governo central de tropas para restabelecer a ordem, com o apoio da CNT, mostrava que a Confederação "acreditava, ou fingia acreditar no caráter pacífico dessas forças". O tenente-coronel Emilio Torres Iglesias, considerado pelos

---

145   J. Peyrats, op. cit., p. 285-286; J. Gorkin, "Las jornadas de mayo en Barcelona", op. cit., http://archive.is/k7sR; R. Rocker, op. cit., p. 95-96; Miquel Amorós, *La verdadera historia de Balius y los Amigos de Durruti*. Barcelona, Editorial Virus, 2003, p. 215-217, p. 222.

146   R. Rocker, op. cit., p. 99; Hugh Thomas, *A Guerra Civil Espanhola*. Rio de Janeiro, Civilização Brasileira, 1964, t. 2, p. 136; Jean-Luc Sahagian, *Victor Serge, L'homme double*. Paris, Libertalia, 2011, p. 173.

147   Helen Graham, *Breve História da Guerra Civil na Espanha*. Lisboa, Ed. Tinta-da-China, 2006, p. 86-87.

148   G. Orwell, op. cit., p. 274.

Do partido único ao stalinismo

anarcossindicalistas um amigo, era o chefe dessas tropas. "Mas o recuo da CNT, que trouxe com ela seu vulnerável aliado, o POUM, foi interpretado como uma fraqueza por seus inimigos políticos e estimulou-os. Os stalinistas, fortemente agarrados desde o início ao carro do Estado, tentaram transformar a expedição de ordem pública em expedição punitiva. Conseguiram-no em parte".[149] Uma das condições do armistício de 7 de maio entre os dois lados beligerantes era o compromisso de ambos liberarem seus presos, mas só o lado dos sindicatos o fez.

> Do lado governamental, havia dois tipos de presos. Os que estavam nas prisões oficiais e aqueles fechados nas prisões secretas do GPU (NKVD) stalinista. Entre estes últimos, muitos foram assassinados depois de sofrerem o martírio. Os presos oficiais eram militantes da CNT-FAI e do POUM e estavam detidos nas mesmas aglomerações que os presos fascistas. Alguns foram inculpados pelo delito de rebelião militar; outros mofaram na prisão sob a categoria de presos governamentais.

Para este autor, desde o início, os dirigentes da CNT tinham optado pelo retorno à calma, esforçando-se por acreditar que "a normalidade seria restabelecida sem vencidos e nem vencedores".[150] Abad de Santillan avaliou, em 1940, e depois confirmou seu juízo em 1974, o seu papel nas "Jornadas", à luz do que aconteceu depois, como um grave erro.

> Creio ter sido um fator dominante na paralisação dos tiroteios, um mérito de que me arrependi mais tarde; continuo pensando que fiz mal e que, ao contrário, devia ter assumido a direção daquela explosão para terminar por bom tempo com as manobras do comunismo na Espanha. Então a guerra acabaria? Hoje me sentiria orgulhoso, caso sobrevivesse, de ter economizado centenas de milhares de vítimas de uma empreitada que já tínhamos perdido.

Em outro trecho, de 1940, repete, ao relatar o seu diálogo posterior aos fatos com García Oliver, ministro anarquista, e Mariano Vázquez, secretário-geral da CNT:

> Expusemos nosso julgamento dos acontecimentos de maio; tinha sido uma provocação de origem internacional e nossa gente foi miseravelmente levada à luta; porém, uma vez na rua, nosso erro foi paralisar o tiroteio sem ter resolvido os problemas pendentes. Por nossa parte, estávamos arrependidos do que foi feito e acreditávamos que ainda era possível recuperar as posições perdidas. Foi impossível chegar a um acordo. Responderam-nos que tínhamos feito

---

149   J. Peyrats, op. cit., p. 283.
150   Ibid., p. 285-286.

236 Angela Mendes de Almeida

muito bem em paralisar o tiroteio e que não havia nada a fazer, senão esperar os acontecimentos e adaptarmo-nos a eles da melhor forma possível.[151]

Por sua vez, antes de ser preso cerca de um mês depois, Andreu Nin deixou registrada, em texto atribuído ao POUM, a avaliação da situação criada nas "Jornadas de maio":

> O curso da luta armada foi tal, o élan dos operários revolucionários e a importância estratégica das posições conquistadas, que teria sido possível a tomada do poder. Mas o nosso partido, força minoritária no movimento operário, não podia tomar sobre si a responsabilidade de lançar esta palavra de ordem, tanto mais que os dirigentes da CNT e da FAI, convidando os operários, insistentemente, em alocuções radiodifundidas pelos postos radiofônicos de Barcelona, a abandonarem o combate, semeavam a confusão e desordem entre os combatentes. Nessas condições, convidar os operários a tomar o poder era lançá-los fatalmente num *putsch* cujas consequências teriam sido fatais para o proletariado.[152]

Há alguma dúvida de que o objetivo dos comunistas com essa provocação era a queda de Caballero e a ascensão de Juan Negrín? E que para isso era preciso neutralizar a Catalunha revolucionária e o poder dos anarquistas, de passagem liquidando o "trotskista" POUM? Um dirigente do PSUC já havia dito: "Antes de tomar Saragoça, é preciso tomar Barcelona".[153] Na primeira reunião do Conselho de Ministros, em 15 de maio, ao pedido de dissolução do POUM, feito pelos comunistas, a então ministra Federica Montseny contra-argumentou que as "Jornadas de maio" foram o resultado de uma provocação do PSUC.[154] Contou posteriormente a Peyrats que o desenlace foi brutal, como se vê no relato a seguir. Em *Mis memorias* Largo Caballero narra que indeferiu o pedido dos comunistas e disse que somente os tribunais poderiam decidir se tinha havido delito que justificasse tal medida. Neste instante, os dois comunistas – Jesús Hernandez e Vicente Uribe – levantaram-se e saíram da sala. Surpreendentemente, para Caballero, foram seguidos pelos socialistas Prieto, Negrín e Álvarez del Vayo, e em seguida pelos dois republicanos Giral e Irurjo. Assim subiu ao poder Juan Negrín, cujo governo iria perseguir não apenas os anarquistas e o POUM, mas também os socialistas partidários de Caballero.[155] George Orwell aponta o momento em que, durante as "Jornadas", pressentiu que o POUM iria se tornar o bode expiatório dos acontecimentos. Os jornais do PSUC publicavam artigos raivosos pedindo a supressão do POUM. Definiam-no como

---

151 D. A. de Santillan, op. cit., p. 13, p. 170.
152 A. Nin, op. cit., p. 167.
153 Citado por J. Peyrats, op. cit., p. 263.
154 P. Broué, É. Témine, op. cit., p. 307-308.
155 Citado por J. Peyrats, op. cit., p. 291-292.

"uma organização fascista disfarçada" e divulgavam uma caricatura que "representava o POUM, retirando uma máscara com a foice e o martelo, sob a qual aparecia o rosto de um horrível louco furioso com a marca da cruz gamada".[156]

Em 28 de maio, o jornal poumista, *La Batalla*, foi fechado e Julián Gorkin foi indiciado por seu editorial do 1º de maio, que apenas pedia aos operários que ficassem vigilantes, com as armas à cabeceira.[157] Em 16 de junho foram presos os principais dirigentes do POUM e muitos militantes. Andreu Nin foi preso pela manhã, na sede do partido, Gorkin e Manuel Maurín à noite, no mesmo lugar. Foram presos também os dirigentes Juan Andrade, Pere Bonet e Jordi Arquer.[158] Conforme Gorkin:

> Em junho de 1937, Gerö e Orlov, respectivamente chefes da GPU [NKVD] em Barcelona e em Madri, prepararam a minha prisão e de meus companheiros de partido (POUM), a nossa transferência para uma *checa* (prisão clandestina) de Madri e um monstruoso processo que devia nos conduzir à morte. Assassinaram meu camarada Andreu Nin, depois de tê-lo torturado odiosamente, mas a operação de conjunto falhou.[159]

Nos autos o POUM era acusado de querer derrubar a República e instaurar "uma ditadura do proletariado", bem como de ter "caluniado um país amigo" que ajudava a luta do povo espanhol. Como toda organização "trotskista", estava a serviço do fascismo.[160] A iniciativa da prisão foi de Orlov. Ele foi até Antonio Ortega, recém-integrado ao PCE e nomeado por Negrín como Diretor Geral de Segurança, e ordenou-lhe, como a um subordinado, que assinasse os mandatos de prisão, sem que fossem consultados seus superiores hierárquicos no governo, o ministro do Interior e o da Justiça. Ortega obedeceu, mas por prudência avisou Jesús Hernández, ministro comunista. Este foi até Orlov para pedir explicações. O agente do NKVD apresentou então "as provas" do complô: um documento encontrado com um falangista preso em Madri, Golfin, que era um mapa com pontos da cidade assinalados e que continha, no verso, uma mensagem escrita com tinta incolor endereçada a Franco e assinado "N.", que seria naturalmente Nin.[161] A "prova" era um falso mal feito, inutilizável.

> Orlov e sua banda sequestraram Nin a fim de lhe extorquir uma confissão em que ele deveria reconhecer que era espião a serviço de Franco. Seus carrascos, especialistas na arte de "quebrar" prisioneiros políticos e obter deles

---

156   G. Orwell, op. cit., p.161-162.

157   P. Broué, É. Témine, op. cit., p. 313.

158   Julián Gorkin, *Les communistes contre la révolution espagnole*. Paris, Pierre Belfond, 1978, p. 107-111.

159   J. Gorkin, *L'assassinat de...*, op. cit., p. 300.

160   P. Broué, É. Témine, op. cit., p. 313-314.

161   J. Gorkin, *Les communistes contre...*, op. cit., p. 99.

confissões "espontâneas", pensaram encontrar no débil estado de saúde de Nin uma facilidade para a sua infame tarefa.[162]

Jesús Hernández, então ministro comunista do governo Negrín, descreve no seu livro a tortura de Nin, primeiro com o processo "seco", a tortura do sono em que o preso é mantido em pé continuamente horas e dias no interrogatório. Nin não sucumbiu à exigência. Depois o torturaram fisicamente a ponto de deixá-lo irreconhecível. Nessas condições, não podiam soltá-lo e nem apresentá-lo às autoridades oficiais. A solução foi matá-lo e desaparecer com o corpo. Foi "Carlos Contreras" (Vittorio Vidale) quem inventou a história de que ele tinha sido levado para Madri, tinha sido visto em uma prisão oficial no município vizinho de Alcalá de Henares, porém tinha sido sequestrado por homens não identificados. Na versão dos comunistas, assumida por Negrín, esses homens seriam membros da *Gestapo* disfarçados de brigadistas internacionais.[163] Coube ao jornalista do *Pravda*, Mikhail Koltsov, depois fuzilado por Stálin, redigir esta explicação pública.[164] O desaparecimento de Nin teve grande repercussão internacional e também dentro da zona republicana. Militantes simpáticos ao POUM escreviam nas paredes: "Onde está Nin?" Os comunistas respondiam escrevendo "em Salamanca ou em Berlim", fazendo eco da versão stalinista.[165] No fim de julho, o ministro da Justiça, o radical Irurjo, encaminhou o processo contra Gorkin, Juan Andrade, Pere Bonet, "Gironella" e outros dirigentes do POUM, acusados de espionagem e alta traição. O julgamento aconteceu em outubro de 1938, mas "as provas" de espionagem e conluio com os franquistas foram deixadas de lado. Foram condenados por tentativa de derrubar o governo.[166]

Em meados desse maio de 1937 foi também nomeado um "juiz especial" para perseguir e condenar os combatentes de maio. A ele juntaram-se mais três juízes especiais, entre eles até alguém que era tido como indicado pela CNT. Mas, na verdade, eles se debruçaram sobre a investigação ligada aos "depósitos e cemitérios clandestinos de toda a Catalunha", isto é, era a perseguição aos responsáveis pelas mortes nas primeiras semanas da guerra, quando resistiam ao golpe militar de Franco. Em virtude disso a prisão Modelo de Barcelona recebeu "mais de 400 presos antifascistas, inclusive adolescentes". Os presos estrangeiros, fossem anarquistas ou poumistas, também abarrotavam as celas e sobreviviam em péssimas condições. A imprensa ligada aos "Amigos de Durruti" denunciava a falta de atenção da CNT para com essa situação. Esta se defendia perante o Congresso Extraordinário da AIT, em Paris, em dezembro de 1937, questionando o que era mais importante: a prisão arbitrária de

---

162 J. Hernandez, op. cit., p. 103, p. 107.
163 Ibid., p. 103-105; P. Broué, É. Témine, op. cit., p. 318.
164 P. Broué, *Staline et la révolution...*, op. cit., p. 183.
165 J. Hernandez, op. cit., p. 100.
166 P. Broué, É. Témine, op. cit., p. 314-315.

Do partido único ao stalinismo

muitos camaradas estrangeiros ou a tragédia pela qual atravessava então a Espanha. Demonstração do descontentamento da militância anarquista com sua direção, encastelada no governo republicano foi a cena de contestação explícita ocorrida em um comício realizado em 21 de julho, em Barcelona. Conforme relato de Abel Paz, a ex-ministra da Saúde, Federica Montseny não conseguia falar diante dos gritos do público que cobrava: "E os presos"?, "E os cemitérios clandestinos"? "Berneri"! "Nin"![167]

Completando a repressão à esquerda, o governo central promoveu a destruição do trabalho feito pela militância anarquista na província de Aragão. Desde setembro de 1936, como já foi dito, as milícias da CNT-FAI levaram a cabo a reconquista da frente de Aragão. Aí implantaram as coletividades camponesas que haviam ocupado as terras e promovido democraticamente a sua redistribuição pelos camponeses, organizando uma produção coletiva. Depois das "Jornadas de maio" e da repressão ao POUM, porém, o governo central enviou para lá a 11ª Divisão, comandada pelo comunista Lister. Em seguida, em agosto de 1937, um decreto do primeiro-ministro Negrín dissolveu o Conselho de Aragão e paralisou as atividades de seus conselheiros. Pela força das armas, foi instalado um governador-geral. As coletividades foram assaltadas militarmente, terras e ferramentas foram confiscadas e entregues aos antigos proprietários. Mais de 600 militantes da CNT foram presos, alguns mortos, outros feridos, e mais de mil tiveram que fugir para outras regiões. Completando a ocupação militar, vieram a 27ª Divisão, do PSUC, e a 30ª Divisão, dos separatistas catalães.[168]

A partir desses episódios, os comunistas passaram a dominar todos os postos de poder da zona republicana, enquanto o NKVD atuava livremente, sem prestar contas ao governo oficial. O SIM (Serviço de Investigação Militar), criado em 15 de agosto de 1937, "foi mais do que uma cobertura do NKVD, que espanholizava, estendia e legalizava as *checas* e os procedimentos ilegais de seus agentes, funcionários stalinistas". O método habitual do SIM era a tortura. Perseguia militantes da CNT, do POUM ou qualquer dissidente das Brigadas Internacionais, que eram levados inicialmente às *checas* para serem interrogados. A passagem de prisioneiros desses locais para a Prisão Modelo significava o fim das torturas e uma certa garantia de "não desaparecer", como aconteceu com muitos. É impossível calcular o número de assassinados, levando em conta as mortes nas *checas*, nos campos de trabalho e também o caso daqueles que eram liberados e reintegrados no front de guerra para serem liquidados em alguma missão perigosa.[169] Só em Madri o SIM contava com seis mil agentes. A atividade de vigilância se espalhou

---

167 M. Amorós, op. cit., p. 275-279, p. 284-285; citação de Abel Paz, *Viaje al Pasado*, 1995.

168 "Mayo de 1937 – La revolución traicionada - Disolución del Consejo de Aragón y destrucción de las colectividades" - CNT-FAI – Federação Local de Madrid - http://madrid.cnt.es/historia/la-revolucion-traicionada/ (consultado em 08.03.2018).

169 Agustin Guillamón, *El terror estalinista em Barcelona*. Barcelona, Descontrol, 2013, p. 38-39.

por todas as unidades do exército, todos os partidos, até a polícia temia a presença desses agentes. Utilizavam a tortura contra os falangistas, mas também contra todo antifascista não comunista. No front, soldados e oficiais que se recusavam a entrar no PCE sofriam represálias. Contra o adversário político utilizavam a chantagem, imiscuindo-se na vida privada. Contra os presos, usavam torturas que foram modernizadas pelos soviéticos, a do sono, com interrogatórios de horas e dias em seguida, as "células frias", a "caixa de ruídos" ou a "cadeira elétrica". O SIM tinha seus próprios campos de concentração, que tiveram origem em campos de trabalho criados pelo então ministro anarquista García Oliver, para que os falangistas presos se recuperassem. Na era comunista, esses campos tornaram-se assemelhados aos alemães e aos campos soviéticos, com trabalho exaustivo. Reuniam os presos em grupos de cinco, sendo a fuga de qualquer um deles paga pelos outros. O sistema aplicava-se indistintamente aos falangistas, poumistas ou anarquistas. Para o SIM, eram todos fascistas.[170]

Para Abad de Santillan, o que mais revoltava era a introdução de métodos policiais soviéticos na política interior. É difícil, diz ele, acreditar no que aconteceu nas *checas* comunistas da Espanha republicana. Cita algumas, como o Hotel Colón, em Barcelona, o Casal Carlos Marx, em Puerta del Angel, na mesma cidade, ou o convento de Santa Úrsula, em Valência, "onde se perpetraram crimes que não têm antecedentes na história da inquisição espanhola". Os anarquistas cobravam dos ministros de Negrín sua cumplicidade por "cegueira voluntária". Uma das cobranças dizia respeito ao desaparecimento de militares do 23º Corpo do Exército que não eram do partido comunista. Aplicava-se frequentemente a lei de fuga, com a qual se executava sumariamente. Santa Úrsula, em Valência, era um lugar tenebroso. Os que tentavam visitá-la, mesmo fazendo parte do governo, nunca viam a cova dos cadáveres, nem os presos maltratados, embora soubessem o que aí se fazia. Abad de Santillan afirma que apenas os anarquistas denunciavam esses crimes. Os outros partidos – o POUM já não existia legalmente, era clandestino – calavam-se em nome da necessidade de ganhar a guerra. E não era desculpa nenhuma o fato de que na zona franquista se fazia pior.[171]

Os comunistas procuraram ocupar postos de importância, de preferência no exército, na aviação e na polícia. Ainda em 1936, um informe de Marty à Internacional Comunista dizia que o partido oferecia quadros à polícia espanhola e "assegurava a vigilância e os interrogatórios dos detidos".[172] As posições de força dos comunistas em setores-chave e o fato de que todos dependiam do armamento fornecido pela URSS dava-lhes o poder de planejar ações, muitas vezes desaconselháveis do ponto de vista militar, com a finalidade de propaganda, ou para desacreditar certos generais ou líderes políticos.[173]

---

170 J. Peyrats, op. cit., p. 300-303.

171 D. A. de Santillan, op. cit., p. 224-229, p. 235.

172 B. Volodarsky, *El caso Orlov*, op. cit., p. 385.

173 H. Saña, *La Internacional Comunista...*, op. cit., t. 2, p. 223, p. 230.

Do partido único ao stalinismo 241

Com o "Acordo de Munique", em setembro de 1938, pelo qual a Tchecoslováquia, por pressão da França e da Inglaterra e com o aval da Itália, cedia a região dos sudetos à Alemanha para garantir a paz, ficou evidente que a sorte da Europa não se jogava mais na Espanha. A política do governo Negrín tentava resistir até a eclosão da Segunda Guerra Mundial, mas a batalha para tomar o rio Ebro fracassou. Como contraofensiva, os franquistas desencadearam a luta para tomar a Catalunha, o que conseguiram em janeiro de 1939. Barcelona caiu quase sem lutar, o desgaste já era enorme pela repressão do governo de Negrín.[174] Este afirmava que tinha armas para a resistência, clamava pelo espírito da vitória de 19 de julho de 1936, quando o proletariado, sem armas, derrotou o golpe militar de Franco. Mas depois das "Jornadas de maio" de 1937 e da repressão que se seguiu, o povo de Barcelona já não estava mais disposto a seguir "os carrascos das barricadas de maio". Enquanto os ricos e as autoridades governamentais fugiam de automóveis – a capital se tinha trasladado para essa cidade em outubro de 1937 –, "o povo esfarrapado e faminto, metralhado pelos aviões, começava seu doloroso êxodo em direção às fronteiras, para servir de alvo aos versalheses da reação francesa".[175] A maioria foi parar em campos de concentração na França.

No exílio o governo republicano discutia, Negrín e os comunistas queriam voltar e resistir, e foi o que fizeram. Mas em Madri já estava claro para generais e soldados não comunistas que a guerra estava perdida e que prosseguir a luta só serviria para o sacrifício de mais vidas humanas. Foi isso que encaminhou o coronel Segismundo Casado, partidário de Caballero, a projetar uma rebelião contra o governo Negrín e os comunistas, apoiado por socialistas caballeristas, anarquistas e outros republicanos. A ideia era ter condições de negociar uma paz honrosa com Franco. O que levou à exasperação dos partidos e precipitou a formação da Junta Nacional de Defesa foi a decisão de Negrín, à ultima hora, de nomear comunistas para postos-chave do exército.[176] Assim, um gesto, considerado como uma ameaça de tomada de poder total pelos comunistas, desencadeou, em março de 1939, um golpe de Estado militar contra o regime que tinha governado a Espanha, sob o protetorado de Stálin, desde maio de 1937.[177] O enfrentamento entre comunistas e a Junta de Casado deu lugar a uma "pequena guerra civil" de pouco mais de uma semana entre republicanos, no início de março de 1939, em Madri. Franco não aceitou uma paz honrosa, ao contrário, exigiu a rendição incondicional do exército republicano.[178]

---

174   A. M. de Almeida, *Revolução e guerra...*, op. cit., p. 86-88.

175   Jean Rous, "España 1936 – España 1939 – La revolución asesinada", in: Léon Trotsly, Jean Rous, M. Casanova, *La victoria era posible – A 70 años de la Guerra Civil española*. Buenos Aires, Ediciones del I.P.S., 2006, p. 63-64.

176   H. Saña, *La Internacional Comunista...*, op. cit., t. 2 p. 234, p. 237, p. 239.

177   P. Broué, *Staline et la révolution...*, op. cit., p. 246.

178   A. M. de Almeida, *Revolução e guerra...*, op. cit., p. 90.

6. Os labirintos tortuosos do stalinismo

A instituição policial no início da sociedade soviética (1917-1933)

Sempre houve denúncias dos crimes do stalinismo, mas elas eram poucas e atingiam um círculo restrito de pessoas. Mesmo os inimigos capitalistas e burgueses do comunismo, a par da reprovação de princípio, não se sensibilizavam com denúncias relacionadas a correntes dissidentes. Por exemplo, durante os escandalosos processos-farsas de Moscou de 1936, 1937 e 1938, a chamada imprensa burguesa os cobriu sem praticamente levantar qualquer questão sobre a verossimilhança das absurdas e ilógicas alegações contra os processados. Mas, com o governo liderado por Mikhail Gorbatchov, em 1986, que pretendeu desenvolver as políticas denominadas de *glásnost* (transparência) e *perestroika* (reestruturação), a busca da verdade no passado ganhou força. E se acelerou mais ainda quando da implosão da União Soviética, em 1991. A partir daí, com a possibilidade de pesquisas e entrevistas com testemunhas, a extensão da repressão que tinha acontecido foi conhecida por um círculo muito maior de pessoas. É natural que todos os que haviam entendido o stalinismo como uma brutal inversão de rota daquela utopia de igualitarismo e socialismo implantada em 1917 se perguntassem, afinal, de onde tinham surgido aqueles procedimentos policialescos. Muitos deles vinham do próprio czarismo. Mas o que tinha acontecido a partir da tomada de poder pelos bolcheviques?

As contestações ao modelo revolucionário russo que descrevemos nos primeiros capítulos deste trabalho apresentaram um caminho diferente para a revolução nos países europeus ocidentais, mas nunca ousaram criticar a forma da tomada de poder na Rússia e suas consequências. Os bolcheviques tinham criado o primeiro Estado proletário do mundo, este feito excepcional não era colocado em questão. Involuntariamente foi um dos opositores esquerdistas, Hermann Gorter, que, de relance, tocou em um ponto-chave para discutir a forma da tomada de poder. Afirmando a desnecessidade de chefes em países como a Alemanha, relacionou a necessidade na Rússia ao fato de ser um país de "cento e sessenta milhões de habitantes" frente a um proletariado de apenas "sete ou oito milhões".[1] Com efeito, uma revolução proletária em um

---

1   Herman Gorter, *Réponse à Lénine*. Paris, Librairie Ouvrière, s.d., p. 20.

244   Angela Mendes de Almeida

país de forte maioria camponesa, organizada em torno da posse familiar ou comunal das terras e de seu cultivo, era, em certo sentido, uma contradição. Uma contradição e uma ousadia. A votação amplamente majoritária do Partido Socialista-Revolucionário na Constituinte demonstra o que pensava o campesinato no momento da insurreição bolchevique. Quase como que respondendo a isso, Rosa Luxemburgo tratou da relação entre a maioria da população e a vanguarda proletária de uma forma positiva no programa para a nova organização alemã que estava sendo criada entre o fim de 1918 e o início de 1919, o KPD (Partido Comunista Alemão): "Se Spartacus se apoderar do poder será apenas sob a forma da vontade clara, indubitável, da grande maioria das massas proletárias de toda a Alemanha e apenas enquanto força de sua consciente adesão às perspectivas, aos objetivos e aos métodos de luta propagados pela Liga Spartacus".[2] Ou seja, o poder só seria tomado com o apoio da "maioria das massas proletárias", o que na Alemanha significava a maioria da população alemã. Justamente o contrário do que se passava na União Soviética logo após a insurreição de 1917. Como diz Souvarine, para continuar, era necessário criar um "aparelho de coerção".[3]

Boris Souvarine, judeu ucraniano, naturalizado francês no início do século XX, bolchevique de primeira hora e também aderente, logo no início, da Oposição de Esquerda Unificada, descreve, em livro de 1940, a situação frágil em que se encontravam os bolcheviques nos primeiros dias depois da insurreição. A resistência dentro da Rússia e a hostilidade do mundo capitalista pareciam indicar a necessidade de linha dura, de intransigência. Entretanto, relata ele, parte dos bolcheviques pensava diferente. Nesse momento, uma greve geral dos funcionários e empregados de banco paralisava a administração pública. O sindicato dos ferroviários bem como o dos funcionários dos correios e telégrafos exigiam um governo de coalizão com todos os partidos socialistas. Onze Comissários do Povo, entre os quinze, também eram desta opinião, afirmando que fora dessa solução "só existe a manutenção de um governo puramente bolchevique pelos meios do terror político". Outros militantes de peso diziam: "Esta política afasta as organizações das massas proletárias da direção da vida política, conduz ao estabelecimento de um regime irresponsável, à perda da revolução e do país". Lev Kámenev, Grigóri Zinóviev, Alexei Rykov, Victor Noguin e Vladimir Miliútine pediram demissão do Comitê Central do partido, acusando seu grupo dirigente, isto é, Lênin e Trótski, apoiados por Iákov Sverdlov, Féliks Dzerjínski, Stálin e Bukhárin, de "querer a qualquer custo um governo puramente bolchevique sem levar em conta as vítimas em operários

---

2   Rosa Luxemburg, "O que pretende a Liga Spartacus?", in: *Reforma social ou revolução*. Lisboa, Publicações Escorpião, 1975, p. 145. (Edição brasileira: I. Loureiro (org.), *Rosa Luxemburgo* op. cit., *vol. 2 (1914-1919)*, p. 287-298. São Paulo, Editora Unesp, 2011).

3   Boris Souvarine, *Stáline*. Paris, Éditions Ivrea, 1992, p. 179 (1ª edição: 1940).

Do partido único ao stalinismo

245

e soldados que isso poderia custar".[4] Argumentação que coincide com o artigo de Rosa Luxemburgo com críticas à revolução russa, escrito só em 1918 e publicado em 1922.[5]

Mas a posição de uma coalizão de todos os partidos socialistas não foi adotada. O primeiro grande atrito entre o governo recém-criado e os outros grupos socialistas e liberais foi a dissolução da Assembleia Constituinte, em 19 de janeiro de 1919, decisão que foi depois criticada por Rosa Luxemburgo, como já vimos. Muitos dos deputados eleitos para essa assembleia fizeram parte, mais tarde, dos exércitos brancos e de camponeses ("exércitos verdes") que combateram o novo governo soviético.[6] A Constituinte teve apenas uma sessão, realizada no dia 18, até as quatro horas e quarenta minutos do dia 19. O bairro estava coalhado de metralhadoras nos tetos, policiais, soldados e marinheiros assediavam os deputados. Tinham sido eleitos 370 socialistas-revolucionários de direita, 40 socialistas-revolucionários de esquerda, apoiadores dos bolcheviques, 175 bolcheviques, 16 mencheviques, 17 cadetes e 199 representantes de outras nacionalidades. Conforme informação retomada de Maksim Górki, Souvarine fala de uma passeata pacífica, levando bandeiras vermelhas, composta por operários, aos quais se juntaram funcionários e intelectuais, em apoio à Constituinte, que foi metralhada. Houve 21 mortos e numerosos feridos. Os deputados não puderam mais se reunir, o local foi fechado.[7] Na época em que era um disciplinado militante bolchevique, Victor Serge, apoiando-se em documentação oficial, pois ainda não tinha chegado à URSS naqueles dias, descreveu essa mesma manifestação como protesto da pequena burguesia urbana. "As ruas centrais da cidade estavam atulhadas de gente. Alguns tiros disparados aqui e ali pelos marinheiros dispersaram aquela multidão frouxa, abandonada e desarmada por chefes indecisos".[8] É interessante ressaltar que durante o governo de Kiérenski, a Constituinte, sempre adiada, era ardentemente reclamada pelos bolcheviques. Mas os resultados os decepcionaram com a votação majoritária no Partido Socialista-Revolucionário. Os camponeses, por tradição, votavam nesse partido, sem diferenciar esquerda ou direita. Os bolcheviques discutiram diversas hipóteses sobre como restringir a Constituinte a apenas alguns partidos votados, antes de optar pela simples dissolução.[9]

Quão enganada estava Rosa Luxemburgo quando escrevia de sua prisão, em dezembro de 1917, à amiga Sonia Liebknecht, esposa de Karl, nascida na Rússia, sobre

---

4   Ibid., p. 175, 177-178.

5   Rosa Luxemburg, "La révolution russe", in: *Oeuvres II – Écrits politiques (1917-1918)*. Paris, Maspero, 1971, p. 79-88. (Edição brasileira: I. Loureiro (org.), *Rosa Luxemburgo...*, op. cit., vol. 2 (1914-1919), p. 175-212. São Paulo, Editora Unesp, 2011).

6   Jean-Jacques Marie, *História da guerra civil russa (1917-1922)*. São Paulo, Editora Contexto, 2017.

7   B. Souvarine, *Stáline...*, op. cit., p. 192.

8   Victor Serge, *O ano I da Revolução Russa*. São Paulo, Boitempo, 2007, p. 32, 169.

9   B. Souvarine, *Stáline...*, op. cit., p. 191-192; ; Daniel Aarão Reis, *Uma revolução perdida. A história do socialismo soviético*. São Paulo, Editora Fundação Perseu Abramo, 2007 (3ª edição), p. 74-75

as características do movimento bolchevique: "De modo geral, parece que as coisas se passam sem nenhum derramamento de sangue; em todo caso, os boatos sobre 'combates' não foram confirmados. Trata-se simplesmente de uma áspera luta partidária a qual parece sempre, pela explicação dos correspondentes dos jornais burgueses, uma loucura desenfreada e um inferno".[10] Mais tarde, ciente de como se desenrolava a revolução bolchevique, ela diria, em dezembro do ano seguinte, no discurso sobre o programa do partido comunista que estava sendo criado na Alemanha: "A revolução proletária não implica nos seus objetivos nenhum terror, odeia e tem horror ao assassínio".[11]

Foi pouco tempo depois da insurreição de outubro de 1917, em 20 de dezembro, que foi criada a Comissão Pan-Russa Extraordinária de Combate contra a Contrarrevolução e a Sabotagem, mais conhecida como *TcheKa*. Prevista como provisória, terminou sendo o germe a partir do qual surgiriam todas as sucessivas polícias políticas soviéticas. A guerra civil, que durou de 1918 a 1922, foi um importante impulso para que essa comissão extraordinária se eternizasse. Também influiu a concepção do regime de partido único, sobre a qual se falou nos primeiros capítulos deste trabalho. Para continuar, a *TcheKa* se transformou no GPU (Serviço Soviético de Segurança e Informação) em 1922, e daí por diante. Desde o início, anarquistas, mencheviques e socialistas-revolucionários de direita se converteram em "inimigos do povo".[12]

O Tratado de Brest-Litovski, por meio do qual os bolcheviques assinaram a paz com a Alemanha antes do fim da Primeira Guerra Mundial, cedendo amplos territórios russos, foi outro pomo de discórdia. Oposições se formaram dentro do partido bolchevique, bem como entre os socialistas-revolucionários de esquerda. Estes estavam no Conselho dos Comissários do Povo e, assim constituído, o órgão mantinha certo respeito às normas democráticas da pluralidade de partidos operários. No início de julho de 1918, após decisão do Partido Socialista-Revolucionário de esquerda, Iákov Bliúmkin e Nikolai Andréiev penetraram na embaixada alemã e assassinaram o embaixador Wilhelm von Mirbach, com a intenção de embaralhar o tratado. Outros militantes invadiram a Lubianka, sede da *TcheKa*, e sequestraram Féliks Dzerjínski, seu chefe, um militante de origem polonesa. Mas o levante dos socialistas-revolucionários, que queria forçar o governo bolchevique a romper o tratado, terminou sendo derrotado em 24 horas. O partido foi ilegalizado. Muitos militantes foram executados, outros presos e a repressão se voltou também contra os anarquistas, que já tinham

---

10   Rosa Luxemburgo, "Meu pobre búfalo, meu pobre irmão querido", in: Jörn Schütrumpf (org.), *Rosa Luxemburgo ou o preço da liberdade*. São Paulo, Fundação Rosa Luxemburgo, 2015, p. 123; ver também Rosa Luxemburgo, *Cartas*. Vol. III, org. Isabel Loureiro. São Paulo, Editora Unesp, 2011, p. 331.

11   Rosa Luxemburg, "O que pretende a Liga Spartacus?", in: *Reforma social ou revolução*. Lisboa, Publicações Escorpião, 1975, p. 139. . (Edição brasileira: I. Loureiro (org.), *Rosa Luxemburgo* op. cit., vol. 2 *(1914-1919)*, p. 287-298. São Paulo, Editora Unesp, 2011).

12   Christopher Andrew e Vassili Mitrokhine, *Le KGB contre l'Ouest (1917-1961)*. Paris, Fayard, 2000, p. 46.

Do partido único ao stalinismo

sido reprimidos em abril.[13] Na noite de 11 para 12 desse mês, destacamentos armados da *TcheKa* haviam atacado 26 centros anarquistas em Moscou. Houve cerca de 60 mortos e 600 pessoas foram presas. Os bolcheviques diziam perseguir apenas os "anarco-bandidos", respeitando o anarquismo ideológico. Mas logo em seguida foram todos definidos como "contrarrevolucionários".[14] Depois da ilegalização, os socialistas-revolucionários de esquerda passaram a fazer atentados, o mais importante deles contra Lênin, executado pela militante Fanni Kaplan. Foi a gota d'água que levou o governo bolchevique a decretar "o terror de massas contra a burguesia e seus agentes" ("Declaração do Comitê Central Executivo dos Sovietes", 2 de setembro de 1918).[15] Com isso, a *TcheKa* alargou os seus poderes, utilizando na cidade os procedimentos da guerra civil introduzidos pelos brancos. Além de prisões e execuções após processos sumários, fazia reféns. Uma ordem do Comissariado do Povo para o Interior declarava, em setembro: "Todos os socialistas-revolucionários conhecidos dos sovietes locais devem ser presos imediatamente. Deve-se pegar um número considerável de reféns entre a burguesia e os funcionários. Além disso, à menor tentativa de resistência, deve-se fuzilar em massa estes reféns".[16] Também começaram as operações organizadas pela *TcheKa*, de grupos de operários que iam às aldeias confiscar o trigo dos *kulaks*, na verdade de todos os camponeses que produziam.[17]

O terror acabou oficialmente em fevereiro de 1919, com um telegrama do Comitê Central Executivo justificando esse fim pelo fato de que a contrarrevolução tinha sido derrotada. Em 15 de janeiro de 1920 um decreto abolia a pena de morte. Em compensação, a *TcheKa* tinha-se tornado um potente mecanismo, com 31 mil funcionários que vigiavam todos os aspectos da vida soviética. Para substituir a pena de morte, condenava os acusados a cinco anos em campos de trabalho. Em 1922, já havia 56 campos. Em agosto desse ano os socialistas-revolucionários de esquerda foram julgados em um processo organizado por Lênin e presidido por Piatakov, com os procedimentos que depois seriam usados nos processos de Moscou: militantes amalgamados com provocadores que atuavam para o GPU, o sucessor da *TcheKa* desde fevereiro. Houve condenações à morte, porém, foram comutadas por pressão da social-democracia internacional. Apesar da troca de nome, os membros dos serviços secretos continuaram se autodenominando *tchequistas*, e com muito orgulho. A crueldade era uma virtude apreciada entre eles. Um relatório de uma *TcheKa* provincial, datado de 1918, tem a seguinte frase à guisa de epígrafe: "Aquele que combate por um futuro melhor será

---

13   J.-J. Marie, *História da guerra civil...*, op. cit., p. 70-73; B. Souvarine, *Stáline...*, op. cit., p. 183, p. 203.

14   Paul Avrich, *Los anarquistas rusos*. Madrid, Alianza, 1974; Jean-Luc Sahagian, *Victor Serge, l'homme double*. Paris, Libertalia, 2011, p. 65.

15   Jacques Baynac, *La terreur sous Lenine*. Paris, Sagittaire, 1975, p. 31-32.

16   Ibid., p. 63.

17   B. Souvarine, *Stáline...*, op. cit., p. 201; D. Aarão Reis, *Uma revolução perdida...*, op. cit., p. 137.

impiedoso com seus inimigos. Aquele que procura proteger os pobres, endurecerá o coração e irá se tornar cruel".[18]

A rebelião de Kronstadt, como já foi dito anteriormente, veio lembrar, em 1921, que faltavam aos trabalhadores, além de bens materiais, democracia, sovietes independentes do governo, divisão do poder com outros partidos socialistas e anarquistas e limitação dos poderes da *TcheKa*. Sua derrota sangrenta foi um tremendo golpe para todo o movimento revolucionário. A repressão foi intransigente e brutal. Ao todo, 2.103 insurgentes foram condenados à morte e fuzilados.[19] Muitos bolcheviques também foram atingidos moralmente, como relata Victor Serge: o partido mentia, dizia que era um complô dos brancos, quando na verdade a rebelião fora organizada pelo soviete da cidade. "O pior é que a mentira oficial nos paralisava".[20]

Essa configuração modificou-se radicalmente para pior a partir da morte de Lênin, em 21 de janeiro de 1924. As intrigas e maledicências que já grassavam dentro do partido bolchevique vieram à tona de maneira brutal. Muito já se escreveu sobre como Trótski, que era o mais brilhante, preparado e famoso bolchevique, deixou escapar a liderança do partido. As interpretações psicologizantes abundam. Uma das mais constantes é a de que lhe faltou capacidade para fazer manobras tortuosas, intrigar e se colocar no mesmo nível dos outros. Isso apenas explicita no que se tinha transformado o partido. Nesse processo, conformou-se no Burô Político um centro de poder, a *troika* – Zinóviev, Kámenev e Stálin –, na qual este fazia o papel de moderador, ficando para os outros dois a tarefa de desacreditar Trótski. Em vista disso, em 1925, ele foi destituído de seu lugar como Comissário de Guerra.[21] Em seguida foi possível a Stálin confrontar Zinóviev e Kámenev, apoiando-se na Oposição de Direita, composta por Bukhárin, Rykov e Tómski. Por essa época, aconteceu um fato que espelha como Stálin iria se comportar em seguida. Mikhail Frunze, o novo Comissário de Guerra e aliado de Zinóviev, sofria de insuficiência cardíaca e por isso seus médicos, temendo os efeitos da anestesia, eram contra uma operação de úlcera estomacal. Ele também não queria ser operado. Stálin era de opinião diferente e reuniu um conselho formado por outros médicos que aconselharam a operação. A decisão foi votada no Burô Político. Frunze morreu na mesa de operações com quarenta anos. As suspeitas sobre esta morte estranha se difundiram e, em 1926, o escritor Boris Pilniak publicou *O conto da lua inextinguível* na revista *Novy Mir*, um romance cujo tema é este caso. O texto foi

---

18   J. Baynac, op. cit., p. 37-40, 43; Robert Conquest, *La Grande Terreur*. Paris, Robert Laffont, 1987, p. 420-421. (Edição brasileira: *O grande terror – Os expurgos de Stálin*. Rio de Janeiro, Editora Expressão e Cultura, 1970); C. Andrew, V. Mitrokhine, *Le KGB contre...*, op. cit., citação p. 55, p. 824.

19   J.-J. Marie, *História da guerra civil...*, op. cit., p. 230.

20   V. Serge, *Mémoires d'un révolutionnaire...*, op. cit., p. 134.

21   R. Conquest, op. cit., p. 387.

Do partido único ao stalinismo

censurado e a revista recolhida. Em 1937, Pilniak viria a ser preso, depois julgado e condenado à morte no ano seguinte.[22]

Diante dessas novas circunstâncias, depois de se unirem e formarem a Oposição de Esquerda Unificada, tanto Zinóviev, como Kámenev e Trótski foram excluídos do Burô Político. Em 1927, esse grupo tentou um apelo direto às massas operárias. No aniversário da Revolução de Outubro, 7 de novembro, durante o cortejo das manifestações, eles desfilaram em bloco, carregando faixas com palavras de ordem como "Abaixo o *nepman*! Abaixo o *kulak*! Abaixo a burocracia! Apliquem o testamento de Lênin!".[23] Foram atacados pela polícia política e por grupos de militantes comunistas.[24] Stálin utilizou então um pretexto para colocá-los fora da legalidade soviética. Serviu-se do falso testemunho de um agente policial, o que veio a se tornar um método de provocação usual do GPU. Esse agente "descobriu" uma "gráfica", na verdade, uma simples máquina de multiplicar cópias, na qual a Oposição pretendia imprimir seu programa. O agente foi transformado em um oficial do general branco Wrangel e Stálin informou ao Comitê Central a cumplicidade dos opositores com os brancos. Trótski, Zinóviev, Kámenev e cerca de mais cem de seus apoiadores foram expulsos do partido. Zinóviev, em seguida, abjurou suas ideias juntamente com seus seguidores, que foram reintegrados. Porém Trótski e os seus resistiram. Ele foi banido em janeiro do ano seguinte para a cidade de Alma Ata, no Cazaquistão. Como se sabe, resistiu fisicamente e foi levado à força para a estação onde estava o vagão que o levaria. Seus principais apoiadores, como Kristian Rakóvski, Gueórgui Piatakov, Evguéni Preobrajiénski, Karl Radek, entre outros, foram exilados separadamente na Sibéria.[25] Assim uma parte considerável da oposição foi colocada fora da legalidade, isolada e caluniada.

Além da perseguição à oposição política, o governo soviético se voltou também para a área econômica. Desde essa época a liderança considerava a ameaça de uma guerra contra a URSS, no caso, por parte da Inglaterra. Iniciou-se então a prática de um recurso que se tornaria padrão: a "descoberta de complôs" e os julgamentos públicos espetaculares, que unificariam a nação na resistência. Sobre o clima vivido na passagem dos anos 1920 para os anos 1930, Victor Serge comenta:

---

22 Léon Trotsky, *Stalin – Uma análise do homem e de sua influência,* São Paulo, Editora Marxista/Editora Movimento, 2018J. p. 421-423; J.-J. Marie, *Stálin...,* op. cit., p. 283; J.-J. Marie, *História da guerra civil...,* op. cit., p. 246, 260; Boris Bajanov, *Bajanov révèle Staline.* Paris, Gallimard, 1979, p. 127.

23 *"Nepman"* eram os homens que haviam enriquecido com a política da NEP. O "testamento de Lenin" é um conjunto textos escritos nos seus últimos meses de vida, que Stálin e o partido soviético pretendiam deixar secreto. Apesar de divulgado no exterior, só foi novamente comentado dentro da URSS no período de Khruschev.

24 J.-J. Marie, *Stálin...,* op. cit., p. 289, p. 301.

25 Ibid., p. 299; R. Conquest, op. cit., p. 390; Christopher Andrew e Oleg Gordievsky, *Le KGB dans le monde (1917-1990).* Paris, Fayard, 1990, p. 122-123.

250   Angela Mendes de Almeida

> Quantas vítimas foram feitas pela coletivização total, resultado da imprevisão, da incapacidade e da violência totalitárias? [...] Terminada a coletivização, havia apenas 20 milhões e seiscentos lares camponeses. Em sete anos, cerca de cinco milhões de famílias tinham desaparecido. Os transportes se deterioravam, todos os planos de industrialização ficavam alterados para enfrentar as novas necessidades. Era, conforme um termo justo de Boris Souvarine, "a anarquia do plano". Engenheiros, agrônomos e cientistas denunciavam corajosamente os erros e os excessos; eram presos aos milhares, faziam-lhes processos por sabotagem para desviar as responsabilidades sobre alguns.[26]

Com a crise aberta pela coletivização forçada e a industrialização acelerada, sucederam-se os processos e as condenações à morte. No fim de 1927, o chefe do GPU no Cáucaso do Norte "descobriu" um complô. Um grupo de engenheiros e os antigos proprietários das minas de carvão de Chakhty, na região do Donbass, pretendiam sabotá-las. Por intervenção direta de Stálin, passando por cima do então chefe do GPU, Menjínski, muitos engenheiros foram presos. A partir de vários incidentes industriais e atos de vandalismo, o GPU concluiu que o país se achava diante de uma vasta intriga internacional, passando por Varsóvia, Berlim e Paris. Durante dois meses, os jornais denunciaram os "infames sabotadores", cinquenta técnicos, bem como engenheiros russos e três alemães. Esta mobilização culminou em um julgamento público realizado na Casa dos Sindicatos, em Moscou. Estranhamente, só onze "infames" sabotadores foram condenados à morte. Em abril de 1928, Stálin em pessoa detalhou ao Comitê Central a trama de Chakhty e aproveitou para pedir o fim da NEP e uma perseguição implacável aos "especialistas burgueses".[27]

Em 1928, Stálin já tinha uma plêiade de seguidores nos postos-chaves. Com a Oposição de Esquerda derrotada, voltou-se contra a Oposição de Direita, liderada por Bukhárin. Foi nesse momento que aconteceu um encontro secreto que não teve nenhuma consequência prática, mas que revela muito sobre a situação do partido soviético. Em 11 de julho, à tarde, Bukhárin, extremamente agitado, foi à casa de Kámenev. Entre várias constatações sobre o leque de opiniões presentes naquele momento, afirmou ter chegado à conclusão de que as divergências entre as oposições de esquerda e de direita eram bem menores que as que tinham, todos, com Stálin. "É um maledicente sem princípios que subordina tudo ao fato de se manter no poder. Muda de teoria consoante a identidade da pessoa que deverá ser eliminada no momento em que fala. [...] Ele nos estrangulará. [...] Só pretende manter o poder". Kámenev fez depois um relato dessa conversa que terminou circulando e até caindo nas mãos de Stálin. Bukhárin só foi recebido por Kámenev depois de um telefonema de Grigóri Iakovlevitch Sokólnikov,

---

26   V. Serge, *Mémoires d'un révolutionnaire...*, op. cit., p. 259.
27   C. Andrew e O. Gordievsky, *Le KGB dans...*, op. cit., p. 123-125; V. Serge, *Mémoires...*, op. cit., p. 259.

Do partido único ao stalinismo

durante muito tempo um seguidor da tendência Zinóviev-Kámenev, propondo-lhe "um acordo para afastar Stálin". O telefonema tinha sido grampeado. O *Boletim da Oposição*, de Trótski, e o *Mensageiro Socialista*, dos mencheviques, publicaram meses mais tarde versões aproximativas dessa conversa.[28]

A Oposição de Direita foi sendo eliminada paulatinamente de seus postos, Tómski da direção dos sindicatos, Bukhárin da direção do jornal *Pravda*. Em abril de 1929, no 15º Congresso do partido, foi adotada uma política radical de coletivização do campo e de industrialização.[29] As necessidades dos grandes centros industriais e da infraestrutura arquitetônica a eles associada fez com que fosse incrementada a rede de campos de trabalho forçado, entendidos como "campos de reeducação".[30] Vários trotskistas viram nessa guinada uma aplicação da política que tinham pregado e "capitularam", ou seja, elogiaram publicamente a nova política, reconheceram seu erro anterior e pediram reintegração. Um dos poucos que ficou fiel a Trótski foi Rakóvski.[31] Stálin decidiu então expulsar Trótski da União Soviética. Orientou o Burô Político a exigir do opositor que paralisasse a atividade de organização da oposição, que estava presa e deportada, feita sobretudo por seu filho, Lev Sedov. Com a recusa esperada, o Burô Político votou pela expulsão, enviando Trótski e a família para Istambul, na Turquia. Stálin viria a se arrepender de ter deixado partir Trótski, ainda mais com as malas repletas de seus arquivos pessoais. Mas, naquele momento, a preocupação principal eram a coletivização no campo e a industrialização.[32]

Faltava carne, era sabotagem. Em 1930, na caça contínua aos "sabotadores", o professor Karatíguin e 47 outros professores, agrônomos e funcionários ligados ao abastecimento foram acusados. Os jornais incentivavam a pena capital que, afinal, golpeou todos os 48. Posteriormente, os jornais reproduziram as confissões de crimes imaginários. Em seguida, a Inglaterra passou a ser governada pelos trabalhistas, reatou relações diplomáticas com a URSS e a França se tornou o principal inimigo imperialista. Outro "complô descoberto" nesse ano foi o da existência de um "partido industrial" clandestino, composto de dois mil engenheiros e responsáveis pela execução de planos de industrialização. Um engenheiro e ao mesmo tempo agente provocador, não condenado, "confessou" um plano mirabolante de intervenção militar na URSS. Com a ajuda da França, de personalidades famosas do Ocidente e, claro, dos emigrados brancos, os acusados tinham o projeto de derrubar o regime soviético. Mais um julgamento-espetáculo realizado na suntuosa Casa dos Sindicatos de Moscou, mais manifesta-

---

28   J.-J. Marie, *Stálin...*, op. cit., p. 311-312; R. Conquest, op. cit., p. 398.

29   R. Conquest, op. cit., p. 398.

30   C. Andrew e O. Gordievsky, *Le KGB dans...*, op. cit., p. 128.

31   R. Conquest, op. cit., p. 398.

32   J.-J. Marie, *Stálin...*, op. cit., p. 315-316.

ções de operários pedindo a pena de morte. Foram produzidas provas conseguidas em confissões obtidas através de espancamentos, tortura do sono, do frio e do calor. Muitas vezes, a simples ameaça desse tratamento era suficiente para que engenheiros e funcionários técnicos confessassem qualquer coisa. Depois de muita agitação, afinal, apenas 5 foram condenados à morte, tendo depois as suas penas reduzidas a dez anos de trabalhos forçados. Começava a ser sentida pelos soviéticos a utilidade dos "especialistas burgueses" e alguns deles foram até libertados. Stálin, hipocritamente, declarou que sempre havia criticado o assédio aos especialistas e que preconizava para eles o melhor tratamento. Mas depois, em 1933, ainda houve a "descoberta" de seis engenheiros ingleses e numerosos russos que sabotavam a sociedade Metropolitan-Vickers, construtora do metrô. Mais um julgamento-espetáculo com confissões dos seis ingleses e dos russos. Foram condenados a penas de prisão, mas o governo inglês conseguiu a libertação de seus súditos. Todos esses processos partiam de fatos reais, incidentes, negligências, defeitos, para então montar o roteiro do "complô".[33]

Na mesma época, aconteceu o processo do "partido camponês", no qual os professores Makarov e Kondratiev, críticos da coletivização forçada, foram executados. Mais adiante, o processo da Comissão do Plano, no qual velhos mencheviques, como Groman, Guinzburg, o historiador socialista-revolucionário, Sukhánov e outros foram liquidados. Sukhánov havia escrito uma obra em sete volumes sobre a revolução de 1917, que foi amplamente utilizada por Trótski para escrever a sua *História da Revolução Russa*. Nesse período, o diretor do Instituto Marx-Engels da União Soviética, David Riazánov, que vinha fazendo um escrupuloso trabalho sobre a bibliografia marxista, foi envolvido no processo do "Centro Menchevique" e apesar da idade avançada e dos serviços prestados ao comunismo, foi deportado para Saratov, na região do Volga, onde iria viver em condições de miséria. Trótski acreditava que ele tinha morrido em 1933, Serge, talvez em 1940, mas de causas naturais.[34] Porém, não foi isso que aconteceu. Na verdade, como costumava ser feito no período do Terror, em 1937, Stálin enviou Andréiev para inspecionar a cúpula partidária da cidade e em seguida liquidá-la. Riazánov era culpado por ter sido nomeado consultor da biblioteca da universidade local por esses dirigentes e foi preso em 22 de julho. Foi interrogado brutalmente a fim de confessar o arrependimento de suas ideias e resistiu. Julgado em quinze minutos, em 21 de janeiro de 1938, foi executado no mesmo dia. O relato deste interrogatório só veio a público em 1992.[35]

---

33   C. Andrew e O. Gordievsky, *Le KGB dans...*, op. cit., p. 129-132; V. Serge, *Mémoires...*, op. cit., p. 259.

34   V. Serge, *Mémoires...*, op. cit., p. 259, 262-264; Léon Trotsky, "Cuál es la situación de Rakovski?" CEIP Léon Trotsky http://www.ceip.org.ar/Cual-es-la-situacion-de-Rakovski (consultado em 18.03.2018).

35   Nicolás González Varela, "David Riazanov: humanista, editor de Marx, disidente rojo" http://lhblog. nuevaradio.org/b2-img/gvarela_iazanov.pdf (consultado em 14.03.2018).

Do partido único ao stalinismo

De 1930 a 1934, o país atravessou uma crise sem precedentes. A coletivização forçada tinha suscitado entre os camponeses uma reação desesperada de sabotagem, matando o gado e queimando as colheitas. Por sua vez, o governo respondeu com uma repressão feroz, usando a polícia política e o Exército Vermelho, deportando milhões de camponeses, supostamente ricos, os chamados *kulaks*, para a Sibéria, Grande Norte, Urais e Cazaquistão, com a consequente morte de boa parte deles devido às condições de transporte e instalação.[36] Essa operação, envolvendo cerca de dez milhões de camponeses, era tarefa aquém das forças do GPU e, por isso, foram convocados 25 mil jovens militantes para ajudar. "Os 25 mil", como eram chamados, eram ardorosos e impiedosos. Alguns deles, bem como alguns agentes do próprio GPU, ficaram horrorizados com a sua missão de arrastar camponeses para fora de sua casa.[37] Isaac Deutscher narra ter encontrado em um trem, naqueles anos, na União Soviética, um coronel do GPU, que enumerando os seus serviços para a revolução, perguntava-se: "Será que fiz tudo isso para, agora, cercar aldeias com metralhadoras e atirar indiscriminadamente contra multidões de camponeses?"[38]

No lugar das propriedades confiscadas aos camponeses surgiram os *kholkhozes*, espécie de cooperativas obrigatórias, e as fazendas estatais, os *sovkhozes*. Por outro lado, a aplicação do Plano Quinquenal de industrialização em quatro anos tinha resultado, inicialmente, na resistência passiva do operariado à aceleração desenfreada das cadências.[39] A violência do Estado suscitou reações. Só de janeiro a setembro de 1928 foram contabilizados 17 homicídios e 99 ataques com arma branca contra responsáveis governamentais e militantes do partido.[40] Em março de 1930, metade dos camponeses estava nos *kholkhozes*, a outra metade dispersa entre a deportação e a fuga para as cidades. O campo estava um caos. Diversos fatores, entre eles a seca de 1932-1933, levaram à fome generalizada, ocasionando a morte por inanição de cerca de sete milhões de pessoas. O centro dessa crise era a Ucrânia. Os veterinários eram acusados de dizimar os rebanhos, os funcionários dos serviços de meteorologia de falsificar as previsões, bem como outros crimes imaginários. O GPU procurou isolar a Ucrânia com medidas drásticas para que a fome não fosse conhecida nem dentro da União Soviética.[41] Já foi relatado como Stálin comentou esse período com Churchill durante a Segunda Guerra Mundial: anos mais difíceis para a sobrevivência da URSS que os da invasão alemã.[42]

---

36 J.-J. Marie, *Stálin...*, op. cit., p. 357.

37 C. Andrew e O. Gordievsky, *Le KGB dans...*, op. cit., p. 132-133.

38 Citado por Isaac Deutscher, *Stálin – uma biografia política*. Rio de Janeiro, Civilização Brasileira, 2006, p. 347.

39 Pierre Broué, *Les procès de Moscou*. Paris, Julliard, 1964, p. 45.

40 J.-J.Marie, *Stálin...*, op. cit., p. 309.

41 C. Andrew e O. Gordievsky, *Le KGB dans...*, op. cit., p. 133-135.

42 Cf. Philippe Robrieux, "Un tyran et un mythe", *Le Monde*, 22/12/1979, p. 18; citado por J.-J.Marie, *Stálin...*, op. cit., p. 392.

254 Angela Mendes de Almeida

Só muito mais tarde foi esclarecida toda uma série de questionamentos internos que haviam sido feitos a essa fase tão trágica para a sociedade soviética. Entre 1930 e 1933, ao menos três movimentos de oposição à política de governo de Stálin, compostos de partidários leais até aquele momento, se manifestaram, todos descobertos e punidos. O primeiro teve à sua frente o georgiano Beso Lominadze, do Comitê Central, e Serguei Sirtsov, suplente do Burô Político e secretário do Conselho de Comissários do Povo, que criticavam a política econômica aventureira do partido e o despotismo do governo. Stálin soube das discussões desse grupo antes que eles tivessem conseguido arregimentar outros seguidores. Todos foram expulsos do partido em 1930.[43] Logo depois foi o caso de Martemian Riutin, jovem partidário da antiga oposição de direita e de Bukhárin. Ele redigiu um texto de cerca de 200 páginas, só redescoberto em 1988, na *Glásnost*, que continha treze capítulos, dentre os quais, quatro atacavam pesadamente Stálin. Enquanto o texto não havia ainda sido redescoberto, ele era sumariamente resumido pelos que o tinham lido como partidário da oposição de direita, na área econômica, e de Trótski, na crítica à falta de democracia no partido. Para restaurar a democracia interna, propunha a reintegração de todos os expulsados, inclusive Trótski. Descoberto, Riutin foi expulso do partido em 1930, preso seis semanas depois, mas logo libertado pelo GPU e reintegrado com apenas uma advertência. Porém ele reincidiu e em 1932 lançou um "Apelo" aos militantes, pedindo uma conferência dos marxistas leninistas, que reivindicava os mesmos pontos. Este apelo, chamado de "Plataforma Riutin", assinado também por mais 17 apoiadores, foi mostrado a membros das antigas oposições de esquerda e de direita do partido. Em setembro desse ano, Riutin foi novamente expulso e preso, contudo o GPU submeteu seu caso ao Burô Político.[44]

Consta que nessa ocasião Serguei Kírov, líder do partido em Leningrado, se contrapôs com veemência à ideia de Stálin de condená-lo à morte.[45] Conforme comentários, havia uma norma não escrita que dizia que os militantes bolcheviques podiam ser expulsos do partido, presos, deportados por delitos políticos, mas não condenados à morte. Segundo Krivitsky, essa norma era inspirada em uma advertência de Lênin sobre o perigo de aplicar a pena de morte aos seus, citando o exemplo fatal da Revolução Francesa, que havia devorado os jacobinos.[46] A versão dessa posição de Kírov se encontra na "Carta de um velho bolchevique", texto publicado em Paris, em janeiro de 1937, pelo ex-menchevique Boris Nikolaievsky. As palavras do "velho bolchevique"

---

43   R. Conquest, op. cit., p. 405-406.
44   Ibid., p. 406-407; J.-J. Marie, *Stálin...*, op. cit., p. 363-364; C. Andrew e O. Gordievsky, *Le KGB dans...*, op. cit., p. 136-137.
45   R. Conquest, op. cit., p. 407; René Dazy, *Fusillez ces chiens enragés!... Le génocide des trotskistes*. Paris, Olivier Orban, 1981, p. 64-65; C. Andrew, V. Mitrokhine, *Le KGB contre...*, op. cit., p. 112.
46   Cf. W. Krivitsky, op. cit., p. 179.

Do partido único ao stalinismo

foram geralmente atribuídas a Bukhárin, que esteve naquela cidade, enviado por Stálin, entre dezembro de 1936 e janeiro de 1937, e conversou com os exilados russos.[47] Outra fonte fala que se opuseram a Stálin, no Burô Político, Grigóri Ordjonikidze e Valerian Kúibychev, entre outros. Boa parte também se mostrou reticente, conforme informação contida em livro do menchevique Raphael Abramovitch, que vivia em Paris na época da estadia de Bukhárin.[48] Seria a primeira vez, consideravam eles, que um bolchevique, Riutin, seria condenado à morte por um delito de opinião. Antes disso, em 1929, Iákov Bliúmkin já tinha sido executado, mas ele era um antigo socialista-revolucionário de esquerda e tinha cometido o pecado de se encontrar com Trótski, exilado em Istambul. As narrativas internas dizem que Stálin ficou furioso por não ter conseguido a condenação de Riutin, que foi apenas expulso e condenado a dez anos de prisão, seus seguidores, a penas um pouco mais leves. Foram expulsos ainda todos os que tiveram conhecimento das posições de Riutin e leram o seu documento, como, entre outros, Zinóviev, Kámenev, os ex-trotskistas Ivan Smírnov e Serguei Mratchkóvski, bem como Ivars Smilga, da oposição unificada.[49]

O terceiro grupo de oposição também ficou em um estágio embrionário. Aleksandr Smírnov, velho bolchevique, ex-membro do Comitê Central, andava contatando velhos operários. Formaram um grupo de atividade clandestina que propunha a revisão dos planos de industrialização, o fim de quase todos os *kolkhozes* e a submissão do GPU ao Partido. Os acusados não tinham tido contato com as oposições. Também neste caso Stálin não conseguiu a condenação à morte dos implicados, com a oposição de Kírov e dos outros já citados. Os membros do grupo foram apenas expulsos do Partido. Em janeiro de 1933, foi votado no Comitê Central, um "expurgo geral" que expulsou 800 mil membros do partido e no ano seguinte 340 mil. O método de expurgo era aparentemente democrático. Cada seção local reunia os seus membros e escrutinava a vida política e pessoal de cada um. Todos tinham o direito de intervir.[50] Desse processo, saíam intrigas engrossadas pelo sensacionalismo, que transformava pequenos detalhes ou opiniões diferentes em crimes. Wolfgang Leonhard, cuja mãe, comunista alemã, exilada na URSS, fora presa nesses anos, foi educado pela "pátria socialista". Passou, ao longo de sua vida, desde os 13 anos, por diversos desses rituais de crítica e autocrítica destinados ao expurgo. Para ele se terminaram com mágoas, mas sem punições mais graves. Só na maturidade compreendeu a essência desse processo.[51]

---

47   Citado por P. Frank, *Histoire de l'Internationale...*, op. cit., p. 695. Publicado no boletim dos mencheviques, *Socialisticheski Vestnik*, janeiro de 1937.

48   R. Conquest, op. cit., p. 407, citando Raphael R. Abramovitch, *The Soviet Revolution*, livro publicado logo depois da Segunda Guerra Mundial.

49   Ibid., p. 408-409.

50   Ibid., p. 409-410.

51   Wolfgang Leonhard, *Un enfant perdu de la Révolution*. Paris, Éditions France-Empire, 1983.

256   Angela Mendes de Almeida

É preciso levar em conta que dada a estruturação da vida social, o excluído do partido perdia imediatamente o emprego, a residência e os tíquetes de alimentação.

Em meados de 1934, o GPU foi incorporado a um novo organismo, mais poderoso, o NKVD (Comissariado do Povo para Assuntos Internos), à frente do qual foi colocado Genrikh Iagoda. Para o historiador Robert Conquest, os casos de oposição aqui narrados podem ser interpretados como o ponto de inflexão em que Stálin tomou consciência de que haveria resistência aos seus planos para dominar completamente o Partido e o país. Teria sido o momento em que decidiu eliminar os camaradas que até então o tinham defendido.[52] A plataforma Riutin foi, em seguida, incessantemente lembrada e todos os acusados dos Processos de Moscou tiveram que confessar sua ligação com esse movimento, como antecedente de sua "traição".

Quando, em janeiro de 1934, foi realizado o 17º Congresso do Partido Comunista da União Soviética, tudo parecia ter ficado para trás. As oposições oficiais estavam completamente derrotadas e Trótski já tinha sido expulso. Fazia um ano que Hitler tinha tomado o poder na Alemanha e a política da Internacional Comunista continuava a mesma. O evento foi chamado de "congresso dos vencedores", isto é, dos partidários de Stálin até então. Em seu discurso ao congresso, este enalteceu os sucessos materiais alcançados com o Plano Quinquenal de industrialização e com a coletivização forçada da agricultura, sem mencionar o enorme sofrimento que causaram à população. Vários dos oposicionistas famosos – entre outros, Zinóviev, Kámenev, Bukhárin, Piatakov, Rykov, Tómski, Radek – compareceram para fazer literalmente seu ato de contrição, humilhando-se diante dos "vencedores". É a famosa *História do Partido Comunista (bolchevique) da URSS*, escrita mais tarde sob ordens de Stálin e "corrigida" passo a passo por ele, que usa a expressão cristã "ato de contrição", para narrar esta humilhação coletiva. Também Rakóvski, o último trotskista resistente dentro do país, capitulou em uma carta publicada poucos dias depois.[53] Mas também o fizeram líderes menos importantes como o georgiano Beso Lominadze e o alemão Herman Remmele, o que levou mais adiante seu companheiro, Heinz Neumann, à mesma atitude. Em causa, no caso destes dois últimos, a interpretação do nazifascismo como algo a ser fundamentalmente distinguido da natureza dos países capitalistas de regime parlamentar,[54] já que, como se disse antes, este era visto então apenas como uma outra face do imperialismo. Pouco depois, em 1935, Lominadze veio a se suicidar,[55] uma marca daqueles tempos em que entre a capitulação e o fuzilamento, o suicídio era uma alternativa digna.

---

52   R. Conquest, op. cit., p. 420, p. 413.

53   P. Frank, *Histoire de l'Internationale...*, op. cit., t. 2, p. 694.

54   Margarete Buber-Neumann, *La révolution mondiale – L'histoire du Komintern (1919-1934) recontée par l'un de ses principaux témoins*. Tournai, Casterman, 1971, p. 337.

55   R. Conquest, op. cit., p. 406.

Entretanto, durante o congresso tudo parecia se desenrolar sob um céu límpido e azul. Foi nessa atmosfera que foi aprovada, pouco depois, no 1º Congresso da União dos Escritores, em agosto, uma concepção oficial da arte soviética, o "realismo socialista", que tanto incomodaria as gerações seguintes. Contudo a aparente tranquilidade escondia uma bomba-relógio que só pôde ser decifrada décadas depois. O discurso de Stálin no congresso, satisfeito com as confissões de culpa dos oposicionistas arrependidos, avançou ainda para uma crítica genérica aos burocratas, velhos quadros do partido "que travam o nosso trabalho [...] pessoas que tiveram um certo mérito no passado [...] é preciso sem hesitar retirá-los dos seus cargos de direção, independentemente de seus méritos passados". Este trecho era dirigido àqueles velhos quadros leninistas que tinham apoiado Stálin contra todas as oposições, ou seja, aos "vencedores". Era um aviso de que podiam "ser retirados de seus cargos", com tudo que isso implicaria. O congresso se concluiu com um discurso entusiástico de Kírov em honra de Stálin, seguido de aplausos ensurdecedores, conforme as atas. Na eleição final do Comitê Central por voto secreto, sabe-se hoje, Kírov foi o mais votado e Stálin quase não alcançou os votos necessários na lista coletiva.[56] Participaram do congresso 1966 delegados, dos quais 1108 seriam executados durante o "Grande Terror",[57] o período que os russos chamaram de *"Iejovschina"*, o reino de Iejov, chefe do NKVD de setembro de 1936 a novembro de 1938.

A narrativa mais sensível do que acontecia sob o barulho dos aplausos e bajulações a Stálin está no texto, já citado, conhecido como "Carta de um velho bolchevique", atribuído a Bukhárin. Bem entendido, ele sempre negou que fosse seu o relato. Negou-o inclusive durante o processo-espetáculo de Moscou que o condenou à morte, em 1938. E fez sua jovem esposa, Anna Larina, incorporar essa negativa, sustentada com veemência em seu longo exílio, até inclusive em 1989, quando publicou seu livro de memórias.[58] Seja quem for, o "velho bolchevique", sua narrativa explica muita coisa, como se verá em seguida. Ele relata que "no fim de 1932, a situação no país lembrava a da época da insurreição de Kronstadt, [...] uma considerável metade do país sofria com uma fome cruel. Todos os operários tinham apenas uma ração de fome. [...] Ouvia-se por todo lado que a situação só podia ser salva com a eliminação de Stálin. [...] Não é nada surpreendente que tenham circulado nesse momento uma série de plataformas e declarações de todo gênero". O "velho bolchevique" continuava informando que Kírov "desempenhava um

---

56   J.-J. Marie, *Stálin...*, op. cit., p. 399, citação de Kruschev, *Mémoires inédits*, ibid., p.395-396; P. Frank, *Histoire de l'Internationale...*, op. cit., t. 2, p. 698; C. Andrew e V. Mitrokhine, *Le KGB contre...*, op. cit., p. 113.

57   R. Conquest, op. cit., p. 416; o termo generalizou-se a partir do impacto da 1ª edição desse livro, cf. Nicolas Werth, "Repenser la 'Grande Terreur' " in: *La terreur et le désarroi – Stáline e son système*. Paris, Perrin, 2012, p. 265.

58   Anna Larina Boukharina, *Boukharine, Ma passion*. Paris, Gallimard, 1990.

258 Angela Mendes de Almeida

papel importante dentro do Burô Político. Era o que se chamava de um partidário cem por cento da linha geral. Mas tinha em sua conduta uma parte de autonomia que irritava Stálin". Defendia uma atuação apaziguadora em relação à população e a reconciliação durável com os oposicionistas arrependidos. No 17º Congresso, "ele chegou como triunfador", todos comentavam nos corredores suas posições. Foi não apenas reeleito para o Comitê Central, mas também eleito para diversas seções do Secretariado que obrigariam a sua transferência de Leningrado para Moscou. Entretanto, aliados de Stálin sabotaram a sua transferência, sempre adiada, conforme o "velho bolchevique".[59]

O assassinato de Kírov (1934-1935)

O assassinato de Serguei Kírov, em fins de 1934, considerado o ato desencadeador do "Grande Terror", foi, portanto, precedido por muitos acontecimentos internos ao partido, já mencionados, como a manifestação de dissidências no interior do próprio núcleo stalinista e os bastidores do 17º Congresso do PCURSS, nos quais ele teve um papel singular. Esses acontecimentos explicam o crime, mais do que a farsesca investigação criminal, concluída com lacunas e inverossimilhanças.

Na tarde de 1º de dezembro, na porta de seu gabinete, dentro da sede do partido, no Instituto Smólny, em Leningrado, Kírov foi morto pelo militante de base Leonid Nikolaiev, com um tiro pelas costas. Ele era então membro do Burô Político e Primeiro Secretário do partido da Região de Leningrado. Imediatamente Stálin e outros membros do Burô, bem como os mais altos responsáveis do NKVD, viajaram àquela cidade para levar a cabo a investigação e um decreto organizou os procedimentos judiciários para a repressão aos atos de "terrorismo". Nos dias seguintes, várias versões foram dadas para o "complô". Primeiramente, foram presos e, em seguida, executados, 37 supostos "guardas brancos", isto é, pessoas que tinham entrado clandestinamente na União Soviética, pelas fronteiras polonesa, finlandesa e letã. Em seguida, em janeiro, quinze membros da Juventude Comunista da cidade, entre eles Nikolaiev, foram condenados à morte e executados. Depois o jornal *Pravda* atacou furiosamente a "escória zinovievista" e noticiou-se a existência de um "Centro de Leningrado", acusado da organização do assassinato de Kírov e de planejar o de outros líderes, entre eles, claro, o de Stálin. Antes de Kírov, Zinóviev tinha sido o Primeiro Secretário do partido em Leningrado. Em 15 de janeiro de 1935, abriu-se o primeiro processo contra Grigóri Zinóviev, Lev Kámenev, Grigóri Evdokímov, ex-secretário do Comitê Central e estreitamente ligado aos dois citados, bem como mais quinze militantes da cidade, acusados de "cumplicidade ideológica" com o crime. Zinóviev e Kámenev terminaram por admitir que a sua atividade opositora poderia ter estimulado a degenerescência dos criminosos, poderia ter havido uma "cumplicidade moral". Foram condenados à prisão: Zinóviev a dez anos, Evdokímov a oito e Kámenev a cinco. Na ocasião, circulares ordenaram a

---

59   "Carta de um velho bolchevique", citada por P. Frank, op. cit., t. 2, p. 696-697.

Do partido único ao stalinismo

retirada das bibliotecas públicas de obras de Trótski, Zinóviev e Kámenev. A Sociedade dos Velhos Bolcheviques foi dissolvida em maio desse ano e seus arquivos passaram às mãos de Malienkov, do secretariado pessoal de Stálin. Na Sibéria, os trotskistas que não tinham capitulado foram condenados a novas penas. Um jovem, Solntsiev, morreu em virtude de uma greve de fome.[60]

Ainda em dezembro de 1934 um processo julgou vários personagens do NKVD de Leningrado. Entre eles Ivan Zaporojets e Filipp Medviédev, acusados de não ter evitado o atentado, condenando-os a penas relativamente brandas para o padrão soviético daquele momento: exílio na Sibéria, porém com tratamento privilegiado em relação aos casos comuns. Segundo testemunhas, assumiram postos administrativos na região. Apesar disso, foram executados em 1937, segundo o Relatório Khruschov, de 1956.[61] Hoje se sabe que o autor intelectual do crime foi Stálin, com a ajuda de seu então todo poderoso chefe do NKVD, Guenrikh Iagoda que, mais tarde, no 3º Processo de Moscou, seria oficialmente acusado pelo crime. Bem entendido, não há nenhuma prova documental de ordem dada por Stálin e muitos historiadores, mais recentemente, valem-se disso para questionar o que já ficou condensado na narrativa tradicional que se iniciou com o Relatório Khruschov, em 1956, e se consolidou a partir da *Glásnost,* ao final dos anos 1980.

Há muitos relatos de contemporâneos que sentiram imediatamente que aquele crime era o sinal dramático do início de uma repressão desenfreada do governo. Em artigo de 1936, Trótski dizia claramente que Medviédev, Iagoda e Stálin haviam tido seguramente um papel direto no assassinato de Kírov.[62] Parece também ter sido o sentimento de muitos soviéticos ligados à oposição, citados pelo historiador Jean-Jacques Marie: "Rykov murmura à filha: 'Em Piter [Leningrado] mataram Kírov. É o sinal do desencadeamento do terror'. No *Izvestia,* Bukhárin, lívido, descomposto, informa ao escritor Ilya Eherenburg do assassinato e, um pouco menos alusivo, balbucia: 'O senhor compreende o que isso significa? Agora ele poderá fazer tudo o que quiser conosco'. O trotskista Murálov, mais clarividente, diz à família: 'Foi um golpe arquitetado por ele, é sinal de que a noite de São Bartolomeu está para chegar'".[63] *A posteriori* também há muitas indicações que ligam a morte de Kírov ao início da "Iejovschina". O mesmo

---

60   Nicolas Werth, *Les procès de Moscou.* Paris, Éditions Complexe, 2006, p. 116; R. Conquest, op. cit., p. 432, 439; P. Broué, *Les procès de...,* op. cit., p. 45-47, 49, citando o *Pravda,* de 4 e 6 de dezembro, fala de 70 "guardas brancos"; Pierre Broué, *Le parti bolchevique.* Paris, Les Editions de Minuit, 1971, p. 592; C. Andrew e O. Gordievsky, *Le KGB dans...,* op. cit., p. 139.

61   R. Conquest, op. cit., p. 440-441; Nicolas Werth, *Les procès de...,* op. cit., p. 118-119.

62   Léon Trotsky, "Les plats les plus épicés sont encore à venir", *Oeuvres,* mars 1936 - https://www.marxists.org/francais/trotsky/oeuvres/1936/03/lt19360325a.htm (Consultado em 09/11/2017)

63   Citado por J.-J. Marie, *Stálin...,* op. cit., p. 408; na noite de S. Bartolomeu, de 23 para 24 de agosto de 1572, católicos, apoiados na monarquia francesa, massacraram milhares de protestantes huguenotes que representavam, naquela conjuntura, uma subversão ao poder real e eclesiástico,

260   Angela Mendes de Almeida

historiador lembra que "Evguenia Guinzburg o referiu, num resumo de *Vertige*: 'O ano de 1937 começou, na verdade, no final de 1934, mais exatamente em 1º de dezembro de 1934.' O comunista iugoslavo Voja Vuyovitch declara, no próprio dia do assassinato: 'É o início do fim. Vai começar para nós e continuará como uma avalanche'. Vuyovitch será uma das inúmeras vítimas".[64] Um pouco mais tarde, Nadiéjda, esposa do poeta Óssip Mandelstam, ambos em deportação na província de Voronej, no centro da Rússia, também se assustaram, já em 1936, quando ouviram pelo rádio que os assassinos de Kírov tinham sido encontrados. Logo em seguida, os moradores de seu local de deportação lhes fecharam as portas, impedindo a sua sobrevivência.[65]

Mas a sensação difusa da autoria de Stálin se tornou uma certeza quando, quase vinte anos depois, veio a público o famoso "Relatório Secreto", lido por Khruschov, primeiro homem da hierarquia soviética àquela época, a portas fechadas, no 20º Congresso do Partido Comunista da URSS, em 1956. O relatório considerava que as circunstâncias relativas ao assassinato de Kírov eram "inexplicáveis e misteriosas". Citava como "extraordinariamente suspeita" a morte do guarda-costas, M. D. Boríssov, pouco antes de ser interrogado, em acidente de auto no qual os outros ocupantes não ficaram sequer feridos. Falava das penas "muito leves" às quais foram condenados os altos funcionários do NKVD de Leningrado e que "se pode supor" que depois foram fuzilados, em 1937, para "fazer desaparecer as pistas".[66] Outra lacuna apontada nessa investigação foi o fato de que o guarda-costas só estivesse seguindo Kírov a certa distância, não tendo podido evitar o tiro à queima-roupa na porta do gabinete.[67] Posteriormente, em 1961, Khruschov foi mais explícito. Afirmou que o motorista que havia conduzido Boríssov ao interrogatório estava vivo e havia declarado que "um agente do NKVD" havia tomado o volante, dirigindo-se a uma casa, batendo levemente o carro e logo depois anunciando a morte do guarda-costas. Quando Iagoda foi acusado do assassinato de Kírov, no 3º Processo de Moscou, em 1938, o pobre Boríssov, já morto, apareceu como seu cúmplice.[68]

Desde então, a maioria dos historiadores consagrou essa autoria, embora haja quem a conteste sob o argumento de que não há documentação com ordem escrita de Stálin.[69]

---

64   Citado por J.-J. Marie, *Stálin...*, op. cit., p. 416; Evguenia Guinzburg, *Le vertige – Récit – Tome 1*, Paris, Éditions du Seuil, 1997, livro de memórias da professora universitária, militante comunista, presa em 1937, posteriormente enviada para o campo de trabalho de Kolima, na Sibéria, e depois deportada, só voltando a Moscou na era Khruschov; Voja Vuyovitch, do Comitê Executivo da IC, executado em 1938; R. Conquest, op. cit., p. 442, também cita Ginzburg.

65   Nadejda Mandelstam, *Contre tout espoir.* Paris, Gallimard, 2012, p. 253.

66   *Rapport Khrouchtchev*, in: A. Rossi, *Autopsie du stainisme – Avec le texte intégral du Rapport Khrouchtchev.* Paris, Éditions Pierre Horay, 1957, p. 85.

67   R. Conquest, op. cit., p. 423.

68   Nikita Khrouchtchev, Discurso ao XXIIº Congresso do Partido, *in: Pravda*, 29/10/61, citado por R. Conquest, op. cit., p. 430.

69   Citados por N. Werth, *Les procès de...*, op. cit., p. 121-122.

Entre os livros publicados no Brasil, o da historiadora Lilly Marcou é um dos que negam essa autoria a partir de uma suposta sólida amizade que o uniria ao morto.[70] A historiadora Amy Knight esmiuçou o caso em detalhes sem apontar uma resposta.[71] Porém, com os dados por ela aportados, pode-se concluir que as lacunas na reconstituição do crime apontam para a responsabilidade do NKVD de Leningrado, que não poderia agir sem o aval de Iagoda, que por sua vez não teria podido arquitetar esse crime em seu próprio interesse, senão no de seu chefe. É isso que afirma um trecho das memórias de Khruschov só publicadas em 1989: "Iagoda só poderia ter agido sob ordens secretas de Stálin".[72]

Transcorreu cerca de um ano e meio entre o assassinato de Kírov e o 1º Processo de Moscou. Tudo parecia calmo. Mas não tanto. Inicialmente, foram atacadas as mulheres de limpeza do palácio do Kremlin que tinham sido descobertas fazendo comentários desairosos sobre Stálin, inclusive afirmando que ele tinha matado a mulher, Nadiéjda Alliluieva. A história desta morte, apresentada como motivada por uma crise aguda de apendicite, permaneceu como um fulcro de desconfianças generalizadas em relação a Stálin, alimentando boatos variados. Eram conhecidas em círculo restrito as divergências do casal, ele discordava da independência política de Nadiéjda e de sua atitude amigável com os opositores. Em 27 de novembro de 1932, em um banquete de gala pelo aniversário da Revolução de Outubro, os dois haviam discutido publicamente: ele tinha sido brutal e ela abandonou o local. No dia seguinte, seu cadáver foi encontrado em seu quarto, alvejado nas têmporas por um pequeno revolver, presente de seu irmão.[73]

Mais adiante foram as bibliotecárias do Kremlin o objeto de perseguição. Isso se passava em março de 1935 e sob proposta de Stálin foi destituído o secretário do Comitê Executivo Central dos Sovietes, Avel Enukidze, seu amigo de infância, acusado de proteger terroristas e de ter sido amante das mulheres do Kremlin. Depois do 1º Processo de Moscou, em 1936, Victor Serge lamentaria não ter percebido, nesta eliminação, um sinal do que estava por vir.[74] O NKVD descobriu ainda "grupos contrarrevolucionários" dentro do palácio e, através do ataque às faxineiras, bibliotecárias e telefonistas, atingiu outros altos funcionários. Em julho de 1935, o Comitê Central excluiu Enukidze por "degenerescência moral e política" e também anunciou ter descoberto cinco outros grupos terroristas. Em um deles, estava o engenheiro Serguei Sedov, o filho mais jovem de Trótski, completamente apolítico. Todos conspiravam pretensamente contra a vida de Stálin.[75]

---

70   Lilly Marcou, *A vida privada de Stálin*. Rio de Janeiro, Zahar, 2013, p. 132-138.

71   Amy Knight, *Quem matou Kirov? O maior mistério do Kremlin*. Rio de Janeiro, Record, 2001.

72   Citado por R. Conquest, op. cit., p. 431.

73   J.-J. Marie, *Stálin...*, op. cit., p. 367-368.

74   Victor Serge, *Seize fusillés à Moscou – Zinoviev, Kamenev, Smirnov...* Paris, Spartacus, s.d., p. 25.

75   J.-J. Marie, *Stálin...*, op. cit., p. 417-419.

O assassinato de Kírov foi seguido por uma redistribuição de papéis na direção stalinista, pela promoção de novos membros e alteração das funções de velhos companheiros de Stálin. Era a aplicação prática da ameaça feita por ele no 17º Congresso do partido, em 1934, aos "burocratas", "velhos quadros do partido que travam o nosso trabalho", "pessoas que tiveram um certo mérito no passado", mas que é preciso "retirar dos seus cargos de direção independentemente de seus méritos passados". Por exemplo, Valerian Kúibychev, membro do Burô Político desde 1927, morreu em janeiro de 1935, com apenas 47 anos, supostamente por um ataque de coração e por alcoolismo. Entretanto, era um dos que propunham uma investigação mais adequada do assassinato de Kírov. No 3º Processo de Moscou, em 1938, três médicos seriam acusados de o terem envenenado.[76]

Em junho de 1935, Stálin recebeu o escritor francês Romain Rolland, seu aliado incondicional, e conversou com ele sobre o assassinato de Kírov, a repressão que se seguiu, a "conspiração das bibliotecárias" e o decreto de abril desse ano, que estendia a pena de morte aos menores com mais de 12 anos.[77] É que no começo desse ano o NKVD havia apresentado ao Burô Político um relatório sobre a criminalidade infantil. A coletivização forçada, as deportações e a fome de 1932-1933 tinham aumentado de maneira impressionante o número de crianças órfãs perambulando pelos campos, as quais, pela sobrevivência, praticavam delitos variados. Em 8 de abril de 1935, o *Izvestia* publicou um decreto sobre as medidas para combater essa criminalidade: pena de morte e deportação para os campos de trabalho para os maiores de 12 anos.[78] Diante da inquietação do humanista Rolland, Stálin argumentou que o decreto era "puramente pedagógico", visava apenas os jovens *"hooligans"* que convidavam as meninas a prostituírem-se, tentavam matar ou desencaminhar os trabalhadores de choque e os bons alunos.[79] Em julho de 1935, Kámenev foi julgado em segredo e, muito abalado, admitiu sua culpa por ter influenciado os "terroristas" assassinos de Kírov. Em agosto, começou a campanha do stakhanovismo (os trabalhadores de choque), um dos mitos da industrialização. O mineiro Stákhanov, que havia conseguido extrair em sua jornada 106 quilos de carvão, tornou-se o símbolo do operário inteiramente dedicado à pátria dos sovietes.[80] Isso constituiu uma emulação em favor das cadências aceleradas em uma competição desenfreada entre regiões e províncias.

Em fevereiro de 1936, Stálin enviou Bukhárin e mais dois fiéis stalinistas à Paris para negociar com os sociais-democratas alemães e com os mencheviques Fiódor Dan

---

76   Ibid., p. 422.
77   Ibid., p. 425.
78   W. Krivtsky, op. cit., p. 176-178.
79   Citado por J.-J. Marie, *Stálin...*, op. cit., p. 425.
80   Ibid., p. 426, p. 429.

Do partido único ao stalinismo

e Boris Nikolaievsky a compra dos arquivos de Marx e Engels, retirados da Alemanha depois da ascensão nazista. A operação fracassou. Mas Bukárin teve a oportunidade de entreter-se com muitos "traidores da classe operária" e outros tantos "inimigos da URSS", o que não deixaria de ser útil ao ditador no futuro imediato. Daí atribuírem a ele a "Carta de um velho bolchevique". Em seguida, Stálin começou a preparação para os processos de Moscou com a perseguição a militantes, no 10º Congresso das Juventudes Comunistas, e depois com a prisão, pelo NKVD, de antigos trotskistas, como Nikolai Murálov. Além disso, no início de 1936, Stálin encarregou uma comissão, com Bukhárin à frente, de redigir uma nova Constituição, que foi promulgada no fim desse ano e seria chamada de "a mais democrática do mundo", "monumento da sabedoria stalinista",[81] coexistindo com o paroxismo das repressões sangrentas, como letra morta.

No primeiro semestre de 1936, os índices materiais de progresso eram visíveis na URSS. Depois de uma fase de absoluta rarefação de bens de consumo, com a indústria voltada essencialmente para altos-fornos e grandes barragens, iniciava-se uma fase voltada para a população: a construção do luxuoso metrô de Moscou, com mármores e esculturas, os progressos na medicina e no sistema educacional. "A vida na rua, em Moscou, oferecia a imagem mais sorridente dos últimos dez anos. No Hotel Lux, naquele momento, comia-se até à saciedade, vermes e ratos recuavam para a lenda dos anos heroicos do comunismo de guerra. Faixas com os dizeres 'A vida está melhor' enfeitavam os imóveis restaurados". A aparente tranquilidade iria se esvair rapidamente quando foi anunciado, em 14 de agosto, o início daquele que depois seria chamado de "1º Processo de Moscou".[82]

Referindo-se a esse momento de calma e felicidade, Khruschov o descreveria da seguinte maneira, do ponto de vista do poder, no Relatório de 1956, já citado: um momento em que "o socialismo estava fundamentalmente edificado em nosso país, em que as classes exploradoras estavam de modo geral liquidadas, em que a estrutura social soviética tinha mudado radicalmente".[83]

> Foi exatamente durante esse período (1936-1937-1938) que nasceu a prática de repressão em massa por meio do aparelho governamental, primeiro contra os inimigos do leninismo – trotskistas, zinovievistas, bukharinistas – há muito tempo derrotados politicamente pelo partido e, em seguida, igualmente contra numerosos comunistas honestos, contra quadros do partido que tinham carregado o pesado fardo da guerra civil e dos primeiros e difíceis anos da industrialização e da coletivização. [...] Stálin tornou possível a

---

81   Ibid., p. 434, 436, p. 437; P. Broué, *Les procès de...*, op. cit., p. 10.

82   P. Broué, *Les procès de...*, op. cit., p. 9-11; D. Desanti, op. cit., p. 285; Hotel Lux, onde eram alojados os comunistas estrangeiros.

83   *Rapport Khrouchtchev*, in: A. Rossi, op. cit., p. 69.

264   Angela Mendes de Almeida

> utilização da mais cruel repressão, violando todas as normas da legalidade revolucionária, contra qualquer um, que de qualquer maneira estivesse em desacordo com ele, contra aqueles que eram apenas suspeitos de intenções hostis, contra os que tinham má reputação. [...] No essencial, a única prova de culpabilidade que foi usada, contra todas as normas da ciência jurídica atual, foi a "confissão" do próprio acusado, e como ficou provado por investigações feitas ulteriormente, as "confissões" eram obtidas por meio de pressões físicas sobre os acusados.

Segundo Khruschov, Stálin teria renunciado

> ao método leninista de persuasão e educação, havia abandonado o método da luta ideológica pelo método da violência administrativa, as repressões em massa e o terror. [...] Prisões e deportações massivas de muitos milhares de pessoas, execuções sem processo e sem investigação normal criaram condições de insegurança, de medo e mesmo de desespero. [...] Se no decorrer dessa luta os princípios leninistas tivessem sido observados [...] não teríamos certamente conhecido essa brutal violação da legalidade revolucionária e milhares de pessoas não teriam sido vítimas de métodos terroristas.

E comentando as execuções dos ex-trotskistas: "Era necessário fazê-los desaparecer?"[84]

Antes de continuar a citar este Relatório, que tanta importância teve para o desmascaramento do stalinismo, é preciso contextualizá-lo. Em 25 de fevereiro de 1956, no 20º Congresso do Partido Comunista da URSS, três anos após a morte de Stálin, Khruschov centrou toda a sua denúncia em um suposto mal maior, o "culto da personalidade" praticado por Stálin. E estabeleceu uma linha de demarcação, no que se refere às "violações à legalidade socialista", entre Lênin e Stálin, como se nenhuma dessas violações tivesse acontecido antes. Embora mencione a repressão às massas e aos "inimigos do leninismo", isto é, os oposicionistas, o principal motivo de sua indignação é a repressão aos "honestos comunistas", isto é, aos stalinistas devorados na voragem da repressão cega. Como não poderia deixar de ser, fala como se ele próprio e os dirigentes que sobreviveram a Stálin, tais como Mólotov, Vorochílov, Mikoian e Kaganóvitch, entre outros, não tivessem participado de todas essas repressões sangrentas. Concentra toda a culpa da execução do Terror em Iejov e em Lavriénti Biéria, seu sucessor como chefe do NKVD e que foi, com seus seguidores, liquidado pela nova direção partidária chefiada justamente pelo próprio Khruschov, logo depois da morte de Stálin. É necessário fazer esse mergulho no ano de 1956 para que o "Grande Terror",

---

84   Ibid., p. 70-75.

Do partido único ao stalinismo

ou a *"Iejovschina"*, como os russos a chamaram, e o seu caráter dramático para toda a população soviética fiquem mais claros.

O 20º Congresso de 1956 já havia terminado formalmente quando os delegados foram convocados de volta para uma sessão extra, secreta, fechada. O Relatório não foi distribuído e sim lido por Khruschov, apenas diante dos delegados soviéticos, excluindo-se os delegados dos "partidos irmãos". Ao final da leitura, pediu-se segredo aos presentes. Muitas pessoas passaram mal e tiveram que ser transportadas para fora do salão. Principalmente ao saberem por Khruschov do número de delegados do 17º Congresso, o dos "vencedores", que tinham sido liquidados, e também dos erros flagrantes de Stálin face ao ataque alemão, em 1941. Khruschov também quis divulgar o conteúdo do Relatório aos dirigentes locais nas regiões e repúblicas e o fez com o mesmo procedimento: a cópia devia ser lida em sala fechada, pedindo segredo. Não seriam admitidos perguntas e debates. Em muitos lugares onde isso aconteceu houve suicídios. Na capital da Geórgia, Tbilisi, uma manifestação transformou-se em rebelião nacionalista com barricadas e confrontos. No caso, defendiam a memória dos georgianos Stálin e Biéria contra o governo de Khruschov. Oficialmente, foram admitidos 22 mortos, seguramente foram muitos mais, falou-se em até 300.[85]

O Relatório ainda não tinha tradução para qualquer outra língua. Mas Khruschov quis informar o conteúdo aos chefes das delegações estrangeiras mais importantes. Para tanto, fez entregar-lhes uma cópia, à noite, com a obrigação de devolvê-la no dia seguinte pela manhã, podendo informar sobre o conteúdo aos seus companheiros de partido. Togliatti, por exemplo, não julgou necessário informar ninguém, no início. A um militante que o questionou sobre o conteúdo, respondeu: "Só besteiras, você conhece a mania de segredo deles".[86] Outros o lembram dizendo escandalizado: "Como tudo isso foi possível?"[87] Mas rapidamente a imprensa dos países capitalistas divulgou o boato da existência de um "relatório secreto". O texto original, a partir dos comunistas poloneses, seria publicado cerca de três meses depois na imprensa ocidental. Os partidos comunistas ocidentais, em geral, fizeram tudo para esfriar a repercussão, ainda mais que ainda não está bem esclarecido como ele chegou ao Ocidente. Maurice Thorez, dirigente do PC francês, falava de um relatório "atribuído" a Khruschov. O intelectual número um da esquerda, Jean-Paul Sartre, por sua vez, considerou que a publicação tinha sido "uma loucura" e "o resultado foi desvelar a verdade para

---

85   Roy A. Medvedev, "O 20º Congresso do Partido: antes e depois", in: Zhores A. Medvedev e Roy A. Medvedev, *Um Stálin desconhecido – Novas revelações dos arquivos soviéticos*. São Paulo, Record, 2016, p. 137-138, p. 140; Branko Lazitch, *Le rapport Khrouchtchev et son histoire*. Paris, Éditions du Seuil, 1976, p. 13, p. 15-16; Jean-Jacques Marie, *Khrouchtchev – La réforme impossible*. Paris, Payot & Rivages, 2010, p. 263.

86   B. Lazitch, op. cit. p. 14-15.

87   J. Gorkin, *Les communistes contre...*, op. cit., p. 101.

massas que não estavam prontas para recebê-la". Apesar de não publicado na URSS e na imprensa comunista internacional, o Relatório marcou profundamente o movimento comunista. Internamente, a única consequência foi a reabilitação, a conta-gotas, dos executados, bem como de presos e deportados. O Relatório foi engavetado e só no 22º Congresso do partido, em 1961, o tema voltou à baila. Entretanto, com a queda de Khruschov, em 1964, e a passagem para a liderança de Briéjnev, o conteúdo foi novamente sepultado,[88] até a *Glásnost*, na década de 1980. É preciso também acrescentar que nesse 20º Congresso os comunistas chineses romperam com a liderança soviética, criando o primeiro cisma no movimento comunista internacional. Em relação a 1956, os seguidores de Mao Tsé-Tung consideram que a data marcou o surgimento de uma posição de "coexistência pacífica", supostamente inexistente antes, corruptora de um verdadeiro comunismo. Na verdade não aceitaram o desmascaramento do terror stalinista e quiseram conservar a herança de Stálin.

Os processos de Moscou (1936-1938)

Voltando a 1936, em 14 de agosto desse ano, depois em janeiro de 1937, e mais tarde, em março de 1938, desenrolaram-se na "Casa dos Sindicatos", em Moscou, como grandes espetáculos públicos, com uma cenografia semelhante, as tramas fantasiosas montadas pelo NKVD de três complôs – o do "Centro terrorista trotskista-zinovievista", o do "Centro antisoviético trotskista" e o do "Bloco dos direitistas e dos trotskistas" – que ficariam para a história respectivamente como 1º, 2º e 3º Processos de Moscou.

Entre os acusados nos três processos, tal qual personagens fantasmagóricos, os mais antigos e famosos bolcheviques, que tinham militado na Rússia czarista e participado ativamente da tomada do poder, da guerra civil e, depois, da construção da União Soviética. Como mentor dos complôs, alma daninha supostamente a mexer os pauzinhos das marionetes, Trótski, no exílio, entre a Noruega e o México, coadjuvado por seu filho, Lev Sedov, vivendo em Paris. O roteiro das tramas tinha sido cuidadosamente montado pelos interrogadores do NKVD, sob estreita supervisão de Stálin. O Relatório de Khruschov fala que os arquivos do NKVD e outros documentos "estabelecem numerosos fatos relativos à 'fabricação' de processos contra comunistas, falsas acusações, gritantes abusos da legalidade socialista, que tiveram como consequência a morte de pessoas inocentes".[89] As confissões eram obtidas através de pressões sobre os acusados que iam desde as torturas psicológicas até as físicas, passando pelas ameaças de prisão, deportação e morte dos membros de suas famílias, e até por falsas promessas de pagar uma confissão de culpa,

---

88 B. Lazitch, op. cit., p. 17-19, p. 28-29, p. 36-41.
89 *Rapport Khrouchtchev*, in: A. Rossi, op. cit., p. 81.

Do partido único ao stalinismo

conforme o *script* detalhado previamente, com a salvação da vida do acusado e de seus familiares. O tom, durante os julgamentos e na imprensa comunista, inclusive fora da URSS, era de histeria: "assassinos, sabotadores, traidores, espiões! Fuzilem estes cães raivosos!" Do ritual das confissões fazia parte a exaltação de Stálin como "guia genial", "bem-amado Stálin", "pai dos povos".

Acontecimento-espetáculo, os grandes processos dos companheiros de Lênin concentraram as atenções da imprensa estrangeira presente na URSS. Sua repercussão na mídia internacional funcionou como uma tela que servia para ocultar o que estava atrás, ou seja, a calamitosa repressão massiva aos anônimos, mencionada rapidamente no Relatório Khruschov. De setembro de 1936 a novembro de 1938, teve lugar aquilo que os soviéticos chamaram de "*Iejovschina*", a era de Nikolai Iejov, chefe do NKVD, período que, a partir de pesquisadores, começou a ser chamado de "Grande Terror".[90] As desordens provocadas pela coletivização forçada e os desastres resultantes da industrialização acelerada eram colocados, pelas autoridades centrais e por Stálin, nas costas das burocracias partidárias provinciais e chegaram a ser vistos como uma conspiração. As autoridades temiam a desordem social advinda das migrações massivas de camponeses para as cidades. 90% das vítimas dos anos 1936, 1937 e 1938 foram punidas em nome do objetivo de liquidar, na população soviética, todos os "elementos socialmente prejudiciais" e etnicamente "duvidosos," que ameaçariam a União Soviética em caso da guerra mundial que se sabia inevitável.[91]

Hoje se sabe das diversas "Ordens operacionais" secretas do NKVD que visavam principalmente aos ex-*kulaks* e às nacionalidades ameaçadoras. Através de um plano de cotas por região, de execuções sumárias e de internações em campos de trabalho, foram atingidas várias categorias de soviéticos ameaçadores: "gente do passado", "ex-*kulaks*", "ex-funcionários czaristas", "ex-proprietários", "ex-comerciantes", "ex-socialistas-revolucionários", pessoas que tiveram ou continuavam tendo relações profissionais ou de parentesco com oriundos de países considerados hostis, como Polônia, Alemanha, Japão, Finlândia e países bálticos. A maior parte das prisões, condenações e execuções se realizaram através dessas operações derivadas das "Ordens operacionais" do NKVD. Entre agosto de 1937 e novembro de 1938, foram presas 1.550.000 pessoas, dessas 1.350.000 foram julgadas através de uma jurisdição de exceção. Cerca de 750.000 foram executadas. As restantes foram condenadas a penas de oito a dez anos nos campos de trabalho forçado. Além disso, a sociedade tornara-se ainda mais policialesca e policiada com a definição, desde 1933, das grandes cidades como zonas de "regime especial", onde eram necessários passaportes internos. Todos os que não tinham esses passaportes, caso fossem controlados, colocavam-se automaticamente fora da legalidade. Em geral, o

---

90   Ver também o romance de Anatoli Ribakov *O Terror*, de 1990, continuação de *Os filhos da Rua Arbat*.

91   N. Werth, "Repenser la 'Grande Terreur'", op. cit., p. 271, 280; N. Werth, *Les procès de...*, op. cit., p. 10.

passaporte era reservado aos operários e empregados. Os camponeses e os *kolkhozeanos* não tinham o direito de tê-los, o que impedia a sua locomoção.[92]

No 1º Processo de Moscou, o do "Centro terrorista trotskista-zinovievista", foram levados a julgamento dezesseis pessoas, entre os mais famosos veteranos bolcheviques e alguns agentes provocadores da polícia política soviética, necessários para a lógica da trama montada. O mais famoso bolchevique era Grigóri Zinóviev, braço direito de Lênin no exílio e que havia sido do Comitê Central, do Burô Político, presidente do Soviete de Petrogrado e presidente da Internacional Comunista desde a sua fundação, em 1919, até 1926. Em seguida, Lev Kámenev, seu companheiro de tendência, bolchevique desde 1901, deportado para Sibéria durante o czarismo, que igualmente havia pertencido ao CC e ao Burô Político e presidente do Soviete de Moscou.[93] Entre os bolcheviques, Zinóviev e Kámenev eram vistos como os dois dirigentes mais importantes depois de Lênin e Trótski.[94] Depois, por ordem da importância que haviam tido na história recente da URSS, Grigóri Evdokímov, também do CC e dirigente dos sindicatos de Petrogrado, bolchevique desde 1903, também ligado à tendência de Zinóviev; Ivan Smírnov, também membro do CC, bolchevique desde 1900, que havia sido ligado a Trótski. Além destes, outros velhos bolcheviques menos conhecidos como Serguei Mratchkóvski, Vagarshak Ter-Vaganian, Ephim Dreitser e Eduard Goltzman, antigos trotskistas; e Isac Reingold, Richard Pikel e Ivan Bakaiev, anteriormente ligados à tendência zinovievista. Entre os agentes provocadores do NKVD, muitos oriundos do comunismo alemão, estava Valentin Olberg, que havia frequentado ativamente os trotskistas que iriam fundar a Quarta Internacional.[95]

Como se vê, estavam amalgamados ex-trotskistas, ex-zinovievistas e provocadores. Trotskistas e zinovievistas, principalmente Zinóviev e Kámenev, tinham passado por uma batalha sem trégua com que a fração stalinista os perseguira. Depois de fazerem oposição ao ditador em 1925-1926, em seguida aliados a Trótski em 1927, foram

---

92   N. Werth, *Les procès de...*, op. cit., p. 9; N. Werth, "Repenser la 'Grande Terreur'", op. cit., p. 267, 269, 280-281; Nicolas Werth, *L'ivrogne et la marchande de fleurs – Autopsie d'um meurtre de masse – 1937-1938*. Paris, Tallandier, 2009, p. 16; Roy Medvedev, *Staline et le stalinisme*. Paris, Albin Michel, 1979, p. 115. A questão do número de pessoas mortas pela repressão stalinista e comunista, em geral, foi objeto de grande polêmica quando da publicação, na França, de *O Livro Negro do comunismo* (1997). O organizador do livro, Stéphane Courtois, pretendeu somar todos os mortos em todos os regimes comunistas do mundo, em todos os tempos e situações, inclusive os mortos pela fome, para atingir cifras próximas aos 100 milhões de pessoas. Nicolas Werth foi um dos três autores, participantes da primeira edição do livro, que se demarcaram publicamente dessa abordagem sensacionalista no próprio momento da publicação. Vários temas revelaram-se polêmicos entre os autores, o mais importante sendo a comparação entre comunismo e nazismo, que não está alheia à discussão sobre as cifras.

93   N. Werth, *Les procès de...*, op. cit., p. 13-14.

94   P. Broué, *Les procès de...*, op. cit., p. 32.

95   N. Werth, *Les procès de...*, op. cit., p. 14-15.

Do partido único ao stalinismo

forçados a sucessivas autocríticas e lisonjas a Stálin, em nome da justeza da "linha geral". Humilharam-se e capitularam na esperança de serem novamente integrados ao partido, o oásis a que todos aspiravam chegar. Victor Serge descreve o processo de capitulação exigido: "Não era fácil conservar a alma, pois, depois da abjuração assinada, o Partido exigia que se fosse à tribuna condenar os erros de ontem, denunciar seus companheiros, e não uma vez, dez vezes, sem cessar. Nunca era demasiada a humilhação".[96] Em geral, em um primeiro momento, os capituladores conseguiram o que almejavam sob o preço de serem enviados a cargos técnicos longínquos e sem importância. Mas depois foram novamente perseguidos, presos, condenados a penas de prisão ou deportação.[97] Trótski os tinha chamado de "almas mortas".[98]

Os julgados eram acusados de, seguindo instruções do líder exilado, conspirar para tomar o poder, organizando atos terroristas contra os chefes do partido. Um desses atos teria sido o assassinato de Kírov. As audiências do processo, conduzidas pelo promotor-geral, Andrei Vichínski, duraram três dias durante os quais os acusados desmancharam-se em confissões, seguindo o *script* já acordado, que era a única base do processo, em uma aparente sintonia perfeita. A trama começava a partir de um fato concreto realmente existente: Ivan Smírnov, ex-trotskista, encontrara casualmente Lev Sedov em Berlim, em 1931.[99] Daí teriam vindo as instruções e os planos de conspiração de Trótski, que passavam por um suposto encontro dele com Goltzman no inexistente Hotel Bristol, de Copenhague, em 1932, hotel que havia sido demolido em 1917.[100] *En passant*, apresentado como detalhe, Zinóviev mencionou ter feito contatos com a ex-tendência de direita, mais precisamente com Bukhárin e Tómski, que declinaram do convite para participar da conspiração, pois ainda prefeririam tentar a luta interna. Houve também a menção de preparação de vários atentados terroristas, todos ridiculamente abortados, para matar Vorochílov ou Kaganóvitch, ambos do Burô Político fiel a Stálin. Ao final dos três dias das deposições dos acusados o promotor-geral, Vichínski, fez questão de sublinhar que foram ouvidas menções a vários outros militantes que deveriam ser objeto de uma futura investigação: Bukhárin, Tómski, Rykov, Radek, Piatakov, Serebriákov e Sokólnikov, o que era o prenúncio dos processos seguintes. Os dois últimos dias do julgamento foram ocupados com o requisitório de Vichínski, que

---

96 V. Serge, *Mémoires...*, op. cit., p. 257.

97 N. Werth, *Les procès de...*, op. cit., p. 15-16; ver também L. Sedov, *The Red Book*, Chap. "The Defendants and their Conduct before the Court" https://www.marxists.org/history/etol/writers/sedov/works/red/ch05.htm (consultado em 09.11.2017).

98 Resposta de Trótski à capitulação de Radek, Preobajienski e Smilga: "Un document misérable!", 27/07/1929, citado por Pierre Broué, *Trotsky*. Paris, Fayard, 1988, p. 634; e citado por N. Werth, *Les procès de...*, op. cit., p. 16.

99 N. Werth, *Les procès de...*, op. cit., p. 16-17.

100 L. Sedov, *The Red Book*, Chap. "Copenhagen" https://www.marxists.org/history/etol/writers/sedov/works/red/ch13.htm (consultado em 10.11.2017); N. Werth, *Les procès de...*, op. cit., p. 17.

terminou exigindo "que estes cães raivosos sejam fuzilados, todos, sem exceção". Mais surpreendentes foram, em seguida, as falas dos acusados que se autoproclamaram "monstros humanos", "assassinos fascistas", "destroços contrarrevolucionários", indignos de piedade e merecedores da pena de morte. Kámenev terminou sua fala com um pedido aos seus dois filhos: "Qualquer que seja o veredito, já o considero justo. Não olhem para trás. Continuem seu caminho à semelhança do povo soviético, sigam Stálin!" Todos foram condenados à morte e executados no dia seguinte.[101]

Apenas cinco meses depois, em janeiro de 1937, abria-se, na mesma "Casa dos Sindicatos", o 2º Processo de Moscou, o do "Centro antissoviético trotskista", no qual eram julgadas 17 pessoas, entre elas, quatro dos mencionados pelo promotor-geral Vichínski: Piatakov, Radek, Serebriákov e Sokólnikov. O acusado central era Iuri Piatakov, ex-trotskista até 1928. Tinha também um passado glorioso de adesão ao bolchevismo ainda durante o czarismo, de participação ativa durante a guerra civil e é um dos poucos mencionados no "testamento de Lênin". Depois de fazer autocrítica de seus desvios trotskistas, Piatakov passou a ocupar um lugar de destaque como Vice-Comissário da Indústria Pesada, totalmente envolvido na industrialização prevista no Plano Quinquenal. No processo estava ainda Karl Radek, judeu polonês, que havia sido, como já se viu, um personagem importantíssimo na Internacional Comunista. Aderiu à Oposição de Esquerda liderada por Trótski, mas capitulou em 1929, passando a ocupar um lugar de peso na redação do jornal *Pravda*, na área de política internacional. Estava também Grigóri Sokólnikov, que havia militado com Lênin no exílio, na Suíça, e era o próprio "velho bolchevique". Havia estado na tendência de Zinóviev, mas depois de capitular passou a trabalhar em um posto importante na diplomacia soviética. E também estava Leonid Serebriákov, bolchevique desde 1904, que tinha sido secretário do Comitê Central e na década de 1920 ocupou postos importantes na área econômica. Tinha sido da Oposição trotskista de 1923 a 1929.[102]

Além dos dois acusados que eram delatores e agentes provocadores do NKVD, os outros onze eram quadros econômicos de alto nível na área dos transportes, da indústria de carvão e de química. Alguns eram "velhos bolcheviques" famosos, como Nikolai Murálov. Todos eram acusados de formar um centro "de reserva" que agiria caso o dos acusados do 1º Processo falhasse. Agora eram acusados de tentar tomar o poder pela violência com a ajuda de Estados estrangeiros, Alemanha e Japão, durante a guerra mundial que viria. Trótski teria chegado a contatar o nazista Rudolf Hess para o plano. Foram relatados e confessados em detalhe vários atos terroristas que, ridiculamente, falharam, em especial contra a vida de Mólotov.[103]

---

101 N. Werth, *Les procès de...*, op. cit., p. 17-21.
102 Ibid., p. 22-23.
103 Ibid., p. 23-25; P. Broué, *Les procès de...*, op. cit., p. 56-57.

Do partido único ao stalinismo 271

Como no caso do 1º Processo, não havia provas, tudo era baseado nas confissões. O eixo era um encontro, inexistente, entre Piatakov e Sedov em Berlim, em 1931, seguido de uma viagem do primeiro a Oslo, de avião, para se encontrar com Trótski, que já teria feito contatos com os japoneses e os alemães para derrubar o "Estado stalinista". Em seguida, Radek fez um histórico do "Centro de reserva". Segundo Krivitsky, Radek, interrogado pelo violento Kiédrov, recusara-se a ceder, até ser levado à presença de Stálin. A partir daí resolveu assumir a culpa que lhe impingiam e passou, ele próprio, a fazer a instrução do seu caso, daí o seu papel preponderante na narrativa do suposto complô. Os acusados também reconheceram pertencer a serviços de informação estrangeiros. Todos se acusaram de haver organizado atos terroristas abortados, do assassinato de Kírov e de atos de diversão e sabotagem em indústrias e transportes, ali mencionados para justificar os desajustes criados pela aceleração da industrialização.[104] Victor Serge mostrou que essas acusações caluniosas pretendiam explicar os absurdos do período: "Tudo se passava, na industrialização, em meio a tal confusão e sob um regime arbitrário de tal modo intratável, que era possível encontrar 'sabotagem' em tudo, a qualquer hora".[105]

Foram cinco dias de interrogatórios, seguidos do requisitório do promotor-geral, Vichínski, denunciando "essa banda de criminosos a serviço das informações estrangeiras... mais abjeta que os próprios russos brancos". No meio das alegações foram citados, sem propósito, Bukhárin, Rykov e Rakóvski, como um aviso de quem seriam os próximos processados. O final foi a proposta da pena de morte para todos. Mais uma vez, nas declarações finais, os julgados se acusaram dos piores crimes, embora alguns lembrassem os serviços já prestados à "pátria". Radek chegou ao cúmulo de advertir aos que eventualmente sentissem alguma simpatia por eles e por Trótski que, amanhã, esse sentimento poderia torná-los desordeiros e traidores. A sentença condenou todos à morte, menos Radek e Sokólnikov, condenados a dez anos de prisão, e outros dois acusados de menor importância, Arnold e Stroílov.[106] Na verdade pouco importavam os anos da sentença, pois nenhum deles deixaria de morrer na prisão. Radek e Sokolnikov foram mortos, em 1939, por supostas brigas entre presos, na verdade, incidentes criados por agentes do NKVD, enquanto os dois outros foram processados na prisão por terem afirmado que suas confissões eram falsas, condenados à morte e fuzilados.[107]

---

104 N. Werth, *Les procès de...*, op. cit., p. 25-26; W. Krivitsky, *op. cit.*, p. 200; P. Broué, *Les procès de...*, op. cit., p. 56.

105 V. Serge, *Mémoires...*, op. cit., p. 260.

106 N. Werth, *Les procès de...*, op. cit., p. 29-31.

107 J.-J. Marie, *Stálin...*, op. cit., p. 459; Jean-Jacques Marie, *Le fils oublié de Trotsky*. Paris, Seuil, 2012, p. 142-143.

O indiciamento de Piatakov no 2º Processo suscitou reação de alguns velhos bolcheviques, como o Comissário do Povo, Sergo Ordjonikidze, amigo e aliado de longa data de Stálin. Ele era contrário àqueles "excessos" de perseguição aos "sabotadores," que acabavam desorganizando a indústria, sua área, e também à liquidação dos velhos bolcheviques. Pouco antes, Stálin tinha ordenado o fuzilamento de seu irmão, Papulia, bem como de diversos colaboradores dele.[108] Além disso, ele achava que havia conseguido a promessa de que Piatakov, seu vice, não seria executado. Depois da execução, Iejov e Stálin tentaram primeiramente ocultá-la dele. Uns quinze dias depois, Stálin e Ordjonikidze tiveram uma conversa de várias horas, na qual o primeiro acusou o segundo de simpatia pelos *kulaks*, seguida, no dia seguinte de madrugada, por outra longa conversa, desta vez por telefone. Na tarde seguinte, Ordjonikidze estava morto. O relatório médico anunciando a morte por um ataque cardíaco foi publicado no *Pravda* da manhã seguinte, 19 de fevereiro de 1937.[109] No Relatório de 1956, Khruschov atribui a intriga que teria levado à perda de Ordjonikidzé e a um tratamento cruel para com a sua família a Biéria, mas afirma que "Stálin permitiu a liquidação do irmão de Ordjonikidze e empurrou-o ao suicídio".[110] Na era Khruschov e depois, na *Glásnost*, pesquisas provaram que a morte se deu por ferimento à bala. Versões que circularam na época diziam que Ordjonikidzé tinha sido obrigado a se suicidar, sob a ameaça de ser preso e, consequentemente, ser acusado de "inimigo do povo" e julgado.[111] No romance *O terror*, já citado, Anátoli Rybakov evoca este episódio como se o próprio Stálin tivesse ido à casa de Ordjonikidze e lhe apresentado a arma para o suicídio.[112]

Ainda em 1937, o NKVD atacou os chefes militares. Ao tomar consciência do que estava por vir, o general Jan Gamárnick se suicidou, em 31 de maio. A prisão dos acusados militares, o seu processo e a sua execução se deram sem qualquer publicidade, ao contrário dos grandes processos-espetáculos. Em 12 de junho, uma nota anunciava a condenação à morte e execução de oito grandes chefes militares acusados de espionagem a favor da Alemanha nazista e traição à URSS: o marechal Tukhatchiévski, os generais Yakir, Uboriévitch, Kork, Primakov, Putna, Feldmann e Eidemann. Seguiram-se outros julgamentos a portas fechadas, outras execuções. Entre eles o do velho bolchevique georgiano Avel Enukidze, condenado ainda em 1935 por, entre outras acusações, ter sido amante das mulheres do Kremlin, como já se disse. As esposas de Gamárnick e Kork também foram executadas. Em menos de nove dias, 980 oficiais foram presos, entre eles, 21 generais do corpo do exército e 37 generais de divisão.

---

108   J.-J. Marie, *Stálin...*, op. cit., p. 459.
109   R. Conquest, op. cit., p. 585-587.
110   *Rapport Khrouchtchev*, in: A. Rossi, op. cit., p. 133.
111   J.-J. Marie, *Stálin...*, op. cit., p.459-460.
112   Anatoli Ribakov, *El terror*. Barcelona, Ediciones B, S.A., 1993.

Do partido único ao stalinismo

273

Também foram executados 20 generais do Estado-Maior de Moscou. Esposas e filhas de militares graduados foram enviadas a campos de trabalho.[113]

O 3º Processo, o do "Bloco dos direitistas e dos trotskistas", embora anunciado em 1937, só se abriu em março de 1938. Entre os 21 acusados três ex-membros do Burô Político do tempo de Lênin. Nikolai Bukhárin, o mais importante, citado no "testamento de Lênin" como "o filho mais querido do Partido", presidente da Internacional Comunista de 1926 a 1928. Nesse período tinha liderado a tendência de direita que se opunha a Stálin, à coletivização forçada e à industrialização, prevista para cinco anos, em quatro. Depois de ter capitulado tinha sido colocado como redator-chefe do jornal *Izvestia*. Além dele, Alexei Rykov, um dos primeiros partidários de Lênin, quando da cisão que criou o bolchevismo, em 1903. Tinha tido um enorme papel no início da URSS e depois acompanhado a tendência de Bukhárin, mas capitulado antes. O outro membro da Oposição de Direita, Mikhail Tómski, antigo chefe do Conselho Central Pan-Russo dos Sindicatos, quando ouviu o seu nome citado no 1º Processo, prevendo o que iria acontecer, suicidou-se em 23 de agosto de 1936. E ainda entre os acusados Nikolai Krestínski, também um velho bolchevique, preso pelo czarismo, tinha participado ativamente dos primeiros anos da revolução. Tinha sido do Burô Político, mas aderiu a Trótski logo em 1923, capitulando depois, em 1930, quando passou a ser Comissário-Adjunto para as Relações Exteriores. Entre os 21 acusados, além desses três, outra grande figura do bolchevismo era o búlgaro Khristian Rakóvski, velho socialista ligado a Rosa Luxemburgo, depois deputado na Romênia. Juntou-se aos bolcheviques em 1917, quando passou a ocupar diversos postos de importância. Depois aliou-se a Trótski em 1923 e recusou-se a capitular como os outros trotskistas, em 1928. Foi desterrado para Astracã e depois para o Cazaquistão, por cinco anos, consentindo em capitular, em 1934, depois de grande sofrimento, à época do 17º Congresso do PC da URSS, como já foi dito. E ao lado destes bolcheviques históricos, Guenrikh Iagoda, ex-chefe do NKVD e principal organizador do 1º Processo. Além desses, sentaram-se no banco dos réus os reputados médicos Pletnev, Levine e Kazakov.[114]

Todos eram acusados igualmente de um complô para derrubar o governo soviético e restabelecer o capitalismo. As ramificações deste processo cobriam todo o território soviético e remontavam aos primeiros anos pós-revolução. O "Bloco" teria supostamente iniciado suas atividades logo após outubro de 1917, reunindo "zinovievistas, direitistas, mencheviques, socialistas-revolucionários, guardas-brancos, *kulaks* e nacionalistas burgueses de diversas repúblicas soviéticas". O "Bloco" tinha como principal cúmplice Iagoda e teria perpetrado diversos atos terroristas, como o assassinato de Kírov e a morte por envenenamento de várias pessoas. Entre as vítimas Mejínski, predecessor de

---

113   P. Broué, *Les procès de...*, op. cit., p. 49-50; R. Conquest, op. cit., p. 633-635.
114   P. Broué, *Les procès de...*, op. cit., p. 34-35, 42, 49; N. Werth, *Les procès de...*, op. cit., p. 32-34.

Iagoda como chefe da polícia política, homem de saúde precária, morto em maio de 1934; Kúibychev, supostamente morto de um ataque cardíaco em janeiro de 1935, como já dissemos; e ainda o escritor Maksim Górki e seu filho, Maksim Piéchkov, este último supostamente por uma pneumonia em maio de 1935 e o escritor por uma morte súbita não explicada, em junho de 1936. Membros desse "Bloco" teriam colaborado com os serviços secretos alemão, inglês, japonês e polonês. Desde a paz de Brest-Litovsk, em 1918, grupos ligados a Bukhárin e os ligados a Trótski tinham atuado com os socialistas-revolucionários contra Lênin. A falta de coerência nesta acusação embrulhada não incomodava a montagem cênica. Os 21 eram acusados de terem organizado, sob a direção de serviços de espionagem estrangeiros hostis à URSS, um grupo de conspiradores que tinha por fim a espionagem em favor de Estados estrangeiros, a execução de atos de diversão e sabotagem para minar o poderio militar da União Soviética e separar dela a Ucrânia, a Bielorrússia, a Georgia, a Armênia, o Azerbaijão e outras províncias do Extremo Oriente. Provocaram ainda, na URSS, movimentos de banditismo e de revolta. E passaram a preparar atos de terrorismo, unindo direitistas e trotskistas.[115]

Dessa vez a cena do espetáculo não conservou a sua habitual monotonia entre as falas do promotor-geral e as autoacusações dos julgados. Krestínski, saindo do *script*, negou veementemente as acusações. No dia seguinte, porém, depois de uma noite de interrogatório, em um tom desesperado e com sinais de ter sido torturado, voltou a incorporar seu papel.[116] A trama começava com dois acusados, Bessónov, ex-conselheiro da embaixada soviética na Alemanha, e Arkádi Rosengoltz, ex-Comissário do Povo, declarando terem tido instruções de Lev Sedov e Trótski em Berlim, sobre os preparativos do golpe de Estado militar "dirigido por Tukhatchiévski," que "deveria coincidir com o início da guerra". Bukhárin e Rykov negaram algumas acusações, aceitaram genericamente outras. Rakóvski aceitou a maior parte das acusações, inclusive a de ligação com o serviço secreto inglês, incluindo Trótski nessa ligação. Iagoda reconheceu o seu papel no assassinato de Kírov, envolvendo no crime Bukhárin e Rykov. Confessou ter eliminado uma testemunha incômoda através de um falso acidente de carro, o guarda-costas Boríssov, membro do NKVD de Leningrado. Confessou ainda ter assassinado pelo método "médico" a Mejínski, Kúibychev, Maksim Górki e seu filho Piéchkov, contando para isso com a colaboração, entre outros, dos três médicos inculpados, os doutores Pletnev, Levine e Kazakov, que atendiam as vítimas. Teria também tentado, dessa vez sem sucesso, envenenar Nikolai Iejov, que o tinha substituído na chefia do NKVD. Para todos estes crimes, tinha-se servido do Laboratório de Venenos[117] – criado em 1921, no tempo de Lênin, com o nome de "Gabinete Especial"

---

115 N. Werth, *Les procès de...*, op. cit., p. 34-35.
116 Ibid., p. 35; R. Conquest, op. cit., p. 514, 830; P. Broué, *Les procès de...*, op. cit., p. 236.
117 N. Werth, *Les procès de...*, op. cit., p. 36-42.

e submetido ao Conselho dos Comissários do Povo[118] – que dirigia e sobre o qual falou longamente durante o julgamento. O requisitório de Vichínski foi prolífico em impropérios, como os anteriores: "Nosso povo exige apenas uma coisa: que estes malditos répteis sejam esmagados, que estes cães sarnentos sejam abatidos. [...] No caminho, livre das últimas máculas e da última abjeção do passado, nós todos, nosso povo, guiados pelo bem-amado chefe e guia, o grande Stálin, continuaremos a avançar, sempre avante, em direção ao comunismo".[119] Pediu a pena de morte para todos, com exceção do Dr. Pletnev, de Rakóvski e de Bessónov.

Nos discursos finais dos acusados, os médicos se defenderam culpando Iagoda de tê-los chantageado, ameaçando suas vidas e de suas famílias. Bukhárin, em seu longo discurso final, na linha de sua deposição anterior, afirmou que um processo cuja base é apenas "a confissão dos acusados é um princípio jurídico medieval". Todos foram sentenciados à morte, à exceção do Dr. Pletnev, de Rakóvski e de Bessónov, condenados respectivamente a vinte e cinco, vinte e dezesseis anos.[120] Dois deles morreram na prisão, em circunstâncias desconhecidas. Publicação russa da década de 1990 indica que Stálin, passando por Orel, no caminho de sua casa de veraneio, durante a guerra, mandou fuzilar, entre outros, Rakóvski, Olga Kámeneva, esposa de Kámenev e também irmã de Trótski, e Maria Spiridónova, a velha socialista-revolucionária de esquerda que havia lutado contra o czarismo.[121]

Já se disse abundantemente que os três processos se baseavam apenas nas confissões, nenhuma prova concreta tendo sido exibida. Mas há mais: quando foi publicada a denúncia dos implicados no 1º Processo, eles eram trinta e oito. No entanto, doze acusados, embora presos, não foram apresentados no julgamento, apesar de na denúncia aparecerem como tendo tido papel relevante na trama. O mesmo aconteceu no 2º Processo: o número de denunciados como partícipes da trama terrorista era de trinta e seis, mas apenas dezessete foram apresentados no julgamento. O que teria acontecido com os outros dezenove, entre eles Ivars Smilga e Evguiéni Preobajiénski, que haviam sido definidos por Radek como dirigentes do "Centro antissoviético trotskista"? Se hipoteticamente tivessem ficado livres da acusação, essa notícia teria sido publicada. Conclui-se que, tendo resistido em adotar a confissão previamente estabelecida pelo NKVD, foram torturados e depois executados sem processo formal.[122] No 3º Processo

---

118 Arkadi Vaksberg, *Laboratório de venenos – De Lenine a Putin*. Lisboa, Alétheia Editores, 2007, p. 39; Pavel Sudoplatov et Anatoli Sudoplatov, avec Jerrold et Leona Schecter, *Missions Speciales – Mémoires du maître-espion soviétique Pavel Sudoplatov*. Paris, Seuil, 1994, p. 352.

119 Citado por N. Werth, *Les procès de...*, op. cit., p. 43.

120 Ibid., p. 45.

121 Citado por J.-J. Marie, *Stálin...*, op. cit., p. 683, p. 712.

122 Ver Léon Sedov, "Les accusés qui n'étaient pas ao procès", *Le livre rouge*, p. 27. https://www.marxists. org/francais/sedov/works/1936/10/livrerouge.pdf (consultado em 12.11.2017).

276 Angela Mendes de Almeida

foi divulgado que doze dos vinte e um acusados iriam ser objeto de um "procedimento especial", enquanto, ao mesmo tempo, outros "membros da mesma conspiração" já teriam sido julgados a portas fechadas e executados, como Tukhatchiévski, Enukidze e outros.[123] Tudo isso está contido nas atas estenográficas dos processos, logo depois amplamente divulgadas pelo próprio governo soviético.

Para os que se deram conta, desde o início, da farsa montada, eram ainda assim incompreensíveis as autoacusações dos condenados nos três processos. Esse, aliás, era o mais forte argumento dos que, muito mais numerosos, acreditaram piamente na trama exposta. Por que os acusados chegaram ao absurdo de confessar detalhes de crimes jamais cometidos por eles e muitas vezes inverossímeis? Foi uma questão que perpassou a reflexão política, filosófica e literária daí em diante. Qual explicação dar a isso? Trótski argumentou desde o início, inúmeras vezes, que era preciso entender que os homens que confessavam já tinham abjurado de suas convicções por meio de humilhantes autocríticas públicas várias vezes, nos últimos anos. Boris Souvarine avançou um outro argumento: esses homens estavam acostumados a mentir, em virtude de uma noção sobre o mundo dividido em duas partes: o Partido e o resto. Ser excluído do Partido equivaleria a ser expulso do planeta. Para ficar, estavam dispostos a se humilhar, bater no peito em público, denunciarem-se uns aos outros. A mística do Partido justificava o imoralismo da mentira contínua.[124] No famoso romance de Arthur Koestler, *O zero e o infinito*, de 1940, paradigma de reflexão sobre o tema das autoacusações, a personagem principal, em quem a maioria enxergou Bukhárin, consente em se sacrificar em prol do bem do Partido, interpretação que teve grande repercussão.[125]

Quanto ao filósofo Maurice Merleau-Ponty, sempre citado nessas discussões, ele tentou problematizar e criticar a personagem de Koestler em *Humanismo e terrorismo*, de 1947. Em muitas considerações que pretendem dar um sentido diferente de Koestler às confissões de Bukhárin, o autor faz eco de uma questão que parecia pairar em certa opinião pública francesa. Esta se achava fortemente impressionada pelo desempenho da URSS na resistência ao nazismo. Citava-se com assombro a viragem do curso da Segunda Guerra Mundial pela resistência do Exército Vermelho na cidade de Stalingrado. Atento a essa sensibilidade, Merleau-Ponty avançou a ideia de que a coletivização, a industrialização e os processos de Moscou foram o preço necessário para a fabulosa campanha militar russa contra o nazismo e para o caminho ao humanismo futuro do comunismo. "Se os planos quinquenais não tivessem sido executados, se a disciplina militar e a propaganda patriótica do tipo tradicional não tivessem sido

---

123 P. Broué, *Les procès de...*, op. cit., p. 213-214.
124 Citados por N. Werth, *Les procès de...*, op. cit., p. 164-165.
125 Ibid., p. 166; P. Broué, *Les procès de...*, op. cit., p. 278; Arthur Koestler, *O zero e o infinito*. Porto Alegre, Ed. Globo, 1987.

Do partido único ao stalinismo

restabelecidas na URSS, poder-se-ia estar certo de que o exército vermelho teria vencido?" Em nota, em seguida, vai mais além: "Mas se se deve escolher entre uma URSS que 'astucia com a história', se mantém dentro da existência e para os alemães, e uma URSS que guarda sua linha programática e desaparece na guerra, deixando às gerações futuras um exemplo heroico e cinquenta anos ou mais de nazismo, é covardia preferir a primeira?"[126] Por seu lado, o historiador e militante do PCF durante um bom tempo, Jean Elleinstein, considera irrisório esse argumento, lembrando todas as dificuldades que enfrentaram os soviéticos no início da guerra.[127] Assim, passadas tantas décadas, a história registra que a URSS deixou para as gerações futuras de socialistas o exemplo nada heroico do socialismo real com terror de Estado. Ainda mais que hoje se sabe que os processos eram só a face pública de uma repressão de massa que ceifou centenas de milhares de vidas.

No entanto, nesse debate, foi omitido a parte da tortura física e da repressão aos familiares. A mística do Partido e o imoralismo político podem ter tido um papel em alguns casos, mas não em todos, pois houve não poucos bolcheviques famosos que, denunciados, não confessaram e foram liquidados sem figurar em processos públicos, como já vimos. Na verdade, houve uma combinação de métodos de tortura psicológica e física.[128] É por isso que Khruschov falou inúmeras vezes, no seu famoso Relatório Secreto de 1956, em "métodos ilegais de investigação", eufemismo para designar torturas físicas. "Como é possível confessar crimes que não se cometeu? De uma só maneira: como consequência de métodos físicos de pressão, de torturas, levando a um estado de inconsciência, de derrota intelectual, de privação da dignidade humana".[129] Seu uso legalizou-se em 1937.[130] Conforme afirmou Khruschov, quando a vaga de prisões se arrefeceu, em 1939, e começaram a pipocar acusações contra membros do NKVD, Stálin enviou aos dirigentes locais um telegrama afirmando que o Comitê Central "explica que a aplicação de métodos de pressões físicas praticadas pelo NKVD está permitida desde 1937. [...] O Comitê Central do PCURSS considera que a pressão física deverá ser ainda empregada obrigatoriamente, com os inimigos notórios e obstinados do povo, como um método ao mesmo tempo justificável e apropriado".[131] Ainda no mesmo relatório, Khruschov cita as

---

126   Maurice Merleau-Ponty, *Humanismo e terrorismo*. Rio de Janeiro, Ed. Tempo Brasileiro, 1968, p. 22, 97-98. O verbo "astuciar" – "astucia com a história" – é a tradução na edição brasileira de "ruse avec l'histoire," cf. *Humanisme et terreur – Essai sur le problème communiste*. Paris, Gallimard, 1947, 1ª ed., p. 178-179.

127   Jean Elleinstein, *O estalinismo: História do fenómeno estaliniano*. Lisboa, Publicações Europa-América, 1976, p. 122.

128   N. Werth, *Les procès de...*, op. cit., p. 167-168.

129   *Rapport Khrouchtchev*, in: A. Rossi, op. cit., p. 101.

130   N. Werth, *Les procès de...*, op. cit., p. 168.

131   *Rapport Khrouchtchev*, in: A. Rossi, op. cit., p. 102; J.-J. Marie, *Stálin...*, op. cit., p. 505.

278 Angela Mendes de Almeida

ordens e conselhos dados por Stálin ao juiz instrutor, mais tarde, no caso do processo dos "Aventais Brancos" (1951): "Bater, bater e ainda bater".[132]

O método de tortura mais utilizado chamava-se "a corrente", interrogatório ininterrupto, dia e noite, praticado por dias e até semanas, por múltiplos interrogadores, que repetiam afirmações do *script* previamente estabelecido e ameaçavam o interrogado e sua família com a execução imediata, caso não confirmassem em juízo o acordado durante o interrogatório. Esse método resultava na privação contínua de sono, na maior parte das vezes o preso sendo obrigado a responder em pé. É por isso que diversas pessoas que assistiram ao julgamento notaram que muitos acusados pareciam distraídos, ausentes, indiferentes. Outras torturas: batiam com sacos de areia no estômago, suspendiam a vítima com pés e mãos amarrados nas costas, esmagavam dedos das mãos e dos pés, retiravam unhas. Outro recurso complementar eram as humilhações, muitas de conotação escatológica.[133] Além disso, havia as celas de castigo nas quais eram colocados os presos, por dias a fio que, conforme Evguénia Ginzburg, eram tão estreitas que "só era possível permanecer de pé com os braços encostados no corpo".[134] Havia também torturas com água e eletricidade. E o preso sabia que, no mínimo, os membros de sua família perderiam emprego e moradia.

Só por acaso puderam vir à luz alguns casos de tortura física nestes processos em que quase todos foram fuzilados, como, por exemplo, o de Krestínski, já citado. Depois de ter negado na audiência do 3º Processo o que estava no *script,* foi torturado durante três horas e compareceu no dia seguinte com a omoplata deslocada e a vontade quebrada, fato relatado por Bessónov, também processado, mas não executado inicialmente.[135] Krivitsky também testemunhou, enquanto agente da espionagem soviética, dentro da Lubianka, prisão e ao mesmo tempo sede do NKVD, o estrago feito pela tortura em Zinóviev: "antes forte e vigoroso, ele arrastava a perna no corredor; vestido com um uniforme azul e branco, estava extenuado e devastado". Conta também o martírio de Bela Kun, o importante dirigente húngaro da Internacional Comunista, acusado de ser espião da *Gestapo*: "faziam-no ficar em pé durante sessões que duravam de dez a vinte horas, até o seu desmaio. Quando o traziam de volta, tinha as pernas tão inchadas que não conseguia ficar em pé".[136] Em denúncia à Comissão Dewey, que analisou no México as acusações contra Trótski e Sedov nos processos de Moscou, o armênio Tarov (A. A. Davtian), que estivera preso e em campos de trabalho na União Soviética, mas conseguira fugir pela Pérsia, insistiu

---

132   Ibid., p. 127.

133   R. Conquest, op. cit., p. 529, 531-532; N. Werth, *Les procès de...*, op. cit., p. 168-169.

134   Euguénia Guinzbourg, *Le vertige*. Paris, Éditions du Seuil, 1997, p. 272; citado por Annie Kriegel, *Los grandes procesos en los sistemas comunistas*. Madrid, Alianza Editorial, 1973, p. 157.

135   P. Broué, *Les procès de...*, op. cit., p. 236; A. Kriegel, op. cit., p. 63; R. Conquest, op. cit., p. 528.

136   W. Krivitsky, op. cit., p. 146, p. 193.

Do partido único ao stalinismo

na questão da tortura: "A morte é, algumas vezes, a bem-vinda libertação da tortura intolerável. Nas mãos do GPU o homem torturado é privado até deste meio de salvação. Muitos gritam, suplicando que os matem. Mas as ordens preveem somente a tortura".[137] São também conhecidos os casos de penas impostas à esposa e a separação do filho recém-nascido de Bukhárin, às famílias de Zinóviev e Kámenev, à filha de Smírnov e à de Krestínski. Além disso são conhecidas, no caso do 1º Processo, as promessas enganosas feitas a Zinóviev e Kámenev, de admitir o direito à graça nas condenações à morte, quando na verdade já estava determinado que a execução fosse imediata, após a leitura da sentença.[138]

A tortura física e psicológica na situação de terror de Estado na União Soviética é, em certos aspectos, radicalmente diferente da que é aplicada nos regimes nazistas, fascistas e ditatoriais. Neles os torturadores querem saber a verdade e o heroísmo da resistência consiste em não dizê-la, em calar ou mentir. Durante a luta, o torturado se nutriu no ódio político ao torturador. Na situação soviética descrita o torturador e interrogador pode ter sido ontem o companheiro de lutas, que compartilhou as mesmas ideias do torturado. O torturador não quer saber a verdade, tortura para interiorizar no torturado uma versão mentirosa que serve ao poder, para fazê-lo cúmplice dessa versão em prol do Partido e da salvação da "Pátria socialista". É por isso que existem narrações de torturas físicas que não deram o resultado esperado, enquanto deram as conversas que interiorizavam no torturado a defesa, em última instância, da União Soviética em perigo.

Essa possibilidade é ilustrada, entre outros casos, neste relatado por Krivitsky, que dizia justamente que quando a tortura física não resultava, o preso era eventualmente levado a um interrogador mais experiente. Serguei Mratchkóvski e Ivan Smírnov, ex-trotskistas, indiciados no 1º Processo, não estavam cedendo às torturas físicas. Abraam Slútski, chefe imediato de Krivitsky na Seção Estrangeira do NKVD, foi então encarregado de "quebrar" Mratchkóvski. O interrogador admirava o interrogado. Assim, depois de obtido o sucesso, em lágrimas, Slútski contou ao seu subordinado como tinha conseguido isso. Em uma conversa que durou cerca de noventa horas, interrompidas a cada duas por telefonemas de Stálin, conseguiu convencer Mratchkóvski que a União Soviética estava em perigo e que só Stálin, entre todos os dirigentes, tinha pulso para governar o país. Para isso precisava de "confissões públicas", de complôs que unificassem a "Pátria socialista". A conversa terminou com um abraço entre interrogador e interrogado. E Mratchkóvski convenceu Smírnov.[139] Slútski, que tinha atuado com a polícia soviética na Espanha, veio a ser assassinado

---

137   Citado por P. Broué, *Les procès de...*, op. cit., p. 277.

138   N. Werth, *Les procès de...*, op. cit., p. 169.

139   W. Krivitsky, op. cit., p. 194-198.

em 17 de fevereiro de 1938. Chamado à sala do adjunto de Iejov, Frinóvski, para apresentar um relatório de suas missões, aceitou um bombom de chocolate oferecido por um outro agente presente. Morreu imediatamente envenenado por cianureto. A notícia foi apresentada como ataque de coração e Slútski teve direito a um funeral grandioso. Meses depois, entretanto, foi declarado postumamente "inimigo do povo". Tanto Frinóvski, como Iejov e como o agente que ofereceu o bombom foram executados até 1940.[140]

Documentos abertos à pesquisa na Rússia, depois da implosão da URSS, esclarecem o papel de Stálin durante os processos. Saiu de férias pouco antes do 1º Processo se iniciar, em agosto de 1936, para sua casa de campo em Sochi, junto ao Mar Negro. Mas trocava incessantemente telegramas com seus mais próximos colaboradores, Mólotov, Kaganóvitch e Iejov, estabelecendo todos os detalhes "cênicos": o que devia ser transmitido pela imprensa, as personalidades estrangeiras a serem admitidas na assistência, as notas a serem encaminhadas aos governos estrangeiros para se contrapor à "propaganda trotskista" e até a maneira pela qual a imprensa comunista estrangeira deveria tratar das confissões. Durante os dias em que decorreu o processo, Iejov mantinha Stálin informado por vários telegramas diários. Quando era necessário, o chefe telefonava instruindo os detalhes. Enquanto os acusados ainda prestavam declarações, ele já enviava um "projeto de veredito". Comentando um primeiro projeto, afirmava que estava correto em substância, mas que lhe faltava "um lustre estilístico".[141]

A propósito de "lustre", as manchetes de alguns artigos do *Pravda* e do *Izvestia* são eloquentes: "Não deve haver nenhuma piedade!", "Liquidar sem piedade os miseráveis assassinos!" "A banda zinovievista-trotskista e seu chefe, Trótski!»[142] Corriam soltos os epítetos para os condenados: "cães raivosos", "pigmeus miseráveis", "ratos viscosos", "víboras lúgubres", "pés sujos esmagando as flores perfumadas do nosso jardim socialista".[143] Como os correspondentes estrangeiros não repercutiam tais textos, Stálin reclamava que eles deviam ser reproduzidos, nem que fosse na imprensa comunista da Noruega, Suécia, França e América, pois impediriam aos inimigos da União Soviética de apresentar o processo judiciário como uma montagem, ou como um mero acerto de contas com a fração Zinóviev-Trótski.[144]

Entre os soviéticos que apoiavam Stálin mas assistiam consternados o que acontecia, a crença era de que o autor de todo aquele massacre era Iejov. Crença

---

140   Arkadi Vaksberg, *Laboratório de venenos...*, op. cit., p. 87-88; Victor Serge, L'assassinat d'Ignace Reiss. https://bataillesocialiste.wordpress.com/2013/01/12/lassassinat-dignace-reiss-victor-serge-1938/ (consultado em 13.11.2017).

141   N. Werth, *Les procès de...*, op. cit., p. 180-181.

142   Citado por ibid., p. 199.

143   Citado por D. Desanti, op. cit., p. 290.

144   Citado por N. Werth, *Les procès de...*, op. cit., p. 199-200.

Do partido único ao stalinismo

alimentada pelo próprio Stálin, sempre parco em palavras e com declarações sucintas, preparadas e direcionadas a um objetivo preciso. Dizia o escritor Ilya Ehrenburg: "Eu acreditava, como tantos outros, que o mal vinha do pequeno homem a quem chamávamos de 'comissário stalinista'. Nós tínhamos dado a esses anos o nome de 'Iejovschina' (a era de Iejov)". Conta também que "ao encontrar Boris Pasternak na rua viu-o exclamar, levantando as mãos ao céu: 'Se ao menos alguém pudesse contar isso a Stálin.'".[145] No romance de Lídia Tchukóvskaia sobre a "Iejovschina", suas duas personagens, datilógrafas, julgam entender, ao final dos processos, que os condenados é que haviam provocado as explosões nas minas e os descarrilhamentos de trens em toda a URSS. Eram "os crápulas que queriam matar o nosso bem-amado Stálin". Nem a prisão do filho de uma delas, brilhante engenheiro que ela sabe inocente, nem os dias e noites passados com outras mães e mulheres à espera de uma notícia do parente preso, a faz mudar de ideia. No caso do filho, acredita tratar-se de um equívoco que logo será sanado.[146] No romance *Doutor Jivago*, de Pasternak, o personagem Mikhail Gordon relembra:

> É curioso. Não somente em confronto com tua sorte de deportado, mas mesmo em relação com toda a nossa vida dos anos 30, em liberdade, no bem-estar da atividade universitária, dos livros, do dinheiro, do conforto, a guerra apareceu como uma tempestade purificadora, um sopro de ar puro, um vento de libertação. Penso que a coletivização foi um erro, um fracasso. Não se podia confessá-lo. A fim de mascarar o fracasso, foi preciso recorrer a todos os meios de intimidação possíveis para tirar às pessoas o hábito de julgar e de pensar, para forçá-las a ver o que não existia e a provar o contrário da evidência. Daí a crueldade sem precedente do terror de Iejov, a promulgação de uma constituição destinada a não ser aplicada, a outorga de eleições que não eram fundadas sobre o princípio eleitoral. E quando a guerra rebentou, a realidade de seus horrores, do perigo que ela nos fazia correr, da morte de que ela nos ameaçava, foi um bem ao lado do domínio inumano do imaginário; trouxe-nos um alívio porque limitava o poder mágico da letra morta. Os forçados como tu não foram os únicos a respirar de súbito mais livremente, a plenos pulmões; todos, sem exceção, na retaguarda como na frente, sentiram uma verdadeira felicidade lançando-se com embriaguez no cadinho da luta terrível, mortal e salutar.[147]

---

145   Citado por R. Conquest, op. cit., p. 457, p. 460.

146   *La maison déserte*, Paris, Calmann-Lévy, 1975, citado por Werth, *Les procès de...*, op. cit., p. 172.

147   *O Doutor Jivago*. Belo Horizonte, Editora Itatiaia, 1958, p. 524; concluído em 1956, rejeitado pela revista soviética *Novy Mir*, publicado pela primeira vez em 1957 pela Editora Feltrinelli, de Milão; citado também por Kostas Papaiouannou, *Marx et les marxistes*. Paris, Flammarion, 1972, p. 395

No clima da Frente Popular, contemporânea aos processos de Moscou, o que se passava na União Soviética era uma bomba incômoda e houve, em muitos, o sentimento de não querer tomar conhecimento e partido em uma questão interna. Mas as autoacusações impressionavam pela virulência. Pouco a pouco, pelas reportagens da imprensa estrangeira, formou-se uma opinião favorável a Stálin. Intelectuais franceses como Romain Rolland, André Malraux, Henri Barbusse, ingleses como Bernard Shaw, logo se posicionaram. Rolland afirmava achar que os dezesseis do 1º Processo eram culpados: "Não vejo como se pode rejeitar como inventadas ou arrancadas as declarações feitas publicamente sobre os acusados".[148] O grande argumento de muitos é que tudo isso se passava enquanto a URSS era a única que colaborava com os republicanos espanhóis no enfrentamento a Franco. Por sua parte, Bertold Brecht declarava a Sidney Hook, filósofo americano antistalinista, ao tempo do 1º Processo: "quanto mais eles são inocentes, mais merecem morrer". É bom lembrar que a atriz Carola Neher, que havia desempenhado vários papéis em suas peças, foi presa na União Soviética em 1936 e condenada a dez anos de prisão, morrendo em 1942.[149] A publicação do livro de André Gide, *Retorno da URSS*, em 1936, quebrou um pouco esta unanimidade. Reconhecendo vários progressos materiais na vida das pessoas, dizia-se impressionado com os "espíritos pouco livres", "temerosos", "avassalados". Apesar de tanta ponderação, Gide foi catalogado como "renegado". Tanto na França como na Espanha, a solidariedade com a Frente Popular e os socialistas, atados por essa aliança partidária com os partidos comunistas, fazia-os recusarem-se a tomar partido. Léon Blum, então primeiro-ministro da França, em um primeiro momento, absteve-se de opinar, depois começou a manifestar dúvidas e, por fim, declarou-se "desolado". Quanto aos comunistas, reproduziam e alargavam os materiais publicados na imprensa russa. De Moscou, o dirigente francês Vaillant-Couturier explicava assim a traição dos companheiros de Lênin: "Espiões porque eram trotskistas, trotskistas porque eram espiões".[150]

Jules-Humbert Droz, comunista suíço, membro do Comitê Executivo da Internacional Comunista, que havia criticado a política do "terceiro período", escrevendo no início da década de 1970, relata que assistiu ao 2º Processo, cujos protagonistas eram os "trotskistas" Piatakov, Radek e Sokólnikov. Diz que estava convencido da veracidade das autoacusações e das "coisas não só enormes, inacreditáveis e monstruosas sobre Trótski", mas também dos atos de traição, espionagem e sabotagem. E foi nesses termos que relatou o processo para o jornal suíço *Freiheit*. Contudo, em março de 1938, quando viu as mesmas acusações serem feitas a seus amigos, Bukhárin e Rykov, convenceu-se de que

---

148   Citado por N. Werth, *Les procès de...*, op. cit., p. 57-59.

149   Citado por R. Conquest, op. cit., p. 969-970.

150   Citados por N. Werth, *Les procès de...*, op. cit., p. 59-60, p. 68, p. 71.

Do partido único ao stalinismo

eram processos montados. Terminou, nos anos 1970, afirmando que compreende "a sua inconcebível ingenuidade de então" e renega o que escreveu sobre o processo de 1937.[151]

Ao dar a mais ampla publicidade, manifestando aparente transparência, às atas completas dos três julgamentos em imediata tradução em inglês e francês, a União Soviética expôs ao mundo esta faceta da sua realidade. Mas a imprensa estrangeira presente em Moscou nada havia falado sobre o que se havia passado entre o assassinato de Kírov e os grandes processos de Moscou. Nada se sabia sobre o processo de 1935, no qual Zinóviev e Kámenev reconheceram a sua "responsabilidade moral" no crime, sobre os expurgos generalizados dentro do partido soviético, sobre o endurecimento da legislação criminal, sobre a tensão nas fábricas e nos campos, bem como sobre a perseguição aos quadros e "burocratas". Alguns testemunhos de pessoas que tinham vivido na URSS, como, por exemplo, Victor Serge e Boris Souvarine, que contavam as coisas do lado de dentro, eram ignorados, quando não tratados de caluniadores. Entre 1936 e 1938, além de Serge e Souvarine, somente Trótski e seus seguidores estavam entendendo o que se passava, pelo menos em linhas gerais. A cada fato noticiado como sendo um elo que uniria os acusados a Trótski e seu filho, Lev Sedov, eles imediatamente publicavam um preciso desmentido com provas. Foi assim em relação ao encontro entre Trótski e Goltzman em um hotel não existente em Copenhague, fato também confirmado pelos sociais-democratas dinamarqueses. Sedov também provou, com documentos, não ter obtido visto para ir àquela cidade.[152]

No segundo processo, Piatakov havia afirmado ter viajado de Berlim, onde estava em missão, a Oslo, para se encontrar com Trótski, onde este teria revelado suas conversações com Rudolf Hess, o terceiro homem na hierarquia do governo nazista. Mas o aeródromo de Oslo desmentiu esse contato, esclarecendo que nenhum avião estrangeiro pousou na cidade durante o mês de dezembro de 1935. Também o anfitrião de Trótski na Noruega, o deputado socialista Knudsen, confirmou a inexistência do encontro aludido. Além disso ficou provada a inexistência de outro suposto encontro do líder da Oposição com uma outra testemunha do processo, Romm, que teria acontecido no *Bois de Boulogne*, em Paris, no fim de julho de 1935. Nesse mês, Trótski estava viajando da Turquia, seu primeiro exílio europeu, para a França, que lhe tinha concedido um visto provisório. Mas provou que o percurso do seu transporte do navio, que desembarcou em Marselha, no Mediterrâneo, para o lugar que o governo lhe permitiu residir, Royan, no litoral atlântico, ao sudeste da França, passou longe de Paris.[153]

---

151   Jules-Humbert Droz, *L'Internazionale comunista – Tra Lenin e Stálin. Memorie de un protagonista 1891-1941*. Milano, Feltrinelli, 1974, p. 307, p. 308 e 310.

152   N. Werth, *Les procès de...*, op. cit., p. 50-52.

153   P. Broué, *Les procès de...*, op. cit., p. 230-231; P. Broué, Trotsky..., op. cit., p. 856-857, p. 860.

Os seguidores de Trótski, militantes e simpatizantes, iriam construir comitês em diversos países: Estados Unidos, Tchecoslováquia, Inglaterra e França, para provar a impostura. O grupo surrealista francês, tendo à frente André Breton, tornou-se um dos maiores atores na denúncia da armação. Lev Sedov elaborou, no *Livro Vermelho*, o elenco das inverossimilhanças, lacunas e contradições dos processos, dos atos terroristas planejados e não realizados, dos crimes de intenção, como os da Inquisição.[154] O livro apontou o significado que o trotskismo atribuiu aos processos: um ato de "gangsterismo político", uma maquinação montada pela "burocracia termidoriana" e seu apêndice, a polícia política, para matar politicamente Trótski e todos os "bolcheviques-leninistas". Mas teve pouca repercussão. No México, em 1937, com a ajuda dos trotskistas norte-americanos, Trótski conseguiu montar um comitê de investigação independente, presidido pelo filósofo americano John Dewey, em cujas sessões foram ouvidos, além dele próprio, várias testemunhas, entre elas o veterano comunista francês Alfred Rosmer, o anarco-sindicalista Carlo Tresca e Otto Rühle, ex-militante dos IKD (Comunistas Internacionalistas Alemães). É a este comitê que apresentaram seus depoimentos Sedov, Victor Serge e Ante Ciliga,[155] militante croata que havia conhecido a prisão e a deportação para a Sibéria, conseguindo milagrosamente ser libertado.[156] O comitê concluiu pela inocência de Trótski e Sedov em relação às absurdas acusações dos processos de Moscou. Mas a *intelligentsia* progressista continuou fascinada pelo *slogan* simplista divulgado pelo presidente da Internacional Comunista, Dimítrov, para quem "aqueles que apoiam, direta ou indiretamente, os terroristas contrarrevolucionários na URSS, no fundo servem igualmente ao fascismo espanhol, contrapondo-se à luta do povo espanhol e facilitando sua derrota".[157]

A "*Iejovschina*" terminou como começou, com uma resolução secreta do Burô Político, de 17 de novembro de 1938. Pouco mais tarde, Iejov se demitiu, oficialmente por razões de saúde, mas depois foi preso e executado em 1940. Em seu lugar, como Comissário do Povo do Interior, foi colocado Lauriénti Biéria.[158] Um ano e meio depois do 3º Processo, o início da dramática e sangrenta Segunda Guerra Mundial viria criar um muro entre tudo o que aconteceu antes e os resultados da vitória dos Aliados, na qual o papel do Exército Vermelho foi fundamental. Ao preço de cerca de 27 milhões de mortos soviéticos, a Europa foi salva da barbárie nazista. Tudo o que aconteceu antes pareceu então coisa de um outro mundo. Durante o processo de Nuremberg,

---

154   *Le livre rouge du procès de Moscou*. https://www.marxists.org/francais/sedov/works/1936/10/index.htm (consultado em 13.11.2017).

155   N. Werth, *Les procès de...*, op. cit., p. 53- 56; P. Broué, *Les procès de...*, op. cit., p. 228.

156   Ante Ciliga, *Dix ans au pays du mensonge déconcertant*. Paris, Éditions Champs Libre, 1977.

157   Citado por N. Werth, *Les procès de...*, op. cit., p. 57.

158   Nicolas Werth, *L'ivrogne et la marchande.....*, op. cit., p. 296-297.

nenhuma autoridade soviética se lembrou de cobrar do líder nazista, Rudolf Hess, explicações sobre sua conspiração com Trótski.[159]

Hitler, amigo (1939-1941)

Desde o Acordo de Munique, em setembro de 1938, pelo qual a Tchecoslováquia cedia a região dos sudetos à Alemanha, por pressão da Inglaterra e da França, a guerra civil espanhola já estava com os dias contados. Stálin já tinha, paulatinamente, se desinteressado do assunto e preparou a nova jogada em vista da guerra que viria. E foi uma jogada audaciosa. Passando por cima de tudo o que já se tinha escrito e dito, bem como do sentimento da militância comunista e progressista da época, abraçou o inimigo fascista.

Em março de 1939, no 18º Congresso do partido soviético, Stálin já havia estigmatizado as democracias ocidentais, acusando-as de "excitar o furor da União Soviética contra a Alemanha, envenenar a atmosfera e provocar um conflito sem razão aparente". Dentro dessa linha, em abril, o Comissário do Povo para as Relações Exteriores, Maksim Litvínov, homem bastante influenciado pelo ponto de vista inglês, foi desautorizado e substituído por Viatcheslav Mólotov. Começou então a aproximação diplomática com Hitler.[160] Segundo Krivitsky, Stálin já havia demonstrado antes um grande encantamento pela famosa "Noite dos longos punhais", seguida atentamente em Moscou. Sob esse nome, ficou conhecido o expurgo realizado por Hitler em 30 de junho de 1934, em que foram executados centenas de nazistas da organização paramilitar chefiada pelo capitão Röhm. O massacre é retratado no filme de Luchino Visconti "Os deuses malditos" ("*La caduta degli dei*", 1969). Continua Krivitsky dizendo que Stálin "tinha um profundo desprezo pelas nações democráticas 'em declínio' e um respeito igualmente profundo pelos 'poderosos' Estados totalitários".[161] Também consta que em uma reunião do Burô Político, nesses dias, ele teria declarado: "Vocês estão ao corrente das últimas notícias da Alemanha, da maneira com que Hitler se desvencilhou de Röhm? Um cara bom, esse Hitler! Mostrou que sabe como tratar os opositores políticos". Esta frase estereotipada pode ter sido inventada, mas seu sentido coincide com outros depoimentos. Foi dita na televisão soviética, em 1989, por Valentin Berejkov, que havia sido por longo tempo tradutor de Stálin. Teria sido Mikoian, então membro do Burô, a lhe relatar.[162]

Continuando sua aproximação com Hitler, em abril de 1939, Stálin enviou mensagem a Berlim, através de Mólotov, propondo conversações para um acordo comercial.

---

159   P. Broué, *Les procès de...*, op. cit., p. 234-235; N. Werth, *Les procès de...*, op. cit., p. 75.

160   J.-J. Marie, *Stálin...*, op. cit., p. 529-530.

161   W. Krivitsky, op. cit., p. 17; Trotsky também menciona como a "Noite dos longos punhais" impressionou Stalin, L. Trotsky, *Stalin – Uma análise...*, op. cit. p. 433-434.

162   Citado por C. Andrew, O. Gordievsky, *Le KGB dans...*, op. cit., p. 236, p. 687.

286   Angela Mendes de Almeida

Em agosto, o novo Comissário do Povo para as Relações Exteriores propôs aos alemães a assinatura de um acordo de não-agressão com a URSS e Ribbentrop, seu homólogo alemão, acenou com a aceitação. Nesse mesmo mês, Stálin divulgou um discurso que fez no Burô Político. Nele dizia claramente que, caso fizessem uma aliança com a Alemanha, a Polônia seria atacada e a partir daí os soviéticos teriam "grandes hipóteses de ficar de fora do conflito para poder entrar na guerra em momento mais vantajoso". Isso porque a primeira vantagem seria "o aniquilamento da Polônia". Poucos dias depois, foi assinado o acordo comercial germano-soviético e, em 22 de agosto, Ribbentrop, sob insistência de Hitler, viajou a Moscou para assinar o Pacto de Amizade e Não Agressão entre Hitler e Stálin. A parte secreta do pacto previa a partilha entre alemães e soviéticos dos países bálticos, da Finlândia e da Polônia. Ao fim da tarde, realizou-se uma festa de gala na qual Stálin brindou à saúde de Hitler e Himmler. Nessa ocasião, também disse a Ribbentrop: "O governo soviético leva o novo pacto muito a sério. Posso dar a minha palavra de honra de que a União Soviética não enganará o seu parceiro".[163]

Com esse pacto, começava a Segunda Guerra Mundial. Em 1º de setembro, 62 divisões alemãs arrasaram o exército polonês, sem condições para uma guerra moderna. Logo em seguida, veio a declaração de guerra da Inglaterra, e depois da França. Em 8 de setembro, as tropas nazistas chegaram às portas de Varsóvia e Hitler ofereceu a Stálin a sua parte no bolo polonês. Por isso a URSS entrou no território da Polônia, sob o pretexto de proteger os ucranianos e os bielorrussos ali residentes. Imaginando haver um conflito natural e ideológico entre nazistas e comunistas, o chefe do Estado-maior polonês deu ordens para não combaterem o Exército Vermelho. Por outro lado, as populações judias bielorrussas e ucranianas acolheram favoravelmente essa invasão pelo Leste. Na mesma época, Stálin convenceu Dimítrov, presidente da Internacional Comunista, de que a palavra de ordem de Frente Popular devia ser abandonada. Mas ele estava tendo "dificuldades excepcionais" para impor às direções dos partidos comunistas a lógica do novo pacto e pediu uma audiência com Stálin. Em suas memórias conta como foi convencido pelo chefe de que a guerra, naquele momento, era entre países capitalistas ricos e pobres, pelas colônias e pelo domínio do mundo. "Não faz mal que a Alemanha abale a situação dos países capitalistas mais ricos, em particular a Inglaterra". Stálin explicou ainda que o antifascismo, válido em tempo de paz, já não fazia mais sentido. Os partidos comunistas deveriam denunciar a guerra e seu caráter imperialista.[164] A pílula era dura de engolir.

Ao entrar na Polônia, os soviéticos reprimiram de várias formas, enquanto "inimigos de classe", cerca de um milhão de habitantes: execução por fuzilamento, prisões,

---

163   Citado por J.-J. Marie, *Stálin*..., op. cit., p. 531-533; e por C. Andrew e O. Gordievsky, *Le KGB dans*..., op. cit., p. 249.

164   J.-J. Marie, *Stálin*..., op. cit., p. 534-535.

Do partido único ao stalinismo

condenação a campos de trabalhos forçados e deportação para regiões longínquas como o Cazaquistão e a Sibéria.[165] Uma dessas ações veio à luz mais tarde. Em 1941, depois que a Alemanha invadiu a União Soviética, os antigos prisioneiros de guerra poloneses foram autorizados a deixar o país e a compor o exército polonês reconstruído, que faria parte das tropas dos Aliados. No entanto, faltavam muitos presos. A lista dos desaparecidos foi entregue pelo embaixador polonês em Moscou, Kot.[166] Os representantes do governo polonês no exílio, em Londres, cobravam o paradeiro de quatro mil e tantos oficiais. Stálin respondeu zombeteiramente que eles se tinham evadido. "Para onde eles poderiam se evadir?" perguntaram os poloneses. "Para a Manchúria".[167] Entretanto, em 1943, estando a Polônia e parte da União Soviética ocupadas pelos alemães, estes anunciaram o encontro de uma imensa vala de mais de quatro mil corpos de militares poloneses, executados pelos soviéticos.[168] Estes procuraram colocar essas execuções na conta dos nazistas. Para elucidar o crime, o governo polonês no exílio aceitou a proposta da Cruz Vermelha Internacional de uma perícia na vala, mas a União Soviética foi contra e rompeu relações diplomáticas com os poloneses. A perícia não foi feita.[169] O episódio ficou conhecido como o "Massacre de Katyn", nome da floresta onde foram encontrados os corpos. Foi tema de um filme de 2007, do diretor polonês Andrzej Wajda, que relata não apenas o episódio, mas também a ocultação da verdade enquanto a Polônia permaneceu, depois da guerra, como uma "democracia popular" subjugada por Moscou.

Voltando aos episódios ocorridos durante o Pacto de Amizade e Não Agressão entre Hitler e Stálin: em outubro de 1939 Mólotov saudou perante o Soviete Supremo o desaparecimento da Polônia, "este filho monstruoso do Tratado de Versalhes". E foi mais longe, pronunciando esta indecorosa alocução: "Podemos gostar ou não do hitlerismo, mas todas as pessoas sãs de espírito compreenderão que uma ideologia não pode ser destruída pela força. Seria não só insensato, como criminoso, continuar uma guerra pela destruição do hitlerismo, sob o falso estandarte de uma luta pela democracia".[170]

Stálin fez, em seguida, exigências territoriais à Finlândia, que recusou, o que o levou a atacar o país. Apesar da superioridade do exército soviético, os finlandeses resistiam, mas depois de 105 dias de guerra foram forçados a capitular, em março de

---

165   C. Andrew e O. Gordievsky, *Le KGB dans...*, op. cit., p. 251; Andrzej Paczkowski e Karel Bartosek, "A outra Europa vítima do comunismo", p.439, in: *O livro negro do comunismo – Crimes, terror e repressão*. Rio de Janeiro, Bertrand Brasil, 2001, p. 439.

166   R. Conquest, op. cit., p. 946; C. Andrew e O. Gordievsky, *Le KGB dans...*, op. cit., p. 251.

167   Citado por J.-J. Marie, *Stálin...*, op. cit., p. 602.

168   C. Andrew, V. Mitrokhine, *Le KGB contre...*, op. cit., p. 191.

169   Luba Jurgenson, "Je ne mourrai pas tout entier", in: Julius Margolin, *Voyage au pays des Ze-Ka*. Paris, Le bruit du temps, 2010, p. 758.

170   Citado por J.-J. Marie, *Stálin...*, op. cit., p. 539.

1940. O exército soviético perdeu mais de 126 mil homens, mortos ou prisioneiros, e ficou com mais de 264 mil feridos, uma catástrofe. A Finlândia, derrotada, perdeu menos homens. E Vorochílov foi responsabilizado pelo fracasso dessa guerra, embora para Stálin a experiência tivesse sido positiva, pois teria feito o exército progredir e se modernizar. Pouco tempo depois, em maio, a conquista relâmpago da França, Bélgica e Holanda pelos nazistas fez desmoronar uma das teses em que se baseava a tática de Stálin: a de que a Alemanha ficaria ocupada por muito tempo com o ataque à Europa Ocidental. Contou mais tarde Khruschov, em *Recordações*, que Stálin ficou em pânico, praguejando contra franceses e ingleses: "Como deixaram Hitler esmagá-los dessa maneira!" Preocupado, então, com a inexperiência dos militares soviéticos, quis reintegrar onze mil oficiais superiores e generais, que estavam presos ou deportados. Mas muitos deles estavam incapazes de agir, desgastados pelas torturas nos interrogatórios, a prisão ou os campos de trabalho.[171]

Os atuais nostálgicos de Stálin e das proezas militares soviéticas durante a Segunda Guerra Mundial enfocam este tema apenas sob o prisma da campanha após a resistência em Staingrado. É o que faziam, no pós-guerra, os comunistas, seus simpatizantes e os progressistas da Europa Ocidental. Existia um sentimento de exaltação e gratidão para com o Estado soviético, já expresso aqui pelas citações de Sartre e Merleau-Ponty. A tendência era esquecer e ocultar tudo o que tinha acontecido antes. A opinião pública estava maravilhada, obnubilada pela vitoriosa campanha do Exército Vermelho, que protagonizou, em Stalingrado, a viragem no conflito e o início da derrota dos nazistas na Segunda Guerra Mundial. Coletivização forçada e repressão massiva baseada em calúnias pareciam esmaecidas pela industrialização e pelas proezas militares. Era como se essa resistência ao nazismo, obra de homens de carne e osso, mas também da indústria de armas e de mecanismos organizativos e disciplinares de um Estado moderno, tivesse tido como preço necessário a repressão sangrenta sobre a qual não se queria sequer ouvir falar. Afinal, a guerra também tinha sido um período de violência inaudita e a ação destrutiva e brutal dos nazistas estava sendo colocada à vista de todos. Partia-se do pressuposto de que a industrialização tinha operado o milagre de ter tirado a Rússia do seu atraso secular, colocando-a ao nível dos países capitalistas mais avançados industrialmente. O próprio Deutscher, que era visto como um simpatizante de Trótski, não escondia a sua admiração profunda por esse feito milagroso, aderindo àquela crença genérica marxista do socialismo do século XIX, de que a urbanização e a industrialização levavam invariavelmente ao progresso e, portanto, à democracia. A URSS saída da guerra era uma potência econômica e um "socialismo". Nessas circunstâncias, foi fácil disseminar as lendas heroicas da resistência soviética, tendo como chefe e guia Stálin que, durante a guerra, se fez marechal. Lendas douradas que continuam hoje a alimentar os nostálgicos

---

171   Citado por ibid., p. 539, 542 e p. 544-545.

Do partido único ao stalinismo

do desaparecido "campo socialista". Porém, como todo o resto, essas lendas começaram a esboroar-se com o Relatório Khruschov, de 1956:

> Durante a guerra e depois, Stálin apresentou a tese segundo a qual a tragédia que nossa nação havia vivido no primeiro período era o resultado de um "ataque inesperado" dos alemães contra a União Soviética. Camaradas, isto é completamente falso. [...] Muitos fatos relativos ao pré-guerra mostram que Hitler tinha como principal objetivo a guerra contra o Estado soviético e que ele tinha concentrado vastas formações militares com carros blindados próximo à fronteira soviética.[172]

Hoje se sabe que Hitler começou a preparar a invasão da União Soviética em dezembro de 1940, com a diretriz secreta denominada "Operação Barbarrossa", determinando que todos os preparativos estivessem terminados até maio do ano seguinte. É por isso que a lista relativa aos inúmeros avisos recebidos por Stálin e ignorados é longa.[173] Khruschov também trata desse assunto, citando personagens que avisaram a Stálin, com precisão, da iminência do ataque alemão, em junho de 1941, e o conteúdo desses avisos: o primeiro-ministro inglês Churchill, o adido militar da embaixada soviética em Berlim, capitão Vorontsov, outro adido militar de Berlim, Khlópov, a embaixada soviética de Londres. Apesar disso, diz Khruschov, "as medidas necessárias não eram tomadas para preparar o país como se deve e impedir que fosse pego desprevenido".[174]

> Se nossa indústria tivesse sido mobilizada de modo adequado e a tempo para fornecer ao exército o material necessário, nossas perdas de guerra teriam sido claramente reduzidas. (...) Numerosas regiões fortificadas revelaram-se, ao primeiro ataque, impossíveis de defender porque o antigo armamento tinha sido evacuado e o novo não estava ainda disponível. Essa constatação não vale apenas para os tanques, a artilharia e os aviões. No início da guerra, nós não tínhamos sequer fuzis para armar os efetivos mobilizados.[175]

Ainda segundo Khruschov, a um pedido do capitão do distrito militar de Kiev, Kirponos, de organizar uma consistente defesa pouco antes da invasão, Stálin respondeu negativamente, argumentando que isso seria uma provocação e que era necessário "não fornecer aos alemães o menor pretexto para que eles engajassem uma ação militar contra nós".

---

172   *Rapport Khrouchtchev*, in: A. Rossi, op. cit., p. 105.

173   C. Andrew e O. Gordievsky, *Le KGB dans...*, op. cit., p. 254.

174   *Rapport Khrouchtchev*, in: A. Rossi, op. cit., p. 105-107.

175   Ibid., p. 107-108.

290 Angela Mendes de Almeida

Moscou ordenou que nenhum tiro alemão fosse respondido. [...] Por quê? Porque Stálin, a despeito das evidências, pensava que a guerra não havia ainda começado, que se tratava apenas de uma provocação de parte de contingentes indisciplinados do exército alemão e que nossa reação poderia oferecer aos alemães um motivo para passar à guerra. [...] Na véspera da invasão do nosso território pelo exército hitleriano, um cidadão alemão atravessou nossa fronteira e revelou que os exércitos alemães tinham recebido ordem de lançar a ofensiva contra a União Soviética na noite de 22 de junho, às 3 horas. Stálin foi informado imediatamente, mas este aviso foi ignorado. [...] O resultado foi que desde as primeiras horas, o inimigo destruiu, nas nossas regiões fronteiriças, uma grande parte de nossa aviação, de nossa artilharia e de nosso material militar, destruiu uma grande parte de nossos quadros e desorganizou o comando. Esta foi a razão pela qual não pudemos impedir que o inimigo penetrasse profundamente em nosso país. Essas consequências muito graves, sobretudo nos primeiros dias de guerra, resultaram do extermínio, por Stálin, de numerosos chefes militares e militantes políticos entre 1937 e 1941. Tudo isso por causa de seu temperamento desconfiado e devido a acusações mentirosas [...] Durante essa época, os chefes que tinham adquirido uma experiência militar na Espanha e no Extremo Oriente foram quase todos liquidados. Ora, como vocês sabem, tínhamos antes da guerra excelentes quadros militares. [...] É suficiente dizer que aqueles, dentre eles, que sobreviveram às severas torturas às quais foram submetidos nas prisões, se comportaram, desde os primeiros dias de guerra, como verdadeiros patriotas e combateram heroicamente pela glória do país.[176]

O primeiro aviso sobre a invasão veio através de Leopold Trepper, comunista polonês que tinha criado na Europa ocupada pelos nazistas a poderosa rede de espionagem soviética que agiu durante a guerra, a chamada "Orquestra Vermelha". Ele recebeu a informação por volta de abril de 1941, através de um engenheiro antinazista de uma seção do exército alemão encarregada de construções e fortificações, com sede em Paris. Transmitiu-a imediatamente ao GRU (Serviço Soviético de Informação Militar). Acredita-se que Stálin recebeu mais de 80 avisos similares, com precisões. Nada o demoveu da ideia de que a Alemanha só abriria uma nova frente de guerra depois que tivesse derrotado a Inglaterra ou feito a paz com ela. As diversas mensagens de Churchill, desde junho do ano anterior não o abalavam, pois desconfiava do político conservador que havia batalhado nos anos 1920 em campanhas antibolcheviques. Acreditava que se tratava de um complô para opô-lo a Hitler. Ou então de um complô de setores alemães que queriam forçar uma guerra. Outro, cujas informações encontraram um muro em Moscou, foi Richard Sorge, o famoso espião soviético, militante

---

176 Ibid., p. 109-111.

Do partido único ao stalinismo

de origem alemã, baseado em Tóquio, que acabou fuzilado pelos japoneses em 1944. A partir do fim de maio de 1941, ele começou a enviar informações obtidas através da embaixada alemã no Japão. Elencava dados militares e recebia, em troca, o silêncio. Seu operador de rádio, Max Clausen, contou depois que ele caminhava com passos longos através da sala, apertando febrilmente a cabeça com as mãos. Durante o mês seguinte, chegou à beira de uma depressão nervosa.[177] Como se vê, Stálin, obstinadamente, confiava em Hitler e no Pacto de Amizade e Não-Agressão assinado dois anos antes. Era um aliado fiel e sincero de Hitler e supunha reciprocidade.

No início de 1941, Stálin mostrava-se impaciente ante as tentativas dos generais Semion Timochenko e Gueórgui Jukov de apontar as fraquezas do exército e apresentar propostas. Continuava centralizando tudo. Em março, começaram a ser discutidos planos operacionais, mas Stálin recusava aceitar qualquer concentração de tropas nas fronteiras. A preocupação dele era a de não causar irritação em Hitler. Sabia que a URSS ia ser atacada, mas esperava que antes houvesse uma declaração de guerra, um ultimato, que abriria a possibilidade de negociações. As divisões alemãs continuavam se concentrando ao longo da fronteira soviética. A criação de um órgão supremo de direção militar, que teria sido de grande ajuda, não foi encaminhada porque Stálin queria apaziguar Hitler.[178]

Impôs a sua ideia de que a Alemanha tentaria entrar pela Ucrânia e pelo Cáucaso, ao sul. Assim, em 12 de junho, quando foi avisado pelo setor militar da Bielorrússia, no caminho para Moscou, de que o ataque era iminente, telefonou ao primeiro secretário do PC local, Ponomarenko, e ordenou-lhe "não ceder a essa provocação e não fornecer um pretexto para um ataque alemão". Também recusou aos generais Jukov e Timochenko que concentrassem as tropas nas fronteiras. Dias depois, a outro pedido deles, respondeu: "O quê! Vieram nos meter medo acenando com a guerra, ou querem a guerra? Já não têm condecorações e galardões suficientes?" Timochenko avisou que se as tropas soviéticas continuassem "dispostas da forma que estão", a ofensiva daria cabo delas. Stálin sentou-se e disse secamente: "Timochenko quer nos dispor a todos para a guerra, se calhar é preciso fuzilá-lo". Repetia que a Alemanha nunca se envolveria em duas frentes de guerra ao mesmo tempo. "Se vocês irritarem os alemães na fronteira e meterem em movimento as tropas sem a nossa autorização, então as cabeças rolarão, pensem nisso".[179]

Daí em diante choveram avisos sobre o ataque iminente, alguns dos quais já estão relatados no Relatório de Khruschov, sobressaindo-se o longo telegrama de Churchill,

---

177   C. Andrew e O. Gordievsky, *Le KGB dans...*, op. cit., p. 258, p. 262-265, p. 267.

178   J.-J. Marie, *Stálin...*, op. cit., p. 551, p. 555-557, p. 560-561, p. 564.

179   Citado por ibid., p. 566-568, citando Jukov.

encaminhado através do embaixador inglês em Moscou.[180] Mais tarde, historiadores da polícia política soviética contaram "mais de cem" avisos desse tipo. A alguns, Stálin reagia com grosseria obscena, como no caso de um, enviado pelo agente secreto clandestino da Alemanha nazista, Harro Schulze-Boysen, depois fuzilado por Hitler. "Reenvie sua 'fonte' da aviação alemã à puta da sua mãe, é um desinformante". E não era só Stálin. Biéria também perseguia aqueles que ousavam enviar relatórios alarmistas. Um dia antes da invasão, ordenou o envio de quatro agentes do NKVD para um campo de trabalho. E escreveu a Stálin: "Insisto que se chame de volta nosso embaixador em Berlim, Dekanozov, que deve ser castigado. [...] Mas meu povo e eu, Ióssif Vissarionóvitch, conservamos, profundamente gravada na memória, a tua sábia conclusão: Hitler não nos atacará em 1941".[181] Também o embaixador francês em Moscou avisou. Dimítrov, chefe da Internacional Comunista, repassou o aviso que recebeu do dirigente comunista chinês Chu En-Lai, proveniente de Chang Kai-Check. Enfim, todo mundo sabia. Por fim, Stálin qualificou de provocador, como contou Khruschov, o desertor do exército alemão que entrou na URSS em 21 de junho e avisou que o ataque seria na madrugada seguinte.[182]

Três horas antes do início do ataque, o Comissariado do Povo para a Defesa deu ordem para colocar as forças armadas em estado de alerta. Porém, nem todas as regiões militares foram avisadas. Aos comandantes que pediam autorização para abrir fogo, a resposta era: "Não cedam à provocação, não atirem". Um dos comandantes, ao ouvir a ordem, gritou: "Como é possível? Nossas tropas recuam. As cidades incendeiam-se, as pessoas morrem"! O que acontecia é que aquele ataque não entrava no esquema de raciocínio de Stálin, para quem o interesse objetivo da Alemanha era o de unir-se à URSS.[183]

A "Grande Guerra Patriótica" (1941-1945)

É esse o nome que os soviéticos deram à Segunda Guerra Mundial desde que foram envolvidos nela. À uma hora da manhã do dia 22 de junho de 1941, a Alemanha bombardeou as cidades da Bielorrússia e da Lituânia, "de onde os aviões soviéticos desprovidos de aparelhagem para voo noturno não podiam decolar". Stálin dormia pacificamente e o general Jukov teve dificuldade de fazer com que o segurança o acordasse. Ao saber do ataque, em um primeiro momento ficou mudo, conforme as *Recordações* desse general, que repetiu: "O senhor compreendeu?" Na primeira reunião que se seguiu, Stálin ainda perguntou se não se tratava de "uma provocação de generais

---

180   B. Lazitch, op. cit., p. 102-103.

181   C. Andrew e V. Mitrokhine, *Le KGB contre...*, op. cit., p. 147, p. 149.

182   J.-J. Marie, *Stálin...*, op. cit., p. 568-569; C. Andrew e O. Gordievsky, *Le KGB dans...*, op. cit., p. 268.

183   C. Andrew e O. Gordievsky, *Le KGB dans...*, op. cit., p. 268-269.

alemães". Também pediu que Mólotov telefonasse ao embaixador alemão, em Moscou, para confirmar. A resposta foi seca, a guerra tinha começado. Foram, então, tomadas decisões urgentes pelo Burô Político, porém nenhuma delas foi assinada por Stálin. No Kremlin, os civis e militares reunidos propuseram que o "grande guia" fizesse uma alocução ao povo por rádio. "Não tenho nada a dizer ao povo, Mólotov que fale". Ainda insistiram, inutilmente, na importância de ser ele a falar. Dimítrov, que chegou em seguida, contou depois, em seu *Diário*, que ele disse: "Atacaram-nos sem nos dar qualquer explicação, sem procurar nenhuma negociação, atacaram-nos covardemente, como verdadeiros bandidos".[184]

O relatório de Khruschov menciona um fato extremamente controvertido, na medida em que há mais de uma versão sobre o comportamento do "guia genial", testemunhado logo após consumada a invasão.

> Erraríamos se esquecêssemos que, depois das primeiras derrotas na frente, Stálin pensou que tudo estava acabado. Em um de seus discursos da época ele declarou: "Tudo que Lênin criou, nós perdemos para sempre". Depois disso, Stálin não dirigiu efetivamente – e por longo tempo – as operações militares e parou de fazer o que quer que fosse. Ele retomou a direção ativa só depois de ter recebido a visita de alguns membros do Burô Político que lhe mostraram a necessidade de tomar imediatamente certas medidas a fim de melhorar a situação na frente.[185]

Na verdade, foi no dia 29 de junho que Stálin assinou uma diretiva em que criticava algumas organizações do Partido e do Estado, bem como seus dirigentes, que não perceberam a ameaça que significava o avanço alemão, transferindo toda a culpa da catástrofe aos outros, sem qualquer senso de autocrítica. É nessa tarde que teria dito a frase, já citada por Khruschov, sobre a destruição do legado de Lênin. Nesse dia, desanimado com as respostas pouco claras dos generais, partiu abruptamente para Kúntsevo, sua residência de veraneio nos arredores de Moscou, e se enclausurou, ficando sem atender ao telefone. Mikoian diria, muito mais tarde, que as ligações ficaram interrompidas. Foi Biéria quem teve a ideia de constituir um Comitê de Estado da Defesa. Logo em seguida, Mólotov propôs que alguns membros do Burô Político o visitassem: "Ele está num tal estado de prostração que não se interessa por nada, perdeu a iniciativa, encontra-se num estado lamentável, não atende sequer ao telefone". No dia seguinte foram à casa dele Mólotov, Mikoian, Maliénkov, Vorochílov, Biéria e Voznessiénski e o encontraram prostrado no sofá. Quando viu entrar os seis homens, segundo esse relato, ficou petrificado. "Concluiu claramente que tínhamos

---

184   J.-J. Marie, *Stálin...*, op. cit., p. 573 e citações p. 574-575.
185   *Rapport Khrouchtchev*, in: A. Rossi, op. cit., p. 111-112.

vindo prendê-lo", disse Mikoian. Stálin perguntou: "Por que vieram?" Transmitiram então a ideia de Biéria e o Comitê foi proclamado no próprio dia 30. O relato destes diálogos certamente inspirou o relatório de Khruschov, que nessa ocasião não estava em Moscou, e sim em Kiev.[186]

Muitos historiadores polemizaram sobre esse apagão, afinal não tão longo como declarou em 1956 Khruschov. Na versão do artigo de Zhores e Roy Medvedev, publicado no Brasil em livro, Stálin fez praticamente tudo certo, cada queixa condensada no relatório de 1956 tem sua explicação racional. O Pacto de Amizade e Não Agressão com Hitler foi necessário pois o exército se encontrava despreparado e a versão de Mikoian, retomada por muitos historiadores, que transcreve o desconcerto em que ficou Stálin nos primeiros dias de guerra, corresponderia apenas à visão dele.[187] Já em livro anterior, de Roy Medvedev, fica assentado que, de fato, dados e documentos testemunham esse desconcerto inicial de Stálin. E a explicação é completada pelo estado em que ficou o Exército Vermelho depois dos expurgos sangrentos de 1937.[188] O biógrafo de Stálin, o general-historiador Volkogonov, também relata "o choque paralisante" que tomou conta de Stálin quando a Alemanha invadiu o país. Relata como o general Jukov teve dificuldade em se fazer entender quando informou, pelo telefone, os nomes das diversas cidades bombardeadas simultaneamente e, diante do silêncio, perguntou: "Entendeu o que eu disse, camarada Stálin?" Relata como, já em reunião, obrigou Mólotov a consultar o embaixador alemão para saber se, de fato, se tratava de guerra. "Stálin nunca tivera um choque tão grande na vida. Sua confusão era óbvia, como também a raiva por ter sido enganado e o medo ante o desconhecido", diz Volkogonov. "O choque paralisante só o atingiu depois de quatro ou cinco dias quando, finalmente, compreendeu que a invasão era uma ameaça mortal para ele, não só para o país".

> Nos últimos dias de junho, Stálin se conscientizou da amplitude da ameaça fatal e, por um certo tempo, simplesmente perdeu o autocontrole e caiu em profundo choque psicológico. Entre 28 e 30 de junho, segundo testemunhas, Stálin ficou tão deprimido e abatido que não mais agiu como líder. Em 29 de junho, ao deixar o Comissariado da Defesa em companhia de Mólotov, Vorochílov, Jdánov e Biéria, soltou o verbo aos gritos: "Lênin nos legou uma grande herança e nós, seus herdeiros, fodemos tudo!"[189]

---

186   J.-J. Marie, *Stálin...*, op. cit., p. 579-580, p. 610.

187   Zhores e Roy Medvedev, "Stálin e a blitzkrieg", in: *Um Stálin desconhecido*. Rio de Janeiro, Ed. Record, 2006, p. 318-321.

188   Roy Medvedev, *Staline et le stalinisme*. Paris, Albin Michel, 1979, p. 180, 195.

189   Dmitri Volkogonov, *Stalin – Triunfo e tragédia – 1939-1953*. Rio de Janeiro, Ed. Nova Fronteira, 2004, p. 419, p. 423, p. 425, p. 428.

Do partido único ao stalinismo

A guerra e as derrotas levaram Stálin a promulgar uma série de medidas policiais: condenações à morte, lei marcial nos campos de trabalho para prisioneiros e guardas; proibição de libertação dos detidos cujas penas estivessem para se extinguir; proibição de libertação de qualquer preso político; supressão total de correspondência. Vários oficiais, considerados culpados das derrotas, foram acusados, presos, alguns fuzilados sem julgamento. As divisões alemãs e de seus aliados romperam a barreira das 186 divisões soviéticas ao longo da fronteira, congregando 1 milhão e 400 mil homens. Só no dia 22, na Frente Oeste, foram destruídos 738 aviões no solo ou em início de voo. O comandante da aviação soviética da frente, Koniets, suicidou-se. No total, a URSS perdeu, conforme dados da década de 1980, 8.500 aviões entre junho e agosto. Nas primeiras horas da invasão, a atividade do governo foi febril, porém infrutífera. O exército alemão penetrou vigorosamente em três frentes, uma delas em direção a Moscou, as outras duas, uma mais ao norte, em direção a Leningrado, e a outra ao sul. As tropas lituanas abateram os seus comandantes soviéticos e uma parte se juntou ao exército alemão.[190]

Pouco depois da invasão, em 25 de junho, o NKVD recebeu ordem de vigiar a retaguarda do Exército Vermelho, ou seja, prender os desertores e os agentes do inimigo. No mês seguinte, paraquedistas soviéticos disfarçados de soldados alemães aterrissaram em aldeias da República Autônoma dos Alemães do Volga, uma das repúblicas da União Soviética, e pediram aos habitantes que os escondessem até à chegada do exército alemão. Tratava-se de alemães residentes na Rússia desde o século XVIII. Nas aldeias em que essa tarefa foi aceita, todos os habitantes foram massacrados pelo NKVD. Os que permaneceram fiéis à URSS também foram castigados com a deportação para a Sibéria e o norte do Cazaquistão, muitos tendo morrido no caminho.[191] É a isso que o Relatório de Khruschov se refere quando fala das chamadas "violações dos princípios leninistas" da política de nacionalidades em que incorreu a ação de Stálin durante a guerra. E menciona as deportações em massa para a Sibéria e outras regiões longínquas, a partir de 1943, quando já estava consumado o recuo do exército alemão, de nações inteiras como os *karatchai*, os calmucos, os chechenos, os balcars, os ingúchios e os ucranianos.

> Tanto mais monstruosos foram os atos cuja inspiração foi de Stálin e que constituíram violações brutais dos princípios leninistas fundamentais da política de nacionalidades do Estado soviético. Queremos falar das deportações em massa de nações inteiras, arrancadas ao seu solo natal, com todos os comunistas e *konsomols* sem exceção: essas medidas de deportação não eram justificadas por nenhum consideração militar.[192]

---

190 J.-J. Marie, *Stálin...*, op. cit., p. 575-578; R. Conquest , op. cit., p. 955.
191 C. Andrew e V. Mitrokhine, *Le KGB contre...*, op. cit., p. 159-160; R. Conquest, op. cit., p. 949.
192 *Rapport Khrouchtchev*, in: A. Rossi, op. cit., p. 119-120.

Angela Mendes de Almeida

Khruschov deixou aqui de mencionar a deportação de uma grande comunidade de alemães do rio Volga, residentes na Rússia desde o século XVIII, deportados em 1941.[193]

Além disso ele também menciona as características da condução por Stálin das operações militares, citando as perdas humanas e materiais que daí derivaram.

> Todo mundo pode se enganar, mas Stálin pensava que ele jamais se enganava. [...] As táticas que Stálin preferia, sem, entretanto, estar familiarizado com a condução das operações militares, custaram-nos muito sangue, até o momento em que conseguimos frear o adversário e retomar a ofensiva. Os militares não ignoram que, depois do fim de 1941, ao invés de desencadear grandes manobras operacionais que pegariam o inimigo pelo flanco e penetrariam nas suas retaguardas, Stálin exigia que se procedesse a ataques frontais incessantes e que retomássemos aldeia por aldeia. Essas táticas se traduziram para nós em grandes perdas, até o momento em que nossos generais, sobre os quais repousava todo o peso da condução da guerra, conseguiram modificar a situação e flexibilizar suas manobras, o que trouxe uma melhora imediata.[194]

Sempre com a ideia de conspiração, Stálin queria encontrar um culpado, um bode expiatório para o fracasso inicial e começou a caça aos "traidores". Em 3 de julho, pronunciou um discurso que ficou famoso: pela primeira vez, conclamava não apenas camaradas, mas também cidadãos, irmãos e irmãs. Era o início da fraseologia da "Grande Guerra Patriótica", tal como a chamaram os soviéticos, e a chamam ainda hoje os russos, a Segunda Guerra Mundial. Conclamou soldados e civis a não deixarem nada ao recuar, a destruir o que não pudesse ser levado, a dinamitar pontes e estradas, a sabotar as ligações telefônicas. O discurso foi marcante. Em seguida, quatro generais da Frente Oeste e outros foram condenados à morte. Na Ucrânia sofrida, a população acolheu bem os soldados alemães. Em 15 de julho, o exército alemão chegou às portas de Smoliénski, última grande cidade antes de Moscou.[195]

Inspirando-se no Lênin de Brest-Litovski, Stálin tentou uma paz com grandiosas concessões à Alemanha, utilizando-se de Biéria, o chefe da polícia política, para a iniciativa. O embaixador búlgaro aceitou transmitir a oferta que foi sumariamente recusada pelos alemães.[196] Stálin procurou frear a deserção pelo terror. Em agosto de 1941 caracterizou dois generais soviéticos presos pelos alemães como covardes e infames desertores, propondo que suas famílias e as dos que fossem feitos prisionei-

---

193 R. Conquest, op. cit., p. 949.
194 *Rapport Khrouchtchev*, in: A. Rossi, op. cit.,., p. 115-116.
195 J.-J. Marie, *Stálin...*, op. cit., p. 581, p. 583, p. 586.
196 C. Andrew e O. Gordievsky, *Le KGB dans...*, op. cit., p. 274.

Do partido único ao stalinismo 297

ros de aí em diante fossem detidas e privadas de subsídios do Estado. Acusou, ainda, com os mesmos epítetos, os soldados e oficiais que, ao serem presos pelos alemães, escondiam suas insígnias e graduação. Os desertores deveriam ser fuzilados e os que se rendiam deveriam ter suas famílias castigadas. Recusou que o exército recuasse em Kiev – é proibido recuar – e quando autorizou, já tarde, a cidade foi conquistada ao preço da captura de 450 mil soldados soviéticos, canhões, morteiros e tanques. O comandante Kirponos, que havia pedido insistentemente a ordem de recuo, suicidou--se. Ao norte, as tropas alemãs avançavam em direção a Leningrado, o que enraivecia Stálin, principalmente quando ficou sabendo que elas colocavam mulheres, velhos e crianças como escudos vivos que pediam aos soldados para não atirarem. Por isso ditou uma diretiva que orientava a esquecer o sentimentalismo e atirar "nos inimigos e seus cúmplices, voluntários ou forçados". Essa diretiva só foi publicada pela primeira vez, na Rússia, em 1984.[197]

No final de setembro de 1941 o balanço era trágico. O Exército Vermelho tinha perdido mais de dois milhões de soldados feitos prisioneiros e cerca de um milhão e meio dados como mortos ou desaparecidos, enquanto os alemães só haviam perdido meio milhão de homens. O Comitê de Estado da Defesa encarregou Biéria de transferir cerca de um milhão e quinhentas mil empresas para as regiões orientais, o que foi feito. Biéria também mobilizou o sistema de campos de trabalho, o *Gulag*: dois decretos, de julho e de novembro, determinaram libertar antecipadamente os deportados por delitos menores para se incorporarem. 420 mil foram enviados diretamente para o front. Também foi determinada, em outubro, a evacuação dos funcionários, do governo e das missões diplomáticas para a cidade de Kúbychev, situada ao sudeste da URSS. Stálin, Biéria e alguns funcionários do NKVD ficaram por último e acabaram por não serem transferidos, pois a chegada do inverno mudou a correlação de forças, tal como nas guerras napoleônicas contra a Rússia. As forças nazistas chegaram a trinta quilômetros de Moscou em 15 de outubro, mas continuar a avançar se tornou difícil.[198]

Em 1989, durante a *Glásnost*, o general Nikolai Pavlenko publicou diversos artigos com revelações sobre o período, um dos quais se chamava: "A história da guerra ainda não escrita". Nesses textos, revela que naquele momento oficiais de alta patente eram interrogados nos porões da Lubianka por Biéria, enquanto simples tenentes comandavam regimentos. Cerca de trezentos desses oficiais foram fuzilados.[199] Em dezembro de 1941, uma contraofensiva no front de Moscou remeteu os alemães para cem quilômetros de distância. Em janeiro do ano seguinte, foi aprovada diretriz que

197   J.-J. Marie, *Stálin...*, op. cit., p. 593, p. 595-596, p. 611.
198   Ibid., p. 596-599.
199   C. Andrew e O. Gordievsky, *Le KGB dans...*, op. cit., p. 274, p. 691.

punha em prática uma ideia esboçada ainda em dezembro, isto é, a ordem às nove frentes para passarem, uma após outra, ao ataque, numa linha contínua de dois mil quilômetros. Ao mesmo tempo, Stálin continuava procurando bodes expiatórios para os insucessos das ofensivas ordenadas por ele. No total, em 1942, foram fuzilados trinta generais, tenentes-generais e generais-majores.[200]

Até 1942, a principal fonte de informação sobre a Alemanha nazista e a Europa ocupada era a rede ilegal do Serviço Soviético de Informação Militar (GRU), que era chamada pelo Serviço de Informação Alemão de "Orquestra Vermelha" (*Rote Kapelle*). Os 117 operadores que enviavam mensagens codificadas para Moscou eram chamados de "pianistas". Eram 48 na Alemanha, 35 na França, 17 na Bélgica e 17 na Suíça. À direção dessa rede estava Leopold Trepper, também chamado de "Jean Gilbert". A rede foi liquidada aos poucos durante esse ano. Trepper foi preso em novembro. Durante os interrogatórios, simulou que estava mudando de lado e ganhou a confiança dos nazistas por certo tempo, durante o qual enviava mensagens com informações falsas e verdadeiras aos soviéticos, dando a entender que se tornaria um agente duplo. Em 1943, conseguiu fugir dos nazistas e permaneceu escondido na França. Ao terminar a guerra, foi para a União Soviética onde lhe esperavam interrogatórios pesados e prisão por dez anos.[201]

Nas conversações com os Aliados, Stálin sempre pedia ajuda e pouco obtinha. Quando Churchill foi a Moscou, em agosto de 1942, Berejkov, então intérprete de Stáin, entrando no seu gabinete, ouviu-o dizer: "Não devemos esperar nada de bom desse encontro". Segundo o seu relato, Stálin era brutal com os seus, porém, sabia "exibir um talento de persuasão reservado apenas aos estrangeiros. [...] Sabia seduzir seus interlocutores. Era manifestamente um grande ator e era capaz de forjar uma imagem de homem de charme, modesto, mesmo um pouco simples". Mas a segunda frente de guerra pedida por Stálin aos Aliados na Europa Ocidental não foi confirmada por Churchill para 1942, só para o ano seguinte.[202]

Na Frente Sudoeste, em 1942, o exército alemão atacava os soviéticos em Stalingrado, enorme cidade com fábricas e bairros operários. Se a cidade caísse estaria aberta a rota para Moscou em direção ao norte. Stalingrado estava sob perigo. Todos os que recuavam eram suspeitos. Na defesa da cidade as tropas especiais do NKVD foram colocadas atrás dos combatentes para atirar contra os soldados que recuavam ou se esquivavam do combate, bem como os civis que tentavam fugir para o lado das linhas alemãs. Cerca de 13.500 soldados foram executados por "derrotismo" e outras faltas durante as batalhas. Antes de serem fuzilados, eles deviam tirar as roupas e as

---

200 J.-J. Marie, *Stálin...*, op. cit., p. 603, p. 605, p. 606.

201 C. Andrew e V. Mitrokhine, *Le KGB contre...*, op. cit., p. 160-161; Leopold Trepper, *O Grande Jogo*. Lisboa, Portugália, 1974; Gilles Perrault, *L'Orchestre rouge*. Paris, Fayard,1967.

202 J.-J. Marie, *Stálin...*, op. cit., p. 613-614.

Do partido único ao stalinismo

botas para os outros. O NKVD interceptava as cartas dos soldados às famílias, procurando qualquer comentário desviante, logo usado como prova de culpa. Apesar dessa repressão brutal, havia uma vontade obstinada de combate que fez com que a cidade resistisse.[203] Em 22 de novembro, o Exército Vermelho cercou os 300 mil homens do comandante alemão Von Paulus. Em 31 de janeiro de 1943, ele se rendeu, com os 91 mil esquálidos soldados sobreviventes. Foi o início da reviravolta da guerra. Em 1944, com o avanço do Exército Vermelho pela Europa, uma diretriz enviaria todos os soldados feitos prisioneiros pelos alemães para os campos de trabalho especiais criados por Biéria dois anos antes, onde seriam julgados, sobretudo os oficiais.[204] 4 milhões e 100 mil soviéticos foram presos pela Alemanha, entre os quais 2 milhões e 600 mil civis. Foram direcionados para "campos de filtragem". Apenas 58% foram liberados para retornarem às suas casas, embora vigiados. Entre os restantes, a maior parte foi integrada em batalhões para serem reeducados, os oficiais sendo encaminhados para campos de trabalho.[205] O resto é a história que se conhece, da vitoriosa campanha soviética rumo à conquista de Berlim.

Poucos meses depois da reviravolta de Stalingrado, em 10 de junho, o *Pravda* anunciou triunfalmente a dissolução do Comitê Executivo, do Secretariado e do *Presidium* da Internacional Comunista. O comunicado sumário, escrito por Manuílski e Dimítrov, afirmava que a Internacional havia concluído "a sua missão histórica" que teria sido, não aquela anunciada na sua fundação, de derrubar o capitalismo, e sim a de "mobilizar as massas trabalhadoras" na luta contra o fascismo. Reduzia assim a missão da IC às definições da Frente Popular do 7º Congresso. Com isso Stálin satisfazia as pressões da Inglaterra e dos Estados Unidos, os seus aliados na guerra. Era o preço que cobravam para aceder aos pedidos soviéticos de abrir um nova frente de guerra. No seu lugar os soviéticos criaram, secretamente, uma Seção de Informação Internacional do Comitê Central do Partido da URSS, sob a direção do mesmo Dimítrov, embora um nome russo aparecesse formalmente como diretor.[206] Com efeito, era nisso que a Internacional Comunista se transformara, uma transmissora de informações.

Desde a vitória de Stalingrado, em fevereiro de 1943, ganhou cada vez mais importância a Aliança dos "Três Grandes" – URSS, Inglaterra e Estados Unidos – pois em dezembro de 1941, depois que os japoneses atacaram a base americana de Pearl Harbor, no Havaí, os Estados Unidos também tinham entrado na guerra. Aos olhos das populações europeias, a URSS aparecia cada vez mais como a artífice da libertação dos territórios ocupados pelos nazistas alemães. Por isso a propaganda sovié-

---

203   Ibid., p. 614-615; C. Andrew e V. Mitrokhine, *Le KGB contre...*, op. cit., p. 162.

204   J.-J. Marie, *Stálin...*, op. cit., p. 616, 621.

205   D. Aarão Reis, op. cit., p. 177-178.

206   J.-J. Marie, *Stálin...*, op. cit., p. 629-630; F. Claudín, op. cit., p. 357, 373.

tica, da qual faziam parte as intervenções públicas de Stálin a respeito dos acordos entre as três grandes potências, formavam uma opinião pública. Essas intervenções transmitiam a ideia de uma total harmonia entre os três aliados, todos antifascistas meramente interessados na democracia e na liberdade. E os partidos comunistas eram os veículos de disseminação dessa ilusão. A propaganda entusiasta afirmava que os resultados da guerra mostrariam uma mudança na correlação de forças entre o capitalismo e o socialismo, entendendo por este último, o poder da União Soviética no mundo. Isso se traduzia em frear a ação das massas populares dentro de limites aceitáveis para os três aliados. Esta política era a premissa para a operação, primeiro secreta, depois pública, de negociação para a repartição das esferas de influência na nova ordem mundial que se iria desenhar com a derrota do Eixo (Alemanha, Itália e Japão). O objetivo de Stálin era uma repartição sólida e duradoura. Isto exigia que os soviéticos dissimulassem não apenas os seus objetivos de poder, como também os das outras duas potências, fazendo crer que todos respeitariam a independência e a vontade das populações libertadas.[207]

Já na ocasião do Pacto Hitler-Stálin, em 1939, a URSS tinha acertado com os alemães as zonas de influência relativas à Polônia, à Finlândia e aos países bálticos, como já foi visto. Desde 1941, quando a Inglaterra ainda assumia sozinha o fardo da guerra contra Hitler do lado ocidental e a URSS vivia seu primeiro ano de invasão alemã, o Ministro das Relações Exteriores inglês, Anthony Eden, havia viajado a Moscou. Nessa ocasião, ouviu o singelo pedido de Stálin, como condição para assinar um tratado de aliança anglo-soviético: que a Inglaterra reconhecesse imediatamente aquelas fronteiras soviéticas resultantes do pacto com os nazistas. Stálin propunha ainda que esse novo tratado tivesse uma parte referente à continuidade da guerra e outra tratando dos problemas posteriores à vitória, isto é, da questão da repartição das esferas de influência. Desde então começou, no que concerne aos Aliados, a discussão da repartição completa. O que teve imediatas consequências para a política dos partidos comunistas. Por exemplo, ainda em maio de 1942, Mólotov teve uma entrevista com o general de Gaulle, que organizava o novo exército francês a partir de Londres, e lhe ofereceu pressionar a resistência francesa aos nazistas para que o reconhecesse, como chefe. Logo em seguida, iniciava-se a política do PCF (Partido Comunista Francês), de subordinação a de Gaulle. Também no caso da Iugoslávia, contra a resistência antifascista guerrilheira liderada pelo marechal Tito, a URSS apoiava o governo monárquico exilado em Londres e suas forças militares, os *tchetniks,* liderados por Mihailovic. Todas as ações das forças de resistência nacionais deveriam ser subordinadas aos objetivos militares das forças anglo-americanas. Foi assim na França, na Itália e na Grécia. Naturalmente os Aliados pressionavam constantemente Stálin para que declarasse ter renunciado à

---

207   F. Claudín, op. cit., p. 355, 357, p. 360.

Do partido único ao stalinismo

revolução mundial, ou, como disse o *New York Times*, à "ideologia trotskista de revolução proletária mundial". A dissolução da Internacional Comunista, em maio de 1943, arquitetada por Stálin, também para pôr fim a essas cobranças, deu lugar à exultação na imprensa americana: "O mundo respira, foi abandonada a velha loucura de Trótski, foi posto um fim ao sonho de Marx".[208]

Em novembro de 1943, realizou-se em Teerã a primeira conferência dos "três grandes". Embora esses três tenham reconhecido diversos governos no exílio de países ocupados pelos nazistas, Stálin nada fez pelo reconhecimento do governo espanhol republicano exilado. Havia bastante razão para isso, já que a Espanha franquista havia enviado a sua "Divisão Azul" para fazer parte dos exércitos que ocuparam a URSS.[209] Nesse momento selou-se a continuidade da ditadura franquista até a morte de Franco, em novembro de 1975. Essa conferência foi bem proveitosa para a URSS. Os Aliados passaram a reconhecer o direito da URSS de instalar governos amigos nos países vizinhos.[210] Eles bem que tentaram ainda retomar um pouco de peso na Polônia. Pediam, no governo instalado pelos soviéticos, a presença de "alguns democratas". Stálin, que já conhecia essa reivindicação através do seu serviço de espionagem, primeiro recusou e depois concedeu. Afinal, os "democratas" poderiam ser destituídos a qualquer momento.[211]

Quando, em outubro de 1944, o exército soviético ultrapassou as suas fronteiras e penetrou na Romênia, Bulgária e Hungria, Churchill precipitou-se para Moscou, em 9 de outubro, para discutir mais detalhadamente a questão das esferas de influência. Aceitava que Stálin dispusesse da Romênia, Bulgária e Hungria como bem lhe aprouvesse, mas queria que lhe deixasse "as mãos livres" na Grécia, conforme a expressão usada por ele mesmo em um telegrama, dias depois, ao ministro das Relações Exteriores, Anthony Eden. Em suas *Memórias*, Churchill narra detalhadamente que propôs, para cada país que estava sendo libertado, uma certa percentagem de influência. No caso da Iugoslávia, eram 50% para cada lado, e no caso da Grécia eram 90% para os anglo-americanos e 10% para a URSS. Rabiscou essas e outras cotas em um papel e mostrou-o a Stálin, já que se tratava de acordos verbais e secretos. Stálin devolveu o papel com um traço e um gesto de aprovação. Era o destino de milhões de pessoas que estava em jogo e Churchill, compungido, sugeriu que queimassem o papel. Mas Stálin propôs: "Guarde-o".[212]

A intervenção inglesa na Grécia, sob a direção de Churchill, naquele final de guerra, foi tão descarada que suscitou grande oposição até de liberais nos Estados Unidos e

---

208   Ibid., p. 361, 363, citações em p. 365, p. 367.

209   Ibid., p. 370, p. 373.

210   C. Andrew e O. Gordievsky, *Le KGB dans...*, op. cit., p. 334.

211   C. Andrew e V. Mitrokhine, *Le KGB contre...*, op. cit., p. 205-206.

212   F. Claudín, op. cit., p. 370, 373, 377, 651 citado a partir das *Memórias* de Churchill.

na própria Inglaterra. O exército soviético já tinha chegado à fronteira da Grécia com a Bulgária e a Iugoslávia, os alemães tinham abandonado o território grego, a Frente de Libertação Nacional grega ocupava praticamente todo o país. Em dezembro de 1944, Churchill desembarcou em Atenas para defender o governo monárquico grego no exílio, naquele momento no Cairo, apoiado por tropas inglesas. O ataque inglês fez treze mil mortos nas forças gregas, só em Atenas. Aceitando a pressão de Stálin e de seu compromisso acima citado, o Partido Comunista Grego, que dominava a Frente, aceitou dialogar com Churchill e dessas conversações saiu um pacto, em fevereiro de 1945, pelo qual a Frente desmobilizava os combatentes e guerrilheiros, aceitando um governo de monarquia parlamentar. Durante o novo governo, eleito em 1946, milhares de comunistas foram presos, guerrilheiros esconderam suas armas e outros tantos milhares fugiram para a Iugoslávia.[213] E aí começou a guerra civil grega que duraria até 1949.

Ao mesmo tempo em que as tropas inglesas aniquilavam a Frente de Libertação Nacional grega, Churchill pedia e conseguia que Stálin avançasse mais, para auxiliar os Aliados que haviam desembarcado na Normandia, apesar das condições climatológicas difíceis para os soviéticos, e que levaram a muitas perdas de vidas humanas do exército. Tudo isso para que todos chegassem, mais ou menos ao mesmo tempo, ao coração da Alemanha. Quando se realizou, em fevereiro de 1945, a conferência de Ialta, na Crimeia, a repartição das esferas de influência estava praticamente completada. A Grécia ficou sob total hegemonia anglo-americana. Stálin estava em posição de força, frente a Roosevelt e Churchill. O Exército Vermelho já tinha tomado uma parte da Alemanha enquanto os Aliados ainda estavam longe. Além disso Stálin tinha vantagem em termos de informação: o NKVD tinha dois espiões ingleses dentro do Ministério de Relações Exteriores (*Foreign Office*). A questão mais controversa em termos de esferas de influência, nessa conferência, foi a da Polônia, sobre a qual Stálin se mostrou intransigente, fazendo ao final algumas concessões quanto ao governo provisório. O problema foi rediscutido na conferência de Postdam, entre julho e agosto de 1945, de modo mais favorável às pretensões soviéticas.[214]

Nos últimos meses da guerra, atrás do Exército Vermelho que já tinha tomado a Europa central, vinham os destacamentos da organização conhecida como *Smertch* (abreviação de "Morte aos espiões!" em russo), uma subdivisão do NKVD, diretamente sob o controle de Stálin. Cabia a eles prender os traidores e os cidadãos soviéticos que haviam colaborado com os alemães. Foram verificadas cinco milhões de pessoas. Na conferência de Ialta, os "três grandes" haviam estabelecido o princípio de retorno de todos os cidadãos ao seu país de origem. Foram tropas inglesas e americanas que ficaram, muitas vezes, encarregadas de conduzir esse retorno. E o fizeram mesmo contra a vontade de

---

213   Ibid., p. 379, p. 382, p. 652.
214   Ibid., p. 379-382, p. 391; C. Andrew e O. Gordievsky, *Le KGB dans...*, op. cit., p. 334.

Do partido único ao stalinismo

cidadãos que não queriam ser repatriados, às vezes russos que nunca haviam sido cidadãos soviéticos, emigrados na ocasião da guerra civil russa. Muitas dessas repatriações foram feitas à força, com golpes de canos de fuzis, enviando milhares de homens, mulheres e crianças para vagões de gado a serem encaminhados para os campos de trabalho. Houve até suicídios coletivos para evitar o repatriamento.[215]

Para as zonas de influência soviética o governo pensou um regime que não fosse socialista e sim uma "democracia burguesa progressiva". Mas, em decorrência desse passado soviético de partido único, era preciso eliminar todos os grupos políticos, inclusive de nacionalistas burgueses, hostis à integração na órbita soviética. Coube a Andrei Jdánov, o encarregado dos assuntos culturais e ferrenho defensor do realismo socialista, formular a teoria que orientaria nos anos seguintes a política soviética internacional. Segundo essa linha, haveria naquele mundo pós-guerra dois "campos", um campo "imperialista antidemocrático" e outro "anti-imperialista democrático", dentro do qual estariam o Estado socialista soviético e as "democracias populares", aliadas da URSS.[216]

Todas essas formulações se davam em um ambiente conturbado. Em março de 1947, o novo presidente dos Estados Unidos formulava a chamada "doutrina Truman", pela qual se colocava abertamente contra a expansão do comunismo na Europa. Essa formulação foi seguida pela oferta aos países europeus do famoso "Plano Marshall", um programa de ajuda e cooperação econômica que combatesse a fome, a pobreza e o caos derivados da guerra. Em princípio essa ajuda do país que mais tinha crescido e lucrado com a guerra era oferecida a todos os países atingidos. Foi o que foi explicitado na Conferência Franco-Anglo-Soviética, em Paris, em junho desse ano e por isso Mólotov foi convidado. Embora reconhecendo que só os Estados Unidos poderiam aportar essa ajuda, o dirigente soviético mostrou-se intransigentemente contrário a um programa econômico que levaria, segundo ele, esses países europeus à "dependência das grandes potências". Por trás dessa negação estava o desígnio de conformar os dois "campos", já citados. Os meios dirigentes da Tchecoslováquia e da Polônia até se interessaram pela ajuda americana, mas pela recusa das direções iugoslava e búlgara, perceberam que esta aceitação não era do gosto de Stálin, que logo se pronunciou afirmando que "o Plano Marshall não tinha outra finalidade que não fosse isolar a URSS".[217]

As "democracias populares"

Desde que a Internacional Comunista tinha sido dissolvida, em junho de 1943, a comunicação tinha sido feita bilateralmente entre cada partido e o soviético. Mas com

---

215 C. Andrew e V. Mitrokhine, op. cit., p. 206-207; Andreï Kozovoï, *Les services secrets russes – Des tsars à Poutine*. Paris, Tallandier, 2010, p. 117-118.

216 J.-J. Marie, *Stálin...*, op. cit., p. 699-700.

217 François Fejtö, *As democracias populares – 1. A era de Staline*. Lisboa, Publicações Europa-América, 1975, p. 159, p. 163-165.

304 Angela Mendes de Almeida

o fim da guerra vários partidos comunistas começaram a participar de governos e era preciso criar um organismo conjunto, ideia que Stálin iria defender desde junho de 1946, ainda cogitando quem ficaria à cabeça, se Dimítrov, Tito ou o partido francês.[218] Em setembro de 1947, em uma conferência secreta realizada na Polônia, os representantes de nove partidos comunistas – o da URSS, os das democracias populares (Polônia, Tchecoslováquia, Hungria, Romênia, Bulgária e Iugoslávia) e os da França e da Itália – adotaram um texto de análise da situação internacional e criaram um Escritório de Informação dos Partidos Comunistas e Operários, o *Kominform*, para troca de informações e coordenação de ações. A Albânia, julgada pouco importante, não foi convidada, mas foi representada pela Iugoslávia. O novo organismo nada mais era do que a antiga Internacional Comunista, agora com o caráter de vigilância sobre o desenvolvimento da "linha correta" dos partidos. A visão da situação internacional como dois blocos estanques, dois "campos", rompia com a linha da Frente Popular, de colaboração com os partidos socialistas, anterior ao pacto Hitler-Stálin. Em uma correspondência posterior Stálin e Mólotov definiriam o *Kominform* como "frente única das democracias populares e da União Soviética". Como na época o Partido Comunista Iugoslavo era o mais prestigiado, Belgrado foi escolhida como sede da nova organização. Isso iria permitir aos soviéticos, desde esse momento, enviarem para lá seus agentes especialistas em propaganda e expurgos.[219]

Os desígnios para moldar a homogeneidade das democracias populares foram postos em prática sobretudo entre 1947 e 1948. A permanência da presença do exército soviético ajudava no convencimento e o serviço secreto soviético orientava.[220] Na Alemanha, desde abril de 1945, os dois dirigentes que haviam sobrevivido em Moscou ao Grande Terror, Wilhem Piek, já com 69 anos, e Walter Ulbricht, com 52, voltaram ao seu país e tiveram a ajuda decisiva de Ivan Serov, chefe da seção interna do NKVD na administração militar soviética.[221] Wolfgang Leonhard, que havia crescido em um "lar para crianças" em Moscou, fez parte de um grupo de jovens militantes alemães que acompanhou Ulbricht. Depois descreveu, em livro, as instruções dadas por ele para tentar recrutar sociais-democratas, antinazistas sem partido e até padres e pastores que tinham estado contra o regime. Lembra que o líder terminou a fala explicitando: "Devemos nos apresentar como democráticos, mas temos que ter tudo em mãos".[222] Por causa das violências cometidas por muitas das unidades do Exército Vermelho, como estupros e pilhagens, os comunistas não podiam esperar bom resultado de uma eleição sem a ajuda da administração militar. Em vista da força da social-democracia, o marechal Ju-

---

218 J.-J. Marie, *Stálin...*, op. cit., p. 680.
219 F. Fejtö, op. cit., p. 170-173, p. 178; C. Andrew e O. Gordievsky, *Le KGB dans...*, op. cit., p. 363.
220 F. Claudín, op. cit., p. 437.
221 C. Andrew e O. Gordievsky, *Le KGB dans...*, op. cit., p. 350.
222 W. Leonhard, op. cit., p. 186-187.

Do partido único ao stalinismo

kov, verdadeiro "vice-rei" soviético, pressionou esse partido para se unir aos comunistas, com perseguições e prisão dos social-democratas recalcitrantes. Em abril de 1946 surgiu o Partido Socialista Unificado (SED), que passou a ser o partido do poder na chamada República Democrática Alemã. A polícia política, logo criada, passou a ser chefiada por Wilhelm Zaisser, o temível general Gomez das Brigadas Internacionais.[223]

A Tchecoslováquia era um país bastante industrializado, onde os comunistas contavam com grande apoio, tendo obtido 38% dos votos nas eleições livres de 1946, mais que o dobro dos outros partidos da coalizão.[224] Mas, em fevereiro de 1948, através de uma série de intrigas combinadas com a pressão popular, realizou-se um movimento que foi chamado por uns de "golpe", por outros de "revolução". Os comunistas não tinham a favor de si a maioria da população, porém tinham a maioria das massas organizadas e, com isso, conseguiram formar um governo sob a chefia do comunista Klement Gottwald, "sem reacionários". Em seguida, nas eleições de maio, a lista de candidatos foi composta apenas por militantes da Frente Nacional (nome que o partido comunista assumiu). Só havia cédulas de voto da FN ou em branco. Os socialistas, depois de expurgarem os "sociais-democratas de direita" mediante intimidações, integraram-se à FN.[225]

Quanto à Iugoslávia, aos olhos exteriores era impossível prever o conflito que surgiria entre ela e a União Soviética. Josip Broz, o marechal Tito, tinha sido um dos poucos militantes iugoslavos exilados em Moscou a sobreviver ao Grande Terror. Suas relações com o NKVD eram boas e participou das denúncias contra seus camaradas, utilizando as imprecações usuais de "traidor", "trotskista", "espião" e outras. A modificação se deu durante a guerra.[226] Em 1946, as divergências surgidas entre o exército de libertação iugoslavo e a URSS pareciam ter sido aplainadas, mas ficaram naturalmente marcas profundas que iriam germinar novos conflitos. Em especial quanto ao caráter independente do Partido Comunista Iugoslavo, dificilmente integrável à orbita da URSS conduzida pelos fios do serviço secreto soviético. A segurança de Tito e seu espírito de independência inquietavam os soviéticos. De todas as "democracias populares", a Iugoslávia foi o único país que se tinha libertado a si próprio, lutando contra alemães e italianos. Estavam ainda muito vivas as feridas abertas pelo comportamento de parte das tropas do exército soviético, cujos soldados pilharam, abusaram e violentaram sexualmente a população iugoslava, como aliás o fizeram em outros países, sobretudo na Hungria e na Alemanha. Mas seus crimes sequer foram considerados pelas autoridades soviéticas, sendo a sua denúncia julgada uma ofensa, um antissovietismo.[227]

---

223 C. Andrew e O. Gordievsky, *Le KGB dans...*, op. cit., p. 351.

224 Ibid., p. 356.

225 F. Claudín, op. cit., p. 438-439; F. Fejtö, op. cit., p.194-196, p. 199.

226 C. Andrew e O. Gordievsky, *Le KGB dans...*, op. cit., p. 359.

227 F. Claudín, op. cit., p. 443-444.

Décadas depois, o comunista iugoslavo Milovan Djillas narraria o encontro, em 1944, quando o exército soviético passava pelo nordeste da Iugoslávia, entre a cúpula do partido iugoslavo e o general soviético Korniéiev. Quatro dos principais dirigentes, entre eles Tito, queixaram-se do comportamento criminoso de "indivíduos e grupos" das forças soviéticas que estavam desprestigiando o comunismo. Ao que o general respondeu violentamente, considerando a queixa um insulto e encerrando a discussão, sem que se pudesse abordar a questão das punições a essas violações. Segundo Djillas, "houve 121 casos de estupro, dos quais 111 envolviam estupro com homicídio, e 1204 casos de pilhagem com assalto".[228] Além disso, na disputa pela cidade de Trieste, em 1945, já ocupada pelo exército de libertação iugoslavo no momento em que foi invadida pelas tropas anglo-americanas, a URSS tinha ficado do lado dos Aliados. Havia também, no decorrer dos primeiros anos pós-guerra, divergências sobre o ritmo da industrialização da Iugoslávia. Por outro lado houve, entre 1945 e 1948, uma guerra surda entre os serviços secretos soviéticos, sob o comando de Biéria, e os serviços secretos iugoslavos, os primeiros tentando montar uma extensa rede de colaboradores, agentes e espiões dentro dos organismos estatais iugoslavos e na sociedade. Na verdade, o objetivo principal do NKVD era recrutar agentes.[229] Desde 1945, o dirigente iugoslavo Aleksandar Rankovic, ministro do Interior, conhecia as múltiplas tentativas de infiltração soviética, o que acontecia também em outros partidos e em outras "democracias populares". Rankovic não se intimidava. Tinha sido preso e torturado pelo governo iugoslavo nos anos 1930, e depois também pela *Gestapo*, em 1941, de cuja prisão foi libertado pelos guerrilheiros.[230]

Entretanto o que teve enorme impacto nessas tensões foi o projeto, discutido entre o marechal Tito e o agora chefe comunista da Bulgária, Dimítrov, de criação de uma Federação Balcânica unindo os dois países. No momento em que estourou a crise, os dois países já tinham chegado à concretização de uma união alfandegária. Além disso, Tito havia criado, no final de 1947, uma união balcânica dos sindicatos e uma da juventude. Na verdade, esse projeto vinha sendo discutido desde 1944, em Moscou, porém, desde o início, houve divergências entre iugoslavos e búlgaros. Stálin conhecia perfeitamente o projeto e os dois pontos de vista. Manifestou-se primeiro a favor de um, depois de outro.[231] Mas a situação era outra depois da guerra. Em janeiro de 1948, o *Pravda* transcreveu o conteúdo de uma entrevista coletiva dada por Dimítrov sobre a Federação Balcânica, primeiro sem comentários, em seguida criticando-o: esses países não tinham nenhuma necessidade, duvidosa ou fabricada, de uma federação, confederação ou o que

---

228   Milovan Djillas, *Conversações com Stálin*. Porto Alegre, Editora Globo, 1964, p. 66 e 58.

229   F. Claudín, op. cit., p. 444, 448; C. Andrew e O. Gordievsky, *Le KGB dans...*, op. cit., p. 361.

230   F. Fejtö, op. cit., p. 208; C. Andrew e O. Gordievsky, *Le KGB dans...*, op. cit., p. 360.

231   F. Fejtö, op. cit., p. 180- 181; J.-J. Marie, *Stálin...*, op. cit., p. 717; F. Claudín, op. cit., p. 445.

Do partido único ao stalinismo

quer que fosse. Imediatamente Dimítrov e o dirigente iugoslavo Edvard Kardelj foram convocados por Stálin e Mólotov que exigiam a anulação do projeto. Também pediram aos iugoslavos para assinar um documento no qual a Iugoslávia se comprometia a consultar o governo soviético sobre qualquer medida de política externa. Além disso, os soviéticos colocaram-se claramente contra a ajuda que os iugoslavos ainda davam à luta armada na Grécia, sem futuro, diziam eles.[232] Desde esse momento, iniciou-se a campanha contra o Partido Comunista Iugoslavo. Julgando-se informado por seus serviços secretos, Stálin acreditava que seria fácil submeter os iugoslavos, que prefeririam permanecer sob a órbita soviética a ficarem independentes.[233] No Relatório de 1956 Khruschov relembra que Stálin dizia, no início do conflito: "Será suficiente que eu mova o meu dedo mindinho e não haverá mais Tito, ele desmoronará".[234]

Em fevereiro de 1948, no seguimento da discussão sobre a Federação Balcânica, o governo soviético cancelou a renovação de um acordo comercial entre os dois países. Em março, retirou conselheiros e instrutores militares enviados para modernizar o exército iugoslavo, e depois os engenheiros, técnicos e economistas que lá estavam. Seguiu-se uma troca de correspondência entre os dois governos, que posteriormente foi divulgada publicamente pela direção do Partido Comunista Iugoslavo. Os soviéticos argumentavam que proliferavam, nos escalões dirigentes iugoslavos, críticas antissoviéticas travestidas de frases esquerdistas. E rapidamente as argumentações resvalaram para o exemplo de Trótski, que teria começado com ataques esquerdistas ao partido soviético, terminando "desmascarado, passando abertamente para o campo dos inimigos jurados do Partido Comunista (bolchevique) e da União Soviética".[235]

Em abril, a reunião do Comitê Central do Partido Comunista Iugoslavo, por maioria esmagadora, colocou-se contra as ordens do governo soviético e contra os serviços secretos daquele país, começando por prender os funcionários do partido e do Estado iugoslavo que trabalhavam para a URSS. Todos esses enfrentamentos, com a resistência dos comunistas iugoslavos, só vieram a público com uma resolução do *Kominform*, aprovada em reunião de 28 de junho de 1948, que resumia apenas as críticas dos soviéticos e condenava a Iugoslávia por sua "linha falsa", por "aplicar uma política de inimizade em relação à União Soviética", por "se afastar das posições da classe operária e romper com a teoria marxista", por burocratismo, colocando-se assim "fora da família dos partidos comunistas irmãos, e por conseguinte fora do *Kominform*".[236] É interessante notar

---

232   J.-J. Marie, *Stálin...*, op. cit., p. 717; F. Claudín, op. cit., p. 446-447.

233   F. Claudín, op. cit., p. 450.

234   *Rapport Khrouchtchev*, in: A. Rossi, op. cit., p. 125.

235   F. Claudín, op. cit., p. 450, 451, 460 e citação p. 452.

236   J.-J. Marie, *Stálin...*, op. cit., p. 721-722; F. Fejtö, op. cit., p. 204-206;"Resolución del Buró de Información de los Partidos Comunistas sobre la situación en el Partido Comunista de Yugoslavia", citado por F. Claudín, op. cit., p. 662-665.

que esta resolução apela para a solidariedade e a disciplina de partido, até identificando o movimento dos partidos comunistas a uma família, enquanto todas as respostas iugoslavas referiam-se às relações entre Estados independentes.

Estava concretizada a excomunhão da Iugoslávia do "campo socialista". Às delegações de partidos comunistas que se mostravam indecisas quanto ao teor da condenação, Jdánov teria declarado que "sabia-se, com certeza, que Tito era um espião imperialista". Era o prenúncio das "provas" que iriam ser forjadas, pouco tempo depois, na reedição dos "processos de Moscou" nas "democracias populares". A heresia iugoslava começou sendo tachada de nacionalista e exterior ao marxismo-leninismo; em seguida, foi chamada de antissoviética, e por fim de imperialista, próxima ao fascismo.[237] Veja-se, a título de exemplo, um discurso de Nikolai Bulganin, do Burô Político e ministro das Forças Armadas soviéticas, pronunciado em Sofia, em setembro de 1949:

> Judas Tito e seus cúmplices, desertores malfazejos do campo socialista no campo imperialista e fascista, transformaram a Iugoslávia em prisão da *Gestapo*. [...] Toda a humanidade progressista olha com nojo estes miseráveis traidores, cúmplices do imperialismo. Eles não escaparão à terrível condenação de seu povo. Terão que responder por seus crimes sanguinários, por sua repugnante traição ao povo iugoslavo e a todo o campo democrático.[238]

O 5º Congresso do PC iugoslavo, realizado em 21 de julho de 1948, elegeu uma nova direção, com Tito à frente, excluindo os que eram partidários da submissão à URSS. A resposta imediata de Stálin foi organizar um golpe de Estado com o apoio de três generais do exército iugoslavo que eram agentes dos serviços secretos soviéticos. Não conseguindo outros apoios, os três generais tentaram fugir para a URSS, sem consegui-lo. Assim terminou a conspiração militar que pretendia derrubar Tito. O governo soviético poderia ter tido, nesse momento, a reação de invadir o território iugoslavo, a mesma que teria mais tarde com a Hungria (1956) e a Tchecoslováquia (1968). Porém a divisão do mundo em áreas de influência estava ainda muito recente e fluída, teria sido arriscado, ainda mais em presença da guerra civil na Grécia e do papel dos americanos nela.[239]

Depois da excomunhão, a Iugoslávia ficou em situação econômica bem complicada, já que todos os países da órbita soviética cessaram todo e qualquer contato com ela. Teve que recorrer, como o fez a URSS no seu início, a empréstimos e ajuda técnica do mundo capitalista. Os comunistas iugoslavos não obedeceram a Stálin e não pararam de ajudar os comunistas gregos, mas sua capacidade de apoio diminuiu. Entre estes, muitos tomaram o partido dos iugoslavos e foram impiedosamente expurgados pela direção

---

237 F. Claudín, op. cit., p. 457, p. 469.
238 Citado por B. Lazitch, *Le Rapport Khrouchtchev et...*, op. cit., p. 123.
239 F. Fejtö, op. cit., p. 217-218; F. Claudín, op. cit., p. 462, p. 463, p. 466.

Do partido único ao stalinismo

grega, fiel ao stalinismo. Coincidentemente ou não, depois desse expurgo, as forças do exército popular grego entraram em declínio, até a derrota final, em meados de 1949. Cerca de 25 mil combatentes se refugiaram na Iugoslávia e outros tantos na Albânia.[240]

Um ano depois da excomunhão e da tentativa de golpe, a URSS não invadiu a Iugoslávia, mas em compensação implementou o início da reedição dos "processos de Moscou" nas "democracias populares", começando pela Hungria. O processo tinha como principal objetivo "provar" que Tito e os iugoslavos nunca tinham sido marxistas nem comunistas. O principal acusado do processo de junho de 1949 era Laszlo Rajk, militante do partido comunista húngaro desde a década de 1930, combatente das Brigadas Internacionais na guerra civil espanhola, prisioneiro nos campos de refugiados na França para onde foram levados os fugitivos republicanos da Espanha, naquele momento ministro das Relações Exteriores. Sua inculpação estava ligada à atividade do americano, Noel Field, agente do NKVD e ao mesmo tempo funcionário americano trabalhando com agências humanitárias durante a guerra, na Suíça e em Marselha, ajudando judeus e militantes de esquerda a fugirem da Europa. As múltiplas ligações de Field, inclusive as que havia estabelecido na Suíça com iugoslavos durante a guerra, acabaram levantando suspeitas no NKVD. Infelizmente para Rajk, ele havia recebido ajuda de Field, durante a guerra, para sair do campo de refugiados em que se encontrava na França. Foi então escolhido para ser o eixo do primeiro processo-espetáculo das "democracias populares". A prisão de Rajk foi precedida de um daqueles atos de perfídia que caracterizavam as intervenções da polícia secreta soviética: na véspera ele foi convidado com sua mulher para um almoço de domingo na casa de Mátyás Rákosi, o secretário-geral do partido. Por outro lado Field, que estava em Praga, foi preso e conduzido a Bucareste. Mas quem de fato estava no banco dos réus era o governo iugoslavo. A acusação procurava mostrar, tomando o exemplo da Iugoslávia, que todo nacionalismo se convertia naturalmente em antissovietismo e recusa de integração na órbita soviética. Com a intervenção direta dos serviços secretos soviéticos foi montado um processo público à semelhança dos processos de 1936, 1937 e 1938, tendo como espectadores grande número de jornalistas e com confissões abundantes dos acusados. No *script* deste processo tiveram menos importância as confissões de Rajk, do que os crimes que atribuiu à "camarilha" de Tito e Rankovic, que teriam sido nacionalistas e traidores desde sempre. A Federação Balcânica teria sido uma ideia de Churchill.[241]

O resultado do processo-espetáculo foi a condenação à morte de Rajk, de outros três dirigentes comunistas e mais dois comandantes militares, acusados de serem "espiões das potências imperialistas e agentes trotskistas". O próprio Rajk se autoacusou

---

240   F. Claudín, op. cit. p. 467 e 666.

241   F. Claudín, op. cit., p. 469-470; F. Fejtö, op. cit., p. 238-240; C. Andrew e O. Gordievsky, *Le KGB dans...*, op. cit., p. 405-408.

de ter sido um agente das forças reacionárias húngaras desde seu ingresso no partido, de ter lutado na Espanha, onde foi ferido três vezes, apenas para servir à *Gestapo*, entre outras confissões.[242] Em obra contemporânea à implosão da URSS, ficou-se sabendo que o secretário do PC húngaro, Mátyás Rákosi, preparara a acusação e a submetera a Stálin, combinando com ele que não haveria condenações à morte. Dois dias antes do resultado do julgamento Rákosi recebeu um telegrama em que Stálin dizia que mudara de ideia e que agora exigia a pena de morte.[243] Quase uma década depois, em 1956, como consequência do Relatório de Khruschov, as autoridades húngaras reconheceram que o processo tinha sido uma farsa. Rajk foi reabilitado e as massivas manifestações públicas de desagravo a ele, entre outubro e novembro daquele ano, converteram-se em insurreição contra o sistema stalinista. Caberia ao próprio Khruschov comandar a primeira invasão soviética a uma "democracia popular".[244] Os tanques calaram a rebelião até os acontecimentos ligados à implosão da URSS, concretizada em 1991.

Apenas poucos meses depois do processo na Hungria, seria a vez de novo espetáculo na Bulgária. Em 30 de novembro de 1949, foi publicada a acusação contra um grupo de traidores e criminosos tendo à frente Traicho Kostov. Tratava-se de um velho revolucionário, fundador, junto com Dimítrov, do Partido Comunista Búlgaro, ativo colaborador da Internacional Comunista. Segundo essa acusação, Kostov teria tido um passado "trotskista" e teria começado sua "traição" em 1942, colaborando com a polícia quando foi preso. A outra acusação era, naturalmente, a de ter colaborado com Tito no *Kominform*, tendo como plano assassinar Dimítrov. Mas o espetáculo búlgaro saiu do *script* pois Kostov negou todas as acusações que tinham sido forjadas durante a "instrução" do processo, sob tortura. A sessão foi interrompida, mas, ao recomeçar, Kostov manteve-se firme em sua posição de negar sua culpa. Classificado de "insolente" pela agência russa de notícias Tass, foi de todas as maneiras condenado à morte e executado. A imprensa búlgara, pouco depois, publicou uma carta que teria sido escrita por Kostov, reconhecendo sua culpa. Naturalmente, depois de 1956, Kostov foi reabilitado e foi demonstrado que a carta era falsa.[245]

No mesmo período realizaram-se expurgos e caça aos "titistas" na Albânia, na Polônia e na Tchecoslováquia. Neste último país, a luta contra os "trotskistas" e "titistas" foi encabeçada por Rudolf Slanski em 1948. Em 1950, o expurgo recomeçou, atingindo dirigentes como Vladimir Clementis, Otto Katz e outros, entre eles, o pró-

---

242 F. Claudín, op. cit., p. 470, 471.

243 J.-J. Marie, *Stálin...*, op. cit., p. 731-732, citando obra publicada em Sofia, em 1990, sobre a vida de Traïcho Kostov, p. 733.

244 F. Claudín, op. cit., p. 470.

245 Ibid., p. 473-474; F. Fejtö, op. cit., p.446-450; R. Conquest, op. cit., p. 960; Serge Portelli, *Pourquoi la torture?* Paris, Librairie Philosophique J. Vrin, 2011, p. 128; "Mémoires de la guerre" http://la-loupe. over-blog.net/article-kostov-traicho-69339619.html (consultado em 29.11.2017)

Do partido único ao stalinismo

prio Slanski, acusados de alta traição, sabotagem e cumplicidade com o sionismo, já que este processo se desenvolvia em paralelo ao "caso dos aventais brancos" na URSS. O principal encarregado da instrução do processo foi o conselheiro do MGB (Ministério da Segurança do Estado), novo órgão que substituiu o NKVD, Vladímir Boiárski. O primeiro a ser preso foi o secretário do comitê regional do partido de Brno, Otto Sling e mais vários outros militantes. Mas Boiárski supunha que esse complô era dirigido por alguém mais poderoso, identificando Slanski. Stálin se ocupou pessoalmente do caso, dada a sua obsessão naquele momento pela ameaça sionista. Dentre os 14 acusados, onze eram judeus, inclusive Slanski. Era a primeira vez que os acusados eram classificados pela sua origem étnica. A traição explicava-se pela educação judaica. Judaica e burguesa.[246] Slanski era apresentado como "um judeu de língua tcheca, de alta estatura e ruivo, cujo verdadeiro nome é Salzmann", enquanto Otto Katz era definido como "um trotskista judeu". Richard Slanski, irmão do principal acusado, contou que em meio a um interrogatório com torturas e brutalidades, ele afirmou que sua mulher fora colaboradora de Clara Zetkin. Ao que o interrogador respondeu: "Quem é essa puta dessa judia?" Onze desses acusados foram condenados à morte e enforcados em dezembro de 1952, enquanto três foram condenados à prisão perpétua: Evžen Löbl, Arthur London e Vavro Hajdu. Naturalmente, foram todos ilibados depois do 20º Congresso do Partido Comunista da União Soviética e do Relatório Khruschov. Löbl narrou que, na "Primavera de Praga", a rebelião tchecoslovaca contra o sistema stalinista em 1968, o médico da prisão, Dr. Sommer, que havia administrado aos acusados drogas como mescalina e acetebrona para fazê-los ceder às pressões e às torturas, suicidou-se.[247] Outro sobrevivente, Artur London, deixou um testemunho cru sobre os procedimentos da "instrução" do seu caso, suas torturas e a lógica que comandava esses processos. O livro deu lugar ao filme de Costa-Gravas, "A confissão" ("L'aveu", 1970). Seu testemunho deixa ainda bem mais claro como os serviços secretos soviéticos estavam por trás da trama das supostas conspirações e preparavam o espetáculo, seguindo a tradição dos "processos de Moscou".[248]

O último Stálin

A União Soviética tinha tido um papel fundamental e único na sustentação da resistência ao nazismo alemão durante a Segunda Guerra Mundial. Um dos fatores para essa resistência foi a contribuição do *Gulag (Direção dos Campos de Trabalho)* para o esforço militar soviético. Os campos de trabalho existiam na União Soviética antes da

---

246   C. Andrew e O. Gordievsky, *Le KGB dans...*, op. cit., p. 413-415.

247   J.-J. Marie, *Stálin...*, op. cit., p. 785; F. Fejtö, op. cit., p. 258.

248   F. Claudín, op. cit., p. 483-484; Arthur London, *L'aveu – Dans l'engrenage du Procès de Prague*. Paris, Gallimard, 1968 (2 tomes).

312 Angela Mendes de Almeida

guerra e continuaram a existir depois dela. Em documento publicado pela primeira vez em 1994, foi apresentado o balanço estabelecido no fim da guerra pelo chefe adjunto desse órgão, general Nassedkine. O *Gulag* forneceu, durante os quatro anos de guerra, um total de 975 mil presos e 9 mil e 300 guardas que ficaram à disposição do exército. Produziu milhões de cartuchos, granadas e explosivos diversos. Além disso, 1 milhão e 900 mil deportados, bem como 400 mil prisioneiros de guerra foram integrados na construção de ferrovias, aeródromos e estradas, corte de madeiras, estaleiros, minas e fábricas metalúrgicas. Dias depois da tomada de Berlim, em maio de 1945, Stálin coordenou, entre o chefe do Estado-Maior do Exército, Antonov, e os dirigentes do NKVD, Biéria, Merkúlov e Abakúmov, a criação de mais campos de trabalho para acolher os antigos prisioneiros de guerra soviéticos, militares e civis, libertados pelos Aliados. Eram soldados que se passaram para o lado dos alemães, nacionalistas bálticos e ucranianos, soldados e oficiais do exército soviético capturados pelos alemães e por isso acusados de covardia e traição, entre outros.[249]

Os campos de trabalhos forçados como forma penal começaram a se massificar sob a égide de Stálin, a partir do final dos anos 1920, com a coletivização forçada e a industrialização acelerada. Mas sempre existiram, sob outra forma, desde a época dos czares. Os bolcheviques tinham uma teoria revolucionária sobre o delito: ele só existia devido à exploração das massas. Quando esta terminasse, terminariam os delitos. Estavam em diapasão com o livro de Lênin, *O Estado e revolução*. Desapareceriam delitos, crimes, prisões, castigos, polícia e Estado. Piotr Stutchka, Evguiéni Pachukánis e Nicolas Krylenko foram os juristas, discípulos de Lênin, a quem foi dada a missão de reformar o código penal. Previram inicialmente um máximo de pena de cinco anos de "privação de liberdade". Um dos primeiros documentos elaborados pelo Comissariado da Justiça, em 1918, afirmava que as prisões não serviriam mais para punir e sim para reformar. Em 1919, o congresso do partido votou que, como "o trabalho é o principal método de reeducação, era preciso substituir as prisões por instituições educativas".[250] Tais eram as teorias e os projetos. Porém os acontecimentos já narrados foram levando, como uma bola de neve, à necessidade de perseguir quem não estava com o único partido no poder e quem não era da classe proletária, minoritária, porém dominante. Ainda mais que, desde o início, governava uma representação do proletariado e não ele próprio. Rapidamente, como já foi visto, durante a guerra civil e com o terror decretado sob Lênin, os métodos de brutalidade se generalizaram. No início, tudo isso foi pensado como provisório, tal como a *TcheKa*, até a eliminação total do inimigo.

---

249 J.-J. Marie, *Stálin...*, op. cit., p. 661, p. 659-660.
250 David J. Dallin e Boris I. Nicolaevsky, *Le travail forcé em U.R.S.S.* Paris, Aimery Somogy, 1949, p. 187-191.

Do partido único ao stalinismo

Originalmente, o trabalho dos presos foi encarado como reeducação dos delinquentes, enquanto os campos de concentração, ou lugares de detenção, eram para os opositores políticos, dos quais se ocupava a *TcheKa*. Em 1918, um decreto estabelecia que os presos deveriam fazer trabalhos de utilidade pública que não deviam ser mais cansativos que o trabalho normal de um operário. No final da guerra civil, havia já duas dezenas de campos, uma parte dos quais foi fechada, com os presos sendo conduzidos a prisões, outra parte sendo enviada à longínqua região de Arkhangelsk, nas ilhas Solóvki (atuais Soloviétski, no mar Branco). Nesses locais havia muitas arbitrariedades e maus tratos, porém os presos não ficavam isolados do mundo, tinham direito a correspondência e era possível alguma atividade política. Muitos presos dessa época sobreviveram. O grupo dos Campos Especiais do Norte (SLON) foi o primeiro núcleo da rede de campos. Lá havia socialistas mencheviques, anarquistas, ex-soldados do Exército Branco, criminosos comuns, prostitutas, comerciantes, "espiões", padres de diversas religiões, sobretudo ortodoxos, operários culpados de greve, camponeses acusados de rebelião, funcionários acusados de sabotagem, agentes do GPU (Serviço Soviético de Segurança e Informação, continuador da *TcheKa*) desencaminhados e trotskistas.[251]

De uma maneira geral, no primeiro período, o das prisões chamadas de "isoladores", os políticos não ficavam misturados aos presos comuns. Não eram tratados como criminosos e sim como indesejáveis que tinham uma doença contagiosa, a oposição. Por isso tinham que ficar isolados das massas. Não eram forçados a trabalhar, podiam receber dinheiro de suas famílias e comiam de forma razoável.[252] Até 1925, os presos trabalhavam de maneira moderada, apenas para as suas necessidades, já que o trabalho era remunerado. Mais tarde o campo passou a trabalhar para "o mercado", isto é, para as empresas soviéticas com preços especiais. Trabalhando para a economia nacional, era preciso recuperar o que os presos haviam custado ao governo, cada tijolo suplementar, cada prancha, tornava-se lucro. O trabalho foi estendido ao corte de madeira, às serrarias, à confecção de tijolos, ao carregamento de navios, etc. Foram fixadas normas de produção mínima. Sem instrumentos, com roupa inadequada e pouca alimentação, os presos não conseguiam atingir a norma.[253]

Uma grande modificação nos campos realizou-se entre os anos 1928-1934, seguindo a coletivização forçada e a industrialização acelerada dos planos quinquenais. Em 1930, o GPU criou o *Gulag* para administrar a rede de campos, o que foi um sucesso econômico. Mas nunca foram publicados relatórios nem dados sobre o que foi produzido. Com o trabalho de prisioneiros foram organizadas explorações agrícolas, fábricas de tijolos, peixarias, poços de petróleo e minas de fosfato, de carvão, como em Vorkutá,

---

251   Ibid., p. 194-198, p. 210, p. 218.

252   Julius Margolin, *Voyage au pays des Ze-Ka*. Paris, Le bruit du temps, 2010, p. 240.

253   D. Dallin, B. Nicolaervsky, *Le travail forcé...*, op. cit., p. 228-229.

na região siberiana acima do Círculo Polar Ártico. Um marco importante na utilização do trabalho forçado foi a construção do canal de ligação entre o mar Branco e o mar Báltico. Em Karaganda, no Casaquistão, criou-se um novo centro de extração de carvão, para o qual tiveram que ser construídos vários edifícios para a administração. Além dessas e de diversas outras obras ligadas à industrialização, a atividade de corte de árvores para extração da madeira, feita por presos, cobria todo o território da URSS. Como consequência do Grande Terror, um grande número de intelectuais, engenheiros e outros profissionais, presos nos campos de trabalho, entre 1935 e 1940, permitiram que fossem criados imponentes projetos estratégicos, como o Dalstroi, para a extração de ouro e outros minerais em Kolimá, na Sibéria, tendo como base a cidade de Magadan.[254]

De todos os ex-presos libertados dos campos de trabalho da União Soviética que escreveram suas memórias, o que descreveu com maior precisão a prática e o dia a dia dos Ze-Ka, foi Julius Margolin.[255] Intelectual judeu sionista de nacionalidade polonesa, porém morando em Israel, Margolin, em viagem de volta, ficou preso pela guerra. Quando a URSS invadiu a Polônia, em 1939, durante o Pacto Hitler-Stálin, uma parte da população de Pinsk foi consultada se queria optar pela nacionalidade soviética ou não. Margolin preferiu conservar sua nacionalidade polonesa. Pouco depois foi preso porque seu passaporte não era válido por ser de um país inexistente. Seu primeiro local de detenção foi o campo do Canal Mar Branco-Mar Báltico (BBK), cujo centro era a cidade de Medvejegorsk, no extremo norte do lago Onega. Na região estavam instalados centenas de campos de recuperação pelo trabalho (ITL). A cidade fora toda construída em madeira pelos prisioneiros. Tinha cerca de 25 mil habitantes, essencialmente os funcionários da administração dos campos ou antigos presos que, tendo cumprido a sua pena, eram obrigados a ficar no endereço determinado pelo governo. Da cidade, Margolin e os presos foram levados ao seu campo, de barco, em uma viagem que durou 36 horas, e mais um trajeto em um trem de mercadorias, penetrando lentamente pela floresta. Eram seiscentos judeus deportados de Pinsk e trinta mulheres polonesas de Varsóvia. Pelo caminho viram vários grupos de "homens da floresta": eram poloneses, uzbeques, chineses, georgianos, tártaros e alemães, vigiados por soldados armados. Margolin destaca a impressão que lhe fez essa visão. Via-se que voltavam de um trabalho penoso. Suas atitudes, seus corpos imóveis, sentados ou ajoelhados, com olhos vazios, pareciam à espera de uma nova batalha. Seu campo (ITL) era o "48º Quadrado", um campo médio, especializado em corte de árvores para produzir madeira. Para um total de 1050 presos, havia cerca de quarenta soldados e mais

---

254   Ibid., p. 241, p. 262, p. 265-269, p. 326.

255   Ze-Ka, palavra com que a administração dos campos chamava os presos, escrita sob a forma z/k, que queria dizer preso/combatente do canal, por ter surgido no campo de construção do Canal Mar Branco-Mar Báltico: J. Margolin, *Voyage au pays...*, op. cit., p. 17.

Do partido único ao stalinismo

de cem homens livres que trabalhavam no campo. Diversos quadrados formavam uma divisão, diversas divisões formavam um campo. Essas aglomerações chamavam-se popularmente "*lag*" e existiam por toda a URSS.[256]

Margolin segue descrevendo em detalhes a estrutura do campo. Particular detalhe que explica a vida e a morte nos campos é o da alimentação. Descreve as regras rigorosas que ligavam a alimentação ao rendimento do trabalho. Havia vários tipos de "marmita". A primeira, disciplinar, era para aqueles que não tinham cumprido 100% da norma: 500 gramas de pão de manhã e uma sopa rala à noite. A segunda "marmita" era para os que tinham cumprido a norma: 700 gramas de pão, uma sopa de manhã e, à noite, sopa e *kacha*, prato de cereais cozidos com água. A terceira marmita era para os que haviam cumprido 125% da norma, os trabalhadores de choque, e a quarta para os que cumpriam 150% da norma, inspirados no stakhanovismo. A regra fundamental dos campos soviéticos era: quem não trabalha não come. Segundo Margolin, essas eram as condições de alimentação em 1940, que foram piorando durante a guerra. Era uma seleção natural, só os mais fortes sobreviviam. Mal alimentados e vestidos com trapos em temperaturas dezenas de graus abaixo de zero, os presos ou morriam subitamente ou tornavam-se inválidos. Foi o que aconteceu com Margolin em certo momento de sua estadia nos campos. Na enfermaria pôde observar a distrofia alimentar. O doente era incapaz de lutar pela vida, morria do coração, de tuberculose ou de outras doenças. Sem câmaras de gás, essa foi a principal forma de matar, nos campos soviéticos. Num campo de Kotlas Margolin conta que, de 2.400 presos, 1.600 permaneciam deitados e trinta morriam por dia. O governo enviava médicos e medicamentos que nada podiam fazer contra a subalimentação.[257] Ao final da guerra, o horror do genocídio dos judeus praticado pelo nazismo alemão veio à tona. Mas ninguém queria saber ou ouvir falar de campos de trabalho na URSS. Os valorosos vencedores da guerra não podiam ter sua imagem conspurcada. Os que tentaram denunciar essa realidade não encontraram nenhum espaço para os seus depoimentos. Só muito lentamente os primeiros testemunhos foram escutados e foi preciso uma batalha política para que isso acontecesse, como vai ser visto adiante.

Ao fim da guerra era notório que o preço mais alto pago pela derrota do nazismo alemão tinha cabido à população da União Soviética. Em parte pela profundidade com que o país foi invadido e brutalizado, mas também em parte pela política da direção soviética projetada por Stálin, como foi visto aqui. O país estava exaurido e arruinado, mas largas parcelas da população esperavam mudanças democráticas, fascinadas pela propaganda veiculada durante a guerra sobre os ideais democráticos de todos os Aliados. Os que voltavam da Europa comentavam o que haviam visto e criticavam os

---

256 Ibid., p. 156-172.
257 Ibid., p. 187-188, p. 205, p. 566, p. 681.

316   Angela Mendes de Almeida

dirigentes partidários locais pela sua truculência. Ao contrário do clima de medo que havia prevalecido na década de 1930, os que voltavam aos seus *kholkozes* e fábricas vinham fortalecidos pelo combate que haviam travado.[258]

Entretanto, aconteceu o contrário. Com Stálin, depois da tempestade não vem a bonança, e sim mais tempestade. O período que vai do fim da Segunda Guerra Mundial até a morte de Stálin, em 1953, é marcado, dentro da União Soviética, por um endurecimento macabro da repressão. Os acontecimentos que marcaram esse período estão indissociavelmente ligados à questão judaica e à forma com que o governo soviético encarou o extermínio dos judeus pelos nazistas, bem como a criação do Estado de Israel, como se verá em seguida. Com forte apoio americano, o novo Estado israelense passou a ser um divisor de águas na política internacional. O governo soviético procurou estabelecer, nas suas zonas de influência obtidas durante a guerra, nos países do Leste europeu, as chamadas "democracias populares". Estas rapidamente degeneraram em governos ditatoriais, como já foi visto, com sangrentos processos dentro dos partidos comunistas nacionais, arquitetados pelo serviço secreto soviético, como uma espécie de reprodução dos processos de Moscou dos anos 1930.

Em 1946, segundo o escritor até então ligado ao regime, Konstantin Símonov, Stálin preocupava-se com certa efervescência no seio da *intelligentsia*, com os saraus literários e com aplausos, por exemplo, à poetisa Anna Akhmátova, cujo marido havia sido fuzilado na década de 1920. Por isso atacou duas revistas, em uma das quais a poetisa escrevia, a *Leningrado*, e ela foi expulsa da União dos Escritores.[259] Nesse momento, amigos de Akhmátova, como Nadiéjda Mandelstam e Boris Pasternak, temiam pela sua vida. Nadiéjda ouviu dizer que o "patrão" questionava quem havia organizado a saraivada de aplausos à poetiza, não acreditando que podia ter sido espontânea.[260] O teor dessas acusações serviria de modelo à campanha "anticosmopolita" que iria ser desencadeada em seguida. Em diálogo só publicado em 1994, Stálin teria acusado um escritor dessas revistas, Líkharev, de "encorajar o sentimento de que nós somos pessoas de segunda categoria, enquanto lá fora são todos de primeira categoria".[261] Em outubro, de volta das férias de verão, Stálin organizou uma reunião com os dirigentes da Agitação e Propaganda para pedir a confecção da sua biografia, que serviria depois para a população conhecer sua vida. Todo o trabalho da comissão redatora foi acompanhado, passo a passo, por ele próprio e, descontente com o que estava escrito, acrescentou mais de 300 correções entre as quais a frase: "Stálin é o grande

---

258   J.-J. Marie, *Stálin...*, op. cit., p. 670.

259   Ibid., p. 681.

260   Nadejda Mandelstam, *Contre tout espoir. Souvenirs III*. Paris, Gallimard, 1973, p. 83.

261   J.-J. Marie, *Stálin...*, op. cit., citação à p. 682.

Do partido único ao stalinismo

capitão de todos os tempos".[262] A forma como ela foi feita iria motivar o mote usado por Khruschov, no relatório de 1956, de "culto à personalidade". Destacando uma das numerosas frases com que Stálin se cobria de elogios deslavados como esta – "Stálin é o valoroso continuador da obra de Lênin, ou, como se diz em nosso Partido, Stálin é o Lênin de hoje" – Khruschov afirmava que "é possível indicar muitas das apreciações de si mesmo formuladas por Stálin no rascunho manuscrito desse livro".[263]

Ao mesmo tempo em que o governo soviético, nesse período pós-guerra, retomou o nacionalismo guerreiro e o incentivou, crescia a campanha contra a *intelligentsia* e o "cosmopolitismo". Em maio de 1947, Stálin convocou ao Kremlin os dirigentes da União de Escritores, para lhes falar, novamente, contra a obsequiosidade para com os escritores do Ocidente, o que foi retransmitido por eles em uma plenária da categoria. Pouco depois, foram instituídos em todos os órgãos governamentais os "tribunais de honra," inspirados em uma instituição do exército czarista, para avaliar o espírito patriótico soviético. Em seguida, dois pesquisadores, por acaso judeus, foram acusados por terem enviado um artigo a uma revista americana sobre o tratamento do câncer, outro pesquisador foi denunciado por um artigo enviado sobre "a teoria dos espaços octogonais", um outro por ter entregado a um ocidental de passagem uma planta de alfafa e ter prometido enviar sementes, e assim por diante. Tudo isso consta de um relatório do secretário do Comitê Central, Aleksei Kuznetsov, que os qualificava de "empregados do Ocidente". O tema do relatório era assim definido: "Trata-se de detectar os casos de servidão e de obsequiosidade perante o estrangeiro".[264] Tudo isso fazia parte de uma tentativa de controlar a sociedade, agora efervescente, e regular a vida intelectual, principalmente o cinema, o teatro e a literatura. Konstantin Símonov e Aleksandr Fadiéiev eram os representantes da União dos Escritores, órgão totalmente dominado pelo governo.

Ligada a essa birra de Stálin em relação à suposta obsequiosidade diante dos escritores ocidentais, desenvolvia-se uma problemática muito mais estruturante, que levaria à perseguição e ao fim trágico do Comitê Antifascista Judaico. Esse comitê havia sido criado ainda durante a guerra, em 1942. A ideia da sua criação, proposta em um memorando enviado a Stálin, partiu inicialmente de dois socialistas poloneses do *Bund* (ala judaica dos partidos socialistas), Henryk Erlich e Victor Alter, que haviam tentado se refugiar na União Soviética, quando da invasão alemã da Polônia. Entretanto tinham sido presos pelo NKVD. Foram inicialmente condenados à morte, mas após uma grande manifestação antifascista em Moscou, em 1941, suas penas foram comutadas para dez anos de detenção. Afinal foram libertados e hospedados no Hotel Metrópole. Porém a ideia não nasceu espontaneamente nos dois socialistas

---

262   Ibid., p. 681-682, 684; citação à p. 682 e p. 684; a partir de mesa-redonda em Moscou, em 1998, p. 712.

263   *Rapport Khrouchtchev*, in: A. Rossi, op. cit., p. 135.

264   J.-J. Marie, *Stálin...*, op. cit., p. 690-691; citação a partir de documentação de arquivos soviéticos, p. 712.

318 Angela Mendes de Almeida

poloneses, mas sim mediante sugestão de um coronel do NKVD, ligado a Biéria. Este lhes soprou no ouvido que redigissem um programa, estatutos e uma lista de personalidades a serem propostas para compor o comitê, inclusive com a presidência para eles dois e Solomon Mikhoels, ator e diretor do Teatro Estatal Judaico de Moscou. Nessa época, interessava mobilizar os judeus de todo o mundo contra o nazismo alemão, encaminhando os frutos da campanha à URSS. Os dois socialistas judeus poloneses se aplicaram diligentemente em produzir uma proposta estruturada e a entregaram com data de outubro de 1941. Mas Stálin não concordou com um comitê internacional, independente do controle soviético, exposto no memorando. No dia 15 desse mês, temendo a tomada de Moscou pelos alemães, o governo decretou a evacuação geral da população e dos serviços do Estado para a cidade de Kuíbychev, ao sudeste de Moscou. Os dois socialistas deveriam seguir com o corpo diplomático. No dia 3 de dezembro os dois foram convocados para um encontro fora do hotel, supostamente para partir, e desapareceram. Em vista de muitos protestos no exterior – afinal os dois eram da Executiva da Internacional Socialista – em fevereiro do ano seguinte Maksim Litvínov, então embaixador soviético nos Estados Unidos, esclareceu que os dois haviam sido presos e condenados pelo Colégio Militar da Corte Suprema por "ter apelado às tropas soviéticas a parar a efusão de sangue e concluir uma paz imediata com os alemães". Foram liquidados em abril de 1942: Erlich suicidou-se em sua cela, Alter foi fuzilado por ordem de Biéria.[265]

No entanto, Stálin recuperou a ideia dos dois infelizes socialistas sob a forma de um Comitê Antifascista Judaico, afinal institucionalizado nesse mesmo abril de 1942, em plena guerra, como "seção do Burô de Informação Soviética". Sua função seria influenciar a opinião pública internacional e organizar, no Ocidente, uma ajuda política e material ao combate da União Soviética contra o nazismo alemão, com uma fachada humanitária e democrática. O Comitê era composto por setenta pessoas da URSS e tinha Salomon Mikhoels como presidente. Em 1943, ele e outro de seus dirigentes, Itzik Fefer, foram autorizados a sair da URSS para uma viagem para obter apoio nos Estados Unidos, no Canadá, no México e na Inglaterra. Foi uma campanha para recolher fundos para o combate que se travava em solo soviético – no total chegaram a obter 45 milhões de dólares – e, ao mesmo tempo, revelar as atrocidades dos nazistas nos territórios ocupados. Durante a guerra, o Comitê desempenhou uma atividade febril de divulgação, chegando a enviar às agências de imprensa dos Aliados cerca de 23.125 artigos, fotos e desenhos. Organizou ainda uma comissão de desaparecidos, centralizando os pedidos de informação e as respostas obtidas.[266]

---

265 Jean-Jacques Marie, *Les derniers complots de Stáline*. Paris, Editions Complexe, 1993, p. 30-34; J.-J. Marie, *Stálin...*, op. cit., p. 606: Luba Jurgenson, op. cit., p. 760.

266 J.-J. Marie, *Les derniers complots...*, op. cit., p. 34-36.

Após a vitória de Stalingrado, em fins de janeiro de 1943, e a sucessão de vitórias militares soviéticas, intensificou-se o ciclo repressivo. Sob as ordens de Stálin, Biéria deportou para a Sibéria e o Cazaquistão, entre outubro de 1943 e maio de 1944, como já foi dito, diversas minorias nacionais. Entre elas, os tártaros da Crimeia, acusados de colaboração com os alemães. Sua república autônoma foi dissolvida em fevereiro de 1944. Foi nessa ocasião que três membros do Comitê Antifascista Judaico, Mikhoels, Fefer e Gofstein, encaminharam uma carta a Stálin, propondo instalar na Crimeia uma "República Autônoma Judaica". O texto foi rigorosamente revisto por alguém muito ligado ao governo[267]: Salomon Abramovich Losovski, que tinha sido durante muito tempo presidente da Internacional Sindical Vermelha. Em 1939, quando Mólotov substituiu Litvínov como Comissário do Povo para as Relações Exteriores, em previsão do Pacto Hitler-Stálin, Losovski tinha sido nomeado seu comissário adjunto.[268] Essa carta, que não teve nenhuma resposta naquele momento, serviria depois de argumento para a condenação dos membros do Comitê Antifascista. A ideia também não foi dos autores, mas, sim, fruto de uma recomendação de Mólotov. Nem todos os membros do Comitê apoiaram essa carta: por exemplo, Peretz Markich considerava que os tártaros tinham direito à Crimeia.[269]

Naturalmente em sua viagem ao Ocidente, em 1943, Mikhoels e Fefer tinham entrado em contato com muitas organizações judaicas dos países que visitaram. Desse contato surgiu a ideia de um "Livro Negro" documentando as violações bárbaras praticadas pelos nazistas. Em vista disso, em Moscou, a União dos Escritores criou uma comissão literária para coordenar o trabalho, tendo à frente os escritores soviéticos Ilya Ehrenburg e Vassíli Grossman. No entanto, em 1945 o tema das atrocidades nazistas já não interessava mais à União Soviética. O romancista e grande especialista da propaganda antialemã, o judeu russo Ilia Ehrenburg, foi afastado através de um artigo no *Pravda*, acusando-o de incitar o extermínio do povo alemão durante a guerra. De fato, incentivados pelo próprio governo soviético, ele e Símonov haviam escrito poemas com o tema: "matar um alemão, matar todos os alemães".[270] A comissão para a redação do "Livro Negro" foi dissolvida e seus documentos transferidos para o Comitê Antifascista. Sucessivos pedidos a Andrei Jdánov, gestor da ideologia e da propaganda, com vistas à publicação do livro não resultaram em nada. Um auxiliar dele declarou que o texto dava a impressão de que os alemães só tinham feito a guerra contra a URSS para liquidar os judeus.[271] Depois de muitas negativas, em 1947, uma versão chegou à

---

267 Ibid., p. 39.
268 C. Andrew e O. Gordievsky, *Le KGB dans...*, op. cit., p. 247.
269 J.-J. Marie, *Les derniers complots...*, op. cit., p. 27, p. 42.
270 J. Margolin, *Voyage au pays...*, op. cit., p. 508.
271 Ibid., p. 45; J.-J. Marie, *Stálin...*, op. cit., p. 656.

tipografia. Mas a impressão foi paralisada por ordem do novo diretor de propaganda, Mikhail Súslov, pois "tinha muitos erros". Fragmentos do livro foram publicados, em 1946, em Nova York e em Bucareste.[272]

Apesar de o Comitê Antifascista Judaico ter sido uma iniciativa oficial do governo soviético, terminada a guerra, perante o início da "guerra fria" e a poderosa comunidade judaica americana, Stálin achou que estava na hora de terminar com aquela experiência, senão internacionalista, ao menos de cooperação no combate ao nazismo. A recusa em publicar o "Livro Negro" era já um sinal evidente dessa mudança. Mas o fim do Comitê começou com uma tragédia, em janeiro de 1948. Enviado para a cidade bielorrussa de Minsk para examinar as candidaturas a um prêmio de dramaturgia, Mikhoels, e mais um crítico de teatro que o acompanhava, foram convidados a assistir a um casamento judeu na cidade. No caminho os dois foram abatidos a tiros. Porém seus corpos foram esmagados várias vezes por um caminhão, para simular um acidente.[273] Mais tarde Svetlana Allilúieva, a filha de Stálin, contaria que, entrando na casa de campo de seu pai ouviu-o dizer, em resposta a um telefonema: "Bem, então será um acidente de carro". Em seguida comunicou-lhe que Mikhoels acabara de morrer em um acidente de carro.[274] Os funerais foram com pompas e honrarias. Mas imediatamente circulou o boato de que Mikhoels tinha sido assassinado pelo governo, sobretudo entre a *intelligentsia* judaica. Pouco depois da morte de Stálin, em abril de 1953, Víktor Abakúmov, chefe do MGB (continuador do NKVD) teria confessado a Biéria, então ainda ministro da Segurança do Estado, que Stálin lhe tinha ordenado, em 1948, que "organizasse rapidamente a liquidação física de Mikhoels".[275]

No imediato pós-guerra, o Comitê Antifascista Judaico incomodava por suas ligações com as comunidades judaicas americanas e o nascente Estado de Israel, patrocinado pelo Ocidente, sobretudo pelos Estados Unidos. A URSS tinha apoiado a sua criação, mas só por um curto período. Vários membros do Comitê continuavam partidários da criação de Israel. Incomodava também aos soviéticos a ideia da especificidade do genocídio dos judeus, que a URSS preferia ver como atrocidades cometidas contra as populações soviéticas. O segundo ato do fim do Comitê Antifascista Judaico se deu meses depois do assassinato de Mikhoels, em novembro de 1948. O governo começou por atacar a língua e a cultura ídiche, dissolvendo a União dos Escritores Ídiches e suprimindo os almanaques nessa língua, uma tradição na União Soviética.

---

272   Marcos Shaw, "El libro que cuenta los horrores del holocausto que fue prohibido por Stálin" https://www.infobae.com/cultura/2016/08/07/el-libro-que-cuenta-los-horrores-del-holocausto-que-fue--prohibido-por-Stálin/ (consultado em 30.11.2017).

273   J.-J. Marie, *Les derniers complots...*, op. cit., p. 49; C. Andrew e O. Gordievsky, *Le KGB dans...*, op. cit., p. 412; J.-J. Marie, *Stálin...*, op. cit., p. 715.

274   Svetlana Alliluyeva, *En une seule année*. Paris, Robert Laffont, 1970, p. 137.

275   J.-J. Marie, *Les derniers complots...*, op. cit., p. 49-50, confissão de Abakumov citada, p. 50.

Do partido único ao stalinismo

Continuou, depois, com uma decisão do Conselho de Ministros que pedia à Segurança do Estado a dissolução imediata do Comitê, qualificado de "centro de propaganda antissoviética, [...] o fechamento dos seus locais de impressão e o confisco de seus bens". Os membros do Comitê esperavam ser presos em seguida, mas isso só iria acontecer entre o fim desse ano e 1949, quando do início da violenta campanha dita "anticosmopolita". Todos foram presos, acusados de deslealdade, nacionalismo burguês, "cosmopolitismo sem raízes" e de planejar uma república judaica na Crimeia para servir aos americanos. Em julho de 1952, por um julgamento do Conselho Militar da Corte Suprema, treze dentre eles foram condenados à morte e um mês depois executados.[276]

No quadro dessa campanha antissemita batizada de "anticosmopolita", Stálin mandou prender a mulher de Mólotov, a judia Polina Jemtchújina, envolvida a partir da prisão de membros do Comitê. A medida visava preparar a futura queda de seu marido, ainda Ministro das Relações Exteriores. Recusando qualquer tipo de confissão, ela seria afinal condenada a cinco anos em campo de trabalho forçado.[277] Segundo Svetlana Allilúieva, Polina, libertada depois do relatório de Khruschov, sabia perfeitamente que tinha sido Stálin, em pessoa, a dar a ordem explícita para a sua prisão, mas gostava de colocar nas costas de Biéria a sua deportação. Foi uma das que mais se opôs, tal como seu marido, a Khruschov. Dizia então: "Seu pai era um gênio, ele destruiu a 'Quinta Coluna'".[278]

À margem dessa questão ideológica que envolvia o renascimento do antissemitismo, tão presente na história dos países do Leste europeu, uma intriga entre dirigentes, prenunciando uma luta pelo poder, deu lugar a um sangrento expurgo de quadros partidários, que ficou conhecido como "o caso de Leningrado". Andrei Jdánov, herdeiro do emblemático lugar de principal dirigente do partido em Leningrado, que havia sido ocupado por Kírov e, além disso, considerado líder da heroica resistência da cidade mártir durante o cerco de 900 dias pelos nazistas alemães, morreu subitamente, em agosto de 1948, por causas não totalmente esclarecidas, atribuídas genericamente ao alcoolismo. Foi o sinal para uma intriga sangrenta dentro do Partido. O que desencadeou a perseguição aos dirigentes mais próximos de Jdánov, como Aleksei Kuznetsov e Nikolai Voznessiénski, foi uma feira comercial que eles organizaram em Leningrado, em 1949, sem autorização do Burô Político. Além disso, Piotr Popkov, secretário do partido em Leningrado, propôs a criação de um partido comunista da República Russa, com sede nessa cidade, com estrutura partidária, à imagem das outras repúblicas nacionais da União Soviética. Stálin então criou uma comissão de inquérito chefiada por Gueórgui Maliénkov, o dirigente que lhe estava mais próximo naquele momento, e a enviou a Leningrado. As graves acusações estabelecidas por essa comissão foram

---

276   J.-J. Marie, *Stálin...*, op. cit., p. 716, p. 730.
277   Ibid., p. 730-731; C. Andrew e O. Gordievsky, *Le KGB dans...*, op. cit., p. 412.
278   S. Alliluyeva, op. cit., p. 362-363.

repercutidas venenosamente por Biéria e Khruschov. O eixo era a ideia de que o evento pretendia desviar recursos do governo central, privilegiando a região de Leningrado e os quadros originários dela. Os dirigentes de Leningrado também eram acusados de querer a criação de um novo partido comunista. Embora leais stalinistas, sua atuação era definida como "fracionismo," a exemplo dos processados entre 1936 e 1938. Em fevereiro de 1949 Stálin ordenou ao Burô Político que as ações "antipartido" desses dirigentes fossem condenadas, que eles fossem repreendidos e demitidos. O processo dos dirigentes de Leningrado começou em setembro de 1950. Os réus eram acusados de constituir, desde 1938, um "bloco de trotskistas e direitistas" que tentou virar o partido de Leningrado contra o Comitê Central. Kuznetsov, Voznessiénski, Popkov e mais três dirigentes foram condenados à morte e imediatamente fuzilados. Mas as condenações não se resumiram aos chefes. Foram presas quase três mil pessoas da cidade de Leningrado e dirigentes de outras regiões originários dessa cidade. Em 1952, em torno do mesmo "caso", 23 pessoas foram fuziladas, e outras 69 foram condenadas a trabalhos forçados nos campos de trabalho, bem como membros de suas famílias.[279] Em seu já citado Relatório de 1956, Khuschov classifica "o caso de Leningrado" como "um golpe montado", "consequência da arbitrariedade demonstrada por Stálin contra os quadros do partido".[280]

Entretanto a campanha "anticosmopolita" continuava. O escravo do Ocidente, obsequioso com os escritores ocidentais, era um homem sem pátria, um apátrida e, portanto, um judeu.[281] Através desses astuciosos amálgamas, o "cosmopolita" se transformava em judeu. Tratava-se de um antissemitismo disfarçado, pois jamais, face às tradições soviéticas, poderia haver um antissemitismo declarado, tal como o dos nazistas e de outras tendências . O Estado de Israel se organizava e, em 1950, o primeiro-ministro Ben Gurion criava secretamente uma rede de espionagem dentro da União Soviética, notícia rapidamente informada a Stálin. Com um país onde havia quase três milhões de judeus, Stálin agiu rapidamente para incrementar uma suposta conspiração, tentando ligar judeus do Comitê Antifascista Judaico a novos complôs internacionais capitaneados por personalidades judias.[282]

Poucos meses depois de os membros do Comitê Antifascista Judaico terem sido fuzilados, em novembro de 1952, iniciava-se o chamado "caso do complô dos aventais brancos", cuja investigação ficou a cargo de Mikhail Riumin, novo ministro da Segurança do Estado (MGB). Na verdade, os procedimentos que deram origem ao processo se iniciaram em outubro de 1950, com a prisão do jovem Iákov Iákovlevitch Etinguer,

---

279   J.-J. Marie, *Stálin...*, op. cit., p. 737-739, 755; R. Conquest, op. cit., p. 965-966.
280   *Rapport Khrouchtchev*, in: A. Rossi, op. cit., p. 121.
281   J.-J. Marie, *Les derniers complots...*, op. cit., p. 741.
282   J.-J. Marie, *Stálin...*, op. cit., p. 741, p. 766-767.

Do partido único ao stalinismo

filho do também médico Iákov Guiliarevich Etinguer. O MGB tinha gravações de conversas privadas entre pai e filho mostrando que o velho Etinguer não acreditava na veracidade de nenhum dos complôs desde os anos 1930. O velho foi preso, mas não aguentou o tratamento dos interrogatórios com privação de sono. Morreu de um ataque cardíaco em 2 de março de 1951. Posteriormente à sua morte, Etinguer foi escolhido como "médico-assassino-chefe", inclusive por ter um nome e um sobrenome judeu. Em meio a esse processo, o ministro da Segurança do Estado (MGB) Abakúmov foi preso a partir da denúncia de seu vice, Riumin. As alegações das denúncias atingiam questões de corrupção: Abakúmov teria enriquecido escandalosamente com as pilhagens na Alemanha derrotada. Mas ele também era acusado de tibieza e vacilação em concluir o processo do Comitê Antifascista Judaico e em culpar Etinguer. Em outubro desse ano, Stálin mandou prender vários quadros judeus da Segurança do Estado, ligados a Abakúmov, entre eles Leonid Eitingon, o assassino-chefe de Trótski. Essas prisões estabeleciam a ligação entre o caso do Comitê Antifascista Judaico e o complô dos "aventais brancos". Em outubro, morreu o professor M. B. Kogan, que estava preso. Enforcou-se na sua cela, depois de aceitar o papel que lhe queriam atribuir no complô. Estava escalado para ser um dos principais agentes da conspiração. Em novembro, começaram as prisões massivas de "médicos assassinos".[283]

O dossiê preparado por Riumin, acusava nove "médicos-assassinos", nomes famosos da medicina russa, como Miron S. Vóvsi, general e médico-chefe do exército soviético, M. B. Kogan, B. B. Kogan, P. I. Egorov, A. I. Feldman, I. G. Etinguer e outros, inclusive o médico do próprio Stálin, V. N. Vinográdov. Dentre os nove, seis eram judeus. Eram acusados de ter assassinado seus pacientes através de tratamentos propositalmente inadequados, inclusive Chtcherbakov, secretário do Burô Político, morto em 1945, e o próprio Jdánov, morto, como vimos, em 1948. Mas a acusação não se resumia a um suposto tratamento médico inadequado, mas, sim, a um complô terrorista organizado. O comunicado divulgado pela agência Tass e publicado no *Pravda* em 13 de janeiro de 1953, sob o título de "Sob a máscara de médicos universitários, espiões assassinos e perversos", dava ampla publicidade ao novo processo. Afirmava que os médicos eram ligados

> à organização judaica internacional nacionalista burguesa *Joint*, criada pelos serviços secretos americanos supostamente para ajudar os judeus de outros países. [...] Esta organização pratica uma intensa atividade de espionagem, terrorista e subversiva, em vários países, entre eles a União Soviética. Vóvsi declarou aos investigadores que tinha recebido da organização *Joint*, nos Estados Unidos, a ordem de "exterminar os quadros dirigentes da URSS"

---

283   J.-J. Marie, *Les derniers complots...*, op. cit., p. 101-102, p. 108-109, p. 113-114, p. 117.

por intermédio do médico moscovita Chimelovitch e do nacionalista burguês Mikhoels.[284]

Assim Chimelovitch, do Comitê Antifascista Judaico, fuzilado pouco tempo antes, e Mikhoels, supostamente morto em um acidente de carro, em 1948, e objeto de grandes honrarias após a sua morte, tornavam-se *post mortem* cúmplices desse novo complô. Repetiam-se as barbaridades inverossímeis dos processos de Moscou, apoiadas em confissões obtidas sob tortura.

Em referência ao "caso do complô dos médicos", o relatório de Khruschov, de 1956, é categórico: "não houve caso para além dos denunciadores". Diz ele que denúncias esparsas levaram imediatamente Stálin a supor um complô do corpo médico e mandar prender eminentes especialistas, dando "instruções quanto à conduta da investigação dos inculpados. Ordenou que o acadêmico Vinográdov, seu médico pessoal, fosse acorrentado e moído de pancadas". Disse brutalmente a Semion Ignátiev, então ministro da Segurança do Estado: "Se não obtiver confissões dos doutores, nós cortaremos a sua cabeça". Khruschov continua, dizendo que "Stálin não teve tempo de executar seu objetivo, por isso os médicos ainda estão vivos, reabilitados e gozam de toda a nossa confiança".[285]

Como se vê, no início de 1953, preparava-se outro grande processo público. Mas felizmente para esses infelizes médicos e para todos os outros médicos e farmacêuticos presos, Stálin morreu em 5 de março. Em 4 de abril, por iniciativa de Biéria, um comunicado do Ministério do Interior anunciava que os criminosos de "aventais brancos" eram inocentes, estavam reabilitados e que as confissões tinham sido obtidas de forma "ilegal".

O stalinismo não morreu com Stálin. Continuou existindo dentro da URSS sob outras formas, menos agudas. Não morreu também pelo mundo afora. Se é possível uma definição, entre outras, o stalinismo é um modo de ser dentro das relações sociais na política de esquerda. Modo de ser antidemocrático, excludente, utilizando a mentira, a calúnia, a intriga, a trapaça, descambando às vezes para a violência. Esse modo de ser foi incorporado de maneira duradoura dentro de uma parte da esquerda, aquela que ainda tece louvores ao "Grande Guia". Apesar de tudo isso, a morte de Stálin foi um alívio para aquela sociedade convulsionada por tantos horrores de várias índoles. A saída encontrada por Khruschov, em 1956, de um relatório lido a portas fechadas, de denúncia de apenas alguns crimes de Stálin sob o elíptico nome de "culto à personalidade", visava desafogar a sociedade engolfada naquele mar de mentiras e

---

284 Comunicado citado em J.-J. Marie, *Les derniers complots...*, op. cit., p. 11-12; Jean-Michel Krivine, "Stalinisme: le 'complot des Blouses blanches'" https://www.europe-solidaire.org/spip.php?article28676 (consultado em 03.12.2017); ver também C. Andrew e O. Gordievsky, *Le KGB dans...*, op. cit., p. 416.

285 *Rapport Khrouchtchev*, in: A. Rossi, op. cit., p. 127-128.

Do partido único ao stalinismo

crimes. Permitiu que um certo número de processos fossem revisados, que condenados dos campos de trabalho fossem liberados e que assassinados fossem reabilitados. Não todos. E a conta-gotas, muito lentamente. O conteúdo do Relatório Khruschov foi novamente abordado no 22º Congresso do partido soviético, em 1961, e depois voltou a ser enterrado a partir de 1964, na era Briéjnev. Renasceu das cinzas novamente na *Glásnost*, sob Mikhail Gorbatchov, a partir de 1985. E hoje está novamente enterrado, já que a Federação Russa só quer exaltar a memória da "Grande Guerra Patriótica" e do "Grande guia, pai dos povos".

7. Assassinados, assassinos e testemunhas

Testemunhas

Vimos como, no período imediatamente posterior ao final da Segunda Guerra Mundial, a União Soviética e o seu inconteste chefe e condutor Stálin eram vistos como os salvadores da Europa, sobretudo na França e na Itália, países em que os partidos comunistas participavam das coalizões governamentais. A luta contra o nazismo havia absorvido as mentes, de certa forma branqueando todos os combatentes antinazistas. Tudo o que tinha acontecido antes dela ficou esmaecido, perdeu qualquer importância, absolvido automaticamente pela barbárie nazista. Os processos de Moscou e a *Iejovschina* – o Grande Terror – caíram, como um todo, nesse vale do esquecimento. Se antes da guerra já era difícil divulgar denúncias sobre a repressão na URSS, seu conteúdo absurdo e fantasmagórico caindo naquela zona cinzenta onde todos os gatos são pardos, tornou-se, depois dela, ainda mais complicado. Os denunciantes eram contrapostos, em sua argumentação, à performance do Exército Vermelho na guerra. Performance obviamente centrada na segunda parte da guerra, a partir da resistência em Stalingrado, já que pouco se sabia sobre as condições que permitiram às tropas alemãs, no momento da invasão, cercar as duas maiores cidades russas. E se era difícil incorporar no debate os acontecimentos soviéticos anteriores à guerra e também a história da guerra civil espanhola, mais difícil ainda era tentar falar sobre o que acontecia naqueles anos do pós-guerra na União Soviética.

Isso até a explosão que foi a divulgação do Relatório de Khruschov, em 1956, no 20º Congresso do Partido Comunista da URSS. A abertura bastante relativa do regime soviético, iniciada no período Khruschov – também chamada de "degelo" a partir de um romance de Ilya Ehrenburg – durou até a queda desse governante, em 1964. Foi um período bastante curto para que os fatos aflorassem plenamente. Fora da União Soviética, apenas os entendidos e especializados tinham absorvido as denúncias do relatório, tudo parecendo ainda incompreensível. Na França, o PCF (Partido Comunista Francês) ignorou o relatório. Porém Jean-Paul Sartre, a principal personalidade da esquerda, considerou que "a exposição detalhada de todos os crimes de um personagem sagrado, que representou o regime por tanto tempo, era uma loucura". As massas "não estavam prontas" para receber a verdade.[1]

---

[1]   Citado por Branko Lazitch, *Le rapport Khrouchtchev et son histoire*. Paris, Éditions du Seuil, 1976, p. 28-29.

Contudo, logo após a Segunda Guerra Mundial, poucas eram as testemunhas e as explicações sobre as motivações dos dirigentes da União Soviética, sobre o verdadeiro significado de alguns fatos aparentemente irracionais e ilógicos como as autoinculpações nos processos de Moscou, sobre a vida e a militância dos comunistas. As primeiras testemunhas, ainda antes da guerra mundial, precisaram travar um verdadeiro combate contra o muro de silêncio em torno desses acontecimentos. Tudo parecia inacreditável para aqueles que se aproximavam da esquerda, antes da guerra e, posteriormente, na época da "guerra fria". Esse combate não era travado em abstrato. Os militantes dos partidos comunistas ocidentais e por todo o mundo construíam barreiras de mentiras em torno de cada elemento de verdade que vinha à tona.

Uma dessas primeiras testemunhas chegou a Paris em 1935. Era o armênio Arben Abramovitch Davtian, antigo comissário do Exército Vermelho e instrutor político do partido comunista da Armênia. Ele tinha aderido à Oposição Unificada, tinha ficado preso no "isolador" de Verkhne-Uralsk, na região dos montes Urais, e pôde relatar a greve de fome dos presos iniciada em dezembro de 1933, que terminou com a alimentação forçada por métodos brutais. Depois, já em deportação, tinha conseguido, através de muitas peripécias, fugir pela Pérsia (atual Irã).[2] Chamado de Tarov pelos trotskistas franceses que o acolheram, pôde trazer notícias sobre a URSS, sobre as prisões e os campos de trabalho. Mas Tarov não escreveu nenhum livro, além do texto acima citado, que, no entanto, contém muitas informações. Conta Roland Filiâtre, ex-comunista, ex-trotskista, membro da Resistência francesa e sobrevivente dos campos de concentração alemães de Dachau e Buchenwald, que, em 1937, ele e sua esposa acolheram em casa Tarov, chegado de uma prisão soviética. Diz que os trotskistas lhe forneceram um "verdadeiro" falso documento em nome de Armenak Manoukian. Diz ainda que presenciou, uma vez, três homens tentarem sequestrá-lo, sem conseguir.[3] Durante a ocupação nazista na França, Manoukian voltou ao partido comunista. Foi integrado na unidade mais combativa da MOI (Mão de Obra Imigrante), que, por causa de uma delação, foi capturada pelos nazistas e fuzilada em 21 de fevereiro de 1944, poucos meses antes do desembarque dos Aliados na Normandia.[4]

Em seguida, chegou outro militante da Oposição de Esquerda, o croata Anton Ciliga. Ele tinha ido para a União Soviética em 1926 para viver e trabalhar pelo partido do proletariado. Permaneceu militando no núcleo do partido comunista iugoslavo. Depois aderiu à Oposição de Esquerda e, em 1930, foi preso, julgado e enviado

---

2   A. Tarov, "Appel personnel au prolétariat mondial", *Bulletin de l'Opposition* n° 45 septembre 1935 https://www.marxists.org/francais/4int/ogi/divers/tarov.htm (consultado em 22.01.2018).

3   Depoimento a René Dazy, *Fusillez ces chiens enragés!*, Paris, Olivier Orban, 1981, p. 128.

4   Pierre Broué, *Trotsky*, Paris, Fayard, 1988, p. 816; R. Dazy, op. cit., p. 128; Ph. Ganier Raymond, *L'affiche rouge*. Verviers, Marabout, 1985.

Do partido único ao stalinismo

a uma prisão da região dos Urais, onde permaneceu três anos. Terminada a pena foi deportado para a Sibéria. No entanto, como tinha nacionalidade italiana, conseguiu, através de um consulado daquele país, que o governo italiano de Mussolini se interessasse por aquele cidadão perdido nos confins siberianos. Em virtude da pressão italiana, seu pedido de saída foi aceito pelas autoridades soviéticas em dezembro de 1935. Durante a estadia na prisão, conviveu com os presos da Oposição de Esquerda e foi mudando de posição até considerar que o leninismo e o trotskismo tinham muito a ver com a ditadura de Stálin. Para ele, na URSS, a classe dominante era a burocracia estatal, mas também os especialistas sem partido, que gozavam dos benefícios e privilégios do regime que ele passou a considerar como um capitalismo de Estado. Posição bem diferente da deTrótski, que até o fim da vida considerou que a União Soviética, com a propriedade privada abolida, era um Estado operário. Em 1938, Ciliga publicou suas memórias sobre a vida na URSS, na prisão e em deportação, *Dez anos no país da mentira desconcertante*. Reescrito sob o nome de *O enigma russo*, foi publicado em 1940, nos Estados Unidos.[5]

Mas esse depoimento não teve o impacto que causou a obra de Walter Krivitsky, *No serviço secreto de Stálin*, publicada nos Estados Unidos em 1939,[6] e já tantas vezes aqui citada. Krivitsky, cujo nome verdadeiro era Samuel Ginsberg, trazia relatos a partir do núcleo policial do regime soviético. Tinha pertencido ao "Quarto Departamento" do Exército Vermelho, um dos organismos do serviço secreto soviético. Antes de desertar, em outubro de 1937, era agente do NKVD, atuando a partir da Holanda. A história da deserção de Krivitsky está indissoluvelmente ligada ao assassinato, pelo NKVD, em setembro daquele ano, de seu grande amigo de adolescência, colega no "Quarto Departamento" e depois no NKVD, Ignace Reiss, sobre o qual se falará mais adiante. Ao desertar, Krivitsky permaneceu na França, em contato com trotskistas até o fim de 1938, quando rumou para os Estados Unidos. Em 1939, com a ajuda do jornalista de origem russa Isaac Don Levine, também autor de várias obras, entre elas uma sobre o assassinato de Trótski,[7] Krivitsky publicou o livro aqui citado. Em vários capítulos bem recortados em torno de temas específicos, trata de alguns tópicos ligados a Stálin, tais como a fabricação de dólares falsos e os preâmbulos do Pacto de Amizade e Não-Agressão Hitler-Stálin. Mas os outros capítulos estão totalmente voltados para os militantes comunistas, principalmente os agentes do serviço secreto. Trata também da *Iejovschina*, inclusive abordando a decapitação da cúpula do Exército Vermelho e

---

5   Ante Ciliga, *Dix ans au pays du mensonge déconcertant*, Paris, Ed. Champ Libre, 1977; The *Russian Enigma* (1940).

6   *Walter G. Krivitsky, (1939).* In Stalin's Secret Service: An Expose of Russia's Secret Policies by the Former Chief of the Soviet Intelligence in Western Europe.

7   Isaac Don Levine, *The mind of an Assassin*, 1960.

a questão espinhosa das autoinculpações clamorosas nos processos de Moscou. Num último capítulo, explica a sua deserção e o assassinato de Ignace Reiss.

Publicado no início da guerra, o livro não teve inicialmente uma grande acolhida do público, mas deu-lhe uma certa proteção nos Estados Unidos, face à perseguição dos agentes soviéticos. Proteção relativa já que, em fevereiro de 1941, seu corpo foi encontrado com uma bala na cabeça e a respectiva arma ao lado, em um obscuro hotel, em Washington, como num aparente suicídio. A cena incluía uma carta de despedida à esposa. Seu advogado, seus amigos e a própria esposa não acreditaram nessa versão. Krivitsky vinha sendo seguido de perto por agentes do NKVD. Além disso, ele tinha sido atacado publicamente pelo jornal comunista americano *New Masses*, que também revelou seu nome verdadeiro, Samuel Ginsberg. Krivitsky já havia até imaginado e avisado ao seu advogado a forma com a qual ele morreria: seria um atropelamento, um dos métodos usados pelo serviço secreto soviético. Nos Estados Unidos, ele mudava frequentemente de casa.[8] Whittaker Chambers, um jornalista americano, ex-comunista, afirma que ele tinha avisado sua esposa e seu filho de que, se fosse encontrado morto, nunca pensassem que tinha cometido suicídio. A carta deixada à esposa junto ao corpo, estranhamente em inglês, afirmava que "boas pessoas, não inimigas do povo soviético, ajudarão você",[9] o quê, pelos termos maniqueístas usados, é quase uma assinatura soviética. Em 1957, testemunhando no Senado americano, os ex-agentes do NKVD então residentes nos Estados Unidos, Marc Zborowski e Aleksandr Orlov, afirmaram, separadamente, que o órgão era o responsável pela morte de Krivitsky. Em *Carnets*, Victor Serge assegura, em 1944, que alguém – dá apenas a inicial dessa pessoa –, chegando de Nova York, afirmava que muitos sabiam até o nome do agente assassino, além de todos os detalhes da história.[10]

Outra testemunha a contar sua história foi Jan Valtin, sobre cujo depoimento já falamos no início deste trabalho. Seu nome verdadeiro era Richard Krebs. Sua história tornou-se pública através de seu livro, publicado nos Estados Unidos em 1941, e logo traduzido no Brasil.[11] Trata-se de uma autobiografia romanceada, narrando a militância comunista de mais de quinze anos, que terminou tragicamente. Filho de um marinheiro social-democrata alemão, marinheiro ele também, Jan Valtin, ainda bem jovem, entrou em contato com a rebelião da Marinha que pôs fim ao Império alemão, em 1918, e deu início à revolução que implantaria a República de Weimar. Sua vida

---

8   Sam Tanenhaus, "Foreword", in: W.G.Krivitsky, *In Stalin's Secret Service*. New York, Enigma Books, 2000, p. IX e XI.

9   John Sinkin, "Walter Krivitsky", http://spartacus-educational.com/SSkrivitsky.htm (consultado em 09.12.2017).

10   Victor Serge, *Carnets*. Arles, Actes Sud, 1985, p. 89.

11   Jan Valtin, *Out of the night*. New York, Alliance Book Corporation, 1941; edição brasileira: Jan Valtin, *Do fundo da noite*. Rio de Janeiro, José Olympio Editora, 1942.

Do partido único ao stalinismo

militante, junto sobretudo aos sindicatos da área marítima, é permeada pela sua participação em alguns episódios marcantes da vida do KPD (Partido Comunista Alemão). É o caso da insurreição de Hamburgo, em outubro de 1923 – fruto de uma ordem emitida em Berlim, de suspensão da ação ofensiva do Partido Comunista Alemão, que não chegou a tempo – seguida da brutal repressão contra os comunistas daquela cidade, onde morava Jan Valtin. Ele também participou ativamente da resistência dos comunistas face à provocação dos nazistas, em julho de 1932, em uma marcha no coração do bairro operário de Altona, em Hamburgo. Desde o início, sua militância foi internacional, inclusive por força de sua profissão, organizando sindicatos de marinheiros e estivadores onde quer que estivesse. Também por causa de seu ofício e de sua coragem nos grandes enfrentamentos com a polícia, desde o início foi recrutado para o *"M-Apparat"*, o serviço secreto do partido alemão. Em várias ocasiões, foi chamado a atuar em outros países, no aparelho internacional da polícia secreta da União Soviética. E desde o início da narração ele descreve seu escândalo de militante abnegado, disposto ao sacrifício da vida e do conforto familiar, com a manipulação e o engano utilizados com parceiros do movimento trabalhador, inclusive até com camaradas, sobretudo aqueles que discordassem de qualquer detalhe.[12]

Sua vida acidentada de militante a tempo integral e em qualquer país do mundo chega a uma encruzilhada após a tomada do poder por Hitler. Em meio à trágica e feroz repressão nazista iniciada logo após o incêndio do *Reichstag* (Parlamento), em fevereiro de 1933, Valtin, militante bem conhecido e já preso várias vezes, foi enviado pelo *"M-Apparat"* para dentro da Alemanha, em outubro desse ano. Em um mês e meio foi preso, a partir da delação de um militante de confiança do partido. Foi torturado barbaramente das mais variadas formas durante 101 dias em Hamburgo e depois em Berlim. Quando já tinha passado por diversas prisões e campos de concentração, em setembro de 1936, recebeu uma mensagem de seus dirigentes de que devia fazer crer à *Gestapo* que estava se tornando um traidor, que trabalharia para ela por desilusão e convicção. Devia ainda sugerir ser libertado para infiltrar-se novamente entre os comunistas e atuar como agente alemão. Obedecendo à ordem, após um longo trabalho de persuasão, Valtin terminou por convencer os nazistas, que o soltaram, mas mantiveram sua esposa e o filho pequeno como reféns na Alemanha. Solto, ele conseguiu informações preciosas de seus carrascos e passou a eles informações já ultrapassadas, fornecidas pelo *"M-Apparat"* do partido alemão. Consciente de que esse jogo duplo não podia durar, Jan Valtin insistia com os companheiros comunistas para que fizessem uma ação para salvar a esposa e o filho. Sem nenhuma resposta, rompeu unilateralmente a relação com os nazistas, sem ordem do partido, esperançoso de que então os companheiros fariam alguma coisa. A partir desse momento, foi sequestrado

---

12 Jan Valtin, *Sans patrie ni frontières*. Paris, J.C.Lattès, 1975.

e lhe avisaram que seria enviado para a União Soviética. Sabendo o que lhe esperava, conseguiu fugir. Passou a ser definido como "trânsfuga", "sabotador", "réptil trotskista". Os comunistas fizeram pior: publicaram na imprensa comunista uma denúncia contra ele como "traidor do comunismo", com uma foto do documento fornecido pelos nazistas. Estes, que pensavam até então que ele tinha sido morto pelos comunistas, compreenderam então que ele sempre tinha estado do lado deles. Como castigo, sua mulher foi enviada para um campo de concentração, desaparecendo, e seu filho pequeno foi entregue a uma instituição nazista de cuidado com crianças.[13]

Valtin tinha 33 anos, naquele janeiro de 1938, quando teve que escolher entre ser enviado para a URSS e uma morte certa, ou desertar. Escolheu esta última via, em uma fuga rocambolesca, colocando fogo na casa em que estava preso, suscitando a presença de vizinhos e bombeiros que lhe permitiram escapar.[14] A iminência da guerra o fez escolher os Estados Unidos para seu exílio, viajando em um navio partindo de Antuérpia, na Bélgica. Chegou em fevereiro desse mesmo ano e teve grandes dificuldades com as autoridades americanas, já que durante a sua militância tinha cumprido uma condenação de três anos nos Estados Unidos. Teria sido expulso, em 1942, se seu livro, publicado no ano anterior, graças também à colaboração de Isaac Don Levine, já não tivesse alcançado um grande sucesso. No ano seguinte, Valtin se engajou no exército americano e participou das operações no Oceano Pacífico. Terminada a guerra, voltou à Alemanha em busca de seu filho. A essa altura, vivia como jornalista, tendo escrito vários artigos sobre os países do Leste Europeu publicados na França, sobretudo sobre a Alemanha ocupada pelos soviéticos. Em 1951, morreu de uma pneumonia, nos Estados Unidos.[15]

Publicado na França depois da guerra, em 1948, o livro de Valtin foi objeto de crítica feroz dos comunistas franceses, sendo a principal alegação tratar-se de uma história inverídica e inventada. Para isso contaram com o auxílio de livros publicados nos Estados Unidos, um deles de autoria de Sayers e Kahn. No entanto, estes foram contestados por várias pessoas, inclusive pelo próprio Valtin, a tal ponto que o editor, A. R. McIntyre, viu-se obrigado a pedir desculpas ao caluniado e a solicitar aos seus autores provas de afirmações contidas em oito parágrafos, provas que nunca foram fornecidas. Para Baynac, que escreve o posfácio da segunda edição francesa, o livro de Valtin é uma crítica ao stalinismo em nome do leninismo, em nome de uma "hipotética pureza ideológica traída". Nas décadas seguintes, várias publicações de outras testemunhas mostraram uma atmosfera semelhante à descrita por Valtin.[16] Para o filósofo Karl Korsch, a narrativa de Valtin tem apenas o defeito de ter o ponto de vista de um especialista em conspiração

---

13   Ibid.

14   Ibid., Chapitre XLII – "Evasion", p. 686.

15   Jacques Baynac, Postface – "Historique Cloaque", in: ibid, p. 707-710.

16   J. Baynac, op. cit., p. 708, p. 712-713, p. 719, p. 721.

Do partido único ao stalinismo

e espionagem. No entanto, ele reconhece que depois de 1923 e, sobretudo, de 1928 a 1933, o partido alemão tornou-se o que Valtin considera que ele sempre foi, "um puro instrumento técnico em mãos de uma direção secreta, paga e controlada exclusivamente pelo Estado russo". Mais adiante considera que Valtin fez "uma descrição realista do processo histórico e seu resultado último" e "revelou a autêntica história de um imenso complô, cujos detalhes – graças ao respeito por uma disciplina rigorosa e precisa – só era conhecido de um pequeno número se pessoas diretamente implicadas, a maior parte das quais morreram sem deixar suas memórias".[17] Daniel Bensaïd menciona o livro de Valtin entre os que desvendaram, no período entre as duas grandes guerras, "os venenos e os punhais, as infiltrações e as provocações" da União Soviética sob Stálin.[18]

Outra testemunha importante foi Victor Serge, não apenas pela sua palavra, fundada em sua trajetória de vida, como também pela ajuda que deu a outras testemunhas. Nascido em Bruxelas, em 1890, era filho de pais russos exilados, seu pai tinha sido um simpatizante do grupo terrorista populista "A vontade do povo" (*Naródnaia Vólia*). Victor Serge, cujo nome verdadeiro era Victor Lvóvich Kibáltchitch, não teve uma formação escolar convencional em razão da situação familiar e começou a sua militância cedo, aos 15 anos, primeiro na Bélgica e depois na França. Sobrevivia de traduções do russo ao francês e de aulas de francês para exilados russos. Colaborando também com a imprensa anarquista, envolveu-se nas polêmicas que sacudiam os militantes dessa corrente, tendo ligações com a chamada "Banda Bonnot", autora de ações terroristas. Em 1913, em um processo com cerca de 20 acusados, Victor Serge foi condenado a cinco anos de prisão e considerado o ideólogo do grupo.[19]

Ao sair da prisão, em 1917, expulso da França, foi para Barcelona onde permaneceu trabalhando em tipografias e publicando artigos em que usa, pela primeira vez, o pseudônimo de Victor Serge. Militando com os anarquistas, participou com eles da greve geral e da insurreição de agosto, que se saldou com uma centena de mortos e muitos presos.[20] Mas seu coração russo o fez decidir-se por uma outra revolução, com a qual sonhara toda a sua vida, a russa. Também pesou, conforme ele mesmo relata, um certo desencanto sobre a capacidade dos anarquistas espanhóis. Ao passar pela França, por infringir o decreto de sua expulsão, foi detido e enviado, em outubro de

---

17   Karl Korsch, "Revolution for waht? A critical comment on Jan Valtin's *Out of de night*, in *Living Marxism*, 1941, citado por J. Baynac, op. cit., p. 721-722.

18   Daniel Bensaïd, *Les trotskysmes*. Paris, PUF, 2006, p.9; (edição em português: *Trotskismos*. Lisboa, Edições Combate, 2008; https://www.marxists.org/portugues/bensaid/2002/trotskismos/introducao.htm (consultado em 09.12.2017).

19   Victor Serge, *Mémoires d'un révolutionnaire – 1901-1941*. Paris, Éditions du Seuil, 1951, "Monde sans évasion possible – 1906-1912", p. 7-51 (Edição brasileira: *Memórias de um revolucionário. São Paulo*, Companhia das Letras, 1987).

20   Ibid, p. 59, 65-66; Richard Greeman, Préface, in: Victor Serge, *Ville Conquise*. Paris, Climats, 2011, p. 21.

334 Angela Mendes de Almeida

1918, para um campo de concentração. Lá foi classificado como "bolchevique suspeito".[21] Afinal conseguiu sair em uma troca de prisioneiros russos por franceses presos na Rússia, chegando a Petrogrado (futura Leningrado) em janeiro de 1919. Tendo então tido contato com todas as correntes, inclusive com os anarquistas, fez uma opção consciente, relata ele, pelos bolcheviques, pela sua coragem e sua segurança para tomar e conservar o poder, fazendo as coisas mudarem.[22]

Na União Soviética fez de tudo. Participou ativamente da defesa de Petrogrado sitiada pelas tropas do general branco Iudiénitch, em maio-junho de 1919.[23] Trabalhou intensamente como quadro intermediário da Internacional Comunista dirigida por Zinóviev, que o convidou antes que ele entrasse no partido.[24] Ocupando-se das traduções e publicações, participou dos primeiros congressos da IC, tinha a função de receber as delegações estrangeiras que chegavam à URSS. Além disso, tratava dos arquivos da polícia czarista, a *Okhrana*, a partir dos quais escreveu o livro "O *que todo revolucionário deve saber sobre a repressão*". Entre 1923 e 1925 militou fora da URSS como quadro clandestino da Internacional Comunista, na Alemanha e na Áustria. Desde 1923, aderiu à Oposição de Esquerda liderada por Trótski. Em 1928, quando a maioria dos quadros dessa tendência estava presa ou deportada, com Trótski já expulso da URSS, morando na Turquia, Serge era um dos poucos que ainda não tinha sido preso, além do catalão Andreu Nin e de Aleksandra Sokolóvskaia, a primeira mulher de Trótski. Mas chegou o momento que ele sabia inevitável, tanto que já havia até enviado a seus amigos da França, Magdeleine e Maurice Paz, Jacques Mesnil e Marcel Martinet, uma espécie de carta-testamento. Em março de 1933, foi preso na rua, em Leningrado. Logo em seguida foi transferido para Moscou, para a Lubianka, a tenebrosa prisão e sede da polícia política, onde foi interrogado durante 85 dias. Em seguida, foi deportado para a cidade de Orenburg, na Ásia Central.[25]

Muitos dos livros escritos por Serge já tinham sido editados na França e seus amigos se esforçaram para conseguir a sua libertação, com uma ruidosa campanha que faziam nos meios intelectuais, sobretudo durante o Congresso Internacional de Escritores, em 1935, organizado pelos próprios comunistas, com o patrocínio de André Malraux, André Gide, Roman Rolland e outros. Essa campanha mudou, em certa medida, a posição de Rolland que, afinal, em sua viagem à URSS, nesse ano, intercedeu pela libertação de Victor Serge junto a Stálin, com o argumento de que o caso preju-

---

21 Susan Weissman, *Dissident dans la révolution – Victor Serge, une biographie politique*. Paris, Éditions Syllepse, 2006, p. 52.
22 V. Serge, *Mémoires* ..., op. cit. p. 73; S. Weissman, op. cit., p. 54, p. 56.
23 S. Weissman, op. cit., p. 68.
24 V. Serge, *Mémoires* ..., op. cit., p. 85.
25 Ibid., p. 255, 297-298; S. Weissman, op. cit., p. 210-211.

Do partido único ao stalinismo 335

dicava a atividade dos "Amigos da URSS" na França.[26] Contra todas as expectativas, Serge foi libertado em 1936 e autorizado a sair com sua família da União Soviética.

Trazia notícias frescas do que se passava nas prisões e nos campos de trabalho com os membros da Oposição de Esquerda. Mas, ao mesmo tempo, passou a ser, em certa medida, alvo de desconfianças, até de alguns de seus próprios companheiros, pois era difícil acreditar que Stálin o tivesse deixado sair a troco de nada. Desde o início de sua volta à Bélgica e de seu contato com o movimento trotskista, desenvolveu um trabalho incansável de denúncia sobre a repressão na União Soviética. Particularmente no caso dos processos de Moscou, que vieram a público em agosto de 1936, poucos meses depois de sua chegada. No exílio na França, como também depois, no México, Victor Serge vivia de seus escritos: ensaios, romances, poesia. Teve sempre muita dificuldade para sobreviver. Tanto é assim que, ajudado por Paulo Emílio Sales Gomes, até escreveu para *O Estado de S. Paulo* "interessantíssimos artigos sobre política, essencialmente europeia e asiática", como diz a nota sobre a sua morte.[27] Dentre os livros que publicou logo depois de sua saída da União Soviética, estão: *Dezesseis fuzilados – Para onde vai a revolução?* (1936), sobre o 1º Processo de Moscou; *De Lênin a Stálin* (1937), uma pequena história da Rússia soviética, mostrando as grandes mudanças entre o tempo de Lênin e o de Stálin, até os processos de Moscou; *Vinte e nove fuzilados e o fim de Iagoda* (1937); *Pela verdade sobre os processos de Moscou! 18 perguntas, 18 respostas* (1937*); Destino de uma revolução: URSS 1917-1937* (1937); *O assassinato de Ignace Reiss* (1938); *O ano I da revolução russa*, de 1930, reeditado em 1938 com um prefácio em que fala dos mortos pelo stalinismo; *Retrato de Stálin* (1940), publicado no México.[28] Em todos eles, denunciou o que acontecia na União Soviética e, sobretudo, explicou o absurdo da farsa montada nos processos de Moscou. Publicou ainda muitos romances, como, entre outros: *Homens na prisão* (1930); *Nascimento de nossa força* (1931); *Cidade conquistada* (1932), escritos ainda quando estava na União Soviética. Além desses publicou *Se é meia-noite no século* (1939); *Os últimos tempos* (1946); *Os anos sem perdão* (1946); *O caso Toulaev – um romance revolucionário* (1948), os dois

---

26 S. Weissman, op. cit., p. 229- 230.

27 Nicolau Bruno de Almeida Leonel, "A encruzilhada das dissidências: algumas passagens na trajetória militante de Paulo Emílio", in: Tiago Almeida, Nayara Xavier (orgs.), *Paulo Emílio: legado crítico*. São Paulo, Pré-Reitoria de Cultura e Extensão Universitária – USP/Cinemateca Brasileira, 2017, p. 182.

28 Victor Serge, *Seize Fusillés: où va l'URSS*. Paris, Spartacus, 1936. "De Lenine à Staline", *Le Crapouillot*, janvier 1937; *Vingt-neuf fusillés et la fin de Iagoda*. Paris, numéro spécial de *Lectures prolétariennes*, avril, 1937; *Pour la vérité sur le procès de Moscou! 18 questions – 18 réponses*. Paris, 1937; *Destin d'une révolution: URSS 1917-1937*. Paris, Grasset, 1937; *L'assassinat d'Ignace Reiss*, avec Maurice Wullens et Alfred Rosmer. Paris, Pierre Tisné, 1938; *L'an I de la révolution russe*. Paris, 1938; *O ano I da Revolução Russa*. "Prefácio à edição de 1938", São Paulo, Boitempo, 2007, p. 25-29; *Retrato de Stalin*. Mexico D.F., Ediciones Libres, 1940.

últimos publicados postumamente.[29] Os títulos de seus livros políticos e de ficção são uma verdadeira história política.

Serge ficou em Paris até o último momento antes da invasão alemã. Com os últimos retirantes, chegou até Marselha, onde ficou vários meses tentando obter um visto para sair da Europa: ele, odiado pelos nazistas e pelos stalinistas, e seu jovem filho Vlady, filho de mãe judia. Afinal, com outros refugiados, conseguiu embarcar para a América, mas, até chegar ao México, que lhe oferecera asilo, ficou detido administrativamente em vários países da América Central. Só relatou a história de sua vida mais tarde: *Memórias de um revolucionário (1901-1941)*, livro inacabado, publicado na França em 1951, e que recebeu este título dos editores.[30]

Ele também ajudou Alexander Barmine a escrever seu primeiro livro-testemunho. Barmine era do corpo diplomático em Atenas. Como Krivitsky, ele tinha ficado profundamente chocado com o assassinato de Reiss e, chamado de volta a Moscou, decidiu desertar, tomando um avião diretamente para Paris. Ele tinha combatido durante a guerra civil russa, portanto, tinha um passado de quadro bolchevique. Tinha sido casado com uma sobrinha de Victor Serge. Ainda na França, Barmine publicou *Vinte anos ao serviço da URSS,* em 1939. A biógrafa de Serge, Susan Weissman, diz que ele ajudou Barmine a escrever seu livro, indo discretamente ao local onde estava escondido o desertor. Vlady, filho de Serge, diz que ele escreveu partes inteiras do livro, Barmine ditava em russo e Serge colocava em francês, editando. Na edição francesa, Serge aparece apenas como tradutor.[31] No segundo livro que Barmine publicou, em 1945, já nos Estados Unidos, para onde foi depois – *Aqueles que sobreviveram* – ele diz que sua carta a Moscou, afirmando sua deserção, chegou ao mesmo tempo em que Reiss estava sendo caçado e seus assassinos estavam sendo procurados na Suíça e na França. Isso provavelmente desorganizou os agentes do NKVD e ele conseguiu sobreviver, devendo a vida ao sacrifício de Reiss.[32]

Em 1939, a revista *Spartacus* publicou, na França, um detalhado texto de Katia Landau, *O stalinismo, carrasco da revolução espanhola – 1937-1938.*[33] Nele ela descreve

---

29   *Les hommes dans la prison* (1930) Paris, Flammarion, 2011; *Naissance de notre force* (1931) Paris, Flammarion, 2011; *Ville conquise*(1932) Paris, Flammarion, 2011; *S'il est minuit dans le siècle.* (1939) Paris, Grasset, 2009; *Les derniers temps* (1946) Paris, Grasset, 1951; *L'affaire Toulaev – un roman révolutionnaire* (1949) Paris, Ed. La Découverte, 2009; *Les années sans pardon* (1971) Paris, La découverte, 2003; Richard Greeman, Préface, in: Victor Serge, *Ville Conquise*, op. cit., p. 25, 31.

30   S. Weissman, op. cit., p. 339-368.

31   Citado por ibid., p. 311, 414; Alexander Barmine, *Vingt ans au service de l'URSS – Souvenirs d'un diplomate soviétique.* Paris, Albin Michel, 1939.

32   S. Weissman, op. cit., p. 310, 414; Alexander Barmine, *One who survived – The Life Story of a Russian under the Soviets.* New York, B.P.Putnam's Sons, 1945.

33   Katia Landau, *Le stalinisme, bourreau de la révolution espagnole – 1937-1938 –* Spartacus, 1939.

os métodos repressivos do stalinismo na Espanha, o caso do sequestro de Andreu Nin, o desaparecimento de seu marido, Kurt Landau, em setembro de 1937, e de outras pessoas. Também dá o nome de alguns agentes do NKVD encarregados das prisões e dos interrogatórios. Julia Lipschutz Klein, seu verdadeiro nome, austríaca, chegou à Espanha com seu marido em novembro de 1936, integrando-se ao POUM, mais precisamente ao seu Secretariado Feminino. Em seu texto "A mulher diante da revolução", escrito durante a sua estadia na Espanha, mostra uma visão bem clara da insuficiência do movimento de mulheres até então, afirmando que o socialismo não traria a igualdade entre homens e mulheres, mas apenas "toda classe de possibilidades para conquistá-la com nossa ação".[34] Depois do sequestro de Kurt, até 1938, Katia procurou-o em todas as prisões espanholas, sem sucesso. Mas pôde conhecer os métodos do NKVD nas *checas* espanholas.[35]

O livro de Victor Kravchenko, com um título bem à americana – *Eu escolhi a liberdade*[36] – foi publicado depois do fim da Segunda Guerra Mundial, em 1946, nos Estados Unidos. Tratava-se de um livro diferente dos já citados, pois Kravchenko não era um militante internacionalista. Era um soviético comum, embora ocupasse, no momento de sua deserção, em 1944, em Washington, um alto cargo técnico em uma comissão de compras enviada àquele país. Era de uma família operária ucraniana, seu pai tinha combatido na revolução de 1905 e passado nove anos na prisão[37]. Kravchenko fazia parte daquela elite operária que, pela sua dedicação como militante da juventude do *Komsomol*, tinha sido convidada a fazer um curso universitário de engenharia. Desde o começo de sua carreira, tinha participado ativamente dos projetos de industrialização acelerada, para cumprir o Plano Quinquenal em quatro anos. Além disso, segundo afirma, tinha sido um dos escolhidos por Sergo Ordjonikidze, Comissário do Povo para a Indústria Pesada, para fazer parte de "nossa elite intelectual técnica".[38] Teve uma formação marxista de base e nunca se aprofundou para além dos slogans propagandísticos stalinistas. A partir deles e de sua trajetória de técnico na direção de fábricas-chave para a industrialização, foi tomando consciência do des-

---

34 Pepe Gutierrez Alvarez, *Katia Landau, Los verdugos de la revolución española* – Fundación Andreu Nin https://www.nodo50.org/despage/not_prensa/opinion/pepe_gutierrez/katia_landau.htm (consultado em 10.12.2017).

35 Pepe Gutierrez Alvarez, *Noticias de Julia Lipschutz, conocida como Katia Landau – Fundación Andreu Nin* - http://www.nodo50.org/despage/not_prensa/opinion/pepe_gutierrez/Katia%20Landau/katia_landau. htm (consultaedo em 10.12.2017).

36 Victor Kravchenko, *I Choose Freedom: The personal and Political Life of a Soviet Official*, Scribner's, 1946; logo editado no Brasil: Victor Kravchenko, *Escolhi a liberdade – A vida privada e política de um funcionário soviético*. Rio de Janeiro, Editora A Noite, s.d.

37 V. Kravchenko, op. cit., p. 11.

38 Ibid., p. 252.

perdício absurdo que era a organização de empresas norteadas por planos irrealizáveis e permeada pela intervenção policial do NKVD em busca de "complôs". Também percebeu a tragédia que havia sido a coletivização forçada, mostrando como exemplo o fenômeno de famílias camponesas destroçadas, de crianças perdidas e abandonadas. Além disso, ficou chocado com o contato pessoal com trabalhadores escravos dos campos de trabalho. O ponto culminante de seu desespero foi a estranha morte de seu protetor, Ordjonikidze, em fevereiro de 1937, como já foi assinalado. Acamado, porém com ainda muita vida para viver, sua morte súbita deu lugar a vários boatos. Kravchenko narra a hipótese de envenenamento. A partir daí, tendo se tornado anticomunista, acalentou o plano de um dia se evadir.

O livro foi editado na França em 1947.[39] Foi imediatamente objeto de injúrias e ameaças de morte ao seu tradutor por parte de pessoas ligadas aos comunistas, mesmo antes de ser lançado. O PCF tinha quase 30% de votos no país, estava no governo e implantado em vários organismos, inclusive na polícia. Os outros livros de denúncias publicados antes, na França, foram ignorados por serem obra de "trotskistas". Com Kravchenko foi diferente. Ele vinha chancelado pelos Estados Unidos, vencedores da guerra, junto com os outros Aliados. Tudo isso acontecia exatamente no início da "guerra fria". Por sua parte, os comunistas franceses, através do seu semanário *Lettres Françaises,* desfiaram uma série de artigos virulentos contra o livro. Afirmavam que Kravchenko era bêbado, iletrado, incapaz de escrever aquela história, que teria vendido sua assinatura aos serviços secretos americanos para pagar dívidas, enfim, um falsário e espião. Por isso e pela grande importância do comunismo na França, Kravchenko decidiu processar os diretores da publicação – André Wurmser e Claude Morgan – pelos diversos artigos, por calúnia e difamação. A acusação também atingia o "correspondente americano" em quem teriam se baseado, Sim Thomas, afinal, pessoa inexistente. O processo se iniciou em janeiro de 1949 e só terminou em abril. As duas partes indicaram testemunhas. Do lado dos comunistas franceses, a preocupação principal era não admitir que existiam campos de trabalho na pátria do socialismo. O advogado Joë Nordmann pediu assistência à embaixada soviética. As testemunhas do semanário eram ou francesas, intelectuais ou pessoas ligadas à Resistência, ou soviéticas, militares de alta patente do Exército Vermelho, bem como a ex-esposa de Kravchenko e alguns colegas de fábrica trazidos diretamente da URSS. Por sua parte o advogado de Kravchenko, Georges Izard, bem como seu agente literário divulgaram apelos entre os oriundos da Rússia e da Ucrânia que estavam nos campos alemães de pessoas deslocadas, pedindo testemunhas. Conseguiram cerca de cinco mil respostas

---

39   V. A. Kravchenko, *J'ai choisi la liberté! La vie publique et privée d'un haut fonctionnaire soviétique.* Paris, Éditions Self, 1947.

Do partido único ao stalinismo

entre as quais selecionaram quem iria depor no tribunal. Eram desconhecidos que tinham sido perseguidos, gente que tinha passado pelos campos do *Gulag* e que narravam o seu horror.[40]

Entretanto, o maior impacto teve uma das últimas testemunhas, Margarete Buber-Neumann. Era viúva do ex-dirigente comunista alemão Heinz Neumann que, como já foi visto, se opôs à orientação stalinista do "terceiro período", à ideia de que o nazismo era um trampolim para o socialismo e à de concentrar ataques no chamado "social-fascismo", ou seja, na social-democracia. Em 1934 Neumann aceitou fazer sua autocrítica perante o partido. Porém foi preso pelo NKVD em abril de 1937, julgado, condenado e depois fuzilado, com apenas 35 anos. Margarete permaneceu solta por cerca de mais um ano, hospedada no famoso Hotel Lux, reservado aos comunistas estrangeiros, até ser presa e enviada para um campo de trabalho em Karaganda, no Casaquistão, destinado a "esposas de inimigos do povo". Margarete era uma testemunha-chave pois, mais tarde, fez parte do contingente de presos alemães e austríacos que foram entregues por Stálin a Hitler, por ocasião do Pacto de Amizade e Não-Agressão, de 1939. Foi parar no campo de Ravensbrück. À chegada das tropas soviéticas para libertar os prisioneiros do campo alemão, fugiu, de bicicleta, até a cidade de sua família, pois sabia que seria presa pelos soviéticos, tendo sido avisada pelos próprios comunistas do campo. Tinha conhecido os dois tipos de horrores e era a prova viva de que existiam campos de trabalho na URSS.[41]

Nessa altura, Margarete já tinha escrito seu primeiro livro, publicado na Alemanha e na Suécia, em 1948, traduzido em várias línguas, *Entre dois ditadores: prisioneira sob Stálin e sob Hitler*, no qual narra sua experiência nos dois campos de concentração.[42] Além de outros livros, escreveu também, em 1967, *A revolução mundial – a história do Komintern (1919-1943) contada por uma das suas principais testemunhas*, publicado em francês, em 1971, em que narra a sua vida e a de Heinz Neumamm na Alemanha, no KPD (Partido Comunista Alemão) e na Internacional.[43] O depoimento de Margarete comoveu os que assistiam aos debates. O advogado dos comunistas logo

---

40   Liora Israël, "Le procès du Goulag au temps du Goulag? L'affaire Kravchenko", *Critique Internationale*, 2007/3, nº 36 - https://www.cairn.info/revue-critique-internationale-2007-3-page-85.htm (consultado em 17.04.2018); R. Dazy, op. cit., p. 332.

41   Margarete Buber-Neumann, *Deportée en Siberie*. Paris, Éditions du Seuil, 2004.

42   *Under two dictators*. Na França o livro saiu dividido em duas partes, a primeira, sobre sua prisão na Sibéria, 1949, já citada, e a segunda, *Deporté à Ravensbruck*, muito anos depois, em 1988; ver também Pepe Gutiérrez-Álvarez, "Margarete Buber-Neumann, La comunista alemana que Stalin entregó a Hitler". https://pt.scribd.com/document/115829411/VSUR-La-comunista-alemana-que-Stalin-entrego-a-Hitler (consultado em 12.12.2017).

43   *La révolution mondiale. L'histoire du Komintern (1919-1943) racontée par l'un de ses principaux témoins*. Tournai, Castermann, 1971.

procurou a "ficha" dos Neumann. Foi informado de que Heinz era favorável a Hitler. Procurou ainda algum "podre" de Margarete em sua passagem por Ravensbrück.[44]

Afinal Victor Kravchenko venceu o processo, o semanário e seus diretores foram obrigados a pagar-lhe uma indenização em dinheiro. Os condenados recorreram e o resultado final foi o mesmo, tendo sido diminuído o valor da indenização. O combate dos que queriam denunciar a existência de campos de trabalho e a repressão stalinista era duro. O muro de silêncio na França estruturava-se em instituições oficiais. No mesmo ano do processo Kravchenko, 1949, David Rousset, jornalista, escritor, ex-trotskista e ex-prisioneiro dos campos nazistas de Buchenwald e Neuengamme, lançou um apelo aos antigos deportados pelos nazistas para que se unissem a fim de se informar sobre o sistema de campos na União Soviética. Seus livros, contando a sua experiência e a de outros presos, tinham impactado a opinião pública francesa. Essa iniciativa caiu como uma bomba sobre as federações de deportados, gente de esquerda, predominantemente comunista. Houve imediatamente uma polarização entre os que aceitaram se unir a Rousset e os que o criticaram. Amigos e companheiros seus passaram a hostilizá-lo, a mudar de calçada para não cumprimentá-lo. Mais uma vez, a revista *Lettres Françaises* ficou na linha de frente das injúrias, através de seu diretor, Claude Morgan, e do redator-chefe, Pierre Daix. Rousset terminou por processá-los por calúnia e difamação. Mais uma vez desfilaram no tribunal bons franceses, já que todos haviam participado da Resistência ou tinham sido deportados, testemunhas de defesa dos jornalistas comunistas. Do lado de Rousset, estrangeiros incapazes de argumentar em francês, como testemunhas vivas da existência de campos, como Margarete Buber-Neumann, que voltou a comparecer. Os argumentos dos acusados eram de duas ordens, às vezes usados simultaneamente. Na URSS não existiam campos de trabalho, o que diziam os acusadores era falso. Ou: o que diziam era verdadeiro, mas não tinha importância face à enorme contribuição dos soviéticos para a derrota do nazismo.[45] Durante o processo, Daix expressou sua admiração pelo *Gulag,* "remate da supressão completa da exploração do homem pelo homem".[46] Joë Nordmann foi, outra vez, advogado dos comunistas. Em memórias escritas bem mais tarde, em 1996, comentando sua prática dos idos de 1949, Nordmann reconheceu que "se enganou redondamente sobre a realidade soviética, como muitos outros".[47]

---

44   Liora Israël, op. cit. - https://www.cairn.info/revue-critique-internationale-2007-3-page-85.htm (consultado em 17.04.2018).

45   Tzvetan Todorov, "Le procès de David Rousset et sa signification" – Journées Souvarine 2010. http://est-et-ouest.fr/revue/HL043_articles/043_063.pdf (consultado em 12.12.2017).

46   Luba Jurgenson, "Je ne mourai pas tout entier", in: Julius Margolin, *Voyage au pays des Ze-Ka*. Paris, Le bruit du temps, 2010, p. 765.

47   Jean-Paul Monferran, "David Rousset: mort d'um grand témoin" - https://www.europe-solidaire.org/spip.php?article2519 (consultado em 17.04.2018).

Do partido único ao stalinismo

Foi durante esse julgamento que Julius Margolin, o intelectual judeu sionista de nacionalidade polonesa, que foi preso em 1940, em Pinsk, por estar com o passaporte de um país "inexistente", a Polônia, pôde finalmente falar. Desde 1946, quando tinha conseguido sair da URSS, ele lutava contra o muro de silêncio que também existia em Israel, onde estava sua família. Em vão, ele havia tentado sensibilizar o meio político do país. Mas com o Estado ainda em formação, o apoio dos soviéticos, que haviam derrotado o nazismo, era indispensável. Pediu ajuda a amigos que também tinham estado nos campos soviéticos. Todos concordavam com ele, porém um temia ser excluído do seu partido, outro argumentou que tinha um irmão na URSS e não podia colocá-lo em perigo, por fim, o terceiro disse que partia para a Austrália e queria simplesmente esquecer tudo. Seu livro, já citado, *Viagem ao país dos Ze-Ka*, foi escrito entre dezembro de 1946 e outubro de 1947. Uma versão foi publicada na França, com o nome de *A condição desumana,* por iniciativa de Boris Souvarine, em 1949, porém amputada de capítulos e trechos. Outra edição em russo, publicada em Nova York, em 1952, também era incompleta e mutilada. Capítulos avulsos foram publicados aqui e ali, em diversas línguas. Só em 2010 saiu, na França, a versão integral. Em 1949, Margolin se uniu a Rousset e com ele tentou internacionalizar a campanha. Responderam ao apelo antigos deportados da Alemanha, Bélgica, Espanha, Holanda e Noruega, organizaram-se em grupos de trabalho que criaram a Comissão Internacional Contra o Regime Concentracionário. Tentaram associar-se à ONU, recém-criada, mas a URSS impediu. Margolin usou o processo de Rousset como tribuna, apesar das limitações jurídicas que foram impostas. Como, por exemplo, deixar de lado "a prova da verdade", já que um tribunal francês não poderia julgar acontecimentos na União Soviética. Isso impossibilitaria os ex-presos de falarem de sua experiência. Margolin conseguiu contornar esse obstáculo, considerando-se ele próprio vítima de difamação, já que os acusados diziam que Rousset fizera afirmações mentirosas a partir de seu depoimento.[48] O processo teve enorme repercussão, mas a vitória de Rousset foi menos clarificadora do que ele esperava. O muro de silêncio era duro de ser perfurado.[49]

Na década de 1960, sob o impacto do Relatório de Khruschov e do chamado período do "degelo", foram publicadas diversas novas narrativas de sobreviventes dos campos de trabalho. Evguénia Ghinzburg, uma cidadã soviética comum, professora universitária, foi presa em 1937, em Kazan, e condenada por um crime que ela não sabia qual era. Torturada, foi condenada a um campo de trabalho de Kolimá, na Sibéria. Depois da morte de Stálin, seu pedido de revisão foi atendido e ela voltou para Moscou. Mas quando terminou de escrever seu testemunho não conseguiu publicá-lo

---

48   L. Jurgenson, op. cit., p. 762-768.

49   Tzvetan Todorov, op. cit. http://est-et-ouest.fr/revue/HL043_articles/043_063.pdf (consultado em 12.12.2017).

na União Soviética. Seu manuscrito foi retirado do país clandestinamente e publicado em russo, em Milão, pela Editora Mondadori, em 1967.[50]

Alexander Soljenitsin era capitão do Exército Vermelho quando foi preso no último ano da Segunda Guerra Mundial, em 1944, pelo NKVD, por causa de uma carta a um amigo em que fazia uma referência negativa a Stálin. Foi condenado a oito anos em campo de trabalhos forçados. Em 1953, depois da morte de Stálin foi libertado mas mantido em deportação. Libertado em 1956 e reabilitado, tornou-se professor de matemática e física para o secundário. Foi Khruschov quem permitiu a edição de seu primeiro livro, em 1962, *Um dia na vida de Ivan Deníssovich*, que foi um sucesso. Mas Soljenitsin não conseguiu publicar seus outros livros, *O primeiro círculo* e *Pavilhão dos cancerosos*, que saíram nos Estados Unidos. Em 1970, recebeu o Prêmio Nobel, o que irritou ainda mais o governo soviético, dentro do qual se discutia há tempos a sua expulsão do país. Em 1973, foi publicado em Paris, em russo, o *Arquipélago Gulag*, o seu mais contundente livro sobre os campos de trabalho e o sistema concentracionário. A decisão de expulsá-lo chegou então, em fevereiro de 1974, acompanhada pelo cancelamento de sua cidadania.[51] Foi também por essa época, em 1967, que a filha de Stálin, Svetlana Alliluyeva, fugiu da URSS e publicou, em duas obras, suas mágoas e lembranças de menina no coração do poder soviético: *Vinte cartas a um amigo* e *Apenas um ano*.[52] Com o tempo, muitas outras obras testemunhais foram saindo e foi sendo divulgada uma realidade que tinha permanecido em completo segredo para os que estavam fora da União Soviética.

Oposicionistas assassinados

Seria estéril tentar abarcar a infinidade de mortes dos anos do Grande Terror soviético, dos fuzilamentos a partir de julgamentos sumários, das execuções sem julgamento e dos simples assassinatos, numerosos deles cometidos fora da URSS. Pierre Frank, em sua *História da Internacional Comunista*, enumera alguns.[53] Duas décadas depois, Pierre Broué vai mais longe, em sua *História da Internacional Comunista*, na enumeração dos casos dessas vítimas ao longo do seu capítulo "O massacre da serra elétrica", além de ter escrito livros sobre os assassinatos de Trótski, Léon Sedov e Pietro

---

50   Evguenia S. Ghinzbourg, *Le vertige* Tome I, Paris, Le Seuil, 1999; *Le ciel de Kolima*. Paris, France Loisirs, 1980. Indicações sobre a primeira publicação no primeiro livro, p. 463.

51   Alexandre Soljenitsyne, *Le premier cercle*. Paris, Robert Laffont, 2007, p. 1; Christopher Andrew e Vassili Mitrokhine, *Le KGB contre l'Ouest (1917-1991)*. Paris, Fayard, 2000, p. 461, 468-469; Edições brasileiras: A. Soljenitsin, *Arquipélago Gulag*. São Paulo, Difel, 1974; *O primeiro círculo*. Rio de Janeiro, Bruguera, 1982; *Pavilhão dos cancerosos*. Rio de Janeiro, Expressão e Cultura, 1969; *Um dia na vida de Ivan Denissovich*. São Paulo, Círculo do Livro, 1973.

52   Svetlana Alliluyeva, *Vingt lettres à un ami*. Paris, Seuil, 1967; *En une seule année*. Paris, Robert Laffont, 1970.

53   Pierre Frank, *Histoire de l'Internationale Communiste*, t. 2, Paris, La Brèche, 1979, p. 746-753.

Do partido único ao stalinismo

Tresso.[54] O historiador espanhol Heleno Saña também narra muitos desses episódios que permearam a atividade política dos comunistas.[55] Entretanto, vale a pena relembrar em detalhes alguns casos para perceber os procedimentos usados e seu encadeamento com o drama vivido por seus familiares e amigos. Pois é preciso lembrar que desde que uma pessoa era presa na União Soviética, era toda a sua família em vários graus, seus colegas de trabalho e seus amigos que eram atingidos.

Já se falou da *Iejovschina* e de uma repressão em massa que teve o seu ponto culminante entre os anos de 1937 e 1938. Temendo a desordem social provocada pela industrialização acelerada e a coletivização forçada, o poder stalinista desencadeou, como já se disse antes, uma feroz repressão contra uma série de categorias sociais ligadas ao antigo regime, ou etnias inteiras, consideradas ameaçadoras, e contra membros de partidos colocados na ilegalidade e dissidentes comunistas, atingindo também muitos personagens anônimos. Através das "Ordens Operacionais" secretas do NKVD, estabeleceram-se cotas, por região, de execuções sumárias e condenações a campos de trabalho.[56] Em decorrência, os titulares das regiões concorriam entre si, como durante a industrialização acelerada, para ver quem preenchia melhor as cotas. O poder central fazia inspeções nas regiões para acompanhar a aplicação das ordens pelos agentes do NKVD locais e pelas autoridades.

O historiador francês Nicolas Werth ilustrou o caso dos anônimos com os processos "do bêbado" e da "vendedora de flores". Aleksei Nikoláeivitch Vdovin era funcionário das linhas de trem e em uma estação nos arredores de Moscou, estando bêbado, quebrou algumas cadeiras e arremessou uma garrafa vazia contra a parede. Para seu azar, a garrafa atingiu uma foto enquadrada de Kalínin, presidente do *Presidium* do Soviete Supremo. O ato de vandalismo ocorreu em 16 de outubro de 1937. Depois de passar por vários escalões das autoridades policiais, sua ação foi considerado um ato de terrorismo contra o poder soviético e ele foi condenado a fuzilamento, o que aconteceu em novembro do mesmo ano. Situação semelhante aconteceu com Aleksandra Petrovna Nikoláieva, uma vendedora de flores artificiais na entrada de um cemitério nos arredores de Leningrado, de 74 anos, que foi presa em 29 de novembro de 1937. As autoridades policiais suspeitavam ser ela a autora de um boato que corria, de que de noite chegavam furgões cheios de fuzilados sem família, que eram jogados em uma

---

54   Pierre Broué, *História da Internacional Communista*, t. 2, São Paulo, Sundermann, 2007, p. 899-931; Origianl francês: *Histoire de l'Internationale Communiste*. Paris, Fayard, 1997; Pierre Broué, *L'assassinat de Trotsky*. Bruxelas, Editions Complexe, 1980; Pierre Broué, *Léon Sedov, fils de Trotsky, victime de Staline*. Paris, Les Éditions Ouvrières, 1993; Pierre Broué, Raymond Vacheron, *Meurtres au Maquis*. Paris, Grasset, 1997.

55   Heleno Saña, *La Internacional Comunista – 1919-1945*. Madrid, Zero, 1972.

56   Nicolas Werth, "Repenser la 'Grande Terreur'", in: *La terreur et le désarroi – Staline e son système*. Paris, Perrin, 2012.

344   Angela Mendes de Almeida

fossa comum. De interrogatório em interrogatório, ela terminou por se enredar nas respostas, tornando-se culpada de posições antissoviéticas e boatos contrarrevolucionários. Foi condenada e executada em dezembro desse ano.[57]

Já foi mencionado o caso de todos os julgados e executados nos três grandes processos de Moscou. No entanto Lev (Léon) Sedov, filho de Trótski, em seu *Livro vermelho*, lembra de todos aqueles que foram mencionados inicialmente como participantes do complô que seria julgado, mas depois não foram apresentados em tribunal. Ele não tem dúvidas quanto ao significado dessas ausências. São presos que não se dobraram às exigências de seus interrogadores, que foram torturados e ameaçados com castigos aos seus familiares, mas que mesmo assim resistiram e terminaram perecendo na prisão, sem julgamento. E cita um número enorme de presos sobre cujo destino nada se sabe. Entre outros, Anichev, condenado a seis anos no primeiro processo de Zinóviev; Bogdan, antigo secretário de Zinóviev; Chliápnikov, dirigente da antiga Oposição Operária; Friedland, jovem teórico; Gaïevski, herói da guerra civil; Hertzberg, condenado no primeiro processo Zinóviev; Kúklin, dirigente de organização do partido em Leningrado; Medviédev, dirigente da antiga Oposição Operária; Riutin, dirigente de organização do partido em Moscou; Sten, do grupo de Lominadze.[58] Já foi também citado o caso dos que escaparam da condenação à morte nos processos de Moscou, para depois morrerem na prisão, em episódios nebulosos. Radek e Sokólnikov foram poupados da condenação à morte no 2º processo e mortos em supostas brigas de presos, em 1939, enquanto Arnold e Stroílov foram processados novamente e fuzilados por terem afirmado, em sua prisão, que haviam participado de uma farsa em Moscou. Durante a guerra, em viagem de férias, indo para o sul e passando por Orel, Stálin lembrou-se de fuzilar Rakóvski, um dos poupados do 3º processo, junto com mais uma centena de presos, como já foi dito.[59]

A morte chegava por várias formas, sem ser o fuzilamento. Eleazar B. Solntsielv era um militante brilhante da Oposição de Esquerda, economista e historiador, que ocupara funções diplomáticas. Contra a opinião de Trótski resolveu voltar à União Soviética no fim de 1928. Foi preso e passou por várias prisões. Enviado para Novossibirsk, na Sibéria, foi o organizador de uma greve de fome pelo reconhecimento do estatuto de preso político. Morreu em decorrência dela, em janeiro de 1936, com 45 anos de idade.[60] Na mesma greve, mais adiante, um grupo de três agentes do NKVD, uma

---

57   Nicolas Werth, *L'ivrogne et la marchande de fleurs – Autopsie d'um meurtre de masse – 1937-1938*, Paris, Talandier, 2009, p. 11-15, p. 279-289.

58   Ver Léon Sedov, *Le livre rouge*. https://www.marxists.org/francais/sedov/works/1936/10/livrerouge.pdf - p. 27-28 (consultado em 16.12.2017); Pierre Broué, *Léon Sedov, fils...*, op. cit., p. 147.

59   Jean-Jacques Marie, *Stálin*. São Paulo, Ed. Babel, 2011, p. 459, p. 683; Jean-Jacques Marie, *Le fils oublié de Trotsky*, Paris, Seuil, 2012, p. 142-143, p. 156-157.

60   P. Broué, *História da Internacional...*, t. 1, op. cit., p. 577.

Do partido único ao stalinismo

troika, condenou nove dirigentes da greve, entre eles, dois velhos trotskistas, Sokrat Guevorkian e Grigóri Iakóvin. O antigo secretário de Trótski, Ígor Poznanski, morreu sob tortura, negando-se a declarar contra seu antigo chefe.[61]

Outra forma de morrer era o suicídio como protesto político; ou como maneira preventiva de subverter a repressão; ou ainda como saída de uma situação angustiante. Voltando para a URSS em 1926, depois de um período de trabalho clandestino na Europa, Victor Serge se deparou com muitos suicídios de amigos e conhecidos.

> Excluídos do partido por terem defendido um "caminho diferente", os jovens tomaram o revólver contra si mesmos. As jovens mulheres preferiam, como se sabe, o Veronal. Para quê viver se o partido nos recusa o direito de servir? Este mundo nascente nos chama, estamos totalmente às ordens dele – e eis que em seu nome alguém nos cospe no rosto. "Vocês são indignos..." Indignos porque somos a carne convulsionada da revolução e seu pensamento indignado? Melhor morrer. A curva dos suicídios aumenta. A Comissão Central de Controle se reúne em sessão extraordinária. [62]

Adolf Ioffe era militante desde antes da revolução de 1905 na tendência menchevique. No exílio aproximou-se de Trótski, que seguiu, depois, na adesão ao bolchevismo e fez deles grandes amigos. Com ele, participou das negociações de Brest-Litovski, permanecendo depois como um quadro da área diplomática. Em 1927, estando muito doente, o governo soviético negou sua saída em busca de um tratamento melhor. Ao mesmo tempo, Trótski era expulso do partido soviético. Em 16 de novembro, Ioffe suicidou-se, em protesto. Seu funeral foi uma das últimas manifestações públicas da Oposição de Esquerda. Deixou uma carta-testamento a Trótski, confiscada pelo GPU (Serviço Soviético de Segurança e Informação), mas cujo conteúdo ficou imediatamente conhecido. Nela, Ioffe criticava amigavelmente Trótski e confiava a ele o cuidado de sua mulher e sua filha, tarefa impossível de cumprir.[63] Maria Ioffe foi deportada para a Rússia asiática, com sua filha. No entanto, sobreviveu dezenas de anos em campo de trabalho e publicou suas memórias, o mesmo fazendo a filha Nadiéjda alguns anos depois.[64]

Mikhail Tómski suicidou-se em outro contexto, já como forma de eludir o calvário dos interrogatórios do NKVD. Membro da chamada Oposição de Direita, com Bukhárin e Rykov, ao ouvir seu nome citado durante o espetáculo-farsa do 1º processo de Moscou, em agosto de 1936, matou-se com um tiro. Assim mesmo foi atacado

---

61   J.-J. Marie, *Le fils oublié...*, op. cit., p. 164-165.

62   V. Serge, *Mémoires ...*, op. cit., p. 206.

63   Ibid., p. 241-242.

64   Maria Joffe, *One Long Night: A Tale of Truth*. London, New Park Publications,1978; Nadezhda Joffe, *Back in Time: My Life, My Fate, My Epoch*. Oak Park, Michigan, Labor Publications, 1995.

346 Angela Mendes de Almeida

depois de morto. Conforme informação publicada em 1988, seus dois filhos mais velhos foram presos e executados. Sua mulher e o filho mais novo foram presos.[65] Lominadzé também se suicidou nas mesmas condições, como veremos adiante.

Já foi mencionado que até os anos do Grande Terror havia uma norma não escrita que prescrevia que as oposições internas ao partido bolchevique não deviam ser sancionados com a pena capital. Lênin havia advertido contra o perigo de sofrer, na voragem das condenações, o destino dos revolucionários jacobinos do século XVIII e essa norma havia sobrevivido.[66] Mas o mesmo não acontecia com todas as outras tendências que não faziam parte do "verdadeiro partido da classe operária" e com membros oriundos de outras classes sociais.

Na memorialística das perseguições a membros do partido, o caso Bliúmkin era considerado um marco. Foi o primeiro membro do partido condenado à morte em processo secreto e executado em 1929. Mas seria uma exceção que confirmava a regra, porque Iákov Grigorievitch Bliúmkin, de origem judaica, não tinha sido, no começo, um bolchevique e sim um socialista-revolucionário de esquerda. Como tal ele participou do ataque armado de seu partido contra o poder soviético e o Tratado de Brest-Litovski, em 1918, cabendo-lhe, como tarefa, assassinar o embaixador alemão, conde Mirbach. Para o público exterior, ele teria sido condenado por esse crime e fuzilado. De fato, ele foi condenado pelos bolcheviques, mas Trótski, em diálogo com ele na sua cela, ganhou-o para o bolchevismo. Depois conseguiu que ele fosse indultado. Durante a guerra civil, Bliúmkin entrou no serviço secreto do Exército Vermelho (Quarto Departamento), depois no GPU, tendo participado de diversas missões dentro e fora da União Soviética. No fim dos anos 1920, ele tinha sido enviado a Istambul para vigiar Trótski. Entretanto, ao invés de vigiar, visitou o líder da Oposição de Esquerda e trouxe uma mensagem dele para os companheiros, supostamente anódina, apenas de saudações. Chegando a Moscou, sentiu que estava sendo seguido pelo GPU. Geralmente, pensa-se que ele foi traído por Radek, a quem ia entregar a mensagem. Entretanto, conforme Victor Serge, a traição partiu de uma mulher, sua conhecida, Liza Zarubina, membro do GPU. Sentindo-se no ponto de ser preso, Bliúmkin foi até Radek, que aí o aconselhou a se entregar, porém, ao presidente da Comissão Central de Controle, Ordjonikidze. De nada adiantou esse expediente.[67]

No ambiente dos agentes dos serviços de informação críticos ao stalinismo, conforme relata Elisabeth Poretski, era difícil acreditar que Trótski tivesse utilizado Bliúmkin, um militante despreocupado e temerário, para enviar uma mensagem. Quando, mais tarde, teve contato na França com Léon Sedov a questão se esclareceu. Não ha-

---

65   Robert Conquest, *La grande terreur*. Paris, Robert Laffont, 2011, p. 528, p. 546, p. 588 e p. 883.
66   Cf. W. Krivitsky, *J'était un agent de Staline*. Paris, Champs Libre, 1979, p. 179.
67   P. Broué, *Léon Sedov, fils de....*, op. cit., p. 67; V. Serge, *Mémoires ...*, op. cit., p. 267-269.

Do partido único ao stalinismo

via mensagem alguma. O GPU, sabendo da visita de Bliúmkin a Trótski e temendo que ele desertasse, utilizou a agente Lisa Zarubina, com quem ele tinha tido um caso, para atraí-lo à União Soviética. Não se sabe se a mensagem, como causa da prisão, foi uma invenção do próprio NKVD para comprometer Radek, ou de Bliúmkin.[68] Mas a execução dele permaneceu secreta, só sendo divulgada por iniciativa da Oposição de Esquerda na Alemanha.[69]

Outra morte que ficou marcada pela sua peculiaridade foi a do militante alemão Max Hoelz. Ele entrou para o partido comunista em 1919, teve papel relevante no golpe de Estado de Kapp, em 1920, mas sua fama chegou ao ápice na famosa e fracassada "ação de março" do KPD (Partido Comunista Alemão), em 1921, quando ficou conhecido como alguém que tirava dos ricos para dar aos pobres. Segundo Jan Valtin, suas proezas teriam lhe deixado o epíteto de um Robin Hood comunista. Além da ousadia de suas ações diretas, tinha também uma grande capacidade como orador, com poder de sugestionar seus ouvintes. Pouco depois da "ação de março", falou em um comício em Eisleben, conclamando os operários à ocupação de fábricas. Os destacamentos de cerca de 200 a 400 comunistas armados, liderados por Max Hoelz, roubavam bancos, extorquiam industriais e comerciantes, libertavam os prisioneiros, explodiam trens e distribuíam o dinheiro arrecadado aos desempregados, que o idolatravam. Terminou por ser preso em Berlim, em abril desse ano. Conseguiu convencer o júri de que tinha motivações políticas e por isso não foi condenado à morte e, sim, à prisão perpétua. Em 1928, foi libertado graças a uma anistia.[70]

Foi acolhido com grande entusiasmo e o KPD o levava a todos os lugares como um ícone. Quando já não era mais uma sensação e seu espírito de independência começava a se agitar, foi convidado a ir para Moscou. Lá foi muito festejado e condecorado. Contudo, quando teve que entrar no cotidiano soviético teve muitos problemas e enfrentamentos que fizeram aumentar a sua agressividade. Pediu então para voltar para a Alemanha. Seu pedido e a devolução de seu passaporte foram recusados. Tentaram inclusive impedir que chegasse até a embaixada alemã. Mas ele conseguiu e pediu o seu retorno. Ao voltar para seu hotel, achando que iria ser preso pelo GPU, fechou-se e entrincheirou-se em seu quarto, ameaçando atirar em quem entrasse. Depois se acalmou e aceitou ir trabalhar na cidade de Górki. Em setembro de 1933 seu corpo foi encontrado no rio Oká. As autoridades soviéticas declararam que ele tinha se afogado ao tomar banho. Arno Vartanian, amigo de Margarete Buber-Neumann, que morava

---

68   Elisabeth K. Poretski, *Les nôtres*. Paris, Denoël, 1969, p. 162-163.

69   "Lettre de Moscou de N.", 25 décembre 1929, *Bulletin de l'opposittion* nº 9, février-mars 1930 - https://www. marxists.org/francais/4int/ogi/corr_opp/ogi_19291225.htm (consultado em 20.12.2017).

70   M. Buber-Neumann, *La révolution mondiale...*, op. cit., p. 49-52; J. Valtin, *Sans patrie...*, op. cit., p. 66; P. Broué, *História da Internacional...*, t. 1, p. 270-271.

348   Angela Mendes de Almeida

em Górki, contou a história que corria: ele teria sido embebedado e afogado em uma bacia rasa, seu corpo tendo sido levado depois para o rio.[71]

Foi em 1922 que Heinz Neumann, naquele momento um promissor militante do KPD (Partido Comunista Alemão), foi convidado por Thalheimer, delegado ao 4º Congresso da Internacional Comunista, para ir conhecer a União Soviética. O congresso durou um mês e os participantes estrangeiros ficaram alojados no Hotel Lux, como era de praxe. Neumann, que tinha aprendido o russo, travou conhecimento com delegados dos *komssomols* e da juventude, fazendo amizade com Lázar Chátskin e Besso Lominadze. Esses jovens eram contrários à NEP (Nova Política Econômica), recém-estabelecida por Lênin. Lominadze tinha sido voluntário para a repressão à revolta de Kronstadt, de março de 1921, e tinha sido condecorado por seu ato de bravura com a Ordem da Bandeira Vermelha. Segundo Buber-Neumann, Lominadze já não usava a condecoração e tinha vergonha dela. Durante o 4º Congresso Stálin já era secretário de organização do partido bolchevique, porém os congressistas não lhe deram a atenção com que procuravam Trótski, Zinóviev, Bukhárin e Radek. Pelo contrário, Chátskin, Lominadze e Neumann já eram fervorosos stalinistas.[72] Em 1923, antes dos acontecimentos do outubro alemão e da fracassada insurreição de Hamburgo, no marco da luta interna dentro do KPD, Neumann fazia parte de uma corrente de centro, os "conciliadores", que pregava a unidade das frações alemãs, tendo assinado um manifesto com, entre outros, Artur Ewert, que viria a participar da insurreição comunista de 1935, no Brasil.[73]

Em 1924, Heinz Neumann foi novamente enviado à URSS para o 5º Congresso da Internacional Comunista. Ficou hospedado no Lux e começou a frequentar a universidade operária de Moscou, onde reencontrou Besso Lominadze como professor. Desde essa data, ficaram grandes amigos. Lominadze era alguns anos mais velho e Neumann passou a tomá-lo entusiasticamente como modelo. Por seu intermédio, passou a se relacionar com outros caucasianos, entre eles, Stálin, e ficou amigo de Chátskin, Arno Vartanian e todo um grupo de dirigentes da Internacional das Juventudes Comunistas. Eram homens que tinham cerca de 18 anos no momento da revolução de outubro e que depois haviam combatido na guerra civil. A maioria deles não tinha se formado em nenhuma profissão e, enquanto funcionários políticos, estavam pouco à vontade com a distância entre as promessas da revolução e a realidade. Nas divergências daquele momento, eram partidários de Zinóviev e Kámenev, por trás dos quais estava Stálin, contra Trótski.[74]

---

71   M. Buber-Neumann, *La révolution mondiale...*, op. cit., p. 52-53; H. Saña, *La Internacional Comunista....*, op. cit., t.1, p. 52; R. Dazy, *Fusillez ces chiens...*, op. cit., p. 100-101.

72   M. Buber-Neumann, *La révolution mondiale...*, op. cit., p. 76, p. 80 e p. 81.

73   Ossip K. Flechtheim, *Le partir communiste allemand sous la Républque de Weimar*. Paris, François Maspero, 1972, p. 132 ; M. Buber-Neumann, *La révolution mondiale...*, op. cit., p. 100.

74   M. Buber-Neumann, *La révolution mondiale...*, op. cit., p. 121-122.

Do partido único ao stalinismo

Em 1927, Stálin e o destino uniram os dois amigos em um acontecimento sangrento, a insurreição de Cantão (Guangzhou). A revolução naquele país esteve no âmago das divergências entre a direção stalinista e a Oposição de Esquerda. Stálin defendia a atuação dos comunistas dentro do Kuomintang, considerando este partido como anti-imperialista e pensando em sua ala esquerda como representante da pequena burguesia revolucionária. Trótski e a Oposição de Esquerda, pelo contrário, eram contra essa linha, defendiam a independência do Partido Comunista Chinês e a formação de sovietes. Mas depois da violenta repressão de Chang Kai-Check aos comunistas e seu expurgo do Kuomintang, a posição de Moscou mudou. Foi nessa ocasião que enviaram Besso Lominadze, não apenas para designar os bodes expiatórios daquele fracasso, mas também para levar a nova linha política: romper com o Kuomintang, adotar uma linha de combate e formar imediatamente sovietes de operários, camponeses e artesãos. Stálin enviou logo depois Heinz Neumann com a diretriz de sublevar a cidade de Cantão. O chefe julgava estar a cidade em uma "situação revolucionária", porém, por uma série de recentes derrotas seguidas de repressão, a realidade era bem outra. Contudo, a ordem tinha que ser cumprida. Enquanto Lominadze voltava a Moscou, coube a Neumann com a direção comunista chinesa aplicar a diretriz recebida. As forças militares que se opunham a eles eram várias vezes superiores em número e em armamento. Apesar disso, a insurreição aconteceu, entre 11 e 12 de dezembro de 1927, com algumas vitórias iniciais, mas foi derrotada rapidamente, acarretando uma repressão jamais vista. Milhares de sublevados foram fuzilados, queimados vivos, decapitados. Neumann escapou por pouco de um ataque ao carro em que estava, os outros militantes pereceram.[75]

Pouco depois, na 9ª Plenária do Comitê Executivo da Internacional, em fevereiro de 1928, discutiu-se se a sublevação de Cantão tinha sido uma insurreição ou um *putsch*. Lominadze e Neumann se defenderam veementemente de ter realizado um *putsch* e a resolução sobre o assunto definiu o acontecimento como uma sublevação heroica do proletariado chinês, colocando as culpas, como era hábito, na direção do Partido Comunista Chinês. Mas Lominadze e Neumann foram postos em uma espécie de geladeira, ficando-lhes a fama. Sete meses depois, no 6º Congresso da Internacional Comunista, Neumann fez uma exposição triunfalista da insurreição de Cantão.[76] Esse mesmo tipo de visão aparece em um livro misterioso, *A insurreição armada*.[77] Conforme a introdução escrita em 1970 pelo militante alemão Erich Wollenberg, o nome do autor do livro, A. Neuberg, era inventado. O livro havia sido escrito por vários militantes, entre eles, ele próprio, Hans Kippenberg, que escreveu sobre a insurreição

---

75   Ibid., p. 184, p. 188-189, p. 190-191, p. 194-195, p. 198-200.

76   Ibid., p. 203- 204.

77   A. Neuberg, *La Insurrección Armada*. Buenos Aires, La Rosa Blindada, 1972, p. 117-143.

de Hamburgo, Ho Chi-Minh e Tukhatchiévski. Preparado para ser publicado na Alemanha, saiu na França, em 1931. Porém o dirigente do PCF, André Marty, censurou a publicação, que foi retirada de circulação. Novamente publicado mais tarde, o livro se tornou, ao longo dos anos, uma espécie de *best-seller*, relatando várias insurreições do ponto de vista técnico-militar.[78]

Em abril de 1931, Heinz Neumann foi outra vez à URSS, desta vez com sua companheira, Margarete Buber. Estavam em pleno período das consequências da aplicação da coletivização forçada dos camponeses. Neumann foi visitar Lominadze sem avisar e lá encontrou várias pessoas que se calaram diante de sua presença. Às observações apologéticas de Neumann sobre a URSS, Lominadze sarcasticamente respondia que ele era um "sonhador que ignorava tudo da realidade". Neumann não compreendia porque o amigo tinha entrado em oposição a Stálin. No começo da coletivização, o chefe havia enviado o grupo formado por Lominadze, Chátskin, Sten e Sirtsov aos lugares onde havia maior resistência camponesa. A tarefa era conduzir milhões de camponeses a aderirem aos *kolkhozes*. O choque com a brutalidade empregada foi imenso e eles passaram a ter um olhar radicalmente crítico em relação a esse processo. Em 1929, Chátskin e Sten, pouco depois também Lominadze, fizeram autocrítica dessa posição. Mas logo depois constituíram um grupo de oposição secreto, bem longe da publicidade com a qual havia atuado a Oposição de Esquerda. Publicamente, pareciam convencidos e dominados. Mas foram detectados pelos espiões e todos perderam suas funções. Nessa ocasião, Sergo Ordjonikidze, que era Comissário do Povo para a Indústria Pesada, chamou-os para outros trabalhos.[79]

Neumann viu ainda, por uma última vez, seu amigo Lominadze. Este se mostrou completamente pessimista. Esperava o pior, porque Stálin, dizia ele, vivia no universo da vingança, iria esmagar o pouco que havia de liberdade e sacrificar os partidos estrangeiros às ambições da sua política externa. Lominadze foi trabalhar na usina de Magnitogorsk, na região dos Urais, que tinha ao lado um campo de reeducação pelo trabalho. Algumas semanas depois do assassinato de Kírov, em Leningrado, em 1º de dezembro de 1934, Lominadze foi chamado pelo chefe do GPU da cidade de Tcheliábinsk. Na viagem de trem, ele tentou se suicidar com duas balas no peito. Não morreu imediatamente, foi levado ao hospital e preparado para uma operação. Mas à esposa, que foi chamada, pediu que não esclarecesse que seus rins não aguentariam a anestesia. Morreu durante a operação. Comentário de um familiar seu: "Corajoso, soube morrer a tempo". Lazar Chátskin se suicidou pouco depois. Para Lominadze, Ordjonikidze conseguiu que fosse feito um funeral de honra. Porém, logo em

---

78   David François, "L'Insurrection armée - destin d'un manuel de guerre civile", 08. 11. 2013 https://anrpaprika.hypotheses.org/1001 (consultado em 26.12.2017).

79   M. Buber-Neumann, *La révolution mondiale...*, op. cit., p. 245, p. 252-253.

Do partido único ao stalinismo

seguida, foi feita uma campanha contra os "traidores trosko-fascistas", englobando ele e os seus companheiros de tendência.[80]

Em abril de 1931, a linha da Internacional Comunista fazia uma outra inflexão durante a plenária do Comitê Executivo. Era divulgado o "Programa de libertação social e nacional do povo alemão", definido pouco antes pelo partido alemão, como já vimos. Agora a palavra de ordem de "golpear os fascistas onde eles estivessem", que Neumann tinha popularizado, perdia importância. As propostas de ações violentas eram voltadas contra a polícia e os órgãos do Estado, e não contra os nazistas. O KPD estava a ser preparado para participar do referendo da Prússia, apoiando os nazistas, contra os sociais-democratas. Inicialmente, os militantes e o Burô Político foram contra, mas Ernst Thälmann, Hermann Remmele e Neumann foram chamados a Moscou e tiveram que acatar a linha. Segundo sua esposa Margarete, no momento do referendo, Neumann estava começando a se tornar oposicionista. Dessa situação, surgiu o grupo Neumann-Remmele, que considerava como tarefa principal o enfrentamento dos nazistas e, implicitamente, discordava da tese do "social-fascismo" como inimigo principal. Novamente foram chamados a Moscou e novamente cederam. Mas Remmele e Neumann formaram uma fração secreta, que se comunicava apenas por códigos. Em 1932 Neumann perdeu todos os seus cargos.[81] A "geladeira" era o Hotel Lux, em Moscou. Ali ficavam dirigentes despedidos, opositores golpeados por sanções e os que esperavam a definição de seu novo local de destinação. Os andares refletiam a hierarquia. No primeiro, ficavam os militantes mais importantes e, assim, sucessivamente, sendo o último andar reservado para os empregados técnicos, os estenotipistas e os datilógrafos.[82]

Neumann foi chamado várias vezes para entrevistas diversas, inclusive com Stálin. Ele queria falar sobre a Alemanha, defender o seu ponto de vista e, se possível, ser enviado para seu país. Em resposta, propuseram-lhe férias em Sóchi, no Cáucaso, próximo à residência secundária de Stálin. Muitas discussões inconclusivas não deram em nada e as férias terminaram, antes do previsto, com o anúncio de que ele iria para a Espanha, para se redimir dos seus erros. Pouco depois, na 12ª Plenária do Comitê Executivo da Internacional, em setembro de 1932, Heinz Neumann fez sua autocrítica formal, mas não tinha absolutamente mudado de posição. Na Espanha, seu cargo era de "instrutor", a tarefa era bolchevizar o partido espanhol. Afinal, o casal passou menos de um ano nesse país. Neumann rompeu a disciplina ao distribuir, por iniciativa própria, um panfleto em alemão, contra o nazismo, à tripulação de um navio ancorado na costa espanhola. Além disso, uma carta que ele tinha escrito, concitando Remmele a ser firme em suas posições, foi encontrada por militantes da segurança na casa deste,

---

80   Ibid., p. 253-256.
81   Ibid., p. 273-274, p. 277, p. 288-291, p. 294; P. Broué, *História da Internacional...*, t. 1, op. cit., p. 669-675.
82   M. Buber-Neumann, *La révolution mondiale...*, op. cit., p. 303-304.

quando o dirigente alemão teve que fugir por ocasião da ascensão de Hitler ao poder. Neumann recebeu ordem de ir da Espanha para a Suíça e cuidar de seu próprio sustento, o que foi interpretado como uma expulsão. Nesse país, apesar de estar legalmente, embora com um passaporte tcheco falso, foi descoberto em uma inspeção de rotina e preso para averiguação, pelos livros que tinha nas estantes. A polícia suíça logo descobriu quem ele era e que, face às acusações do governo nazista, sua extradição seria pedida. Antes que isso acontecesse, intelectuais da França, impulsionados pela agitação de Willi Münzenberg, fizeram campanha contra, a imprensa suíça também, até que Moscou ofereceu um visto de entrada a Neumann.[83]

Com a ascensão de Hitler ao poder, em fevereiro de 1933, o grupo Neumann-Remmele tornou-se o bode expiatório, além de Trótski, é claro.[84] Mas, como já vimos, a Internacional Comunista não deu a devida importância a este acontecimento. Ilustrando essa avaliação, Stálin havia provocativamente perguntado a Neumann, durante o período em que ele tinha estado na União Soviética, se também não achava que Hitler, tomando o poder, iria se ocupar exclusivamente do Ocidente e eles poderiam ter o prazer de acelerar a construção do socialismo calmamente? Em janeiro de 1934, no 17º Congresso do Partido Comunista Bolchevique, o "congresso dos vencedores", como já se disse, todas as oposições vencidas fizeram sua humilde autocrítica. Lominadze e Remmele também a fizeram, atacando Trótski e Brandler. Por isso Neumann, ao voltar à União Soviética, também a fez.[85]

Durante a viagem para a URSS, Margaret, que tinha ficado na França enquanto Neumann esteve preso na Suíça, pôde, enfim, revelar a triste notícia do suicídio de Lominadze. Ele ficou então certo de que seria preso ao chegar. Mas isso não aconteceu. Ficaram outra vez no Lux, completamente isolados, poucos amigos os visitavam. Era a praxe, os que estavam em divergência tornavam-se "perigosos", falar com eles poderia ser comprometedor. Depois chegou Arno Vartanian, vindo da cidade de Górki, onde trabalhava graças a Ordjonikidze, e narrou o desespero de Lominadze, sua desilusão com a URSS antes de se suicidar. Pediu que Neumann visitasse a viúva de Lominadze, o que ele fez. Por causa dessa visita, Neumann foi interrogado várias vezes por diversas autoridades, entre outros, por Dmítri Manuilski, o segundo homem da Internacional.[86]

Quando a convocação para uma nova entrevista foi feita por Óssip Piátnitski, chefe da OMS (Seção de Ligação Internacional) da Internacional Comunista, em julho de 1935, Neumann esperava um outro interrogatório semelhante aos anteriores.

---

83   Ibid., p. 330-332, p. 342-344.

84   P. Broué, *História da Internacional...*, t. 1, op. cit., p. 686.

85   M. Buber-Neumann, *La révolution mondiale...*, op. cit., p. 291, 337.

86   Ibid., p. 344-345, 347; P. Broué, *História da Internacional...*, t. 2, op. cit., p. 837.

Do partido único ao stalinismo

Porém encontrou um homem receptivo que lhe disse brincalhonamente que o ar de Moscou não lhe fazia bem. Mera introdução para convidá-lo a ir para o Brasil. De início, Neumann negou, afirmando que queria voltar à Alemanha. Porém Piatnitski argumentou que seria impossível para quem tinha formado um grupo antipartido. Neumann acabou aceitando e assim acabou a espera angustiante da inação. Começou a fase de treinamento, sobretudo militar. Diz Buber-Neumann que faziam parte da equipe um norte-americano, Victor Allan Barron, o argentino Rodolfo Ghioldi e Arthur Ewert, o ex-"concialidor" da direção partidária alemã. Nesse mesmo mês, o casal foi chamado por Piátnitski que avisou que a viagem seria para daí a 14 dias. Mas durante esse período receberam outro telefonema de Manuílski, cancelando tudo sem dar qualquer explicação. Piátnitski acabava de cair em desgraça.[87]

Embora os expurgos, com as consequências que se conhece, sucedessem-se, Margarete e Neumann não tinham informações, mas percebiam o ambiente de ansiedade e intimidação. Trabalhando no Lux, Neumann recebeu autorização para fazer traduções, tendo Margarete como secretária. No fim do mês de agosto de 1936, recebeu a incumbência de traduzir o 1º processo de Moscou, em que 16 pessoas foram condenadas à morte, entre elas Zinóviev e Kámenev. O prazo era curto, Neumann ditava em grande velocidade, mas conseguiram concluir. Nessa ocasião, ele tinha febre, dizia que se fosse preso gritaria "abaixo Stálin", pela primeira vez falou em suicídio. Em dezembro de 1936, Neumann foi chamado por Dimítrov, secretário-geral da Internacional Comunista. Este transmitiu-lhe a ordem, em nome de Stálin, de escrever um livro sobre o 7º Congresso da Internacional Comunista, que mostrasse a correção da nova linha de Frente Popular e fizesse a crítica dos erros do KPD e dele, em particular, na política de luta contra o "social-fascismo". Depois de ter se humilhado tantas vezes, desta vez, Neumann se negou. Passaram-se ainda algumas semanas. Da editora telefonaram cobrando o manuscrito e ele respondeu que não tinha nada a entregar.[88]

A quantidade de pessoas presas durante a *Iejovschina* deixava todo mundo na expectativa de que pudessem lhe bater à porta no meio da noite, pois as prisões se davam, frequentemente, durante a madrugada e na casa do preso. Dormiam mal, acordando ao menor barulho.[89] "Os ouvidos de sobreaviso não tinham jamais repouso. Escutávamos o barulho dos carros – passarão ou pararão diante da casa? O barulho de passos na escada – seriam de botas militares? O barulho do ascensor – até hoje meu coração fica apertado quando ouço o ronco dos antigos ascensores" relembra Nadiéjda Mandelstam. Seu marido, o poeta Óssip Mandelstam, havia sido

---

87   M. Buber-Neumann, *La révolution mondiale...*, op. cit., p.347-350; P. Broué, *História da Internacional...*, t. 2, op. cit., p. 837, p. 839.

88   M. Buber-Neumann, *La révolution mondiale...*, op. cit., p. 364, p. 371, p. 387-388.

89   Orlando Figes, *Sussurros: A vida privada na Rússia de Stalin*. Rio de Janeiro, Record, 2010, p. 291.

354 Angela Mendes de Almeida

preso, ela saiu de casa e, sucessivamente, conseguiu escapar de vários lugares antes que chegassem para prendê-la. "Não me encontraram e não se puseram a me procurar porque eu era uma agulha, de grandeza infinitamente pequena, uma das dezenas de milhões de esposas de dezenas de milhões de homens deportados para os campos, ou assassinados nas prisões"[90].

Naqueles dias da *Iejovschina* haviam prendido no Lux um búlgaro, dois estenotipistas e um polonês. Ouviam-se à noite passos pesados e de manhã via-se uma porta lacrada pelo NKVD. Neumann foi levado na madrugada de 27 de abril de 1937. Tinha 35 anos. Margarete nunca mais soube nada de preciso sobre ele. Um ano depois, ela também foi presa e enviada para o campo de trabalho de Karaganda. Nesse campo, recebeu informações de dois presos diferentes que tinham estado com ele. Contaram que estava sólido e não tinha ainda assinado sua deposição.[91] Depois do Pacto de Amizade e Não-Agressão firmado em agosto de 1939, entre a Alemanha nazista e a URSS, Stálin entregou a Hitler cerca de 500 comunistas alemães e austríacos presos e Margarete foi parar no campo de concentração de Ravensbrück, como já foi mencionado.[92]

Nessas sucessões de quedas encadeadas, o destino de Neumann se entrelaça ao caso de Óssip Arónovich Piátnitski. Seu sobrenome verdadeiro, de origem judaica, era Tarchis. Militava como bolchevique desde 1898, tendo participado da revolução de 1905, conhecido as prisões czaristas e a emigração na Europa. Durante a revolução de outubro de 1917 foi membro do Comitê Executivo do Soviete de Moscou. Desde 1921, foi membro do Comitê Executivo da Internacional Comunista e chefe da OMS (Seção de Relações Internacionais do *Komintern*). Foi membro do Comitê Central do partido russo desde 1927. No 7° Congresso da Internacional Comunista, em 1935, não foi reeleito para nenhuma de suas funções anteriores, mas permaneceu membro do Comitê Central do partido russo. Em junho de 1937, foi expulso do CC e do partido, em julho foi preso pelo NKVD, julgado, condenado e executado em 27 de julho de 1938. Tinha 56 anos.[93]

O filho do bolchevique Vladímir Antónov-Ovsiéenko, o historiador Anton Vladímirov Antónov-Ovsiéenko, preso em 1940, com apenas 20 anos e enviado a um campo de trabalho por treze anos, escreveu em *samizdat*[94] um livro no qual relata como se deu a queda de Piátnitski. Uma outra versão semelhante foi contada a Ígor Piátnitski, filho de

---

90 Nadejda Mandelstam, *Contre tout espoir. Souvenirs III*. Paris, Gallimard, 1973, p. 63, 302; Óssip Mandelstam morreu de fome e de frio no campo de trânsito de Vtoráïa Riétchka, perto de Vladisvostok, às margens do Pacífico, em 27 de dezembro de 1938.

91 M. Buber-Neumann, *Déportée en....*, op. cit., p. 292.

92 M. Buber-Neumann, *La révolution mondiale...*, op. cit., p. 388, p. 397.

93 P. Broué, *História da Internacional...*, t. 2, op. cit., p. 1295.

94 Anton Antonov-Ovseenko, *The time of Stalin*, 1981, citado por ibid., p. 901. *Samizdat* era a forma com que os soviéticos divulgavam seus livros, cópias de textos manuscritos ou datilografados passados de mão em mão no período pós-Stalin anterior à *Glásnost*.

Do partido único ao stalinismo

Óssip, por Vladímir Guberman, um colaborador de Kaganóvitch nos anos 1950. Segundo essas narrativas, na véspera de uma Plenária do Comitê Central do partido russo, em um encontro em que estavam presentes três pessoas, entre elas Piátnitski, ficou acordado que era preciso conseguir o fim do terror e, para isso, a queda de Stálin do cargo de secretário-geral. Um desses três denunciou a conversa. Na Plenária, em 23 de junho de 1937, em ponto complementar da pauta, Stálin exigiu a liquidação física de Bukhárin e de todos da Oposição de Direita, bem como plenos poderes para Iejov. No dia seguinte a essa plenária, Óssip Piátnitski se manifestou contra a liquidação física dos opositores de direita e contra plenos poderes a Iejov. Propôs, ao contrário, reforçar o controle do partido sobre a atividade do NKVD. Nesse momento, Stálin interrompeu a sessão. No intervalo, Mólotov, Kaganóvitch e Vorochílov exortaram Piátnitski a se retratar de sua fala, assegurando-o que seria perdoado em função de seus méritos de bolchevique. Piátnitski negou a retratação. Mólotov lembrou-lhe o destino que esperavam sua mulher e seus filhos caso não assentisse. Mesmo assim ele negou. No dia seguinte, a reunião se abriu com Iejov anunciando que haviam descoberto que Piátnitski havia sido da Okhrana, polícia política czarista, e propondo a sua exclusão. Em 7 de julho, ele foi preso.[95]

Conforme o testemunho do jornalista Lev Razgon, que o viu na prisão de Butyrka, em Moscou, em abril de 1938, e que o tinha visto no início de 1937, "o homem que se encontrava agora diante de mim era totalmente irreconhecível. [...] Apenas os olhos mantinham o mesmo brilho, olhos cheios de vida, só que agora muito mais tristes". Razgon quis saber como andava o seu caso e ele descreveu "como o interrogaram sem interrupção, como o torturaram, extraindo a pancadas exatamente o que precisavam e ameaçando espancá-lo até a morte".[96] Em 10 de abril, Piátnitski foi transferido para a prisão de Lefortovo, também em Moscou. Outra testemunha, Aron Tiomkin, relatou o sofrimento dele e as torturas que sofreu. A testemunha viu-o voltar de um interrogatório em estado grave, incapaz de retirar a roupa. O rosto estava marcado por golpes feitos com a fivela de um cinturão. "Nessas circunstâncias difíceis, Piátnitski conservava toda a sua lucidez e não tinha ilusões. Sabia que sua vida estava acabada. Mas ao mesmo tempo ele me assegurava que eu sairia necessariamente da prisão; pedia-me apenas uma coisa, que eu encontrasse os seus filhos e lhes contasse o que tinha lhe acontecido. Relata ainda a testemunha que Piátnitski foi chamado para interrogatório, sempre com brutalidades incríveis, 18 vezes nos 32 dias em que estiveram juntos.[97] Ígor Piátnitski ouviu, no momento da reabilitação de seu pai, da boca de dois colaboradores do procurador militar principal da URSS, que seu pai não se reconheceu

---

95   P. Broué, *História da Internacional...*, t. 2, op. cit., p. 901-902; R. Conquest, op. cit., p. 678; Ioulia Piatnitskaïa, *Chronique d'une déraison: Moscou (1937-1938)*. Paris, Seuil, 1992, p. 14-17.

96   L. Razgon, *True Stories* (1997), citado em O. Figes, op. cit., p. 369.

97   I. Piatnitskaïa, op. cit., p. 176, p. 179.

culpado e que tinha sido espancado durante centenas de horas. Foi assim, diz Ígor, que ele realizou a sua intenção de não reconhecer o que não havia feito.[98]

Iúlia Piátnitskaia, esposa de Óssip, vivia na expectativa de sua própria prisão, mesmo antes de ele ser preso. Por isso começou a escrever um diário, contando o dia a dia das incertezas até ser, ela própria, presa. Vladímir, seu filho mais novo, estava na Crimeia, em um campo de escoteiros, e ela tinha medo de que ele fosse levado pelo NKVD, antes que pudesse deixá-lo com um parente. O filho mais velho, Ígor, de 16 anos, tinha sentimentos contraditórios em relação ao pai: raiva, dor da perda, desespero, vergonha. Passava o dia todo lendo na cama. Censurava as reclamações da mãe em relação ao regime.[99] No diário, Iúlia narra o momento subsequente à já citada Plenária. Conta que teve vontade de morrer e propôs a Óssip de acabarem com suas vidas juntos. Ele respondeu que "faria tudo para se explicar e somente depois optaria pela morte". Chegaram para prendê-lo em 7 de julho. Com a vistoria, arrasaram a casa. Desapareceram vários pertences de Piátnitski que, vendidos, poderiam render dinheiro para o sustento da família, a caderneta bancária de Iúlia, a do pai dela, o relógio de sua irmã e até tíquetes de alimentação. As roupas ficaram desarrumadas e sujas. Óssip tinha lhe entregue todo o seu dinheiro, inclusive o que tinha recebido como direito de autor, e ela tinha colocado tudo na sua conta, agora perdida. Amaldiçoou essa gente arbitrária da qual todo mundo tem medo. Ígor, seu filho, introduz no diário, publicado durante o período da *Glásnost*, a observação de que ela começava, naquele momento, a compreender que os criminosos estavam dentro do NKVD. Em março de 1938, ela cogitou seriamente o suicídio.[100] A maior preocupação de Iúlia, logo depois da prisão de Óssip, era assegurar o sustento dos filhos e também do pai idoso, da madrasta e da filha deles, sua meia-irmã, todos morando no mesmo imóvel. Estes reclamavam da falta de comida e culpavam Óssip. Depois a família do pai saiu de casa e ela, com os dois filhos, foram despejados e levados para um apartamento menor, que dividiam com a família de um bolchevique armênio que tinha sido preso.[101]

Conversando mais tarde com uma amiga, esta relativizou a perda de Óssip: "vocês não se davam muito bem". E ela escreveu no diário: "É verdade que ele não passava muito tempo conosco. Estava sempre trabalhando. Era claro para todos que vinham viver à nossa custa – ou seja, para quase todo mundo – que não estávamos nos entendendo".[102] Iúlia então pediu ajuda a antigos amigos de Óssip. O primeiro mandou a empregada dizer que estava com medo de recebê-la. A segunda aceitou ouvi-la por alguns minutos e disse que

---

98   Ibid., p. 52-53.

99   O. Figes, op. cit., p. 300; I. Piatnitskaïa, op. cit., p. 32.

100   I. Piatnitskaïa, op. cit., p. 21, p. 22, p. 30, p. 40, p. 73-74.

101   Citado em O. Figes, op. cit., p. 300-302.

102   Citado em ibid., p. 302; I. Piatnitskaïa, op. cit., p. 47.

Do partido único ao stalinismo

ninguém podia ajudar. Os amigos dos filhos também os abandonaram. O mais novo foi maltratado na escola, chamado de "inimigo do povo". Iúlia escreveu: "Todos sabem que perdemos tudo, que não temos como nos sustentar, que não temos nada para comer e, ainda assim, ninguém mexe um dedo para nos ajudar". Informada, em 7 de fevereiro de 1938, que Óssip tinha sido acusado de espionagem e atividades contrarrevolucionárias, ela, ainda imbuída de fervor bolchevique, se perguntava no diário quem era ele afinal. Um revolucionário profissional, como dizia? Concluiu que não. "E nós – eu, sua esposa e nossos filhos – não éramos realmente importantes para ele". O filho de 16 anos, Ígor, foi preso na sala de aula no dia 9 de fevereiro de 1938. Iúlia ficou desesperada e pensou em se matar. Mas reconsiderou por causa dos filhos, dizendo-se, no diário, que ela era tudo que eles tinham. "Portanto é preciso se bater pelo pão. Bater-se obstinadamente, sem perder a coragem". Não conseguia odiar Óssip, não conseguia achá-lo um inimigo do povo. Acreditava que existiam inimigos do povo, nomeou alguns em seu diário. Apoiou a execução de Bukhárin e dos outros. Esboçou no diário um diálogo: "Oh, Piátnitsa, tu não podes ser um deles, isto meu coração recusa claramente admitir. Se deve ser assim, se eles não se enganaram sobre a tua culpabilidade, eu me submeteria ao ponto de vista oficial, nunca ficaria do teu lado, mas sou incapaz de ver em ti um traidor do Partido e um contrarrevolucionário".[103]

Depois que Ígor foi preso, Iúlia se perguntava como ele conciliaria a sua ideia de que era lógico que inimigos do povo, como seu pai, fossem presos, humilhados, tivessem seus pertences confiscados, com a sua própria prisão, já que ele sabia não ser um inimigo do povo. Em nota na época da publicação do diário, Ígor acrescenta que a mãe ignorava, ainda, que desde o momento em que a pessoa é presa em uma cela, compreende imediatamente que todos os presos são inocentes. Em maio Iúlia ficou sabendo que Ígor tinha sido condenado a cinco anos.[104]

Iúlia foi presa em 27 de outubro de 1938, com 39 anos. Seu diário foi confiscado e usado para condená-la por conspirar com o marido contra o governo. Enviaram-na para um campo de trabalho de Kandalakcha, na região de Murmansk, no extremo norte polar. O filho menor, Vladímir, de 12 anos, foi com ela. Mas, ao chegar, fugiu, voltando para Moscou. Depois foi colocado no monastério de Danílov, especializado em filhos de "inimigos do povo". Iúlia teve novos problemas a partir de uma intriga que a levaram a ser condenada a cinco anos e enviada para o campo de trabalho de Karlag, em Karaganda, no Cazaquistão. Nesse campo, a recusa em ceder às investidas do comandante levou-a a uma situação em que trabalhava dezesseis horas por dia, com água gelada até a cintura, escavando a terra. Acabou adoecendo com o frio e morreu em dezembro de 1940.

---

103   I. Piatnitskaïa, op. cit., p. 33, p. 37-38, p. 56-57, p. 61, p. 77-78.
104   Ibid., p. 89, p. 153.

Em 1986, durante a chamada *Perestroika*, época de abertura que precedeu a implosão da União Soviética, Ígor foi procurado por Zina, a quem ele havia pedido que encontrasse a mãe nos anos 1940. Só mais de quatro décadas depois, ela ganhava coragem de contar o que tinha visto. Ao chegar a Karlag, Zina não conseguiu encontrar Iúlia até que algumas pessoas apontaram para um estábulo de ovelhas. Ela estava deitada no chão, em um leito feito de trapos, com uma roupa leve, com febre alta e o corpo com calafrios. "As ovelhas, encurraladas atrás de uma barreira, não a protegiam nem do vento, nem da neve que cobria o chão. Eu ajoelhei, ela tentou se levantar, em vão". Trocaram algumas palavras, ela delirava mas pediu que Zina não contasse ao filho sobre o estado em que se encontrava e que o ajudasse a sobreviver. Logo vieram os guardas, exigiram que Zina saísse e que guardasse segredo. Iúlia tinha sido levada para lá quando adoeceu e ninguém podia visitá-la. Morreu no estábulo e ali foi enterrada.[105]

Os trotskistas assassinados

Com a deportação de Trótski para a longínqua Alma-Ata, no Cazaquistão, em janeiro de 1928, iniciou-se o processo de desagregação da família. Lev (Léon) Sedov, o filho mais velho, chamado de Liova, seguiu o pai e a mãe, Natália, na esperança de continuar a luta da oposição. Pouco depois morreu de uma forte tuberculose, aos 26 anos, Nina, a filha mais nova do primeiro casamento de Trótski. Na mesma época seu marido, Man Nevelson, era deportado para a Sibéria, ficando suas duas crianças com a avó, Aleksandra Sokolóvskaia, primeira mulher de Trótski, em Leningrado. Um ano depois Stálin enviou a Trótski um ultimato impondo o silêncio ou a expulsão do território da URSS. É claro que o deportado não aceitou o silêncio e a expulsão se concretizou, entre janeiro e fevereiro do ano seguinte. Mais tarde, Stálin teria se arrependido dessa expulsão e de ter deixado Trótski sair com seus arquivos. Ele, Natália e Liova foram enviados para Istambul, antiga Constantinopla. Em seguida, a filha mais velha, Zinaída, cujo marido, Platon Vólkov, também tinha sido deportado para a Sibéria, sofreu diversas hospitalizações, pois também ela tinha ficado tuberculosa. Mas permaneceu em Moscou, com seus dois filhos pequenos. A família de Liova também foi dilacerada pela separação entre ele e sua esposa, Anna, que não aceitou sair de seu país e ficou com o filho de ambos. Trótski e Natália ficaram também separados de Serguei Sedov, o filho mais novo, engenheiro que nunca tinha se ocupado de questões políticas.[106]

---

105   I. Piatnitskaïa, op. cit., p.163, 169-170; O. Figes, op. cit., p. 372-374.

106   Léon Trotsky, "L'attentat du 24 mai et le Parti communiste méxicain", in: *L'appareil policier du stalinisme*. Paris, 10-18, 1976, p. 261; J.-J. Marie, *Stálin...*, op. cit., p. 315-316; Dmitri Volkogonov, *Trotsky, the eternal revolucionary*. London, HarperCollins, 1997, p. 348-349; P. Broué, *Trotsky...*, op. cit., p. 958, p. 688; Jean Van Heijenoort, *Sept ans auprès de Léon Trotsky: De Prinkipo à Coyoacán*. Paris, Maurice Nadeau, 2016, p. 31.

Do partido único ao stalinismo

Em janeiro de 1931, chegou a Istambul Zinaída, trazendo apenas um de seus filhos, Vsiévolod Platónovitch Vólkov, chamado de Sieva. Tinha recebido, depois de longa espera, autorização para tratar-se no exterior, porém as autoridades negaram a saída dos dois filhos pequenos. Decidiu levar o menor, de seis anos, ficando sua filhinha Aleksandra na URSS, como refém.[107] Também esta ficou sob a guarda de Aleksandra Sokolóvskaia. Por essa época, Léon Sedov partia para a Berlim para prosseguir seus estudos na cidade que era então o centro das atividades políticas dos comunistas fora da União Soviética. A convivência de Zinaída com o pai, em Istambul, deteriorou-se por uma série de razões que podem ser resumidas na ansiedade com que ela vinha, com o desejo de ser uma colaboradora política, frustrada pela secura e pela insensibilidade de Trótski sobre as questões psicológicas. O isolamento em que o casal vivia na ilha de Prinkipo, cercado de militantes estrangeiros que vinham visitar o grande líder, também não ajudava a adaptação da filha. Por isso ficou decidido que ela iria para Berlim ao encontro de seu meio-irmão. A saúde física e mental de Zinaída se tornou mais precária ainda na Alemanha, uma influindo na outra e vice-versa.[108]

Em fevereiro de 1932, um fato contribuiu enormemente para o aumento da depressão de Zinaída. Um decreto do governo soviético cancelou a nacionalidade de Trótski e de todos os seus parentes vivendo no exterior. Zina sabia agora que não poderia reencontrar seu marido deportado e sua filhinha. As notícias da União Soviética e a situação de ascenso do nazismo na Alemanha, visível nas ruas de Berlim, não contribuíam para melhorar as perspectivas. Além disso, o governo alemão decidiu pela sua expulsão. Assim ela tinha que enfrentar ainda a dificuldade de ter que procurar um outro país para se asilar. Em 5 de janeiro de 1933, depois de levar seu filho Sieva à escola e terminar as cartas aos seus, Zina fechou todas as saídas de ar da casa e abriu o gás. Liova telegrafou aos pais dando a notícia do suicídio. O casal se fechou em seu quarto por vários dias, só entreabrindo a porta para pedir chá. Era a segunda morte dos filhos, outras viriam.[109] Jean Van Heijenoort, então com 21 anos, um dos jovens que funcionavam como secretários e guardas na casa de Prinkipo, conta que o casal se fechou em seu quarto sem nada dizer. Ao terminar o luto, ele tinha duas rugas profundas que vinham do nariz à boca. A sua tragédia pessoal mesclou-se com a tragédia que se abatia sobre a Europa. Em 30 de janeiro, Hindenburg nomeava Hitler como chanceler.[110]

Sedov conseguiu falar pelo telefone com seu irmão Serguei e este teve que passar a notícia à mãe de Zinaída, Aleksandra Sokolóvskaia. Com quase 60 anos, estava rela-

---

107 P. Broué, *Trotsky...*, op. cit., p. 691; J.-J. Marie, *Le fils oublié,...*, op. cit., p. 57-58; D. Volkogonov, *Trotsky, the...*, op. cit., p. 349.

108 P.Broué, *Trotsky...*, op. cit., p. 693-695. O registro destas relações tão delicadas e humanas pode ser lido com mais profundidade em P. Broué, *Trotsky...*, op. cit., Chap. XLIII "Drame et tragédie familiale".

109 P. Broué, *Trotsky...*, op. cit., p. 696-697 ; D. Volkogonov, *Trotsky, the...*, op. cit., p. 351.

110 J. Heijenoort, op. cit., p. 71, p. 74.

tivamente bem, mas, depois disso, envelheceu subitamente. Por volta de 1935, foi presa e os netos de que estava cuidando ficaram aos cuidados de sua irmã. Soube-se, depois, que uma filha de Nina, Volina, tinha ido para um orfanato, enquanto Aleksandra, filha de Zinaída, foi para um campo do *Gulag* quando atingiu a maioridade.[111] Por volta de 1927, quando Trótski ainda estava no Burô Político do partido soviético, nas críticas que fazia a Stálin pela linha aplicada na China, num arrebato, ele havia chamado o secretário-geral de "coveiro da revolução". Depois Piatakov, em pânico, perguntara-lhe por que tinha dito aquilo, que ferira Stálin ao ponto de ele se levantar e sair da sala batendo a porta. "Stálin nem aos seus sobrinhos-netos perdoará", vaticinou.[112] O mau agouro parecia estar se cumprindo.

A vítima seguinte da família de Trótski foi o seu filho mais novo, Serguei Sedov. Quando adolescentes, em 1917, os dois irmãos se entusiasmaram igualmente pelos feitos dos bolcheviques e de seu pai. Porém, no fim da guerra civil, enquanto Liova continuava participando ativamente, Serguei se distanciara. Inclusive porque a presença do pai na casa era rara, nesses tempos de guerra, como contou depois Natália Sedova. Os pais diziam-no apolítico, segundo Trótski, por oposição a seu irmão. Só se interessava por ginástica, futebol e ciências exatas. Apesar disso, nos últimos tempos da Oposição Unificada, Serguei chegou a distribuir panfletos, inclusive a um camarada e primo seu, Boris Rosenfeld, sobrinho de Lev Kámenev. Ele também se mostrara bastante engajado quando o GPU carregara Trótski à força para o trem que devia levá-lo ao exílio em Alma-Ata, acompanhando a família até a estação. O mesmo aconteceu quando Trótski foi expulso do território soviético e se recusou a ir para o destino escolhido por Stálin, Istambul, ficando o vagão em que viajava a família paralisado, à espera da resposta a seu protesto. Serguei foi com sua esposa Olga Grebner e Anna, esposa de Liova, ficar com eles.[113]

Em 1934, Serguei já estava formado, trabalhava no Instituto Técnico Superior e publicava artigos em revistas científicas, tendo também escrito um livro sobre motores movidos a gasogênio. Mas no fim desse ano o assassinato de Kírov mudou completamente a situação na União Soviética. Na última carta de Serguei a seus pais, de dezembro desse ano, ele dizia que "a situação tinha ficado muito pouco agradável". Em contraposição a esses acontecimentos a vida pessoal dele havia mudado para melhor. Tinha se separado de Olga e agora estava loucamente apaixonado por Resnitchka Rubinstein, com quem se casaria em seguida. Mas Stálin e Iejov iriam fabricar o "caso das bibliotecárias do Kremlin", a partir dos mexericos de faxineiras, comentando que o chefe havia matado sua esposa. Mandaram prender as faxineiras, a telefonista e sete bibliotecárias. Entre elas, Nina Rosenfeld, cunhada de Lev Kámenev. Em

---

111   D. Volkogonov, *Trotsky, the...*, op. cit., p. 352.
112   Victor Serge, *Trotsky*. Lisboa, Editorial Aster, 1977, p. 168.
113   J.-J. Marie, *Le fils oublié*,..., op. cit., p. 34, p. 37, p. 47, p. 50, p. 52, p. 55.

Do partido único ao stalinismo

seguida, prenderam seu filho, Boris Rosenfeld. Pressionados, alguns presos reafirmaram o mexerico. Em 4 de março de 1935 Serguei foi preso e seu quarto minuciosamente revistado, sendo encontrados vários textos do pai, que foram considerados um "arquivo de Trótski". Quinze dias depois, Serguei foi declarado "membro de uma organização terrorista contrarrevolucionária". Liova, de Paris, informou o pai dessa inculpação e também da deportação de Aleksandra Sokolóvskaia para um campo de trabalho em Kolimá, na Sibéria. Essas novidades trouxeram grande preocupação quanto a ela, a Serguei e às crianças que estavam com a avó. Aleksandra Sokolóvskaia foi vista pela última vez em 1938, por Nadiéjda Joffe, filha de Adolf Joffe, que cita este fato em suas memórias.[114] Em maio de 1935, Serguei foi novamente interrogado. Conforme os policiais interrogadores, seu primo Boris Rosenfeld teria afirmado haver em preparação um atentado contra Stálin. Mas Serguei negou rotundamente qualquer relação com essa confissão e pertencer à tal organização terrorista.[115]

Afinal Iejov, concentrado na inculpação nesse processo de Kámenev e de Avel Enukidze, secretário do Comitê Executivo Central dos Sovietes, deixou em segundo plano a acusação contra Boris e Serguei. Foram apenas condenados a penas de deportação. Serguei foi para a cidade Krasnoiarsk, no centro da Sibéria. A viagem, no início de agosto, durou cinco dias. Tratava-se de um local para onde eram deportados muitos exilados políticos. Escrevendo constantemente cartas carinhosas para Resnitchka, Serguei reclamava que ela demorava a chegar. Procurando emprego e alojamento, contatou a fábrica de construções mecânicas Krasmach. O diretor, Aleksandr Subbótin, estava em viagem a Moscou. Enquanto esperava a volta, entrou em contato com um time de futebol local e foi aceito na equipe. Finalmente, em meados de setembro, o diretor voltou e com a incumbência, determinada pelo vice-comissário Serebrovski, de tentar construir veículos movidos a gasogênio, conforme um carro que ele tinha trazido da Alemanha. Serguei viu logo, sobre a mesa, um exemplar de seu livro sobre os motores a gasogênio. O diretor ficou entusiasmado com o especialista que lhe caía nas mãos, mas, ao saber que ele era filho de Trótski, resolveu antes consultar as autoridades superiores, a direção regional do NKVD e o próprio vice-comissário, que era adjunto do Comissário-chefe da Indústria Pesada, Ordjonikidze. Afinal, Serguei foi contratado com um alto salário de especialista e meios para criar o novo motor, porém com uma larga jornada de trabalho, de dez a onze horas. Resnitchka chegou, eles já tinham registrado o casamento e ela também conseguiu emprego como engenheira em uma fábrica. Foram seis meses maravilhosos na deportação em Krasnoïarsk. Esse

---

114   J.-J. Marie, *Le fils oublié*,..., op. cit., p. 71, p. 74, p. 78-82; L. Trotsky, *Journal d'exil*. Paris, Gallimard, 1977, p.95 ; D. Volkogonov, *Trotsky, the*..., op. cit., p. 355; Nadezhda Joffe, *Back in Time: My Life, My Fate, My Epoch*, Oak Park, MI, Labor Publications, 1995.

115   J.-J. Marie, *Le fils oublié*,..., op. cit., p. 86-87.

casamento viria a ter como consequência para Resnitchka, dez anos de *Gulag* e nove de exílio entre os seus 20 e seus 40 anos.[116]

Na noite de 31 de março para 1º de abril de 1936, um auxiliar de Serguei, que permanecia à noite na fábrica, esqueceu de fechar uma torneira de gás. Foi o início de um incêndio, logo controlado pelos bombeiros e por Serguei, que voltou ao local de trabalho para resolver o problema. Duas semanas depois, o NKVD começou a interrogar os envolvidos nesse incidente. Em maio, Serguei foi condenado sem ser ouvido e em junho foi preso. Resnitchka, grávida de sete meses, pediu a Subbótin, diretor da fábrica, que intercedesse. Ele concordou em fazê-lo, sem sucesso. Mais adiante ele próprio viria a ser acusado de especialista em recrutar "sabotadores trotskistas", posteriormente julgado, condenado e executado em julho de 1938. Em consequência do incêndio de 1936, outros empregados foram acusados, inclusive Zaks, um sobrinho de Zinóviev. Serguei foi enviado para um campo de trabalho em Vorkutá, ao norte do Círculo Polar Ártico, enquanto Resnitchka voltou para Moscou, onde deu à luz a Iúllia. Ao mesmo tempo, estava-se vivendo o ambiente histérico do 1º Processo de Moscou, cujos principais acusados eram Zinóviev, Kámenev, além de Trótski e seu filho Liova. No jornal *Pravda*, em janeiro de 1937, Serguei foi acusado, enquanto filho de Trótski, de ter tentado envenenar operários com gás.[117]

Dois meses depois da chegada de Serguei ao campo de Vorkutá, de minas de carvão, em 27 de outubro de 1936, iniciou-se uma greve de fome de presos sem precedentes. Pouco antes, em julho, havia chegado a Vorkutá um grande grupo dos chamados "trotskistas ortodoxos", isto é, aqueles que não capitularam em 1927 e não aderiram, como os outros, às teses do "socialismo num só país". A maior parte deles estava presa há dez anos. Viviam todos em duas grandes barracas, recusavam-se a trabalhar nas minas e só faziam o serviço de superfície, trabalhavam apenas oito horas, e não as doze do campo, obedeciam às decisões coletivas. O líder do grupo era o armênio Sokrat Guévorkian. Entre esses "trotskistas" havia também partidários da Oposição de Direita, isto é, de Rykov e Bukhárin, e da antiga "Oposição operária", de Chliápnikov. Logo depois do 1º Processo de Moscou, eles chegaram à conclusão de que seriam liquidados mais dia, menos dia, e que o stalinismo tentaria humilhá-los antes. Sem ilusão, decidiram-se por uma greve de fome que apresentasse suas reivindicações concretas como prisioneiros políticos. Grupos de trotskistas de outros campos da região aderiram à greve. As reivindicações eram: anulação da decisão de transferir os presos trotskistas de campos administrativos para campos de concentração; jornada de trabalho de oito horas; alimentação desligada do rendimento do trabalho; separação, tanto nos trabalhos como nos alojamentos, entre presos comuns e presos políticos; os inválidos,

---

116   J.-J. Marie, *Le fils oublié*,..., op. cit., p. 77, p. 90-91, p. 98-99, p. 105-108, p. 113-118.

117   Ibid., p. 9, p. 119-122, p. 158.

os velhos e as mulheres deveriam ir para campos onde as condições climáticas do Círculo Polar Ártico não fossem tão severas.[118] A separação entre presos políticos e presos comuns era um desejo partilhado entre todos os presos políticos. Os relatos das condições dos campos de trabalho mostram como a administração do *Gulag* deixava reinar a violência organizada de gangues de presos comuns contra os presos políticos, subvertendo as regras já duríssimas para todos, em privilégios para as gangues.[119]

A greve durou cerca de quatro meses e participaram dela cerca de mil prisioneiros. Para não contaminar os presos não-grevistas, os grevistas foram isolados em barracas, na tundra, a 40 quilômetros do campo. Para impedir a divulgação do fato, a correspondência com as famílias foi suspensa e os empregados assalariados do campo impedidos de folgas semanais e de deslocamento. Ao final do primeiro mês, morreu um preso, no terceiro mês, mais dois e no quarto, mais um. Dois grevistas desistiram. Foram 113 dias de greve que terminaram em 8 de fevereiro de 1937, com a notícia de que Moscou atendia às reivindicações. Isto aconteceu nos primeiros tempos. Mas a situação mudou. Depois, com o 2º Processo de Moscou, em janeiro de 1937, chegaram muitos mais presos que traziam notícias devastadoras sobre a repressão cega e os fuzilamentos sem julgamento. Alguns tiveram alguma ilusão com a promulgação da nova Constituição, em dezembro de 1936, mas esta logo se revelou um blefe. Houve uma reorganização no campo e os novos encarregados da ordem, presos comuns, com chicotes, maltratavam os outros. Os guardas das torres de controle se divertiam atirando nos que iam às latrinas, ou ordenavam que ficassem deitados, nus, durante horas na neve. Depois começaram as prisões. Líderes da greve como V. I. Ivanov e V. V. Kossior, bem como Serguei Sedov foram enviados a Moscou para serem julgados. Isolaram os grevistas novamente, chamavam por dia uma lista de trinta a quarenta presos, avisando-os que iam viajar, levavam-nos e, em vinte minutos, se ouvia uma forte fuzilaria. Entre esses fuzilados, o líder da greve, Guévorkian. Isso aconteceu durante todo o mês de abril e uma parte de maio. Depois fuzilaram as mulheres, entre elas, a esposa de I. N. Smírnov, Smirnova. Um dia sobravam ainda cem presos, mas o ritual macabro foi interrompido. Iejov tinha sido destituído, substituído por Biéria.[120]

Trótski nunca ficou sabendo da participação de Serguei nessa gloriosa greve de fome. Natália soube apenas em 1952, através de um depoimento dado a Boris Nikolaievsky, então instalado nos Estados Unidos. Para condenar Serguei o NKVD ressuscitou o caso do incêndio na fábrica Krasmach e todos os presos daquele caso coloca-

---

118   Ibid., p. 129; M.B., "Les trotskystes à Verkouta", *Quatrième Internationale* https://www.marxists.org/francais/4int/urss/vorkouta.htm (consultado em 02.01.2018).

119   Ver, por exemplo, Varlam Chalámov, *Contos de Kolimá*. São Paulo, Editora 34, 2015; Evguénia S. Guinsbourg, *Le Vertige*, t. 1. Paris, Le Seuil, 1990.

120   M.B., op. cit., https://www.marxists.org/francais/4int/urss/vorkouta.htm (consultado em 02.01.2018); J.-J. Marie, *Le fils oublié,...*, op. cit., p. 133; R. Conquest, op. cit., p. 690-691.

ram a culpa exclusivamente nele, como era a vontade da polícia política. Em fevereiro de 1937, Serguei foi interrogado na sinistra Lubianka, mas, torturado, não cedeu e não confessou nada. Finalmente, foi condenado à morte, em julgamento realizado em Krasnoiarsk, e fuzilado em 29 de outubro desse ano.[121]

No ano fatídico de 1937, o NKVD prendeu também em Moscou outro Serguei Sedov, irmão de Natália, nascido em 1877, apolítico, professor de matemática, sua mulher, Klávdia Sedova, sua filha Valentina Sedova e seu filho Lev. Como não podiam acusá-los de fazer parte do complô de Krasnoiarsk, condenaram Valentina, por causa de um manuscrito encontrado em sua bolsa, a oito anos de prisão, e o resto da família a cinco anos de "trabalho corretivo". Valentina teve o azar de estar presa em Orel quando Biéria sugeriu, em 1941, a execução de 64 prisioneiros dessa prisão. Afinal, Stálin executou mais que o dobro, 170. Em dezembro desse ano, Resnitchka Rubinstein foi presa, condenada a oito anos de campo de trabalho e enviada para Kolimá, na Sibéria. Sua filha Iúlia, de um ano, seria criada pelos avós maternos até os 16 anos. Em 1951 os pais de Resnitchka, por sua vez, foram presos e condenados ao exílio por cinco anos, para o qual levaram Iúlia. Depois da morte de Stálin, Iúlia foi autorizada a visitar a mãe.[122] Entre 1936 e 1938, outros parentes de Trótski foram mortos: a irmã, Olga Kámeneva, esposa de Lev Kámenev, foi exilada, depois, em 1935, presa e sentenciada a pena de campo de trabalho e finalmente fuzilada em 1941; seus filhos, Iúri e Alexsandr Kámenev, tinham sido fuzilados em agosto de 1936; em 1937, foi fuzilado Boris Bronstein, filho do irmão mais velho de Trótski, Alexsandr, também fuzilado em 1938. Ainda no ano anterior, tinham fuzilado Zakhar Mogluine, primeiro marido de sua filha Zinaída e pai da menina Aleksandra, e Man Nevelson, marido de sua filha Nina. Maria, irmã de Alexandra Sokolóvskaia e com quem ela havia deixado os seus netos, foi enviada para um campo de trabalho e morreu em 1941, durante a viagem.[123] Um dos genros de Trótski, Platon Vólkov, pai de Sieva, tinha sido condenado à morte e executado em outubro de 1936.[124] Depois da morte de Zinaída, o menino Sieva passou a morar em Paris, com Liova e sua companheira francesa, Jeanne. Mais tarde, após a morte de Liova, foi para o México, onde assistiu de perto ao assassinato de seu avô. Ele só conseguiria rever na Rússia sua irmã, Aleksandra, brevemente, em seu leito de morte, depois da implosão da União Soviética. Foi o historiador Pierre Broué quem localizou essa irmã em 1988.[125]

---

121 J.-J. Marie, *Le fils oublié*,..., op. cit., p. 135-136, p. 147, p. 161.

122 J.-J. Marie, *Le fils oublié*,..., op. cit., p. 154-157, p. 167.

123 D. Volkogonov, *Trotsky, the...*, op. cit., p. 353; J.-J. Marie, *Le fils oublié*,..., op. cit., p. 174-175.

124 J.-J. Marie, *Le fils oublié*,..., op. cit., p. 126.

125 Patrick Deville, *Viva!* São Paulo, Editora 34, 2016, p. 80; P. Broué, *Léon Sedov, fils de....*, op. cit., p. 104.

Do partido único ao stalinismo

Outros trotskistas foram assassinados nesse turbulento período, como Ignace Reiss, o amigo de adolescência de Walter Krivitsky, como já foi dito. No dia 6 de setembro de 1937, saiu publicado em um pequeno jornal de Lausanne, na Suíça, o encontro, em uma estrada secundária, do cadáver de um homem com um passaporte tcheco em nome de Hans Eberhardt e um bilhete de trem para a cidade francesa de Reims. Foi assim que Elisabeth Poretski (Elsa Bernaut, em solteira), sua esposa, ficou sabendo que o NKVD havia assassinado seu marido, conhecido no serviço secreto soviético como "Ludwig". Então telefonou para o amigo comum de ambos, Henk Sneevliet, velho comunista que havia atuado não apenas no partido holandês, como também nas Índias Holandesas, que mais tarde, em abril de 1942, seria executado pelos nazistas invasores, e que, naquele momento, estava ligado ao movimento trotskista. Ambos foram ao posto de polícia suíço para reconhecer o corpo. Precisaram então dizer quem era "Ludwig" e seu verdadeiro nome. Durante a vida inteira de militante, desde a adolescência, ele havia utilizado sempre nomes falsos. Deram então, como nome verdadeiro, Ignace Reiss, conforme o sobrenome de um ramo da família de "Ludwig" que o NKVD não conhecia. Isso para preservar a vida de Elisabeth e do filho pequeno, que corriam perigo. Com esse nome ele passou à história. O bilhete para Reims deveria levar "Ludwig" ao encontro de Sneevliet e Victor Serge.[126]

Reiss, cujo nome verdadeiro era Nathan Markovic Poretski, nasceu em uma minúscula cidade da Galícia, na Áustria-Hungria, na fronteira com a Polônia dominada pelos czares, em 1899, de mãe judia russa e pai polonês. Tinha uma turma de mais cinco amigos da mesma cidadezinha que seguiram mais ou menos o mesmo caminho: logo depois da Primeira Guerra Mundial, todos aderiram ao partido comunista polonês, pouco depois todos passaram ao serviço secreto soviético, primeiro no Quarto Departamento do Exército Vermelho, depois no NKVD ou na OMS (Seção de Ligação Internacional) da Internacional Comunista. Entre estes estava Walter Krivitsky. Todos eram comunistas dedicados que percorreram toda a Europa em tarefas perigosas a serviço da União Soviética. Todos foram fuzilados por Stálin, três deles dentro do país. Mais tarde apareceu Elsa, que se casou com "Ludwig". "Os nossos", publicado por Elisabeth Poretski (Elsa) em 1969, é a história desses e de outros agentes do serviço secreto soviético que deram a vida pela revolução e foram vendo seus sonhos desabarem. Ao longo de todo o relato, Elisabeth sempre ressalta a diferença entre os "militantes europeus" dos serviços secretos soviéticos, que pensavam estar atuando pela revolução mundial, quase todos no Quarto Departamento, e os militantes soviéticos, aninhados sobretudo no NKVD, para os quais valia qualquer coisa para a defesa da União Soviética. Os primeiros eram "os nossos", enquanto os outros eram "os deles". Em 1937, o

---

126 Boris Volodarsky, *Stalin's Agent: The life and death of Alexander Orlov.* Oxford University Press, 2015, p. 449; E. K. Poretski, op. cit., p. 262-263.; V. Serge, *Mémoires ...*, op. cit., p.361.

Quarto Departamento entrou, por assim dizer, em crise, inclusive pela prisão e fuzilamento de vários agentes e de seu chefe, Ian Berzin.[127]

Conforme Elisabeth, "Ludwig" não era trotskista e tinha muitos pontos de desacordo com Trótski. Mas, como todos os velhos membros do partido, não podia conceber um movimento comunista sem ele. Era um símbolo, um mito. Nessa época, entre os agentes, discutia-se sobre essa espécie de insensatez que levava a muitos, ao receberem o chamado de volta a Moscou, mesmo sabendo que ao chegarem seriam presos e fuzilados, seguirem com passos cegos o caminho para a morte. "Ludwig", no entanto, dissera-lhe que, se fosse chamado para "consulta", não iria e que não aceitaria ações contra os revolucionários espanhóis. Ele não tinha mais ilusões. Em maio de 1937, encontrou-se com Krivitsky, recém-chegado de Moscou. Este lhe contou que o NKVD havia feito perguntas sobre um irmão seu, morto na guerra russo-polonesa de 1919-1920, combatendo a União Soviética, insinuando que tanto o irmão quanto "Ludwig" sempre tinham sido espiões da polícia polonesa. Compreendeu que Moscou só tinha permitido a saída de seu amigo para levá-lo de volta à URSS. Tomou então a decisão definitiva de romper e telefonou a Sneevliet, pedindo contato com aqueles que estavam com Trótski. No entanto, quis, antes de tornar público o seu rompimento na imprensa de esquerda, escrever uma carta ao Comitê Central do partido soviético. Considerava que era "seu dever".[128]

Na carta ao CC, datada de 17 de julho, ele expunha suas razões políticas. Invocando o partido de Lênin, criticava duramente os processos de Moscou, a participação dos comunistas alemães no referendo da Prússia ao lado dos nazistas, bem como o desaparecimento de Andreu Nin na Espanha. Avisava, ainda, que estava se unindo à Quarta Internacional. Junto devolvia a condecoração da Ordem da Bandeira Vermelha, que lhe havia sido concedida. Ele esperava que a carta, entregue na embaixada soviética em Paris, seguisse seu caminho normal e demorasse uma semana para ser lida. Mas os tempos não eram normais e a funcionária que recebeu a correspondência, Lídia Grozóvskaia, entregou-a no mesmo dia a Serguei Spiegelglass, agente residente em Paris, subchefe da Seção Estrangeira do NKVD, especialista em "operações de liquidação". A caçada a "Ludwig" começou imediatamente. Krivitsky escreve, em seu livro, que tentou avisá-lo, telefonando várias vezes e imediatamente desligando, um aviso, segundo ele, o máximo que podia fazer sempre com Spiegelglass e outros agentes ao seu lado.[129]

Percebendo pelos telefonemas que o NKVD já conhecia suas intenções, "Ludwig" e Elisabeth refugiaram-se em uma pequena aldeia na Suíça. Antes de partir ela recebeu das

---

127 E. K. Poretski, op. cit., p. 19, p. 24-25, p. 34, p. 135, p. 139.

128 Ibid., p. 136, p. 232-235, p. 236.

129 E. K. Poretski, op. cit., p. 15-18, 237; B. Volodarsky, *Stalin's Agent...*, op. cit., p. 541; W. Krivitsky, op. cit., p. 249.

Do partido único ao stalinismo   367

mãos da mesma Lídia Grozóvskaia o correio para o marido. Entre a correspondência, havia uma carta de Gertrude Schildbach, uma amiga do casal, refugiada alemã, cheia de problemas existenciais, mas que o próprio "Ludwig" havia ajudado. Ela pedia um encontro, queria pedir conselhos. Acreditando que ela também quisesse romper com o stalinismo, pois já haviam conversado sobre isso, ele aceitou e marcou um encontro. Da primeira vez, no contato de Gertrude com a família, foram só afetos, inclusive com o filho pequeno. Entretanto, Elisabeth pegou uma linda caixa de bombons que imaginou ser um presente para ela, mas foi enfaticamente repreendida por Gertrude. No dia seguinte, seria um jantar para discussão política entre "Ludwig" e Gertrude.[130]

Então, ao sair do restaurante, em um camin0ho meio escuro, saltaram de um carro dois homens e colocaram "Ludwig" dentro, enquanto Gertrude também entrava. "Ludwig" se defendeu, em sua mão encontraram um chumaço dos cabelos grisalhos de Gertrude. Foi morto dentro do próprio carro com doze tiros de metralhadora e o corpo jogado na beira da estrada. Tinha 38 anos. Os assassinos diretos foram Roland Abbiate ("François Rossi") e o parisiense Etienne Martignat. O primeiro havia contatado Gertrude para o "serviço". O crime foi esclarecido em seguida pela polícia suíça. Hospedados no *Hotel de la Paix*, em Lausanne, Gertrude e "François Rossi" (Roland Abbiate) não voltaram para pegar suas bagagens e pagar a conta, motivo pelo qual o dono do hotel chamou a polícia. Esta, encontrando a caixa de bombons, descobriu rapidamente que estavam recheados de estricnina. Além disso, o carro utilizado no crime foi encontrado abandonado em uma praça da cidade. Havia manchas de sangue no banco. Foi fácil encontrar a empresa onde ele havia sido alugado em nome de Renée Steiner. Esta jovem suíça tinha sido recrutada pela "gangue Efron", de Serguei Efron, para seguir pessoas, como Lev Sedov e, depois, Reiss, mas não estava a par de tudo. Abandonada pelos seus cúmplices, depois de alguns dias resolveu ir à empresa ver se o carro tinha sido devolvido, talvez pensando recuperar a caução. Foi presa e contou em detalhes como tinha sido recrutada por Serguei Efron e quais as tarefas que tinha executado na França e na Suíça. A polícia suíça ainda pediu às autoridades francesas que ouvissem os funcionários da embaixada soviética que tinham recebido a carta de Ignace Reiss. Lídia Grozóvskaia apresentou-se e negou tudo, inclusive a existência de um organismo chamado NKVD. Ainda assim ficou presa por três dias, mas pagou fiança e foi libertada, desaparecendo em seguida.[131]

Serguei Efron também desapareceu de Paris, deixando para trás mulher e filho. Consta que foi para a Espanha onde seguramente os serviços soviéticos dispunham de um navio para transportá-lo para a URSS. Tratava-se de um refugiado russo branco,

---

130   E. K. Poretski, op. cit., p. 245, 255; C. Andrew e V. Mitrokhine, op. cit., p. 127.

131   Gérard Rosenthal, *Trotsky*. Amadora, Livraria Bertrand, 1976, p. 212-215; Alain Brossat, *Agents de Moscou*. Paris, Gallimard, 1988, p. 198.

esposo da famosa poetisa Marina Tsvetáieva, com aspirações a intelectual, participando da revista e do movimento *Eurasie*. Desde 1933, ele havia pedido seu passaporte para voltar à União Soviética e atuava na "União para o repatriamento dos emigrados russos". No entanto, era o cérebro de uma rede mais ampla que Spiegelglass havia, de certa forma, terceirizado para a execução de vários crimes em Paris. Crimes como, por exemplo, o roubo dos arquivos de Tróski depositados no instituto de história social do menchevique Boris Nikolaievsky, a vigilância contínua de Léon Sedov e o sequestro, à luz do dia, do general branco Evguiéni Miller. Por volta de 1936, Efron já era um agente pago pelo NKVD, cerca de 2.000 francos por mês. Voltando à União Soviética, ele foi preso em 1939, depois fuzilado, não se sabendo se imediatamente ou mais tarde, no começo da guerra.[132] Roland Abbiate, pelo contrário, teve vida longa nos serviços secretos. Em 1944, foi enviado para Nova York, de onde teve que sair um ano depois, sua carreira entrou em declínio em 1947.[133] Segundo Elisabeth Poretski, a imigração russa branca tinha vários grupos em Paris que combatiam o comunismo e confrontavam-se, acusando-se reciprocamente de agentes soviéticos e acusando estes supostos agentes à polícia francesa. E em todos eles havia efetivamente um agente do NKVD. O mais importante para os soviéticos era o chamado "Círculo Goutchkov". Todos estes grupos estavam juntos na "União para o repatriamento dos emigrados russos", que recebia consideráveis fundos do NKVD, do qual Efron era secretário.[134]

Com o assassinato de Ignace Reiss, a situação de Krivitsky ficou perigosa e, depois de idas e vindas, ele decidiu romper com a URSS.[135] Quis procurar os trotskistas e para isso contatou Elisabeth. Ela não queria encontrá-lo, pois julgava que ele tinha tido responsabilidade na morte de Reiss. Mas pela pressão dos trotskistas de Paris e de Sneevliet, acabou concordando com a reunião. Há vários relatos desse encontro crispado por vários motivos. Krivitsky deixou claro que não estava aderindo ao trotskismo, mas apenas pedindo ajuda e cooperando. Em plena reunião tensa e glacial, à qual estavam presentes Lev Sedov, Sneevliet, Gérard Rosenthal e Pierre Naville (Victor Serge afirma também ter estado presente), Krivitsky contou que Spiegelglass havia projetado um atentado contra Elisabeth e seu filho na estação de trem *Gare du Nord*, do qual desistiu porque havia muita gente. Mas além disso revelou: "vocês têm um perigoso agente do NKVD em seu partido". Explicou que sua carta a Elisabeth, que devia seguir, via um portador, para Amsterdã, onde ela estava hospedada por Sneevliet, foi vista por ele nas mãos de Spiegelglass. Citou várias ações desse agente, mas disse não conhecer seu nome. A tensão na sala já havia começado com o fato de, frequentemente, os que falavam russo intervirem nessa

---

132   A. Brossat, op. cit., p.168, p. 180, p. 198, p. 205, p. 208, p. 210, p. 212-215.

133   C. Andrew e V. Mitrokhine, op. cit., p. 192, p. 218, p. 221.

134   E. K. Poretski, op. cit., p. 260, 261; J.-J. Marie, *Le fils oublié*,..., op. cit., p. 66-67.

135   W. G. Krivitsky, op. cit., Chap. VIII "Ma rupture avec Staline", p. 237-262.

Do partido único ao stalinismo

língua, privando os outros de perceber o conteúdo da frase. Quando Krivitsky disse não saber o nome do agente, Sneevliet explodiu contra ele. Na verdade, desde muito tempo atrás, Pierre Naville e outros suspeitavam de "Etienne" (nome verdadeiro: Marc Zboro-wski), o principal auxiliar de Lev Sedov, que tinha plena confiança nele. E foi a conclusão a que também chegou Sneevliet depois dessa reunião.[136]

Comovido com o assassinato de Ignace Reiss, Trótski escreveu no México "Uma lição trágica". Fez um histórico da vida dele e dos agentes que trabalhavam pela revolução mundial, embora pagos pelos serviços secretos soviéticos. Mas fez também, sobre a forma de autocrítica, a crítica aos trotskistas que não souberam influenciar Reiss no sentido de, primeiro romper publicamente com a URSS, antes de enviar a carta de ruptura.[137] Na verdade, o objeto de sua crítica era Sneevliet, que não teria aconselhado Reiss adequadamente. Mas o que podia ele fazer senão confiar no roteiro do experiente agente secreto? De fato, é sintomático de um certo código de honra do militante revolucionário internacionalista, que Reiss tenha pensado ser seu dever, primeiro escrever a Iejov e Stálin, para só depois publicitar sua posição.

A equipe de Serguei Efron, orientada por Spiegelglass, que assegurava a vigilância cotidiana de Léon Sedov, teve que interromper seu trabalho para se dedicar à captura e liquidação de Ignace Reiss. Como já dissemos, na mesma época, a ruptura de outro agente, Alexander Barmine, ficou também em segundo plano com a caça a "Ludwig". Reiss morto, a caça a Sedov foi retomada. A vida de Liova tinha se modificado radicalmente desde o momento em que seguiu voluntariamente seus pais ao exílio. Em *Filho, amigo, lutador*, Trótski descreveu como ele se transformara em "tudo para nós: nosso intermediário nas relações com o mundo exterior, nosso guarda, nosso colaborador, nosso secretário". O trabalho literário em comum começou logo. No caos da biblioteca pública de Alma-Ata, Sedov havia pesquisado as coleções do *Pravda*, selecionando citações e extratos dispersos para uso posterior, também colhendo trechos de obras do marxismo em Istambul, Berlim e depois Paris, dando lugar a uma "solidariedade de ideias". "O nome de meu filho deveria figurar, com justiça, ao lado do meu em quase todos os livros que escrevi depois de 1928".[138]

Para Sedov, a vida em Istambul iria ser marcada para o resto de seus dias por dois acontecimentos. Rapidamente, ele ficou a par da luta entre as duas frações de trotskistas franceses que mais tarde se transformariam em dois micropartidos. De um lado, Raymond Molinier e Pierre Frank, de quem logo ficou partidário, e de outro o veterano

---

136 E. K. Poretski, op. cit., p. 275-280; V. Serge, *Mémoires ...*, op. cit., p. 362-363; V. Serge, *Carnets...*, op. cit., p.38; G. Rosenthal, op. cit., p. 216-218.

137 Trotsky, "Une leçon tragique", in: Elisabeth K. Poretski, *Les nôtres*, p. 8-13.

138 Trotsky, *Leon Sedov, son, friend, fighter* - https://www.marxists.org/history/etol/document/obits/sedobit.htm (consultado em 02.01.2018); P. Broué, *Léon Sedov, fils de...*, op. cit., p. 57-58.

Alfred Rosmer, amigo pessoal de Trótski, Pierre Naville e Gérard Rosenthal, oriundos do movimento surrealista. Por outro lado, Liova ligou-se amorosamente à Jeanne Martin des Pallières, então esposa de Molinier. Este casal então se separou, mas Molinier e Jeanne continuaram ligados politicamente. Como em Alma-Ata, Liova continuava encarregado dos contatos com os trotskistas da União Soviética. Mas em 1928 as ligações se romperam, sobretudo pela crise da Oposição de Esquerda, com as diversas capitulações daqueles que, satisfeitos com o giro na condução de Stálin em direção à coletivização forçada e à industrialização acelerada, julgavam que o seu programa estava quase sendo posto em prática. Com isso aceitaram submeter-se ao partido e fazer autocríticas públicas. Assim se foram Radek, Preobrajiénski, Smilga, Ivan N. Smírnov, Mratchkóvski e Ter-Vaganian, entre outros. Apesar disso alguns contatos foram mantidos por Léon Sedov. E, a partir da Turquia, ele começou a editar o "Boletim da Oposição", com textos de Trótski. Assinou também alguns artigos como N. Markine.[139]

Em 18 de fevereiro de 1931, Liova e Jeanne foram para Berlim. Viviam com o dinheiro que lhes era enviado por Trótski e viviam mal, muito modestamente. Todas as descrições que são feitas sobre Liova mencionam as suas roupas puídas e o pouco dinheiro que tinha para comer. Foi em Berlim que, entre as tantas relações que estabeleceu, conheceu o menchevique Boris Nikolaievsky, que já naquela época tinha a mais ampla documentação sobre a URSS. Como já foi dito, depois da ida de sua irmã Zinaída para Berlim e depois de seu suicídio, em janeiro de 1933, o casal acolheu Sieva como filho enquanto, sem cartas de Anna, Liova se desesperava de não ter notícias de seu pequeno.[140] "Lola", sua secretária, contaria anos depois como ele carregava consigo o retrato de Lúlia (apelido de Lev, seu filho), mostrando e dizendo: "Certamente eles lhe ensinaram a me odiar e ele nunca saberá a verdade".[141] Na mesma época, Sedov se viu envolvido nas lutas de tendência da oposição de esquerda alemã, sem saber que os maiores agentes da confrontação, os irmãos "Roman Well" e "Adolf Senin" – nomes verdadeiros Ruvin e Abram Sobolevicius – eram, na verdade, agentes do GPU. Essas confusões ainda renderiam críticas de Trótski, que Liova, em cartas à mãe, considerou injustas.[142]

Mas a rede de contatos de Liova com a União Soviética, que ainda tinha resistido, esfacelou-se com a subida de Hitler ao poder, em 1933, pois se apoiava parcialmente em pessoas de instituições alemãs. Um ano e meio depois, com o assassinato de Kírov, mais um passo foi dado para o desmantelamento da rede. Ao escrever sobre esse assassinato, Liova não estava ainda muito certo do papel de Stálin nesse crime que

---

139   P. Broué, *Léon Sedov, fils de....*, op. cit., p. 60-64, p. 70.

140   Ibid., p. 88, p. 90-93.

141   L. Yakovlev,»Témoignages", *Cahiers Léon Trotsky*, nº 13 - https://www.marxists.org/francais/clt/1979
        -1985/CLT13-Mar-1983.pdf

142   P. Broué, *Léon Sedov, fils de....*, op. cit., p. 94, p. 105.

Do partido único ao stalinismo

iria transfigurar a União Soviética. Logo depois do incêndio do *Reichstag*, em 27 de fevereiro, Sedov tomou a decisão de deixar a Alemanha e ir para Paris. Ele e Jeanne conseguiram sair do país com o arquivo dos trotskistas envolvido em *lingerie* de seda colocado em malas e a própria Jeanne viajou com papéis em torno de seu corpo. Chegaram a Paris em 25 de março. Como outros russos fugindo do nazismo vitorioso, Boris Nikolaievsky também tinha ido para Paris e conseguiu que sua documentação fosse instalada em um escritório transformado em anexo do Instituto Internacional de História Social de Amsterdã, que tinha sido fundado recentemente. É lá que Sedov iria colocar parte do arquivo dos trotskistas.[143]

Uma grande notícia para Liova foi a concessão de um visto para o casal Trótski viver na França, fruto de uma negociação de Maurice Parijanine, tradutor das obras de Trótski, com um deputado do partido radical. O casal chegou à França em julho de 1933. Pai e filho se reencontraram com grande emoção. Dessa época, datam também a desilusão de Trótski com as atividades de negócios de Molinier e, paralelamente, a de Sedov. No entanto, ele era pressionado por Jeanne, que tomava sempre o partido do grupo Molinier-Frank. O primeiro período de Trótski na França foi animador: ele vivia na pequena cidade de Barbizon, longe da imprensa e acessível às pessoas com quem queria se relacionar politicamente. Porém tudo se deteriorou em abril de 1934, depois que o secretário de Trótski, o alemão Rudolf Klement, foi preso por andar de bicicleta motorizada à noite, sem lanterna. O mundo político e jurídico, bem como a imprensa sensacionalista de direita "descobriram" então que Trótski estava na França e ele foi formalmente expulso pelo governo. Porém continuou no país já que nenhum outro lhe concedia visto. Foi uma vida de clandestino, mudando de alojamento a toda hora. Nesse período, entre 1935 e 1936, chegaram a Paris militantes ligados à Oposição de Esquerda que tinham conseguido, por diversas formas, sair de prisões e campos de trabalho da URSS e podiam contar o que viram, bem como dar notícias das pessoas: o armênio A. A. Davtian, chamado de Tarov, o croata Anton Ciliga e Victor Serge. Dentre as várias novidades que trouxeram, Serge relatou os boatos que diziam que os irmãos Sobolevicius – "Roman Well" e "Adolf Senin" – pertenciam ao NKVD (novo nome do GPU a partir de janeiro de 1934).[144]

Foi em 1934 que Sedov ganhou dois colaboradores de língua russa. Primeiramente, falando da necessidade de alguém que conhecesse essa língua a Boris Nikolaievsky, este lhe apresentou Lilia Ginzberg Estrine, que tinha todas as qualidades necessárias: nascida na Letônia, que pertencia então ao Império russo, advogada formada em Moscou, falava quatro línguas, tinha família nos Estados Unidos e um passaporte soviético sempre renovado. A conversão de "Lola", do menchevismo ao "bolchevismo leninista"

---

143   Ibid., p. 83-84, p. 110-111, p. 117.
144   Ibid., p. 118-119, p. 121-122.

(trotskismo), parecia estranha a muitos, como por exemplo, a Pierre Naville. O outro colaborador conseguido por Sedov era Marc Zborowski, que surgiu sem nenhuma indicação particular. Apareceu nas reuniões abertas em 1934 e começou a divulgar o jornal trotskista *A verdade*. No ano seguinte, na universidade, começou a conversar com Jeanne, a companheira de Sedov, que o apresentou a ele. Zborowski também tinha as qualidades necessárias para ser um colaborador: nascido em família judia da Ucrânia, fora educado na Polônia, para onde seus pais fugiram depois da revolução russa, tinha estudado medicina, depois sociologia e em seguida etnografia, tendo se diplomado na França. Passou a ser chamado de "Etienne" e formou com "Lola" o par inseparável para o trabalho de Liova.[145]

Na verdade, Mordka Grigórievitch Zborowski era o agente B-187 do GPU, depois NKVD, recrutado em Grenoble, em 1933, conhecido como "Tioulpan", ou "Tulip", ou "Kant", que recebeu primeiro a tarefa de se infiltrar entre os trotskistas e depois, em 1935, de vigiar Sedov. Em todos os episódios que se seguiram, nos quais muitos militantes assinalaram "Etienne" como suspeito, em primeiro lugar, Pierre Naville, Sedov o defendeu, pondo por ele a mão no fogo. Sedov tinha uma preferência pelos russos, com quem tinha essa comunidade cultural que a língua propicia, via nada mais que virtudes neles, sobretudo quando os comparava com os franceses, que aos seus olhos tinham todos os defeitos possíveis. Parecia ter surgido uma sólida amizade entre os dois, pelo menos da parte de Sedov. Zborowski informava a Stálin tudo que se passava com Trótski, seu filho e seus seguidores até 1939. O historiador general Dmitri Volkogonov, que pôde pesquisar seu dossiê no arquivo do NKVD, na década de 1990, narra detalhadamente os relatórios de "Etienne" e as informações que ele transmitiu, mas não esclarece nenhuma ação concreta, inclusive na morte de Sedov. Muitas vezes, Stálin leu artigos e matérias que lhe chegavam, via Zborowski, antes de sua publicação na imprensa trotskista. O NKVD tentou alterar ou distorcer o sentido de alguns escritos e mesmo incluir trechos escritos por eles. Não deu certo por causa da vigilância de "Lola", que fazia a revisão.[146]

O primeiro episódio suspeito foi o roubo dos arquivos de Trótski, na noite de 7 de novembro de 1936. O arrombamento do local tinha sido feito com uma técnica refinada, não usada normalmente na França. Não levaram mais nada além de quinze maços de papéis empacotados, atados e numerados, pesando cerca de oitenta quilos. Era uma parte do arquivo, que estava na casa de "Lola", levado pouco antes para a sede do instituto de Boris Nikolaievsky, no centro de Paris. Estavam a par dessa transferência apenas Nikolaievsky, "Etienne", "Lola" e Sedov. Quando a polícia levantou a suspeita

---

145   Ibid., p. 125-127.
146   P. Broué, *Léon Sedov, fils de....*, op. cit., p. 126-127; D. Volkogonov, *Trotsky, the eternal...*, op. cit., p. 334-335, p. 346.

sobre "Lola" e "Etienne", Sedov os defendeu. Inclusive porque a outra parte do arquivo estava com o próprio "Etienne". De fato, tinha sido ele a levar os arquivos ao instituto, daí que os executores do roubo puderam ir direto ao local em que estavam. Zborowski depois reclamou com seus chefes do NKVD de o terem colocado na condição de suspeito. No dia seguinte, Liova foi ao Palácio de Justiça encontrar com Gérard Rosenthal, advogado de Trótski que encaminhava a denúncia do roubo, e percebeu que estava sendo seguido. Avisou Rosenthal que fez com que o homem que o seguia fosse detido: era um russo branco que deu como desculpa estar esperando alguém. O inquérito da polícia francesa sobre o roubo não deu em nada. No fim, por intrigas de comunistas franceses, a polícia estava quase acusando o próprio Sedov do roubo do arquivo.[147]

Depois veio o assassinato de Ignace Reiss. Através do inquérito levado a cabo pelas polícias suíça e francesa, soube-se da equipe criada por Serguei Efron e das ocasiões em que ela, naturalmente informada por Zborowski, preparou armadilhas para Sedov. Rosenthal, que era advogado de Elisabeth Poretski, companheira de Reiss, procurou Liova e lhe contou vários desses episódios. Mostrou que quando Liova tinha marcado um encontro com um advogado em Mulhouse, perto da fronteira suíça, em janeiro desse ano, lá estavam três pessoas da gangue de Efron – Louis Ducomet, Dimitri Smiriénski e Renée Steiner – conforme ela disse à polícia suíça. Sedov, não tinha ido.[148] A propósito desse encontro, "Lola" contaria, muitos anos depois, que estando Liova doente, foi "Etienne" quem leu a carta marcando e, propositalmente, não leu os detalhes de dia e local.[149] Rosenthal revelou ainda que, quando Sedov tinha ido para uma praia em Antibes, no mar Mediterrâneo, em agosto daquele ano, a moça simpática que o convidou a sentar-se à sua mesa era Renée Steiner, enquanto Smiriénski estava em um hotel vizinho. Relatou também que na mesma rua em que Liova morava, rua Lacretelle, número 26, quatro agentes do NKVD tinham alugado um apartamento no número 28. Por volta de julho, Serguei Efron havia constituído essa rede de espionagem para o NKVD, da qual faziam parte, além dos três citados, Roland Abbiate ("François Rossi"), todos trabalhando no apartamento já citado, alugado por outro russo branco. Além disso, Raymond Molinier, que naquela época tinha um táxi, viu um dia "Roman Well", um dos irmãos Sobolevicius, tomar um outro táxi. Seguiu-o e viu-o descer quase na porta do prédio de Sedov, ou seja, ia para o número 28. Embora com relações estremecidas, Molinier julgou necessário avisar Sedov e foi a seu apartamento. Lá estava "Etienne", a quem ele avisou. Obviamente, este não transmitiu o recado. Mas apesar de todas essas advertências, Liova continuava confiando plenamente em

---

147   G. Rosenthal, op. cit., p. 181-182; P. Broué, *Léon Sedov, fils de...*, op. cit., p. 172-173, p. 180.

148   G. Rosenthal, op. cit., p. 220.

149   L. Yakovlev, Témoignages, *Cahiers Léon Trotsky*, nº 13 - https://www.marxists.org/francais/clt/1979-1985/CLT13-Mar-1983.pdf (consultado em 03.01.2018).

"Etienne". A Elisabeth Poretski disse que devia defendê-lo contra os outros porque só ele o conhecia bem. "Sei a que ponto ele é dedicado ao Velho e a mim, sei que ele faria tudo por nós e pela organização". Zborowski relataria mais tarde que a intenção dos soviéticos era sequestrar Liova e enviá-lo a Moscou. Ele iria junto.[150] Comentando a cegueira dela e de Liova, "Lola" contou que uma vez, estando ele doente, permitiu que "Etienne" abrisse e lesse toda a sua correspondência.[151]

Com tantas iniciativas que ainda não tinham dado certo, o NKVD recebeu um presente do destino. Em meados de janeiro de 1938, Liova sentiu-se mal, com fortes dores abdominais. A essa altura, para alguém sem dinheiro como ele, "Lola" sugeriu que ele fosse examinado pela doutora Fanny Trachtenberg, sua cunhada, médica formada na Alemanha, que não tinha o diploma reconhecido e não lhe cobraria nada. Ela diagnosticou um começo de apendicite e o medicou. No dia 8 de fevereiro, Liova voltou a se sentir mal, pior do que na primeira vez. A mesma médica sugeriu-lhe operação e indicou a internação na Clínica Mirabeau, que era dirigida por um outro russo e onde havia muitos russos entre os empregados. Com toda probabilidade, russos brancos. Era uma clínica que vivia relativamente na clandestinidade, não perguntava nada aos pacientes e aos médicos que aí atuavam. Só estavam a par desses problemas Jeanne, "Lola" e, naturalmente, "Etienne". Juntamente com Liova, os quatro combinaram não revelar nada a mais ninguém. "Etienne" chamou a ambulância e Jeanne inscreveu Liova como Léon Martin, seu sobrenome. A operação foi feita pelo médico, Dr. Thalheimer, na mesma noite. O apêndice foi retirado. Entretanto, com medo das responsabilidades que lhe cairiam em cima e contra o que havia sido acordado, Zborowski avisou também o líder dos trotskistas franceses, Jean Rous, mas não deu o endereço da clínica. Como contaria mais tarde, Zborowski avisou seus chefes do NKVD que Sedov estava internado na referida clínica, mas afirmou que o fez só depois da morte de Sedov. No começo da convalescença Sedov estava fraco, mas em 12 de fevereiro já se encontrava melhor, fazendo planos de trabalho. Na noite de 13 para 14, piorou drasticamente. Parecia fora de si, passou a andar pelos corredores só com o roupão, entrando em outro quarto que não o seu, delirando. Os médicos, chamados, falaram de um acidente pós-operatório, mas não souberam explicar. Só então avisaram a Gérard Rosenthal, cujo pai era um médico de renome. Decidiram operar novamente Sedov. Mas, no dia 16, ele entrou em coma durante a madrugada e morreu de manhã, com a idade de 32 anos.[152]

---

150   G. Rosenthal, op. cit., p. 225; P. Broué, *Léon Sedov, fils de....*, op. cit., p. 131-132, p. 181-182; E. Poretski, op. cit., p. 271.

151   L. Yakovlev, op. cit. - https://www.marxists.org/francais/clt/1979-1985/CLT13-Mar-1983.pdf (consultado em 03.01.2018).

152   P. Broué, *Léon Sedov, fils de....*, op. cit., p. 221-227, p. 232.

Do partido único ao stalinismo

> No domingo, 20 de fevereiro, aniversário da criação do Exército Vermelho, um cortejo de duas mil pessoas, arvorando bandeiras vermelhas e entoando hinos revolucionários, acompanhara o corpo de Léon Sedov, transportado aos ombros de jovens militantes, até o seu túmulo, no cemitério Père Lachaise. Sobre sua campa, em nome das organizações francesas e internacionais, eu, Jean Rous, o belga Lesoil e Prau dirigimos o último adeus ao jovem e valoroso filho do grande revolucionário.[153]

O telegrama enviado por Rosenthal com a notícia não chegou ao México. Trótski a recebeu pela boca do pintor Diego Rivera. Ao conhecer a trágica morte, Trótski e Natália fecharam-se no quarto por muitos dias para sair, mais tarde, terrivelmente envelhecidos.[154]

Foi uma luta convencer as autoridades a investigar as causas da morte de Sedov. Do México, Trótski escreveu ao juiz de instrução, afirmando claramente que o assassino era o GPU (já então NKVD), historiando vários crimes, inclusive a "ajuda à morte" do seu ex-chefe, Menjínski e do escritor Górki, bem como os métodos de envenenamento de Iagoda, que tinham ficado claros no 3º Processo de Moscou. Em outra carta ao juiz, esclarecia as dúvidas que deviam ser respondidas e mencionava todas as pessoas próximas a ele que tinham sido atingidas pelo GPU, como seus dois genros, seu filho mais novo, Serguei, seus secretários russos Poznanski e Sermuks, outros dois secretários Erwin Wolf e Rudolf Klement. Enfim, com toda a perseguição de que era vítima Léon Sedov, era impossível não pensar em uma ação do NKVD (GPU) nessa suposta morte natural. Embora tenha sido feita uma autópsia por dois toxicólogos reputados, eles não encontraram nada, mas não excluíram que a morte tivesse sido causada por um veneno incomum, imperceptível, para cuja detecção não tinham meios.[155] Serguei Spiegelglass, então agente do NKVD em Paris, afirmou, quando foi preso na União Soviética poucos meses depois, que ao saber da notícia, Iejov teria dito: "Fizemos um bom trabalho".[156] O historiador Dmitri Volkogonov, em sua biografia de Trótski, afirma que ninguém duvida de que Sedov tenha sido envenenado pelo NKVD, mas não há rastros. Lembra ainda que o órgão tinha uma seção especializada em venenos.[157] Mas a maior evidência lógica da autoria do NKVD é que, com tantas tentativas abortadas de sequestrar Sedov, seria impossível que não aproveitassem essa ocasião de ouro para matá-lo. Na década de 1970, um livro de memórias de uma autoridade policial, na França, revelou que o dono da clínica, o Dr. Boris Girmunski, era um médico

---

153   G. Rosenthal, op. cit., p. 233.

154   G. Rosenthal, op. cit., p. 232; P. Broué, *Léon Sedov, fils de....*, op. cit., p. 233.

155   G. Rosenthal, p. 242, 254, 256; P. Broué, *Léon Sedov, fils de....*, op. cit., p. 237.

156   Boris Volodarsky, *Stalin's Agent...*, op. cit. p. 321.

157   D. Volkogonov, *Trotsky, The eternal...*, op. cit., p. 359-360.

da *TcheKa* que a havia comprado com dinheiro vivo, por um preço bastante alto. Ou seja, tudo indica que fosse um agente do NKVD.[158]

Depois da morte de Sedov, "Etienne" assumiu a direção do Boletim da Oposição e manteve correspondência direta com Trótski. Nessas cartas ele insistia em intrigar Sneevliet, acusando-o de não ter posto Ignace Reiss imediatamente em contato com Sedov. O velho comunista holandês já o considerava o agente infiltrado mencionado por Krivitsky. "Etienne" também intrigava Victor Serge, insinuando que ele tinha relações com o NKVD.[159] Marc Zborowski participou da conferência internacional de fundação da Quarta Internacional, em setembro de 1938, e foi aceito como representante da "seção russa". Desconfiado, Naville conseguiu que ele não ficasse sabendo do local e só fosse levado à última hora. A questão "Etienne" estava na pauta da conferência. Fora ele mesmo quem se queixara a Trótski, por carta, da desconfiança dos outros, ao que este propôs que se formasse uma comissão de inquérito. Nada foi feito.[160] Em 1939, Trótski recebeu, no México, uma carta anônima de uma pessoa que se dizia um velho judeu apátrida que tinha sabido, por um alto funcionário dos serviços secretos, desertor, que havia dentro da organização trotskista um agente do NKVD com o nome de Mark (atravessando o Atlântico, Marc virou Mark). A carta dava toda sorte de detalhes que cabiam perfeitamente na figura de "Etienne".[161] Trótski não gostava de cartas anônimas e temia intrigas do NKVD para causar desalento nas organizações. Mesmo assim, dada a delicadeza do assunto, escreveu uma carta pedindo que Rosenthal e Rosmer, associando também Nikolaievsky, seguissem "Etienne" discretamente. A carta foi dada ao dirigente americano James P. Cannon para que a enviasse à França a partir dos Estados Unidos. Mas nunca chegou. Foi encontrada anos depois na sede dos trotskistas americanos.[162] O velho judeu, como se soube depois, era Aleksandr Orlov, que depois de ter sido protagonista em toda a sorte de crimes do stalinismo na Espanha e possivelmente também na França, tinha desertado em 1938, indo para o Canadá, mas sob a proteção dos Estados Unidos. O historiador Volodarsky opina que Orlov escreveu essa carta porque queria ficar bem com o advogado americano John F. Finerty, conhecido defensor de direitos humanos, ex-advogado de Sacco e Vanzetti e simpatizante de Trótski. Também queria mostrar às autoridades americanas estar contra o NKVD, caso viesse a ter problemas para conseguir autorização de residência.[163]

---

158   Michel Lequenne, "Les demi-aveux de Zborowski", Cahiers Léon Trotsky, nº 13, 1983 - https://www.marxists.org/francais/clt/1979-1985/CLT13-Mar-1983.pdf (consultado em 03.01.2018).

159   P. Broué, *Léon Sedov, fils de....*, op. cit., p. 246.

160   G. Rosenthal, op. cit., p. 260-261.

161   M. Lequenne, op cit., https://www.marxists.org/francais/clt/1979-1985/CLT13-Mar-1983.pdf (consultado em 03.01.2018).

162   G. Rosenthal, op. cit., p. 261-262; P. Broué, *Léon Sedov, fils de....*, op. cit., p. 244-245.

163   B. Volodarsky, *Stalin's Agent...*, op. cit., p. 413; Boris Volodarsky, *El caso Orlov – Los servicios secretos soviéticos en la guerra civil española*. Barcelona, Crítica, 2013, p. 322.

Do partido único ao stalinismo

"Etienne" continuou. Veio a guerra, a invasão nazista na França e como tantos outros trotskistas e comunistas, ele foi aceito para se refugiar nos Estados Unidos em 1941, com a ajuda de "Lola", agora casada com o menchevique David Dallin. Dessa data até 1943 ficou isolado, até que o NKVD o contatou para novamente imiscuir-se no movimento trotskista.[164] Trabalhou com o grupo dos trotskistas franceses em Nova York e, por um período, foi colocado na cola de Victor Kravchenko, cujas revelações inquietavam a URSS. Para tanto, ele pediu a David Dallin o contato com o autor de *Eu escolhi a liberdade*.[165] Posteriormente, quando "Etienne" foi desmascarado, Dallin deu a seguinte definição dele:

> Cada agente da polícia secreta soviética tem uma indicação específica, em função de sua personalidade. O magro quatro-olhos de fala doce Mark Zborowski não é nem um ladrão, nem um assassino: ele nem sabe atirar com um revolver ou arrombar uma fechadura. Mas é um mestre na arte de se infiltrar, relatando a partir do interior os segredos dos grupos políticos antissoviéticos. [...] Ele não rouba, mas diz onde os documentos podem ser roubados; ele não mata, mas dá as coordenadas dos que já estão condenados.[166]

Em 1955, em plena "guerra fria", dois anos depois da morte de Stálin, o ex-agente do NKVD Aleksandr Orlov começou a fazer revelações. Em 1938, quando desertara, tinha enviado uma carta a Iejov, então seu chefe, prometendo nada revelar do que sabia se os soviéticos se comprometessem a não perseguir sua velha mãe.[167] Mortos Iejov e Stálin, estava livre para falar. Então o menchevique Rafail Rein Abramovitch, cujo filho Mark Rein havia desaparecido na Espanha, provavelmente sob as ordens do próprio Orlov, foi procurá-lo para ter mais informações. Na conversa Orlov mencionou o agente infiltrado entre os trotskistas, Mark (Marc) Zborowski. Abramovitch avisou imediatamente o casal Dallin, que inicialmente não acreditou. Convenceu-se depois de Orlov citar um fato ocorrido com Sedov, narrado nos relatórios de Zborowski, lidos por ele: que o filho de Trótski teria caído em lágrimas, na rua, ao ler no jornal a execução de Zinóviev e Kámenev. Ao mesmo tempo, o casal ficou sabendo que o FBI já sabia da presença de Zborowski nos Estados Unidos e o estava seguindo. A novidade chegou a toda a comunidade de militantes e ex-militantes trotskistas. Sabendo que Zborowski iria ser interrogado pela Comissão do Senado norte-americano, pretenderam que se esclarecesse a responsabilidade dele nos vários crimes que atingiram os trotskistas. Mas as autoridades norte-americanas não estavam interessadas em crimes cometidos

---

164   G. Rosenthal, op. cit., p. 262.

165   M. Lequenne, op. cit., https://www.marxists.org/francais/clt/1979-1985/CLT13-Mar-1983.pdf (consultado em 03.01.2018).

166   David Dallin, citado por P. Broué, *Léon Sedov, fils de....*, op. cit., p. 247.

167   Boris Volodarsky, *El caso Orlov...*, op. cit., p. 292.

no outro lado do oceano, cujas vítimas eram comunistas dissidentes. Zborowski foi apenas condenado por declaração falsa, já que havia negado estar em contato com "Adolf Senine", na verdade Abraham Sobolevicius, "Jack Soble", nos Estados Unidos, que estava sendo processado por participação no caso da descoberta do segredo da bomba atômica. Zborowski foi condenado a três anos de prisão, sempre protegido, durante o processo, pela equipe de antropólogos de Margaret Mead, com quem estava então trabalhando. Tendo ficado público sua ligação com o NKVD, Zborowski quis dar explicações a sua amiga "Lola". Ela quis que essas explicações fossem dadas a outros militantes. Formou-se um círculo para ouvi-lo, composto por "Lola", Elisabeth Poretski e David Dallin. Este fez um relato do que disse Zborowski, publicado por Michel Lequenne.[168]

É quase inacreditável que, entre "ex-companheiros", ele tenha negado qualquer responsabilidade nos crimes que tiraram a vida de Reiss, Sedov, Rudolf Klement, Erwin Wolf e Walter Held, todos militantes trotskistas assassinados. Segundo sua narrativa, ele teria se tornado agente em 1933, com a intenção dar aos soviéticos provas de que merecia ir para a União Soviética estudar medicina sem pagar. Em 1936, ao ajudar Sedov a escrever o *Livro Vermelho*, teria percebido as maquinações que existiam nos processos de Moscou e que ele mesmo poderia vir a ser envolvido um dia, em um desses processos, como testemunha de acusação. Porém continuou com eles por medo. Essa mudança de posição depois do 1º Processo de Moscou foi também defendida por Zborowski perante o Senado norte-americano, em março de 1956. Desde então, segundo a sua narrativa, foi uma espécie de "anjo protetor" de Sedov e seus amigos, dando informações atrasadas ou inúteis. É uma pena que o círculo de militantes que o ouviu tenha sido de pessoas que anteriormente eram suas amigas, como Elisabeth e "Lola", bem como Dallin, que nem era do movimento trotskista.[169] É verdade que, quando Krivitsky desertou e procurou os trotskistas, enquanto pedia refúgio na França, Zborowski serviu-lhe de guarda-costas a pedido de Sedov e não o denunciou ao NKVD. Ao delatar o infiltrado entre os trotskistas, Orlov valorizou extremamente sua importância, conforme seu depoimento ao Senado norte-americano, em setembro de 1955. O próprio Zborowski, ao contrário, se desvalorizou enquanto agente.[170]

Depois da morte de Sedov, a primeira vítima trotskista foi Rudolf Alois Klement. Era alemão, refugiado político na França e secretário da organização trotskista internacional. Além disso, tinha sido secretário de Trótski na Turquia e na sua estadia na França. Ao contatar o grupo, já falava cinco línguas e rapidamente aprendeu o russo,

---

168 M. Lequenne, op. cit., https://www.marxists.org/francais/clt/1979-1985/CLT13-Mar-1983.pdf (consultado em 03.01.2018).

169 Ibid.

170 B. Volodarsky, *Stalin's Agent...*, op. cit., p. 320, p. 411.

Do partido único ao stalinismo

tornando-se um exímio tradutor dessa língua para o alemão. Em Barbizon, foi a falta de lanterna em sua bicicleta que permitiu que a imprensa sensacionalista de direita "descobrisse" a presença de Trótski na França, em abril de 1934. Era um defensor incondicional de Trótski nas polêmicas internas contra o belga Georges Vereeken, Raymond Molinier e Henk Sneevliet. Era também encarregado das ligações entre a França e a Bélgica.[171] No início de julho de 1938, ele sofreu um outro contratempo: havia colocado sua pasta, contendo os documentos preparatórios para a conferência de fundação da Quarta Internacional, no bagageiro acima de sua poltrona, em uma viagem de metrô. Quando foi descer, a pasta tinha sumido. Pouco depois Klement foi visto pela última vez, em 12 de julho, faltando depois aos encontros. Os companheiros, preocupados, foram à sua casa, em Paris, e encontraram a mesa com a comida pronta, suas roupas em ordem, carteira e passaporte nos seus lugares. Em 16 de julho quatro cópias datilografadas de uma carta em alemão dirigida a Trótski, no México, foram recebidas pelos militantes Jean Rous, Pierre Naville, Vereeken e Sneevliet, tendo sido postadas em Perpignan, na França. A de Trótski foi postada em Nova York. O padrão da carta era semelhante àquele que posteriormente seria usado pelo assassino de Trotski: um seguidor desiludido acusa a falência do projeto de Quarta Internacional e suas ligações com o fascismo, e avisa que está rompendo. Pelos caracteres viu-se que a carta não tinha sido datilografada na máquina de Klement e que, no envelope, o endereço estava escrito à maneira russa, primeiro a cidade depois a rua. A carta estava assinada por um nome de guerra que Klement já não usava, "Frédéric", e não o daquele momento, "Camille". Tudo indicava que era falsa. Os companheiros deram queixa à polícia do desaparecimento de Klement, que não aceitou, pois eles não eram seus parentes. Os pais também nunca mais receberam correspondência na Alemanha, que até então era assídua. Em 26 de agosto apareceu boiando no rio Sena um corpo, apenas o tronco e os dois braços, enfiado em um saco. Tinha permanecido na água durante um mês e meio. Os companheiros reconheceram se tratar de Rudolf Klement. Tinha 30 anos. Em novembro, apareceram as duas pernas. A cabeça nunca foi encontrada.[172]

O historiador Volodarsky considera que esse crime pode ter tido a participação de Aleksandr Orlov, o chefe do NKVD na Espanha, pois no dia 11 de julho de 1938, dia anterior ao daquele em que Klement foi visto pela última vez, ele tinha chegado à França com seus homens, entrando por Perpignan, cidade onde tinham sido postadas as cartas aos militantes trotskistas. Orlov tinha o hábito de escrever cartas

---

171   Pierre Broué, "*Rudolf Klement*" https://www.marxists.org/history/etol/revhist/backiss/vol1/no1/klement.html (consultado em 03.01.2018); Pierre Broué, "Quelques proches colaborateurs de Trotsky" *Cahiers Léon Trotsky*, nº 1, 1979 – p. 73-75 https://www.marxists.org/francais/clt/1979-1985/CLT-01-Jan-1979.pdf (consultado em 03.01.2018).

172   G. Rosenthal, op. cit., p. 271-277.

"póstumas" de suas vítimas. Teria sido a sua última operação antes de desertar, indo para o Canadá. Um carimbo em seu passaporte mostra a última vez que passou a fronteira franco-espanhola, em 11 de julho.[173] O jornalista Arkadi Vaksberg, baseado no livro de memórias de Valentin Berejkov, que foi tradutor de Stálin, conta que Klement foi atraído a um apartamento no Boulevard Saint-Michel, na noite de 13 de julho, onde o esperava o agente Aleksandr Korótkov, que se transformara em um assassino profissional. Segundo esse relato, Klement teria sido degolado por um outro agente, um turco.[174] Essa mesma história aparece, mais detalhada, no livro de memórias de Pável Sudoplátov, ex-diretor adjunto do Departamento de Informação Estrangeira (INO) do NKVD. Segundo ele, um agente lituano, Alexandre Taubman, tinha alimentado uma amizade com Klement durante um ano e meio. Um dia convidou-o a jantar em casa de amigos no Boulevard Saint-Michel. Lá estava a dupla de assassinos já treinada, formada por Aleksandr Korótkov e um antigo oficial do exército turco, também agente. Mataram-no imediatamente e cortaram o seu corpo, jogando partes no rio Sena.[175] Esse Korótkov, neste episódio um vil assassino, teve depois uma longa carreira nos serviços secretos soviéticos. Com a patente de coronel, em 1947, ele aparece formando equipes de candidatos soviéticos a serem agentes secretos no exterior, ensinando inclusive falsificação de passaportes e criação de histórias de vida relacionadas com cada documento. Mais tarde é deslocado para os Estados Unidos.[176]

Em 1966, Pierre Naville recebeu uma carta do irmão mais novo de Klement, então com 46 anos, que tinha lido a obra de Deutscher sobre Trótski e perguntava se havia indicações mais precisas sobre o caso. Dizia que por longo tempo esperaram notícias, já que a identificação do corpo não tinha ficado clara para a família. Também mandou cópia de duas cartas que Trótski havia enviado a sua tia no momento do desaparecimento, dizendo o quanto ele apreciava Klement, porém, dando a certeza de seu assassinato pelo NKVD.[177]

Walter Held foi outro secretário de Trótski assassinado. Heinz Epe, seu verdadeiro nome, nasceu na Alemanha, filho de um pequeno empresário, estudou direito em Colônia, Berlim e Viena. Foi expulso do partido alemão (KPD) como "trotskista".

---

173 B. Volodarsky, *Stalin's Agent...*, op. cit., p. 336, p. 338-340; B. Volodarsky, *El caso Orlov...*, op. cit., p. 284, p. 475.

174 Arkadi Vaksberg, *Laboratório de venenos – De Lenine a Putin*. Lisboa, Alétheia, 2007, p. 56-57.

175 Pavel Sudoplatov / Anatoli Sudoplatov, avec Jerrold et Leona Schecter, *Missions Speciales – Mémoires du maître-espion soviétique Pavel Sudoplatov*. Paris, Seuil, 1994, p. 79-80.

176 C. Andrew e V. Mitrokhine, op. cit., p. 223-224, 250; Christopher Andrew e Oleg Gordievsky, *Le KGB dans le monde (1917-1990)*. Paris, Fayard, 1990, p. 411-412.

177 Pierre Naville, "Sur l'assassinat de Rudolf Klement (1938)", *Cahiers Léon Trotsky*, n° 2, 1979, p. 73-77 - https://www.marxists.org/francais/clt/1979-1985/CLT02-Apr-May-1979-.pdf (consultado em 03.01.2018).

Do partido único ao stalinismo

Em 1933, os nazistas já o conheciam e ele teve que sair da Alemanha, indo para Praga, depois para Amsterdã. Por volta dessa época, começou a usar o nome de Walter Held, com o sobrenome de sua mãe, quando solteira. Mantinha correspondência com Trótski, informando-o das lutas de tendência dentro do grupo de trotskistas alemães e nem sempre o líder esteve de acordo com ele. Participou na organização de uma conferência internacional de jovens comunistas e socialistas. Depois disso se instalou em Oslo, em 1934. Também estabeleceu relações com líderes sociais-democratas do movimento operário norueguês, principalmente Olaf Scheflo, com quem conseguiu, depois, que o governo desse um visto de residência para Trótski, já formalmente expulso da França. Na Noruega, o casal Held – ele havia se casado com uma jovem norueguesa, Synnoeve Rosendahl, com quem teria um filho em seguida – ficou muito amigo de Trótski e Natália. Quando estes foram isolados pelo governo norueguês em Sundby, o advogado indicado pelas autoridades contratou Held como secretário e ele pôde, assim, servir de intermediário com o mundo exterior. Tanto que, ao ser expulso e enviado ao México, em dezembro de 1936, Trótski pediu ao primeiro-ministro Trygve Lie que o casal Held o acompanhasse. O governo norueguês negou.[178]

Walter Held continuou militando no grupo trotskista em Oslo. Quando os nazistas invadiram a Noruega, em 1940, ele teve que ir para a Suécia, que permanecia neutra. Mas não queria ficar na inatividade que sua condição de refugiado exigia. Em 1941, ao conseguir com um amigo americano vistos para os Estados Unidos para ele, a esposa e o filho pequeno, teve a ideia de fazer a travessia de toda a União Soviética de trem, embarcando no Extremo Oriente, para evitar o território dominado pelos nazistas. Mas o NKVD sabia muito bem quem ele era. Na cidade de Saratov, ele foi detido para ser interrogado e desapareceu. Militantes poloneses do *Bund* (organização socialista de judeus) viram-no em uma prisão em Moscou. Foi executado em 28 de dezembro de 1942. Tinha 32 anos. A mulher e o filho pequeno também foram executados.[179]

Mas o braço do NKVD quase ultrapassou o tempo de vida de Stálin e conseguiu assassinar outro secretário de Trótski em fevereiro de 1953. O tchecoslovaco Wolfgang Salus foi o primeiro militante estrangeiro a chegar a Prinkipo, a ilha turca ondeTrótski foi viver logo depois de ser expulso da União Soviética. Era filho de um médico e ao mesmo tempo um dos maiores poetas do país, Hugo Salus. Foi educado em uma escola militar, mas rompeu com a família aos 14 anos para entrar na Juventude Comunista e aos 18

---

178 P. Broué, " Quelques proches..., op. cit., p. 70-84 https://www.marxists.org/francais/clt/1979-1985/CLT01-Jan-1979.pdf. (consultado em 04.01.2018); P. Broué, *Trotsky...*, op. cit., p. 834; G. Rosenthal, op. cit., p. 151.

179 Ibid., p. 70-84 https://www.marxists.org/francais/clt/1979-1985/CLT01-Jan-1979.pdf. (consultado em 04.01.2018); G. Rosenthal, op. cit., p. 151; P. Broué, *Trotsky...*, op. cit., p. 941.

foi, como delegado, a uma conferência, em Moscou, em 1926. Provavelmente foi nessa ocasião que ele contatou a Oposição de Esquerda, pois isso explica que ele tenha sido recebido em Prinkipo sem qualquer carta de recomendação. Estava em Viena quando soube da expulsão de Trótski e logo se dispôs a ir em seu auxílio. Posteriormente, militou em seu país, sempre apoiado por Trótski nas querelas de tendência.[180]

Em 1992, depois da implosão da URSS, foi publicado na imprensa russa o texto completo de um telegrama, depois divulgado pelo historiador inglês Robert Conquest. Datado de março de 1953, era do ministro Semion Ignátiev, do MGB (o novo NKVD, a partir de 1946), e era dirigido a Maliénkov, Biéria, Mólotov, Bulgánin e Khruschov. Anunciava que "o primeiro secretário e guarda-costas de Trótski, Wolgang Salus, tinha sido liquidado por um agente do MGB, de nacionalidade alemã, com uma 'preparação' dada a ele em 13 de fevereiro, que produziu sua morte ao cabo de dias". Morreu em um hospital de Munique, em 4 de março, um dia antes da morte de Stálin, "sem que qualquer suspeita tenha aparecido entre os médicos".[181] Wolfgang Salus tinha 42 anos. Este telegrama de Ignátiev, além de explicar a morte de Salus, ilustra como os venenos tinham uma parte importante no programa de assassinatos de opositores dos soviéticos e como eram sofisticados.

Essa leva de pessoas mortas teve seu ponto culminante com o espetaculoso assassinato do próprio Trótski, na cidade do México, para onde ele tinha ido depois de expulso da Noruega. O que se pode ainda dizer desse crime, tanto ele foi evocado e comentado? Uma das últimas narrativas, romanceada, foi feita pelo escritor cubano Leonardo Padura, com bastante fidelidade histórica e de forma em geral feliz.[182] Percorrer a história do assassinato de Trótski, através do fio condutor desta obra de ficção, faz sentido por ser uma narrativa que vai do começo ao fim da história. Além disso, por ter desencadeado, em seu lançamento, no Brasil, em dezembro de 2013, uma explosão de nostalgia explícita do stalinismo, com palestrantes declarando que, nas circunstâncias históricas do contexto de 1940, aceitariam assassinar Trótski como uma tarefa militante heróica e revolucionária.[183] Talvez estes sentimentos tenham sido despertados pela última parte do livro, quando Padura humaniza os dois assassinos, o catalão Jaime Ramón Mercader del Rio Hernandez e o judeu da Bielorrússia Nahum Eitingon, chamado de Leonid (general Kotov na Espanha). O romance mostra os dois, anos depois do crime, a confabular sobre o quão penoso tinha sido para eles enganar,

---

180 P. Broué, *Trotsky...*, op. cit., p. 614, p. 649.

181 *Work in progress*, "In Memoriam: Wolfgang Václav Salus (1909- 1953)" https://www.marxists.org/history/etol/revhist/backiss/vol4/no4/works.htm. (consultado em 04.01.2018); A. Vaksberg, *Laboratório de venenos....*, op. cit., p. 137.

182 Leonardo Padura, *O homem que amava os cachorros*. São Paulo, Editora Boitempo, 2013.

183 Ver http://www.youtube.com/watch?v=fGE_W9FhzRY&fe ature=c4-overview&list=UUzwfw0utuE Vxc4D6ggXcqiQ.

Do partido único ao stalinismo 383

sequestrar e matar em nome de uma causa, sobre como eles tinham sido, também, vítimas de um sonho, da utopia do Estado do proletariado. Ao longo de todo o livro, o assassino, Mercader, mesmo na velhice, mantém enfaixada a mão que Trótski mordeu ao ser atacado com a picareta de alpinista, sugerindo uma eterna vergonha do crime. Nesse ponto a ficção vai bem longe da realidade histórica, pois o chefe imediato dos dois assassinos, Pável Sudoplátov, reivindica o heroísmo dessas ações praticadas por Eitingon e Mercader, bem como afirma que eles nunca se arrependeram.[184] Este último, por outro lado, segundo o seu irmão Luis Mercader, nunca colocou em causa o seu crime, ao contrário, sentia-se orgulhoso dele. O irmão traduz esse orgulho no subtítulo do seu livro: "Meu irmão não era um vulgar assassino, mas alguém que acreditava na causa do comunismo".[185]

No romance de Padura, como acontece secularmente em muitas histórias, sobra a culpa de tudo para a mulher, a mãe, Maria Eustasia Caridad Mercader del Rio Hernandez. É Caridad quem perverte o filho, recruta-o para uma missão supostamente "de sacrifício" e permanece como a megera que o levou de roldão para ser um assassino, que "educou seu filho no ódio".[186] Aí também a ficção se distancia da realidade histórica, pois, a se acreditar nas confidências de Enrique Castro Delgado, foi ela quem compreendeu "a utopia" que tinha tornado sua família cúmplice de um assassinato. Em 1950, Castro Delgado, tendo rompido com o comunismo, escreveu um livro com críticas moderadas à União Soviética, *Perdi a fé em Moscou*.[187] Devia ter medo de falar mais. Outra foi a sua fala em 1960, depois da morte de Stálin e das revelações do relatório de Khruschov, de 1956, quando se encontrou no México com Julián Gorkin, ex-dirigente do POUM e que investigava a morte de Trótski. Castro Delgado narrou-lhe as conversas e confidências que tiveram, ele e Caridad, durante a guerra, em Moscou. Ela o ajudou com alimentos em época de grande fome, com a cidade cercada pelas tropas nazistas. Revelou-lhe detalhes que na década de 1960 ainda não eram conhecidos, como a participação ativa dela e de Eitingon na ação de Mercader, inclusive com um carro, esperando a poucos metros para fugir. Mas o mais interessante foram as suas confidências sobre como ela pensava então sobre o crime e o regime soviético.

> Eles nos enganaram, Enrique. Enganaram-nos com seus livros revolucionários, sua propaganda, seu pretendido paraíso. É pior que qualquer o inferno que jamais tenha existido. Nunca poderei me habituar. Só tenho um desejo, um pensamento: fugir, fugir para longe daqui [...] Você não conhece essas

---

184   P. Sudoplatov, op. cit., p 114.

185   Luis Mercader-German Sanchez, *Mio fratello, l'assassino di Trotsky*. Torino, Utet SpA, 1990.

186   Leonardo Padura, "La ultima hora de Caridad Mercader" http://espaciolaical.org/contens/15/9091. pdf (consultado em 04.01.2018).

187   Enrique Castro Delgado, *J'ai perdu la foi à Moscou*, Paris, Gallimard, 1950.

> pessoas como eu, eles não têm alma, não têm consciência. Eles esmagam a sua vontade, obrigam você a matar e fazem você morrer em seguida, de um golpe ou no banho-maria [...] nós já estamos perdidos. Aqui ou em outro lugar, se conseguirmos escapar, estamos condenados à morte [...] Fiz de Ramón um assassino, de meu pobre Luis um refém e de meus outros filhos uma ruína. [...] Que recompensa recebi em troca? Duas porcarias!

E tirava da gaveta as duas medalhas concedidas a ela e a Ramón, a da "Ordem de Lênin" e a de "Herói da União Soviética".[188] Uma outra versão, mais ampla dessas confidências, aparece sob a forma de uma carta de Castro Delgado a Levine.[189] As memórias de Sudoplátov, que são um tecido estruturado de contrainformação, procuram fazer tábula rasa dessas revelações, considerando Castro Delgado como um "quadro subalterno", quando ele era, na verdade, o representante do PCE (Partido Comunista Espanhol) junto à Internacional. E, ingenuamente, atribuem-lhe um parentesco remoto com Fidel Castro, a partir simplesmente do sobrenome.[190]

Para falar desse crime em breves pinceladas, porém incorporando tudo o que veio à luz depois da implosão da União Soviética, é preciso relatar que, em suas memórias, Pável Sudoplátov conta que em março de 1939, em vista dos expurgos massivos dentro da polícia política, ele temia ser preso de um dia para o outro, não tendo, naquele momento, nenhuma tarefa específica dentro do NKVD. O dirigente Spiegelglass, a quem Stálin não perdoara o fracasso em não liquidar Trótski em sua estadia na França e também a deserção de Aleksandr Orlov, havia sido preso. Mas, ao contrário do que temia, Sudoplátov foi chamado de madrugada por Biéria, que desde dezembro do ano anterior substituíra Iejov, para ir até o Kremlin conversar com o próprio Stálin. Tinha em seu currículo o assassinato, em maio de 1938, em Roterdã, do líder nacionalista ucraniano Yevhen Konovalets, utilizando-se do embuste de lhe presentear uma caixa de chocolates contendo explosivos. A tarefa tinha lhe sido encomendada por Slútski, então chefe do Departamento de Informação Estrangeira (INO), do NKVD. Na conversa Biéria propunha que Sudoplátov ficasse encarregado de todas as operações antitrotskistas quando, subitamente, Stálin sentenciou: "É preciso acabar com Trótski, neste ano, antes do início da guerra, que é inevitável". Desde esse momento Sudoplátov foi nomeado diretor adjunto do Departamento de Informação Estrangeira (INO). Disse a Stálin que não era indicado para uma ação no México por não falar espanhol e pediu liberdade para recrutar outras pessoas. E quem era a pessoa a ser recrutada? Leonid

---

188   Julián Gorkin, *L'assassinat de Trotsky*, Paris, Julliard, 1970, p. 305-312; Angela Mendes de Almeida, "O homem incapaz de matar cachorros" http://passapalavra.info/2014/03/93003 (consultado em 04.01.2018).

189   Isaac Don Levine, *L'homme qui a tué Trotsky*. Paris, Gallimard, 1960, Cap. "La mére parle", p. 259-267.

190   P. Sudoplatov, op. cit., p. 113.

Do partido único ao stalinismo

Eitingon, que tinha atuado recentemente na Espanha e tinha substituído Orlov quando este desertou. Desde então Sudoplátov e Eitingon tornaram-se amigos íntimos. "Para nós, os inimigos do Estado eram nossos inimigos pessoais". A operação para matar Trótski recebeu o nome de "Pato". Segundo Sudoplátov, foram formadas duas redes, a primeira delas seria confiada ao pintor mexicano David Alfaro Siqueiros, que tinha combatido na Espanha, a segunda teria à frente Caridad Mercader. Entretanto, Eitingon já havia começado a preparar Ramón Mercader para ser a personagem principal do plano B do crime. No fim de 1939, Eitingon propôs que se juntasse à equipe Ióssif Griguliévitch, que, como se verá adiante, tinha um passado de participação em crimes de toda a ordem.[191]

Na preparação do assassinato de Trótski também entrou o Partido Comunista Mexicano, enquanto organização. O historiador Pierre Broué, baseado no livro do ex-dirigente Valentín Campa, relata como o partido passou da "luta política", materializada em uma campanha cotidiana de calúnias contra Trótski, a se colocar, enquanto organização, "a serviço da infraestrutura de seu assassinato". Em um congresso extraordinário realizado entre 24 e 29 de fevereiro de 1940, quando foi feita a proposta vinda de Moscou pelo argentino Vitorio Codovilla e pelo venezuelano A. Martinez, sem dúvida sustentados por Vittorio Vidale ("Carlos Contreras"), presente no México, os dirigentes Herman Laborde e Valentín Campa não aceitaram e, por isso, foram expulsos do partido.[192]

O plano A para matar Trótski pretendia ser um ataque em regra para que ele não escapasse. Em 24 de maio de 1940, chegaram à sua casa, no bairro de Coyoacán, na cidade do México, por volta da quatro horas da madrugada, quatro veículos com cerca de vinte homens vestidos com uniformes da polícia e do exército, armados com revolveres, metralhadoras e granadas. A guarda policial fora da casa estava desguarnecida, pois alguns policiais tinham ido à casa de duas moças ali perto, que faziam parte da trama e os tinham seduzido. Os atacantes cortaram os fios telefônicos e os que acionavam um alarme para a polícia. Um dos jovens guardas americanos de Trótski, Robert Sheldon Harte, abriu a porta logo que a campainha tocou. Um grupo dos assaltantes entrou e atirou em direção aos dormitórios dos guardas e lhes exortou a não reagir, um outro se voltou contra os quartos do casal Trótski e do neto, Sieva, e atirou com metralhadora mais de 300 balas, logo depois lançando duas granadas. Em seguida, saíram em ordem, levando Sheldon Harte. O resultado: nenhum morto ou ferido, a não ser uma bala de raspão que tocou um dos dedos do pé do menino. Como depois contou Trótski, que dormia profundamente por causa de um sonífero, Natália empurrou o seu corpo para o chão, rente à parede, e deitou-se sobre ele. Os policiais neutralizados

---

191 Ibid., p. 53, p. 56-57, p. 96, p. 99, p. 101, p. 107.
192 P. Broué, *Trotsky...*, op. cit., p. 928-929.

no portão da casa disseram depois que Sheldon Harte partiu com os atacantes por sua livre e espontânea vontade.[193]

A imprensa do PC mexicano atribuiu o ataque a "provocadores" da direita, uma vez que os assaltantes haviam, de propósito, gritado o nome de um líder direitista. Ao prestar depoimento à polícia, Trótski afirmou categoricamente que o ataque era obra do GPU (isto é, do NKVD). Essa situação levou o chefe dos serviços secretos mexicanos, Sanchez Salazar, a pensar que tudo havia sido uma encenação do próprio grupo de Trótski, versão que o PC mexicano logo incorporou. O fato de os guardas e secretários de Trótski não terem reagido, o fato de Sheldon Harte ter aberto uma porta que não devia abrir nem mesmo para os policiais de guarda em frente da casa, reforçava essa hipótese. Alguns secretários de Trótski foram presos e interrogados. Menos de um mês depois, as autoridades policiais e Sanchez Salazar informaram à imprensa que tinham conseguido informações iniciais através de conversas em um café e que já havia cerca de 30 pessoas presas, ligadas ao PC mexicano. Um deles reconheceu ter se encarregado de achar os uniformes usados, as duas moças reconheceram terem sido pagas para distrair os policiais de guarda no portão de Trótski, um estudante, antigo combatente na guerra de Espanha, reconheceu ter participado do ataque. Enfim, puxando os fios, a polícia chegou ao famoso pintor David Alfaro Siqueiros que, como outros, estava foragido. A polícia afirmava que havia dois cúmplices dentro da casa de Trótski: a cozinheira e Sheldon Harte. Uma das duas moças pagas afirmou que tinha se encontrado com Siqueiros que tinha dito que o PC mexicano apoiava e financiava a ação. Outros presos afirmaram que Siqueiros nada tinha a ver com o PC, era apenas um louco irresponsável. Um outro preso confirmou ter participado do ataque por amizade por Siqueiros, com quem combateu junto, na Espanha. Disse também que o ataque não visava matar Trótski, mas apenas fazer uma ação espetacular. Confirmou que Sheldon Harte fazia parte do grupo, assim como outros estrangeiros, inclusive um homem com sotaque francês. Um outro preso explicou que tinha sido contratado, embora não soubesse para quê até o dia do ataque, por Siqueiros e por um "judeu francês".[194]

Um mês e um dia depois do ataque a polícia encontrou o cadáver de Sheldon Harte. Ao visitar uma casa de fazenda abandonada, citada em um dos depoimentos, os policiais notaram, no chão de terra batida da casa, sinais de ela ter sido revolvida e, ao retirá-la, encontraram o cadáver, com sinais de duas balas na cabeça. Foi o secretário de Trótski, Otto Schüssler, a reconhecer o corpo. Mais tarde chegou Trótski, que se comoveu diante do cadáver. Em uma declaração ele elogiou o trabalho da polícia, mas afirmou que eles estavam sendo injustos em considerar Harte como alguém do bando de atacantes. A polícia continuou a investigar. O preso que havia mencionado

---

193   Pierre Broué, *L'assassinat de Trotsky*. Bruxelas, Editions Complexe, 1980, p. 91-94.

194   P. Broué, *L'assassinat...*, op. cit., p. 96, 99, 101, 103-104; J. Gorkin, *L'assassinat...*, op. cit., p. 94.

Do partido único ao stalinismo 387

a fazenda abandonada esclareceu depois que Harte ficou na casa completamente livre, podendo dar voltas pelas redondezas e até ir embora. Um dia chegaram as pessoas que tinham alugado a casa e o declarante foi mandado embora. Para a polícia ficou claro que Sheldon Harte fazia parte do bando. Mas porque tinha ele sido assassinado? Para Trótski, o cadáver era a prova de que o jovem americano era uma outra vítima do NKVD e logo mandou colocar na parede da casa uma placa, que está lá até hoje, em memória do jovem trotskista assassinado.[195]

Que Sheldon Harte era um agente do NKVD, apesar de sua ingenuidade, só ficaria claro depois da implosão da União Soviética. Em suas memórias, Sudoplátov confirma isso e atribui o assassinato de Harte ao fato de ele ter aberto o portão da casa e ter reconhecido quem tocava a campainha, isto é, o "judeu francês", que identifica comoIóssif Griguliévitch.[196] Essa razão é inventada por Sudoplátov. Aliás, pela lógica, quem teria errado seria quem tocou a campainha e não quem abriu o portão. No entanto, um relato publicado em 1997 pelo FSB (Serviço Federal de Segurança, a instituição que substituiu os antigos órgãos policiais na atual Federação Russa pós-soviética), baseado em documento do NKVD, mostra a razão da execução de Harte pela boca de um dos assassinos de Trótski, Eitingon. No relatório, ele diz:

> No momento da operação, verificou-se que Sheldon era um traidor. Embora tenha sido ele a abrir a porta, no cômodo ao qual ele conduziu os participantes do ataque não havia nem os arquivos nem o próprio Trótski. Quando os atacantes abriram fogo, Sheldon declarou que se ele soubesse disso, enquanto americano, jamais teria aceitado participar. Esse comportamento serviu de base para a decisão tomada localmente de liquidá-lo. Ele foi morto por mexicanos.[197]

Sudoplátov também comenta o fracasso desse primeiro ataque, classificando como inépcia a ação dos atacantes, mexicanos e combatentes da guerra civil espanhola: "Não eram assassinos profissionais, treinados em ataques pessoais. Infelizmente, Eitingon não tinha tomado parte na ação. Se ele tivesse participado, teria verificado os planos e se assegurado da morte de Trótski".[198]

Depois de se esconder durante bastante tempo, Siqueiros foi finalmente preso em 4 de outubro, porém só ficou poucos meses em prisão preventiva. Todas as acusações

---

195 J. Gorkin, *L'assassinat...*, op. cit., p. 104, p. 109-110, p. 116, p. 121, p. 219; P. Broué, *L'assassinat...*, op. cit., p. 105.

196 P. Sudoplatov, op. cit., p. 107.

197 Citado em "Opération Canard" – *Nouveautés sur l'espionnage et le contre-espionnage*, n° 19/100, 1997, in: "L'assassinat de Trotsky decrit par ses assassins", http://www.inprecor.fr/article-inprecor?id=1005 (consultado em 04.01.2018).

198 P. Sudoplatov, op. cit., p. 107-108.

foram rejeitadas e ele foi apenas julgado por porte ilegal de armas e atentado contra a propriedade privada, sendo libertado em abril de 1941. Com a ajuda de seu amigo Pablo Neruda, que era cônsul do Chile no México, conseguiu ir para esse país, onde ficou até 1944. Em 1947, Siqueiros declarou a um jornal que sua participação no atentado era "uma das maiores honras de sua vida".[199]

Uma nova tentativa, entretanto, estava em preparação e o crime foi realizado com sucesso em 20 de agosto de 1940, Trótski falecendo no dia seguinte. Como se sabe, Ramón Mercader, o assassino, penetrou na casa de Trótski algumas poucas vezes. Era aí conhecido como o despolitizado namorado belga da militante trotskista americana Sylvia Ageloff, Jacques Mornard Van Drendreschd. Mas usou para entrar no México um passaporte canadense em nome de Franck Jacson (sem k). Os passaportes dos serviços secretos soviéticos, nesse período, provinham da "fábrica" das Brigadas Internacionais, cuja sede tinha sido em Albacete, na Espanha. Cada voluntário brigadista era obrigado a entregar seu passaporte, que nunca era devolvido, mesmo se o seu titular tivesse sobrevivido. O verdadeiro Jacques Mornard estava vivo, era jornalista do *La Nation*, jornal belga. Quando aconteceu o crime, ele telegrafou às autoridades mexicanas e se apresentou, dando suas coordenadas. Conforme o jornal *Ce soir*, de Bruxelas, só morreu em 16 de julho de 1966.[200]

Antes de executar o seu plano, o assassino fez um ensaio geral, com a mesma capa de chuva do dia do crime, com a arma do crime, a picareta de alpinista, escondida. A forma traiçoeira com que o plano foi montado pelo NKVD, utilizando metodicamente, durante dois anos, a relação de Ramón Mercader com Sylvia Ageloff para se aproximar e, finalmente, entrar na casa de Trótski, é um modelo da prática imoral do NKVD, que tanto escandalizou muitos militantes. Na verdade, a ação iniciou-se em 1937, quando o comunista americano Louis F. Budenz, a pedido do NKVD, convenceu a militante comunista Ruby Weil a ir à Europa, acompanhando a militante trotskista Sylvia Ageloff, de quem tinha sido amiga tempos antes. Ruby foi colocada em contato com Mercader e, logo depois, ele e Sylvia se conheceram em junho de 1938. Ele a seduziu, conforme o plano. Tornaram-se amantes. Meses depois, ela voltou para os Estados Unidos e ele a seguiu em setembro de 1939. Depois disso, ele lhe comunicou que tinha arranjado um emprego em uma empresa de importação e por isso tinha que ir para o México. Em janeiro de 1940 ela foi visitá-lo e também, claro, foi visitar Trótski. Proprietário de um luxuoso carro americano, o assassino levava e ia buscar Sylvia sem nunca entrar na casa, mas conversava com

---

199   P. Broué, *L'assassinat...*, op. cit., p. 123-124.
200   J. Gorkin, *L'assassinat...*, op. cit., p. 239; I. D. Levine, op. cit., p. 178; José Ramón Garmabella, *Operação Trotski*. Rio de Janeiro, Record, 1972, p. 191.

Do partido único ao stalinismo

389

os secretários de Trótski e se oferecia para pequenos serviços.[201] Alfred e Marguerite Rosmer, de visita ao casal Trótski, utilizavam-se sempre de seu carro para ir a lugares ou recolher coisas. Anos depois, Heijenoort se declarava surpreendido com o fato de eles não terem percebido que o francês de Mercader não era o de um belga e, sim, de alguém de língua espanhola.[202]

Em 8 de agosto, ele foi convidado, com Sylvia, para tomar o chá, usual ao meio da tarde na casa. Antes do dia do crime voltou cinco vezes à casa. Para penetrar no escritório de Trótski ele usou o estratagema de pedir a opinião sobre um texto que estava escrevendo. Na primeira vez, fez o ensaio geral, na segunda, executou o crime. Ele levava, ainda, além da picareta, um punhal e uma pistola.[203] O assassino foi preso no local e se apresentou como sendo o belga Jacques Mornard, com toda uma biografia montada. Dez dias depois, sua história já tinha sido desmontada. Desde então, obstinou-se no silêncio, tendo sido julgado e condenado sob o nome de "Mornard". Ele trazia, no momento do crime, uma carta datilografada, onde explicava as razões do seu ato. Como na carta de Rudolf Klement, ele se dizia um seguidor de Trótski desiludido. Afirmava que este lhe havia pedido que fosse para a União Soviética e matasse Stálin. A data foi colocada em baixo, e não em cima, como é usual, e com um lápis de cor, sugerindo que já estava pronta. A máquina usada para essa carta e a usada para o artigo não eram as mesmas.[204] Depois de cumprir a pena de 20 anos, Mercader foi para a União Soviética. Sudoplátov o encontrou em 1969. Nessa ocasião ele contou que esperava matar Trótski só com o primeiro golpe, mas ele mexeu ligeiramente a cabeça e a pancada foi menor, o que lhe deu tempo de gritar. Contou o assassino que o grito o deixou paralisado e incapaz de se servir das outras armas que tinha, apesar de sua experiência em assassinatos.[205] Vem daí a eterna mão enfaixada, mordida por Trótski, que Mercader carrega ao longo do romance de Padura.

O *Pravda*, de 24 de agosto, deu a notícia da morte de Trótski acompanhada de uma enxurrada de mentiras e ofensas, como era de praxe. Detalhe: disseram que o assassino era um seguidor de Trótski desiludido, a mesma história que estava na carta encontrada com Mercader. Em 1972, o diretor Joseph Losey se propôs a fazer um filme sobre o assassinato de Trótski. No roteiro, novamente aparecia o assassino, Ramón Mercader, como um seguidor desiludido, a versão soviética. Foi necessária a intervenção vigorosa de Esteban Vólkov, (Sieva), o neto de Trótski, para se restabelecer a verdade histórica.[206]

---

201   P. Broué, *L'assassinat...*, op. cit., p. 114-118.

202   J. Heijenoort, op. cit., p. 235.

203   P. Broué, *L'assassinat...*, op. cit., p. 120.

204   Ibid., p. 110-111; I. D. Levine, op. cit., p. 151-152.

205   P. Sudoplatov, op. cit., p. 111; I. D. Levine, op. cit., p. 143.

206   J.-J. Marie, *Le fils oublié...*, op. cit., p. 179.

Logo que as fotografias de Ramón Mercader saíram nos jornais mexicanos após o crime, muitos militantes espanhóis exilados no México o reconheceram. Mas calaram. Por solidariedade com o crime ou por medo. Foi através de uma conversa com um amigo espanhol, que dizia ter reconhecido o homem que saía nas fotos de jornal, que Vlady Kibátchitch, filho de Victor Serge, deu a primeira indicação. Pouco a pouco a conversa se generalizou entre os refugiados espanhóis. Julián Gorkin, militante do POUM exilado no México, foi quem primeiro divulgou o nome de Ramón Mercader e parte de sua história de militante comunista na guerra civil espanhola. Gorkin era um dos dirigentes poumistas presos em virtude das "Jornadas de maio". A confissão de Nin, de que seria um agente de Franco, e mais as acusações habituais, junto à "prova" pré-fabricada pelo agente Orlov, seria o eixo de um "processo de Moscou" na Espanha. Mas Nin não confessou e as vicissitudes da guerra e da derrota dos republicanos permitiram que Gorkin fugisse e se exilasse no México. Logo após o assassinato de Trótski, apesar de suas divergências com ele, Gorkin tomou para si o esclarecimento de tudo até chegar aos mandantes. Acompanhou passo a passo a investigação da polícia mexicana com o chefe do Serviço Secreto, Leandro Salazar.[207]

A primeira denúncia de Gorkin sobre o nome verdadeiro do assassino de Trótski foi publicada em livro de 1948, traduzido para várias línguas, no qual também aparece como autor Leandro Salazar. Trata-se da obra citada rapidamente por Deutscher na conhecida biografia de Tróstki. Mais tarde Gorkin publicou o mesmo livro, em 1970, com um capítulo adicional dos mais interessantes. Pois lá pelas tantas, depois da atualização dos nomes de alguns personagens dos dois atentados sofridos por Trótski, Gorkin descreve o diálogo, já relatado, havido entre Enrique Castro Delgado e Caridad Mercader, em 1943, na União Soviética. Para completar o esclarecimento completo dos fatos, em 1950 o Dr. Quiroz Cuarón, criminologista do governo mexicano, aproveitando de uma viagem à Europa para um congresso em Paris, de posse das impressões digitais de "Mornard", foi até Madri e conseguiu que se confirmasse oficialmente a identidade do assassino. Mercader tinha sido preso em Barcelona, em 1935, e depois tinha sido anistiado com a vitória da Frente Popular.[208]

Mais alguns detalhes foram trazidos pelo livro de memórias do irmão do assassino, Luis Mercader – *Meu irmão, o assassino de Trótski* – que é fruto de entrevistas concedidas ao jornalista espanhol German Sanchez, concluídas em 1990, na Madri pós-franquista, em plena *Perestroika* de Gorbatchov, que antecedeu a implosão total da União Soviética, em dezembro de 1991. Por isso a narrativa do irmão oscila entre a visão "pura" do stalinismo – Trótski estava mancomunado com os nazistas alemães – e

---

207 P. Broué, *Lassassinat...*, op. cit., p. 111; J. Gorkin, *Lassassinat...*, op. cit., p. 292, p. 302.
208 J. Gorkin, *Lassassinat...*, op. cit., p. 305-312; I. D. Levine, op. cit., p. 253-254, p. 259-267; P. Broué, *Lassassinat...*, op. cit., p. 111.

Do partido único ao stalinismo

a tomada de consciência das aberrações do stalinismo, terminando por afirmar acreditar que Ramón morreu envenenado. Depois de solto, Ramón foi para a União Soviética e continuou silencioso, jamais aceitando escrever suas memórias. Com a morte de Franco em 1975, Ramón pediu o apoio de Santiago Carrillo, líder do Partido Comunista Espanhol, para voltar à Espanha, mas não aceitou as condições que o dirigente eurocomunista impôs: contar toda a verdade sobre a sua história.[209] Ramón também contou ao irmão que o fracasso do primeiro ataque à casa de Trótski, em maio de 1940, chefiado pelo pintor comunista David Alfaro Siqueiros, provocou grande alvoroço entre os agentes soviéticos presentes no México. Kotov-Eitingon ficou desesperado pois não poderia voltar à União Soviética sem a missão cumprida.[210] Outros detalhes dessa história ainda poderão vir à tona, dada a quantidade de fios entrelaçados, embora a passagem de décadas torne essa eventualidade cada vez mais remota.

Os assassinados na Espanha

Já foi dito antes que a guerra civil espanhola foi um laboratório da repressão stalinista no interior da zona republicana. Ao mesmo tempo em que os comunistas batiam-se junto com outros republicanos contra os rebelados sob o comando do general Franco, havia uma outra guerra, movida por Stálin e seus agentes, contra toda e qualquer esquerda antistalinista. Pável Sudoplátov definiu-a sem rodeios como guerra "entre comunistas", entre "Stálin, na União Soviética, e Trótski, do fundo de seu exílio".[211] É a interpretação também prevalecente em livros russos posteriores à implosão da URSS.[212] Já narramos as "Jornadas de maio" de 1937, em Barcelona, bem como o seu resultado: a transformação do POUM no bode expiatório daquilo que os comunistas passaram a chamar de uma tentativa de golpe contra a república. Na verdade, a provocação iniciada pelos comunistas e seus aliados em Barcelona fez da repressão ao POUM o ponto de partida para implementar a queda de Largo Caballero, subindo ao seu lugar o socialista Juan Negrín, totalmente enfeudado no PCE.

O caso da repressão aos antistalinistas que teve maior repercussão foi o do assassinato e desaparecimento de Andreu Nin, principal dirigente do POUM. Ele era bem conhecido do governo soviético e internacionalmente. Em 1921 tinha sido eleito delegado da CNT (Confederação Nacional do Trabalho) para assistir ao 3º Congresso da Internacional Comunista e ao congresso da PROFINTER (Internacional Sindical Vermelha) em Moscou. Foi eleito no 2º congresso dessa organização como segundo secretário, coadjuvando Solomon Losovski. Desde 1923 aderiu à Oposição de Esquerda dentro do

---

209   Fernando Mezzetti, "Prefazione", in: L. Mercader, G. Sanchez, op. cit., p. 43.

210   L. Mercader, G. Sanchez, op. cit., p. 71.

211   P. Sudoplatov, op. cit., p. 59.

212   C. Andrew e V. Mitrokhine, op. cit., p. 119; B. Volodarsky, *El caso Orlov...*, op. cit., p. 189.

partido soviético. A partir de 1927, não tendo sido preso como quase todos da Oposição, sobreviveu fazendo traduções, para o espanhol, de Dostoiévski e de Boris Pilniak. Só conseguiu deixar a URSS com a proclamação da república na Espanha, em 1930. Depois das "Jornadas de maio", dentro do projeto dos soviéticos de aproveitá-las para derrubar Largo Caballero e para ilegalizar o POUM, os dirigentes desse partido foram presos. Nin estava sozinho quando foi preso em 16 de junho de 1937.[213] O militante anarquista Ramón Liarte avisou-o do perigo de detenção iminente, mas ele não deu importância. Ao sair de uma reunião, foi advertido outra vez e respondeu: "Não se atreverão".[214] Mas Nin não ficou com os outros dirigentes. Desapareceu, como já dissemos.

Nesses primeiros dias da prisão, uma comissão internacional de investigação, composta por políticos da França e da Inglaterra, dirigiu-se à Espanha para obter informações sobre as acusações e o paradeiro de Nin. O ministro da Justiça, o católico Manuel Irurjo, assegurou à comissão que nem Nin, nem os outros dirigentes presos tinham sofrido maus tratos. Quando apareceu uma falsa notícia mencionando o encontro do cadáver de Nin, o mesmo ministro da Justiça apresentou a lista oficial dos membros do Comitê Executivo do POUM que estavam presos. Nin não constava da lista. Em agosto, uma nova comissão internacional voltou à Espanha e concluiu que o documento apresentado como prova da traição de Nin, o mapa de Madri e, no verso, o texto assinado N., já referido, era falso. Indalecio Prieto, ministro da guerra, reconheceu que a prisão dos poumistas não foi decidida pelo governo. Irurjo afirmou que Nin nunca passou por uma prisão do governo. O ministro do interior, Zugazagoitia, declarou que o desaparecimento de Nin se produziu contra a vontade do governo.[215]

Antes da implosão da União Soviética, em 1991, a versão que se tinha sobre o assassinato de Andreu Nin era, sobretudo, a partir do testemunho de Jesús Hernández, ex-ministro comunista do governo Negrín. O assassinato e o desaparecimento do corpo de Nin teria sido obra de Orlov, o chefe dos serviços secretos soviéticos na Espanha, "e sua banda". A "prova", fabricada por Orlov e mostrada a Hernández, era obviamente falsa. O mapa de Madri teria sido encontrado com um falangista preso, Golfin, no qual Orlov acrescentou, no verso, um bilhete escrito com tinta invisível, dirigido a Franco e assinado N. A descrição da tortura de Nin, feita por Jesús Hernandez, publicada em 1953, é emocionante. Provavelmente, é a dramatização do que foi comentado na época entre os próprios comunistas, jovens que trabalhavam para Orlov. Torturado, Nin não confessava. "Ele resistia. Seus carrascos se impacientavam. Decidiram abandonar o

---

213 Julián Gorkin, *Les communistes contre la révolution espagnole*. Paris, Pierre Belfond, 1978, p. 142; Victor Serge, "Le cas d'Andres Nin", in: Katia Landau, *Le stalinisme, bourreau de la révolution espagnole – 1937-1938*. Paris, Spartacus nº 40, 1939, p. 28-29.

214 Depoimentos a M. Dolores Genovès, documentário *Operación Nikolai*, 1992, citado em: B. Volodarsky, *El caso Orlov...*, op. cit., p. 250, p. 251, p. 457.

215 V. Serge, "Le cas d'Andres Nin"..., op. cit., p. 30-31.

método 'seco' pela prova de 'firmeza': a pele arrancada, os músculos rasgados, o sofrimento físico levado até o último limite da resistência humana. [...] Após alguns dias, seu rosto era apenas uma massa informe de carnes inchadas".[216]

A solução foi matá-lo e ocultar o corpo. Tinha 45 anos quando desapareceu. Entretanto, era preciso encontrar uma explicação para o desaparecimento. Esta foi inventada pelo agente soviético "Carlos Contreras" (Vittorio Vidale). Dizia que os homens que o sequestraram de sua prisão oficial de Alcalá de Henares, perto de Madri, onde ele havia prestado declarações, eram da Gestapo e vieram para libertá-lo. Ele teria passado à zona franquista. Consta que Negrín, chefe do governo, reclamou dos russos: "estavam se comportando em Barcelona como se se encontrassem em seu país". Na prática, ele endossou a explicação inventada por "Contreras", que depois apareceu no *Pravda,* em artigo de Mikhail Koltsov que, claro, também sabia que não era verdade.[217]

Depois da implosão da União Soviética, o assassinato de Nin foi objeto de esclarecimentos fundamentais que poucos casos obtiveram. Aqui a história penetra profundamente nos meandros dos grupos de assassinos encarregados de liquidar, sequestrar, matar, militantes que faziam isso cegamente, para defender a "pátria do socialismo". Em 1992, a equipe dos cineastas catalães de Llibert Ferri e Dolors Genovès realizou um documentário encomendado pela *Generalitat* à Televisão da Catalunha, que trouxe à luz algumas provas sobre o que foi chamado na União Soviética de "Operação Nikolai", ou seja, a liquidação de Nin.[218] Dolors Genovès conseguiu entrevistar Oleg Tsarev, do escritório de imprensa do KGB (órgão que tinha substituído o NKVD e, depois, o MGB, a partir de 1954) e conseguiu filmar cópia de dois importantíssimos documentos da ficha pessoal de Orlov ("Schwed"), do arquivo do NKVD. O primeiro, um telegrama, dizia:

> Sobre os participantes no caso Nikolai: os principais participantes são: 1- L (riscado) e 2- A (riscado) F (riscado). I (riscado) M (riscado) foi um assistente indireto. Quando foi levada a comida no lugar de detenção e se abriram as portas, nossa gente entrou no pátio interior. (21 linhas riscadas). Poltávski deve tê-lo informado a partir de Paris sobre a saída do último participante na operação, Juzik. O principal documento codificado, que o senhor já conhece, foi escrito por ele. Foi meu intérprete neste caso e

---

216 Jesús Hernández, *La grande trahison*. Paris, Fasquelle Ed., 1953, p. 104-105; J. Gorkin, *Les communistes contre...*, op. cit., p. 99, p. 154.

217 J. Hernández, op. cit., p.105; Hugh Thomas, *A Guerra Civil Espanhola*. Rio de Janeiro, Civilização Brasileira, 1964, p. 166; Pierre Broué e Émile Témine, *A revolução e a guerra de Espanha*. Lisboa, Textos para uma cultura popular, 1976, p. 318; Pierre Broué, *Staline et la révolution – Le cas espagnol*. Paris, Fayard, 1993, p. 182-183.

218 Dolors Genovès (1992): *Operación Nikolai*. Barcelona: TV3-Televisió de Catalunya. http://www.youtube.com/watch?v=zLAfmtlCgTU (consultado em 05.01.2018).

estava comigo no carro, perto das dependências de onde retiraram o objeto. 8 linhas riscadas.[219]

O documentário mostrou ainda uma outra prova, um manuscrito em russo que dizia: "N. a partir de Alcalá de Henares em direção de Perales de Tajuña, a meio caminho, a 100 metros da estrada, no campo. Assinado: 'Bom', 'Schwed', 'Juzik', dois nomes espanhóis e Victor, chofer de 'Pierre' ".[220] Neste manuscrito, indica-se o local onde Nin (o "objeto") teria sido enterrado e as assinaturas revelam quem participou desta última fase, portanto, do assassinato. Segundo Oleg Tsarev, os nomes de espanhóis foram riscados para proteger os seus descendentes. Ele também declarou a Dolors Genovès que Orlov tinha sido encarregado de organizar um grande julgamento, o primeiro a ser realizado fora da União Soviética.[221]

A exibição do documentário, em novembro de 1992, causou grande impacto na Espanha e intermináveis discussões historiográficas. Também se pediu que fossem encontrados os restos mortais de Andreu Nin.[222] Em um primeiro momento, parecia que a decifração dos pseudônimos estava clara. "Schwed" era Orlov, "Pierre" era identificado no próprio documentário como sendo Ernö Gerö, o comunista húngaro que atuava no PSUC de Barcelona e que depois da Segunda Guerra Mundial iria se notabilizar pela repressão à insurreição húngara de 1956. Por outro lado, durante o documentário, o ex-policial da Brigada Especial Jaime Jimenez Martin fala abundantemente de "Juzik". Diz que ele teria sido enviado diretamente de Moscou, que entendia de confecção de documentos com tinta invisível, que mandava em todos e que "depois soubemos que era brasileiro", de nome José Escoi. E é como brasileiro que ele aparece em obras publicadas no Brasil.[223]

Mas o biógrafo de Orlov, o historiador Volodarsky, traz outras indicações sobre os participantes do crime. Para ele "Poltávski" é Iakov Serebriánski, que naquele momento se encontrava em Paris, chefe da "Força de Tarefas Especiais", conhecida como o "grupo de Iasha". Tarefas especiais é um eufemismo para se referir a explosões, atentados, sequestros, assassinatos e desaparecimentos. "Schwed" é um dos pseudônimos

---

219   "24 de julho de 1937, expediente pessoal Schwed, nº 32467", citado por B. Volodarsky, *El caso Orlov...*, op. cit., p. 166, p. 415.

220   Citado por ibid., p. 166 e 415.

221   Citado por ibid., p. 244.

222   Pelai Pagès i Blanch, "El asesinato de Andreu Nin, más datos para la polémica". http://www.raco.cat/index.php/Ebre/article/viewFile/215000/285767 (consultado em 05.01.2018).

223   *Operación Nikolai*. Barcelona: TV3-Televisió de Catalunya. http://www.youtube.com/watch?v=zLA-fmtlCgTU (consultado em 05.01.2018); por exemplo, P. Broué, *História da Internacional...*, t. 2, op. cit., p. 882; Pierre Broué, já falecido, tinha sido informado da verdadeira identidade de Escoi, em novembro de 2001, como se verifica em uma nota do livro de Agustin Guillamón, *El terror estalinista em Barcelona*. Barcelona, Descontrol, 2013, p. 28.

Do partido único ao stalinismo 395

de Orlov. Víctor é Víctor Nejínski, agente do NKVD. "Bom" é o agente alemão Erich Tacke, que havia participado da insurreição de Hamburgo em 1923, tendo sido depois recrutado para o GPU. Volodarsky conclui que "Pierre" não é Ernö Gerö, que utilizou esse pseudônimo na correspondência com a Internacional Comunista, mas não nos contatos com o NKVD. Considera que este "Pierre" é Naum Isaakovitch Eitingon. O cérebro do assassinato de Trótski no México, nascido na Bielorrússia, tinha atuado na China, na Turquia e depois foi chefe adjunto de Serebriánski nas "Tarefas Especiais", tendo também atuado nos Estados Unidos. Tinha os pseudônimos de "Tom" e "Pierre". Na Espanha, fazia-se chamar de Leonid Aleksandrovich Kotov e tinha a função de assessor político do consulado soviético em Barcelona, cujo cônsul era Antonóv-Ovsiéenko. Quando Orlov desertou, ocupou o seu lugar.[224] É a personagem que aparece no romance de Padura, *O homem que amava cachorros*, dialogando amigavelmente com o assassino, Mercader.

Por fim "Juzik", que no documentário de Dolors Genovès é apresentado como José Escoi, um "brasileiro", é na verdade Iósif Romuádovich Griguliévitch ("Yuz", "Maks", "Felipe"). Nascido na Lituânia, de pai judeu lituano e mãe russa, havia militado desde cedo no partido comunista da Bielorrússia Ocidental, havia adquirido notoriedade por liquidar informantes da polícia e por isso esteve preso naquele país. Em 1926, o pai de Juzik emigrou para a Argentina, seguido pelo filho. A partir daí falava bem espanhol, com um leve sotaque eslavo, o que lhe permitiria passar por um brasileiro, segundo o historiador Volodarsky. Na Argentina, frequentava tanto o partido comunista como a alta sociedade e foi preso em uma festa de ricos, em julho de 1936. Teve que sair do país. Reapareceu na Espanha, durante o cerco de Madri, quando trabalhou como assessor de Santiago Carrilho, estando envolvido na invasão de diversas embaixadas para retirar de lá franquistas, inclusive mulheres e crianças. Estes seriam a famosa "quinta coluna" de que falava Stálin. Depois seu nome apareceu também ligado à execução sumária de "oito mil" falangistas presos.[225] Além disso, Griguliévitch é o "judeu francês" que participou do primeiro ataque à casa de Trótski, em maio de 1940, no México, o primeiro a entrar quando Sheldon Harte abriu a porta. Quanto à autoria de Orlov e "sua banda" no assassinato de Nin, poucos anos depois do fim da URSS, em suas memórias, Pável Sudoplátov, com o conhecimento que tinha de ex-diretor adjunto do Departamento de Informação Estrangeira (INO) do NKVD, confirmou que foi ele e sua equipe que liquidaram Nin. De passagem, exaltou as qualidades de Orlov como sequestrador de trotskistas.[226]

Para os poumistas e todos os antistalinistas ficou claro, desde o início, que Andreu Nin tinha sido assassinado por agentes do NKVD, ou enviado para ser "julgado" na

---

224   B. Volodarsky, *El caso Orlov...*, op. cit., p. 167, p. 110-111, p. 401.

225   Ibid., p.146-150, p. 167.

226   P. Sudoplatov, op. cit., p. 76.

União Soviética, o que dava no mesmo. Juan Andrade, seu companheiro desde o tempo da Esquerda Comunista, exaltou-o em um folheto não assinado, publicado na França depois do fim da guerra civil. Nele explicava que Nin tinha sido morto porque simbolizava, na Espanha, a geração dos que tinham militado na Internacional Comunista e depois se separado dela ao vê-la dominada por uma casta burocrática. Nin tinha ficado fiel aos princípios revolucionários da Internacional criada por Lênin e Trótski.[227]

Um caso de desaparecido durante a guerra civil espanhola que toca de perto os brasileiros é o do militante comunista Alberto Besouchet. Foi para a Espanha ainda em 1936 e desapareceu em 1937, em seguida aos acontecimentos das "Jornadas de maio", em Barcelona.[228] A reconstituição do que aconteceu com ele é feita de pequenas alusões e frases incompletas, pois durante ainda muito tempo era mal visto entre os simpatizantes do comunismo brasileiro dizer claramente que ele foi liquidado pelos republicanos comunistas. Em artigo publicado pelo diplomata e historiador Paulo Roberto de Almeida, aparecem alguns flashes sobre o destino de Alberto Besouchet. O artigo foi publicado pela primeira vez em 1979, sob o pseudônimo de Pedro Rodrigues, por causa da censura da ditadura civil militar brasileira. Seu objetivo era retraçar a trajetória de todos os voluntários brasileiros na guerra civil. O autor pôde entrevistar vários combatentes ainda vivos e o irmão de Alberto, Augusto Besouchet. Perguntando pelo militante, o autor ouviu de Gay da Cunha, que ele teria sido fuzilado por André Marty. Para explicar um fuzilamento feito pelos republicanos, José Homem Correia de Sá afirmou que "havia muita incompreensão e ser fuzilado não denigre ninguém". Aqui estamos ainda no terreno vago da imprecisão e esses depoimentos apenas indicam que Besouchet foi fuzilado como dissidente.[229]

Poucos anos depois, em 1985, o pesquisador americano John W. F. Dulles, a partir de vários retalhos, descreveu o que se sabia do desaparecimento de Besouchet. Enumerou as fontes de onde retirou as informações: correspondências dos irmãos, Augusto e Lídia, entrevistas com Apolônio de Carvalho e Hermínio Sacchetta, antigos comunistas e, entre as indicações, uma frase do escritor Eduardo Maffei, escrita em uma página do livro de José Gay da Cunha, *Um brasileiro na guerra espanhola*: "Besouchet foi assassinado na Espanha por ordens de André Marty".[230] Este livro, no entanto, silencia

---

227 Juan Andrade, "L'assassinat d'Andrés Nin. Ses causes, ses auteurs". *Le Guépéou en Espagne. Spartacus*, juin 1939, citado por P. P. Blanch, op. cit., http://www.raco.cat/index.php/Ebre/article/viewFile/215000/285767 (consultado em 05.01.2018).

228 Angela Mendes de Almeida, "Alberto Besouchet, fuzilado pelos republicanos na Espanha" http://www.correiocidadania.com.br/index.php?option=com_content&view=article&id=10163:submanchete211014&catid=72:imagens-rolantes (consultado em 06.01.2018).

229 Paulo Roberto de Almeida, "Brasileiros na guerra civil espanhola", *Revista Sociologia e Política*, nº 12, jun. 1999. http://www.scielo.br/pdf/rsocp/n12/n12a03 (consultado em 06.01.2018), p. 37-38 e 49-50.

230 J. W. F. Dulles, O *comunismo no Brasil*. Rio de Janeiro, Editora Nova Fronteira, 1985, p. 313.

sobre a morte de Besouchet. As indicações ao nome de Marty, como mandante, apenas revelam a fama de brutalidade desse dirigente francês, sobre o qual se falará adiante.

O artigo do historiador Dainis Karepovs, escrito duas décadas mais tarde, em 2006, pôde avançar mais na medida em que inseriu o desaparecimento de Alberto Besouchet no clima de medo e delação que cercou os anos de 1936, 1937 e 1938 na URSS e na campanha dos agentes do NKVD pela liquidação do POUM. Utilizando documentos do agrupamento trotskista Liga Comunista Internacionalista, pôde penetrar melhor no sentido da luta que se travava. Besouchet era filho de militar e optou pela carreira do pai. Era também militante do Partido Comunista Brasileiro (então chamado Partido Comunista do Brasil), como seus irmãos, Augusto, Lídia e Marino. Como tenente, participou do levante comunista de 1935, em Recife, e embora ferido, não foi preso. Voltou ao Rio de Janeiro e contatou seus irmãos que, entretanto, tinham sido expulsos do partido por terem criticado a forma pela qual foi feito o levante de 1935, julgando-a irresponsável. Posteriormente haviam entrado em contato com a Liga Comunista Internacionalista. Eles tentaram ganhar o irmão para suas novas posições, mas não conseguiram. Em vez disso, Alberto Besouchet decidiu ficar no PCB e partir para a Espanha para colocar seus conhecimentos militares a serviço do povo espanhol. No entanto, antes de viajar, escreveu uma carta aberta aos companheiros, entregando-a à direção, pedindo que divulgassem. Nela conclamava todos, inclusive os numerosos comunistas presos, a persistirem na luta por "um regime mais justo e humano". A carta não foi divulgada, mas, sim, respondida em termos grosseiros. Censuravam-na por ter usado expressões como "Espanha soviética", "Revolução proletária mundial" e "burguesia internacional", que a direção considerou "esquerdistas". Além do mais, já tinha irmãos fora do Partido.[231]

As fontes concordam em que Alberto Besouchet foi o primeiro brasileiro a chegar à Espanha para lutar. Teve contatos com comunistas brasileiros na França, a caminho do território espanhol, onde entrou em fevereiro de 1937. As fontes dizem também que levava uma carta de Mário Pedrosa para Andreu Nin. Besouchet logo entrou em combate. Foi ferido na perna, na batalha de Guadalajara, ocorrida em março de 1937, onde os republicanos paralisaram a investida franquista visando atingir Madri. Artigo do *Diário de Pernambuco*, de junho desse ano, dá conta desse ferimento e de que, naquela ocasião, por sua bravura, foi promovido a coronel por aclamação de seus companheiros de trincheiras.[232] Sobre o seu desaparecimento e morte, as informações não são definitivas. Na documentação sobre os brasileiros na Espanha, contida nos arquivos russos da

---

231 Dainis Karepovs, "O caso Besouchet, ou o lado brasileiro dos processos de Moscou pelo mundo", *Olho da História*, 8/12/2006 - http://doczz.com.br/doc/184016/o-%E2%80%9Ccaso-besouchet%E2%80%9D---o-olho-da-hist%C3%B3ria (consultado em 06.01.2018).

232 J. W. F. Dulles, op. cit., p. 175-176, p. 313.

Internacional Comunista, há um relatório assinado por um nome não identificado, com a reprodução de uma informação do major Costa Leite, comunista e o militar mais graduado a ir para a Espanha. Ele teria afirmado que Besouchet, além de ter tido relações com os trotskistas, teria sido morto nas "Jornadas de maio", em Barcelona. O fato é que, entre os voluntários brasileiros que chegaram à Espanha no segundo semestre de 1937, corria o insistente boato do seu fuzilamento.[233] Em seu livro de memórias publicado na década de 1970, Leôncio Basbaum, que tinha certa amizade com Augusto Besouchet, afirma que, anos depois, encontrou-o e ele disse que seu irmão Alberto "acabara fuzilado por ordem do PC Espanhol". Isso, segundo o memorialista, afastava-os, por certo porque ele acreditava que os fuzilados eram "traidores".[234]

Dois documentos, citados por Karepovs, podem esclarecer alguma coisa. Eles chegaram ao partido espanhol pelas mãos de Tina Modotti (na Espanha, "Maria Ruiz", atuando no "Socorro Vermelho"), companheira do agente do NKVD Vittorio Vidale ("Carlos Contreras"). No primeiro deles, proveniente do Partido Comunista Brasileiro, os espanhóis eram avisados de que o tenente Alberto Besouchet, que estava na Espanha, tinha se passado para o trotskismo. Tinha deixado no Brasil uma "prova" que era uma "verdadeira provocação contra a revolução de libertação nacional", fazendo referência à menção à "Espanha soviética" da carta de Besouchet, já citada. Esse aviso era do início de janeiro de 1937. Entretanto, o tenente desapareceu em maio desse ano, durante as "Jornadas", o que levou muitos a pensarem que tinha sido morto. O segundo documento, datado de setembro desse mesmo ano, é de autoria do militante comunista brasileiro, Honório de Freitas Guimarães, "Martins", endereçado a "Jack", talvez Vittorio Vidale. Parece ser resposta a uma consulta, daí ter Karepovs sugerido a possibilidade de Besouchet estar preso em mãos de comunistas. "Martins" o acusava de correspondência com os irmãos trotskistas do Brasil e com Elsie Houston, soprano carioca, ex-mulher do poeta surrealista e militante trotskista Benjamin Péret e cunhada de Mário Pedrosa. Ligações suspeitas e perigosas. Na mensagem, "Martins" admite que ele possa ser solto "se não for encontrado nada de mais sério", porém, desde que seja convencido a cortar com essas relações. O ideal, diz ainda a mensagem, seria que ele escrevesse algo contra os irmãos para ser publicado no Brasil.

Por outro lado, a família Besouchet recebeu a informação de que ele teria sido fuzilado pelos comunistas, juntamente com anarquistas e trotskistas presos, durante a retirada final de Barcelona das Brigadas Internacionais.[235] A retirada oficial das

---

233   Cf. D. Karepovs, "O caso Besouchet...", op. cit.; J. W. F. Dulles, op. cit., p. 176.

234   Leôncio Basbaum, *Uma vida em seis tempos (memórias)*. São Paulo, Alfa-Omega, 1978, p.154.

235   Cf. D. Karepovs, "O caso Besouchet...", op. cit., - http://doczz.com.br/doc/184016/o-%E2%80%9Ccaso-besouchet%E2%80%9D---o-olho-da-hist%C3%B3ria (consultado em 06.01.2018); Thais Battibugli, *A solidariedade antifascista – Brasileiros na guerra civil espanhola (1936-1939)*. São Paulo, Edusp, 2004, p. 118.

Do partido único ao stalinismo

Brigadas, em outubro de 1938, foi coroada com um festivo desfile em Barcelona, inclusive com um discurso da famosa *Pasionaria*. Mas a retirada não foi fácil, pois muitos brigadistas não podiam voltar a seus países, tomados pelo fascismo ou com governos reacionários. Quando se iniciou a última campanha dos franquistas, em dezembro desse ano, visando a queda final do governo republicano, sediado nesse momento na Catalunha, ainda havia alguns milhares de brigadistas, sobretudo italianos, alemães e latino-americanos, que formaram batalhões improvisados. Estes só deixaram a Espanha com a derrota final, em 9 de fevereiro de 1939, junto com o resto do exército republicano e milhares de civis, que povoaram as estradas em fuga massiva para a fronteira francesa. A situação de caos que então se viveu parece ser a mais propícia para o fuzilamento de prisioneiros que não poderiam acompanhar os fugitivos. "As ruas e quarteirões de Barcelona estavam cheias de refugiados de todo o país – cerca de um milhão. A grande cidade respirava um ar de derrota. Soldados, *bourgeoisie* e anarquistas pensavam apenas numa maneira de escapar para a França".[236] Esses retalhos de narrativas se encaixam com as breves palavras de Apolônio de Carvalho:

> O tenente Alberto Besouchet, que eu conhecia de Realengo, foi o primeiro de nós a chegar à Espanha, ainda mal curado dos ferimentos infligidos em Recife, quando do levante de novembro. [...] Ascende a coronel em maio de 1937, momento de crise aguda no seio das esquerdas, e logo depois é preso como militante do partido de Andrés Nin. Fins de 1938, com os franquistas às portas de Barcelona, Besouchet é assassinado covardemente. Nada poderá apagar, contudo, a imagem desse comunista culto, modesto e bravo como poucos.[237]

É assassinado covardemente por quem? Julián Gorkin, importante dirigente do POUM, preso nessa época com muitos outros poumistas, foi carregado de *checa* em *checa* durante 18 meses, até que, conseguiu fugir com a ajuda de carcereiros conhecidos, exatamente no contexto do avanço final dos franquistas sobre Barcelona.[238] Besouchet não teve essa sorte, talvez por estar nas mãos de comunistas.

Outros "trotskistas" – antistalinistas e trotskistas – também desapareceram para sempre na república espanhola dominada pelos comunistas. Entre eles, Mark Rein. Era filho do líder menchevique russo Rafail Abrámovitch, que na emigração desenpenhava um papel importante junto aos sociais-democratas. Mark conseguiu fugir da União Soviética às vésperas do famoso julgamento dos mencheviques, em 1931. Exilado na França, aderiu às Juventudes Socialistas. Chegou a Barcelona em 5 de março de

---

236   H. Thomas, op. cit., t. 2, p. 301.

237   Apolônio de Carvalho, *Vale a pena sonhar*. Rio de Janeiro, Rocco, 1997, p. 123.

238   J. Gorkin, *Les communistes contre...*, op. cit., p. 246; H. Thomas, op. cit., t. 2, p. 304.

1937 e como era engenheiro elétrico foi trabalhar na fábrica de armas Telecomande, ao mesmo tempo em que escrevia matérias jornalísticas para vários jornais suecos e americanos. Na Espanha, enquanto socialista, ele defendia a Frente Popular. Na véspera do seu desaparecimento um agente da polícia pediu informações sobre os hóspedes de vários quartos de um hotel, entre eles Rein. Depois se descobriu que não era um policial. Na noite anterior ao seu desaparecimento, Rein recebeu um telefonema convocando-o para uma reunião urgente no dia seguinte. Saiu do hotel Continental na noite do dia 9 de abril e nunca mais foi visto. Desde o começo, seus amigos e seu pai, que foi para a Espanha e imediatamente contatou o governo republicano, começaram a procurá-lo em todas as prisões. Em 16 de abril, chegou uma carta de Mark a seu amigo Nicolas Sundelewicz, em russo, avisando que ele tinha que deixar Madri por causa de assuntos urgentes. O pai reconheceu a caligrafia do filho. A data de 13 de abril foi acrescentada por outra mão. Diz, mais uma vez, o historiador Volodarsky que esse era um truque favorito de Orlov, uma carta da vítima. Dada a importância de Abrámovitch no movimento socialista, Dimítrov, presidente da Internacional Comunista, escreveu ao seu contato na Espanha, "Stepánov" (Stepan Minev), pedindo informações. Este respondeu que nada sabia. Qual teria sido a razão desse sequestro: levar Mark para a União Soviética e obter alguma declaração do filho contra o pai? Mark tinha 29 anos. As fontes russas posteriores à implosão da URSS, em conexão com o serviço de imprensa do KGB, confirmam abertamente que Mark Rein estava na lista de *líterniks* estrangeiros de Orlov, isto é, de condenados a serem liquidados por ordem de Stálin. Segundo essas fontes, Rein foi morto por dois membros do Grupo de Informações (liderado pelo agente soviético alemão Alfred Herz e pelo espanhol Mariano Gómez Emperador), ajudados pelo informante secreto espanhol Alfonso Laurencic.[239]

Brian Goold-Verschoyle ("Friend") era um jovem comunista, engenheiro elétrico, de origem anglo-irlandesa. Bastante ingênuo, durante certo tempo foi utilizado pelo NKVD em Londres como mensageiro, sem ter consciência disso. Nos arquivos russos, ele aparece como tendo sido recrutado em 1933. Voltou à URSS em 1934, bem como em 1935 e na volta desta última viagem caiu em grande depressão. Em seguida, conheceu e ficou muito amigo de uma alemã, casada e vivendo exilada na Inglaterra, Charlotte Moos, a quem revelou seus contatos com o NKVD. Em novembro, esteve em Amsterdã, conhecendo Krivitsky, que narra o caso dele em seu livro. Em 1936 Brian foi novamente para a União Soviética, seguido de Charlotte. Dessa vez fez um curso de fotografia e de operador de rádio. Em seguida, foi enviado para a Espanha. Como falava várias línguas, inclusive o espanhol, embora estivesse destinado a trabalhar junto à embaixada soviética, nesse momento, em Valência, seus contatos com o cenário espanhol se deram em várias cidades. E ele começou a fazer objeções aos métodos

---

239 K. Landau, op. cit., p. 44-45; B. Volodarsky, *El caso Orlov...*, op. cit., p. 213-218, p. 222.

Do partido único ao stalinismo

do NKVD para impor a sua linha. Orlov então decidiu que ele tinha se tornado trotskista e devia ser retirado. Em abril de 1937, pediram a Brian que fosse consertar um transmissor de rádio no barco espanhol chamado *Magallanes*, no porto de Barcelona. Ao entrar no navio foi conduzido a uma sala onde ficou trancado. O barco chegou à Crimeia em 6 de maio de 1937. Foi imediatamente levado para a prisão da Lubianka, em Moscou. A ordem de detenção partira de Slútski, chefe do Departamento de Informação Estrangeira (INO) do NKVD, com o argumento de que Charlotte, seu marido e seus amigos eram trotskistas ativos e que, além disso, Brian se interessava por assuntos que não faziam parte de suas tarefas. Foi condenado a oito anos de prisão. Ele e muitos outros estrangeiros presos foram levados para o campo de Soloviétski. Brian morreu na prisão de Orenburg em janeiro de 1942. Tinha 30 anos.[240]

Em março de 1937, no informe apresentado à plenária do Comitê Central do partido russo ("Sobre os defeitos do funcionamento do partido e as medidas para liquidar os trotskista e outros agentes duplos"), Stálin dizia claramente que há muito tempo os trotskistas tinham deixado de ser uma tendência do movimento operário, passando a ser "uma banda sem escrúpulos de destruidores, sabotadores, espiões e assassinos carentes de conteúdo ideológico, que trabalham para organismos de inteligência estrangeira [...] na luta contra o trotskismo moderno não necessitamos de velhos métodos de debate e sim de novos métodos de eliminação e extermínio".[241] Ou seja, um chamado para aplicar "os novos métodos de eliminação e extermínio". É com orgulho que as publicações patrocinadas pelo KGB, depois da implosão da União Soviética, relatam o papel do NKVD na liquidação e no extermínio dos anarquistas e trotskistas em Barcelona, na primavera europeia de 1937. Em quatro anos, publicaram três livros elogiando os assassinatos políticos soviéticos no estrangeiro.[242]

Nessa macabra campanha de liquidação e extermínio chegou a vez de Erwin Wolf. Cidadão tchecoslovaco, era de rica família de judeus, estudou em Berlim, Paris e Oxford. Em 1932, aderiu à Oposição de Esquerda Internacional. Com a ascensão de Hitler, passou de Berlim para Paris e logo se tornou um militante profissional, aproveitando que seu irmão lhe comprou a sua parte na herança da família. Tornou-se secretário de Trótski, a partir de novembro de 1935, juntamente com Walter Held e Max Shachtman, em sua estadia na Noruega, na casa do jornalista e deputado social-democrata Konrad Gustav Knudsen. Aprendeu rapidamente o norueguês e se casou com a filha do hospedeiro, Hjordis. Em 28 de agosto do ano seguinte, depois que o governo norueguês negou a renovação do visto de Trótski, ele e o outro secretário, Jean van

---

240 Krivtisky, p. 110; B. Volodarsky, *El caso Orlov...*, op. cit., p.210-213.
241 Citado por B. Volodarsky, *El caso Orlov...*, op. cit., p. 241, p. 454.
242 Ibid., p. 222.

Heijenoort, foram expulsos do país, com enorme brutalidade.[243] Sob o nome de guerra de "Nicole Braun", ele defendia nas lutas internas a posição crítica ao POUM, contra o belga Georges Vereeken e o holandês Henk Sneevliet. Quando, em abril de 1937, colocou-se a necessidade de enviar um militante para ajudar o pequeno grupo de "bolcheviques-leninistas" que atuava em Barcelona, ele se apresentou como voluntário.[244] Victor Serge comenta, em suas *Memórias*, a breve visita que lhe fez Erwin em Bruxelas, em 1937. Dizia não poder ficar vivendo pacificamente, estudando marxismo, enquanto uma revolução lutava para viver. Ia para a Espanha. Serge lhe disse que ele iria certamente em direção a um assassinato. Mas ele tinha toda a "confiança combativa da juventude".[245] Entre os seus papéis deixados em Bruxelas com um velho companheiro da organização trotskista, há uma troca de cartas com um tio seu, que morava nos Estados Unidos e era presidente de uma Sociedade de Físicos. Ele tentava convencer Erwin a não ir para Barcelona, ao contrário, a ir se juntar a ele. Inutilmente.[246] Preparou sua viagem metodicamente, guardou seus papéis em lugar seguro, conseguiu um trabalho de correspondente do jornal *News Chronicle* e chegou à cidade com sua jovem esposa logo depois das "Jornadas de maio". Trabalhou ativamente, inclusive enviando relatórios. Foi visto pela última vez em um café pelo militante suíço Paul Thalmann, em companhia do espanhol "Munis" e do alemão Hans Freund, conhecido como "Moulin", também depois desaparecido.[247] "Munis", (Manuel Fernandez-Grandizo), foi preso mais tarde, em fevereiro de 1938, e torturado barbaramente em uma *checa* stalinista, mas depois foi encaminhado à Prisão Modelo para ser julgado. O promotor tinha pedido para ele a pena de morte. Porém, com a confusão que tomou conta de Barcelona, quando da entrada das tropas franquistas, conseguiu fugir para a França.[248]

No relato de Katia Landau, publicado pela primeira vez em 1938, Erwin Wolf foi preso no dia 27 de julho, juntamente com o jornalista italiano Giorgio Tioli, e foi levado para a *checa* situada em Puerta del Angel, nº 24. No mesmo dia foi colocado em liberdade por ter os papéis em ordem. Erwin voltou para sua casa e decidiu deixar a Espanha imediatamente com sua esposa Hjordis. Segundo ainda Landau, antes de partir, ele

---

243 J. Heijenoort, op. cit., p. 149-152; P. Broué, *Trotsky...*, op. cit., p. 832; P. Broué, *Léon Sedov, fils de...*, op. cit., p. 141.

244 P. Broué, " Quelques proches colaborateurs..., op. cit. p. 76-79 https://www.marxists.org/francais/clt/1979-1985/CLT01-Jan-1979.pdf. (consultado em 08.01.2018).

245 V. Serge, *Mémoires ...*, op. cit., p. 356.

246 Georges Vereeken, *The GPU in the Trotskyst Movement*. Great Britain, New Park Publicarions, 1976, p. 168-170.

247 P. Broué, " Quelques proches..., op. cit., p. 76-79 https://www.marxists.org/francais/clt/1979-1985/CLT01-Jan-1979.pdf (consultado em 08.01.2018); P. Broué, *Trotsky...*, op. cit., p. 874-875; A. Guillamón, op. cit., p. 271-273.

248 A. Guillamón, op. cit., p. 271-273; Jean Rous, op. cit., p. 62-63.

Do partido único ao stalinismo

recebeu um telefonema de Tioli, que também tinha sido solto, querendo vê-lo para lhe entregar cartas. Ele prometeu à Hjordis que voltaria dentro de uma hora. Ainda ligou para dizer que se atrasaria um pouco. Desde então, ele e Giorgio Tioli desapareceram. O quarto de hotel de Tioli ficou, durante semanas, sob vigilância.[249] Foi em 28 de julho que Wolf foi levado outra vez para a *checa* da Puerta del Angel. Lá foi visto pelo casal de militantes suíços, também preso, Klara e Paul Thalmann. Consta ter sido libertado dia 13 de setembro. Há outra notícia que veio anos depois, a partir de um de seus carcereiros de então, Hubert von Ranke (depois, na França, Moritz Bressler, também "Bücher"). Em depoimento a Pierre Broué, contou que foi ele quem prendeu e em seguida soltou, na primeira vez, Erwin Wolf. Isso teria acarretado insultos e ameaças de seu chefe, "Pedro", isto é, Ernö Gerö, que berrando lhe revelou que se tratava de um secretário de Trótski, perdido por sua culpa.[250] Erwin Wolf tinha 34 anos quando desapareceu. Sua jovem esposa norueguesa, Hjordis Knudsen, tentou procurá-lo na Espanha, em vão. Voltando a Paris, encontrou-se com Léon Sedov. Este comentou depois que ela, em sua santa ingenuidade, não compreendia a situação e ainda esperava pelo aparecimento de Erwin.[251]

Hubert von Ranke, militante do KPD, tinha sido enviado para a Espanha desde abril de 1936, logo depois da vitória da Frente Popular. Sua história é excepcional. Nascido na Alemanha, tinha vários ascendentes nobres e famosos, entre eles seu tio-avô, o historiador Leopold von Ranke. Ao se aproximar do Partido Comunista Alemão, por causa dessas origens nobres, foi destinado a funções no *M-Apparat* do KPD, ou seja, seu serviço secreto. Atuou em ligação com Hans Kippenberg, que viria a ser fuzilado na URSS, depois de um processo secreto, em outubro de 1937. Hubert trabalhou também em ligação com Willi Münzenberg e seu aparelho de propaganda do comunismo. Nos últimos anos da República de Weimar, foi infiltrado nos meios nazistas, até que foi descoberto, no momento da ascensão de Hitler, e preso. Devido à sua ascendência, não foi torturado, foi enviado para o campo de Spandau e depois liberado. Foi para a França e depois para a Espanha. Chegou a combater na "Coluna 19 de julho", mas detectaram nele uma arritmia cardíaca que o impediu de continuar.[252] Foi para Barcelona, onde aceitou trabalhar no *Departamento del Estado*. Foi colocado em contato com um homem de origem alemã, Alfred Herz. Mais tarde este lhe apresentaria "um camarada russo", que era Alexsandr Orlov. A partir de certo momento Hubert foi colocado no setor de "Interrogatórios de Estrangeiros", na *checa* da Puerta del Angel. Em abril de 1937 foi obrigado a deixar Barcelona e ir para a França por problemas de

---

249   Katia Landau, op. cit., p. 45-46.
250   P. Broué, " Quelques proches..., op. cit., p. 76-79 https://www.marxists.org/francais/clt/1979-1985/CLT01-Jan-1979.pdf; (consultado em 08.01.2018).
251   P. Broué, *Léon Sedov, fils de....*, op. cit., p. 184-185.
252   A. Brossat, op. cit., p. 96-98, p. 100-102.

saúde e, dessa maneira, estava ausente durante as "Jornadas de maio". Quando voltou a situação estava completamente mudada e ele ficou chocado e confuso. Porém retomou seu trabalho e interrogava os estrangeiros do POUM, da CNT e dos trotskistas. Não batia, não torturava, não organizava simulacros de execução, como os outros, apesar de ser citado como um homem da repressão no livro de Katia Landau.[253] Teria sido, conforme ele diz em suas memórias, o episódio de Erwin Wolf que lhe abriu os olhos. Em segundo lugar, o contato com o casal suíço Klara e Paul Thalmann, presos quando iam entrar em um navio que partia para Marselha e depois soltos pela intervenção do ministro do interior, Zugazagoitia. Episódios em que ele mostrava-se pouco disposto a perseguir e reprimir mostraram aos seus chefes que ele não era mais pessoa a confiar, colocando-o fora do setor "Interrogatórios de Estrangeiros". Logo em seguida, Hubert foi de Barcelona para Paris e decidiu romper claramente com o comunismo.[254] Desertou, mas não precisou passar para o outro lado do mundo. Em Paris, com documentos de um luxemburguês chamado Moritz Bressler, permaneceu atuando discretamente na esquerda e participou da resistência francesa durante a Segunda Guerra Mundial. Deixou memórias não publicadas, depositadas na coleção de documentos do Instituto de História Contemporânea de Munique.[255]

Outro desaparecido, Hans David Freund ("Moulin", "Winter"), trotskista, estava na Espanha desde setembro de 1936. Nascido na Alemanha em uma família pequeno burguesa judia, desde jovem passou a militar nas juventudes comunistas. No início dos anos 1930, Freund conseguiu ir à URSS em uma viagem organizada e voltou completamente antistalinista. Em 1933, ao mesmo tempo em que sua família emigrava para Israel, ele partia para estudar durante um ano em Oxford, indo depois para Genebra, onde militava entre os estudantes socialistas, porém, dentro de um grupo trotskista. Também entrou em contato com anarquistas italianos. Em 1936 foi a França onde participou em uma conferência dos grupos trotskistas, indo depois para a Espanha, onde trabalhou durante várias semanas nas radiodifusões em língua alemã da rádio do POUM, em Madri. Nessa cidade ligou-se ao grupo trotskista de "bolcheviques-leninistas". Foi, como jornalista, para o *front* de Guadarrama, onde o stalinista Galan o ameaçou de fuzilamento por seu trabalho de propaganda trotskista entre os milicianos. Em janeiro de 1937, estava em Paris, em uma reunião trotskista. Voltando à Espanha, fixou-se em Barcelona, onde tentava unir os dois grupos trotskistas, além de fazer contato com os anarquistas dos "Amigos de Durruti".[256] Participou ativamente

---

253   Ibid., p. 100, p. 102-104, p. 107; K. Landau, op. cit., p. 48.

254   A. Brossat, op. cit., p. 109-114.

255   B.Volodarsky, *El caso Orlov...*, op. cit., p. 220.

256   K. Landau, op. cit., p. 47; Pierre Broué, "Freund, dit Moulin", in Cahiers Léon Trotsly nº 3, p. 135 - https://www.marxists.org/francais/clt/1979-1985/CLT03-Jul-Sep-1979.pdf (consultado em 09.01.2018).

Do partido único ao stalinismo

nas "Jornadas de maio" e conforme o historiador Volodarsky, foi fotografado nas barricadas. Embora procurado pelos agentes do NKVD, conseguiu escapar até ser preso em 2 de agosto e desaparecer. Tinha 25 anos. As fontes russas não mencionam a morte de Freund, porém dizem que Orlov não comunicou todas as suas ações de extermínio.[257]

Em 23 de setembro de 1937, Kurt Landau, o militante austríaco que trabalhava estreitamente ligado ao POUM, foi preso por dois agentes de polícia e um guarda de assalto, desaparecendo desde então. Nessa data tinha 34 anos. Era filho de um próspero negociante de vinhos e aderiu ao Partido Comunista Austríaco com 18 anos. No início de 1923, colocou-se contra as decisões do 4º Congresso da Internacional Comunista, ficando do lado do dirigente italiano Amadeo Bordiga. Pouco depois, tomou partido por Trótski no debate interno do partido russo. Em 1926, ele e seus companheiros foram expulsos do partido austríaco. Tendo já aderido à Oposição de Esquerda Internacional, Landau aceitou a sugestão de Trótski de passar a militar na Alemanha. Dentro do grupo trotskista alemão, ele se opunha à fração conduzida pelos irmãos Sobelevicius, que já eram então agentes do NKVD, situação que eles mesmos desmascararam pouco depois. Trótski tinha apoiado essa fração antes de compreender o seu caráter de provocação. Datam daí as primeiras divergências entre Landau e Trótski, às quais vieram se acumular outras mais tarde. Com a ascensão de Hitler ao poder, em 1933, esses grupos foram vítimas de uma feroz repressão. Landau não aceitou a caracterização de Trótski de que o KPD, pela sua responsabilidade em relação à ascensão do nazismo, tinha acabado. Mas a esse episódio veio se juntar a derrota da classe operária austríaca em 1934, frente ao fascismo austríaco. Chegaram os processos de Moscou, a partir de 1936, e Landau ficou muito impressionado com a condenação, no 1º Processo, de Valentin Olberg, que tinha militado com ele em Berlim e a quem o trotskismo considerava um infiltrado nos grupos de esquerda, agindo desde o início em conluio com o NKVD. Landau imediatamente lançou uma campanha de defesa dos bolcheviques condenados, à qual Heinrich Brandler, então dirigente do grupo alemão SAP (Partido Socialista dos Trabalhadores) se recusou a aderir, sustentando a versão stalinista de um "complô". Segundo Katia Landau, Brandler escreveu que não queria ter nada em comum com "traidores-trotskistas".[258]

Mas o outro grande acontecimento que mobilizou a geração de Landau foi o início da guerra civil na Espanha, em julho de 1936. Ele e sua esposa, Katia, entraram logo em contato com Andreu Nin e Juan Andrade, chegando a Barcelona em novembro desse ano. Conforme contou Paul Thalmann em seu livro de memórias, o POUM encarregou Landau de coordenar os jornalistas, escritores e milicianos estrangeiros,

---

257 B. Volodarsky, *El caso Orlov...*, op. cit., p. 224; K. Landau, op. cit., p. 48.

258 Hans Schafranek, "Kurt Landau", Cahiers Léon Trotsky, nº 5, 1980, p. 71-82 - https://www.marxists. org/francais/clt/1979-1985/CLT05-Jan-Mar-1980.pdf (consultado em 09.01.2018).

que se concentravam no hotel Falcon, palco de discussões infindáveis entre as diversas tendências. Tinha seu próprio escritório, trabalhava como instrutor político e resolvia coisas banais como locais para dormir e refeições. Para unir todas as forças dispersas naquela panóplia de tendências presentes ou das que se quisessem juntar ao POUM, Kurt estava planejando, em conexão com o secretariado internacional desse partido, uma conferência a se realizar em Barcelona. Para isso redigiu um programa de base. Dentre os pontos desse programa, estava a recusa da Frente Popular pelo seu caráter de colaboração de classe. No entanto, estava também o reconhecimento do caráter de classe proletário da União Soviética, tal como a posição de Trótski, daí advindo a necessidade de apoiar esse país em uma guerra, embora lutando contra o stalinismo. Sendo membro do Burô de Londres, tendência internacional com laços tanto com a social-democracia quanto com o comunismo soviético e o trotskismo, Kurt tinha contatos com os representantes do SAP na Espanha, Max Diamant e Willy Brandt, que rapidamente entraram em rota de colisão com o POUM.[259]

As "Jornadas de maio", em Barcelona, foram interpretadas por Kurt Landau como uma derrota social, política e militar da classe operária. A repressão que se seguiu a elas atingiu, conforme Katia Landau, cerca de quinze mil militantes, fossem eles espanhóis ou estrangeiros, anarquistas, poumistas ou trotskistas, recluídos nas prisões "oficiais" ou clandestinas do NKVD. Com a proeminência que tinha entre os estrangeiros presentes na cidade, Landau não se sentia seguro depois das "Jornadas" e pediu ajuda ao anarquista Augustin Souchy, que o colocou em um local que era o quartel-general da CNT. Mas, por razões não esclarecidas, ele abandonou esse refúgio em 17 de junho, no mesmo dia em que sua esposa, Katia, foi presa em um local clandestino do POUM. Nessas condições difíceis, Kurt Landau escreveu diversos artigos que foram publicados na França, sob o nome de Wolf Bertram.[260]

Estando presa, Katia pensou inicialmente que Kurt tivesse sido detido legalmente em 23 de setembro. Mas quando foi transferida para a prisão do Paseo San Juan, 104, vendo "agentes de polícia" ou "guardas de assalto", que eram também membros das Juventudes Comunistas, tomou subitamente consciência de que ele tinha sido sequestrado. Sobretudo ao ouvir um desses agentes dizer: "Ninguém sabe onde e para quem trabalhamos. E quando nosso serviço está terminado, nós não vimos nada, nem ouvimos nada. Sim, é a obediência cega, como você diz, mas é exatamente isso que convém a um militante convencido". Detida na Prisão de Mulheres de Barcelona, ela se dirigiu ao presidente da Catalunha, Lluis Companys, da Esquerda Republicana, ao ministro do interior e a

---

259   Ibid., p. 83-87 - https://www.marxists.org/francais/clt/1979-1985/CLT05-Jan-Mar-1980.pdf (consultado em 09.01.2018).

260   K. Landau, op. cit., p. 8; H. Schafranek, op. cit., p. 87-89 - https://www.marxists.org/francais/clt/1979-1985/CLT05-Jan-Mar-1980.pdf (consultado em 09.01.2018).

outras autoridades para perguntar onde estava Kurt Landau e se, já que nenhum crime lhe era imputado, estava presa como refém. Face aos métodos de "gangsterismo político" pelos quais Nin tinha desaparecido e agora Kurt, Katia decidiu iniciar uma greve de fome em 8 de novembro, que foi seguida por outras presas. Diante disso, cerca de dez dias depois, o ministro da justiça, Manuel Irujo, um "bravo" católico, foi ver Katia pessoalmente, pediu-lhe que parasse a greve de fome e soltou-a. Mas em 8 de dezembro ela foi presa novamente, dessa vez com uma outra companheira, pelo "Grupo de Informações". Depois de ser interrogada por um espanhol na prisão do Paseo San Juan, no segundo dia foi levada diante de um estrangeiro. Tratava-se Leopold Kulcsar, austríaco que tinha sido expulso do partido comunista da Áustria, mas, pelo visto, tinha retornado. Dizia, com muito ódio, que tinha vindo à Espanha para uma missão histórica, a vingança sangrenta contra Kurt Landau. Às vezes, espanhóis do "Grupo de Informações" assistiam aos seus interrogatórios. Transferida de uma prisão secreta a outra, foi ameaçada de ser acusada de espionagem militar em favor da França. Afinal, em 29 de dezembro, ofereceram-lhe a liberdade e a expulsão do território. Enganaram-na, dizendo que Kurt também seria em breve libertado e expulso.[261]

Um mês antes da prisão de Kurt Landau, Orlov informava a Moscou que o caso dele tinha sido o mais difícil de todos: escondeu-se muito. Contava que eles, isto é, o NKVD, vigiaram uma anarquista que era sua mensageira, mas nada. Afirmava ainda que Landau era sem dúvida uma figura central da organização clandestina do POUM. Por isso, dizia ele, decidimos não "recolher" Landau na reunião, mas segui-lo até sua casa e levá-lo mais tarde, dentro de um dia ou dois. Como sabem, continuava ele, Landau, "ao contrário de outros *líterniks* estrangeiros, criou vínculos estreitos com as organizações trotskistas locais".[262] Há várias versões sobre o que aconteceu exatamente com Kurt Landau. Sua esposa, Katia, entrevistada em 1977, ainda pensava que ele poderia ter sido levado para a URSS. Conforme o ex-militante comunista alemão, Erich Wollenberg, Landau teria sido sequestrado por gente do *M-Apparat* alemão, torturado e morto, o que não era difícil, já que ele era hemofílico. A versão de Julián Gorkin, ouvida de um preso, era que Landau tinha sido levado para o hotel Colón, sede do PSUC, morto e queimado.[263]

No seu escrito publicado em 1938, em Paris, Katia Landau fala dos agentes do NKVD com os quais os militantes tiveram contato. Em primeiro lugar, afirma que os verdadeiros dirigentes do NKVD na Espanha eram velhos agentes soviéticos, que

---

261   K. Landau, op. cit., p. 34-35, 36-37 e 39-40; H. Schafranek, op. cit., p. 92-93 - https://www.marxists.org/francais/clt/1979-1985/CLT05-Jan-Mar-1980.pdf (consultado em 09.01.2018).

262   B. Volodarsky, *El caso Orlov...*, op. cit., p. 237.

263   Citados por H. Schafranek, op. cit., p. 93-94 https://www.marxists.org/francais/1979-1985/CLT-05-Jan-Mar-1980.pdf (consultado em 09.01.2018).

eram os especialistas. A grande massa de agentes era de stalinistas de todas as seções da Internacional Comunista. "O verdadeiro chefe do GPU (NKVD), o homem de ligação entre o GPU e as autoridades espanholas, é um russo: ele é grande, forte, com cabelos negros e um nariz achatado, como o de um boxeador. Fala alemão, mas com um forte sotaque russo. Interroga exclusivamente os casos interessantes; às vezes bate nos presos, mas em geral só dá ordens".[264] Ela não sabia, mas estava falando de Orlov.[265] Fala também de Alfred Herz, que, segundo ela, era "delator e agente provocador". Trabalhava na polícia de estrangeiros, mas também informava o NKVD sobre as partidas de militantes estrangeiros, o que explica as várias prisões já na hora de deixar a Espanha.[266] Ela não sabia também que o "Grupo de Informações" que a prendera na segunda vez tinha a direção de Alfred Herz e Mariano Gómez Emperador, responsáveis pelo desaparecimento de Mark Rein, com a ajuda de Alfonso Laurencic. Segundo historiadores alemães citados por Volodarsky, foi documentada grande quantidade de casos que demonstram que o chamado *Servicio Alfredo Herz* dedicava-se principalmente a caçar trotskistas alemães e que cerca de cem pessoas foram atingidas. Segundo eles, as execuções aconteciam na cave do hotel Colón e os cadáveres eram queimados na sala das caldeiras. Essa informação baseia-se em Gorkin e em Mitrokhin, que confirma ainda que muitos dos destinados a serem eliminados eram atraídos até o edifício onde estava o crematório e assassinados ali mesmo. Tratava-se do crematório dirigido por Stanislav Vaupchásov e pelo agente ilegal espanhol do NKVD José Castelo Pacheco. O Serviço Alfred Herz e a Brigada Gómez Emperador foram desmantelados em julho de 1937, porém Herz e sua esposa continuaram na Espanha, saindo em janeiro de 1939.[267]

Katia Landau, na verdade, Julia Lipschutz Klein, casou-se depois no exílio, no México, com o espanhol Benjamin Balboa Lopez. Por ocasião da publicação de seu livro de 1938 na Espanha (*Los verdugos de la revolución española*, 2007), Maria Teresa García, lembrando de seu papel no Secretariado Feminino do POUM, a considera como a principal autora do texto mais elaborado desse órgão. Nele se faz a distinção entre socialismo e igualdade de direitos para as mulheres.

> [...] ainda não estamos, nós mesmas, de acordo sobre o que a nova sociedade pode nos dar e o que exigiremos. Ainda não acreditamos completamente na nossa igualdade de capacidade, na nossa igualdade de direitos. Levamos ainda na massa do sangue a opressão que data de séculos e nem a melhor legislação nos liberará de um dia para o outro. O socialismo tampouco nos pode presentear a igualdade de direitos. Pode apenas nos dar toda classe de

---

264   K. Landau, op. cit., p. 47.

265   B. Volodarsky, *El caso Orlov...*, op. cit., p. 238.

266   K. Landau, op. cit., p. 48.

267   B. Volodarsky, *El caso Orlov...*, op. cit., p. 215- 216, p. 220-221; C. Andrew e V. Mitrokhine, op. cit., p. 121.

Do partido único ao stalinismo

possibilidades para conquistá-la com nossa obra, tomando parte na responsabilidade da vida social e na sua formação.[268]

Mas não só de "trotskistas" se alimentou a repressão stalinista na Espanha. Qualquer "desvio" milimétrico ou comportamento fora da regra era punido. José Robles Pazos tinha 19 anos quando conheceu o jovem escritor americano John Dos Passos, em 1916, em uma viagem de trem de Madri a Toledo. Tornou-se seu tradutor e mais tarde transferiu-se para os Estados Unidos, para dar aulas de literatura espanhola na Universidade John Hopkins, de Baltimore. Todos os anos ia com a família passar o verão na Espanha e estava nesse país quando irrompeu o golpe dos oficiais falangistas, em 1936. Decidiu permanecer no país e trabalhar pela República, apesar de ser de uma família monarquista. Por saber russo, que tinha aprendido para ler romances naquela língua, foi designado como intérprete do general Vladímir Górev, que exercia formalmente a função de adido militar soviético, mas era, na verdade, o responsável no país do GRU (Serviço de Inteligência Militar Soviético, também conhecido como Quarto Departamento). Robles continuou com essa função, apesar de Górev ter à sua disposição ao menos 25 intérpretes de nacionalidade russa, embora talvez não tão fluentes. Robles também falava um inglês excelente, porém Górev igualmente. Trabalhava no departamento de mensagens em código da embaixada russa.[269]

José Robles tinha um problema que o contraindicava para o papel que estava desempenhando: um irmão mais novo, o capitão Ramón Robles Pazos, oficial falangista, formado no exército do Marrocos colonial e que, no momento do golpe franquista, estava em Madri. O irmão foi preso, mas surpreendentemente ficou apenas algumas horas, quando o esperado é que permanecesse preso ou fosse fuzilado. Acredita-se que essa liberação deveu-se à intervenção de José Robles. Aí começaram a ser formadas as primeiras suspeitas contra ele. Ramón voltou a ser preso em outubro de 1936 devido à sua recusa em prestar serviço militar à República e, embora tenha sido levado para a *Cárcel Modelo*, não fez parte da leva de oficiais que, em 7 de novembro, foi retirada e executada pelos republicanos. Mais tarde Ramón foi libertado, pois teria se retratado da negativa de servir nas forças republicanas. Todas essas peripécias do irmão só poderiam ter acontecido por intervenção de José, e isso o transformou em um suspeito de auxiliar a Quinta Coluna, agindo em Madri. Mas o irmão de José Robles, ao invés de

---

268 Pepe Gutierres-Alvarez, "Noticias de Julia Lipschutz, conocida como Katia Landau" - http://www.nodo50.org/despage/not_prensa/opinion/pepe_gutierrez/Katia%20Landau/katia_landau.htm (consultado em 09.01.2018); Pepe Gutierres-Alvarez, "Katia Landau, 'Los verdugos de la revolución'" https://www.nodo50.org/despage/not_prensa/opinion/pepe_gutierrez/katia_landau.htm (consultado em 09.01.2018).

269 Paul Preston, *Idealistas bajo las balas – Corresponsales extranjeros en la guerra de Espanha*. Barcelona, Debate, 2007, p. 78-79.

410 Angela Mendes de Almeida

se integrar às forças republicanas, como tinha se comprometido, refugiou-se em uma embaixada, depois conseguiu passar para a França e, mais tarde, se uniu ao exército franquista na zona rebelde, em dezembro desse ano. Em outubro de 1936, José Robles escreveu duas cartas a um colega da Universidade John Hopkins, na qual dava a entender de forma muito sinuosa que queria sair da Espanha.[270]

José Robles foi preso no início de dezembro de 1936 pela "Brigada Especial", uma unidade criada na Espanha com a colaboração do setor do NKVD de "Tarefas Especiais", que tinha como um dos seus principais agentes o lituano Iósif Romuáldovich Griguliévitch, implicado, como já vimos, no sequestro e desaparecimento de Andreu Nin e no primeiro ataque à casa de Trótski, no México. Amigos se deram conta de que José Robles tinha sido preso porque ele deixou de ir ao *Salón Ideal*, como fazia sempre, e porque viram sua mulher Márgara, acompanhada dos dois filhos, perguntando, de café em café, se alguém tinha visto seu marido. Logo descobriu que ele tinha sido levado para a *Cárcel de Extranjeros*. Conseguiu visitá-lo em duas ocasiões. Em janeiro, ele lhe disse que não se preocupasse.[271]

Mas José desapareceu. Os escritores e jornalistas americanos que se encontravam em Madri se preocuparam com sua sorte. Aos ouvidos do jornalista Louis Fischer chegou a explicação de que, em uma conversa de café, ele teria deixado escapar uma informação militar. Esse mesmo jornalista, depois de ter rompido com os comunistas, escreveu que Robles não foi fuzilado pelo governo republicano, mas desapareceu sem deixar rastros.[272] O caso de Robles ganhou notoriedade quando o escritor norte-americano John Dos Passos voltou à Espanha, em 8 de abril de 1937. Para ganhar a opinião pública dos países anglófonos, queria fazer um documentário que já tinha um nome, *Tierra de España*, e para isso iria entrar em contato com Ernest Hemingway e com o diretor holandês Joris Ivens. A primeira pessoa a quem procurou foi José Robles. Inutilmente. Quando mencionava o nome do seu tradutor, os rostos se fechavam temerosos e não respondiam nada. Só através de Márgara soube mais coisas sobre o desaparecimento. Mas queria saber o que tinha acontecido. Alvarez del Vayo, ministro de Estado, procurado por Dos Passos, respondeu que nada sabia. Paralelamente, ao encaminhar o trabalho do documentário, Dos Passos entrou em atrito com Hemingway. Esse queria focar nas vitórias militares, enquanto Dos Passos queria ressaltar o sofrimento das pessoas e suas esperanças. Além disso, Hemingway se demonstrou cada vez mais incomodado com a preocupação de Dos Passos sobre a sorte de José Robles. "Afinal é uma guerra", dizia Hemingway. Outros americanos consideravam que as perguntas de Dos Passos podiam lhes causar problemas.[273]

---

270   Ibid., p. 80-83.
271   Ibid., p. 81-82, p. 84.
272   *Men and Politics*, citado por ibid., p. 85-86.
273   Ibid., p. 87, p. 90-93.

Do partido único ao stalinismo

Mas em 22 de abril Dos Passos ficou sabendo que Robles tinha sido executado. Para Hemingway, a execução provava que Robles era "uma má pessoa", era culpado de ter revelado segredos militares. Em uma festa nesse dia, Pepe Quintanilla, Comissário Geral de Investigação e Vigilância, revelou a Dos Passos que Robles havia sido morto nas mãos de uma "seção especial". Hemingway e outros amigos declararam a Dos Passos que Robles era um "espião fascista". Nesse dia os dois escritores romperam relações. Dos Passos estava se dando conta de que o caso Robles não era isolado. Disse a Hemingway que, voltando aos Estados Unidos, contaria a verdade, como a via. Esses acontecimentos foram depois narrados literariamente em um romance autobiográfico de John Dos Passos. Mas a ruptura não durou muito, em 1948 os dois se reconciliaram.[274]

A esses crimes e a todos os outros cometidos na Espanha pelos serviços secretos soviéticos, vieram juntar-se aqueles de que foram vítimas espanhóis que tinham sido transferidos para a União Soviética. Eram crianças, retiradas do país para não sofrerem os horrores da guerra; ou funcionários do governo republicano que foram surpreendidos na URSS pelo fim da guerra civil; ou refugiados, comunistas ou simplesmente republicanos. Notícias de um desses casos é o dos internados no campo de concentração de Karaganda. Em 1948, foi publicado pela *Editorial del M.L.E.-CNT*, de Toulouse, na França, um folheto no qual eram denunciados os casos dos espanhóis antifascistas que, por razões diversas e sem nenhuma justificativa, estavam presos no campo de trabalho de Karaganda, no Cazaquistão. Três anos depois de terminada a Segunda Guerra Mundial e nove anos depois do fim da guerra civil espanhola, ainda se encontravam nesse campo muitos espanhóis.[275] As primeiras notícias desse caso vieram através de um comunista francês, libertado em 1946, Francisque Bornet. Assim, pouco a pouco, foram conhecidas suas condições de vida, daí a campanha levada a cabo pelos anarquistas na França e pela imprensa socialista e liberal. A essas denúncias os comunistas espanhóis instalados na URSS e os partidos comunistas, sobretudo o da França, respondiam que se tratava de falangistas disfarçados de republicanos. No folheto estão listados os nomes de 59 homens presos.[276]

Durante a guerra civil, milhares de crianças foram evacuadas da Espanha, indo para a França, a Bélgica e, cerca de três mil delas, para a União Soviética. Essas crianças cresceram, algumas delas foram parar nos campos do *Gulag* e tiveram que esperar a morte de Stálin para serem libertadas. Mesmo as que não foram presas sofreram grande pressão do Partido Comunista Espanhol. Muitas das que chegaram à maioridade foram voluntárias para lutar contra os alemães. Outras, que ficaram na retaguarda, morreram

---

274 Ibid., p. 97-99, p. 106, p. 113; John Dos Passos, *Century's Ebb: The Thirteenth Chronicle*, citado por ibid., p. 454.

275 *Karaganda! La tragedia del antifascismo español*. Toulouse, Ediciones M.L.E. – CNT, 1948, p. 12-14.

276 Ibid., p. 15, p. 18, p. 26-27.

pelos bombardeios, pela fome e por doenças.[277] Na verdade, na União Soviética, os espanhóis republicanos antifascistas que não se enquadravam na disciplina da militância comunista, que não recebiam ordens do PCE no exílio, não eram controláveis. Daí mergulharem em um vácuo propício ao internamento em campos de trabalho. Pode-se ter uma ideia de como esses espanhóis não comunistas eram vistos pelo relato que faz Krivitsky sobre alguns deles. Um certo García, membro do serviço secreto espanhol, "esquecido" em Moscou, porque Orlov não o queria ter em Barcelona nos dias das "Jornadas", foi entregue a Krivitsky para que o entretivesse com passeios e museus. Outros quatro, caixas do Banco de Espanha, que tinham acompanhado o ouro entregue à União Soviética, não tinham o retorno ao seu país previsto.[278] Aos republicanos espanhóis que estavam nos campos de trabalho de Karaganda e outros, vieram a se juntar, durante a guerra, mais espanhóis, agora falangistas, prisioneiros de guerra. Com a invasão alemã à URSS, em 1941, a Espanha franquista montou uma "*División Azul*", composta por cerca de 50 mil homens, a maioria voluntários, para lutar contra o bolchevismo. A partir de 1943, na batalha de Krasny Bor, centenas de falangistas foram presos. Tanto republicanos como falangistas só conseguiram voltar à Espanha com a morte de Stálin e a anistia concedida pelo franquismo aos republicanos, em 1953.[279]

Os fiéis stalinistas assassinados e os sobreviventes

É sabido que a dedicação de muitos stlinistas em defender fielmente no exterior os interesses da "pátria do socialismo" e de seu chefe foi paga com prisões, passando por interrogatórios sob tortura, paródias de julgamentos e execuções com uma bala na nuca. Em geral, isso acontecia logo após a sentença e no mesmo lugar da prisão e do julgamento, ou seja, na sinistra Lubianka, majestoso edifício na praça do mesmo nome, além de tudo, sede dos serviços secretos. Foi seguramente o destino de Marcel Rosenberg, o judeu russo Moses Israiélevitch Rosenberg. Havia sido da Oposição de Esquerda e havia feito sua autocrítica pública, como era necessário a um diplomata de carreira que quisesse continuar. Durante todo o período em que esteve na Espanha como embaixador soviético, de fins de agosto de 1936 até abril de 1937, atuou intensamente, como já vimos, pondo e dispondo dos destinos da república espanhola. Em seguida desapareceu, provavelmente fuzilado sem julgamento.[280] Tinha 41 anos.

---

277 Francisco Mansilla, "Perder la patria es horrible... mis hermanos que estabam en Francia volvieron, explica" in: http://www.rtve.es/noticias/20120929/ninos-guerra-celebran-rusia-75-anos-exilio/565626.shtml (consultado em 10.01.2018).

278 W. G. Krivitsky, op. cit., p. 114-117.

279 "Españoles en los gulags" - http://www.eurasia1945.com/acontecimientos/crimenes/espanoles-en-los-gulags/ (consultado em 10.01.2018).

280 P. Broué e É. Témine, op. cit., p. 391; José Fergo, "La nuit espagnole du stalinisme", *À contretemps*, n° 11, mars 2003 - http://acontretemps.org/spip.php?article379 (consultado em 10.01.2018); P. Broué, *Staline et...*, op. cit., p. 143.

Do partido único ao stalinismo

O mesmo destino teve Artur Stachevski (Artur Hirschfeld Stachevski), que chegou à Espanha no início da guerra civil para ocupar o cargo de adido comercial, ao mesmo tempo em que era agente do INO (Departamento de Inteligência no Estrangeiro do NKVD). Quando saiu da Espanha, em abril de 1937, foi colocado brevemente em um posto em Londres. Porém foi chamado a Moscou em julho de 1937. Krivitsky dá conta do desespero da esposa e da filha de Stachevski, que eram francesas e estavam em Paris, ao sabê-lo preso. Foi detido em 8 de julho, julgado, condenado à morte e executado em 21 de agosto de 1937, com 47 anos.[281]

O judeu austríaco Emilio Kleber, cujo nome verdadeiro era Manfred Zalmanovitch Stern (que também usou os nomes de Lazar Stern e Moishe Stern), combateu nas tropas do Império Austro-Húngaro durante a Primeira Guerra Mundial, caiu prisioneiro dos russos e aderiu aos bolcheviques em 1917. Era um experiente agente do Serviço de Inteligência Militar Soviético e foi agente ilegal nos Estados Unidos. Participou da defesa de Madri e foi considerado o herói daquela encarniçada luta. Foi retirado da Espanha em fevereiro de 1937. De volta a Moscou trabalhou na Internacional Comunista, mas foi preso um ano depois, acusado de ser espião alemão. Porém não foi condenado à morte, como outros, e sim a 15 anos de campo de trabalho à beira do rio Kolimá, na Sibéria. Durante a invasão alemã à URSS, pediu a Stálin para ser integrado na defesa do país, mas não foi atendido, obtendo a mesma falta de resposta quando pediu, em 1952, a revisão de seu caso. Morreu no *Gulag,* um ano depois de Stálin, em fevereiro de 1954, com 58 anos.[282]

O general Ian Karlovich Berzin era letão e esteve ligado à *TcheKa* desde o seu início. Durante os primeiros anos, destacou-se em várias missões militares secretas e de inteligência. Mais tarde Berzin foi chefe do Serviço de Inteligência Militar, o GRU, ou Quarto Departamento do Exército Vermelho, de 1924 a 1934. Nesse período, o órgão produziu copiosamente análises qualitativas e passou de 59 funcionários para cerca de 200, dedicados a essa atividade.[283] Foi um tempo em que a compreensão inteligente dos contextos estava mais presente que as "tarefas especiais". Datam dessa época o grande respeito e estima que lhe guardaram, entre outros, personagens como Richard Sorge, o famoso espião soviético que atuava no Japão e acabou enforcado em 1944 pelos japoneses, Walter Krivtsky e Leopold Trepper, o organizador da "Orquestra Vermelha", o sistema de espionagem dos soviéticos durante a Segunda Guerra Mundial. Trepper não teve o mesmo destino fatal que Berzin, porém padeceu nas mãos dos stalinistas. Enquanto a rede clandestina de espionagem funcionava, ele foi preso na Paris ocupada pelos nazistas, no fim de 1942, e teve a ideia de se oferecer para ser um agente alemão infiltrado no serviço secreto da URSS. Para isso convenceu os nazistas

---

281   B. Volodarsky, *El caso Orlov*..., op. cit., p. 388; W. G. Krivitsky, op. cit., p. 118-119.

282   B. Volodarsky, *El caso Orlov*..., op. cit., p. 182-184.

283   Ibid., p. 48.

414   Angela Mendes de Almeida

que os soviéticos também eram contra o Ocidente, o que lhe permitiu que, durante um bom tempo, ainda preso, passasse informações militares falsas aos nazistas e informações verdadeiras a Moscou. Até que conseguiu fugir, ficando clandestino. Com a libertação da França em 1944, pegou um avião para a União Soviética, esperando ser recebido com as honras que merecia pelo papel fundamental da "Orquestra Vermelha" na vitória sobre os nazistas. Em vez disso foi encarcerado e libertado somente depois da morte de Stálin, em 1953. Trepper chega a afirmar, em suas memórias, que não poderia escrevê-las dentro da URSS, pois Berzin, visto como traidor, tinha sido a personagem-chave para a criação da "Orquestra Vermelha".[284]

Voltando à trajetória do general letão, no início da guerra civil espanhola, quando Stálin começou a se interessar em vender armas para a Espanha, Berzin foi chamado para ir para esse país. Viajou com um passaporte diplomático em nome de Pável Ivánovitch Grichin, levando armas e um grupo de oficiais, chegando em outubro de 1936 e instalando-se na nova capital, Valência. Na Espanha, foi nomeado chefe da missão militar e dos comissários políticos do exército que estava sendo criado. Foi chamado de volta a Moscou, em maio de 1937, e em junho condecorado com a Ordem de Lênin. Algum tempo depois, em uma reunião, Stálin declarou casualmente que "todo o departamento (o Quarto) tinha caído nas mãos dos alemães". Foi o ponto de partida para que o NKVD fizesse detenções massivas de membros desse órgão, em novembro, entre elas a de Berzin. No interrogatório "confessou" que durante fevereiro e março daquele ano havia se encontrado em Valência com o serviço de inteligência alemão e entregado documentos secretos dos republicanos espanhóis. Foi acusado de preparar o assassinato de Stálin e de participar de organizações fascistas de nacionalistas letões. Foi executado em 29 de julho de 1938.[285] Tinha 49 anos.

O letão Vladímir Efímovich Górev, cujo nome verdadeiro era Voldemar Rudolfovitch Roze, mas que usou, na Alemanha, o nome de Skobliévski, e na Espanha, o de "Sancho", engajou-se no Exército Vermelho em 1917 e, posteriormente à guerra civil, graduou-se na academia militar, em 1924.[286] Aparentemente, enquanto estudava, Górev teve tempo também de preparar, na Alemanha, o *M-Apparat*, núcleo formado para atuar em sabotagens, sequestros e terrorismo, preparatórios para a revolução que acabou não existindo, em 1923, com exceção do levante de Hamburgo. Por sua vez, Jan Valtin, participante ativo desse levante, regressava de um período em que teve que fugir para fora do país e foi integrado a esse mesmo *M-Apparat* como "correio". Ele conheceu Górev como um enviado dos soviéticos, precedido da "glória"

---

284   Leopold Trepper, *O grande jogo – Memórias do chefe da Orquestra Vermelha*. Lisboa, Portugália, 1974, p. 65; ver também Gilles Perrault, *L'Orchestre Rouge*. Paris, Le Livre de Poche, 1997.

285   B. Volodarsky, *El caso Orlov...*, op. cit., p. 94-96, p. 206-207; B. Volodarsky, *Stalin's Agent...*, op. cit., p. 579.

286   B. Volodarsky, *El caso Orlov...*, op. cit., p. 421; B. Volodarsky, *Stalin's Agent...*, op. cit., p. 517.

Do partido único ao stalinismo

que lhe era atribuída de ter acabado com a revolta de Kronstadt. Na Alemanha, tinha várias residências e nomes: general Felix Wolf em Berlim, Hermann em Hamburgo, Górev no exército soviético e Piotr Alelsandrovitch Skobliévski, nome pelo qual ficou conhecido na Alemanha pouco depois, quando se tornou um dos indiciados em um processo conhecido como o da "*TcheKa* alemã". Julgava-se o caso do assassinato mal sucedido de um agente provocador, militante do *M-Apparat* e, ao mesmo tempo, ligado à polícia política alemã e ao movimento de Hitler. A investigação sobre esse crime levou à prisão o executor e vários outros militantes, entre eles, Skobliévski (Górev). O processo durou longos nove meses, o que deu tempo a Moscou de prender e acusar de pertencer a uma organização fascista onze estudantes alemães que tinham ido visitar a União Soviética. Na Alemanha Skoblevski estava entre os três condenados à morte, mas foi trocado pelos onze alemães, em setembro de 1926.[287] Foi em seguida enviado à China como assessor militar. Em 1930, entrou no Serviço de Inteligência Militar (ou Quarto Departamento do Exército Vermelho) e dessa data até 1933 serviu como agente ilegal nos Estados Unidos. De regresso à URSS, atuou como militar em Leningrado até que, em 1936, foi enviado à Espanha como adido militar, atuando ao mesmo tempo como agente do Quarto Departamento. Ficou até outubro de 1937, voltando a Moscou. Foi preso em janeiro de 1938 e fuzilado em 20 de junho desse mesmo ano.[288] Tinha 41 anos.

Eric Tacke, cujo nome de guerra, "Bom", aparece na lista de participantes do assassinato de Andreu Nin elaborada por Orlov, era de nacionalidade alemã e chamado de "Albert" na Internacional Comunista. Fez estudos na área bancária e quando estourou a guerra, em 1914, estava na Rússia a trabalho. Aí permaneceu como "internado civil", tendo sido libertado em 1918. De volta à Alemanha, no ano seguinte, aderiu ao KPD (Partido Comunista Alemão) e dois anos depois estava integrado no *M-Apparat*, onde conheceu inúmeras personagens dos serviços secretos soviéticos. Depois do fracasso da revolução alemã de 1923, Tacke emigrou para os Estados Unidos com sua irmã, onde já residiam vários parentes. Em 1927, estava trabalhando em um consulado soviético, onde entrou em contato com agentes secretos. Isso o levou de volta à Alemanha em 1932 e, depois, em 1934, teve que sair apressadamente para Moscou, por ter falhado sua tentativa de infiltração nas fileiras do partido nazista. Em 1936 Tacke, foi preso na União Soviética com um casal de militantes alemães, acusados de conspiração antissoviética por espionagem. Porém, embora o casal tenha sido condenado a penas de prisão, ele foi solto. Foi logo em seguida enviado para a Espanha para trabalhar com Orlov. De volta a Moscou, ele e sua esposa Iunona Sosnóvskaia, que o acompanhou em todas essas peripécias, foram presos, em setembro de 1937. Ele foi

---

287   J. Valtin, op. cit., p. 68, p. 72-76.
288   B. Volodarsky, *El caso Orlov...*, op. cit., p. 176, p. 421.

416 Angela Mendes de Almeida

condenado à morte pelo Colégio Militar do Tribunal Supremo e executado em 31 de março de 1938.[289] Tinha 41 anos.

A "maldição" da Espanha também atingiu Vladimir Antónov-Ovsiéenko. Nascido na Ucrânia, de família de militares do czar, ele tinha entrado no partido social-democrata russo em 1902. Participou da revolução de 1905 e da de 1917, nessa última comandando a mais importante ação, o assalto ao Palácio de Inverno. Também tinha sido da Oposição de Esquerda desde 1923, quando era chefe do Departamento Político do Conselho Militar Revolucionário. Nessa época, um terço das células do exército estava com Trótski. Mas como muitos outros, Antónov-Ovsiéenko capitulou em 1927.[290] Em uma fórmula muito usada nesse período para neutralizar os dissidentes, foi enviado para cargos diplomáticos na Tchecoslováquia, depois Lituânia e Polônia. Em 1936, por ocasião do 1º Processo de Moscou, publicou no *Pravda* uma diatribe acalorada contra os processados e contra Trótski. Nesse mesmo ano foi designado como cônsul em Barcelona. Na Espanha, teve uma atuação plenamente stalinista, iniciando e participando ativamente da campanha de perseguição ao POUM.[291] Ao mesmo tempo, manifestou simpatias para com os anarquistas, mantendo intensas relações com eles, sempre relatadas em seus profusos informes. Dois incidentes marcaram a curta estadia de Antónov-Ovsiéenko em Barcelona. Em 5 de outubro de 1936, ele enviou um informe ao Burô Político, que foi imediatamente retransmitido a Stálin, Mólotov e Vorochíilov, narrando que o Comitê Central de Milícias, sediado em Barcelona, estava travando discussões com uma delegação do Comitê Nacional de Marrocos, que os marroquinos estavam dispostos a uma insurreição imediata contra os espanhóis caso os republicanos se dispusessem a lhes conceder a independência. Indalecio Prieto, ministro do governo Caballero, se colocava contra, dizia o informe, porque isso poderia indispor a França. Antónov-Ovsiéenko se declarava favorável ao pleito dos marroquinos e esse pode ter sido um dos motivos para o seu afastamento do posto de cônsul. Outro incidente que pode ter atuado nesse sentido foi narrado por Stachevski, em fevereiro de 1937, quando da visita de Juan Negrín à delegação comercial soviética. Na discussão, Antónov-Ovsiéenko se mostrou um exaltado defensor da Catalunha face ao governo central, "mais catalão que os catalães" disse o próprio Negrín. Foi chamado de volta a Moscou em agosto de 1937 e nomeado Comissário do Povo para a Justiça, ou seja, o equivalente a ministro. Porém, logo em seguida, foi preso e julgado pelo Colégio Militar da Corte Suprema, em 8 de fevereiro de 1938, e fuzilado no ano seguinte.[292] Tinha 59 anos.

---

289 Ibid., p. 394-396.
290 P. Broué, *Staline et la révolution...*, op. cit., p. 103; B. Volodarsky, *El caso Orlov...*, op. cit., p. 115.
291 P. Broué, *Staline et la révolution...*, op. cit., p. 103.
292 B. Volodarsky, *El caso Orlov...*, op. cit., p. 117-119.

Do partido único ao stalinismo

A "maldição" da Espanha tardou, mas chegou também para o brilhante e controvertido jornalista Mikhail Koltsov. Filho de um artesão judeu ucraniano, Mikhail Efímovitch Friedland saiu cedo da Ucrânia para estudar e acabou aderindo à revolução de 1917. Participou da guerra civil e também da repressão ao levante dos marinheiros de Kronstadt. Tornou-se jornalista reconhecido do *Pravda*, mas também aviador, percorrendo várias partes do mundo e descrevendo suas viagens, sempre se autopromovendo. Pertenceu à Oposição de Esquerda, mas abandonou-a em 1928. Adquiriu grande proeminência internacional quando foi um dos organizadores do Congresso Internacional de Escritores para a Defesa da Cultura, patrocinado pela União Soviética e realizado em conhecida sala de eventos no centro de Paris, em junho de 1935. Os delegados franceses ameaçaram boicote caso escritores soviéticos importantes como Isaac Babel ou Boris Pasternak não viessem. Além disso, os presidentes do congresso, André Malraux e André Gide, permitiram que os amigos de Victor Serge, que se encontrava em deportação na região de Orenburg, defendessem a sua libertação. Foi Koltsov também que convidou e ciceroneou André Gide em sua viagem à URSS, cujo relato das impressões em livro tanto desagradou Stálin e seus próximos.[293]

Quando da eclosão da rebelião militar dos generais franquistas, em julho de 1936, Koltsov estava ocupado com a agitação e propaganda contra os acusados do 1º Processo de Moscou. Mas rapidamente mudou o foco e aterrissou em Barcelona em 9 de agosto. Logo nos primeiros dias, contatou todo mundo, inclusive líderes anarquistas como García Oliver, e tentou conhecer Durruti, só o conseguindo mais tarde. Sua desenvoltura fez com que lhe atribuíssem cargos no Exército Vermelho e funções no NKVD. Foi chamado por alguns de "os olhos e ouvidos de Stálin", epíteto com que primeiro o definiu o jornalista americano Louis Fischer, seu amigo e simpatizante da URSS. Koltsov não era um agente formal do NKVD, ou melhor, o era apenas na medida em que o eram muitos dos soviéticos enviados à Espanha e, além deles, muitos escritores e homens famosos que simpatizavam com a União Soviética e que regularmente enviavam relatórios. Em suas crônicas diárias, publicadas no *Pravda* de 9 de agosto de 1936 até 6 de novembro de 1937, descreveu as ações político-militares de um suposto mexicano chamado Miguel Martinez, sobre cuja identidade real muito se cogitou. Tudo indica ser ele mesmo, porém, em algumas ocasiões, poderia ser Ióssif Griguliévitch, em outras, o general Górev.[294]

Na perseguição ao POUM e no sequestro e assassinato de Andreu Nin, Koltsov teve um papel indireto, porém de destaque. Foram dele os variados artigos carregados de acusações falsas de ligações com o franquismo e o fascismo, bem como outras

---

293   P. Preston, op. cit., p. 203-204, p. 246-247; André Gide, *Retour de l'URSS*, publicado em novembro de 1936.

294   P. Preston, op. cit., p. 206-212; Arkadi Vaksberg, *Hôtel Lux – Les partis frères au service de l'Internationale communiste*. Paris, Fayard, 1993, p. 153-154.

calúnias, publicados no *Pravda* e no *Izvestia,* republicados depois no *L'Humanité* e em outros jornais comunistas. Ele deu vida à história fantasiosa de que Nin teria sido sequestrado de sua prisão, em Alcalá de Henares, por agentes nazistas,[295] quando sabia perfeitamente que isso não era verdade, sendo portanto um agente ativo na dissimulação da tortura que matou Nin.

Koltsov voltou à URSS em 15 de abril de 1937 e foi recebido para apresentar seu informe perante Stálin, Lazar Kaganóvitch, Comissário do Povo para a Indústria Pesada, Viatchestav Mólotov, Comissário do Povo para os Assuntos Exteriores, Kliment Vorochílov, Comissário do Povo para a Defesa, e Nikolai Iejov, Comissário do Povo para a Segurança do Estado, componentes do círculo que mandava naquele momento. Nessa mesma noite, conforme relatou em suas memórias o caricaturista Boris Efímov, seu irmão, Koltsov contou-lhe a última parte da intervenção de Stálin na reunião. Dirigindo-se a ele perguntou se possuía um revolver e, à resposta positiva, nova pergunta: "Não estará pensando em se suicidar, não é?" Tamanha provocação fora de lugar inquietou Koltsov. Em meados de maio desse mesmo ano, estava novamente entrando na Espanha para, entre outras atividades, preparar o Congresso Internacional de Escritores Antifascistas que viria a ter lugar, em julho seguinte, em Madri. Nesse congresso, um dos seus objetivos prioritários era o de denunciar a suposta traição perpetrada por André Gide, com seu livro *De volta da URSS,* uma crítica bastante equilibrada ao regime, que tinha apenas o defeito de não ser um panegírico. Ou seja, o próprio Koltsov havia feito o convite e ciceroneara Gide, mas o resultado não alcançara os louvores que Stálin achava necessários. Quanto ao congresso, não faltaram estupefação e olhar crítico entre os delegados que foram levados de barco de Barcelona a Valência, e depois a Madri, em limusines que percorriam um país esfomeado, contrastando com os banquetes que lhes eram oferecidos. A perseguição aos "trotskistas" e os termos utilizados também não seduziam uma parte desses antifascistas, mas Koltsov sustentava que era, para os escritores soviéticos, uma "questão de honra".[296]

Koltsov foi novamente chamado de volta à URSS em 6 de novembro desse mesmo ano. Pressentindo algo, conseguiu convencer sua companheira, a alemã Maria Osten, a não voltar, e conseguiu para ela um emprego em Paris. Logo ao chegar a Moscou, converteu suas crônicas em um *Diário de Espanha,*[297] cuja publicação da primeira parte teve grande êxito. Nas semanas que antecederam sua prisão, segundo as memórias de seu irmão, Efímov, Koltsov trabalhara obsessivamente. Ao ver tanta gente presa confessando ser "inimigo do povo", perguntava-se, segundo o irmão, "porque temos tantos inimigos", "creio que vou ficar louco", "não entendo nada". Encontrava-se no auge de sua fama. Por

---

295   P. Preston, op. cit., p. 225-226.
296   P. Preston, op. cit., p. 226-227, p. 229-230.
297   Mijaíl Koltsov, *Diario de la guerra de España.* Barcelona, BackList, 2009.

Do partido único ao stalinismo

volta de julho de 1938, foi eleito membro do Soviete Supremo da Federação Russa. Em outubro desse mesmo ano, estando em uma representação no Teatro Bolchoi, foi chamado – suprema honra – ao camarote de Stálin, que o cumprimentou pelo *Diário de España*. Pouco depois foi convidado pelo "grande e genial guia" a dar uma conferência apresentando o livro *História do Partido Bolchevique*, corrigido passo a passo pelo próprio Stálin. Em 12 de dezembro, Koltsov proferiu a conferência, terminada no fim da tarde, e voltou ao *Pravda*, onde foi preso. Pouco antes, em 8 de dezembro de 1938, Nikolai Iejov, que Koltsov julgava seu protetor e com quem tinha alimentado proximidade, tinha sido substituído por Lauvriénti Biéria. Foi sob as ordens deste último que Koltsov foi submetido a interrogatórios e torturas durante 14 meses. Confessou muitas das falsidades que eram requeridas, mas no julgamento negou tudo, argumentando que tinha falado sob tortura. Acusado de conspiração antissoviética e espionagem, foi julgado em vinte minutos, condenado e fuzilado em 1º de fevereiro de 1940.[298]

Dada a sua fama, muita gente, entre seus amigos, discutiu as razões que teriam levado tão fiel e eficaz stalinista àquele triste fim. O fato de ter se tornado um alvo dos nazistas pelas suas diatribes? Sua ligação com Karl Radek? Suas relações com Maria Osten que, à boca pequena, era tida como "trotskista" ou, alternativamente, agente dos alemães? Seu fracasso na organização do congresso em Paris, em 1935, permitindo que o caso Victor Serge se tornasse emblemático da repressão soviética? Seu fracasso também no caso do livro de André Gide? Ou talvez simplesmente a "maldição da Espanha". Em todo caso, o papel de detonador parece ter sido uma denúncia, pelo histórico do jornalista, falsa, feita pelo dirigente francês André Marty, diretamente a Stálin, de que na Espanha Koltsov interferia nas questões militares e mantinha contatos com o POUM. Maria Osten, que acreditava na inocência de Koltsov e, pelo visto, também na honestidade da polícia e da justiça soviéticas, viajou para Moscou, contra a opinião de amigos, para ajudá-lo. Ficou fazendo traduções para a União dos Escritores, sem saber a sorte de Koltsov. Em outubro de 1939 foi expulsa do KPD. Quando a Alemanha invadiu a URSS, Maria foi presa como espiã da *Gestapo* e seu pequeno filho adotivo lhe foi retirado. Foi torturada, nada confessou e foi executada por volta de agosto de 1942.[299]

As histórias de Slútski, Spiegelglass e Serebriánski se entrelaçam com a de Orlov, com a diferença de que os três primeiros foram perseguidos e condenados. Abram Arónovich Slútski vinha de uma família de ferroviários judeus ucranianos. Fez uma carreira brilhante no Departamento de Economia do GPU, até que em 1929 foi chamado para ser adjunto do então chefe do Departamento de Inteligência no Estrangeiro (INO), do GPU, e poucos anos depois, em 1935, indicado para ser ele o chefe. O

---

298   P. Preston, op. cit., p. 203, p. 232-233, p. 235, p. 241, p. 250.
299   Ibid., p. 242-247, p. 251.

420   Angela Mendes de Almeida

historiador Volodarsky o descreve como um "judeu amigável".[300] Elizabeth Poretski também fala de "um homem amável e afável" e, mais adiante, de alguém "inteligente, de espírito aberto e – essencial naquela época – leal". Segundo ela, Slútski era:

> uma mistura curiosa feita, em uma metade, de um funcionário consciencioso do NKVD e, na outra, de um comunista e revolucionário ligado sentimentalmente ao passado. Como conta Krivitsky, ele podia chorar diante de Mratchkovski e I. V. Smírnov quando foi obrigado a arrancar aos dois heróis revolucionários, que ele venerava, a confissão de crimes que sabia que eles jamais tinham cometido. Por outro lado, fervilhava de uma raiva furiosa e sincera contra a polícia tcheca que não havia prendido o trotskista Grylewics, que ele mesmo havia denunciado como um agente nazista.

Slútski, contava ela, havia sabotado algumas ordens de prisão já decididas, havia atrasado a ordem de impedir a filha de Stachevski de sair da União Soviética até ter certeza de que ela já havia transposto a fronteira, conhecia o sofrimento das famílias dos presos. "Ludwig" (Ignace Reiss) e Krivitsky, que o conheciam, consideravam-no como um homem modesto e benévolo, que detestava seu trabalho e sabia que seu fim estava próximo.[301]

Slútski e Spiegelglass fizeram diversas viagens à Espanha, com passaportes soviéticos de adidos da missão comercial sediada em Valência, dirigida por Stachevski.[302] Em dezembro de 1936, relata Jesús Hernandez, então ministro do governo Caballero, o embaixador Rosenberg lhe apresentou um soviético importante, Slútski, sob o nome de "Marcos". Este tentou convencê-lo que era preciso tomar medidas contra o POUM e que esse partido estava tendo ligações com a Falange. No relato publicado quase vinte anos depois, Hernandez diz que resistiu, afirmando que o POUM estava na legalidade, a mesma posição de Caballero. Além disso, retrata "Marcos" de forma negativa, caracterizando-o, ao despedir-se, como "um tchekista puro sangue", o que recebeu de "Marcos" apenas um "sorriso enigmático".[303] Os informes secretos de Orlov e outros provenientes da Espanha eram destinados a Spiegelglass e a Slútski. Em novembro de 1937 Slútski sugeriu condecorações a vários funcionários do Departamento de Inteligência no Estrangeiro (INO) e três dias depois foi publicada a lista dos agraciados com a Ordem da Estrela Vermelha, "pelos seus sacrifícios e vitoriosos serviços", entre os quais estavam Spiegelglass e "Pravdin"

---

300   B. Volodarsky, *Stalin's Agent...*, op. cit., p. 24.
301   E. K. Poretski, op. cit., p. 189, p. 207-210.
302   Ibid., p. 206.
303   J. Hernandez, op. cit., p. 48-51.

Do partido único ao stalinismo

(Roland Abbiate, um dos assassinos de Ignace Reiss).[304] Slútski era, com efeito, uma personagem contraditória.

Em 17 de fevereiro de 1938, Slútski foi chamado ao escritório de Mikhail Frinóvski, chefe do GUGB (Serviço Soviético de Segurança e Informação, do NKVD). Enquanto conversavam e tomavam chá, de repente, Slútski caiu morto, alegadamente por um ataque de coração. A versão mais aceita é a que está no dossiê dos arquivos russos sobre Frinóvski, também executado depois. Segundo essa versão havia, escondido, na sala, outro funcionário, Aliókhin, que repentinamente cobriu o rosto de Slútski com uma máscara de clorofórmio. Depois que ele desmaiou, esse funcionário injetou veneno no músculo de seu braço direito, o que ocasionou a morte imediata. Um médico foi chamado para confirmar a morte. Spiegelglas foi chamado para ver o cadáver do seu chefe, supostamente morto de coração, e foi imediatamente nomeado para o seu posto. No *Pravda* a notícia necrológica qualificava Slútski como "jovem fiel ao partido".[305] Pouco tempo depois tornou-se "inimigo do povo". Tinha 40 anos.

Onipresente em todos esses acontecimentos estava Iákov Isaakovitch Serebriánski ("Iácha"), nascido na Bielorrússia, de etnia judia, militando desde 1907 com os socialistas revolucionários. Mesmo não sendo comunista, entrou na *TcheKa* em 1920. Em 1923, com a ilegalização do Partido Socialista Revolucionário, entrou para o Partido Comunista e foi recrutado para o INO (Departamento de Inteligência no Estrangeiro, do GPU). Trabalhou como agente clandestino na Palestina, depois passou a ser, desde 1926, chefe da Administração das Tarefas Especiais, grupo responsável por sabotagem, sequestros e assassinatos, com sede em Paris e Bruxelas. Trabalhou ainda na China e no Japão, mas no período da guerra civil espanhola estava em Paris, treinando grupos de guerrilhas e sabotadores individuais. Por ele passaram os assassinatos de Léon Sedov e de Rudolf Klement, entre outros casos. Por volta de julho de 1938, foi chamado de volta a Moscou e preso em novembro. Torturado durante longo tempo, confessou e indicou muitos supostos espiões a serviço de ingleses e franceses. Foi condenado à morte e sua mulher, por não o ter denunciado, a dez anos de campo de trabalho. Mas como isso aconteceu em julho de 1941, logo depois da invasão alemã, a sentença não foi aplicada. Foi libertado, reintegrado no partido e no serviço secreto.[306] Serviu no exército durante a guerra. Depois da morte de Stálin, foi novamente preso como conspirador ligado a Biéria e terminou morrendo, durante um interrogatório, na prisão de Butirka, em Moscou, em 1956.[307]

---

304   B. Volodarsky, *El caso Orlov...*, op. cit., p. 233-234.

305   B. Volodarsky, *Stalin's Agent...*, op. cit., p. 129 e 563; E. K. Poretski, op. cit., p. 210.

306   B. Volodarsky, *Stalin's Agent...*, op. cit., p. 18-19.

307   Documents talk.com – A Non-definitive History – Fonte: Vadim Abramov, *Jews in de KGB: Executioners and Victims* - http://documentstalk.com/wp/serebryansky-yakov-isaakovich/ (consultado em 13.01.2018).

422 Angela Mendes de Almeida

Antes da morte de Slútski, Serguei Mikháilovitch Spiegelglass ("Douglas") era chefe adjunto do Departamento de Inteligência no Estrangeiro (INO), do NKVD. Nasceu em uma família judia da Bielorrússsia e desde 1917 trabalhava na *TcheKa*. Executou missões a partir da Mongólia relativas à China e ao Japão. Desde 1930, seu local de atuação era em Paris. Spiegelglass participou pessoalmente de várias execuções. Imediatamente depois da morte de Slútski, foi nomeado para o seu posto, onde ficou pouco, de fevereiro a novembro de 1938. Esteve a cargo da perseguição aos russos brancos, cujo núcleo ficava em Paris, aos trotskistas e, depois, aos desertores. Foi ele quem organizou a caça a Ignace Reiss, que terminou com seu assassinato, a Krivitsky, que não teve sucesso, e supervisionou os preparativos para o sequestro de Léon Sedov.[308]

Esteve envolvido, como também Orlov, no rumoroso caso do sequestro do general Evguiéni Miller, um russo branco, sequestrado em Paris, em plena luz do dia, em 22 de setembro de 1937 e enviado clandestinamente à União Soviética, onde foi julgado e executado. Porém desse sequestro sobrou uma pista, já que o general, ao sair, tinha deixado uma nota avisando que ia se encontrar com Nikolai Skóblin ("Farmer"), que era um russo branco, porém trabalhando para o NKVD. Este passou a ser alvo de intensa busca tanto da polícia francesa, como da imigração russo-branca organizada na ROVS (Organização Russa de Forças Combinadas). Esta organização conseguiu capturar Skóblin mas ele fugiu e se refugiou na embaixada russa, em Paris. Isso criou uma situação embaraçosa para a União Soviética, pois a descoberta desse fato, que a qualquer momento poderia ser denunciado por membros da ROVS, podia até levar ao rompimento das relações diplomáticas com a França. Skóblin se tornou um aliado inconveniente, era preciso se desfazer dele. Spiegelglass e Orlov receberam a ordem de desaparecer com ele sem deixar rastro. Em uma operação rocambolesca, Orlov conseguiu alugar um pequeno avião na Espanha, voou até Paris, e junto com Spiegelglass, retornou carregando Skóblin até aquele país. A história oficial do KGB registra que Skóblin morreu em Barcelona, em um bombardeio, no fim de outubro de 1937. Quanto a isso, a única certeza é de que ele foi assassinado pelo NKVD. Em sua carta de deserção a Iejov, em julho de 1938, Orlov menciona o caso como um dos que ele poderia eventualmente revelar ao mundo ocidental, caso sua velha mãe sofresse algum atropelo.[309] O jornalista Vaksberg informa que Skóblin foi efetivamente transferido para a União Soviética, a partir de Barcelona. Chega a essa conclusão através de uma carta dele a um supervisor da Lubianka, prisão de Moscou, encontrada nos arquivos russos. Informa, ainda, que ele foi condenado e executado em 1938.[310] Stálin havia culpado Spiegelglass pela perda da oportunidade de matar Trótski nos dois anos em que ele esteve na França (de julho de 1933 a junho de

---

308 B. Volodarsky, *Stalin's Agent...*, op. cit., p. 644-645; B. Volodarsky, *El caso Orlov...*, op. cit., p. 278.
309 B. Volodarsky, *Stalin's Agent...*, op. cit., p. 268-271.
310 A. Vaksberg, *Laboratório de...*, op. cit., p. 81-82.

Do partido único ao stalinismo 423

1935). Além disso, a deserção de Orlov também abalou diversos projetos. Spiegelglass foi preso dia 8 de novembro de 1938, foi torturado durante muito tempo e foi julgado e executado em 29 de janeiro de 1941.[311]

Mas nem todos os fiéis stalinistas tiveram um fim dramático, como suas vítimas. Entre os que sobreviveram, alguns se reconverteram em novos contextos, outros fizeram longas carreiras. No fim dos anos 1930 parecia já estar estabelecido que o chefe adjunto do Departamento de Inteligência no Estrangeiro (INO), do NKVD, teria sempre que ascender sobre o cadáver de seu antecessor. Foi o que aconteceu na passagem de Slútski para Spiegelglass. Agora que este último havia caído, Pável Sudoplátov, seu adjunto, sentia o clima e temia ser preso. Mas, pelo contrário, ascendeu. Foi chamado de madrugada por Biéria, que tinha sucedido a Iejov em dezembro de 1938, para se encontrar com Stálin. O chefe gostava de trabalhar nas altas horas da madrugada. Com o currículo de assassino do líder nacionalista ucraniano Konovalets, Sudoplátov era o indicado para o cargo. E a tarefa agora era matar Trótski, naquele ano, antes que começasse a guerra, como já vimos. Para tanto, Sudoplátov chamou Eitingon, que falava espanhol. Desde então tornaram-se amigos íntimos. "Os inimigos do Estado eram nossos inimigos".[312]

Sudoplátov ficou nesse cargo até a queda de Biéria, em 1953, depois da morte de Stálin. Ele e Eitingon foram então presos por cumplicidade com o poderoso ex-Comissário do Povo para a Segurança do Estado e permaneceram cerca de doze anos. Sudoplátov ficou na história como o agente que afinal conseguiu a morte de Trótski, mas também pela sua atuação no laboratório toxicológico de venenos, criado ao tempo de Lênin. Em suas memórias, ele defende ardorosamente a existência desse departamento e enumera as acusações relativas ao envenenamento de pessoas, que levaram ele e Eitingon à prisão, em 1953.[313] A história de envenenamentos sistemáticos apareceu espetacularmente pela primeira vez no 3º Processo de Moscou, em 1938, ligada a Iagoda. Depois, nos expurgos iniciados em 1951, no complô dos aventais brancos. Ressurgiu mais tarde nas acusações contra Biéria e seus subordinados, entre eles, Sudoplátov e Eitingon, em 1953. E, depois, na época da implosão da União Soviética, quando ficou comprovado o uso dessa forma de assassinato. Médicos faziam experiências sobre as consequências de venenos em prisioneiros já condenados à morte, avaliando a duração da agonia e a forma da morte, de modo a mascarar as causas em eventos de saúde como enfarte, insuficiência cardíaca e outros. Eitingon é particularmente citado por um médico acusado, Mairanóvski, como alguém que permanecia no local da agonia do envenenado para ver a eficácia do produto.[314]

---

311 B. Volodarsky, *Stalin's Agent...*, op. cit., p. 645.
312 P. Sudoplatov, op. cit., p. 53-58, p. 96-101.
313 Ibid., p. 346-348, p. 352.
314 A. Vaksberg, *Laboratório de...*, op. cit., p. 140-143.

Durante o período de Sudoplátov, esses venenos foram utilizados em várias personalidades conhecidas, como, por exemplo, o diplomata sueco Raoul Wallenberg, que havia salvado milhares de judeus na Hungria ocupada pelos nazistas durante a guerra. Quando do avanço do Exército Vermelho ele foi sequestrado pelos soviéticos, em janeiro de 1945, e morto em uma prisão moscovita, em 1947. Na época de Khruschov o governo reconheceu a sua prisão, mas declarou que a morte tinha sido causada por insuficiência cardíaca.[315] Além desse caso, Sudoplátov foi acusado ainda pela morte por envenenamento do agente secreto soviético Isaiah Oggins, de nacionalidade americana, nesse mesmo ano.[316] Em suas memórias, ele reconhece que um médico injetou veneno em Oggins na prisão moscovita de Butirka, provocando a sua morte, e diz: "Quando penso nesse episódio sinto remorsos por Oggins, mas nesses anos de 'guerra fria', não nos inquietávamos pelos métodos empregados para eliminar gente que sabia demais".[317]

Naum Isaakovitch Eitingon (Leonid Aleksandrovich Kotov, "Tom", "Pierre"), outro fiel stalinista, também não foi executado. Nasceu na Bielorrússia, de família judia. Desde 1923, serviu em diferentes seções do GPU, atuando na China, na Turquia e nos Estados Unidos, tornando-se depois adjunto de Serebriánski, nas "Tarefas Especiais".[318] Na Espanha, como já vimos, participou do assassinato de Andreu Nin. Já foi mostrado também que, no México, foi o chefe vitorioso da operação que finalmente conseguiu assassinar Trótski, depois de ter escolhido cuidadosamente o assassino-sedutor, Mercader, e de tê-lo formado para a missão.

A trajetória de Eitingon-Kotov, de assassino profissional em plena glória de sua carreira, separa-se tragicamente da de Sudoplátov em 1951. Stálin preparava novos complôs, novos processos públicos, novos expurgos como os dos anos 1936, 1937 e 1938. Uma imensa conspiração, o "Complô dos Aventais Brancos", como já referimos antes, foi montada, atingindo membros dos serviços de segurança e médicos, grande parte deles judeus, acusados, justa ou injustamente, de assassinatos mediante envenenamentos e tratamentos médicos contraindicados. Eram responsabilizados pela morte de grandes personalidades ocorridas no passado recente. Era também uma campanha antissemita que augurava dias terríveis para os judeus russos. Eitingon foi preso juntamente com outros quadros judeus da Segurança do Estado.[319] Quis, no entanto, a boa sorte que o "grande e genial guia" morresse em 5 de março de 1953, para alívio de todos os que ainda não tinham sido fuzilados ou morrido de fome nos campos de trabalho. Biéria soltou imediatamente os acusados, como relata Sudoplátov. Pouco meses

---

315   Ibid., p. 146-147.

316   Andrei Kozovoï, *Les services secrets russes. Des tsars à Poutine*. Paris, Éditions Tallandier, 2010, p. 138.

317   P. Sudoplatov, op. cit., p. 350.

318   B. Volodarsky, *Stalin's Agent...*, op. cit., p. 578-579.

319   Jean-Jacques Marie, *Les derniers complots de Staline – L'affaire des blouses blanches*. Bruxelles, Éditions Complexe, 1993, p. 113.

Do partido único ao stalinismo

depois, com a queda de Biéria e seu fuzilamento, os destinos de Eitingon e Sudoplátov uniram-se novamente, sendo ambos presos como seus cúmplices. Cumpriram longas penas mas salvaram-se.[320]

O lituano judeu Ióssif Romuáldovitch Griguliévitch, outro fiel stalinista, se fez passar na Espanha por um brasileiro, "José Escoi", como já vimos. Nesse país, participou do assassinato de Andreu Nin, da invasão de embaixadas, durante o cerco de Madri, para retirar franquistas, inclusive mulheres e crianças, e da execução sumária de "oito mil" falangistas. Quando Sudoplátov foi encarregado da operação para matar Trótski, Biéria lhe apresentou Griguliévitch como o homem ideal para a tarefa. No México, participou no primeiro ataque à casa de Trótski, mas falhou redondamente. Era um homem de múltiplas qualidades para as chamadas "tarefas especiais".[321] Depois da guerra, esse agente de várias faces tinha se tornado, conforme relatado por Sudoplátov, representante do serviço secreto soviético na Itália. Nesse país, de posse de um passaporte de nacionalidade costarricense, tinha ganhado a confiança do corpo diplomático de diversos países sul-americanos [sic] a ponto de conseguir que o nomeassem embaixador da Costa Rica na Itália e na Iugoslávia. Com essas credenciais Griguliévitch poderia se aproximar fisicamente de Tito, o dirigente máximo da Iugoslávia. Em vista disso, um plano com várias hipóteses para matá-lo foi apresentado a Stálin, utilizando o ex-agente secreto reconvertido em diplomata. As possibilidades discutidas eram extravagantes, mas Sudoplátov foi contra porque, segundo ele, em todas as hipóteses, se Griguliévitch conseguisse executar o plano, seria preso em seguida. Essa discussão delirante aconteceu alguns dias antes da morte de Stálin e não teve seguimento, vistas as mudanças que esse falecimento acarretou.[322] Posteriormente, o agente de múltiplas faces enveredou pela carreira universitária, escrevendo vários livros publicados em diversos países, inclusive uma biografia de David Alfaro Siqueiros.[323]

Outro fiel stalinista não executado foi Vittorio Vidali ("Enea Sormenti" nos Estados Unidos, "Carlos Contreras" na Espanha, e também "Mario"). Nascido em Trieste, tinha sido membro do PCI (Partido Comunista Italiano). Foi para os Estados Unidos como refugiado do regime mussolinista, de onde foi expulso, depois para o México, de onde também foi expulso em 1930.[324] Na Espanha, foi comandante do famoso 5º Regimento das Brigadas Internacionais, permanecendo um agente ativo do NKVD. Teve participação indireta no assassinato de Andreu Nin, construindo a versão de que ele havia sido sequestrado por nazistas, como já vimos. Publicou, em 1974, uma espé-

---

320 P. Sudoplatov, op. cit., p. 422-423, p. 453.

321 B. Volodarsky, *El caso Orlov...*, op. cit., p. 160, p. 168.

322 P. Sudoplatov, op. cit., p. 415-419.

323 B. Volodarsky, *El caso Orlov...*, op. cit., p. 160.

324 P. Broué, *L'assassinat de...*, op. cit., p. 32.

cie de diário no qual dá as suas versões desses crimes.[325] Poucos dias antes de morrer, Trótski, que suspeitava de sua participação no primeiro atentado à sua casa, definiu-o como "um dos mais cruéis agentes do GPU" (NKVD) na Espanha.[326]

Antes disso Vidali tinha estado implicado no assassinato do militante comunista cubano Julio Antonio Mella, em 1929, no México. Estudante, Mella, com pouco mais de vinte anos, foi um dos fundadores da Liga Anti-imperialista e do Partido Comunista Cubano. Por sua luta, foi preso pelo ditador Machado, que, depois de uma longa greve de fome, foi constrangido a soltá-lo. Ao ser libertado, após um caminho com múltiplas dificuldades, instalou-se no México, onde passou a desenvolver uma atividade política intensa: ocupou-se da direção da Liga Anti-imperialista e militou junto à cúpula do partido mexicano. Por essa época, em 1927, chegou também ao México Vittorio Vidali, enviado pela secretária do Socorro Vermelho, Elena Stássova. Logo se entrosou com os militantes comunistas e entrou em contato com a italianaTina Modotti, ex-modelo e fotógrafa, cujo apartamento era um ponto de encontro de intelectuais e comunistas, frequentado tanto por Diego Rivera e Frida Kahlo, quanto por David Alfaro Siqueiros. Nessa altura, Tina era companheira do pintor e militante do Partido Comunista Mexicano Javier Guerrero. No entanto, o partido determinou que ele fosse fazer um curso de três anos na União Soviética, na Escola Lênin. Em julho de 1928, Tina conheceu Mella e os dois viveram desde então uma tórrida paixão, segundo os testemunhos. Tina já era bem amiga de Vidali, tanto que foi a ele que ela confidenciou que tinha que escrever a Guerrero sobre seu novo amor.[327] Durante esse romance, Mella viajou a Moscou para a reunião da *Profintern* (Internacional Sindical Vermelha), onde conheceu Andreu Nin e as posições da Oposição de Esquerda. Fruto da simpatia que aí nasceu foi, na sua volta, a fundação da revista *Tren Blindado*, alusão ao trem usado por Trótski durante a guerra civil russa. Mella não tinha abraçado as posições da Oposição de Esquerda, mas divergia dentro do partido mexicano, o que era o suficiente para ser marginalizado.[328]

Em 10 de janeiro de 1929, Mella caminhava em uma calçada de braço dado com Tina Modotti quando recebeu dois tiros pelas costas e morreu, com apenas 26 anos. A versão oficial do comunismo, naturalmente encampada em Cuba, afirma que ele foi morto por esbirros do ditador Machado. Mas não faltam historiadores e escritores a dissentir dessa explicação simplista, ainda mais que as ameaças sofridas por Mella eram conhecidas. Em uma reunião, em dezembro de 1928, em acalorada discussão,

---

325   Pierre Broué, "Prólogo a la segunda edición", in: Léon Trotsky, *Los gangsters de Stalin*. México, Fundación Federico Engels/Museo Léon Trotsky, 2009, p. 209.

326   Léon Trotsky, "La Comintern y la GPU - El intento de asesinato del 24 de mayo y el Partido Comunista" - http://www.ceip.org.ar/escritos/Libro6/html/T11V231.htm#_ftnref3 (consultado em 14.01.2018).

327   Christiane Barckhausen-Canale, *No rastro de Tina Modotti*. São Paulo, Editora Alfa-Omega, 1989, p. 102-106, p. 109, p. 111-112.

328   P. Broué, *História da Internacional...*, t. 1, op. cit., p. 627-628; P. Deville, op. cit., p. 95-96.

Do partido único ao stalinismo

Vidali teria dito a ele: "Não se esqueça nunca que da Internacional Comunista só se sai de duas maneiras: expulso ou morto".[329] Tina Modotti foi acusada como suspeita de conluio com o criminoso em razão de contradição entre seu depoimento, que dizia que os tiros tinham partido de um carro, e do de três testemunhas oculares que afirmavam que o casal estava acompanhado de uma terceira pessoa, um homem. Afinal Tina foi excluída de suspeição, em grande medida pela pressão de seu amigo Diego Rivera.[330] Esse mesmo que anos depois assegurou que todos sabiam que o autor do assassinato era Vidali. Outra pessoa, da Itália, que não quis que seu nome aparecesse, afirmou que o próprio Vidali, também anos depois, confirmou que, embora não tenha sido ele o executor, "nós (isto é, o partido) o liquidamos".[331]

Vidali voltou ao México depois da guerra civil espanhola, na mesma época que a equipe encarregada de matar Trótski. Com o nome de "Carlos Contreras", trabalhava no jornal *El Popular*, que publicava comentários direcionados a cobrir os participantes do primeiro atentado à casa de Trótski. Tina Modotti também voltou ao México nessa época, o seu decreto de expulsão tinha sido anulado pelo presidente Cárdenas. Em confidências a Jesús Hernandez, teria se queixado de Vidali, parecia se sentir presa e esmagada pela obrigação de atuar conforme a ação criminosa de seu parceiro. Morreu de um ataque cardíaco em 1942, em um táxi. Os antistalinistas aventaram um envenenamento.[332] Depois da Segunda Guerra Mundial, Vidali voltou à Itália e se transformou em escritor, negando em seus livros qualquer participação nos crimes de Stálin, ao contrário, alegando que se tivesse ido para Moscou e não para o México, também teria sido executado.[333] Apesar de o livro de Christiane Barckhausen-Canale ser amplamente favorável à versão de Vidali sobre a morte de Mella, longos trechos retirados provavelmente da biografia de Tina feita por ele próprio – *Ritratto di donna*, 1932 – constituem uma narrativa melosa na qual a impostura é patente.[334]

Orlov também sobreviveu e soube tirar proveito de sua nova situação de ex-agente do stalinismo. Leiba Lazarevich Feldbin, seu verdadeiro nome, nasceu em uma família judia pobre e super-religiosa da Bielorrússia. Utilizou vários nomes, mas ficou famoso

---

329   Pino Cacucci, "Cuba: Un complot internacional de mentirosos?" - 30/06/2005 - http://www.lahaine. org/mundo.php/cuba-iun-complot-internacional-de (consultado em 15.01.2018); P. Broué, *História da Internacional...*, t. 1, op. cit., p. 628.

330   Joani Hocquenghem, La mujer en el techo, *La Jornada Semanal* http://www.jornada.unam.mx/2003/04/06/ sem-joani.html (consultado em 15.01.2018); P. Deville, op. cit., p. 96.

331   P. Cacucci, op. cit., http://www.lahaine.org/mundo.php/cuba-iun-complot-internacional-de (consultado em 15.01.2018); P. Deville, op. cit., p. 96.

332   P. Cacucci, op. cit., http://www.lahaine.org/mundo.php/cuba-iun-complot-internacional-de (consultado em 15.01.2018); Pierre Broué, "L'affaire Robinson-Rubens" https://www.marxists.org/francais/clt/1979-1985/CLT03-Jul-Sep-1979.pdf (consultado em 15.01.2018).

333   P. Broué, *L'assassinat de...*, op. cit., p. 128.

334   Christiane Barckhausen-Canale, op. cit.

como Aleksandr Orlov. Depois da revolução bolchevique de 1917, aderiu ao partido no poder. Pouco depois, em um clima de antissemitismo da sociedade russa, mudou oficialmente seu nome para Lev Nikólski. Por volta de 1924, foi admitido no GPU. Logo depois, tendo sua filha contraído uma doença de coração, Nikólski/Orlov pediu ao chefe do INO (Departamento de Inteligência no Estrangeiro), Mikhail Trilisser, para enviá-lo a missões fora da URSS para que pudesse encontrar um tratamento para a filha. Assim, antes da Espanha, serviu nos Estados Unidos e em vários países europeus, inclusive integrando a Administração de Tarefas Especiais, chefiada por Serebriánski, em Paris.[335]

Já vimos a atuação de Orlov na Espanha. Ele foi o organizador do assassinato de Nin, o que ficou provado, se provas faltassem, com a descoberta, pelo documentário da TV da Catalunha sobre "o caso Nikolai", do informe de Orlov sobre os participantes. Era onipresente nas tarefas de repressão aos chamados "trotskistas" europeus e tinha uma lista de *literniks* (condenados a serem liquidados). Katia Landau testemunhou sua importância no universo da tortura nas *checas* da Espanha, sem saber seu nome, como já vimos, apenas descrevendo-o como alguém que só interrogava os casos mais interessantes, às vezes batia, mas, em geral, só dava ordens. Segundo seu biógrafo, Volodarsky, como já vimos, Orlov também participou do assassinato do militante trotskista Rudolf Klement, em Paris.

Face ao que estava acontecendo na União Soviética, à "morte natural" de Slútski, ao assassinato de Reiss, à deserção de Krivtsky, Orlov ponderava também desertar. Ainda mais pela forma com que estava sendo chamado de volta pelo seu chefe imediato, Spiegelglass ("Douglas"). Este exigia que Orlov viesse a bordo de um navio soviético ancorado em Antuérpia, na Bélgica. Spiegelglass insistia porque não podia descer à terra, temendo que a polícia já o tivesse identificado. Mas conhecendo bem Spiegelglass por já ter participado de outras ações de liquidação com ele, Orlov avaliava que se houvesse uma ordem de Moscou para matá-lo, seu chefe imediato não vacilaria.[336]

No mesmo dia em que tinha que subir ao navio indicado, 14 de julho de 1938, Orlov embarcava com a esposa e a filha para a América, com uma carta de recomendação do cônsul geral canadense, cujo país não tinha relações diplomáticas com a URSS. Chegando a Montréal, escreveu a um parente seu, judeu, vivendo nos Estados Unidos, Natham Koornick, que não hesitou em ir de Filadelfia ao Quebec para ajudá-lo. Orlov pediu ao parente que postasse dois envelopes para a embaixada soviética em Paris, o que este o fez a partir de Nova York. Eles continham a mesma carta dirigida por duas vias a Iejov, ainda chefe do NKVD. Nela enumerava em detalhes todos os crimes de Stálin que ele próprio tinha cometido ou nos quais havia participado, que denunciaria ao Ocidente caso tocassem em sua velha mãe, prometendo, em troca desse favor, o silêncio. Poste-

---

335   B. Volodarsky, *Stalin's Agent...*, op. cit., p. 7-8, p. 11.
336   P. Sudoplatov, op. cit., p. 76; B. Volodarsky, *Stalin's Agent...*, op. cit., p. 321.

Do partido único ao stalinismo

riormente, viajou para os Estados Unidos e conseguiu uma autorização de residência. A carta, cujo texto integral se encontra no livro de seu biógrafo Volodarsky, é um modelo de cinismo, pois Orlov atribui seu gesto unicamente a Spiegelglass, a quem chama de "Douglas". Este teria a intenção de armar-lhe uma cilada, o que o teria forçado, contra sua vontade, a desertar. E o fazia unicamente para salvar sua filha doente. Claro, tudo era um código, mas Orlov continuava jurando fidelidade a Stálin e ao Estado soviético.[337] Também escreveu uma carta a Trótski, como já vimos, denunciando o agente infiltrado no trotskismo Marc Zborowski, "Etienne". Entretanto, em dezembro desse ano, Iejov caiu, foi colocado em um cargo secundário e pouco depois foi preso, julgado e executado em 1940. Cumprindo fielmente sua promessa de silêncio, logo que Stálin morreu Orlov publicou, nos Estados Unidos, *A história secreta dos crimes de Stálin*, narração de casos extravagantes, sem mencionar nada sobre os seus próprios crimes, sobretudo na Espanha.[338] Antes de Volodarsky, duas outras obras biográficas sobre Orlov foram publicadas. A primeira, de autoria de um historiador inglês, John Costello, e do chefe do KGB, em 1993, Oleg Tsarev, publicada logo depois da implosão da União Soviética, expõe a versão que os serviços secretos soviéticos queriam divulgar. A segunda, do agente do FBI Edward Gazur, um amigo de Orlov, segue a linha sensacionalista do ex-agente soviético.[339]

Outro fiel stalinista que sobreviveu, o comunista francês André Marty, ficou com a fama de ser um dos mais brutais comissários políticos das Brigadas Internacionais. Sabe-se também que ele costumava escrever a Moscou cartas com denúncias. Uma dessas desgraçou Mikhail Koltsov, conforme já vimos. Marty é descrito no romance de Hemingway, *Por quem os sinos dobram*, como "o carniceiro de Albacete", cidade sede das Brigadas. No entanto, outras narrativas, mais detalhadas, evocam o regime de terror implantado nas Brigadas pelo "General Gómez", na verdade Wilhelm Zaisser, ex-membro do *M-Apparat* do KPD (Partido Comunista Alemão), e que depois da Segunda Guerra Mundial dirigiu a *Stasi*, polícia política da RDA (República Democrática Alemã), uma das chamadas "democracias populares".[340]

A fidelidade de Marty ao partido, de homem que fazia qualquer coisa por Stálin, foi ferida de morte em 1952. No clima dos processos contra Rudolf Slanski e mais 13 acusados, na Tchecoslováquia, e do julgamento do "complô dos aventais brancos", na União Soviética, Stálin montou, com o conhecimento, senão aprovação, dos dois mais importantes dirigentes comunistas franceses, Maurice Thorez e Jacques Duclos, um processo de expurgo semelhante aos que estavam acontecendo nas

---

337   B. Volodarsky, *Stalin's Agent...*, op. cit., p. 342-351.

338   *The Secret History of Stalin's Crimes*. Random House, 1953.

339   John Costello and Oleg Tsarev, *Deadly Illusions: The KGB Orlov Dossier*. Crown, 1993; Edward Gazur, *Secret Assignment: the FBI's KGB General*, St Ermin's Press, 2002.

340   Sigmunt Stein, *Ma guerre d'Espagne*. Paris, Seuil, 2012, p. 209-214; P. Broué, *Staline et la révolution...*, op. cit., p. 359.

"democracias populares". Na França eles não podiam prender e torturar fisicamente, mas podiam caluniar e infernizar a vida dos escolhidos como bodes expiatórios. Estes eram os dois mais populares militantes do partido, André Marty e Charles Tillon. Tinham ambos participado do motim de marinheiros que se recusaram a combater a revolução bolchevique, em 1919, no Mar Negro. Marty tinha sido secretário da Internacional Comunista desde 1934 e, depois, dirigente nas Brigadas Internacionais. No início do processo de expurgo era membro do Secretariado e o terceiro na hierarquia do partido, depois de Thorez e Duclos. Tillon também tinha sido voluntário para as Brigadas e, enquanto Marty e Thorez tinham permanecido em Moscou durante quase toda a guerra, ele tinha sido o principal chefe dos FTP (Franco-atiradores e Guerrilheiros), força combatente na clandestinidade, durante a resistência francesa aos nazistas. No início do expurgo era membro do Burô Político.[341]

A acusação, apresentada em reunião do secretariado, de 26 de maio de 1952, era de "atividade fracionista". Ao longo de outras reuniões estabeleceu-se como "prova" uma mera conversa havida entre os dois acusados na casa de um amigo de Tillon. À parte disso, iam surgindo mil detalhes subjetivos, intrigas, mexericos que sustentariam a acusação inicial. Quando o alvo já está escolhido, os stalinistas têm um sistema eficiente de montar um quadro de fatos aleatórios e subjetivos para incriminá-lo. Marty ficou completamente atordoado e reagiu primeiro negando o fato objetivo da conversa e, depois, certo de que havia um mal-entendido, se desdobrou em autocríticas humilhantes, sem entender que estava sendo vítima de um processo do qual já tinha participado como acusador. Tillon ficou menos desestruturado, confirmou o fato objetivo da conversa e soube se defender melhor. Seu caso foi considerado menos grave.[342] Os dois foram sancionados, em 4 de setembro, apenas com a perda dos cargos que ocupavam na hierarquia do partido. Porém passaram a viver o inferno da exigência de cada vez mais humilhantes autocríticas em vários organismos do partido. A notícia se tornou pública uma semana depois e, a partir de então, o *L'Humanité*, jornal do PCF, passou a publicar cotidianamente matérias sobre "a atividade fracionista de Marty e Tillon". Nesse ínterim já, então, se falava de "traidores".[343]

Na etapa final desse expurgo, o partido francês montou uma armadilha para Marty. Um ex-cunhado seu, Albert Taurinya, ferroviário de Toulouse, que não era militante do partido, sabendo-o isolado e desesperado, aproximou-se para ajudá-lo.

---

341 Philippe Robrieux, *Histoire intérieure du Parti communisite*, II. Paris, Fayard, 1981, p. 309-339; Les procès de Moscou à Paris – L'affaire Marty-Tillon (1952) - http://www.akadem.org/medias/documents/Affaire_Marty-Tillon_doc5.pdf; (consultado em 21.12.2018); Jean-René Chauvin, 1953 - https://chsprod.hypotheses.org/andre-marty-charles-tillon (consultado em 21.12.2018).

342 P. Robrieux, op. cit., p. 309.

343 J.-R. Chauvin, op. cit. - https://chsprod.hypotheses.org/andre-marty-charles-tillon (consultado em 21.12.2018).

Manipulado pelos comunistas franceses, tentou aproximar Marty de um jornalista que havia colaborado com os nazistas, mas não conseguiu. E então, subitamente, declarou ao *L'Humanité,* ter percebido que, afinal, Marty o tinha enganado, que era um mentiroso. O jornal comunista acrescentou ainda que o irmão de Marty, médico, teria trabalhado em certas ocasiões para a polícia criminal. Juntou mais uns recortes de frases de cartas de Marty e ainda uma agenda que não era dele, onde constava os nomes de dois inspetores. Com isso em mãos, o *L'Humanité* declarou, em fevereiro de 1953, que Marty sempre havia sido, desde 1919, um policial, um agente inimigo infiltrado no PCF. E Tillon, por ter calado, consentiu, sendo seu cúmplice. Marty foi expulso do partido. Inconformado e amargurado, se isolou, querendo escrever a Stálin para explicar a sua versão dos fatos. Perdeu seus bens, a casa em que morava, a esposa, convidada a divorciar-se, e o seu secretário, que levou seu arquivo pessoal.[344] Os trotsquistas do PCI (Partido Comunista Internacionalista) tentaram ajudá-lo a se defender.[345] Chegou a publicar uma brochura com a sua posição, *O caso Marty,* mas corroído por um câncer já existente, acabou morrendo em 1956. Charles Tillon, em 1968, denunciou a invasão soviética à Tchecoslováquia e tomou publicamente outras posições progressistas e democráticas, conflitantes com o PCF.[346]

A guerra não parou a máquina de assassinar

Durante a Segunda Guerra Mundial, esse sistema de caçada aos dissidentes, especialmente aos trotskistas, não se paralisou. Aproveitando-se da situação dramática enfrentada por todos os militantes e pelas populações em geral, o braço criminoso do stalinismo continuou a atuar.

O caso de Willi Münzenberg é emblemático. Ele tinha sido até 1938 um fiel stalinista e, mais do que isso, um eficiente realizador dos interesses da União Soviética. Seu ramo não era a polícia secreta, senão um território que ele desbravou sozinho: a *agit-prop* – agitação e propaganda – moderna a serviço dos ideais comunistas, mas principalmente dos interesses do Estado soviético. Nascido em 1887, na Alemanha, era operário de calçados e entrou cedo na política, como um dos alunos de Rosa Luxemburgo. Durante a Primeira Guerra Mundial, foi para Zurique onde conheceu e se aproximou de Lênin. Depois da guerra, no KPD (Partido Comunista Alemão), tinha atuação à esquerda do dirigente Paul Levi. Mas em 1924 já tinha se transformado em grande homem de negócios a serviço da causa comunista. Criou uma verdadeira empresa composta de editoras que publicavam jornais, revistas, folhetos e cartazes, promovia eventos e também

---

344 P. Robrieux, op. cit., p. 333-336, p. 330-331.

345 Michel Lequenne, *Le trotskisme – Une histoire sans fard.* Paris, Syllepse, 2005, p. 270-274.

346 Les procès de Moscou à Paris – L'affaire Marty-Tillon (1952) - http://www.akadem.org/medias/documents/Affaire_Marty-Tillon_doc5.pdf; (consultado em 21.12.2018).

432 Angela Mendes de Almeida

trouxe para a Alemanha os filmes russos. Ele já tinha provado os seus méritos durante a crise da fome na URSS, nos anos de 1921-1922, quando, a pedido de Lênin, criou o Socorro Operário Vermelho, conseguindo a ajuda de organizações socialistas e burguesas humanitárias.[347] Mais tarde foi o fundador da Liga Anti-imperialista, que agrupava correntes e organizações políticas comunistas e não comunistas, como, por exemplo, a Liga dos Direitos do Homem da Alemanha e da Baviera, os Médicos Socialistas, a Liga dos Antigos Combatentes Pacifistas. Essa organização acabou sendo curto-circuitada em 1929, no tempo do "terceiro período", por intervenções autoritárias de exclusivismo de emissários da Internacional Comunista, com muito pesar de Münzenberg.[348] O que ele criou, paralelamente ao comunismo, só poderia ter sido criado por ele. Veja-se esta descrição do homem:

> [...] estava perpetuamente saltando de um trem a um fiacre, de um fiacre a um automóvel, sempre correndo, organizando, persuadindo, falando, discutindo, escrevendo, ditando, corrigindo suas próprias gafes e as do *Komintern*, humilhando-se, autocriticando-se diante das personalidades importantes que protestavam, usando a torto e a direito nomes ilustres, acalmando os escrúpulos pelo seu charme de homem simples, equilibrado e aberto.[349]

No último ano antes da ascensão de Hitler ao poder, e depois, no ano seguinte, Willi Münzenberg foi o idealizador de dois congressos "pela paz e pelo socialismo", em agosto de 1932, em Amsterdã, e em dezembro de 1933, na Sala Pleyel, em Paris. Eram ainda os anos do "terceiro período", em que os comunistas achavam que o nazismo era um perigo desprezível, quando não a "antessala" do comunismo. A frente única com os sociais-democratas alemães, que Trótski propunha incansavelmente e que era também a posição de muitos dissidentes, era execrada. O alvo atacado nesses congressos não foi o nazismo e sim os sociais-democratas, o "inimigo principal" e, é claro, a Oposição de Esquerda. Münzenberg, coadjuvado pelo militante comunista Otto Katz, tendo como estrelas os escritores franceses Henri Barbusse e Roman Roland, congregou muitas personalidades humanistas, conclamando à aliança com a URSS.[350]

Todas essas atividades que levavam à criação de frentes mais amplas que o partido comunista e que tinham em Münzenberg o seu principal organizador, eram financiadas pela OMS, seção secreta da Internacional Comunista encarregada das relações internacionais, criada por volta de 1921. Essas frentes foram um importante celeiro

---

347 M. Buber-Neumann, *La révolution mondiale...*, op. cit., p. 234.

348 P. Broué, *História da Internacional...*, t. 1, op. cit., p. 553, p. 638.

349 Dominique Desanti, *L'Internationale Communiste*. Paris, Payot, 1970, p. 193-194.

350 P. Broué, *História da Internacional...*, t. 1, op. cit., p.677-678; P. Frank, *Histoire de l'Internationale...*, t. 2, op. cit., p. 665-666.

Do partido único ao stalinismo

para o recrutamento de agentes secretos estrangeiros, muitas vezes intelectuais e "companheiros de viagem" mais sensíveis, aos quais horrorizava a participação no serviço secreto, mas que aceitavam trabalhar para um departamento da Internacional. Münzenberg seduzia esses intelectuais burgueses "inocentes", suscitando neles a solidariedade moral com o proletariado.[351]

Desde antes de 1936, Münzenberg já estava sendo observado pelo NKDV por suas posições independentes e seu "espírito de insubordinação". Mas ele não sabia e se considerava dentro da linha. Ainda mais depois que o 7º Congresso da Internacional Comunista tinha aprovado a política da frente popular, que combinava com as suas perspectivas. Assim, não teve dúvidas em aceitar o convite para ir a Moscou, nesse ano, juntamente com sua esposa, a militante alemã Babette Gross. Ficaram mofando em Moscou, sem fazer nada, vendo seus camaradas serem presos em quantidade, do dia para a noite. Münzenberg então consultou os membros do Comitê Executivo da IC, pedindo para voltar imediatamente para a Europa onde sabia ser mais útil. Togliatti apoiou o seu pedido, mas em vão. Continuando a tentar, Münzenberg convenceu o CEIC que sem ele as ligações com a Espanha e os "aparelhos" estariam perdidos. Foi liberado para partir, ficando acertado que entregaria todos os seus contatos a um outro militante, na Suíça, e voltaria. Prometeram-lhe que ficaria em um cargo importante. Mas em vez de ir para a Suíça, Münzenberg foi para Paris onde organizou uma campanha de apoio à Frente Popular da Espanha. Em 1938 ele foi excluído do Comitê Central do KPD. Foi chamado de novo a Moscou para supostamente se defender. Está escrito na sua ficha da Seção de Quadros do CEIC, nos arquivos de Moscou, que em 1939 Münzenberg se tornou um agente da polícia secreta francesa, as calúnias rotineiras. Os militantes do PCF faziam pressão para ele aceitar o convite de Moscou. Ele sabia que dois companheiros próximos, Léo Flieg e Hugo Eberlein, membros do Burô Político do KPD, chegando a Moscou em dias diferentes, tinham sido presos ao saltarem do trem. Em 1939, ele foi expulso do KPD. Quando a guerra começou, em 1º de setembro desse ano, Münzenberg, como quase todos os alemães presentes na França, foi internado no campo de Vernet. Babette conseguiu fugir para Portugal.[352]

Entretanto, com a invasão nazista à França, em 10 de maio de 1940, e com o êxodo de populações que se seguiu, o campo de Vernet foi aberto e os alemães aí internados foram libertados. Münzenberg estava em um grupo de quatro pessoas que pretendia chegar à Suíça. Mas em 22 de outubro a imprensa francesa noticiou ter sido encontrado em uma floresta, perto da cidade de Saint-Marcellin, o cadáver de um homem que tinha morrido vários meses antes. O corpo e o rosto estavam mutilados, tinha uma corda no pescoço. A notícia dava conta de que não se tratava de um suicí-

---

351   C. Andrew e O. Gordievsky, op. cit., p. 90-91.

352   A. Vaksberg, *Hôtel Lux...*, op. cit., p. 185, p. 187-189.

dio. O corpo era de Willi Münzenberg, de 51 anos. A história contada por um sobrevivente do *Gulag*, Karl Steiner, militante iugoslavo nascido na Áustria, é confirmada por um documento encontrado nos arquivos de Moscou pelo jornalista russo Arkadi Vaksberg. Esse documento aponta que, durante a guerra, em 1943, o NKVD pediu informações sobre Münzenberg e mais três nomes, querendo confirmar a identidade dos outros três que compunham o grupo, ou seja, de seus assassinos. Com isso depreende-se que a liquidação não tinha sido um projeto do NKVD, mas uma execução espontânea dos três dedicados stalinistas: Ignat Golstein, original de Viena, nascido em 1915, judeu polonês; Moïse Rechal, nascido em 1907, originário de Riga, judeu, vivendo em Paris desde 1928, militante do PCF e atuante na Associação dos Amigos da URSS; e Samuel Spivak, nascido em 1899, judeu, originário da Rússia, tendo participado em 1922 do 4º congresso do *Komintern*. Tinham todos uma peculiaridade: encontravam-se no campo de Vernet e fugiram juntos.[353] É bastante estranho que Münzenberg tenha fugido, não com seus camaradas e conterrâneos alemães, mas com homens, cujo ofício devia conhecer mais ou menos. Mas, nessas situações dramáticas, muitas vezes, não há escolha.

Outro caso clamoroso e que mostra como a máquina de matar era do tipo moto-perpétuo é o do assassinato do trotskista italiano Pietro Tresso ("Blasco") e de seus companheiros Jean Reboul, Abraham Sadek e Maurice Sieglmann dentro do *maquis* de Wodli, no sul da França, em 1943. É um exemplar paradigmático de crime stalinista, não apenas por sua execução, mas também pelas décadas de silêncio coletivo e desinformação mantidas pelos militantes do PCF (Partido Comunista Francês) e pelos dirigentes do PCI (Partido Comunista Italiano).[354]

Em agosto de 1939, quando foi assinado o pacto Hitler-Stálin, que no mês seguinte deu início à Segunda Guerra Mundial, a Alemanha e todos os seus aliados passaram automaticamente a ser inimigos da França. Independentemente de aquele país estar nas mãos de nazistas, tratava-se de uma questão de geopolítica marcada pela guerra franco-prussiana, no fim do século XIX, na qual a França havia sido humilhada pela derrota, e pela Primeira Guerra Mundial, onde a humilhada fora a Alemanha. Como o PCF apoiou o pacto feito pelos soviéticos, o governo de Daladier, do Partido Radical, dissolveu-o e os comunistas franceses entraram, pela primeira vez em sua história, na clandestinidade.[355] Não conheciam os procedimentos de militância clandestina e ficaram isolados, não apenas pela opinião pública francesa, mas também por muitos

---

353   Ibid., p. 190-192.

354   *Maquis*, cuja tradução literal é mato, refere-se às guerrilhas da Resistência Francesa à ocupação nazista durante a Segunda Guerra Mundial, atribuindo-se ao local da sede da guerrilha e à unidade guerrilheira. Manteremos aqui a palavra francesa pela especifidade dessa luta.

355   Pierre Broué, Raymond Vacheron, *Meurtres au Maquis*. Paris, Grasset, 1997, p. 42.

Do partido único ao stalinismo

comunistas que não entendiam ou não aceitavam esse pacto. Essa situação se agudizou quando os nazistas invadiram a França, em maio de 1940, ocupando o norte e o oeste da França, bem como Paris. Os comunistas franceses tornaram-se aliados dos inimigos de seu país. Em junho foi assinado um armistício entre Alemanha e França, criando-se uma linha divisória entre a parte ocupada pelos nazistas e a França de Vichy, chamada de zona livre, sediada nessa cidade do sul e comandada pelo marechal Pétain, aliado do nazismo. Quando a Alemanha, para surpresa de Stálin, rompeu o pacto e invadiu a URSS, em junho de 1941, isso imediatamente repercutiu na situação dos comunistas franceses. Passaram a estar do lado dos seus compatriotas e recuperam prestígio.

A partir de então, a colaboração com os lutadores da resistência aos nazistas dentro da França se tornou a norma, mantendo-se, no entanto, o zelo pela perseguição e, se possível, liquidação de todo e qualquer militante à sua esquerda, particularmente os trotskistas. O PCF estava cada vez mais fiel ao stalinismo, a guerra pedia essa fidelidade. Eles criaram, nas condições da resistência, toda uma série de procedimentos para discriminar os combatentes à sua esquerda, ao mesmo tempo hierarquizando o nível de fidelidade dentro do partido. Um desses procedimentos eram as quarentenas dos presos à esquerda dentro das prisões, que se aplicavam aos anarquistas e a todos os dissidentes dos comunistas, sobretudo os trotskistas. O preso na quarentena era isolado, ninguém falava com ele, era excluído da divisão de alimentos e outros itens recebidos de parentes, se oferecia algo do que recebia, a oferta era rechaçada. Esse sistema era universalmente aplicado pelos comunistas, não apenas na França de Vichy, mas também na Alemanha e na Polônia ocupada. Alimentados pela *História abreviada do Partido Comunista (bolchevique) da União Soviética*, praticamente escrita por Stálin, que circulava nas prisões e da qual alguns copiavam trechos, o livro define os trotskistas como apoiadores do fascismo, sabotadores, espiões, escroques, etc. Os militantes ingênuos acreditavam ou mesmo inventavam, por exemplo, histórias de que os trotskistas pretendiam envenenar a água de beber, acusação frequentemente utilizada também dentro da URSS. Outro procedimento foi o de excluir esses dissidentes de qualquer plano de fuga de prisões. Um dos entrevistados pela pesquisa que desvendou este crime, conforme o livro aqui citado, conta que se recusou a abrir uma cela com dois anarquistas quando de uma fuga: "Não eram patriotas, por isso recusei que fugissem conosco. A um monarquista eu teria aberto a porta, mas não a um anarquista". Outro procedimento ao longo do período de ocupação eram as "listas negras", publicadas e difundidas por meios clandestinos, porém de forma ampla. Continham o nome verdadeiro, às vezes o endereço, dados biográficos, a origem, eventualmente judia, e a acusação contra eles. Por exemplo: traidores, espiões, infiltrados, indicadores. Nesta qualificação frequentemente entravam os trotskistas e outros dissidentes. Pela sua ampla

436 Angela Mendes de Almeida

divulgação, essas listas facilmente caíam nas mãos da *Gestapo* ou da polícia de Vichy, que as usava para prender os acusados. Os comunistas chegavam a pedir que os verdadeiros patriotas ajudassem a eliminar os denunciados.[356]

Desde 1941, o PCF clandestino projetou uma organização de resistência que deveria ter, além dos militantes, seus simpatizantes, a Frente Nacional. Em 1942, foram criados os FTP (*Francs-Tireurs et Partisans*), isto é, Franco-Atiradores e Guerrilheiros, que seriam o braço armado da Frente Nacional. A decisão de fundar um *maquis* na região do sul denominada Haute-Loire, na chamada zona livre, foi tomada em dezembro desse ano e a sua criação foi atribuída a um recém-chegado na região, Giovanni Sosso, chamado de Capitão Jean. O nome do *maquis* – Georges Wodli – era uma homenagem a um comunista da Alsácia assassinado pelos nazistas.[357]

A primeira ação importante desse *maquis*, ainda com cerca de apenas 40 homens, foi a montagem de um plano de fuga da prisão de Puy-en-Velay, da região de Haute--Loire. A prisão tinha 79 presos políticos, todos considerados terroristas pela França de Vichy, inclusive os que apenas haviam rechaçado o "serviço de trabalho obrigatório" (STO) na Alemanha. 25% dos presos eram estrangeiros. A maioria pertencia ao PCF, mas havia também socialistas e cinco trotskistas. Todos se preocupavam com a possibilidade de os nazistas virem retirá-los dessa prisão para levá-los para a Alemanha. A ação foi executada em 25 de abril de 1943 durante a noite e pela manhã saíram sãos e salvos os seis atacantes e os libertados. A direção comunista já havia estabelecido que os trotskistas estavam excluídos, eram "inimigos da França e da União Soviética". Mas nem todos os comunistas poderiam sair, caso, por exemplo, dos que haviam criticado o Pacto Hitler-Stálin. A ação foi um sucesso, porém a recepção dos fugitivos não o foi. Muitos dos libertados foram recapturados e muitos mais comunistas da cidade foram presos, torturados e mais informações foram obtidas. Entre os novos presos, encontrava-se Giovanni Sosso. Alguns dos presos foram levados para a prisão de Bellevue, em Saint-Etienne, uma região vizinha. Os dirigentes dos FTP (Franco-Atiradores e Guerrilheiros) então planejaram uma outra fuga de Puy, que deveria ser precedida por uma fuga de Saint-Etienne, para libertar os presos importantes. Mas, ao contrário do que os comunistas difundiram durante quase cinco décadas, só o admitindo publicamente em 1991, a espetacular fuga de Saint-Etienne não foi obra apenas dos comunistas. A logística necessária implicou a participação decisiva do serviço britânico SOE (*Special Operations Executive*) e da rede "*Mithridate*". Foram mobilizados, entre outros, o confessor da prisão e dois guardas. A fuga se concretizou em 26 de setembro de 1943. A prisão tinha 80 presos políticos. Em nome do partido, só se permitiu que saíssem 32 presos. Os que foram deixados na prisão ficaram desgostosos, principalmente os

---

356   Ibid., p. 27, p. 46, p. 75, p. 77-78.
357   Ibid., p. 57-58.

Do partido único ao stalinismo

militantes do PCF. Muitos foram transferidos mais tarde para o campo de concentração de Dachau, na Alemanha, alguns morreram.[358]

A segunda fuga da prisão de Puy-en-Velay se deu em condições diferentes. Já se faziam sentir na conjuntura as vitórias militares dos Aliados e os avanços do Exército Vermelho. Depois das prisões efetuadas quando da primeira fuga, o número de presos tinha aumentado em Puy-en-Velay e a direção da prisão pediu o reforço de novos guardas. Um deles era Albert Chapelle. Tinha apenas 24 anos e tinha sido das Juventudes Socialistas desde os 17 anos. Tinha se tornado guarda carcerário aconselhado por seu pai, ligado aos socialistas, que julgava ser essa a melhor maneira para evitar ser convocado para o Serviço de Trabalho Obrigatório na Alemanha. Mas a transferência que pediu para Puy foi aconselhada por um oficial alemão antinazista, provavelmente ligado ao SOE. Chapelle fez contato com o SOE e com o SIS (*Secret Intelligence Service*) e, na prisão anterior em que trabalhava, já atuava passando mensagens de resistentes ingleses para fora. Chapelle, em nome do SOE, seria a personagem-chave da organização da fuga. Os FTP estavam encarregados de realocar os fugitivos. No início, os comunistas queriam impor as discriminações usuais. Mas Chapelle se opôs radicalmente, dizendo que, ou eram todos, ou era nenhum. Augustin Ollier, o chefe dos comunistas presos, aceitou a imposição em nome do PCF. O dia foi fixado de acordo com os horários de Chapelle e marcaram-no para a noite de 1º para 2 de outubro de 1943. Nesse dia Chapelle chegou às 19 horas e levou para seus colegas numerosas garrafas de vinho, como fazia sempre, pois era de uma região vinícola. A diferença é que nesse dia o vinho continha sonífero. Pouco depois da meia-noite, saíram todos os 80 presos políticos, os dois comuns e o guarda Chapelle. O alarme foi dado de madrugada, mas com tantas derrotas do exército alemão, o ânimo da polícia francesa já não era o mesmo. O transporte dos libertados, que devia ter sido providenciado por outro núcleo dos FTP, falhou parcialmente e tudo teve que ser improvisado, os comunistas aí exercendo a sua prática de discriminação. Escolheram os que iriam nos veículos, sendo que os outros tiveram que andar a pé até o *maquis* de Wodli. Cerca de 60 ficaram vagando pelas montanhas pedregosas em direção a um local chamado Raffy. Apesar de tudo isso, nenhum preso foi recapturado. Muitos tinham fugido só de meias ou chinelos, tiveram que rasgar suas roupas para enrolar os pés e suportar o caminho agreste, alguns passaram quatro dias caminhando.[359]

O trotskista sobrevivente, dos cinco que estavam em Puy-en-Velay, Albert Demazière, contou em 1991 como foi a chegada deles: "Nós (os trotskistas) estávamos todos juntos e guardados como gado pelos jovens FTP, com seus chicotes, eram odiosos, tratavam-nos como gado". Um camponês, apoiador do *maquis*, contou depois à Barbara, a

---

358 Ibid., p. 39-41, p. 49, p. 71, p. 73, p. 82, p. 84, p. 89-90, p. 92-95, p. 102.
359 Ibid., p. 116-117, p. 119-120, p. 122-126, p. 129, p. 133, p. 136.

438   Angela Mendes de Almeida

esposa de Pietro Tresso, que o espetáculo da chegada dos trotskistas, com os outros, não era uma cena bonita: "tinham os pés ensanguentados [...] Fiquei surpreendido quando vi que os jovens que já estavam há mais tempo no *maquis* os acolhiam e os acompanhavam de revolver em punho". Em um informe interno ao seu partido (PCI – Partido Comunista Internacionalista), de 1944, Demazière revelou que os cinco trotskistas chegaram a discutir a situação em que se encontravam. Dois eram partidários de fugir, os outros três não. Mas Demazière foi separado do grupo e enviado para uma tarefa, com outros dois fugitivos, a uma granja, a 200 metros do local. Um deles dizia conhecer a região, porém acabaram se perdendo e durante um dia e uma noite vagaram pelas montanhas sem saber que direção tomar. Havia muitas patrulhas da polícia, e eles, sem armas, resolveram se separar para terem mais chance de não serem presos. Albert Demazière, livre por acaso, atravessou quase a França inteira, chegando em Paris.[360]

Quem eram os outros quatro trotskistas? O mais jovem dentre eles era Jean Reboul, militante do Partido Comunista Internacionalista, de 24 anos, que tinha sido preso na mesma ocasião que Albert Demazière, de 29, e Pietro Tresso, nome de guerra "Blasco", então com 50, em Marselha. O pivô dessa prisão tinha sido Demazière. Era o destinatário de uma encomenda enviada de Nova York pelo trotskista Jean van Heijenoort, na qual a polícia descobriu uma mensagem da Quarta Internacional. Foi acusado também de ser o autor de um documento de crítica a Pétain, que circulava. O resultado foi a sua condenação a trabalhos forçados perpétuos, enquanto Reboul e Tresso eram condenados a dez anos da mesma pena. De prisão em prisão, Tresso, Reboul e Demazière acabaram se encontrando com "Pierre Salini" (nascido Maurice Sieglmann, tendo usado a identidade de Maurice Ségal para ocultar sua origem judia em ambiente de antissemitismo). Os quatro foram transferidos para a prisão de Puy--en-Velay, onde já estava Abraham Sadek, nome de guerra "André Lefèvre", nascido na Polônia, com 27 anos à época.[361]

Pietro Tresso era o mais conhecido e importante dentre eles. Oriundo de uma família pobre da região italiana do Veneto, teve que sair da escola para aprender o ofício de alfaiate. Participou da Primeira Guerra Mundial como soldado, porém tuberculoso, foi desmobilizado. Entrou no Partido Socialista e foi, junto com Gramsci e outros, fundador do PCI (Partido Comunista Italiano). Permaneceu, nos anos seguintes com este, em oposição a Amadeo Bordiga. Participou do 4º Congresso da Internacional Comunista, aquele que mais aprofundou a questão da frente única operária, como já vimos. Poucos anos depois, com 31 anos, conheceu em Berlim a militante judia húngara da Internacional das Juventudes Debora Saidenfeld, conhecida como Barbara, de 26 anos, e os dois

---

360   P. Broué, R. Vacheron, *Meurtres au Maquis...*, op. cit., p. 135-136, p. 138-139; R. Dazy, op. cit., p. 257.

361   P. Broué, R. Vacheron, *Meurtres au Maquis...*, op. cit., p. 8, p. 20-21, p. 25; R. Dazy, op. cit., p. 252; M. Lequenne, *Le trotskisme...*, op. cit., p. 82.

Do partido único ao stalinismo

selaram suas vidas para sempre. Como já foi visto, Tresso fazia parte do "grupo dos três", juntamente com Alfonso Leonetti e Paolo Ravazzoli, membros da direção, originários do jornal *Ordine Nuovo*, junto com Gramsci, que foram expulsos em 1930 por se oporem à linha do "terceiro período". A expulsão dos "três" permaneceu um assunto muito discutido dentro do PCI. Eles se voltaram para a Oposição de Esquerda Internacional, porém apenas Tresso guardou esse laço, militando na seção francesa da Quarta Internacional a partir de 1936. Em seu último período de vida e liberdade tinha se tornado grande amigo de Pierre Naville, filósofo e trotskista, ao mesmo tempo se interessando por surrealismo e psicanálise. Quando a França foi invadida, o casal se separou. Barbara, que era judia, foi para uma região montanhosa, mais protegida, enquanto Tresso, que estava sendo procurado pela *Gestapo*, foi para Marselha, na chamada zona livre.[362]

Ainda enquanto os quatro trotskistas estavam sendo vigiados dia e noite por homens armados dentro do *maquis* de Wodli e o crime não tinha sido consumado, as famílias e as companheiras começaram a se inquietar pelo fim abrupto da correspondência com a prisão de Puy-en-Velay, pois nem sequer sabiam da fuga. Abraham Sadek conseguiu fazer sair uma curta mensagem aos seus, contando que ele e seus camaradas estavam em situação precária, mas esperavam se safar. Apesar da Liberação de Paris e da França, em agosto de 1944, o Partido Comunista Internacionalista (PCI) não foi legalizado por pressão do embaixador da URSS na França. Só conseguiu a legalização quando trotskistas voltaram dos campos de concentração alemães, ao final da guerra. Por isso não teve acesso a informações sobre a fuga da prisão de Puy-en-Velay e sobre os quatro desaparecidos. Aqueles momentos especiais, da alegria da Liberação, eram também de consenso patriótico, as questões problemáticas eram varridas, a ordem do dia era a reconstrução do país, os comunistas estavam no governo, a guerra continuava e a França era aliada da URSS. Antes mesmo da Liberação, Yves de Boton, chefe do MUR (Movimentos Unidos da Resistência), composto por antigos trotskistas, comunistas de oposição e socialistas, divulgou a informação de que havia um grupo de presos vigiados dentro do *maquis* de Wodly, a quem eram atribuídas as tarefas ingratas. Dentre eles estava "Blasco", que Boton não sabia ser Pietro Tresso. Pretendia fazer o possível para os liberar. Também o historiador Marc Bloch, membro da direção do MUR, em uma inspeção pelo território, registrou esse fato. Porém nenhum deles pôde fazer nada, pois foram presos e fuzilados pela *Gestapo*. Mas tinham tido tempo de transmitir esse fato, em 1944, a Paul Schmierer, antigo membro da Liga Comunista, depois da Esquerda Revolucionária, próximo do POUM espanhol, que dirigia uma organização de informação ligada ao MUR. Logo depois da Liberação, Barbara, a esposa de Tresso, soube que Paul Schmierer tinha alguma informação sobre seu marido. Começou a se corresponder com ele e depois foi a Paris para uma conversa pessoal. Ele

---

362 P. Broué, R. Vacheron, *Meurtres au Maquis...*, op. cit., p. 11-12, p. 15, p. 18-19.

apenas informou que sabia, através de Boton, já morto, que Tresso e seus companheiros se encontravam no maquis de Wodli, presos, situando a notícia em janeiro de 1944. Além disso, afirmou-se preocupado com o que poderia ter acontecido com eles.[363]

As duas viúvas –Barbara e Gaby Brausch, militante trotskista e companheira de Maurice Sieglmann ("Pierre Salini") – decidiram então ir à região de Haute-Loire. Gaby foi primeiro, no fim de dezembro de 1944. Com uma indicação de Schmierer, conseguiu falar com um chefe de polícia que, reticente, disse-lhe que a polícia de Vichy tinha informado a liquidação dos trotskistas no *maquis* de Wodli como "inimigos da Resistência". Conseguiu também uma lista dos fugitivos da prisão de Puy-en-Velay, o que lhe trouxe a convicção de que eles não tinham sido deportados para a Alemanha. Barbara partiu para a Haute-Loire em abril de 1945. Procurou os líderes do *maquis* e os italianos que deviam conhecer Tresso. Um destes últimos contou-lhe que tinha conhecido bem seu marido e que soube que ele havia desaparecido quando de um ataque policial ao *maquis*, em novembro de 1943. Era uma mentira para despistar, o ataque tinha realmente acontecido. Um outro italiano disse-lhe que não se lembrava de nada, sendo que décadas mais tarde soube-se que ele fez parte da guarda armada dos quatro trotskistas.[364]

Barbara continuaria procurando, mas ao mesmo tempo incentivando trabalhos históricos, recebendo pesquisadores, apoiando jornalistas, abrindo seus arquivos, sobretudo na Itália. Quando cobrada pela falta de explicação, a direção do Partido Comunista Italiano (PCI), com Palmiro Togliatti à frente, elogiava Tresso, porém dizia que a investigação sobre sua morte caberia ao PCF. Sobre a base das informações colhidas por Barbara, o jovem intelectual socialista Alfredo Azzaroni publicou, em 1962, na Itália, e em 1965, na França, o livro *Blasco-Pietro Tresso, une vie de militant* (*Blasco-PietroTresso, uma vida de militante*). A edição francesa foi feita sob a égide da "Comissão pela Verdade dos Crimes de Stálin", que teve lugar entre os anos de 1962 e 1964, em Paris. Trazia um prefácio de Pierre Naville e uma introdução do escritor Ignazio Silone, que fora companheiro de Tresso na direção do PCI na época da expulsão dos "três" e era casado com a irmã de Barbara. O livro narra a trajetória de Tresso desde a fundação do PCI e termina denunciando o seu assassinato com os outros três companheiros. O livro de Azzaroni teve diversas repercussões, sobretudo na Itália. Em 1964 foi publicado na *Rinascita*, revista político-cultural do PCI, um artigo de Stefano Schiapparelli, "La sorte di Blasco" ("O destino de Blasco"), para refutar as "mentiras" de Azzaroni. Afirmando, com detalhes, ter participado da Resistência na França, o autor diz ter sido informado por duas fontes, na época, que Blasco faleceu no *maquis* de tuberculose. Azzaroni então escreveu diretamente a Togliatti contestando, com

---

363   Ibid., p. 146, p. 171, p. 173, p. 177, p. 180-182.
364   Ibid., p. 183-186.

Do partido único ao stalinismo

algumas perguntas, a versão de Schiapparelli. Por que tal versão chegava tão tarde? E o que havia acontecido com os outros três trotskistas desaparecidos? Togliatti respondeu novamente por evasivas, era um caso do PCF.[365]

Um ano depois aconteceu na França mais um fato que deixou claro que as portas estavam fechadas para o conhecimento da verdade. No Conselho de Liberação, o acesso era monopolizado por alguns setores. Contudo o Comitê de História da Segunda Guerra Mundial do Departamento de Haute-Loire estava fazendo investigações sobre os acontecimentos, tendo em vista a publicação de um livro. Seu diretor era Gérard Combes. O primeiro a se dirigir a ele foi Alfonso Leonetti, um dos "três" expulsos do PCI em 1930, que apesar de agora próximo do PCI, vinha também fazendo investigações sobre a morte de Tresso. Por carta, Combes respondeu a Leonetti que a documentação sobre Tresso existia, mas que ele estava engajado a não divulgar nomes de pessoas que haviam dado depoimentos. Dada a insistência de Leonetti, em uma segunda carta afirmou que um camponês, interrogado, havia dito que Tresso tinha morrido em Montbuzat, onde pouco antes da Liberação, em abril de 1944, alemães e civis franceses assassinaram guerrilheiros e camponeses.[366] Barbara queria conversar pessoalmente com Gérard Combes, que adiou por três vezes um encontro marcado. Mais adiante lhe declarou que "se por acaso se viesse a conhecer a verdade, nenhuma publicidade poderia ser feita, por considerações de ordem política, ou por simples humanidade, para impedir qualquer escândalo". Os interessados na verdade ficaram estupefatos quando souberam que Combes havia arquivado o caso de Tresso. Finalmente, em 1970, Combes foi obrigado a pedir demissão, pela pressão dos que não queriam que a história da Resistência da região de Haute-Loire ficasse sob a responsabilidade exclusiva dos comunistas.[367]

Durante décadas, Broué e Vacheron procuraram os ex-FTP (Franco-Atiradores e Guerrilheiros), sobretudo os daquela região, para saber algum dado. As respostas variavam entre um "nunca ouvi falar disso", ou um "não me lembro". Mas um acontecimento veio mudar completamente o "território mental" desses homens: a implosão da URSS. Eles haviam tomado conhecimento das revelações do Relatório Khruschov e da liberalização moderada do regime nos anos 1960, da *Perestroika* e da *Glásnost* dos anos 1980, mas continuavam acreditando que a União Soviética era a "pátria dos trabalhadores". Só então perceberam que lá existiam campos de trabalho forçado e tortura nos hospitais psiquiátricos, bem como que, em nome de Stálin, muitos assassinatos

---

365   Ibid., p. 189-190, p. 193-194.

366   Ibid., p. 195-197; "Le Chambon-sur-Lignon en 1939-1945", A.J.P.N. (Anonymes, Justes et Persécutés durant la période Nazie dans les communes de France) - http://www.ajpn.org/commune-Le-Chambon-sur-Lignon-43051.html (consultado em 17.01.2018).

367   P. Broué, R. Vacheron, *Meurtres au Maquis...*, op. cit., p. 200.

tinham sido cometidos pelo mundo afora. A partir daí todos começaram a falar, ou a, pelo menos, deixar de negar evidências. Ficou assim confirmado que Pietro Tresso, Maurice Sieglmann ("Pierre Salini"), Abraham Sadek e Jean Reboul estavam entre os fugitivos da prisão de Puy-en-Velay em outubro de 1943, que foram encaminhados para um *maquis* na granja situada na localidade chamada Raffy (*maquis* Wodli) e que foram vigiados dia e noite. Confirmou-se também que em 26 ou 27 de outubro, um grupo de três homens armados vieram buscar os trotskistas, afirmando ter ordens de levá-los a outra granja. Maurice Sieglmann tentou escapar, sem sucesso. A execução foi realizada na granja de Couquet, em Raffy. O grupo de três tinha sido recrutado pelo comando do *maquis*, colocado sob a autoridade de Giovanni Sosso, ou capitão Jean, ou Jean Auber, ou coronel Guillemot.[368]

Broué e Vacheron podem ter tido acesso aos nomes dos executores materiais do crime, pois dizem que, depois de 1991, os guerrilheiros "falaram abertamente diante de um gravador e até de uma câmera". Se foi este o caso, preferiram não nomeá-los no livro.[369] Optaram por reproduzir algumas falas expressivas da mentalidade que guiou esse crime e o silêncio de décadas. Uns argumentaram que, na guerra, ordens são ordens. Outros se perdoaram alegando o "contexto da época". Muitos defenderam o silêncio, "há coisas sobre as quais não se deve falar", "não é útil falar". Não queriam "dividir o partido", "fornecer armas à direita". Mas houve os que sinceramente reconheceram que foram enganados. "Tomamos Stálin por um deus vivo, para nós Stálin era Jesus Cristo".[370]

As declarações amplas dos ex-FTP permitiram o conhecimento de outro assassinato, o de Paul Maraval, ferroviário, antigo combatente da Espanha, membro das Juventudes Comunistas. Ele não era trotskista, era apenas um comunista que queria justificações para as ordens e que mostrava tolerância e simpatia para com os trotskistas. Estava preso em Puy-en-Velay. Depois do fracasso da primeira fuga, com a vinda de novos presos, ficou na mesma cela que os trotskistas Demazière e Reboul. Quando da segunda fuga, Maraval não foi enviado para o *maquis* Wodli e sim para outra região, para o *maquis* Gabriel Peri. Um ex-FTP, em lágrimas, contou a liquidação de Maraval e outros confirmaram. Foi pouco antes da Liberação, em abril de 1944. Soldaram seu cadáver no cimento de uma barragem.[371]

Quanto a Giovanni Sosso, sabe-se que nasceu na Itália, em 1908, e emigrou para a Bélgica com cinco anos, acompanhando a família. Falava um francês perfeito, vivia

---

368   Ibid., p. 162, p. 201, p. 210.
369   Ibid., p. 202, p. 211; Paolo Casciola and Ilario Salucci, "The Long March of Truth", *Revolutionnary History* - http://www.revolutionaryhistory.co.uk/index.php/books-books/178-articles/articles-of-rh 0701/8499-the-long-march-of-truth (consultado em 17.01.2018).
370   P. Broué e R. Vacheron, *Meurtres au Maquis...*, op. cit., p. 212-214.
371   Ibid. p. 115, p. 164-165.

Do partido único ao stalinismo

443

e atuava na França. Há partes de sua vida sobre a qual nada se sabe. Dizia-se pintor de edifícios. Nunca ocupou um lugar público dentro do PCF. Sabia-se que tinha passado um ano na URSS. Antes de ir para o sul, era responsável pelo secretariado regional dos "Amigos da URSS," na região Nord-Pas-de-Calais. Na época do crime pertencia ao triângulo inter-regional (direção composta por três) que tinha sob sua responsabilidade os núcleos urbanos de resistência e os *maquis* em formação. O historiador Pierre Broué encontrou em Moscou, nos arquivos da Seção de Quadros da Internacional Comunista, referências a ele sob o nome de Auber, com a grafia Ober, como sendo do GRU (Serviço de Inteligência Militar, também conhecido como Quarto Departamento). Em dezembro de 1943 Giovanni Sosso foi deslocado para a cidade de Toulouse. A partir dessa época passou a ser conhecido como coronel Jean Guillemot e se tornou membro do último triângulo da zona sul, durante as operações da parte final da guerra, em 1944. Diversas testemunhas o acusam de ter interrompido deliberadamente os contatos entre essa direção triangular dos guerrilheiros e a famosa 35ª Brigada FTP-MOI (*Francs-tireurs et partisans-Main d'Oeuvre Immigrée* – Franco-Atiradores e Guerrilheiros – Mão de Obra Imigrante) de Toulouse, que seria depois liquidada pela *Gestapo*. Dizem que classificava esses guerrilheiros de "aventureiros" e foi responsável por uma depuração de seus quadros. Como a URSS tinha então uma política de "união nacional", essa direção triangular não queria ser acusada de ter organizado e armado "tropas estrangeiras", isto é, trabalhadores armênios, judeus da Europa de leste, poloneses, italianos, espanhóis e alemães, todos vivendo e trabalhando na França antes da guerra. Depois da Liberação, Sosso foi para a Polônia, uma das chamadas "democracias populares" dominadas pela URSS, onde trabalhou como correspondente do jornal comunista, *L'Humanité* e ajudou nos processos stalinistas da polícia política local. Morreu em 1957.[372]

Outra é a questão de saber quem autorizou esses assassinatos nas instâncias acima de Giovanni Sosso. Pietro Tresso era um personagem muito importante na história do PCI, antigo companheiro de Gramsci, expulso, porém não esquecido. Esse crime não teria sido cometido sem a aprovação de Moscou e dos líderes do PCI presentes na União Soviética durante a guerra: Palmiro Togliatti ("Ercoli") e Giulio Ceretti. Togliatti, porém, embarcou para a Itália imediatamente após a queda de Mussolini, em fins de julho de 1943, e se tornou ministro do novo governo de Badoglio. Ceretti, pelo contrário, permaneceu na URSS, respondendo pelos interesses do partido italiano, já que a Internacional Comunista havia sido dissolvida em maio. Ao longo de sua carreira, tinha usado os nomes de Pierre Alard, Jacques Martel, e outros. Tinha também sido

---

372   Ibid., p. 61-66, p. 202-203; Gérard de Verbizier, *Ni travail, ni famille, ni patrie – Journal d'une brigade FTP-MOI, Toulouse, 1942-1944*. Paris, Calmann-Lévy, 1994, p. 221-222, p. 244-245, p. 255.

delegado do PCI no Comitê Central do PCF antes da guerra e atuou durante a guerra civil espanhola como "Monsieur Pierre", na *Compagnie France-Navigation*, sempre em tarefas invisíveis. Ceretti só voltou à Itália em 1945.[373]

O nome de Ceretti veio à baila, indiretamente, a partir de um artigo do veterano jornalista comunista Gianfranco Berardi, publicado em 3 de janeiro de 1993, no jornal *L'Unità*, diário do PDS (*Partito Democratico de Sinistra* – Partido Democrático de Esquerda), continuador do PCI, sob o título de "França 1944, como morreu Pietro Tresso". Nele Berardi revelava que Alfonso Leonetti, morto em 1984, lhe havia afirmado, em ao menos três ocasiões, que tinha documentos sobre o responsável italiano da liquidação de Tresso. Leonetti também era fundador do PCI, também muito ligado a Gramsci, um dos "três" da direção, expulsos em 1930 por não concordarem com a *svolta* (guinada), aplicação na Itália da política do "terceiro período", e que se aproximaram da Oposição de Esquerda Internacional. Mais tarde, já desligado do trotskismo, participou intensamente da Resistência francesa com sua companheira Pia Carena, também militante desde o início do PCI. Além disso, continuava o artigo de Berardi, Leonetti possuía um bilhete de um importante dirigente do PCI, que embora não tenha estado implicado no crime, tinha agido para impedir o conhecimento da verdade, alusão cristalina a Palmiro Togliatti. Leonetti tinha sido admitido de volta ao PCI em 1962, em cerimônia festiva no jornal *L'Unità*, com a presença do próprio Togliatti, e o artigo sugere que essa readmissão tenha tido como preço o seu silêncio. Berardi narra com detalhes em que ocasiões Leonetti tinha lhe falado desses documentos. Este, que não queria revelar os seus dados para não "fazer o jogo do inimigo de classe", para "não prestar um serviço a Craxi" (à época líder do Partido Socialista Italiano), tinha entregado a documentação a uma pessoa de sua confiança que deveria torná-la pública depois da sua morte e quando aquelas circunstâncias da Itália estivessem superadas. No fim da vida de Leonetti, essa pessoa já tinha morrido e ele não sabia com quem estavam os documentos. Continua Berardi narrando que a terceira e última vez que Leonetti tocou nesse assunto foi no seu leito de morte, no hospital, em dezembro de 1984. Revelou que tinha sido visitado no hospital por duas pessoas, em nome do Burô Político do PCI, que lhe pediam permissão para destruir a documentação, ou ao menos o bilhete de Togliatti. Leonetti, indignado, negou autorização e expulsou-os do quarto. Pediu então, chorando, a Berardi que, mesmo sem a posse da documentação, revelasse a história. Mas não naquele momento. "Dê tempo à história, mas não mais que dez anos". E Berardi o estava fazendo por meio desse artigo, dez anos depois. Após essa revelação, o historiador Pierre Broué entrou em contato com ele e passaram a trabalhar juntos nesse caso. Berardi insistiu que Leonetti sentia culpa por não ter revelado a verdade, embora prevalecesse o

---

373 P. Broué, R. Vacheron, *Meurtres au Maquis...*, op. cit., p. 157-158.

sentimento de não prejudicar o PCI. E que ele eximia Togliatti de qualquer responsabilidade pelo crime.[374]

Mais recentemente, em outubro de 2013, o escritor e editor Roberto Massari, voltou à questão do crime. Em 1977, ele havia organizado e escrito uma longa introdução à republicação dos boletins da NOI (*Nuova Opposizione Italiana*), já citados em outro capítulo,[375] escritos entre 1931 e 1933, principalmente por Leonetti, Pia Carena e Paolo Ravazzoli, sendo que Tresso, embora concordando, estava mais ligado à seção francesa da Quarta.[376] Nessa comunicação em Schio, cidade veneta onde nasceu Tresso, Massari avançou duas teses.[377] A primeira é afirmar que já está demonstrado que Togliatti é responsável pelo assassinato de Tresso "no plano lógico e histórico". "Fazia-se de bobo" diante das pressões que recebia, aproveitando-se de que o corpo jamais fora encontrado, de que as notícias eram confusas e das sucessivas falsas pistas. A conclusão dele é a de que, no serviço secreto soviético no exterior, para o qual a liquidação dos dissidentes era comum, ninguém poderia jamais assumir a responsabilidade de matar um ex-dirigente comunista italiano, fundador do partido, sem o consentimento formal de Togliatti, que era a terceira autoridade da Internacional Comunista, depois de Stálin e Dimítrov. A segunda tese de Massari é a defesa de Leonetti diante das insinuações que contra ele teriam sido feitas em livro sobre o assassinato de Tresso.[378] Com efeito, em certos círculos, havia se propagado boatos sobre a culpabilidade de Leonetti no crime, reforçadas pelo fato de que Barbara rompeu com ele depois de um período de colaboração.[379] Massari defende Leonetti ardorosamente. Entretanto, da negação enfática da culpabilidade pelo crime, tanto o artigo de Massari, quanto o livro de Broué e Vacheron, passam à omissão da responsabilidade de Leonetti no encobrimento da verdade. Os três autores são sensíveis à angústia do velho militante comunista em querer esclarecer a verdade, mas não o poder fazer para não facilitar "o jogo do inimigo de classe". Pois, afinal, o que Leonetti fez foi calar, por um certo tempo que foi o resto de sua vida, devido às circunstâncias políticas. Faltou a Leonetti colocar a verdade acima dos interesses conjunturais do PCI.

Como premonitoriamente escreveu Tresso em carta à Gabriella, irmã de Barbara, de dentro da prisão, em outro contexto:

---

374   Ibid. p. 152-155.

375   Roberto Massari, *All'Opposizione nel PCI com Trotsky e Gramsci (Bolletino dell'Opposizione Comunista Italiana, 1931-1933)*. Roma, Controcorrente, 1977.

376   Ibid., *Prefazione* di Alfonso Leonetti, p. 6.

377   Roberto Massari, "Pietro Tresso è sempre "Blasco", 11 de outubro de 2013. *Red Utopia Roja* - http://utopiarossa.blogspot.com.br/2013/10/pietro-tresso-e-sempre-blasco-di.html (consultado em 17.01.2018).

378   Paolo Casciola e Giorgio Sermasi, *Vita di Blasco. Pietro Tresso diridente del movimento operaio internazionale, (Magré di Schio 1893 – Haute-Loire 1944?)*. Schio, Odeonlibri ISMOS, 1985.

379   P. Broué e R. Vacheron, *Meurtres au Maquis...*, op. cit. p. 202.

> [...] No entanto, uma coisa me parece certa: é impossível suportar em silêncio aquilo que fere os sentimentos mais profundos dos homens. Não podemos admitir como justos os atos que sentimos e sabemos serem injustos; não podemos dizer que o que é verdadeiro é falso e que o que é falso é verdadeiro, sob o pretexto de que isso serve a uma ou a outra força presente. Definitivamente, isto recairia sobre a humanidade inteira e, portanto, sobre nós mesmos; e destruiria a própria razão de nosso esforço... Desculpe-me, querida amiga, por esta digressão.[380]

Embora seja um trecho de uma carta pessoal, escrita sob a pressão da censura prisional, a convicção de que a verdade está acima dos interesses das "forças presentes" fica mais clara ainda, quando ele não hesita em criticar o stalinismo, em ensaio na revista *Quatrième Internationale* (agosto de 1938), sob o título: "Stalinismo e fascismo".

> O stalinismo se apresenta como a única força que luta de forma resoluta e racional contra o fascismo no mundo. Quem não esteja disposto a lhe reconhecer esse título, a se submeter às suas declarações, quem tenha a audácia de lhe retirar a máscara e de mostrá-lo às massas tal como é, com sua depravação e sua hipocrisia revoltante, cai inexoravelmente sob os golpes de seu ódio sem limites e de suas calúnias insolentes. A ameaça que cai então sobre este é a de ser metralhado num canto de rua, ou sequestrado, ou desaparecido, pela ação das numerosas bandas do GPU. Apesar disso, os fatos permanecem o que são e se percebe cada vez mais que o stalinismo, com sua "ideologia", sua política, seu gangsterismo em todos os aspectos e em todos os domínios, com seus costumes, suas provocações e seus assassinos, longe de ser uma barreira ao fascismo, facilita o seu controle sobre as massas e se torna um auxiliar de suas vitórias.[381]

Episódios stalinistas no Brasil

A tentativa insurrecional comunista de novembro de 1935 foi selada pela tragédia da repressão policial do governo Vargas. Repressão que ceifou vidas e mutilou corpos, através da barbárie do Chefe da Polícia do Distrito Federal, Filinto Müller, e da pusilanimidade de Getúlio Vargas, entregando Olga Benario e Elise Ewert à *Gestapo,* o que significou condená-las à morte. Porém, enquanto a tragédia se desenrolava no Brasil, principalmente durante 1936, as intrigas do aparelho stalinista continuavam acontecendo. Em dezembro de 1935, o dirigente soviético Kírov foi assassinado em Leningrado, o que foi o sinal para iniciar o que se convencionou chamar de

---

380   Citado por ibid., p. 227-228.

381   Citado por ibid., p. 14.

"Grande Terror", com os processos de Moscou e a repressão massiva da *Iejovschina*, como já foi mostrado.

Quanto à tentativa de insurreição, seria inútil repetir aqui o seu caráter quimérico, expresso até mesmo nos títulos dos livros que trataram especificamente desse acontecimento.[382] Ilusão, sonho... Polêmicas desnecessárias têm sido travadas em torno da questão de saber se esse movimento emergiu das lutas sociais específicas no Brasil, ou se aconteceu sob os ditames da Internacional Comunista que viabilizava a voz de Moscou. Se o cenário da insurreição de 1935 foi, ainda, o de uma rebelião tenentista, movimento que havia agitado o país durante a década de 1920, os planos estratégicos para depois da insurreição vitoriosa tinham tudo a ver com a Internacional, inclusive em sua linha "frentista". Esta ficou materializada na proposta de um "Governo Popular Nacional Revolucionário",[383] da Aliança Nacional Libertadora, organização criada em 23 de março de 1935 por tenentistas e comunistas, que conseguiu grande adesão popular, mas que, ao ser suspensa, em julho, pelo governo Vargas, volatilizou-se.

A intervenção da Internacional Comunista, pelo envio de quadros e fundos, bem como pelo acompanhamento detalhado do trabalho deles já está bem documentada. A questão é saber como se deu o entrosamento entre uma estratégia predeterminada sob a forma de uma imposição doutrinária e a aplicação dessa estratégia face às circunstâncias reais. Em relação à forma das intervenções da Internacional Comunista, ao seu caráter de ordem a ser cumprida quaisquer que fossem as circunstâncias, a experiência da revolução chinesa, durante os acontecimentos do fim da década de 1920, têm muito a mostrar. Como já foi visto, em 1927, a ordem de Stálin era sublevar Cantão (Guangzhou), mesmo que não houvesse condições de vitória. A insurreição durou dois dias no mês de dezembro e cobriu de sangue a cidade, a repressão contra os milhares de sublevados foi de uma violência inaudita, todos os presos com vida foram executados pelas formas mais brutais.[384] Essa dramática experiência viria a ser lembrada pelos enviados ao Brasil.

Para colaborar na empreitada brasileira, que tinha como chefe Luiz Carlos Prestes, já mítico no Brasil, a Internacional Comunista enviou vários militantes de peso, alguns das suas estruturas, outros ligados aos diversos serviços secretos soviéticos na qualidade de agentes. O mais importante deles era o alemão Arthur Ernst Ewert ("Negro"), que viajou para o Brasil usando um passaporte americano falso, que já havia usado na China, em nome de Harry Berger. Veio com sua esposa, a alemã Elisabeth Saborovski Ewert, conhecida como Sabo, que viajava com documentação americana

---

382 Marly de Almeida Gomes Vianna, *Revolucionários de 35 – Sonho e realidade*. São Paulo, Companhia das Letras, 1992; Paulo Sérgio Pinhero, *Estratégias da ilusão. A revolução mundial e o Brasil (1922-1935)*. São Paulo, Companhia das Letras, 1991.

383 Michael Löwy (org.), *O marxismo na América Latina. Uma antologia de 1909 aos dias atuais*. São Paulo, Editora Fundação Perseu Abramo, 2000, p. 127.

384 M. Buber-Neumann, *La révolution mondiale...*, op. cit., p. 191, p. 193, p. 202.

falsa em nome de Machla Lenczycki.[385] Eles haviam passado os anos da Primeira Guerra Mundial no Canadá, onde se tornaram fluentes em inglês. Voltaram para a Alemanha, e em 1920 Ewert aderiu ao KPD (Partido Comunista Alemão). Em 1925, foi eleito para o Comitê Central.[386] Antes disso tinha sido da tendência de esquerda liderada por Ruth Fischer e Arkádi Maslow, mas se afastou dela, juntamente com outros militantes como o austríaco Gerhard Eisler, irmão de Ruth Fischer, e Heinz Neumann. Os três confluíram para a chamada tendência dos "conciliadores".[387] Em 1928, na 9ª Plenária da Internacional Comunista, os dirigentes internacionais tomaram posição clara contra os "conciliadores" do Comitê Central do KPD e eles foram excluídos. Em seguida, fizeram a autocrítica protocolar e foram reintegrados. Mas não desistiram de se contrapor à linha que considerava a social-democracia como o pior inimigo, dando pouco importância à luta contra o nazismo. Para isso, tentaram utilizar o "caso Wittorf", a descoberta de um ato de corrupção de um cunhado do dirigente Thälmann, líder do Comitê Central do KPD. No entanto Stálin interveio diretamente em favor deste e o caso de corrupção foi abafado. Em 1928, Ewert foi eleito deputado do *Reichstag*, o Parlamento alemão, pelo KPD e atuou até 1930. No fim de 1928, ele foi também indicado como representante do KPD no Comitê Executivo da Internacional Comunista.[388]

Jan Valtin, de quem já falamos, descreve seus vários encontros com Ewert, um dos poucos comunistas a quem se refere com respeito e mesmo carinho. Primeiro o encontrou como professor na Escola Internacional Lênin, em Moscou, durante o inverno entre 1925 e 1926, querido pelos estudantes por sua "infatigável serenidade". Depois, em 1929, cruzou com ele em Paris. Ewert pediu que se encontrassem em particular e se abriu com ele. Disse que estava lhe falando porque ele era jovem e tinha a chance de poder voltar à Alemanha. Ewert estava em conflito com a linha aplicada no seu país, que considerava que o maior inimigo era o "social-fascismo". Ao contrário, ele defendia que o maior inimigo era o nazismo e propunha uma frente com os sociais-democratas. Disse que estava sendo obrigado a fazer uma autocrítica, publicada depois na revista *Inprekorr*, da IC, em fevereiro de 1930. Confidenciou ainda que a direção internacional o estava isolando, enviando-o para a América do Sul, sobre a qual não sabia nada. Como militante então disciplinado, Valtin defendeu o partido alemão e a Internacional. Logo em seguida, seu contato na França, Roger Walter Ginsburg, na verdade Pierre Villon,[389] exigiu que ele relatasse em detalhes tudo o que Ewert tinha

---

385 Fernando Morais, *Olga. A vida de Olga Benario Prestes, judia comunista entregue a Hitler pelo governo Vargas*. São Paulo, Editora Alfa-Omega, 1985, p. 68.

386 B. Volodarsky, *Stalin's Agent...*, op. cit., p. 595.

387 M. Buber-Neumann, *La révolution mondiale...*, op. cit., p. 100, p. 211-213.

388 O. K. Flechtheim, op. cit., p. 132, p. 167, p. 185, p. 312, p. 314.

389 *Dictionnaire Biographique des Kominterniens. Belgique, France, Luxemburg, Suisse*. Collection Maitron, Les Éditions de l'Atelier.

Do partido único ao stalinismo 449

lhe dito. Em seguida, obrigou-o a ficar na casa onde estava alojado, sem possibilidade de transmitir a Ewert o que tinha revelado. Apesar de ter delatado a conversa, seu conteúdo ficou profundamente marcado em sua consciência. Jan Valtin também foi enviado à América do Sul, em 1930, para levar encomendas para o Burô Sul-Americano em Montevidéu e envelopes com dinheiro para Chile, Argentina e Uruguai, entregues aos mensageiros de Arthur Ewert.[390] Este tinha sido o responsável, juntamente com o letão Abraham Iákovlevitch Guralski ("Rústico"), por ganhar Luís Carlos Prestes para o comunismo durante essa temporada em Buenos Aires e Montevidéu. Em 1932, Ewert foi enviado à China para ser o representante da Internacional Comunista no Partido Comunista Chinês. Viajou com sua esposa Elise e ficaram nesse país até 1934, voltando então à União Soviética, de onde partiram para o Brasil.[391]

O segundo militante de peso era o argentino Rodolfo Ghioldi ("Índio", "Altobello"), dirigente do Partido Comunista Argentino. Tinha sido do Burô Sul-Americano juntamente com Ewert. Veio com um passaporte em nome de Luciano Busteros. Com ele veio sua esposa, Carmen de Alfaya Ghioldi, que ao contrário das regras mínimas de conspiração, viajou com seu passaporte pessoal onde constava o nome de Ghioldi.[392] Veio também o casal de soviéticos Pável Vladimirovitch Stuchevski e sua esposa Sofia Semionova Stuchevskaia, que usava os passaportes belgas falsos em nome de Léon-Jules e Alphonsine Vallée, nomes pelos quais ficaram conhecidos na história da insurreição de 1935 até a implosão da URSS, em 1991. Pável, de família judia, tinha nascido na Ucrânia e estudado em Genebra antes da Primeira Guerra Mundial, onde adquiriu um francês tão perfeito que nem a polícia francesa o reconhecia. Teve atuação em vários países como diplomata, porém pertencendo primeiro ao INO (Departamento de Inteligência no Estrangeiro), do GPU,[393] depois ao Quarto Departamento do Exército Vermelho (Inteligência Militar), sendo enviado mais tarde como agente ilegal para a França, onde foi preso em 1931 e condenado a três anos. Cumprida a sentença, foi deportado para a União Soviética, integrado à OMS (Seção de Ligações Internacionais) da IC e enviado ao Brasil, com as funções de comunicações, finanças e controle da rede sul-americana.[394] Sua esposa, Sofia Semionova, também nascida na Ucrânia de família judia, estava empregada no Quarto Departamento. Tinham se conhecido durante a guerra civil russa, quando Pável foi ferido e levado para um hospital, em Kharkov. Por ocasião da deportação de Pavel para a URSS, Sofia ficou mais um tempo, o suficiente para colocar seu filho, Eugène,

---

390   Jan Valtin, op. cit., p. 141, p. 183-184, p. 187-189, p. 194, p. 228.

391   F. Morais, op. cit., p. 71-73.

392   Ibid., p. 68.

393   William Waak, *Camaradas: nos arquivos secretos de Moscou. A história secreta de revolução brasileira de 1935*. São Paulo, Companhia das Letras, 1993, p. 105-106.

394   B. Volodarsky, *Stalin's Agent...*, op. cit., p. 513-514.

em uma escola interna em Genebra. Além desses, a Internacional enviou também um técnico em radiocomunicações formado em Moscou, o americano Victor Allen Barron, que veio com o nome James Martin e usou no Brasil o nome de guerra de "Raymond". Tinha a missão de montar um rádio emissor-receptor, que conseguiu completar pouco antes da insurreição e da repressão que se seguiu. Enviaram, ainda, um especialista em explosivos e sabotagem, o alemão Johann de Graaf, chamado de "Jonny", que usava o passaporte austríaco falso em nome de Franz Paul Gruber, simulando ser um industrial. Com ele veio a jovem alemã Helena Kruger, sua companheira, que não era militante, à qual foi dado um passaporte falso em nome de Erna Gruber. Ficou conhecida no Brasil como "Lena".[395] Enviaram também como "instrutor militar" o militante italiano Amleto Locatelli, "Bruno", indicado e defendido por Palmiro Togliatti face às críticas do partido italiano, de que ele "não era sólido" o suficiente, eufemismo para designar o homossexualidade.[396] Outros militantes enviados da Argentina participaram ocasionalmente, como o argentino-polonês Marcos Youbmann, conhecido como "Arias" e entre os brasileiros como "Ramón". Tinha a função de mensageiro e teve um final dramático.[397] Por fim, como guarda-costas de Luiz Carlos Prestes, veio aquela que se tornaria depois sua esposa, a judia alemã Olga Gutmann Benario. Era agente do Quarto Departamento do Exército Vermelho e já tinha feito uma ação corajosa e importante na libertação do dirigente Otto Braun, seu namorado na época, da prisão de Moabit, em Berlim, em 1928. Ela entrou no Brasil com um passaporte português verdadeiro, combinando com o de Prestes, simulando ser sua esposa. Ele com o nome de Antônio Vilar e ela com o nome de Maria Bergner Vilar, passaportes conseguidos no consulado português de Rouen, cidade do norte francês, graças à generosidade do cônsul.[398]

A insurreição de 1935 foi um acontecimento de curtíssima duração, centrado na efervescência de militares, sobretudo os de baixa patente. Porém teve efeitos duradouros. Começou espontaneamente, sem nenhuma consigna da direção do PCB, que havia escrito a Moscou, através de um telegrama enviado por Prestes e Ewert, que pensavam passar a "ações decisivas" somente entre dezembro e janeiro do ano seguinte. Além disso, o partido havia recomendado que nada fosse empreendido sem uma ordem expressa sua.[399] Foi em Natal, capital do Rio Grande do Norte, em um clima já agitado por disputas eleitorais, que os militares do 21º Batalhão de Caçadores se

---

395 W. Waak, op. cit., p. 77, p. 105-106, p. 154; R. S. Rose e Gordon D. Scott, *Johnny. A vida do espião que delatou a rebelião comunista de 1935*. Rio de Janeiro, Record, 2010, p. 292. Na historiografia brasileira e inglesa o nome é escrito sem o h.

396 W. Waak, op. cit., p. 172-173.

397 Ibid., p. 154, p. 290

398 F. Morais, op. cit., p. 37 e p. 56-57.

399 W. Waak, op. cit., p. 174, p. 215.

Do partido único ao stalinismo 451

rebelaram primeiro, no dia 23 de novembro, um sábado. Em poucas horas, conseguiram tomar o quartel e rumaram para a cidade da qual ficaram senhores, com amplo apoio de população. Houve comícios, agitação, saques em lojas, arrombamento de bancos. Criaram um Comitê Popular Revolucionário e constituíram duas colunas enviadas em direções distintas ao interior do estado. Mas, apesar desse sucesso inicial, a rebelião ficou isolada pela chegada de diversas tropas de outros estados. Os combates duraram até o dia 27 de novembro.[400] O poder popular durou cerca de quatro dias. A notícia da rebelião em Natal chegou a Recife no mesmo dia, à noite, e no dia seguinte, 24 de novembro, um domingo, rebelaram-se os militares da Vila Militar de Socorro, do 29º Batalhão de Caçadores. Não houve apoio popular apesar de terem sido distribuídas armas. Mas enquanto em Natal a rebelião foi espontânea, no Recife foi bastante influenciada pelo Secretariado do Nordeste do PCB.[401] Apesar da pouca adesão, houve luta até quarta-feira, dia 27. Considerando o estado atrasado e precário das comunicações, as notícias das rebeliões no Nordeste só chegaram ao Rio de Janeiro nesse domingo, dia 24, e os dirigentes brasileiros e internacionais só tomaram conhecimento delas pelos jornais, como todo mundo. A cúpula, isto é, a direção do PCB (Partido Comunista do Brasil) representada, no caso, por "Miranda" (Antônio Maciel Bonfim), secretário-geral, e Prestes, juntamente com os dirigentes internacionais Arthur Ewert e Rodolfo Ghioldi, além da presença incidental de Locatelli, reuniu-se na noite do dia seguinte, 25, segunda-feira, e decidiu, em apoio e solidariedade ao Nordeste, preparar em pouco mais de um dia uma insurreição no Rio de Janeiro, fixada para ter início no dia 27, às primeiras horas da madrugada.[402]

Os centros da rebelião previstos no Rio eram o 3º Regimento de Infantaria, na Praia Vermelha, e a Escola de Aviação Militar, no Campo dos Afonsos, na zona oeste, onde a rebelião nem começou. Na Praia Vermelha os rebeldes, comandados pelo tenente Agildo Barata, tomaram o quartel, mas este rapidamente foi cercado por diversas tropas mobilizadas pelo general Eurico Gaspar Dutra, feroz anticomunista, que atacaram, causando várias mortes. A situação ficou pior entre as onze horas e o meio-dia, quando chegaram os aviões do Campo dos Afonsos, metralhando, e o quartel foi arrasado. Os rebeldes tiveram que se render. A tentativa durou cerca de 13 horas. Além dos mortos em combate, milhares de pessoas foram presas: comunistas, tenentistas, parentes e vizinhos de presos. As prisões ficaram cheias e foi preciso utilizar o navio "Pedro I", ancorado na Baía da Guanabara, para receber mais gente.[403] Apenas no Rio

---

400 Daniel Aarão Reis, *Luís Carlos Prestes. Um revolucionário entre dois mundos*. São Paulo, Companhia das Letras, 2014, p. 183-184.

401 M. de A. Gomes Vianna, op. cit., p. 217-218.

402 D. Aarão Reis, op. cit., p. 184-185.

403 M. de A. Gomes Vianna, op. cit., p. 258-259, p. 267.

de Janeiro foram presos imediatamente e nos meses seguintes mais de três mil pessoas, boa parte delas militares.[404] No Rio Grande do Norte, foram indiciados em processos cerca de mil e duzentas pessoas, enquanto em Pernambuco, 415. No Rio de Janeiro, foram indiciadas 839 pessoas, bem menos que o número de presos, pois muitos ficaram detidos "por mais de um ano sem culpa formada". Cerca de uma centena de militantes que participaram do levante foram "fuzilados ao se render, assassinados na polícia ou enterrados sem nome".[405]

Nos dias seguintes à rebelião sufocada, a cúpula do partido e os militantes internacionais não tinham sido atingidos. E, apesar do susto da derrota e sobretudo do perigo que corriam, não houve uma consciência clara da natureza do que tinha acontecido. Ressurgiu o mesmo ânimo e a intenção de continuar aplicando a mesma linha. Prestes teria explicado, em entrevista bem posterior, à historiadora Marly Vianna, que eles "achavam que mais adiante a coisa poderia tomar outro vulto". Nos números posteriores ao levante do jornal do partido, A *Classe Operária*, insistiam que a revolução apenas começara, a derrota "continha grandes premissas da próxima vitória".[406] À oferta de um simpatizante de retirá-lo do Brasil, Prestes respondeu que não podia, pois "esperava um novo levante da ANL".[407] O primeiro militante a conseguir chegar em Moscou, o arguto observador Amleto Locatelli disse, em sua narrativa, que ouvira Prestes comentar que não aceitava a proposta de Ghioldi de sair do Brasil, porque "dentro de um mês, a situação já podia ser outra e dentro de um mês já se teria surpresas". Segundo essa mesma narrativa, Ewert "confessou-se surpreso também com a 'falta de reação' ao levante" por parte do governo.[408] Talvez pensasse na brutal repressão contra os sublevados em Cantão, em 1927, imediatamente mortos com requintes de crueldade.

Depois da derrota da rebelião, dia 27 de novembro, Ewert e Sabo, bem como Prestes e Olga continuaram nas mesmas casas situadas no bairro de Ipanema, os primeiros na rua Paul Redfern, o casal Prestes na rua Barão da Torre, a poucas quadras uma da outra. Continuavam se visitando, como antes o faziam perigosamente, continuaram com as respectivas empregadas, amigas entre si. Os Ghioldi, bem como Barron, moravam na vizinha Copacabana e os Stuchevski pelas redondezas. Só Pavel Stuchevski tomou a providência, depois do dia da derrota, de alterar os endereços telegráficos e de correspondência, mandando também Barron avisar Moscou e desligar o rádio. Prestes e Ewert mantiveram nas suas residências copioso material composto de documentos, de-

---

404   F. Morais, op. cit., p. 175.
405   M. de A. Gomes Vianna, op. cit., p. 217, p. 270, p. 300.
406   Ibid., p. 277, p. 280-281.
407   J. W. F. Dulles, op. cit., p. 19.
408   W. Waak, op. cit., p. 244, p. 254.

Do partido único ao stalinismo

clarações, jornais comunistas, etc., o primeiro talvez acreditando que o dispositivo para a explosão do armário onde estavam funcionasse, como prometido por Gruber, porém repetindo depois o erro quando transladou-se para o bairro do Meier.[409] Parecia como se andassem em um delírio tropical, entorpecidos pelo calor, caminhando à beira do precipício, em um Rio de Janeiro maravilhoso nos anos 1930.

Esse entorpecimento foi brutalmente interrompido com a prisão de Ewert (Harry Berger) e sua esposa Sabo, no dia 26 de dezembro. Em pouco tempo, o saldo destas imprevidências seria um militante internacionalista do calibre de Arthur Ewert, torturado até perder a razão. Filinto Müller, chefe da polícia do Distrito Federal, utilizou um membro da *Gestapo* para prender e torturar Ewert e sua esposa Sabo com choques elétricos, unhas arrancadas com alicate e uso de maçarico para ferir e queimar a pele. Ela foi estuprada na frente dele diversas vezes. Nenhum dos dois entregou qualquer dado. Outra vítima dos verdugos de Getúlio e dessas imprevidências foi Victor Allen Barron, torturado até a morte e "suicidado", jogado do segundo andar do prédio da Polícia Central. Tinha 26 anos. O argentino "Arias", Marcos Youbmann, simplesmente desapareceu, tendo sido publicado, semanas depois, em jornais de São Paulo, que ele tinha se "suicidado" quando se encontrava sob a guarda da polícia.[410] Em setembro de 1936, Olga Benario e Elisabeth Saborovski Ewert foram deportadas pelo governo Vargas para a Alemanha nazista. Assim relata Margarete Buber-Neumann, uma dos militantes comunistas alemães presos na União Soviética e entregues por Stálin a Hitler, como já se disse:

> Foi no campo de Ravensbrück que chegou, em um certo dia de 1941, uma mulher alta, com cabelos castanhos e com grandes olhos azuis. Eu me lembrava de tê-la encontrado em Moscou, no restaurante do "Lux". Era Olga Prestes-Benario que, junto com Elisabeth Sabo, mulher de Arthur Ewert, tinha sido entregue à Alemanha depois de sua prisão no Rio de Janeiro. Elisabeth Sabo tinha morrido em 1940, em Ravensbrück, pouco antes de minha chegada ao campo. Olga foi vítima, em 1941, da primeira campanha de extermínio dos "indivíduos racial e biologicamente inferiores". Foi assassinada, juntamente com todas as judias que tinham sido internadas em Ravensbrück por razões raciais e políticas.[411]

Na verdade, as execuções por câmeras de gás se realizavam no hospital de Bernburg, embora as mortes fossem anunciadas como tendo acontecido em Ravensbrück, por uma causa médica inventada. No caso de Olga, a razão alegada foi "insuficiência cardíaca causada por oclusão intestinal e peritonite". Quanto a Elisabeth

---

409   M. de A. Gomes Vianna, op. cit., p. 139, p. 285; W. Waak, op. cit., p. 176, p. 247, p. 251.

410   D. Aarão Reis, op. cit., p.191; W. Waak, op. cit., p. 300.

411   M. Buber-Neumann, *La révolution mondiale...*, op. cit., p. 353.

Sabo, já estava tuberculosa quando chegou ao campo, em 1939, e pesava cerca de quarenta quilos. Apesar disso, foi colocada em uma turma de trabalho que carregava pedras pesadas. No inverno de 1939-1940, contraiu pneumonia e faleceu.[412] Por sua vez, Ewert havia sido tão maltratado durante o seu tempo de prisão que o famoso criminalista Heráclito Sobral Pinto, advogado de Prestes, invocaria a Lei de Proteção aos Animais para defender para ele um tratamento digno. Ele denunciava que Ewert (Harry Berger) era mantido "debaixo de um socavão de uma escada, na Polícia Especial". Estava há meses "sem instalações sanitárias, sem cama, ar fresco ou luz do sol, sem roupa para troca ou espaço para se mover, sem material de leitura ou de escrita".[413] Em 1936, quando Ewert se tornou um morto em vida, tinha 46 anos. Ao final da guerra mundial, em 1945, todos os comunistas presos foram anistiados por Getúlio, inclusive Prestes e Ewert. Este, no entanto, nunca mais recobrou a razão. Nos últimos anos, estava internado no Manicômio Judiciário do Rio de Janeiro,[414] conhecido local para fabricar loucos. Depois da anistia concedida foi levado para a RDA (República Democrática Alemã, ou seja, a Alemanha Oriental). Lá permaneceu até a sua morte, em 1959, internado por problemas mentais.

Alguns autores dizem que a prisão de Ewert, no dia 26 de dezembro de 1935, o primeiro acontecimento que desencadeou uma trágica sucessão de outros, não está esclarecida. Ou então atribuem essa prisão à de dois membros do PCB capturados um pouco antes. Isso apesar de insistentes indícios conhecidos desde a época, de que o governo de Vargas tinha informações gerais, fornecidas pelos serviços secretos ingleses através de embaixadores, sobre uma ação do *Komintern* no Brasil por aqueles dias. O *British Intelligence Service* é citado até como tendo ajudado o DOPS, em dezembro de 1935, a estudar relatórios e interrogatórios.[415] Esse desconhecimento permaneceu, mesmo depois que uma suspeita, sempre repetida por várias fontes ao longo do tempo, veio a se confirmar. A suspeita voltava-se para um agente infiltrado nos serviços secretos soviéticos, chamado equivocadamente de "agente duplo", quando na verdade era um agente inglês no seio do serviço secreto soviético. A confirmação veio com a publicação da biografia do próprio infiltrado, o suposto austríaco Franz Paul Gruber, na verdade, o alemão Jonny de Graaf. É claro que se Jonny era um agente inglês, quem, senão ele, teria fornecido o endereço exato de Ewert? Quem senão ele poderia dar também o endereço preciso de Victor Allen Barron, com quem se encontrava sempre? Afinal, estava ali para fazer isso. Sua prisão e a de "Lena," por uma noite, sua libertação

---

412   Anita Leocádia Prestes, *Olga Benario Prestes – Uma comunista nos arquivos da Gestapo*. São Paulo, Boitempo, 2017, p. 75-78; Rochelle G. Saidel, *As judias do Campo de Concentração de Ravensbrück*. São Paulo, Edusp, 2009, p. 44, p. 62.

413   Citado por J. W. F. Dulles, op. cit., p. 97-101.

414   W. Waak, op. cit., p. 343.

415   J. W. F. Dulles, op. cit., p. 19.

Do partido único ao stalinismo

com um pedido de desculpas e sua volta à polícia para conseguir visto de saída, obtido facilmente, já falavam mais do que alto.[416]

Voltando um pouco no tempo: depois da prisão dos participantes no levante e dos militantes e simpatizante públicos da ANL, o aparelho do partido e os internacionais ainda não tinham sido atingidos, quando, em meados de dezembro, foi preso "Bagé" (José Francisco de Campos). Sabe-se que mencionou ter visto, em uma reunião, um estrangeiro que falava em inglês. Não era informação que levasse a um endereço preciso. Depois foi preso um militante não identificado que tinha levado, juntamente com o membro da direção, "Martins" (Honório de Freitas Guimarães), as granadas não utilizadas no levante para o "arsenal" do partido, "uma casa de família no Grajaú", onde moravam o militante espanhol, vindo de São Paulo, Francisco Romero, sua mulher e cinco crianças. Na época, havia ainda no local grande quantidade de dinamite, detonadores e armas. Era óbvio que o aparelho tinha que ser desmontado. Conseguiram para isso um pequeno caminhão que ficou estacionado a certa distância, enquanto arrumavam a mudança. Era 24 de dezembro, véspera de Natal. Um militante não identificado, que ajudava na mudança, ao descer uma escada, foi atingido por uma explosão que o jogou longe, no jardim. A explosão feriu a esposa e duas crianças de Romero. Os vizinhos acorreram para ajudar, mas quando viram armas e munições em quantidade chamaram a polícia. O militante que foi jogado no jardim fugiu, quase sem roupa e chamuscado, mas conseguiu avisar o partido. Romero e a família foram presos.[417]

Que melhor especialista que Jonny de Graaf/ Franz Paul Gruber poderia preparar os explosivos de tal maneira que explodissem facilmente em hora indesejada? Mais de uma vez já tinha havido pequenos acidentes nos cursos de sabotagem que ele dava, queimando rosto e mãos de um aluno e dele próprio, Romero perdera três dedos.[418] E quem estaria mais capacitado para preparar para Prestes um armário para guardar documentos que, se aberto por outra pessoa, explodiria, mas que não explodiu? Romero e a família foram muito torturados, porém, embora conhecessem Ewert, estavam longe de saber o seu endereço, pelo que se sabe.[419] Todas essas conclusões lógicas partem do pressuposto de que o agente inglês estava lá para isso, o seu trabalho era sabotar a insurreição comunista.

Na época, as suspeitas sobre Jonny de Graaf/Franz Paul Gruber foram muitas. Conforme a historiadora Marly Vianna, o dirigente "Miranda" (Antonio Maciel Bonfim), preso, mandara dizer através de Elza, sua companheira, que "um estrangeiro foi preso e logo solto", o que ele achava muito estranho. Mais adiante, Elza repetiu que

---

416 W. Waak, op. cit., p. 273-277, p. 282.

417 Ibid., p. 248-250, cf. relatório específico de "Martins" (Honório de Freitas Guimarães); J. W. F. Dulles, op. cit., p. 17.

418 W. Waak, op. cit., p. 135-136, a partir de relatório de "Martins"; J. W. F. Dulles, op. cit., p. 18.

419 W. Waak, op. cit., p. 258.

"Miranda" mandara dizer que "um estrangeiro fornecera muitas indicações à polícia e que parecia ser que fosse alemão".[420] Com feito, o casal Gruber ficou apenas 12 horas preso.[421] Pouco antes de cair nas mãos da polícia, Prestes recebeu um recado da escritora Eneida de Moraes, avisando que Caio Prado vira no gabinete de Macedo Soares, ministro da Justiça, um relatório de doze páginas sobre o PCB. Macedo teria dito que o autor era alguém que se ligava diretamente a ele. Caio julgava que o autor era estrangeiro, parece que alemão.[422] Pável Stuchevski também desconfiava de Jonny/Gruber e no caminho de volta a Moscou, na Argentina, armou-lhe uma cilada, perguntando-lhe se chegara a se encontrar com Barron antes de sua prisão. Pela resposta, percebeu que estava mentindo e concluiu, em telegrama enviado para Moscou, que se tratava de um espião. Em relatório apresentado depois a Moscou, qualificou-o de espião, porém dos russos brancos.[423] O historiador americano Robert Levine citou, pela primeira vez, em 1970, cópia de um telegrama do embaixador do Brasil em Londres, Sousa Leão, a Getúlio, mencionando um pedido do consultor do *Foreign Office* inglês para que se evitasse, em 1940, a deportação de Gruber para a Alemanha nazista.[424] O jornalista Waak, que cita este dado, considera-o impossível, porque, confiando no último registro sobre o interrogatório de Jonny/Gruber em Moscou, deduziu, com bastante probabilidade, que ele tivesse desaparecido nos expurgos sangrentos do Grande Terror.[425] Mas o agente inglês "renasceu das cinzas" em 2010.[426]

A dúvida instalada na década de 1930 permaneceu, e as prisões continuaram a ser atribuídas a confissões de militantes brasileiros brutalmente torturados, sobretudo "Miranda". Muitos chegaram à conclusão de que esse mistério nunca seria esclarecido. Por isso surpreendeu a publicação nos Estados Unidos, em 2010, de uma biografia de Jonny de Graaf, com trechos autobiográficos. O livro foi rapidamente traduzido e publicado no Brasil.[427] Na historiografia dedicada aos serviços secretos ingleses, o nome do agente é "Jonny X", sem h, como também o é na historiografia brasileira, o que não acontece na biografia.[428] Seu principal autor é o acadêmico D. S. Rose, que partiu de descoberta feita nos arquivos da polícia política brasileira, em 1991. O segundo autor

---

420 M. de A. Gomes Vianna, op. cit., p. 293, p. 297.

421 W. Waak, op. cit., p. 276.

422 M. de A. Gomes Vianna, op. cit., p. 299.

423 W. Waak, op. cit., p. 307, p. 321.

424 Robert Levine, *O regime de Vargas*, editado em 1980, citado por ibid., p. 366.

425 Ibid., p. 277.

426 Dainis Karepovs, "Mentiras e mortes," *Teoria e debate*, 30 de agosto de 2011 – https://teoriaedebate.org.br/estante/johnny-a-vida-do-espiao-que-delatou-a-rebeliao-comunista-de-1935/ (consulta em 20.01.2018).

427 R. S. Rose e Gordon D. Scott, *Johnny. A vida do espião que delatou a rebelião comunista de 1935*. Rio de Janeiro, Record, 2010.

428 Cf. Keith Jeffery, *MI6: The History of the Secret Intelligence Service (1909-1949)* London, 2010, citado por B. Volodarski, *Stalin's Agent...*, op. cit., p. 192, p. 594.

Do partido único ao stalinismo

é o escritor Gordon D. Scott que, em menino, conviveu com o ilustre espião inglês em Montréal, no Canadá, maravilhou-se com a sua história e, entre 1975 e 1976, gravou artesanalmente entrevistas, conseguindo "uma montanha de fitas", cuja transcrição perdeu-se parcialmente. Jonny morreu com 86 anos. Rose, que escreve a "Introdução", reconhece que o biografado tem um percurso complicado. "Evitava os judeus, podia ser vingativo e provavelmente assassinou uma de suas mulheres. [...] mas o que fez pelo governo de Sua Majestade, supera as falhas e justifica contar a história".[429] Tanto respeito por Sua Majestade faz da biografia uma narrativa hagiográfica dos fastos memoráveis do agente inglês.

O livro tem essencialmente por base as entrevistas gravadas por Rose e o interrogatório a que Jonny foi submetido pelo FBI, em 1952, em Montréal, quando desempregado do MI 6 inglês (*Military Intelligence - 6*), ofereceu seus serviços aos americanos. Tem o mérito de elucidar a cronologia das viagens de Jonny. Fora isso a narrativa indigesta do agente inglês é um amontoado de mentiras e bobagens, onde transparece o lado imoral da personagem: vingativo, mercenário, intrigante, com tendências pedófilas, partidário sempre do lado do mais forte, autoelogiando-se em todos os episódios narrados. Foi pela primeira vez à URSS, em 1930, e desde então nasceu o seu ódio ao regime comunista, mantra que ele repete a cada ocasião, talvez para bem impressionar os interrogadores do FBI.[430] Depois de algumas tentativas para se tornar "agente duplo", finalmente encontrou na embaixada inglesa de Berlim, em junho de 1933, o serviço secreto que o empregaria até pouco depois da Segunda Guerra Mundial: o MI 6 – SIS (*Secret Intelligence Service*), na figura do agente do SIS, Frank Foley, que formalmente exercia a função de controle de passaportes.[431]

Jonny tinha muitas vinganças a executar, especialmente contra Artur Ewert. Historiando suas desavenças com ele, como a se justificar de tê-lo entregado a uma polícia sanguinária, Jonny menciona episódios de confronto na Alemanha, em 1923, depois na China, para onde também tinha sido enviado. Aproveita para fazer várias acusações graves a Ewert sobre esse período, inverificáveis, relativas a complicações de dinheiro e à tentativa de seu assassinato.[432] Para quem ainda duvide que a queda de Ewert deveu-se a Jonny/Gruber, ela está assinalada até na historiografia dedicada aos serviços secretos ingleses.[433] Além de Ewert, Jonny também entregou "Miranda", comunistas chineses e o Comitê Central do Partido Comunista Argentino.[434] As indisfarçáveis tendências pedófilas de Jonny de Graaf/Gruber não conseguem ser esmaecidas, apesar da

---

429   R. S. Rose e G. D. Scott, op. cit., p. 21, p. 22 e p. 23.

430   Ibid., p. 154, p. 166, p. 226, p. 496, n. 19.

431   B. Volodarski, *Stalin's Agent...*, op. cit., p. 192.

432   R. S. Rose e G. D. Scott, op. cit., p. 139, p. 150, p. 221, p. 241, p. 245, p. 247-248, p. 251.

433   B. Volodarski, *Stalin's Agent...*, op. cit., p. 193.

434   R. S. Rose e G. D. Scott, op. cit., p. 251, p. 278-279, p. 284.

458 Angela Mendes de Almeida

condescendência de seus biógrafos. Contado por ele a Scott, Jonny, com 33 anos, em 1927, viu, em um comício, a menina Helena Krüger, de 9 anos. Deu um jeito de ficar íntimo da família, remotamente ligada ao KPD, mediante somas em dinheiro. Levou--a para a Inglaterra como companheira, quando ela tinha apenas 14 anos. Como que justificando moralmente o posterior assassinato dela, vai pontuando o seu cansaço de "Lena" e sua inclinação pela irmã mais nova, Gerti, também de 9 anos, que começou a seduzir em 1931. Entretanto acaba ficando com "Lena" para o empreendimento Brasil. Logo depois da tragédia das prisões que se seguiram ao levante de 1935, Jonny e "Lena" foram para a Argentina, ainda em janeiro de 1936. Instalaram-se com luxo em uma casa na *Calle Florida*. Em novembro desse mesmo ano Jonny recebeu ordem de Moscou para voltar com Helena. Em 3 de dezembro, segundo seu relato, ela se suicidou com o seu rifle Winchester. Ou melhor, ele a matou com seu rifle, como se pode concluir por elementos da própria biografia, a seguir relatados. Em suas memórias, recolhidas pelo autor Scott, ele não fala sobre a morte de Helena. Com estudantes universitários de Montréal, disse, certa vez, que matou uma mulher que Moscou tinha infiltrado para espioná-lo. Em seu interrogatório pelo FBI, em 1952, Jonny não ia falar nada aos investigadores, quando foi surpreendido com a pergunta deles sobre se Helena tinha se suicidado. A versão mais citada, entre as diversas que deu, foi que ela tinha se suicidado depois de ele ter descoberto que ela tinha um amante, um médico do exército argentino. A explicação não tem nenhuma lógica como causa de um suicídio. Os seus biógrafos fazem piruetas para contar todas as versões estapafúrdias que circularam e chegar à conclusão de que Jonny "pode ter matado" Helena. Ela tinha 19 anos. Nisso tudo permanece o mistério de como as autoridades argentinas engoliram a história do suicídio, apenas pedindo que ele saísse do país, como nada foi publicado sobre esse caso em qualquer jornal e como os registros policiais correspondentes foram queimados.[435] São milagres que só podem ser atribuídos à força do MI 6 – SIS inglês naquele país.

Se tivesse chegado a Moscou, "Lena" teria muita coisa interessante a contar à comissão que interrogou Jonny, formada, segundo ele, por Stella Blagoeva, Gevork Alikhanov e outro membro do Departamento de Quadros do Comitê Executivo da Internacional Comunista. Afinal, ela foi a motorista de Prestes antes e durante o levante de 1935. Jonny chegou a Moscou em 5 de março de 1937. Houve muitos interrogatórios e meses de espera, segundo ele. Só conseguiu sair em 18 de maio de 1938. Alikhanov chegou a apontar dez pontos inverossímeis na trajetória de Jonny, conforme documentos russos. O mais instigante é o fato de ele só ter relatado o suicídio de "Lena" ao chegar lá. Além disso, os soviéticos se impressionaram com o fato de seu passaporte, em nome de Gruber, não ter visto de saída da Argentina.[436] Mas Jonny conseguiu

---

435   Ibid., p. 147, p. 210, p. 285, p. 291-294, p. 519.
436   Ibid., p. 297-298, p. 302.

Do partido único ao stalinismo

livrar-se de todos os questionamentos e sair da URSS. É um milagre, ainda maior que o da Argentina, que Moscou tenha deixado escapulir-lhe pelos dedos um agente do MI 6 – SIS infiltrado no comunismo, que arruinara o partido brasileiro. Como é que Moscou, tão exigente e detalhista com o casal Stuchevski,[437] diante das histórias retorcidas e aberrantes contadas por Jonny, caiu nessa esparrela?

Tudo o que Jonny conta dessa estadia na URSS serve mais para inglês ver. Até as personagens que ele cita como seus protetores já tinham sido engolidas pelo Grande Terror. Segundo ele, funcionaram como referência positiva para o seu caso Pável Vassíliev, seu professor na escola de sabotagem na URSS, e o general Berzin, que esteve com ele desde os primeiros dias de sua estadia até o último, conforme alega. Ora, Berzin estava na Espanha e foi chamado de volta, como já dissemos, em maio de 1937. Foi condecorado com a Ordem de Lênin mas logo em seguida foi envolvido pelo Grande Terror. Em novembro seguinte, estava preso e foi fuzilado em julho de 1938.[438] Quanto a este Pável, deve tratar-se, na verdade, de Boris Afanássevitch Vassíliev, que desde 1925 atuava no aparelho do *Komintern* e que dirigiu, até 1935, o departamento de organização, também se ocupando de formação militar técnica. De fato, ele participou dos preparativos para a insurreição brasileira, juntamente com Piátnitski e Sinami (pseudônimo de Georgi Vassílievitch Skalov). Mas foi atingido pelo Grande Terror, no processo que levou à queda em desgraça de Piatnitski, em 1937. Sinami foi fuzilado antes, em 1936.[439] É bastante difícil imaginar que a liberação de Jonny tenha acontecido por causa de seus dois supostos protetores, já presos. Foi depois dessa sobrevida oferecida por Moscou que Jonny voltou ao Rio de Janeiro, agora a serviço apenas do MI 6 inglês, para atuar como provocador dentro dos grupos nazistas do Brasil. Foi dessa vez que experimentou, em 1940, um pouco da tortura esmerada a que tinha arrastado Ewert, nas mãos do feroz torturador Cecil Borer.[440] Foi salvo pelo SIS, que interveio diretamente junto ao presidente Getúlio Vargas, através de seu embaixador em Londres, como já foi dito.

Por outro lado, duas personagens se destacam no conjunto de acontecimentos dramáticos da repressão do governo de Vargas, que se seguiu à derrota do levante de 1935: "Miranda" (Antonio Maciel Bonfim), que usava os nomes de Adalberto de Andrade Fernandes, "Américo", ou "Keirós" na URSS, secretário-geral do PCB, o posto mais importante nos partidos comunistas; e sua companheira "Elza Fernandes" (Elvira Cupello Calonio), a "Garota", uma mocinha com idade variando, conforme a fonte, entre os 16 e os 21 anos, analfabeta ou precariamente alfabetizada, irmã de três

---

437   W. Waak, op. cit., p. 329, p. 331-332.

438   B. Volodarsky, *El caso Orlov...*, op. cit., p. 206-207.

439   P. Broué, *História da Internacional...*, t. 2, op. cit., p. 1336.

440   R. S. Rose e G. D. Scott, op. cit., p. 351-354.

militantes operários de Sorocaba[441] e que o secretário-geral levava a todas as reuniões e encontros. Em 13 de janeiro de 1936 o casal foi preso. Era a primeira prisão importante entre os comunistas brasileiros. A partir dessa data o resto do Secretariado Nacional se comunicava com Luís Carlos Prestes, vivendo em uma pequena casa no Meier, bairro então afastado do Rio de Janeiro, através de cartas e bilhetes várias vezes ao dia. O tema principal era o caso "Garota". E isso continuou até a prisão de Prestes, em 5 de março, e a confiscação pela polícia do seu arquivo, inclusive dessa correspondência.[442]

O que aconteceu nesse interregno permaneceu, e em certa medida permanece ainda, envolvido no maior mistério. É aí, nesse período de medo, incerteza e incompreensão, que os procedimentos stalinistas de militância chegaram ao paroxismo. Durante muito tempo, os acontecimentos relativos ao caso "Garota" foram omitidos por uma história que se quer séria e não trata de crimes da vida cotidiana, ou por um corporativismo de partido próprio do método stalinista de apagar fotos e reescrever histórias. Esses acontecimentos também foram, quando era difícil ocultar, revelados aos pedaços, consolidando inverdades que se repetiram ao longo de décadas. Nessa trajetória das histórias, "Miranda" foi escolhido como bode expiatório, procedimento típico do stalinismo.

Ele não era um tipo fácil. Depois da sua prisão as caracterizações as mais diversas possíveis choveram. Em Moscou, onde participou na chamada "Conferência dos Partidos Comunistas da América do Sul," impressionou pela capacidade de argumentar em francês sobre a maturidade da revolução no Brasil.[443] Os julgamentos internos eram severos. Para uns era "fanfarrão", "parlapatão, baiano demais", "parlapatão, bem--falante, vaidoso e aventureiro".[444] Na prisão, Graciliano Ramos se impressionou com o alarde que "Miranda" fazia das marcas de suas torturas, um "profissional da bazófia". Com o tempo enxergou nele "inconsistência, fatuidade, pimponice. Vivia a mexer-se, a falar demais, numa satisfação ruidosa, injustificável". Critica-lhe, no discurso, "erros numerosos de sintaxe e de prosódia [...] deformando períodos e sapecando verbos". Da crítica à falta de qualidade da sua prosa, Graciliano transita para o amálgama. Um comentário infeliz de "Miranda" o convence "de que não nos achávamos diante de um simples charlatão. Em quem deveríamos confiar? Felizmente aquele se revelava

---

441 Sérgio Rodrigues, *Elza, a Garota – A história da jovem comunista que o partido matou*. Rio de Janeiro, Nova Fronteira, 2009, p. 8-10; Leôncio Martins Rodrigues, "Sindicalismo e classe operária (1930-1964)" in: *História Geral da Civilização Brasileira – III O Brasil Republicano – 3 - Sociedade e política*. São Paulo, Difel, 1986, p. 379.

442 M. de A. Gomes Vianna, op. cit., p. 287, p. 292, p. 300.

443 Raimundo Nonato Pereira Moreira, Thiago Machado de Lima, Letícia Santos Silva, Iracélli da Cruz Alves e Cláudia Ellen Guimarães de Oliveira, "O célebre Miranda: aventuras e desventuras de um militante comunista entre a história e a memória". *Práxis – Revista eletrônica de história e cultura*. http://revistas.unijorge.edu.br/praxis/2011/pdf/62_oCelebreMiranda.pdf (consultado em 15.05.2018).

444 Citados por S. Rodrigues, op. cit., p. 73.

Do partido único ao stalinismo

depressa". E de amálgama em amálgama, chegou-se à calúnia. Por exemplo, com o militante Leôncio Basbaum, para quem "Miranda" era, desde 1932, quando foi eleito para a nova direção do PCB, um "provocador profissional", "o famigerado Américo Maciel Bonfim, aventureiro típico que, conforme se soube mais tarde, depois do levante de 27 de novembro de 1935, era um agente de polícia". E essa versão não era só sua, espalhara-se, tomando ares de verdade verificada, por exemplo, na nota de rodapé do livro do brasilianista Chilcote.[445] A culpabilização de "Miranda" servia para justificar, *a posteriori*, o assassinato de sua companheira, a jovem "Elza", a "Garota", ou ocultar esse fato num emaranhado de suspeitas jamais comprovadas.

Mas com o tempo e as novas informações, sem a paixão das antipatias, o julgamento se moderou. Mesmo a prova cabal de que "Miranda" colaborava com a polícia – uma carta oriunda dos arquivos policiais, supostamente dele para o chefe de polícia, Filinto Müller, datada de 11 de julho de 1942, protestando juras de fidelidade e críticas ao bolchevismo em um estilo mais próprio dos próceres do governo – foi desmistificada pela militante comunista de 93 anos, Sara Becker, contemporânea de "Elza". Entrevistada em 2009 pelo jornalista Sérgio Rodrigues, achou incoerentes os termos utilizados em carta de um ex-militante e notou que a assinatura que estava em baixo da carta era de um nome diferente do dele: ele não era "de Bonfim", e sim Bonfim. "Quem erra o próprio nome?" exclamou. Para ela, "Miranda era um homem bom". No livro sobre "Elza", o jornalista abordou ainda o momento da carta: naquele início de julho a facção do governo de Vargas, favorável à aliança com os Aliados na guerra, estava vencendo a facção que puxava o governo para uma aliança com os nazifascistas do Eixo, entre eles, Filinto Müller, que estava a ponto de perder a chefia da polícia. Tinha interesse em reavivar o perigo do comunismo.[446] Para a historiadora Marly Vianna:

> Antônio Maciel Bonfim foi muito torturado. Adotou, diante da polícia a posição de confirmar tudo aquilo que ela já soubesse e calar o que pudesse fornecer-lhe novos elementos. [...] Não houve prisões por indicação de Miranda, mas havia nomes e endereços em seu arquivo – como, aliás, nos de Berger e de Prestes – e pessoas foram presas. [...] Foi somente depois de saber do assassinato da companheira que "Miranda", transformado num trapo humano, passou a colaborar com a polícia. [...] Ao ser libertado, com a anistia de 1945, Antônio Maciel Bonfim estava tuberculoso, sem um rim – que perdera nos espancamentos sofridos na prisão – e na mais absoluta miséria. [...] Voltou para a Bahia, onde morreu em Alagoinhas pouco tempo depois".[447]

---

445   Leôncio Basbaum, *História sincera da República – vol. 3 De 1930 a 1976*. São Paulo, Alfa-Omega, 1975-1976, p. 75-76; Ronald H. Chilcote, *Partido Comunista Brasileiro – Conflito e integração*. Rio de Janeiro, Graal, 1982, p. 79, n. 59.

446   S. Rodrigues, op. cit., p. 112-114.

447   M. de A. Gomes Vianna, op. cit., p. 288, p. 297-298.

A história que se quis ocultar iniciou quando "Elza" foi solta, em 26 de janeiro de 1936. Segundo ela contava, a polícia lhe dissera que podia visitar "Miranda", o que ela fez, trazendo para os dirigentes do partido recados dele e papeizinhos com mensagens sobre o que estava acontecendo na prisão. Normalmente,"Miranda" deveria estar incomunicável, mas provavelmente a polícia esperava retirar alguma informação da situação. Desse fato se passou às suspeitas: "Elza", a "Garota", como a chamavam nas cartas trocadas entre Prestes e o Secretariado Nacional do partido, trabalhava para a polícia. Os bilhetes não eram de "Miranda". Como poderiam ser se ele deveria estar incomunicável? As quedas, que continuavam, eram atribuídas a ela. Caiu uma casa em Copacabana cujo endereço só era conhecido de "Miranda" e mais dois dirigentes: Prestes, que achava que os dirigentes não quebram, concluiu que a "Garota" devia também conhecer o endereço. Os militantes soltos resolveram então tirar "Elza" de circulação, um verdadeiro sequestro, ainda que parecendo alojamento e proteção a alguém que não tinha onde morar. Foi levada para a casa de "Tampinha" (Adelino Deícola dos Santos), que era do Secretariado Nacional, em Deodoro. Seguiu-se a frenética troca de cartas e bilhetes sobre a "Garota". De um lado, os membros do Secretariado Nacional: "Martins" (Honório de Freitas Guimarães), "Bangu" (Lauro Reginaldo da Rocha), "Abóbora" (Eduardo Xavier) e "Tampinha", excluído da direção "Brito" (José Lago Morales), que ficara indignado com os procedimentos que se anunciavam. De outro Prestes, na casa do Meier, onde também estavam Olga e os Stuchevski. Eles queriam ter uma prova de que "Elza" trabalhava para a polícia e tentaram confundi-la para que se traísse, o que não aconteceu. Houve vacilação em certo momento, mas a conclamação à firmeza própria de todo comunista, evocada por Prestes, e o apelo a deixar de lado sentimentalismos de qualquer ordem resolveu a questão. Afinal, nos primeiros dias de março, com a presença e a ajuda manual de todos os já citados, membros do Secretariado Nacional, e mais "Gaguinho" (Manuel Severiano Cavalcanti), "Elza" foi estrangulada por "Cabeção" (Francisco Natividade de Lira) com uma corda de varal. Enterraram o corpo no quintal da casa. Diz a historiadora Marly Vianna: "Nem sequer estavam convencidos da culpabilidade da moça".[448] Reza a pequena história que "Abóbora" não aguentou a brutalidade da cena e, em um canto, pôs-se a vomitar.[449]

Quando o conjunto das cartas trocadas sobre o caso "Garota" caiu nas mãos da polícia, o sentido delas e o fato em si não ficaram claros. Mas em 1940 os membros do Secretariado Nacional foram presos e barbaramente torturados. O assassinato de "Elza" e o local onde seu corpo foi enterrado foram descobertos e o sensacionalismo ganhou as páginas dos jornais.[450] Foi nessa época que ficou esclarecido também outro crime dos

---

448 Ibid., p. 297.
449 F. Morais, op. cit., p. 160.
450 J. W. F. Dulles, op. cit., p. 200-204.

Do partido único ao stalinismo   463

comunistas, atribuído por eles à polícia. Em 1934, no Rio de Janeiro, havia grande agitação e começaram a aparecer cadáveres em decomposição na floresta da Gávea, de "numerosos elementos proletários", conforme os comunistas. Um dos corpos encontrados, crivado de balas, em 26 de outubro, era o do estudante Tobias Warchavsky, da Juventude Comunista. Era filho de imigrantes judeus, considerado um comunista radical e com grande talento para desenhar. A morte dele foi denunciada pelos comunistas como obra do governo varguista.[451] Mas em 1940 foi esclarecido que o autor era o PCB, que o tinha considerado um espião. O executor foi o mesmo "Cabeção" (Francisco Natividade de Lira), mas "Martins" (Honório de Freitas Guimarães) foi considerado o responsável e condenado a 30 anos.[452] Um boletim do PCB, de dezembro de 1940, condenava os trotskistas por explorarem a "farsa" desses julgamentos, afirmando que Prestes e os seis comunistas tinham sido condenados por crimes que, na verdade, tinham sido cometidos pela polícia.[453] Não era essa a opinião de Stela Blagoeva, a búlgara do Departamento de Quadros da Internacional Comunista. No final de 1936, tomando conhecimento por "Abóbora" (Eduardo Xavier), recém-chegado a Moscou, que além de Elza, o partido havia assassinado Warchavsky, deu-lhe um conselho: não era correto liquidar provocadores e atribuir esse mérito à polícia.[454] A liquidação era uma glória que devia ser assumida com orgulho. Eis como se fez uma história costurada com inverdades, mas que, muito tempo depois, acabaram por sair à luz do dia.

---

451   Cláudio Figueiredo, *Entre sem bater – A vida de Apparício Torelly, o Barão de Itararé*. Rio de Janeiro, Casa da Palavra, 2012, p. 233.

452   J. W. F. Dulles, op. cit., p. 205, p. 207, p. 209.

453   Citado por ibid., p. 209.

454   W. Waak, op. cit., p. 319, 324, p. 332.

Bibliografia

Documentos

AGOSTI, Aldo, *La Terza Internazionale – Storia Documentaria. t. 1 (1919-1923)*. Roma: Editori Riuniti,1974.

AGOSTI, Aldo, *La Terza Internazionale – Storia Documentaria. t. 2: (1924-1928)*. Roma, Editori Riuniti, 1976.

AGOSTI, Aldo, *La Terza Internazionale – Storia Documentaria. t. 3 (1929-1943)*.Roma: Ed. Riuniti, 1979.

All'Opposizione nel PCI con Trotsky e Gramsci - Bolletino dell'Opposizione Comunista Italiana (1931-1933). Roma: Controcorrente, 1977.

BADIA Gilbert, *Les spartaquistes, 1918. L'Allemagne en Révolution* (Documents presentés par). Paris: Archives Julliard, 1966.

BOUKHARINE, N., *La situation internationale et les tâches de l'IC – Rapport du XVe Congrès du PC de l'URSS*. Paris: Bureau d'Editions, s.d.

Classe contre classe – La question française au IXe. Exécutif et au VIe. Congrès de l'IC. Paris: Bureau d'Editions, 1929.

DEGRAS, Jane Degras, *The Communist International (1919-1943). Documents. T. 1: (1919-1922)*. London: Oxford Univ. Press, 1956.

GRUBER, Helmut, *International Communism in the Era of Lenin. A Documentary History*. Ithaca: Cornell University Press, 1967.

La Correspondance Internationale – Organe du CEIC. Années: 1927, 1928, 1929, 1930, 1931 et 1932.

"Lettre de Moscou de N.", 25 décembre 1929, *Bulletin de l'oposittion* nº 9, février-mars 1930 - https://www.marxists.org/francais/4int/ogi/corr_opp/ogi_19291225.htm

L'Internatinale communiste et la lutte conter le fascisme et la guerre 1934-1939. Noscou, Éditions du Progrès, 1980.

Manifestes, thèses et résolutions des Quatres Premiers Congrès mondiaux de l'Internationale Communiste (1919-1922). Paris: Maspero, 1975.

ROSSI, A., *Autopsie du stalinisme – Avec le texte intégral du Rapport Khrouchtchev*. Paris: Éditions Pierre Horay, 1957.

Work in progress, "In Memoriam: Wolfgang Václav Salus (1909-1953)" https://www.marxists.org/history/etol/revhist/backiss/vol4/no4/works.htm

Escritos contemporâneos

B., M., "Les trotskystes à Verkouta", *Quatrième Internationale* https://www.marxists.org/francais/4int/urss/vorkouta.htm

BOUKARINE, N., *Le socialisme dans um seul pays*. Paris: 10/18, 1974.

BRICIANER, Serge, *Pannekoek et les conseils ouvriers* (Textes présentés et rassemblés par S. B.). Paris: EDI, 1977.

DALLIN, David J., NICOLAEVSKY, Boris I., *Le travail forcé em U.R.S.S.* Paris, Aimery Somogy, 1949.

DIMITROV, Dimitrov, *A III Internacional e o fascismo.* Lisboa: Assírio & Alvim, 1975.

DIMITROV, Dimitrov, *A unidade operária contra o fascismo.* Contagem/Belo Horizonte: Ed. 0História/ Aldeia Global Liv. Ed., 1978.

GORTER, Hermann, *Réponse à Lénine.* Paris: Librairie Ouvrière, s.d.

GRAMSCI, Antonio, "Lettera inedita per la fondazione dell'*Unitá*", *Rivista Storica del Socialismo*, nº 18, 1963.

GRAMSCI, Antonio, *Note sul Machiavelli.* Roma: Editori Riuniti, 1977.

GRAMSCI, Antonio, *Passato e presente.* Roma: Editori Riuniti, 1977.

GRAMSCI, Antonio, *Sul fascismo.* Roma: Editori Riuniti, 1974.

GROSSMAN, Vassili, *Vida e destino.* Rio de Janeiro: Objetiva, 2014.

GUÉRIN, Daniel, *Fascismo y gran capital.* Madrid: Editorial Fundamentos, 1973.

HELD, Walter, "Why the German Revolution Failed?" 1943. https://www.marxists.org/archive/held-walter/1942/12/germrev.htm

Karaganda! La tragedia del antifascismo español. Toulouse: Ediciones M.L.E. – CNT, 1948.

KRIVITSKY, Walter G., *J'étais un agent de Staline.* Paris: Ed. Champ Libre, 1979.

LENIN, V. I., *Obras escogidas*, 3 tomos. Moscú: Editorial Progreso, 1961.

LÉNINE, V. I., *Oeuvres Complètes*, Tomes 16, 21, 22, 23, 30, 31, 32, 33. Moscou: Éditions du Progrès, 1974.

LOSOWSKY, Drizdo, *L'Internationale Syndicale Rouge.* Paris: Maspero, 1976.

LENINE, V. I., STALINE, J., TROTSKY, L., *Pravda*, FALCON, I., KOLTSOV, M., *Trotsky e o trotskismo – Os ensinamentos do Processo de Moscovo, 1936.* Lisboa: Edições Maria da Fonte, 1973.

LUKÁCS, Georg, *Histoire et conscience de classe.* Paris: Les Éditions de Minuit, 1960.

LUXEMBOURG, Rosa, *Oeuvres II. Écrits Politiques (1917-1918).* Paris: Maspero, 1971.

LUXEMBURGO, Rosa, *Rosa Luxemburgo, viva! – Antologia.* (Org. César Oliveira). Lisboa: 1972.

LUXEMBURG, Rosa, *Reforma ou Revolução.* Lisboa: Publicações Escorpião,1975.

LUXEMBURGO, Rosa, *Rosa Luxemburgo – Textos escolhidos – Vol. 1 (1899-1914).* Vol. 2 (1914-1919) Vol. 3 *Cartas.* Isabel Loureiro (org.). São Paulo: Editora Unesp, 2011.

Mémoires d'un vieux bolchévik-léniniste. Paris: Maspero, 1970.

MICHELS, Robert, *Les partis politiques.* Paris: Flammarion, 1971.

NEUBERG, A., *La Insurrección Armada.* Buenos Aires: La Rosa Blindada, 1972.

PANNEKOEK, Anton, LUKÁCS, G., RUHLE, O., GORTER, H., *Os comunistas dos conselhos e a III Internacional.* Lisboa: Assírio & Alvim, 1976.

PANNEKOEK, Anton, *Controlo operário e socialismo.* Porto: J. M. Amaral, 1976

Do partido único ao stalinismo

PIATNITSKAÏA, Ioulia, *Chronique d'une déraison – Moscou (1937-1938)*. Paris: Seuil, 1992.

ROSENBERG, Arthur, *Histoire du bolchevisme*. Paris: Ed. Grasset, 1967.

SOUVARINE, Boris, "La tactique communiste et les élections", *Bulletin Communiste*, n° 26, janv.-mars 1928.

SOUVARINE, Boris, *Staline*. Paris: Éditions Ivrea, 1992.

SEDOV, L., *The Red Book*, On Moscou Trials – https://www.marxists.org/history/etol/writers/sedov/works/red/index.htm

SEDOV, Léon, *Le livre rouge*- https://www.marxists.org/francais/sedov/works/1936/10/livre-rouge.pdf

SERGE, Victor, *O ano I da Revolução Russa*. São Paulo: Boitempo, 2007.

SERGE, Victor, *Seize fusillés à Moscou – Zinóviev, Kámenev, Smirnov...* Paris, Spartacus, s.d.

SERGE, Victor, *L'assassinat d'Ignace Reiss* - https://bataillesocialiste.wordpress.com/2013/01/12/lassassinat-dignace-reiss-victor-serge-1938/

SERGE, Victor, *S'il est minuit dans le siècle*. Paris: Grasset, 2016.

SERGE, Victor, *Mémoires d'un révolutionnaire*. Paris: Ed. du Seuil, 1978 (Edição brasileira: *Memórias de um revolucionário*. São Paulo: Companhia das Letras, 1987).

SERGE, Victor, *Carnets*. Arles: Actes Sud, 1985.

SERGE, Victor, *Trotsky: vida e morte*. Lisboa: Editorial Aster, 1977.

SERGE, Victor, *Retrato de Stalin*. Mexico D.F.: Ediciones Libres, 1940.

STALINE, J., *As questões do leninismo, t. 1*. Lisboa: Ed. J. Bragança, 1975.

TAROV, A., "Appel personnel au prolétariat mondial", *Bulletin de l'Opposition* n° 45 septembre 1935 https://www.marxists.org/francais/4int/ogi/divers/tarov.htm

THALHEIMER, August, "Sobre o fascismo", *Marxismo Militante* (Órgão teórico da Política Operária no Exterior), n° 1, 1975.

TOGLIATTI, Palmiro, *La formazione del gruppo dirigente del PCI nel 1923-1924*. Roma: Editori Riuniti, 1962.

TOGLIATTI, Palmiro,"Alcuni problemi della storia dell'"Internazionle Comunista", *Rinascita*, luglio-agosto 1959.

TROTSKY, León,*The first five years of the Third International., t. 2*. London: New Park, 1953.

TROTSKY, León, *De la révolution*. Paris: Les Editions de Minuit, 1967.

TROTSKY, León, *Revolução e contra-revolução*. Rio de Janeiro: Laemmert Editora, 1968.

TROTSKY, León, *Stalin, el gran organizador de derrotas – La III Internacional después de Lenin*. Buenos Aires: El Yunque Ec., 1974.

TROTSKY, León, *Ma vie*. Paris: Gallimard, 1978.

TROTSKY, León, *Classe ouvriére, parti et sindicat*. Paris: Maspero, Classique Rouge 4,1973.

TROTSKY, León, *La révolution permanente*. Paris: Les Éditions de Minuit, 1975

TROTSKY, León, *Oeuvres, t. 2 (juillet-octobre 1933)*. Paris: EDI, 1978.

TROTSKY, León, *Bilan et perspectives*. Paris: Seuil/Les Éditions de Minuit, 1969.

TROTSKY, Léon L. Trotsky, *Ecrits, t. III (1928-1940)*. Supplément à la Quatrième Internationale. Paris: avril 1959.

TROTSKY, León, *Writings of Leon Trotsky (1930-1931)*. New York: Pathfinder Inc., 1973.

TROTSKY, Léon, "Cuál es la situación de Rakovski?" CEIP Léon Trotsky http://www.ceip.org.ar/Cual-es-la-situacion-de-Rakovski

TROTSKY, Léon Trotsky, "Les plats les plus épicés sont encore à venir", *Oeuvres*, mars 1936 –https://www.marxists.org/francais/trotsky/oeuvres/1936/03/lt19360325a.htm

TROTSKY, Léon, *L'appareil policier du stalinisme*. Paris: 10-18, 1976.

TROTSKY, Léon, *Journal d'exil*. Paris: Gallimard, 1977.

TROTSKY, Léon, "Une leçon tragique", in: PORETSKI, Elisabeth, *Les nôtres*. Paris: Denoël, 1969.

TROTSKY, Léon, *Leon Sedov, son, friend, fighter* - https://www.marxists.org/history/etol/document/obits/sedobit.htm

TROTSKY, Léon, *Los Gangsters de Stalin*. México, Fundación Federico Engels/Museo Léon Trotsky/Liga de Unidad Socialista, 2009.

TROTSKY, Léon, *Stalin – Uma análise do homem e de sua influência*. 2 volumes. São Paulo, Editora Marxista/Editora Movimento, 2018

ZETKIN, Clara, *Recuerdos sobre Lenin*. Barcelona: Grijalbo, 1975.

Trabalhos históricos, ensaios e biografias

AARÃO REIS, Daniel, *Uma revolução perdida. A história do socialismo soviético*. São Paulo: Editora Fundação Perseu Abramo, 2007.

ABRAMOV, Vadim, *Jews in de KGB: Executioners and Victims* - http://documentstalk.com/wp/serebryansky-yakov-isaakovich/

AGOSTI, Aldo. "Alcuni problemi di Storia dell'Internazionale Comunista", *Rinascita*, lugio-agosto 1959.

AGOSTI, Aldo, *Le Internazinali operiae. Documenti della Storia*, n° 3. Torino: Loescher Ed., 1973.

ANDERSON, Evelyn, *Hammer or Anvil. The Srory of the German Working Class Movement*. London: Victor Gollancz Ltd., 1945.

ANDERSON, Perry, *Sur Gramsci*. Paris: Maspero, 1978.

ANDREW, Christopher, GORDIEVSKY, Oleg, *Le KGB dans le monde (1917-1990)*. Paris: Fayard, 1990.

ANDREW, Christopher, MITROKHINE, Vassili, *Le KGB contre l'Ouest (1917-1961)*. Paris: Fayard, 2000.

ANGRESS, W. R., *Stillborn Revolution. The Communist Bid for Power in Germany (1921-1923)*. Princeton: New Jersey, 1963.

A.J.P.N. (Anonymes, Justes et Persécutés durant la période Nazie dans les communes de France), "Le Chambon-sur-Lignon en 1939-1945" - http://www.ajpn.org/commune-Le-Chambo00n-sur-Lignon-43051.html

AVIV, Aviva, "The SPD and the KPD at the end of the Weimar Republic: Similarity within contrast", *Internationale Wissenschaftliche Korrespondenz zur Geschichte der Deuschen Arbeiterbewegung*, n° 14, 1978.

AVRICH, Paul, *Los anarquistas rusos*. Madrid: Alianza, 1974.

AVRICH, Paul, *La tragédie de Cronstadt 1921*. Paris: Seuil, 1975.

BADIA, Gilbert, *Le Spartaquisme. Les dernières années de Rosa Luxembourg et Karl Liebknecht (1914-1919)*. Paris, L'Arche, 1967.

BADIA, Gilbert, *Histoire de l'Allemagne contemporaine (1917-1933)*. Paris: Editions Sociales, 1975.

BADIA, Gilbert, *La fin de la République Allemande*. Paris: Editions Sociales, 1958.

BAYNAC, Jacques, *La terreur sous Lenine*. Paris: Sagittaire, 1975.

BAYNAC, Jacques, Postface – "Historique Cloaque", in: VALTIN, Jan Valtin, *Sans patrie ni frontières*. Paris: JCLattès, 1975

BENSAïD, Daniel, *Les trotskysmes*. Paris: PUF, 2006.

BETELHEIM, Charles, *L'économie allemande sous le nazisme*, t. 1. Paris: 1971.

BORKENAU, Franz, *World Communism. A History of the International*, (1914-1943). Ann Arbor: Michigan Univ. Press, 1962.

BOSI, Ecléa Bosi, *Simone Weil*. São Paulo: Brasiliense, 1982.

BOURDET, Yvon, *Otto Bauer et la révolution*. Paris: EDI, 1968.

BRAUNTHAL Julius, *History of the International (1914-1943) t. 2*. London: Nelson, 1967.

BROSSAT, Alain, *Agents de Moscou*. Paris: Gallimard, 1988.

BROUÉ, Pierre, *Trotsky*. Paris: Fayard, 1988.

BROUÉ, Pierre, *História da Internacional Comunista (1919-1943)*. 2 tomos. São Paulo: Sundermann, 2007.

BROUÉ, Pierre, *Histoire de l'"Internationale Communiste*. Paris: Fayard, 1997.

BROUÉ, Pierre, *Le parti bolchevique. Histoire du P.C. de l'URSS*. Paris: Les Éditions de Minuit, 1971.

BROUÉ, Pierre, *Révolution en Alemagne (1917-1932)*. Paris: Les Éditons de Minuit, 1971.

BROUÉ, Pierre, *Les procès de Moscou*. Paris: Julliard, 1964.

BROUÉ, Pierre, *L'assassinat de Trotsky*. Bruxelas: Editions Complexe, 1980.

BROUÉ, Pierre, *Léon Sedov, fils de Trotsky, victime de Staline*. Paris: Les Éditions Ouvrières, 1993

BROUÉ, Pierre, VACHERON, Raymond, *Meurtres au Maquis*. Paris: Grasset, 1997.

BROUÉ, Pierre, "*Rudolf Klement*" https://www.marxists.org/history/etol/revhist/backiss/vol1/no1/klement.html

BROUÉ, Pierre, "Quelques proches colaborateurs de Trotsky", *Cahiers Léon Trotsky*, nº 1, 1979 – https://www.marxists.org/francais/clt/1979-1985/CLT01-Jan-1979.pdf

BROUÉ, Pierre, "Freund, dit Moulin", in *Cahiers Léon Trotsly* nº 3, p. 135 - https://www.marxists.org/francais/clt/1979-1985/CLT03-Jul-Sep-1979.pdf

BROUÉ, Pierre, "Prólogo a la segunda edición", in: Léon Trotsky, *Los gangsters de Stalin*. México, Fundación Federico Engels/Museo Léon Trotsky, 2009.

BROUÉ, Pierre, "L'affaire Robinson-Rubens" https://www.marxists.org/francais/clt/1979-1985/CLT03-Jul-Sep-1979.pdf

BUBER-NEUMANN, Margarete, *La révolution mondiale. Histoire du Komintern (1919-1943) racontée par l'un de ses principals témoins*. Tournai: Castermann, 1972.

CACUCCI, Pino, "Cuba: Un complot internacional de mentirosos?" - 30/06/2005 - https://www.lahaine.org/mundo.php/cuba-iun-complot-internacional-de

CAFORNO, Giorgio,"Il dibattito al X° Plenum della Terza Internazionale sulla social-democrazia, il fascismo e il social-fascismo", in: *Critica Marxista*, n° 4, Roma: Ed. Riuniti, luglio-agosto 1965.

CASCIOLA, Paolo Casciola, SALUCCI, Ilario, "The Long March of Truth", *Revolutionnary History* - http://www.revolutionaryhistory.co.uk/index.php/books-books/178-articles/articles-of-rh0701/8499-the-long-march-of-truth

CARR, E. H., *La Révolución Bolchevique (1917-1923)*, t. 3. Madrid: Alianza Editorial, 1974.

CARR E. H., *El Interregno (1923-1924)*. Madrid: Alianza Editorial, 1974.

CARR, E. H., *Socialism in one Country (1924-1926)*, t. 3. Harmondsworth: Penguin Books Ltd., 1972.

CLAUDÍN , Fernando, *La crisis del movimiento comunista – De la Komintern al Kominform*. Francia: Ruedo Ibérico, 1970.

COHEN, S. F., *Bujarin y la revolución bolchevique – Biografia politica (1931-1938)*. Madrid: Siglo XXI, 1976.

CONQUEST, Robert, *La Grande Terreur*. Paris: Robert Laffont, 1987.

CONQUEST, Robert, *O grande terror – Os expurgos de Stalin*. Rio de Janeiro: Editora Expressão e Cultura, 1970.

COURTOIS, Stéphane, WERTH, Nicolas, PANNÉ, J.-L., PACZKOWSKI, A., BARTOSEK, K., MARGOLIN, J.-L., *O livro negro do comunismo*. Rio de Janeiro, Bertrand Brasil, 2001.

D'ASTIER DE LA VIGERIE, Emmanuel, *Sur Staline*. Lausanne, La Guilde du Livre et Clairefontaine, 1967.

DAZY, René, *Fusillez ces chiens enragés!... Le génocide des trotskistes*. Paris: Olivier Orban, 1981.

DELLA LOGGIA, Ernesto G., "La IIIème Internationale et le destin du capitalisme: l'analyse de I. Varga", in: *Histoire du Marxisme Contemporain*, 5. Paris: Union Générale d'Editions/10-18, 1979.

DESANTI, Dominique, *L'Internationale Communiste*. Paris: Payot, 1970.

DEUTSCHER, Isaac, *Il profeta armato. Trotsky (1879-1921)*. Milano: Longanesi, 1959.

DEUTSCHER, Isaac, *Il profeta disarmato (1921-1929)*. Milano: Longanesi, 1959.

DEUTSCHER, Isaac, *O profeta banido*. Riode Janeiro: Civilização Brasileira, 1968.

DEUTSCHER, Isaac, *Stalin: Uma biografia política*. Rio de Janeiro, Civilização Brasileira, 2006.

DEVILLE, Patrick, *Viva!* São Paulo: Editora 34, 2016.

Dictionnaire Biographique des Kominterniens. Belgique, France, Luxemburg, Suisse. Collection Maitron, Les Éditions de l'Atelier.

DRAPER, Theodore, "The Ghost of Social Fascism", *Commentary*, vol. 47, number 2, Febr. 1969, New York.

DROZ, Jules-Humbert, *L'Internazionale Comunista tra Lenin e Stalin. Memorie de un protagonista (1891-1941)*. Milano: Feltrinelli, 1974.

DROZ, Jules-Humbert, *L'oeil de Moscou à Paris*. Paris: Julliard,1964.

ELLEINSTEIN, Jean, *O estalinismo: História do fenómeno estaliniano*. Lisboa: Publicações Europa-América, 1976.

FISCHER, Ruth, *Stalin and the German Communism. A Study in the Origins of the State Party*. Cambridge: Harvard, Univ. Press, 1948.

Do partido único ao stalinismo 471

FAUVET, Jacques, En collaboration avec A. Duhamel. *Histoire du Parti Communiste Français de 1920 à 1976*. Paris: Fayard, 1977.

FEJTÖ, François, *As democracias populares – 1. A era de Staline*. Lisboa: Publicações Europa-América, 1975.

FIGES, Orlando, *Sussurros: A vida privada na Rússia de Stalin*. Rio de Janeiro: Record, 2010.

FIORI, Giuseppe, *La vie de Antonio Gramsci*. Paris, Le Livre de Poche, 1977.

FLECHTHEIM, Ossip K., *Le parti communiste allemand sous la République de Weimar*. Paris: Maspero, 1972.

FRANÇOIS, David, "L'Insurrection armée - destin d'un manuel de guerre civile", 08. 11. 2013 - https://anrpaprika.hypotheses.org/1001

FRANK, Pierre, *Histoire de l'Internationale Communiste (1919-1943), 2 tomes*. Paris: La Brèche, 1979.

FREYMOND, Jacques (sous la direction de), *Contribution à l'Histoire du Comintern*. Publication de l'Institut Universitaire de Hautes Études Internationales. Genève: Librairie Droz, 1965.

GARMABELLA, José Ramón, *Operação Trotski*. Rio de Janeiro: Record, 1972.

GORKIN, Julián, *L'assassinat de Trotsky*. Paris: Julliard, 1970.

GREBING, Helga, *The History of the German Labour Movement – A survey*. London: Oswald Wolff, 1969.

GUÉRIN, Daniel, *Front populaire – révolution manquée*. Paris: Maspero, 1976.

GUÉRIN, Daniel, *Rosa Luxemburg et la spontanéité révolutionnaire*. Paris: Flammarion, 1971.

GUTIERREZ ALVAREZ, Pepe,"Margarete Buber-Neumann, La comunista alemana que Stalin entregó a Hitler". https://pt.scribd.com/document/115829411/VSUR-La-comunista-alemana-que-Stalin-entrego-a-Hitler

HAFFNER, Sebastian, *A Revolução Alemã (1918-1919)*. São Paulo: Expressão Popular, 1918.

HÁJEK, Milos, *Storia dell'Internazionale Comunista (1921-1935)*. Roma: Ed. Riuniti, 1975.

HOARE, Quentin, "Gramsci et Bordiga face au Komintern", *Les Temps Modernes*, n° 343, fév. 1975.

HOCQUENGHEM, Joani, La mujer en el techo, *La Jornada Semanal* http://www.jornada.unam.mx/2003/04/06/sem-joani.html

HOISINGTON JR., William A., "Class against class: the French Communist Party and the Comintern - A Study of Election Tatics in 1928", *International Review of Social History*, vol. XV, 1970, Part 1, p. 24.

ISRAËL, Liora, "Le procès du Goulag au temps du Goulag? L'affaire Kravchenko", *Critique Internationale*, 2007/3, n° 36 - https://www.cairn.info/revue-critique-internationale-2007-3-page-85.htm

JURGENSON, Luba, "Je ne mourai pas tout entier", in: Julius Margolin, *Voyage au pays des Ze-Ka*. Paris: Le bruit du temps, 2010.

KITCHEN, Martin, "August Thalheimer's theory of fascism", *Journal of the History of Ideas*, vol. 33, Part 1, 1973.

KLEIN Claude, *Weimar*. Paris: Flammarion, 1968.

KNIGHT, Amy, *Quem matou Kirov? O maior mistério do Kremlin*. Rio de Janeiro: Record, 2001.

KOCHAN, Lionel, *Russia and the Weimar Republic*. Cambridge: Bowes and Bowes, 1954.

KOZOVOÏ, Andreï, *Les services secrets russes – Des tsars à Poutine*. Paris: Tallandier, 2010.

KRIEGEL, Annie, *Los grandes procesos en los sistemas comunistas*. Madrid: Alianza Editorial, 1973.

KRIVINE, Jean-Michel, "Stalinisme: le 'complot des Blouses blanches" - https://www.europe-solidaire.org/spip.php?article28676

LACOUTURE, Jean, *Léon Blum*. Paris: Seuil, 1977.

LAZITCH, Branko, *Le rapport Khrouchtchev et son histoire*. Paris: Éditions du Seuil, 1976.

LECLERC, Yves, "La théorie de l'Etat et la Troisième Internationale", in: *Sur l'Etat*. Bruxelles, Association pour la critique des Sciences Economiques et Sociales, 1977.

LEQUENNE, Michel, "Les demi-aveux de Zborowski", Cahiers Léon Trotsky, n° 13, 1983 - https://www.marxists.org/francais/clt/1979-1985/CLT13-Mar-1983.pdf

LEQUENNE, Michel, *Le trotskisme, une histoire sans fard*. Paris: Syllepse, 2005.

LEONEL, Nicolau Bruno de Almeida, "Percursos da formação de Chris Marker". Tese de Doutorado, USP, 1914, http://www.teses.usp.br/teses/disponiveis/27/27161/tde-24112015-163738/pt-br.php

LEONEL, Nicolau Bruno de Almeida, "A encruzilhada das dissidências: algumas passagens na trajetória militante de Paulo Emílio", in: ALMEIDA,Tiago, XAVIER, Nayara (orgs.), *Paulo Emílio: legado crítico*. São Paulo: Pré-Reitoria de Cultura e Extensão Universitária – USP/ Cinemateca Brasileira, 2017.

LERNER Warren, *Karl Radek, the last internationalist*. Stanford: California, Stanford Univ. Press, 1970.

LEVINE, Isaac Don, *L'homme qui a tué Trotsky*. Paris: Gallimard, 1960.

LIEBMAN, Marcel, *Connaître Lénine*. Verviers: Marabout Université, 1976.

LIEBMAN, Marcel, *Le léninisme sous Lénine, t. 1. La conquête du pouvoir*. Paris: Seuil, 1973.

LIEBMAN, Marcel, *Le léninisme sous Lénine, t. 2: l'Épreuve du pouvoir*. Paris: Seuil, 1973.

LOUREIRO, Isabel, *Rosa Luxemburg: Os dilemas da ação revolucionária*. São Paulo: Editora da UNESP, 2004 (2ª ed.); São Paulo: Editora da UNESP, 2019 (3ª edição revista).

LOUREIRO, Isabel (org.), *Socialismo ou Barbárie*. São Paulo: Instituto Rosa-Luxemburg-Stiftung, 2008.

LOUREIRO, Isabel, *Rosa Luxemburg: Os dilemas da ação revolucionária*. São Paulo: Editora da UNESP, 3ª. edição revista, 2019.

LOWENTHAL, Richard, "The Bolchevization of the Spartacus League". In: *International Communism*, St. Anthony's Papers n° 9, London: Chatto and Windus, 1960.

LÖWY, Michael, *Pour une sociologie des intellectuels révolutionnaires*. Paris: PUF, 1976 (Edição brasileira: *A evolução política de Lukács: 1909-1929*. São Paulo, Cortez, 1998).

MANDEL Ernest, *La teoría leninista de la organización*, "Rojo", Cuadernos de formación, s.d.

MARCOU, Lilly, *A vida privada de Stálin*. Rio de Janeiro: Zahar, 2013.

MARIE, Jean-Jacques, *Le fils oublié de Trotsky*. Paris: Seuil, 2012.

MARIE, Jean-Jacques, *Stálin*. São Paulo: Babel, 2011.

MARIE, Jean-Jacques, *História da guerra civil russa (1917-1922)*. São Paulo: Editora Contexto, 2017.

MARIE, Jean-Jacques, *Les derniers complots de Staline*. Paris: Editions Complexe, 1993.

MARIE, Jean-Jacques, *Khrouchtchev – La réforme impossible*. Paris: Payot & Rivages, 2010.

MARKS, Harry J., "The Sources of Reformism in Social Democratic Party of Germany 1890-1914", in : *The Journal of Modern History*, vol. XI, Sept. 1939, number 3, The University of Chicago Press.

MASSARI, Roberto, *All'Opposizione nel PCI com Trotsky e Gramsci (Bolletino dell'Opposizione Comunista Italiana, 1931-1933)*. Roma: Controcorrente, 1977.

MASSARI, Roberto, "Pietro Tresso è sempre "Blasco", 11 de outubro de 2013. *Red Utopia Roja -* http://utopiarossa.blogspot.com.br/2013/10/pietro-tresso-e-sempre-blasco-di.html

MEDVEDEV, Roy, *Staline et le stalinisme*. Paris: Albin Michel, 1979.

MEDVEDEV, Zhores A., MEDVEDEV, Roy A., *Um Stalin desconhecido – Novas revelações dos arquivos soviéticos*. São Paulo: Record, 2016.

MENDES DE ALMEIDA, Angela, *A República de Weimar e a ascensão do nazismo*. São Paulo, Brasiliense, 1982.

MENDES DE ALMEIDA, Angela, "Falar em Rosa Luxemburgo era quase uma heresia", in: LOUREIRO, Isabel, *Socialismo ou Barbárie – Rosa Luxemburgo no Brasil*. São Paulo: Fundação Rosa Luxemburgo, 2008.

MENDES DE ALMEIDA, Angela, "O homem incapaz de matar cachorros", *PassaPalavra*, 13.03.2014 http://passapalavra.info/2014/03/93003

MERLEAU-PONTY, Maurice, *Humanismo e terrorismo*. Rio de Janeiro: Ed. Tempo Brasileiro, 1968.

MERLEAU-PONTY, Maurice, *Humanisme et terreur – Essai sur le problème communiste*. Paris: Gallimard, 1947.

MEZZETTI, Fernando, "Prefazione", in: MERCADER, Luis, SANCHEZ, German, *Mio fratello, l'assassino di Trotsky*. Torino: Utet SpA, 1990.

MONFERRAN, Jean-Paul, "David Rousset: mort d'um grand témoin" - https://www.europe-solidaire.org/spip.php?article2519

NAVILLE, Pierre, "Sur l'assassinat de Rudolf Klement (1938)", *Cahiers Léon Trotsky*, nº 2, 1979 – p. 73-77 https://www.marxists.org/francais/clt/1979-1985/CLT02-Apr-May-1979-.pdf

NETTL. J.-P., *La vie et l'oeuvre de Rosa Luxemburg*. 2 tomes. Paris: Maspero, 1972.

"Opération Canard" – *Nouveautés sur l'espionnage et le contre-espionnage*, nº 19/100, 1997, in: "L'assassinat de Trotsky decrit par ses assassins", http://www.inprecor.fr/article-inprecor?id=1005

PACZKOWSKI, Andrzej, BARTOSEK, Karel, "A outra Europa vítima do comunismo", in: *O livro negro do comunismo: Crimes, terror e repressão*. Rio de Janeiro: Bertrand Brasil, 2001.

PAPAIOUANNOU, Kostas, *Marx et les marxistes*. Paris: Flammarion, 1972.

PARIS, Robert, *Les origines du fascisme*. Paris: Flammarion, 1968.

PARIS, Robert, "La tattica 'classe contro classe' ", in: *Problemi di Storia dell'Internazionale Comunista (1919-1930)*, a cura de A. Agosti. Torino: Fondazione L. Einaudi, 1974.

PERRAULT, Gilles, *L'Orchestre rouge*. Paris: Fayard,1967.

PORTELLI, Serge, *Pourquoi la torture?* Paris: Librairie Philosophique J. Vrin, 2011.

POULANTZAS, Nicos, *Fascisme et dictature*. Paris: Seuil/Maspero, 1974.

474 Angela Mendes de Almeida

RAGIONIERI, E., "Le Programme de l'Internationale Communiste", *Cahiers d'Histoire de l'Institut Maurice Thorez*, nº 22, 3e. trimestre, 1977.

RAYMOND, Ph. Ganier, *L'affiche rouge*. Verviers: Marabout, 1985.

ROBRIEUX, Philippe, *Maurice Thorez – Vie secrète et vie publique*. Paris: Fayard,1975.

ROBRIEUX, Philippe, *Histoire intérieure du Parti communiste*, 2 tomes. Paris, Fayard, 1981.

ROSENBERG, Arthur, *Storia de la Republica de Weimar*. Firenze: Sansoni, 1972.

ROSENBERG, Arthur, *Histoire du bolchevisme*. Paris: Grasset, 1967.

ROSENTHAL, Gérard, *Trotsky*. Amadora: Livraria Bertrand, 1976.

ROSMER, Alfred, *Moscou sous Lénine*. Paris: Ed. P. Heray, 1953.

SAHAGIEN, Jean-Luc, *Victor Serge, l'homme double*. Paris: Libertalia, 2011.

SAIDEL, Rochelle G., *As judias do Campo de Concentração de Ravensbrück*. São Paulo: Edusp, 2009.

SAÑA, Heleno, *La Internacional Comunista (1919-1945)*. 2 tomos. Madrid: Zero, 1972.

SCHAFRANEK, Hans, "Kurt Landau", Cahiers Léon Trotsky, nº 5, 1980 - https://www.marxists.org/francais/clt/1979-1985/CLT05-Jan-Mar-1980.pdf

SCHLESINGER, Rudolf, *Central European Democracy and ist Background*. London, International Library of Sociology and Social Reconstruction, 1953.

SCHORSKE, Carl E., *German Social Democracy (1905-1917)*. Cambridge: Harvard, Univ. Press, 1955.

SCHÜRER, Heinz, "Anton Pannekoek and the Origins of Leninism", *The Slavonic East European Review*, XVI, nº 97, june 1963.

SCHÜRER, Heinz ,"Radek and the German Revolution", *Survey – A Journal of Soviet and East European Studies*, nº 53 and nº 55, oct. 1964 and april 1965.

SCHÜTRUMPF, Jörn (org.), *Rosa Luxemburgo ou o preço da liberdade*. São Paulo: Fundação Rosa Luxemburgo, 2015.

SINKIN, John, "Walter Krivitsky", http://spartacus-educational.com/SSkrivitsky.htm

SPRIANO, Paolo, *Storia de Partito Comunista Italiano, t.1 - Da Bordiga a Gramsci* . Torino: Einaudi, 1967.

SPRIANO, Paolo, *Storia del Partito Comunista Italiano, t. 2 - Gli anni della clandestinitá*. Torino, Einaudi, 1976.

SUDOPLATOV, Pavel, SUDOPLATOV, Anatoli, avec Jerrold et Leona Schecter, *Missions Speciales – Mémoires du maître-espion soviétique Pavel Sudoplatov*. Paris: Seuil, 1994.

TANENHAUS, Sam, "Foreword", in: W.G.Krivitsky, *In Stalin's Secret Service*. New York: Enigma Books, 2000.

TEIXEIRA DA SILVA, Francisco Carlos (org.), *Enciclopédia de Guerras e Revoluções do século XX*. Rio de Janeiro: Elsevier, 2004.

TODOROV, Tzvetan, "Le procès da David Rousset et sa signification" – Journées Souvarine 2010. http://est-et-ouest.fr/revue/HL043_articles/043_063.pdf

TRAVERSO, Enzo, *Le totalitarisme: Le XXe. siècle em debat*. Paris: Éditions du Seuil, 2001.

VAKSBERG, Arkadi, *Hôtel Lux: Les partis frères au service de l'Internationale communiste*. Paris: Fayard, 1993.

VAKSBERG, Arkadi, *Laboratório de venenos: De Lenine a Putin*. Lisboa: Alétheia Editores, 2007.

VAN HEIJENOORT, Jean, *Sept ans auprès de Léon Trotsky – De Prinkipo à Coyoacán*. Paris: Maurice Nadeau, 2016,

VARELA, Nicolás González, "David Riazanov: humanista, editor de Marx, disidente rojo" http://lhblog.nuevaradio.org/b2-img/gvarela_iazanov.pdf

VERBIZIER, Gérard de, *Ni travail, ni famille, ni patrie – Journal d'une brigade FTP-MOI, Toulouse, 1942-1944*. Paris: Calmann-Lévy, 1994.

VEREEKEN, Georges, *The GPU in the Trotskyst Movement*. Great Britain: New Park Publicarions, 1976.

VERMEIL, Edmond, *L'Allemagne Contemporaine, Sociale, Politique et Culturelle, t. 2: La Republique de Weimar et le Troisième Reich*. Paris: Aubie, 1953.

VINCENT, Jean-Marie, "Sur la montée et la victoire du nazisme", in: MACCIOCCHI, M. A., *Eléments pour une analyse du fascisme, Séminaire, t. 1*. Paris:10/18. 1976.

VOLINE, *La révolution inconnue – De 1905 à octobre*. Paris: Pierre Belfond, 1972,

VOLKOGONOV, Dmitri, *Stalin – Triunfo e tragédia – 1939-1953*. Rio de Janeiro: Ed. Nova Fronteira, 2004.

VOLKOGONOV, Dmitri,*Trotsky, the eternal revolucionary*. London: HarperCollins, 1997.

VOLODARSKY, Boris, *Stalin's Agent – The life and death of Alexander Orlov*. Oxford: University Press, 2015.

WALTER,Gérard, *Lénine*. Paris: 1950.

WALTER,Gérard, *Histoire du Parti Communiste Français*. Paris: Somogy, 1948.

WEBER, Henri, *Marxisme et conscience de classe*. Paris: Union Générale d'Éditions, 10/18, 1975.

WEISSMAN, Susan, *Dissident dans la révolution – Victor Serge, une biographie politique*. Paris: Éditions Syllepse, 2006.

WERTH, Nicolas, *Les procès de Moscou*. Paris: Éditions Complexe, 2006.

WERTH, Nicolas, *L'ivrogne et la marchande de fleurs – Autopsie d'um meurtre de masse – 1937-1938*. Paris: Tallandier, 2009.

WERTH, Nicolas Werth, "Repenser la 'Grande Terreur'", in: *La terreur et le désarroi – Staline e son système*. Paris: Perrin, 2012.

Memórias, autobiografias e romances

ALLILUYEVA, Svetlana, *En une seule année*. Paris: Robert Laffont, 1970.

ALLILUYEVA, Svetlana, *Vingt lettres à un ami*. Paris: Seuil, 1967.

BAJANOV, Boris, *Bajanov révèle Staline*. Paris: Gallimard, 1979.

BARCKHAUSEN- CANALE, Christiane, *No rastro de Tina Modotti*. São Paulo: Editora Alfa--Omega, 1989.

BARMINE, Alexander, *Vingt ans au service de l'URSS: Souvenirs d'un diplomate soviétique*. Paris: Albin Michel, 1939.

BOUKHARINA, Anna Larina, *Boukharine – Ma passion*. Paris: Gallimard, 1990.

BUBER-NEUMANN, Margarete, *Deportée en Siberie*. Paris: Éditions du Seuil, 2004.

BUBER-NEUMANN, Margarete, *Déportée à Ravensbrück*. Paris: Éditions du Seuil, 1988.

CHALAMOV, Varlam, *Contos de Kolimá*. São Paulo: Edditora 34, 2015.

CILIGA, Ante, *Dix ans au pays du mensonge déconcertant*. Paris: Éditions Champs Libre, 1977.

DJILLAS, Milovan, *Conversações com Stalin*. Porto Alegre: Editora Globo, 1964.

DUGAIN, Marc, *Une exécution ordinaire*. Paris: Gallimard, 2007.

FISCHER, Ernst, *Recuerdo y reflexiones*. Madrid: Siglo XXI, 1976.

FRÖLICH, Paul, *Rosa Luxemburgo: Biografia*. São Paulo: Boitempo/Iskra, 2019.

GREEMAN, Richard, Préface, in: SERGE, Victor, *Ville Conquise*. Paris: Climats, 2011.

GUINZBURG, Evguenia, *Le ciel de la Kolyma*. Paris: France Loisirs, 1980.

GUINZBURG, Evguenia, *Le vertige – Récit – Tome 1*. Paris: Éditions du Seuil, 1997.

KOESTLER, Arthur, *Le zéro et l'infini*. Paris: Calmann-Lévy, 1945.

LEONHARD, Wolfgang, *Un enfant perdu de la Révolution*. Paris: Éditions France-Empire, 1983.

LONDON, Artur, *L'aveu: Dans l'engrenage du Procès de Prague*. 2 tomes. Paris: Gallimard, 1968.

KRAVCHENKO, Victor, *Escolhi a liberdade: A vida privada e política de um funcionário soviéti-co*. Rio de Janeiro: Editora A Noite, s.d.

KUUSINEN, Aino, *Quand Dieu Renverse son Ange*. Paris: Julliard, 1974.

MANDELSTAM, Nadejda, *Contre tout espoir*. Paris: Gallimard, 2012.

MANDELSTAM, Nadejda, *Contre tout espoir. Souvenirs III*. Paris: Gallimard, 1973.

MARGOLIN, Julius, *Voyage au pays des Ze-Ka*. Paris: Le bruit du temps, 2010.

MERCADER, Luis, SANCHEZ, German, *Mio fratello, l'assassino di Trotsky*. Torino: Utet SpA, 1990.

PADURA, Leonardo, *O homem que amava os cachorros*. São Paulo: Editora Boitempo, 2013.

PADURA, Leonardo, "La ultima hora de Caridad Mercader" http://espaciolaical.org/contens/15/9091.pdf

PASTERNAK, Boris, *O Doutor Jivago*. Belo Horizonte: Editora Itatiaia, 1958.

PORETSKI, Elisabeth, *Les nôtres*. Paris: Denoël, 1969.

RIBAKOV, Anatoli, *Os filhos da Rua Arbat*. São Paulo: Editora Best Seller, 1989.

RIBAKOV, Anatoli, *El Terror*. Barcelona: Ediciones B, S.A., 1993.

RIBAKOV, Anatoli, *Cendres et poussière*. Paris: Albi00n Michel, 1996.

SERGE, Victor, *Les derniers temps*. Paris: Grasset, 1951.

SERGE, Victor, *L'affaire Toulaev – un roman révolutionnaire*. Paris: Ed. La Découverte, 2009.

SERGE, Victor, *S'il est minuit dans le siècle*. Paris: Grasset, 2009.

SERGE, Victor, *Ville Conquise*. Paris: Climats, 2011.

SOLJENITSYNE, Alexandre, *Le premier cercle*. Paris: Robert Laffont, 2007.

SOLJENITSYNE, Alexandre, *Arquipélago Gulag*. São Paulo: Difel, 1974.

SOLJENITSYNE, Alexandre, *Um dia na vida de Ivan Denissovich*. São Paulo, Círculo do Livro, 1973.

TREPPER, Leopold, *O Grande Jogo*. Lisboa: Portugália, 1974.

VALTIN, Jan Valtin, *Sans patrie ni frontières*. Paris: JCLattès, 1975.

YAKOVLEV, L.,»Témoignages", *Cahiers Léon Trotsky*, nº 13 - https://www.marxists.org/francais/clt/1979-1985/CLT13-Mar-1983.pdf

Sobre Espanha

ALMEIDA, Paulo Roberto, "Brasileiros na guerra civil espanhola", *Revista Sociologia e Política*, nº 12, jun. 1999.

AMORÓS, Miquel, *La verdadera historia de Balius y los Amigos de Durruti*. Barcelona: Editorial Virus, 2003.

BATTIBUGLI, Thais, *A solidariedade antifascista – Brasileiros na guerra civil espanhola (1936-1939)*. São Paulo: Edusp, 2004.

BROME, Vincent, *A batalha das Brigadas Internacionais*. Lisboa: Edição Livros do Brasil, 1965.

BROUÉ, Pierre, TÉMINE, Émile , *A revolução e a guerra de Espanha*. Lisboa: Textos para uma cultura popular, 1976.

BROUÉ, Pierre, *Staline et la révolution: Le cas espagnol*. Paris: Fayard, 1993.

CASTRO DELGADO, Enrique, *J'ai perdu la foi à Moscou*, Paris: Gallimard, 1950.

CNT-FAI - Federación Local de Madrid, "Mayo de 1937 – La revolución traicionada - Disolución del Consejo de Aragón y destrucción de las colectividades" - http://madrid.cnt.es/historia/la-revolucion-traicionada/

ERSOZIAIN, Pello, "El POUM en el frente de Huesca", http://archive.is/xyFsW. "Españoles en los gulags" - http://www.eurasia1945.com/acontecimientos/crimenes-espanoles-en-los-gulags/

FERGO, José, "La nuit espagnole du stalinisme", *À contretemps,* nº 11, mars 2003 - http://acontretemps.org/spip.php?article379

GENOVÈS, Dolors, *Operación Nikolai*. Barcelona: TV3-Televisió de Catalunya - (1992) http://www.youtube.com/watch?v=zLAfmtlCgTU

GORKIN, Julián, "Las jornadas de mayo en Barcelona". http://archive.is/k7sR

GORKIN, Julián, *Les communistes contre la révolution espagnole*. Paris: Pierre Belfond, 1978.

GRAHAM, Helen, *Breve História da Guerra Civil na Espanha*. Lisboa: Ed. Tinta-da-China, 2006.

GUILLAMÓN, Agustin, *El terror estalinista em Barcelona*. Barcelona: Descontrol, 2013.

GUTIERREZ ALVAREZ, Pepe, *Noticias de Julia Lipschutz, conocida como Katia Landau – Fundación Andreu Nin* - http://www.nodo50.org/despage/not_prensa/opinion/pepe_gutierrez/Katia%20Landau/katia_landau.htm (consultaedo em 10.12.2017)

HERNANDEZ, Jesús, *La Grande Trahison*. Paris: Fasquelle, 1953.

Karaganda! La tragedia del antifascismo español. Toulouse, Ediciones M.L.E – CNT, 1948.

KAREPOVS, Dainis Karepovs, "O caso Besouchet, ou o lado brasileiro dos processos de Moscou pelo mundo", *Olho da História*, 8/12/2006 - http://doczz.com.br/doc/184016/o--%E2%80%9Ccaso-besouchet%E2%80%9D---o-olho-da-hist%C3%B3ria

KOLTSOV, Mijaíl, *Diario de la guerra de España*. Barcelona: BackList, 2009.

LANDAU, Katia, *Le stalinisme, bourreau de la révolution espagnole – 1937-1938*. (Paris:) Spartacus, 1939.

MANSILLA, Francisco, "Perder la patria es horrible... mis hermanos que estabam en Francia volvieron, explica" in: http://www.rtve.es/noticias/20120929/ninos-guerra-celebran-rusia-75-anos-exilio/565626.shtml

MAURIN, Juaquin, "Recuerdos" https://www.marxists.org/espanol/maurin/1972.htm

MENDES DE ALMEIDA, Angela, *Revolução e guerra civil na Espanha*. São Paulo: Brasiliense, 1981.

MENDES DE ALMEIDA, Angela, "Alberto Besouchet, fuzilado pelos republicanos na Espanha", *Correio da Cidanania*, 21.10.2014 http://www.correiocidadania.com.br/index.php?option=com_content&view=article&id=10163:submanchete211014&catid=72:imagens-rolantes.

NIN, Andrés, *A guerra civil de Espanha*. Porto: Textos Marginais, 1975.

ORWELL, George, *Hommage à la Catalogne*. Paris: Ed. Ivréa, 2000.

PAGÈS I BLANCH, Pelai, "El asesinato de Andreu Nin, más datos para la polémica". http://www.raco.cat/index.php/Ebre/article/viewFile/215000/285767

PEYRATS, José, *Une Révolution pour horizon – Les Anarcho-Syndiclistes espagnols. 1869-1939*. Clemont-Ferrand: Ed. CNT-RP & Libertalia, 2013.

PRESTON, Paul, *Idealistas bajo las balas – Correspondentes extranjeros en la guerra de Espanha*. Barcelona: Debate, 2007,

SERGE, Victor, "Le cas d'Andres Nin", in: Katia Landau, *Le stalinisme, bourreau de la révolution espagnole – 1937-1938*. Paris: Spartacus nº 40, 1939.

ROCKER, Rudolf, *A tragédia da Espanha*. São Paulo: Terra Livre, 2016.

ROUS, Jean, "España 1936 – España 1939 – La revolución asesinada", in: TROTSKY, Léon, ROUS, Jean, CASANOVA, M., *La victoria era posible – A 70 años de la Guerra Civil española*. Buenos Aires: Ediciones del I.P.S., 2006.

SANTILLAN, D. Abad de, *Por que perdimos la guerra – Memorias de la guerra civil española 1936-1939*. Madrid: G. del Toro, 1975.

SOLANO, Wilebaldo, "História del POUM" https://www.lahaine.org/est_espanol.php/historia_del_poum

STEIN, Sigmunt, *Ma guerre d'Espagne*. Paris: Seuil, 2012.

THOMAS, Hugh, *A Guerra Civil Espanhola*. 2 tomos Rio de Janeiro: Civilização Brasileira, 1964.

TROTSKY, Léon, *Escritos sobre España*. Paris: Ruedo Iberico, 1971.

VOLODARSKY, Boris, *El caso Orlov*. Barcelona: Crítica, 2013.

Sobre Brasil

AARÃO REIS, Daniel, *Luís Carlos Prestes. Um revolucionário entre dois mundos*. São Paulo: Companhia das Letras, 2014

BASBAUM, Leôncio, *Uma vida em seis tempos (memórias)*. São Paulo: Alfa-Omega, 1978.

BASBAUM, Leôncio, *História sincera da República – vol. 3 De 1930 a 1976*. São Paulo: Alfa-Omega, 1975-1976.

CARVALHO, Apolônio, *Vale a pena sonhar*. Rio de Janeiro: Rocco, 1997.

CHILCOTE, Ronald H., *Partido Comunista Brasileiro – Conflito e integração*. Rio de Janeiro: Graal, 1982.

DULLES, John W. F., *O comunismo no Brasil*. Rio de Janeiro: Editora Nova Fronteira, 1985.

FIGUEIREDO, Cláudio, *Entre sem bater: A vida de Apparício Torelly, o Barão de Itararé*. Rio de Janeiro: Casa da Palavra, 2012,

GOMES VIANNA, Marly de Almeida, *Revolucionários de 35 – Sonho e realidade*. São Paulo: Companhia das Letras, 1992.

KAREPOVS, Dainis, "Mentiras e mortes," *Teoria e debate*, 30 de agosto de 2011 – https://teoriaedebate.org.br/estante/johnny-a-vida-do-espiao-que-delatou-a-rebeliao-comunista--de-1935/

LÖWY, Michael (org.), *O marxismo na América Latina. Uma antologia de 1909 aos dias atuais*. São Paulo: Editora Fundação Perseu Abramo, 2000.

NONATO PEREIRA MOREIRA, Raimundo, MACHADO DE LIMA, Thiago, SANTOS SILVA, Letícia, CRUZ ALVES, Iracélli da, GUIMARÃES DE OLIVEIRA, Cláudia Ellen, "O célebre Miranda: aventuras e desventuras de um militante comunista entre a história e a memória". *Práxis – Revista eletrônica de história e cultura*. http://revistas.unijorge.edu.br/praxis/2011/pdf/62_oCelebreMiranda.pdf

MARTINS RODRIGUES, Leôncio, "Sindicalismo e classe operária (1930-1964)" in: *História Geral da Civilização Brasileira – III O Brasil Republicano – 3 - Sociedade e política*. São Paulo: Difel, 1986,

MORAIS, Fernando, *Olga. A vida de Olga Benario Prestes, judia comunista entregue a Hitler pelo governo Vargas*. São Paulo: Editora Alfa-Omega, 1985.

PRESTES, Anita Leocádia, *Olga Benario Prestes – Uma comunista nos arquivos da Gestapo*. São Paulo: Boitempo, 2017.

PINHEIRO, Paulo Sérgio, *Estatégias da ilusão. A revolução mundial e o Brasil (1922-1935)*. São Paulo: Companhia das Letras, 1991.

RODRIGUES, Sérgio, *Elza, a Garota – A história da jovem comunista que o partido matou*. Rio de Janeiro: Nova Fronteira, 2009,

ROSE, R. S., SCOTT, Gordon D. Scott, *Johnny. A vida do espião que delatou a rebelião comunista de 1935*. Rio de Janeiro: Record, 2010.

WAAK, William, *Camaradas: nos arquivos secretos de Moscou. A história secreta de revolução brasileira de 1935*. São Paulo: Companhia das Letras, 1993.

Siglas e abreviações

Abwerhr – Serviço de informações de Hitler

AIT – Associação Internacional dos Trabalhadores (I Internacional)

Bund – Organização de socialistas judeus da Europa do Leste entre 1890 e 1930

CEIC – Comitê Executivo da Internacional Comunista

CGTU – Confederação Geral Unitária do Trabalho (comunistas, França)

CGT – Confederação Geral do Trabalho (socialistas, França)

CNT – (*Confederación Nacional del Trabajo*) Confederação Nacional do Trabalho (anarquistas, Espanha)

Comintern – abreviação de Internacional Comunista

FAI – (*Federación Anarquista Ibérica*)

FTP – (*Francs-tireus et Partisans*), Franco-atiradores e Guerrilheiros

Generalitat – Governo da Catalunha

Gestapo – abreviação de *Geheime Staastpolizei* - Polícia Secreta de Estado

Glasnost – (Transparência) – política implementada no governo de Mikhail Gorbachev (1985-1991)

GPU – (*Gosudarstvennoye Politicheskoye Upravleniye)* Serviço Soviético de Segurança e Informação – (1922-1933)

GRU – (*Glavnoye Razvedyvatelnoye Upravleniye*) Serviço Soviético de Informação Militar

GUGB – Serviço Soviético de Segurança e Informação do NKVD

Gulag – abreviação de (*Glavnoye Upravleniye Lagerei*) Direção dos Campos de Trabalho

IC – Internacional Comunista

IKD – (*Internationale Kommunisten Deutschlands*) Comunistas Internacionalistas Alemães

INO – (*Inostrannyi Otdel*) Departamento de Inteligência no Estrangeiro do GPU, depois do NKVD

Internacional Socialista (II Internacional)

Internacional Comunista (III Internacional)

JSU – Juventudes Socialistas Unificadas (Juventudes comunista e socialista unificadas)

KAG – (*Kommunistische Arbeitsgemeinschaft*) Grupo de Trabalho Comunista

KAPD – (*Kommunistische Arbeiterpartei Deutschlands*) Partido Operário Comunista Alemão

KGB – (*Komitet Gosudarstvennoï Bezopastnosti*) Comitê de Segurança do Estado, a partir de 1954

KPD – (*Kommunistische Partei Deutschlands*) Partido Comunista Alemão

Kominform – abreviação de Escritório de Infor000mação dos Partidos Comunistas e Operários

Komintern – abreviação de *Kommunistische Internationale* (Internacional Comunista)

Komsomol – abreviação de *Kommunisticheskiy Soyuz Molodiozhi* (Organização juvenil do Partido Comunista da URSS)

"*M-Apparat*" – Serviço secreto do KPD

MGB – Ministério da Segurança do Estado (de 1946 a 1953)

MOI (*Main d'Oeuvre Immigré*) – seção sindical da CGTU, agrupando os trabalhadores estrangeiros, depois engajados nas Brigadas Internacionais da Espanha e em seguida na Resistência francesa

MUR – (*Mouvements Unis de la Résistance*) Movimento Unidos da Resistência

NEP – Nova Política Econômica

NKVD –(*Narodnyi Kommissariat Vnutrennikh Del*) Comissariado do Povo para Assuntos Internos (a partir de janeiro de 1934)

NOI – (*Nuova Opposizione Italiana)* Nova Oposição Italiana

OMS – Seção de Relações Internacionais da Internacional Comunista

Perestroica – (Reestruturação) – política do governo de Mikhail Gorbachev (1985-1991)

PCB – Partido Comunista do Brasil

PCF – Partido Comunista Francês

PCI – Partido Comunista Internacionalista (Seção francesa da Quarta Internacional)

PCI – Partido Comunista Italiano

PDS – (*Partito Democratico de Sinistra*) Partido Democrático de Esquerda

POUM (*Partido Obrero de Unificación Marxista)* Partido Operário de Unificação Marxista

PROFINTER – Internacional Sindical Vermelha

PSF – Partido Socialista Francês

PSI – Partido Socialista Italiano

PSOE – (*Partido Socialista Obrero Español)* Partido Socialista Operário Espanhol

PSUC (*Parido Socialista Unificado de Catalunha*) (fusão dos partidos socialista e comunista na Catalunha)

PCURSS – Partido Comunista da URSS

Quarto Departamento – Serviço Secreto do Exército Vermelho

RDA – República Democrática Alemã (Alemanha de Leste)

ROVS – Organização Russa de Forças Combinadas

SAP – (*Sozialistische Arbeiterpartei*) Partido Socialista Operário

SED – (*Sozialistische Einheitspartei Deutschlands)* Partido Socialista Unificado

SFIO – (*Section Française de l'Internationale Ouvrière*) Seção Francesa da Internacional Operária

SIS – (*Secret Intelligence Service*) Serviço Secreto de Inteligência, inglês

SLON – Campos Especiais do Norte

Smertch – abreviação de "Morte aos espiões!" em russo, sub-divisão do NKVD

SOE – (*Special Operations Executive*) serviço secreto inglês antinazista

SPD – (*Sozialdemokratische Partei Deutschlands*) Partido Social-democrata Alemão

Reichstag – Parlamento alemão

Stasi – abreviação de Ministério para a Segurança do Estado, polícia política da RDA

STO – Serviço de Trabalho Obrigatório na Alemanha, para os franceses, durante a guerra

Do partido único ao stalinismo

UGT – (*Unión General de Trabajadores*) União Geral de Trabalhadores (socialistas, Espanha).

USPD – (*Unabhängige Sozialdemokratische Partei Deutschlands*) Partido Social-democrata Independente da Alemanha

URSS – União das Repúblicas Socialistas Soviéticas

TcheKa – abreviação de (*Tchrezytchnainaia Komissia Po Borbe S Kontrrevolitsieï I Sabotajem*) Comissão Panrrussa Extraordinária de combate à contrarrevolução e à sabotagem (1917-1922)

VKPD – (*Vereinigte Kommunistische Partei Deutschlands*) Partido Comunista Unificado da Alemanha

Cronologia

1864	– Fundação da AIT (Associação Internacional dos Trabalhadores)
1868	– Bakúnin envia à Espanha Giuseppe Fanelli, que consegue unir os núcleos anarquistas de Madri e de Barcelona
1875	– Fundação do Partido Social-Democrata Alemão (SPD – *Sozialdemokratische Partei Deutschlands*) – Presidente: August Bebel
1897	– Fundação do *Partido Socialista Obrero Español* (PSOE) – Pablo Iglesias
1899	– Polêmica Eduard Berstein (*Os pressupostos do socialismo*), grupo "revisionista"– contra ele Karl Kautsky e Rosa Luxemburgo
1902	– Publicação de *Que fazer?*, de Lênin
1904	– Polêmica entre Lênin (livro *Um passo adiante, dois atrás*) e Rosa Luxemburgo (artigo "Questões de organização da social-democracia russa") – Publicação do livro *Nossas tarefas políticas*, de Trótski
1910	– Fundação, na Espanha, da CNT (*Confederación Nacional del Trabajo*), agregando apenas sindicatos de trabalhadores e não permitindo pessoas filiadas a partidos
1912	– SPD é o partido mais votado na Alemanha – Presidente: Friedrich Ebert – protagonismo dos sindicalistas
1914	– 4 de agosto – Início da Primeira Guerra Mundial – 4 de agosto – SPD aprova os créditos de guerra – dezembro – Karl Liebknecht vota contra os créditos de guerra – em torno dele, de Rosa Luxemburgo e de Franz Mehring começa a se organizar o grupo que dará origem à Liga Spartacus – "radicais"
1915	– "Revisionistas" e "marxistas ortodoxos" (Karl Kautsky, Hugo Haase e Wilhelm Dittmann) também se colocam contra a guerra – 18 de março – Karl Liebknecht e Otto Rühle votam contra os créditos de guerra – 5-8 de setembro – Conferência socialista internacional de Zimmerwald, Suíça
1916	– Fundação do grupo dos IKD (*Internationale Kommunisten Deutschlands*), "internacionalistas", editando a revista *Arbeiterpolitik* – Anton Pannekoek, Hermann Gorter, Johan Knief e Otto Rühle – 14-30 de abril – Conferência socialista internacional de Kienthal, Suíça
1917	– 18 de janeiro – SPD expulsa os "radicais", "revisionistas" e "marxistas ortodoxos" que eram contra a guerra – 6-8 de abril – Fundação do Partido Social-Democrata Independente da Alemanha (USPD – *Unabhängige Sozialdemokratische Partei Deutschlands*) – o grupo Liga Spartacus integra-se a este partido

1917	– 7 de novembro – Insurreição comunista na Rússia – Tomada do Palácio de Inverno – 20 de dezembro – É criada a Comissão Pan-Russa Extraordinária de Combate contra a Contrarrevolução e a Sabotagem – *TcheKa*. – 22 de dezembro – Início das conversações de Brest-Litovski entre Alemanha e URSS
1918	– 18 de janeiro – Reunião da Assembleia Constituinte em Petrogrado até às 4h40m do dia 19 – 19 de janeiro – Dissolução, pelo governo bolchevique, da Assembleia Constituinte – 19 de janeiro – Passeata pacífica com bandeiras vermelhas, composta por operários, funcionários e intelectuais, em apoio à Constituinte, é metralhada – 21 mortos e numerosos feridos – 3 de março – Assinatura do Tratado de Brest-Litovski – 11-12 de abril – Repressão a 26 centros anarquistas na URSS – 60 mortos e 600 presos – 15 de maio – Início da guerra civil na URSS – 6 de julho – Rebelião dos Socialistas-revolucionários de Esquerda contra o Tratado de Brest-Litovski – assassinato do embaixador alemão von Mirbach e sequestro de Féliks Dzerjínski, chefe da *TcheKa* – rebelião é controlada – 30 de agosto – Fanni Kaplan tenta assassinar Lênin – agosto – Generais comunicam à nação alemã serem incapazes de garantir as fronteiras – Artigo de Rosa Luxemburgo "A revolução russa", só publicado em 1922, por Paul Levi – 2 de setembro – "Declaração do Comitê Central Executivo dos Soviets" decreta "o terror de massas contra a burguesia e seus agentes" – 3 de novembro – Início da sublevação da frota marítima alemã – 5–9 de novembro – Formação de conselhos de operários e soldados na Alemanha – 9 de novembro – O Império cai – Friedrich Ebert torna-se Presidente da República de Weimar – 10 de novembro – Os conselhos escolhem um governo operário SPD-USPD – "Governo dos Seis Comissários do Povo" – 11 de novembro – Termina a Primeira Guerra Mundial, com a assinatura do armistício entre a Alemanha e a Tríplice Entente, amputada da Rússia – 11 de novembro – A Liga Spartacus se organiza formalmente – 4 de dezembro – Início da formação dos "corpos francos" – 29 de dezembro – Demissão dos ministros do USPD – 30 de dezembro – Início do Congresso de Fundação do KPD (S) (*Kommunistische Partei Deutschland – Spartacus*)
1919	– 1º de janeiro – Fim do Congresso de Fundação do KPD – 6 de janeiro – Revolução em Berlim, greve geral, ocupação de edifícios – 9–12 de janeiro – Repressão dos "corpos francos" – 15 de janeiro – Assassinato de Rosa Luxemburgo e Karl Liebknecht – 19 de janeiro – Eleições para a Assembleia Constituinte na Alemanha – 29 de janeiro – Morte de Franz Mehring – fevereiro – Fim do "terror de massas contra a burguesia" na URSS – 2–6 de março – Conferência internacional em Moscou se proclama 1º Congresso da Internacional Comunista (ou *Komintern*) – 10 de março – assassinato de Leo Jogiches – 21 de março – Proclamação da República dos Conselhos da Hungria – março – Rebelião da Frota Francesa no Mar Negro – 7 de abril – República dos Conselhos da Baviera

Do partido único ao stalinismo

1919	– 28 de junho – Assinatura do Tratado de Versalhes – 1º de agosto – Liquidação da República dos Conselhos da Hungria – 20-24 de outubro – 2º Congresso do KPD(S), em Heidelberg – novembro – Criação do Secretariado de Amsterdam, da Internacional Comunista, para a Europa Ocidental – novembro – Criação do Secretariado de Berlim, da Internacional Comunista, para a Europa Ocidental
1920	– Publicação de *O desenvolvimento da revolução mundial e a tática do comunismo*, de Anton Pannekoek – 15 de janeiro – Decreto abole a pena de morte na URSS – em substituição condena os acusados a 5 anos em campos de trabalho – 25-26 de fevereiro – 3º Congresso do KPD(S) em Karlsruhe – 13 de março – Putsch de Kapp, von Lüttwitz e "corpos francos" na Alemanha – greve geral aniquila o golpe – 23 de março – "Declaração de Oposição Leal" do KPD(S) – 4-5 de abril – Fundação do KAPD (*Kommunistische Arbeiterpartei Deutschlands*) – Partido Operário Comunista da Alemanha – 14-15 de abril – 4º Congresso do KPD(S), em Berlim – 15 de abril – Fundação do Partido Comunista Espanhol (PCE) – 24 de abril – Início da guerra entre Polônia e URSS – Publicação de *Esquerdismo, doença infantil do comunismo*, de Lênin – 19 de julho-7 de agosto – 2º Congresso da Internacional Comunista – Adoção das "21 condições" – julho – Exército Vermelho às portas de Varsóvia – 16 de agosto – contraofensiva do exército polonês – 12-17 de outubro – Congresso de USPD, em Halle – maioria aceita as "21 condições" – 1º-3 de novembro – 5º Congresso do KPD(S), que se define KPD – 14 de novembro – Fim da guerra civil na URSS – 4-7 de dezembro – Congresso de fusão entre KPD e USPD, tornando-se o Partido Comunista Unificado da Alemanha (*Vereinigte Kommunistische Partei Deutschlands* – VKPD) – Em 1921 volta a se chamar KPD – 20-30 de dezembro – Congresso do Partido Socialista Francês, em Tours, na França, aceita as "21 condições" e torna-se Partido Comunista Francês (PCF)
1921	– 7 de janeiro – "Carta aberta" do KPD a todas as organizações operárias da Alemanha – 15 de janeiro – Congresso socialista em Livorno, na Itália – maioria não aceita as "21 condições" – Comunistas retiram-se e fundam o Partido Comunista Italiano (PCI) – 22 de fevereiro – Paul Levi demite-se da direção do KPD – 28 de fevereiro – 7 de março – A insurreição na fortaleza de Kronstadt, na União Soviética, é derrotada – 2.103 insurgentes são condenados à morte e fuzilados – março – Fim da guerra entre a Polônia e a União Soviética – 8-16 de março – 10º Congresso do Partido Comunista Russo – proibição de frações e implantação da NEP (Nova Política Econômica) – 16 de março – Acordo comercial anglo-russo – março - Aparece a "teoria da ofensiva"

1921	– 24 de março – "Ação de março" – Face à uma ação policial do social-democrata Hörsing, o KPD decide chamar a uma greve geral e passar à resistência armada – 27 de março – Carta de Levi a Lênin – 15 de abril – Paul Levi é expulso do KPD – Publicação de *Qual é o crime? A ação de março ou a sua crítica?*, de Paul Levi – 22 de junho–12 de julho – 3º Congresso da Internacional Comunista – "Vamos às massas" – "nova tática" – Publicação, por Paul Levi, do artigo de Rosa Luxemburgo "A revolução russa", escrito em 1918 – 26 de agosto – Assassinato de Mathias Erzberger, deputado do Centro Católico que havia pedido, em 1917, uma paz "sem anexações e sem indenizações" – setembro – KPD faz uma nova "declaração de oposição leal" ao novo governo regional da Turíngia: uma coalizão SPD-USPD – dezembro – Comitê Executivo da Internacional adota a tese da "frente única"
1922	– 24 de fevereiro– 3 de março – 1ª Plenária do Comitê Executivo Ampliado da Internacional Comunista –"Teses sobre a unidade da frente proletária" – Fevereiro – *TcheKa* é substituída pelo GPU (*Gosudarstvennoye Politicheskoye Upravleniye*) –Serviço Soviético de Segurança e Informação – março – PCI – (Partido Comunista Italiano) não aceita as teses de "frente única" – Bordiga – abril – Conferência das 3 Internacionais – a Comunista, a Socialista e a União de Viena (chamada pelos comunista de "Internacional II e meia") – 16 de abril – Tratado de Rapallo, assinado entre a Alemanha e a URSS – maio – Afastamento de Lênin por motivo de saúde – maio–dezembro de 1923 – Gramsci passa um período em Moscou – 21–31 de outubro – "Marcha sobre Roma", ascenso de Mussolini ao poder – 30 de novembro – 5 de dezembro – 4º Congresso da Internacional Comunista –"Resolução sobre a tática", subscreve as teses de "frente única" aprovadas na 1ª Plenária do Comitê Executivo Ampliado – "reivindicações de transição", "programa de transição", "governo operário" e "governo de partidos operários"
1923	– 1923–1932 – Ditadura conservadora de Primo de Rivera na Espanha – 11 de janeiro – França ocupa o Vale do Ruhr, na Alemanha, para garantir o fornecimento de matérias-primas – sobretudo carvão – como parte do pagamento das reparações de guerra – janeiro – Resposta do governo alemão de Kuno: "resistência passiva" – 28 de janeiro–1º de fevereiro – 8º Congresso do KPD, em Leipzig – janeiro a setembro – Colossal inflação até um dólar equivaler 350 milhões de marcos – 23 de maio – Fuzilamento de Leo Schlageter, dos "corpos francos", pelos franceses – 12–23 de junho – Reunião do Comitê Executivo Alargado da Internacional Comunista para discutir a situação interna do KPD, na Alemanha – junho – Relatório de Clara Zetkin sobre o fascismo – discurso de Karl Radek sobre Leo Schlageter – 12 de julho – Apelo do KPD por uma manifestação antifascista – 9–11 de agosto – Delegados de assembleia de conselhos de fábrica de Berlim decretam uma greve geral que se generaliza – 12 de agosto – Cai o governo Kuno e inicia-se o governo de Gustav Stresemann, com quatro sociais-democratas em ministérios – Rudolf Hilferding nas Finanças

Do partido único ao stalinismo

1923	– 21 de setembro–4 de outubro – Comitê Executivo da IC convoca em Moscou dirigentes alemães para discutir a greve geral e a insurreição na Alemanha – 26 de setembro – Stresemann suspende a "resistência passiva" e negocia com franceses e Aliados – 8 de outubro – Brandler volta de Moscou para Berlim – 13 de outubro – Stresemann obtém plenos poderes – saem os socialdemocratas – 15 de outubro – "Carta dos 46" bolcheviques enviada ao Comitê Central do partido russo, iniciativa de Evguiéni Preobrajiénski, à qual em seguida aderiram Trótski e outros – questões de equilíbrio entre setor agrícola e setor industrial – questões de democracia interna do partido – 20–21 de outubro – Conferência dos Conselhos de Fábrica da Saxônia, em Chemnitz – Brandler, pelo KPD, propõe a insurreição – proposta não é aceita – 23–24 de outubro – Insurreição em Hamburgo, ocorrida em virtude de informação errada – 28 de outubro – Stresemann destitui os governos da Saxônia e da Turíngia – grande repressão contra o KPD – 5 de novembro–5 de dezembro de 1923 – 4º Congresso da Internacional Comunista que adota a palavra de ordem de "governo operário" e confirma a "frente única" – 15 de dezembro – Stálin inicia no jornal Pravda, uma grande campanha contra Trótski – dezembro – Surge no KPD uma tendência de "centro", crítica da "direção oportunista" de Brandler, que causou a "derrota de outubro" – Dezembro a maio de 1924 – Gramsci passa um período em Viena
1924	– 16–18 de janeiro – 13ª Conferência do Partido Comunista da URSS condena a oposição e afirma a autoridade da *troika* no governo: Zinóviev, Kámenev e Stálin – 21 de janeiro – Morte de Lênin – 19–21 de janeiro – Resolução do *Presidium* do Comitê Executivo da Internacional Comunista sobre a Alemanha condena os erros de Radek e Brandler – 16 de abril – O governo alemão aceita o Plano Dawes – 23–31 de maio – 13º Congresso do Partido Comunista da URSS – em reunião restrita é apresentado o "testamento de Lênin" – tomam a decisão, com a anuência de Trótski, de deixá-lo secreto – 17 de junho–18 de julho – 5º Congresso da Internacional Comunista – redefinição da "frente única só pela base" – luta contra a "direita" – início da "bolchevização" dos partidos comunistas – socialdemocracia: "ala do fascismo" – outubro – Início da campanha contra Trotsky na URSS – Stálin lança a tese do "socialismo em um só país"
1925	– 15 de janeiro – Trótski é obrigado a demitir-se de seu posto de Comissário da Guerra – abril – 5ª Reunião Plenária do Comitê Executivo da Internacional Comunista – frente única apenas como "método de agitação revolucionária e de organização das massas" – "fim da era democrático-pacifista" e início da "estabilização relativa do capitalismo" – 27 de abril – Marechal Hindenburg é eleito presidente da República de Weimar – 27–29 de abril – Aparecem as primeiras divergências no seio da *troika*: Stálin contra Zinóviev e Kámenev – 31 de outubro – Morte de Mikhail Frunze, Comissário de Guerra e aliado de Zinóviev, na mesa de operação – 18–31 de dezembro – 14º Congresso do Partido Comunista da URSS – Zinóviev e Kámenev são derrotados – nova *troika*: Stálin, Bukhárin e Rykov

1926	– janeiro – Congresso clandestino do PCI em Lyon, França – "Teses de Lyon" – consolidação da liderança de Gramsci – 6–9 de abril – Formação da Oposição Unificada: Trótski, Zinóviev e Kámenev – maio – Boris Pilniak publica *O conto da lua inextinguível* na revista *Novy Mir,* sobre a morte de Frunze – a revista é recolhida – Pilniak é fuzilado em 1938 – 24 de abril – Tratado de Berlim, entre Alemanha e URSS, reitera o Tratado de Rapallo – 8 de novembro – Gramsci é preso em Roma
1927	– junho – Fundação da FAI (*Federación Anarquista Ibérica*), agregando anarquistas espanhóis e portugueses – 15 de julho – "Revolta de julho" em Viena – insurreição operária reprimida – 89 mortos – 22 de agosto – Execução, na cadeira elétrica, na cidade de Boston , de Sacco e Vanzetti – 13 de setembro – "Caso Wrangel", fabricado pelo GPU, dá pretexto a Stálin para ilegalizar a Oposição Unificada – 7 de novembro – No cortejo comemorativo da Revolução a Oposição Unificada se manifesta e é reprimida violentamente – 15 de novembro – Trótski e Zinóviev são expulsos do PC da URSS – 16 de novembro – Suicídio de Adolf Ioffe – 2–19 de dezembro – 15º Congresso do PC da URSS – constatação de que o "segundo período" de "estabilização relativa do capitalismo" havia terminado (subentendo que o "primeiro período" teria sido de 1917 a 1923) e que abria-se um "terceiro período", de revoluções e "fascistização da socialdemocracia" – 10 de dezembro – Zinóviev, Kámenev e seguidores fazem autocrítica e são reintegrados
1928	– janeiro – Comitê Executivo da Internacional decide, contra a opinião dos franceses, não aderir ao bloco socialdemocrata-radical no segundo turno das eleições francesas, criando a tática chamada "classe contra classe" – janeiro – Ruptura da Oposição Unificada – "capituladores" e "irredutíveis" – Trótski é deportado para Alma-Ata, no Cazaquistão – fevereiro – 9ª Plenária Ampliada do Comitê Executivo da Internacional Comunista – "Resolução contra a oposição trotskista" – estigmatização do "perigo da direita" – decisão de impor ao PCF o abandono da "disciplina republicana", que levava, no segundo turno, a votar no candidato melhor colocado de toda a esquerda – março – Amálgama de Bukhárin (oposição de "direita" interna ao partido russo) a Trótski e a Otto Bauer, da "Internacional II e meia" – abril – "Descoberta" de um "complô" nas minas de carvão de Chakhty – julgamento público de 11 engenheiros "sabotadores", condenados à morte – abril – Nas eleições o PCF, ao abandonar a "disciplina republicana" perde 13 deputados – abril – Boicote dos camponeses ao fornecimento de trigo à cidade – expedições da polícia política para o confisco de trigo – "culpados" eram os *kúlacs*, os camponeses ricos, dizia o governo – maio – Coletivização forçada do campo – 1º Plano Quinquenal: expansão industrial de 130% – 17 de julho– 1º de setembro – 6º Congresso da Internacional Comunista – Bukhárin, presidente, já completamente sem força – reafirmação das teses do "terceiro período" – social-democracia = "social-fascismo" – iminência de uma guerra contra a URSS – comunistas devem defender a "pátria do socialismo"

Do partido único ao stalinismo

1928	– setembro – Publicação do artigo "Notas de um economista", de Bukhárin, colocando-se contra a solução stalinista para a crise no fornecimento de trigo – novembro – Expulsos na Alemanha os "direitistas" Brandler, Thalheimer, Frölich e outros, formando o KPD-Oposição –"conciliadores" dentro do KPD neutralizados
1929	– 20 de janeiro – O GPU informa a Trótski a sua expulsão do país – "1º de maio sangrento" na Alemanha – governo prussiano, liderado pelos sociaisdemocratas, proíbe manifestação operária e depois reprime-a com intensa violência nos bairros operários de Wedding e Neukölln – 32 mortos – abril – Bukhárin, Rykov e Tómski na Oposição de Direita – 15º Congresso do PC da URSS adota uma política radical de coletivização do campo e de industrialização – vários trotskistas consideram que sua política está sendo aplicada e "capitulam" – Poucos permanecem com Trótski, como Rakóvski – julho – 12º Congresso do KPD consagra a tese do "social-fascismo" – julho – 10ª Plenária Ampliada do Comitê Executivo da Internacional Comunista – nova consagração da tese do "social-fascismo" – reafirmação da caracterização de "terceiro período" feita no 6º Congresso da IC – 2º semestre – Eliminação dos *kulaks*, confisco de suas terras e equipamentos em proveito dos *kolkhozes* – deportação das famílias camponesas para a Sibéria – 29 de outubro – *Crash* da Bolsa de Nova York – crise econômica – início da "Grande Depressão" – Dezembro – Divergências a respeito do "terceiro período", chamado de "*la svolta*", levam à exclusão de importantes dirigentes do PCI: Angelo Tasca, Amadeo Bordiga, Alfonso Leonetti, PietroTresso, Paolo Ravazzoli e Ignazio Silone
1930	– Processo na URSS contra 48 professores, agrônomos e funcionários ligados ao abastecimento – condenados à morte – Processo do "complô" do "partido industrial" – envolve 2000 engenheiros, a França e os emigrados brancos – torturas e confissões – julgamento-espetáculo Casa dos Sindicatos de Moscou – 5 condenados à morte, com penas reduzidas depois a 10 anos – Oposição de Lominadze e Sirtsov é descoberta – eles e seus seguidores são expulsos do Partido Comunista da URSS – Oposição de Riutin – seu texto, a "Plataforma Riutin", é divulgado – Ele é expulso do Partido Comunista da URSS, preso, mas depois libertado e reintegrado – Oposição de Aleksandr Smírnov, velho bolchevique – os membros do grupo foram apenas expulsos do Partido – 1º semestre – Tresso, Leonetti e Ravazzoli entram em contato com a Oposição Trotskista Internacional – fevereiro – Reunião do *Presidium* do Comitê Executivo da Internacional Comunista – mantém as mesmas posições – Manuílski declara que a crise de 1929 é apenas o "início do desmoronamento da estabilização capitalista" – março – Queda do governo do social-democrata Hermann Müller e ascenso de Brüning, do Centro Católico – abril – O GPU cria o *Gulag* – abreviação de (*Glavnoye Upravleniye Lagerei*), ou seja, Direção dos Campos de Trabalho – para administrar a rede de campos de trabalho

1930	– setembro – Eleições na Alemanha: partido nazista aumenta em 5.600 milhões, o KPD aumenta em 1.300 milhão e o SPD perde 9 milhões de votos – setembro – Nas eleições o KPD lança a "Declaração - Programa pela libertação nacional e social do povo"
1931	– abril – 11ª Plenária do Comitê Executivo da Internacional Comunista – dirigentes intervém na direção do PCF, primeiro introduzindo um grupo de jovens militantes e depois criando uma direção informal, acima da formal, o *collège de direction*", chefiada pelo tchecoslovaco Fried (havia ainda o húngaro Ernö Gerö, e a romena Ana Pauker) – Maurice Thorez torna-se o dirigente principal, coadjuvado por Jacques Duclos e Benoît Frachon – agosto – Nazistas apresentam um Referendo pedindo a dissolução antecipada do parlamento provincial da Prússia, dominado pelo SPD – Internacional Comunista exige que o KPD apoie os nazistas – o Referendo foi um fracasso – responsabilizados pelo fracasso: Hermann Remmele e Heinz Neumann
1932	– 1º semestre – Riutin lança um "Apelo" aos militantes, assinado por mais 17 apoiadores, pedindo uma conferência dos marxistas leninistas – Riutin é novamente expulso e preso – o GPU submete seu caso ao Burô Político – 1º semestre – Victorio Codovilla, na Espanha "Luis Medina", começa a atuar junto ao PCE em nome da Internacional Comunista – chamado de volta a Moscou em setembro de 1937 – 1º semestre – Crise de 1929 atinge o crescimento alemão – entre 1929 e 1932, a produção baixou do índice 100 a 58, o número de desempregados de 3 para 6 milhões – julho – Diante da destituição do social-democrata Braun do governo da Prússia, executada pelo presidente Hindenburg, o KPD propõe uma "frente única" – agosto – 12ª Plenária do Comitê Executivo da Internacional Comunista – Kuusinen declara que "o fim da estabilização capitalista tinha começado", mas que não traria situação revolucionária – direção stalinista preocupa-se com a "construção do socialismo em um só país" e manutenção do *status quo* – direção da IC critica severamente o KPD pela proposta de "frente única" – 27 de novembro – Suicídio de Nadiéjda Allilúieva, esposa de Stálin, depois de uma discussão pública com o marido em um banquete de gala pelo aniversário da Revolução de Outubro
1933	– "Descoberta" de "sabotagem" de 6 engenheiros ingleses e muitos russos na sociedade Metropolitan-Vickers, construtora do metrô – julgamento-espetáculo com confissões – penas de prisão, mas o governo inglês consegue a libertação de seus súditos – Processo do "Partido Camponês" – executados os professores Makarov e Kondratiev, críticos da coletivização forçada – Processo da Comissão do Plano – executados velhos mencheviques, como Groman, Guinzburg, o historiador socialista-revolucionário Sukhánov e outros – 29 de janeiro – O presidente Hindenburg nomeia Adolf Hitler com Primeiro Ministro – 26–27 de fevereiro – Um incêndio proposital, destinado a aparecer como obra dos comunistas, destrói o prédio do parlamento, o Reichstag – Mais de 4 mil comunistas e socialistas são presos – sedes do KPD são invadidas pelos nazistas – 3 de março – 100 deputados comunistas são postos na ilegalidade – Ernst Thälmann é preso – 9 de março – Georgi Dimítrov, chefe do Burô Ocidental da Internacional, é preso, acusado pelo incêndio, junto com Ernst Torgler, líder da bancada comunista do parlamento, e mais dois búlgaros.

Do partido único ao stalinismo

1933	– 1º de abril – Reunião do *Presidium* do Comitê Executivo da Internacional Comunista ouve o relato do KPD sobre a ascensão de Hitler – considera que a linha estava correta e que a ditadura fascista aberta, liberando as massas das ilusões democráticas, acelera o caminho da revolução proletária – maio – URSS tenta salvaguardar o Tratado de Rapallo (1922) com a Alemanha e consegue prorrogação – junho – Sociais-democratas continuam no parlamento e desautorizam dirigentes que no exterior tentam organizar a luta contra Hitler – 21 de setembro–23 de dezembro – Processo na cidade Leipzig, no qual foram julgados Dimítrov, Torgler e dois búlgaros – manifestações comunistas e socialistas uniram-se para defender os acusados – todos foram absolvidos
1934	– janeiro – "Expurgo geral" que expulsou 340 mil membros do Partido Comunista da União Soviética – janeiro – Escândalo do caso de corrupção de Stavisky, na França, envolvendo deputados e funcionários do Partido Radical no governo Daladier, de esquerda – grupos fascistas e monarquistas, como Cruz de Fogo e Juventudes Patrióticas, agitam e são enfrentados por estudantes – desemprego de 300 mil pessoas – 26 de janeiro–10 de fevereiro – 17º Congresso do Partido Comunista da União Soviética – Oposições completamente derrotadas, vários oposicionistas fazem atos de contrição, humilham-se – "congresso dos vencedores" – Na eleição final para o Comitê Central Kírov foi o mais votado – Dos 1.966 delegados ao congresso, 1.108 serão executados – 6 de fevereiro – Grupos de extrema-direita na França organizam enorme manifestação que cerca o parlamento – repressão governamental faz cerca de 10 mortos e mais de 1.000 feridos – cai o governo de Daladier e entra outro que defende a militarização do país em preparação para a guerra contra a Alemanha – 9 de fevereiro – Manifestação de protesto do PCF – repressão e mortos – 12 de fevereiro – Greve geral chamada pela central sindical socialista, CGT, à qual aderem os sindicalizados da CGTU – formam-se duas colunas separadas de manifestantes, com ordem do PCF para dispersão ao final – as colunas se unem aos gritos de "Unidade" – toma forma espontaneamente a "frente popular" na França, entre comunistas, socialistas e radicais-socialistas – 12–16 de fevereiro – Enfrentamento entre as milícias social-democratas e as forças governamentais do Dollfuss em Viena – derrota, com mais de 1.200 mortos, 10 mil presos e muitos condenados à morte – 2 de maio – O Ministro de Negócios Estrangeiros francês do novo governo reacionário, Pierre Laval, e o embaixador russo em Paris, V. P. Potemkin, firmam um pacto de ajuda mútua – Laval vai a Moscou. – 31 de maio – Artigo do jornal russo *Pravda*, publicado pelo jornal francês comunista *L'Humanité*, afirma ser aceitável a unidade entre dirigentes comunista e socialistas franceses na ação contra o fascismo – 30 de junho – "Noite dos grandes punhais", quando foram executados pelo governo de Hitler centenas de nazistas da organização paramilitar chefiada pelo capitão Röhm – 10 de julho – O GPU é incorporado a um novo organismo, o NKVD (Comissariado do Povo para Assuntos Internos), à frente do qual é colocado Genrikh Iagoda – agosto – 1º Congresso da União dos Escritores na URSS – "realismo socialista"

1934	– outubro – Movimento insurrecional para barrar a entrada do partido católico no governo espanhol fracassa – nas Astúrias os mineiros tomam o poder e o defendem durante cerca de um mês – Comuna das Astúrias, onde lutam lado a lado anarquistas, socialistas e comunistas – 1º de dezembro – Assassinato de Serguei Kírov, em Leningrado, na porta de seu escritório – 2 de dezembro – Antes de ser interrogado o seu guarda-costas, M. D. Boríssov, morre em acidente de carro mal explicado – no 3º Processo de Moscou, em março de 1938, quando Iagoda é acusado do assassinato de Kírov, Boríssov, aparece como seu cúmplice
1935	– janeiro – 15 membros da Juventude Comunista de Leningrado, entre eles Nikolaiev, o assassino de Kírov, são condenados à morte e executados – janeiro – Morre Valerian Kúibychev, do Burô Político, com apenas 47 anos, supostamente por ataque de coração e por alcoolismo – no 3º Processo de Moscou, em 1938, três médicos são acusados de o terem envenenado – 15 de janeiro – Zinóviev, Kámenev, Evdokímov e mais 15 militantes de Leningrado são acusados de "cumplicidade ideológica" – terminam por aceitar ter "cumplicidade moral" – condenados a penas entre 5 e 10 anos – março – As mulheres da limpeza e as bibliotecárias do Kremlin são perseguidas – Avel Enukidze, secretário do Comitê Executivo Central dos Sovietes, é acusado de proteger terroristas, de ter sido amante das mulheres do Kremlin e é expulso do Partido Comunista da URSS – o NKVD descobre "grupos contrarrevolucionários" dentro do palácio – em um deles está o engenheiro Serguei Sedov, filho de Trótski – 8 de abril – o *Izvestia* publica decreto que legaliza pena de morte e deportação para os campos de trabalho para os maiores de 12 anos – 14 de julho – Depois de vários atos unitários acontece um "14 de julho" espetacular de toda a esquerda na data nacional francesa – 25 de julho–20 de agosto – 7º Congresso Mundial da Internacional Comunista – adota frente com a social-democracia (anteriormente "social-fascismo") e com os partidos radicais burgueses e antifascistas – julho – Trótski é exilado na Noruega – a partir de 27 de agosto de 1936 é preso e isolado – em setembro parte para o exílio no México – agosto – Entram para o Comitê Executivo da Internacional Comunista Dimítrov, como secretário-geral, e outros secretários: Manuílski, Kuusinen, Togliatti, Pieck, Marty e Gottwald – Entram para o *Presidium* o agente do NKVD Meir Trilisser, sob o nome de Mikhail Moskvin, e o futuro chefe da polícia política Nicolai Iejov – agosto – Campanha do stakhanovismo – o mineiro Stákhanov consegue extrair em sua jornada 106 quilos de carvão, o que se torna padrão de horário de trabalho nas minas – 29 de setembro – Fundação do POUM (Partido Obrero de Unificación Marxista), fusão da ICE (*Izquierda Comunista de España*) com o BOC (*Bloco Obrero Campesino*). – outubro de 1935 – É criado na França o Comitê de Organização da Reunião Popular, que seria a frente eleitoral da esquerda para a participação nas eleições
1936	– janeiro – É publicado, na França, o programa da Reunião Popular – janeiro – Stálin encarrega uma comissão, com Bukhárin à frente, para redigir uma nova Constituição – promulgada no fim desse ano, é chamada de "a mais democrática do mundo" – 16 e 23 de fevereiro – Eleições gerais na República Espanhola são vencidas pela coligação da Frente Popular – governo é presidido pelo republicano radical da *Izquierda Republicana*, Manuel Azaña

Do partido único ao stalinismo

1936	– fevereiro – Stálin envia Bukhárin a Paris para negociar com os sociais-democratas alemães e com os mencheviques Fiódor Dan e Boris Nikolaievsky a compra dos arquivos de Marx e Engels – não conseguem – Bukhárin conversa com todos, o que será usado depois contra ele – março – Stálin começa a preparação dos processos de Moscou com a perseguição a militantes, no 10º Congresso das Juventudes Comunistas, e depois com a prisão, pelo NKVD, de ex-trotskistas – março – Surgem as JSU (*Juventudes Socialistas Unificadas*), fruto do trabalho do PCE junto às juventudes socialistas ligadas à Caballero – atuam principalmente na Catalunha – 26 de abril e 3 de maio – Eleições legislativas na França dão a vitória à Frente Popular – são eleitos 386 deputados (147 do Partido Socialista, 106 do Partido Radical-socialista e 72 do PCF) em uma Assembleia Nacional de 608 – A URSS ordena ao PCF que não participe do governo – o socialista Léon Blum torna-se primeiro-ministro – 6 de maio – Unificação, na França, da CGT socialista com a CGTU comunista – maio – Eleições, na França, são seguidas por greve geral e ocupação generalizada de fábricas – 7–8 de junho – "Acordos de Matignon": reconhecimento de delegados sindicais dentro das empresas, convenções coletivas, 40 horas semanais como jornada de trabalho, 15 dias de férias por ano pagos pelas empresas – junho – Greves e ocupações continuam – Maurice Thorez: "É preciso saber terminar uma greve quando as satisfações já foram obtidas" – 17–18 de julho – Início da guerra civil espanhola com a sublevação dos generais, chefiados por Franco, nas guarnições do Marrocos, depois em várias cidades espanholas contra o governo da Frente Popular – operários decretam a greve geral e recuperam as armas guardadas desde 1934 – 21 de julho – Madri, Barcelona e Valência ficam com o governo republicano – o país é dividido em duas zonas – franquistas estabelecem sua sede em Burgos – 23 de julho – surge o PSUC (*Partit Socialista Unificat de Catalunya*), fusão de vários grupos socialistas com o PCE, atuando na Catalunha – julho – Apoio imediato aos franquistas em armas, aviões e soldados do fascismo italiano e do nazismo alemão – julho – Governo de Azaña quer ainda negociar – por iniciativa do socialista Largo Caballero, assume o radical José Giral, que decretou a dissolução do exército e a distribuição de armas às milícias operárias dos sindicatos e partidos – julho – Em Barcelona a mais espetacular vitória – as milícias operárias das Juventudes Socialistas Unificadas, do POUM (*Partido Obrero de Unificación Marxista*) e da CNT-FAI (*Confederación Nacional del Trabajo - Federación Anarquista Iberica*) apossam-se de todas as armas das cidades, ocupam os principais edifícios, entre eles a Central Telefônica – adesão da burguesia autonomista e do governo local: a Generalitat. – 4 de agosto – URSS assina o tratado de não intervenção na guerra civil da Espanha, juntamente com França, Inglaterra, Alemanha e Itália – os dois últimos países descumprem o tratado descaradamente desde o início – 19–24 de agosto – Primeiro Processo de Moscou, do "Centro terrorista trotskista-zinovievista" – entre os réus Zinóviev, Kámenev, Trótski, seu filho, Lev Sedov, Evdokímov e Ivan Smírnov

1936	– Publicado o livro de Léon Sedov, *Livre rouge sur le procès de Moscou, documents recueillis et rédigés par L. Sedov* (Paris, Éditions populaires, 1936, 128 p.), apontando as inverossimilhanças, lacunas e contradições, os atos terroristas planejados e não realizados, bem como os crimes de intenção – agosto – Marcel Rosenberg chega à Espanha como embaixador soviético – deixa o posto em abril de 1937 – é encaminhado para uma colocação fora de Moscou, mas desaparece – também chega Ernö Gerö, enviado pela Internacional Comunista – setembro – Início do período chamado pelos russos de "*Iejovschina*", o reino de Iejov, chefe do NKVD (o "Grande Terror") – setembro – O Comitê Central de Milícias da Catalunha organiza duas colunas que tomam parte da província de Aragão, onde reorganizam a agricultura, praticando coletivizações de terras – 4 de setembro – Largo Caballero torna-se primeiro-ministro e transfere a capital para Valência – 4 anarquistas passam a participar do governo: Federica Montseny, ministra da saúde, García Oliver, como ministro da justiça, Joan Peiró e Juan Sánchez, ministros da indústria e do comércio – 15 de setembro – Orlov chega a Madri – 15 de setembro – Embaixador soviético na Inglaterra declara que a URSS, dadas as circunstâncias, já não se sente ligada ao tratado de não intervenção – setembro-outubro – Tropas franquistas avançam até a Cidade Universitária de Madri, que é bombardeada – 1º de outubro – Vladimir Antónov-Ovsiéenko chega à Espanha para ser cônsul soviético em Barcelona – chamado de volta a Moscou em agosto de 1937 – fuzilado em 8 de fevereiro de 1938 – outubro – Chegam as armas da União Soviética e começa a atuação das Brigadas Internacionais, sobretudo na frente de Madri – 6 de novembro – É criada a Junta de Defesa de Madri com o general José Miaja à frente, que assume o papel de governador da cidade – 21 de novembro – Grande homenagem em Barcelona ao líder anarquista Durruti, morto na resistência da Cidade Universitária de Madri, em situação nunca esclarecida – dezembro – Junta de Defesa de Madri extingue os comitês populares e militariza as milícias – fecha as sedes e jornais do POUM – enfrentamentos entre membros do PCE e da CNT – aluguéis e transportes voltam a ser cobrados
1937	– 23–30 de janeiro – Segundo Processo de Moscou, do "Centro antissoviético trotskista"– julgadas 17 pessoas, entre elas Piatakov, Radek, Serebriákov e Sokólnikov – janeiro – É publicado em Paris, pelo ex-menchevique Boris Nikolaievsky, a "Carta de um velho bolchevique", geralmente atribuído a Bukhárin, o que ele sempre negou – 20–23 de março – Tropas franquistas desistem de tomar Madri e encaminham-se para a estrada para Valência – batalha de Guadalajara, resistência dos republicanos impede a ação – 10–17 de abril - No México, com a ajuda de trotskistas norte-americanos, Trótski consegue montar um comitê de investigação independente, presidido pelo filósofo americano John Dewey, para julgar a veracidade das acusações dos processos de Moscou – 1º de maio – Governo central da Espanha, temendo distúrbios, decreta dia normal de trabalho – 3 de maio – O prédio da Central Telefônica, em Barcelona, que desde 17 de junho de 1936 estava ocupado pelos sindicatos UGT (socialista) e CNT (anarquista) é atacado por guardas de assalto chefiados pelo comunista Rodríguez Salas, Comissário da Ordem Pública – há resistência e tiroteio, as forças atacantes não conseguem chegar ao segundo andar

Do partido único ao stalinismo

1937	– 3 de maio – Espontaneamente, as lojas e cafés fecham, os transportes são paralisados, as fábricas entram em greve, os operários se armam e se concentram, junto com os membros das milícias, em volta da Telefônica – à noite surgem as primeiras barricadas – 4 de maio – Nos subúrbios, a resistência é forte, a polícia permanece neutra. – no centro, os comunistas e seus aliados permanecem senhores da situação – no dia seguinte, o confronto tem maior intensidade – os telhados ficam tomados por combatentes dos dois lados – 4 de maio – Na Generalitat, seu presidente, Companys, pede apoio à CNT, critica Rodríguez Salas, mas pede o desarmamento das massas – chegam de avião os ministros e líderes anarquistas, García Oliver, Federica Montseny e Abad de Santillan, juntamente com Hernández Zancajo, da UGT – 5 de maio – chegam a Barcelona três navios de guerra ingleses e uma coluna motorizada de cinco mil homens, enviado pelo governo central para restabelecer a ordem – pedem o fim das hostilidades – 500 mortos e mil feridos em 4 dias de enfrentamento – 7 de maio – PSUC e stalinistas saem de seus esconderijos e começam a repressão – assassinato dos anarquistas Alfredo Martinez, Camillo Berneri e Francesco Barbieri, com corpos mutilados por torturas – maio – versão comunista: "insurreição premeditada contra o governo, fomentada unicamente pelo POUM, com a ajuda de alguns 'incontroláveis' iludidos" – "um complô fascista" – "quinta coluna de Franco", uma organização "trotskista" – 15 de maio – Primeira reunião do Conselho de Ministros, comunistas pedem a dissolução do POUM – a ministra Federica Montseny contra-argumenta que foi uma provocação do PSUC – comunistas, socialistas e republicanos saem da sala – cai o governo Caballero – sobe o governo do socialista Juan Negrín, aliado dos comunistas – 28 de maio – o jornal poumista, *La Batalla*, é fechado, Julián Gorkin é indiciado por seu editorial do 1º de maio – 12 de junho – Processo e execução dos principais generais do Exército Vermelho, em primeiro lugar Tukhatchévski – 16 de junho – Presos os principais dirigentes do POUM e muitos militantes – Andreu Nin é preso separadamente – 22 de junho – O Senado francês nega ao primeiro-minstro Blum mais poderes financeiros – Ele se demite, sobe em seu lugar um radical-socialista – julho – Chega a Espanha Palmiro Togliatti, como dirigente da Internacional Comunista – agosto – Decreto de Negrín dissolve o Conselho de Aragão – o governo central envia três divisões do exército republicano, uma delas comandada pelo comunista Lister – coletividades camponesas são assaltadas militarmente, terras e ferramentas são confiscadas e entregues aos antigos proprietários – 15 de agosto – É criado o SIM (Serviço de Investigação Militar) que, na prática, legaliza os procedimentos das checas e dos agentes do NKVD soviético
1938	– 17 de fevereiro – Abram Arónovich Slútski é envenenado – funeral o exalta – mais tarde é expulso postumamente do partido e declarado "inimigo do povo" – 18 de fevereiro – Ordjonikidze suicida-se – *Pravda* anuncia morte por ataque cardíaco – 2–13 de março – Terceiro Processo de Moscou, o do "Bloco dos direitistas e dos trotskistas" – 21 acusados, entre eles Bukhárin, Rykov, Krestínski, Rakóvski, Radek, Iagoda e três médicos – envenenamentos

498 Angela Mendes de Almeida

1938	– 16 de julho-16 de novembro – Batalha no Vale do Ebro – franquistas vencem republicanos – 29 de setembro – Acordo de Munique – França, Inglaterra e Itália aceitam a anexação da região tchecoslovaca dos sudetos por Hitler e o controle efetivo do resto do país – 17 de novembro – Fim do período chamado pelos russos de "*Iejovschina*", o reino de Iejov, chefe do NKVD (o "Grande Terror") através de uma resolução secreta do Burô Político – 24 de novembro – Iejov cai de seu posto de chefe do NKVD e é fuzilado em 1940 – é substituído por Biéria
1939	– janeiro de 1939 – capitulação de Barcelona frente aos franquistas – êxodo dramático de governantes, ricos e pobres, estes esfarrapados e famintos, em direção à França – março – Negrín e os comunistas voltam para resistir em Madri – coronel Segismundo Ca- sado quer negociar com Franco uma paz honrosa – Junta de Casado: golpe de Estado militar contra o governo Negrín – 10-21 de março – No 18º Congresso do Partido Comunista da URSS, Stálin acusa as demo- cracias ocidentais de "excitar o furor da URSS contra a Alemanha, envenenar a atmosfera e provocar um conflito sem razão aparente" – abril – Maksim Litvínov, influenciado pelos ingleses, é substituído por Viatcheslav Mólotov como Comissário do Povo para as Relações Exteriores – abril – Stálin envia Mólotov a Berlim propondo a assinatura de um acordo de não-agressão com a URSS – Ribbentrop, ministro alemão das Relações exteriores sinaliza aceitação e logo o acordo é assinado – 1º de abril – Franco não aceita conceder uma paz honrosa e exige rendição incondicional do exército republicano – fim da guerra civil espanhola – 22 de agosto – Por insistência de Hitler, Ribbentrop vai a Moscou para que se assine o Pacto de Amizade e Não Agressão entre a Alemanha e a URSS – a assinatura é comemorada em festa de gala em Moscou na mesma noite – 1º de setembro – Início da Segunda Guerra Mundial – 62 divisões alemãs entram na Polô- nia e arrasam o exército polonês – declaração de guerra da Inglaterra e da França. – 8 de setembro – Tropas nazistas chegam às portas de Varsóvia – Hitler oferece a Stálin a sua parte no bolo polonês – URSS entra no território da Polônia, sob o pretexto de proteger os ucranianos e os bielorrussos ali residentes – setembro – URSS reprime os "inimigos de classe" – cerca de um milhão de habitantes da Polônia são fuzilados, presos, condenados a campos de trabalhos forçados e deportação para regiões longínquas como o Cazaquistão e a Sibéria – 30 de novembro – URSS invade a Finlândia
1940	– 13 de março – Capitulação da Finlândia – 10 de maio – Início da ofensiva alemã invadindo a Holanda, a Bélgica e a França – 15 de maio – A Holanda capitula – maio – Massacre da Katyn, na Polônia – 14 de junho – Entrada das tropas alemãs em Paris – 16 de junho – Philippe Pétain torna-se chefe do governo francês, com sede em Vichy – 22 de junho – assinatura do armistício entre França e Alemanha – dezembro – Hitler começa a preparar a invasão da União Soviética – "Operação Barbarros- sa" – preparativos têm que terminar até maio de 1941

Do partido único ao stalinismo

1941	– abril – Leopold Trepper, comunista polonês, chefe da poderosa rede de espionagem soviética, a "Orquestra Vermelha", avisa Stálin sobre a invasão alemã à URSS – junho – Diversas autoridades e personalidades avisam Stálin da iminente invasão da URSS pelo exército nazista – 22 de junho – O exército nazista bombardeia diversas cidades da Bielorrússia e da Lituânia – Começa a "Grande Guerra Patriótica" (Segunda Guerra Mundial na URSS) – 2 de julho – Stálin pronuncia um discurso marcante difundido em todo o país – Conclama soldados e civis a não deixarem nada ao recuar, a destruir o que não pudesse ser levado, a dinamitar pontes e estradas, a sabotar as ligações telefônicas – 15 de outubro – As forças nazistas chegam a trinta quilômetros de Moscou – dezembro – contraofensiva no *front* de Moscou remete os alemães para cem quilômetros de distância – 7 de dezembro – Japoneses atacam a base americana de Pearl Harbor, no Havaí – Estados Unidos entram na guerra
1942	– Abril – É criado o do Comitê Antifascista Judaico como "Seção do Burô de Informação Soviética" – composto por 70 pessoas, presidente Salomon Mikhoels – dirigentes do Comitê viajaram para obter apoio e fundos nos Estados Unidos, no Canadá, no México e na Inglaterra para o combate em solo soviético – 17 de julho – Na Frente Sudoeste o exército alemão ataca Stalingrado, enorme cidade com fábricas e bairros operários, na rota para Moscou ao norte – 22 de novembro – o Exército Vermelho cerca os 300 mil homens do comandante alemão Von Paulus
1943	– 31 de janeiro – Von Paulus se rende, com 91 mil soldados sobreviventes – Início da reviravolta da guerra – 2 de fevereiro – Vitória da URSS na batalha de Stalingrado – 13 de abril – Alemanha encontra, na floresta de Katyn, na Polônia ocupada, uma imensa vala com mais de quatro mil corpos de militares poloneses executados pelos soviéticos – 15 de maio – Dissolução do Comitê Executivo, do Secretariado e do *Presidium* da Internacional Comunista – outubro de 1943– meio de 1944 – Biéria deporta para a Sibéria e o Cazaquistão diversas minorias nacionais, entre elas, os tártaros da Crimeia – 28 de novembro–1º de dezembro – Conferência dos "três grandes" (os Aliados URSS, Inglaterra e Estados Unidos) em Teerã – repartição das esferas de influência no pós-guerra
1944	– outubro – o Exército Vermelho ultrapassa suas fronteiras e penetra na Romênia, Bulgária e Hungria – 9 de outubro – Churchill vai a Moscou para discutir em detalhes a questão das esferas de influência – dezembro – A Frente de Libertação Nacional grega ocupava quase todo o país – tropas inglesas e Churchill desembarcam em Atenas para defender o governo monárquico grego no exílio – por pressão de Stálin sobre o Partido Comunista Grego, a frente desmobiliza os guerrilheiros e aceita um governo de monarquia parlamentar
1945	– 4-11 de fevereiro – Conferência dos Aliados em Ialta, na Crimeia – a repartição das esferas de influência está praticamente completa

1945	– 17 de julho-2 de agosto – Conferência dos Aliados em Postdam, na Alemanha – Grécia fica com a Inglaterra e Polônia com a URSS – 2 de maio – tomada de Berlim pelo Exército Vermelho
1946	– Na URSS campanha "anticosmopolita" visando diminuir a importância que se estava dando aos estrangeiros – abril – É fundado o Partido Socialista Unificado (*Sozialistische Einheitspartei Deutschlands* – SED) na República Democrática Alemã – RDA (Alemanha do Leste) – como fusão dos membros do KPD e do SPD – outubro – Stálin se reúne com os dirigentes da Agitação e Propaganda para pedir a confecção da sua biografia, para a qual faz mais de 300 correções
1947	– maio – campanha contra a *intelligentsia* e o "cosmopolitismo" – Stálin convoca os dirigentes da União de Escritores, para falar contra a obsequiosidade para com os escritores do Ocidente – agosto – discussão de um projeto de Confederação Balcânica unindo a Iugoslávia e a Bulgária – 22 de setembro – Criação do *Kominform*, Escritório de Informação dos Partidos Comunistas e Operários, no qual participam os partidos comunistas da Polônia, Tchecoslováquia, Hungria, Romênia, Bulgária, Iugoslávia, França e Itália, além do da URSS – 22 de setembro – Andrei Jdánov, encarregado dos assuntos culturais, apresenta seu informe, segundo o qual no mundo pós-guerra há dois "campos", um campo "imperialista antidemocrático" e outro "anti-imperialista democrático", dentro do qual estão o Estado soviético e as "democracias populares", aliadas da URSS – contra a "doutrina Truman" e "Plano Marshall" – outubro – Súslov, novo diretor de propaganda, paralisa a impressão do "Livro Negro" documentando as violações bárbaras praticadas pelos nazistas na URSS
1948	– janeiro – *Pravda* critica o projeto de Federação Balcânica – Começa a campanha contra o Partido Comunista Iugoslavo – 12 de janeiro – Assassinato de Salomon Mikhoels e mais um crítico de teatro em Minsk, na Bielorrússia, simulando uma acidente de tráfico – funerais com pompas e honrarias – fevereiro – Governo soviético cancela acordo comercial, retira conselheiros, instrutores militares, engenheiros e economistas – troca de correspondência entre os dois partidos é publicada pelo partido iugoslavo – abril – Reunião do Comitê Central do Partido Comunista Iugoslavo, por maioria esmagadora, coloca-se contra as ordens do governo soviético – maio – Eleições na Tchecoslováquia são realizados com lista de candidatos apenas da Frente Nacional, nome que o partido comunista assumiu – socialistas, depois de expurgar os "sociais-democratas de direita", integram-se à FN – 28 de junho – Uma resolução do *Kominform* coloca a Iugoslávia e seu partido comunista "fora da família dos partidos comunistas irmãos" – 21 de julho – 5º Congresso do PC iugoslavo elege nova direção, com Tito à frente, excluindo os que eram partidários da submissão à URSS – O governo soviético organiza um golpe de Estado com apoio de três generais do exército iugoslavo , mas não consegue derrubar Tito – novembro – O governo soviético dissolve a União dos Escritores Ídiches e suprimindo os almanaques nessa língua – o Conselho de Ministro pede a dissolução do Comitê Antifascista Judaico como sendo um "centro de propaganda antissoviética"

Do partido único ao stalinismo

1948	– dezembro de 1948–março de 1949 – Os membros do Comitê Antifascista Judaico são presos, acusados de deslealdade, nacionalismo burguês e "cosmopolitismo sem raízes"
1949	– junho – Processo contra Laszlo Rajk, Ministro das Relações Exteriores da Hungria – é montado pelos serviços secretos soviéticos um processo em que as confissões de Rajk atribuem seus crimes à "camarilha" de Tito – São condenados à morte, além de Rajk, três dirigentes comunistas e dois comandantes militares – 30 de novembro – Novo processo na Bulgária contra Traicho Kostov, secretário-geral do Partido Comunista Búlgaro – Culpado de ter colaborado com Tito – No processo público Kostov negou as acusações – É condenado à morte
1950	– Início da perseguição contra Rudolf Slanski, segundo homem na hierarquia do Partido Comunista da Tchecoslováquia, e outros – processo montado pelo conselheiro do Ministério da Segurança do Estado soviético, Boiárski – Dos 14 acusados, 11 são judeus – complô "sionista" – setembro – "Caso de Leningrado" – 6 dirigentes do Partido Comunista da URSS de Leningrado são condenados à morte e fuzilados – novembro – Processo na Tchecoslováquia se conclui com 11 dirigentes comunistas condenados à morte – Três (Evžen Löbl, Arthur London e Vavro Hajdu) são condenados à prisão perpétua
1952	– agosto – "Caso de Leningrado": 23 pessoas fuziladas, e outras 69, bem como familiares, condenados a trabalhos forçados nos campos de trabalho – agosto – Os membros do Comitê Antifascista Judaico são fuzilados – novembro – Inicia-se o chamado "caso do complô dos aventais brancos" – 9 "médicos-assassinos", dentre eles 6 judeus, acusados de tratamentos propositalmente inadequados e de juntar-se a um complô terrorista junto com a organização judaica internacional nacionalista burguesa *Joint*
1953	– 5 de março – Stálin morre – 4 de abril – Biéria comunica ao país que os criminosos de "aventais brancos" eram inocentes e que as confissões tinham sido obtidas de forma "ilegal"
1956	– 25 de fevereiro – 20º Congresso do Partido Comunista da URSS – divulgação restrita do Relatório de Khruschov, sobre o "culto da personalidade" praticado por Stálin – 23 de outubro–10 de novembro – Insurreição húngara em consequência do Relatório de Khruschov e da condenação caluniosa de Rajk – o próprio Krhuschov comanda a primeira invasão soviética a uma "democracia popular"
1986	– Governo de Mikhail Gorbatchov – políticas denominadas de *glásnost* (transparência) e *perestroika* (reestruturação)
1991	– Implosão da União Soviética

Índice Onomástico

A

ABAD DE SANTILLAN, Diego, 210, 229, 233, 235, 240.

ABAKÚMOV, Víktor, 312, 320, 323.

ABBIATE, Roland ("François Rossi"; "Pravdin"), 367, 368, 373, 421.

"ABÓBORA" (nome verdadeiro: Eduardo Xavier), 462, 463.

ABRAMOVITCH, Rafail Rein, 255, 377, 399, 400.

ADLER, Max, 150.

AGELOFF, Sylvia, 388.

AKHMÁTOVA, Anna, 316.

ALIÓKHIN, Aleksandr, 421.

ALLILÚIEVA, Nadiéjda, 261.

ALLILÚIEVA, Svetlana, 320, 321, 342.

ALMEIDA, Paulo Roberto de (pseudônimo literário: "Pedro RODRIGUES"), 396.

ALTER, Victor, 317, 318.

ÁLVAREZ DEL VAYO, Julio, 215, 218, 228, 236, 410.

ANDRADE, Juan, 220, 221, 237, 238, 396, 405.

ANDRÉIEV, Andrei 252.

ANDRÉIEV, Nikolai, 246.

ANTON, Francisco, 212, 219.

ANTONOV, Alexis (general), 312.

ANTÓNOV-OVSIÉENKO, Anton, 354.

ANTÓNOV-OVSIÉENKO, Vladímir, 229, 354, 395, 416.

ARNOLD, V. V., 271, 344.

ASCASO, Francisco, 216,

ASENSIO TORRRADO, José (general), 211, 215.

AZAÑA, Manuel, 208.

AZZARONI, Alfredo, 440.

B

BABEL, Isaac, 417.

BADEN, Max von, 24, 25.

BADOGLIO, Pietro, 443.

"Bagé" (nome verdadeiro: José Francisco de Campos), 455.

BAKÚNIN, Mikhail, 213, 216.

BARATA, Agildo, 451.

BARBÉ, Henri, 165.

BARBIERI, Francesco, 234.

BARBUSSE, Henri, 100, 282, 432.

BARCKHAUSEN-CANALE, Christiane, 427.

BARMINE, Alexander, 336, 369.

BARRON, Victor Allen (nome usado: James MARTIN / "Raymond"), 359, 450, 452, 453, 454, 456.

BARTH, Emil, 25, 41.

BASBAUM, Leôncio, 398, 461.

BAUER, Otto, 150, 151, 154, 191, 192.

BAYNAC, Jacques, 332.

BEBEL, August, 22.

BENÁRIO, Olga Gutmann (nome usado: Maria Bergner VILAR), 446, 450, 453, 462.

BENSAÏD, Daniel, 333.

BERARDI, Gianfranco, 444.

BEREJKOV, Valentin, 285, 298, 380.

BERGER, Harry (nome verdadeiro: Arthur Ernst EWERT - "Negro"), 348, 353, 447, 448, 449, 450, 451, 452, 453, 454, 455, 457, 459, 461.

BERNERI, Camilo, 226, 234, 239.

BERNSTEIN, Eduard, 22, 23, 33, 51.

BERZIN, Ian Karlovich (nome usado: Pável Ivánovitch GRICHIN), 227, 231, 366, 413, 414, 459.

BESOUCHET, Alberto, 12, 226, 396, 397, 398, 399.

BESOUCHET, Augusto, 396, 398.

BESOUCHET, Lídia, 396, 397.

BESOUCHET, Marino, 397.

BESSÓNOV, S. A., 274, 275, 278.

BIÉRIA, Lavriénti, 14, 264, 265, 272, 284, 292, 293, 294, 296, 297, 299, 306, 312, 318, 319, 320, 321, 322, 324, 363, 364, 382, 384, 419, 421, 423, 424, 425.

BLAGOEVA, Stella, 458, 463.

BLIÚMKIN, Iákov Grigorievitch, 246, 255, 346, 347.

BLOCH, Marc, 439.

BLUM, Léon, 60, 164, 166, 202, 203, 204, 222, 282.

BONET, Pere, 237, 238.

BONFIM, Antônio Maciel (nome usado: Adalberto de Andrade Fernandes - "MI-RANDA" - "Américo" - "Keirós"), 451, 455, 456, 457, 459, 460, 461, 462.

BONNOT, Jules, 333.

BORCHARDT, Julian, 41.

BORDIGA, Amadeo, 40, 61, 62, 63, 65, 78, 134, 135, 136, 137, 142, 146, 161, 163, 179, 186, 187, 405, 438.

BORER, Cecil, 459.

BORÍSSOV, Mikhail D., 260, 274.

BORNET, Francisque, 411.

BOTON, Yves de, 439, 440.

BRANDLER, Heinrich, 12, 80, 103, 115, 116, 117, 121, 122, 123, 124, 126, 127, 139, 146, 155, 352, 405.

BRANDT, Willy, 406.

BRASS, Otto, 83, 103.

BRAUNTHAL, Julius, 154.

BRAUSCH, Gaby, 440.

BRECHT, Bertold, 282.

BREITSCHEL, Rudolf, 175, 177.

BRESSLER, Moritz (segundo nome de Hubert VON RANKE), 403, 404.

BRETON, André, 284.

BRIÉJNEV, Leonid Ilitch, 266, 325.

"Brito" (nome verdadeiro: José Lago MORALES), 462.

BRONSTEIN, Alexsandr (irmão de TROTSKI), 364.

BRONSTEIN, Boris (filho de Alexsandr BRONSTEIN), 364.

BRONSTEIN, Nina (filha de SOKOLÓVSKAIA, Aleksandra e TRÓTSKI), 358, 360, 364.

BRONSTEIN, Zinaída (filha de SOKOLÓVSKAIA, Aleksandra e TRÓTSKI), 358, 359, 360, 364, 370.

BROUÉ, Pierre, 197, 403, 429, 442, 444, 445.

BROZ, Josip (marechal TITO), 225, 305.

BRÜNING, Heinrich, 168, 172, 173, 176.

BUBER-NEUMANN, Margarete, 339, 340, 347, 348, 353, 432, 453.

BUKHÁRIN, Nikolai, 40, 41, 71, 94, 102, 103, 107, 110, 112, 117, 121, 122, 133, 134, 147, 149, 150, 151, 152, 153, 155, 181, 182, 244, 248, 250, 251, 254, 255, 256, 257, 259, 262, 263, 269, 271, 273, 274, 275, 276, 279, 282, 345, 348, 355, 357, 362.

BUKHÁRINA, Anna Larina, 257.

C

"Cabeção" (nome verdadeiro: Francisco Natividade de LIRA), 462, 463.

CACHIN, Marcel, 59, 60, 61, 165, 166.

CALONIO, Elvira Cupello ("Elza FERNANDES" / a "Garota"), 455, 459, 461, 462, 463.

CALVO SOTELO, José, 209.

CAMPOAMOR, Clara, 228.

CAMPOS, José Francisco de ("Bagé"), 455.

CANNON, James P., 376.

CARRILHO, Santiago, 212, 214, 218, 219, 391, 395.

CARVALHO, Apolônio de, 14, 396, 399.

CASADO, Segismundo (coronel), 241.

CASTRO DELGADO, Enrique, 212, 383, 384, 390.

CERETTI, Giulio (nomes usados: Pierre Alard, Jacques Martel, "Monsieur Pier-

Do partido único ao stalinismo

re"), 443, 444.

CHAPELLE, Albert, 437.

CHÁTSKIN, Lázar, 150, 348, 350.

CHILCOTE, Ronald H., 461.

CHIMELOVITCH, Boris, 324.

CHURCHILL, Winston, 157, 253, 289, 290, 291, 298, 301, 302, 309.

CILIGA, Ante, 284, 328, 329, 371.

CLAUDÍN, Fernando, 159, 192, 197, 212.

CODOVILLA, Victorio ("Luis MEDINA"), 215, 219, 223, 230, 385.

COMBES, Gérard, 441.

COMPANYS, Lluis, 210, 233, 406.

CONQUEST, Robert, 256, 382.

CORREIA DE SÁ, José Homem, 396.

COSTA LEITE (major), 398.

COSTA-GRAVAS, Konstantinos, 311.

CRISPIEN, Arthur, 59, 63, 70, 93, 177.

D

DAIX, Pierre, 340.

DALADIER, Édouard, 199, 200, 434.

DALLIN, David, 377, 378.

DAN, Fiódor, 262.

DAÜMIG, Ernst, 26, 41, 59, 80, 83, 102.

DE GAULLE, Charles, 300.

DEKANOZOV, Vladímir Georgievitch, 292.

DEMAZIÈRE, Albert, 437, 438, 442.

DEUTSCHER, Isaac, 155, 156, 167, 253, 288, 380, 390.

DEWEY, John, 278, 284.

DIAZ, José, 217, 219.

DIMÍTROV, Georgi, 195, 196, 197, 205, 206, 207, 284, 286, 292, 293, 299, 304, 306, 307, 310, 353, 400, 445.

DITTMANN, Wilhelm, 23, 25, 59, 63, 177.

DJILLAS, Milovan, 306.

DOLLFUSS, Engelbert, 192, 198.

DORIOT, Jacques, 166.

DOS PASSOS, John, 409, 410, 411.

DROZ, Jules-Humbert, 57, 61, 108, 120, , 134, 150, 155, 164, 282.

DUCLOS, Jacques, 164, 166, 219, 429, 430.

DUCOMET, Louis, 373.

DULLES, John W. F., 396.

DURRUTI, Buenaventura, 211, 212, 417.

DZERJÍNSKI, Féliks, 244, 246.

E

EBERLEIN, Hugo, 45, 47, 80, 433.

EBERT, Friedrich, 22, 25, 27, 49, 68, 93, 115, 133.

ECKERT, Paul, 83, 103, 177.

EDEN, Anthony, 300, 301.

EFRON, Serguei, 367, 368, 369, 373.

EHERENBURG, Ilya, 259.

EICHHORN, Emil, 27, 49.

EITINGON, Leonid (nome verdadeiro: Nahum Isaákovitch EITINGON - segundo nome: Leonid Aleksandrovich KOTOV - "Pedro" - "Pierre" - "Tom"), 231, 323, 382, 383, 385, 387, 391, 395, 423, 424, 425.

ELLEINSTEIN, Jean, 277.

"Elza" (nome verdadeiro: Elvira Cupello CALONIO), 455, 459, 460, 461, 462, 463.

ENGELS, Friedrich, 31, 33, 252, 263.

ENUKIDZE, Avel, 261, 272, 276, 36.

ERLICH, Henryk, 317, 318.

ERZBERGER, Mathias, 24, 103.

ESCOI, José (nome verdadeiro: Ióssif Romuádovich GRIGULIÉVITCH), 231, 385, 386, 387, 394, 395, 410, 417, 425, 495.

ESTRINE, Lilia Ginzberg ("Lola"), 370, 371, 372, 373, 374, 377, 378.

ETINGUER, Iákov Guiliarevich (médico), 322, 323.

EVDOKÍMOV, Grigóri, 258, 268.

EWERT, Arthur Ernst (nome usado: Harry BERGER / "Negro"), 348, 353, 447, 448, 449, 450, 451, 452, 453, 454, 455, 457, 459, 461.

EWERT, Elise (nome verdadeiro: Elisabeth Saborovski Ewert – nome usado: Machla Lenczycki -"Sabo"), 446, 447, 449, 452, 453, 454.

F

FADIÉIEV, Aleksandr, 317.

FANELLI, Giuseppe, 216.

FEFER, Itzik, 318, 319.

FERNANDEZ-GRANDIZO, Manuel ("Munis"), 402.

FERRAT, André, 165, 201.

FERRI, Llibert, 393.

FIELD, Noel, 309.

FILIÂTRE, Roland, 328.

FIORI, Giuseppe, 163.

FISCHER, Ernst, 154.

FISCHER, Louis, 410, 417.

FISCHER, Ruth, 71, 80, 102, 103, 120, 122, 124, 133, 138, 139, 140, 197, 448.

FOLEY, Frank, 457.

FRACHON, Benoît, 166.

FRANCE, Anatole, 100.

FRANCO, Francisco, 208, 222, 223, 224, 225, 234, 237, 238, 241, 282, 301, 390, 391, 392.

FRANK, Pierre, 342, 369, 371.

FREITAS GUIMARÃES, Honório de ("MARTINS"), 398, 455, 462, 463.

FREUND, Hans David ("Moulin", "Winter"), 402, 404, 405.

FRIED, Eugen, 166, 202.

FRIESLAND, Ernst, 81, 102, 103.

FRINÓVSKI, Mikhail, 280, 421.

FRÖLICH, Paul, 12, 41, 47, 69, 76, 77, 80, 83, 93, 103, 155.

FROSSARD, Ludovic-Oscar, 59, 60, 61.

FRUNZE, Mikhail, 248.

G

"Gaguinho" (nome verdadeiro: Manuel Severiano CAVALCANTI), 462.

GAMÁRNICK, Jan, 272.

GARCIA OLIVER, Juan, 217, 233, 235, 240, 417.

GAY DA CUNHA, José, 396.

GAZUR, Edward, 429.

GENOVÈS, Dolors, 393, 394, 395.

GERÖ, Ernö (nome verdadeiro: Ernö SINGER - "Pedro" - "Guéré" - "Pierre"), 202, 219, 230, 233, 237, 394, 395, 403.

GEYER, Anna, 102.

GEYER, Curt, 83, 102.

GHINZBURG, Evguénia, 341.

GHIOLDI, Carmen de Alfaya, 449, 452.

GHIOLDI, Rodolfo (nome usado: Luciano BUSTEROS - "Índio" - "Altobello"), 353, 449, 451, 452.

GIDE, André, 282, 334, 417, 418, 419.

GIRAL, José, 209, 228, 236.

GOLFIN, Javier Fernández, 237, 392.

GOLSTEIN, Ignat, 434.

GOLTZMAN, Eduard, 268, 269, 283.

GÓMEZ EMPERADOR, Mariano, 400, 408.

GONZÁLEZ, Valentín ("El Campesino"), 227.

GOOLD-VERSCHOYLE, Brian ("Friend"), 400, 401.

GORBATCHOV, Mikhail Sergeyevich, 243, 325, 390.

GÓREV, Vladímir Efímovich (nome verdadeiro: Voldemar Rudolfovitch ROZE; nome usado: Piotr Alelsandrovitch SKOBLIÉVSKI; "Sancho"; "Wolf", "Hermann"), 103, 409, 414, 415, 417.

GÓRKI, Maksim, 245, 274, 347, 348, 352, 375.

GORKIN, Julián, 237, 238, 383, 399, 407, 408.

GORTER, Hermann, 39, 41, 50, 65, 72, 73, 139, 141, 142, 145, 243.

GOTTWALD, Klement, 207, 305.

GRAAF, Johann de (nome usado: Franz Paul GRUBER - "Jonny" - "Jonny X"), 450, 453, 454, 455, 456, 457, 458, 459.

GRAMSCI, Antonio, 61, 62, 134, 135, 136, 137, 138, 142, 143, 145, 146, 147, 158, 161, 162, 163, 186, 187, 188, 438, 439, 443, 444.

GRAMSCI, Gennaro, 163.

GREBNER, Olga, 360.

GRIGULIÉVITCH, Ióssif Romuádovich Griguliévitch (nome usado: José ESCOI - "Juzik" - "Yuz" - "Maks" - "Felipe"), 231, 385, 386, 387, 394, 395, 410, 417, 425.

Do partido único ao stalinismo

GROSS, Babette, 433.

GROSSMAN, Vassíli, 319.

GROZÓVSKAIA, Lídia, 366, 367.

GRUBER, Franz Paul (nome verdadeiro: Johann de GRAAF - "Jonny" - "Jonny X"), 450, 453, 454, 455, 456, 457, 458, 459.

GUÉRIN, Daniel, 191, 202.

GUERRERO, Javier, 426.

GUINZBURG, Evguenia, 341.

GURALSKI, Abraham Iákovlevitch ("Rústico"), 449.

H

HAASE, Hugo, 23, 24, 25.

HELD, Walter (nome verdadeiro: Heinz EPE), 378, 380, 381.

HEMINGWAY, Ernest, 228, 410, 411, 429.

HERNANDEZ, Jesus, 219, 223, 236, 237, 238, 392, 420, 427.

HERZ, Alfred, 400, 403, 408.

HESS, Rudolf, 270, 283, 285.

HIDALGO DE CISNEROS, Ignacio, 224.

HILFERDING, Rudolf, 63, 114, 115, 177.

HINDENBURG, Paul von (general), 24, 133, 172, 174, 176, 359.

HITLER, Adolf, 15, 17, 115, 167, 169, 171, 175, 176, 177, 178, 185, 191, 192, 193, 195, 197, 198, 204, 223, 256, 285, 286, 287, 288, 289, 290, 291, 292, 294, 300, 304, 314, 319, 329, 331, 339, 340, 352, 354, 359, 370, 401, 403, 405, 415, 432, 434, 436, 448, 453.

HOELZ, Max, 347.

HOERNLE, Edwin, 122.

HOFFMANN, Adolf, 83, 102.

HOOK, Sidney, 282.

HOUSTON, Elsie, 398.

I

IAGODA, Guenrikh, 207, 256, 259, 260, 261, 273, 274, 275, 335, 375, 423.

IBARRURI, Dolores ("Pasionaria"), 212, 217, 219, 226, 339.

IEJOV, Nikolai, 207, 257, 264, 267, 272, 274, 280, 281, 284, 355, 360, 361, 363, 369, 375, 377, 384, 418, 419, 422, 423, 428, 429.

IGLESIAS, Pablo, 213.

IGNÁTIEV, Semion, 324, 382.

IOFFE, Adolf, 93, 345.

IOFFE, Maria, 345.

IOFFE, Nadiéjda, 345.

IRURJO, Manuel, 236, 238, 392.

Iúlia (filha de Lev SEDOV e Resnitchka RUBINSTEIN), 364.

IVENS, Joris, 410.

J

JACSON, Franck (nome usado por Ramón MERCADER), 388.

JDÁNOV, Andrei, 294, 303, 308, 319, 321, 323.

JEMTCHÚJINA, Polina, 321.

JIMENEZ MARTIN, Jaime, 394.

JOGICHES, Leo, 27, 30, 41, 42, 43, 44, 45, 46, 47, 48, 67.

JUKOV, Gueórgui (general), 291, 292, 294.

K

KAGANÓVITCH, Lazar Moiseievitch, 264, 269, 280, 355, 418.

KALÍNIN, Mikhail Ivanovitch, 343.

KÁMENEV, Alexsandr, 364.

KÁMENEV, Iúri, 364.

KÁMENEV, Lev, 94, 116, 126, 133, 136, 149, 182, 223, 244, 248, 249, 250, 251, 255, 256, 258, 259, 261, 262, 268, 270, 275, 279, 283, 348, 353, 360, 361, 362, 364, 377.

KÁMENEVA, Olga, 275, 364.

KAPLAN, Fanni, 247.

KAPP, Wolfgang, 68, 77, 347.

KAREPOVS, Dainis, 397, 398.

KATZ, Otto, 310, 311, 432.

KAUTSKY, Karl, 22, 23, 27, 28, 34, 70, 87, 138, 175.

KAZAKOV, Ignati Nikolaievitch (médico), 273, 274.

KIBÁTCHITCH, Vlady, 390.

KIÉRENSKI, Aleksandr, 106, 245.

KIPPENBERG, Hans, 349, 403.

KÍROV, Serguei, 198, 254, 255, 257, 258, 259, 260, 261, 262, 269, 271, 273, 274, 283, 321, 350, 360, 370, 446.

KIRPONOS, Mikhail Petrovitch (general), 289, 297.

KLEBER, Emilio (nome verdadeiro: Manfred Zalmanovitch STERN – nomes usados: Lazar STERN e Moishe STERN), 227, 413.

KLEMENT, Rudolf Alois ("Frédéric", "Camille"), 371, 375, 378, 379, 380, 389, 421, 428.

KNIEF, Johan, 41, 42.

KNIGHT, Amy, 261.

KNUDSEN, Hjordis, 401, 402, 403.

KNUDSEN, Konrad Gustav, 283, 401.

KOESTLER, Arthur, 276.

KOLTSOV, Mikhail (nome verdadeiro: Moisei Haimovitch FRIDLIAND), 212, 222, 229, 238, 393, 417, 418, 419, 429.

KONDRATIEV, Vadim, 252.

KONOVALETS, Yevhen, 384, 423.

KORK, August, 272.

KORNÍLOV, Lavrenti, 106.

KORÓTKOV, Aleksandr, 380.

KORSCH, Karl, 101, 103, 133, 332.

KOSTOV, Traicho, 310.

KOSTRZEWA, Wera, 127.

KOTOV, Leonid Aleksandrovich (nome verdadeiro: Nahum Isaákovitch EITINGON - "Pedro"; "Pierre"; "Tom"), 231, 323, 382, 383, 385, 387, 391, 395, 423, 424, 425.

KRAVCHENKO, Victor, 337, 338, 340, 377.

KREBS, Richard (nome verdadeiro de Jan VALTIN), 11, 16, 17, 18, 196, 330, 331, 332, 333, 347, 414, 448, 449.

KRESTÍNSKI, Nikolai, 273, 274, 278, 279.

KRIVITSKY, Walter (nome verdadeiro: Samuel GINSBERG), 223, 224, 225, 226, 227, 230, 231, 232, 254, 271, 278, 279, 285, 329, 330, 336, 365, 366, 368, 369, 376, 378, 400, 412, 413, 420, 422.

KRUGER, Gerti, 458.

KRUGER, Helena (nome usado: Erna GRUBER / "Lena"), 450, 454, 458.

KRYLENKO, Nicolai, 312.

KÚIBYCHEV, Valerian Vladimirovitch, 255, 262, 274, 318.

KULCSAR, Leopold, 407.

KUN, Bela, 69, 71, 80, 95, 102, 183, 205, 207, 230, 278.

KUNO, conde Kuno von WESTARP, 113, 114, 118, 125.

KUUSINEN, Otto, 157, 169, 182, 205, 207.

KUZNETSOV, Aleksei, 317, 321, 322.

L

LAFARGUE, Paul, 213.

LANDAU, Katia (nome verdadeiro: Julia Lipschutz KLEIN), 336, 337, 400, 402, 404, 405, 406, 407, 408, 409, 428.

LANDAU, Kurt (nome literário: Wolf BERTRAM), 337, 405, 406, 407.

LARGO CABALLERO, Francisco, 209, 211, 212, 214, 215, 216, 217, 218, 219, 224, 225, 227, 228, 232, 233, 236, 241, 391, 392, 416, 420.

LAUFENBERG, Heinrich, 41, 71, 72.

LAURENCIC, Alfonso, 400, 408.

LAVAL, Pierre, 201, 203, 206.

LECLERC, Yves, 159.

LEGIEN, Carl, 22, 30, 68.

"Lena" (nome usado: Erna GRUBER - nome verdadeiro: Helena KRUGER), 450, 454, 458.

LÊNIN, Vladímir Illitch, 13, 14, 16, 21, 22, 27, 28, 29, 30, 31, 32, 33, 34, 35, 36, 38, 39, 40, 41, 42, 43, 44, 45, 49, 50, 51, 53, 54, 55, 56, 57, 58, 59, 62, 63, 64, 65, 70, 71, 72, 73, 74, 75, 78, 79, 80, 81, 82, 84, 85, 86, 87, 91, 92, 93, 94, 95, 99, 101, 110, 117, 119, 124, 126, 130, 136, 141, 142, 146, 147, 155, 159, 214, 220, 244, 247, 248, 254, 264, 267, 268, 270, 273, 274, 282, 293, 294, 296, 312, 317, 335, 346, 348, 366, 384, 396, 414, 423, 426, 431, 432, 448, 459.

LEONETTI, Alfonso, 161, 189, 439, 441, 444, 445.

LEONHARD, Wolfgang, 255, 304.

LEQUENNE, Michel, 378.

LEVI, Paul, 12, 41, 43, 46, 47, 57, 59, 60, 61, 66, 67, 69, 70, 71, 74, 75, 76, 77, 78, 79, 80, 81, 82, 83, 84, 85, 86, 87, 94, 96, 99,

101, 102, 103, 105, 110, 139, 140, 141, 145, 150, 431.

LEVINÉ, Eugen, 43.

LEVINE, Isaac Don, 17, 329, 332, 384, 388.

LEVINE, Lev (médico), 273, 274.

LEVINE, Robert, 456.

LIEBKNECHT, Karl, 23, 24, 25, 27, 41, 44, 46, 47, 49, 50, 67.

LIEBKNECHT, Sonia, 245.

LISA, Athos, 188.

LISTER, Enrique, 213, 226, 239,.

LITVINOV, Maksim, 200, 222, 285, 318, 319.

LOACH, Ken, 234.

LÖBL, Evžen, 311.

LOCATELLI, Amleto ("Bruno"), 450, 451, 452.

LOMINADZE, Beso, 150, 254, 256, 344, 346, 348, 349, 350, 352.

LONDON, Arthur, 311.

LONGO, Luigi ("Gallo"), 161, 227.

LONGUET, Jean, 60.

LOSEY, Joseph, 389.

LOSOVSKI, Solomon Abramovich ("Dridzo"), 63, 150, 319, 391.

LÖWY, Michael, 11, 37.

LUDENDORFF, Erich Friedrich Wilhelm (general), 24, 115.

"Ludwig" (nome verdadeiro: Nathan Markovic PORETSKI - nomes usados: Ignace REISS, Hans EBERHARDT), 230, 329, 330, 335, 336, 365, 366, 367, 368, 369, 373, 376, 378, 420, 421.

LUKÁCS, Georg, 37, 66.

Lúlia (apelido de Lev SEDOV, filho de Lev SEDOV), 370.

LÜTTWITZ, Heinrich Freiherr von (general), 27, 68.

LUXEMBURGO, Rosa, 12, 13, 16, 21, 22, 23, 27, 28, 29, 30, 34, 35, 36, 37, 40, 41, 42, 43, 44, 45, 46, 47, 48, 49, 63, 67, 68, 69, 75, 76, 79, 83, 84, 87, 101, 103, 105, 137, 138, 139, 140, 145, 146, 244, 246, 273, 431.

M

MACHADO, (ditador de Cuba), 426.

MAIER, Gabriella, 5, 445.

MAIRANÓVSKI, Grigori, 423.

MÁISKI, Ivan, 224.

MALIÉNKOV, Gueórgui Maksimilianovitch, 259, 293, 321, 382.

MALRAUX, André, 226, 282, 334, 417.

MALZAHN, Heinrich, 83, 103.

MANDELSTAM, Nadiéjda, 316, 353.

MANDELSTAM, Óssip, 260, 353.

MANUÍLSKI, Dmítri, 128, 165, 166, 169, 170, 171, 184, 201, 205, 207, 221, 299, 352, 353.

MARAVAL, Paul, 442.

MARCHLEVSKI, Julian, 57.

MARCOU, Lilly, 261.

MARGOLIN, Julius, 314, 315, 341.

MARIE, Jean-Jacques, 259.

MARSHALL, George (Secretário de Estado americano), 303.

MARTIN DES PALLIÈRES, Jeanne (esposa de Léon SEDOV), 370.

MARTINEZ, Alfredo, 234.

"MARTINEZ", "Miguel" (nome fictício de um ou vários comunistas, principalmente KOLTSOV), 212, 229, 417.

"MARTINS" (nome verdadeiro: Honório de FREITAS GUIMARÃES), 398, 455, 462, 463.

MARTY, André, 166, 200, 207, 219, 227, 240, 350, 396, 397, 419, 429, 430, 431.

MARX, Karl, 22, 31, 101, 185, 188, 213, 252, 263, 301.

MARX, Wilhelm, 115, 133.

MASLOW, Arkadi, 71, 80, 102, 103, 122, 124, 133, 139, 140, 448.

MASSARI, Roberto, 445.

MATTEOTTI, Giacomo, 186, 187.

MAURÍN, Joaquín, 214, 217, 220.

MAURÍN, Manuel, 237.

MEDVEDEV, Roy, 294.

MEDVEDEV, Zhores, 294.

MEDVIÉDEV, Filipp, 259, 344.

MEHRING, Franz, 23, 27, 41.

MELLA, Julio Antonio, 426, 427.

MELLO E SOUZA, Gilda de, 16.

MENJÍNSKI, Viatcheslav Rudolfovitch, 250, 375.

MERCADER, Caridad (nome completo: Maria Eustasia MERCADER DEL RIO HERNANDEZ), 383, 385, 390.

MERCADER, Luis, 383, 390.

MERCADER, Ramón (nome completo: Jaime Ramón MERCADER DEL RIO HERNANDEZ), 226, 382, 383, 385, 388, 389, 390, 395, 424.

MERLEAU-PONTY, Maurice, 276, 288.

MEYER, Ernst, 102, 103.

MIAJA, José, 212.

MICHELS, Robert, 27, 183.

MIHAILOVIC, Dragoljub ("Draža"), 300.

MIKHOELS, Solomon, 318, 319, 320, 324.

MIKOIAN, Anastase Ivanovitch, 264, 285, 293, 294.

MILLER, Evguiéni, 368, 422.

MINEV, Stepan ("Stepánov"), 400.

"MIRANDA" (Antônio Maciel BONFIM), 451, 455, 456, 457, 459, 460, 461, 462.

MIRBACH-HARFF, Wilhelm Graf von (conde), 246, 346.

MODOTTI, Tina ("Maria Ruiz"), 398, 426, 427.

MOGLUINE, Aleksandra (filha de Z. MO-GLUINE e Zinaída BRONSTEIN), 364.

MOGLUINE, Zakhar (primeiro marido de Zinaída BRONSTEIN), 364.

MOLINIER, Raymond, 369, 370, 371, 373, 379.

MÓLOTOV, Viatcheslav Mikhailovitch, 170, 173, 224, 264, 270, 280, 285, 287, 293, 294, 300, 303, 304, 307, 319, 321, 355, 382, 416, 418.

MONATTE, Pierre, 127, 165.

MONTSENY, Federica, 217, 233, 234, 236, 239.

MORGAN, Claude, 338, 340.

MOSKVIN, Mikhail (nome verdadeiro: Meir TRILISSER), 207, 428.

MRATCHKÓVSKI, Serguei, 255, 268, 279, 370, 420.

MÜLLER, Richard, 24, 41, 103.

MÜLLER, Filinto, 446, 453, 461.

MÜLLER, Hermann, 93, 167, 168, 172, 174, 176.

MÜNZENBERG, Willi, 100, 170, 205, 352, 403, 431, 432, 433, 434.

MURÁLOV, Nikolai, 259, 263, 270.

MUSSOLINI, Benito, 131, 134, 138, 161, 185, 187, 192, 193, 204, 234, 329, 443.

N

NAVILLE, Pierre, 368, 369, 370, 372, 376, 379, 380, 439, 440.

NEGRÍN, Juan, 224, 226, 227, 232, 236, 237, 238, 239, 240, 241, 391, 392, 393, 416.

NEJÍNSKI, Víctor, 395.

NENNI, Pietro, 63.

NERUDA, Pablo, 388.

NEUBERG, A., 349.

NEUMANN, Heinz, 133, 139, 158, 172, 173, 183, 205, 256, 339, 340, 348, 349, 350, 351, 352, 353, 354, 448.

NEUMANN, Paul, 83, 94, 103.

NEVELSON, Man, 358, 364.

NIKOLAEIVSKY, Boris, 254, 263, 363, 368, 370, 371, 372, 376.

NIKOLAIEV, Leonid, 258.

NIKOLÁIEVA, Aleksandra Petrovna, 343.

NIN, Andreu, 191, 214, 217, 220, 221, 232, 236, 237, 238, 239, 334, 337, 366, 390, 391, 392, 393, 394, 395, 396, 397, 399, 405, 407, 410, 415, 417, 418, 424, 425, 426, 428.

NORDMANN, Joë, 338, 340.

NOSKE, Gustav, 22, 27, 68, 132, 232.

O

OGGINS, Isaiah, 424.

OLBERG, Valentin, 268, 405.

ORDJONIKIDZE, Sergo, 272, 337, 338, 346, 350, 352, 361.

Do partido único ao stalinismo

ORLOV, Aleksandr Mikháilovich (nome verdadeiro: Leiba Lazarevich FELD-BIN – nome usado: Lev NIKÓLSKI - "Schwed"), 231, 237, 330, 376, 377, 378, 379, 384, 385, 390, 392, 393, 394, 395, 400, 401, 403, 405, 407, 408, 412, 415, 419, 420, 422, 423, 427, 428, 429.

ORTEGA, Antonio, 237.

ORWELL, George, 220, 226, 234, 236.

OSTEN, Maria, 418, 419.

P

PACHUKÁNIS, Evguiéni, 312.

PADURA, Leonardo, 382, 383, 389, 395.

PANNEKOEK, Anton, 22, 30, 33, 34, 39, 41, 50, 65, 66, 67, 72, 73, 76, 138, 139, 141, 142, 145.

PAPPEN, Franz von, 174.

PARIJANINE, Maurice, 371.

PARIS, Robert, 159.

PASTERNAK, Boris, 281, 316, 417.

PAUKER, Ana, 202.

PAULUS, Friedrich Wilhelm Ernst von (marechal – batalha de Stalingrado), 299.

PEDROSA, Mário, 397, 398.

PEIRÓ, Joan, 217, 218.

PÉTAIN, Philippe (marechal), 435, 438.

PEYRATS, José, 213, 223, 234, 236.

PIATAKOV, Gueórgui, 123, 126, 247, 249, 256, 269, 270, 271, 272, 282, 283, 360.

PIÁTNITSKAIA, Iúlia, 356, 357, 358.

PIÁTNITSKI, Ígor, 354, 355, 356, 357 358.

PIÁTNITSKI, Óssip (sobrenome verdadeiro: TARCHIS), 207, 352, 353, 354, 355, 356, 459,

PIÁTNITSKI, Vladímir, 356, 357.

PIÉCHKOV, Maksim, 274.

PIECK, Wilhelm, 69, 197, 205, 207.

PILNIAK, Boris, 248, 249, 392.

PIVERT, Marceau, 200, 201.

PLETNEV (médico), 273, 274, 275.

POPKOV, Piotr, 321, 322.

POPOV, Blagoi, 196.

PORETSKI, Elisabeth (nome verdadeiro: Elsa BERNAUT), 157, 346, 365, 368, 373, 374, 378, 420.

POULANTZAS, Nicos, 159.

POZNANSKI, Ígor M., 345, 375.

PRADO, Caio, 456.

PREOBRAJIÉNSKI, Evguiéni, 126, 127, 133, 182, 249, 370.

PRESTES, Luiz Carlos (nome usado: Antônio VILAR), 447, 449, 450, 451, 452, 454, 455, 456, 458, 460, 461, 462, 463.

PRIETO, Indalecio, 214, 233, 236, 392, 416.

PRIMO DE RIVERA, Miguel, 214.

R

RADEK, Karl, 30, 34, 41, 43, 44, 46, 49, 50, 57, 66, 69, 71, 74, 75, 76, 77, 78, 79, 80, 86, 94, 95, 96, 103, 109, 110, 111, 112, 117, 118, 119, 121, 122, 123, 126, 127, 128, 130, 134, 138, 140, 141, 145, 146, 179, 182, 249, 256, 269, 270, 271, 275, 282, 344, 346, 347, 348, 370, 419.

RAJK, Laszlo, 309, 310.

RAKÓSI, Mátyás, 62, 78, 79, 80, 81, 102, 309, 310.

RAKÓVSKI, Khristian, 93, 182, 249, 251, 256, 271, 273, 274, 275, 344.

RAMOS, Graciliano, 460.

RANKE, Leopold von, 403.

RANKE, Hubert von (nome verdadeiro de Moritz BRESSLER - "Bücher"), 403, 404.

RANKOVIC, Aleksandar, 306, 309.

RAVAZZOLI, Paolo, 161, 189, 439, 445.

REBOUL, Jean, 434, 438, 442.

REICH, Iakov (camarada "Thomas"), 79.

REIN, Mark, 377, 399, 400, 408.

REISS, Ignace (nome verdadeiro: Nathan Markovic PORETSKI - nome usado: Hans EBERHARDT - "Ludwig"), 230, 329, 330, 335, 336, 365, 366, 367, 368, 369, 373, 376, 378, 420, 421.

REMMELE, Hermann ("Freimuth"), 120, 127, 128, 158, 173, 256, 351, 352.

RIAZÁNOV, David, 252.

RIBBENTROP, Joachim von, 286.

RIUMIN, Mikhail, 322, 323.

RIUTIN, Martemian, 254, 255, 256, 344.

RIVERA, Diego, 375, 426, 427.

ROBLES PAZOS, José, 409, 410, 411.

ROBLES PAZOS, Márgara, 410.

ROBLES PAZOS, Ramón, 409.

ROCKER, Rudolf, 232.

RODRÍGUEZ SALAS, Eusebio, 232, 233.

RÖHM, Ernst, 285.

ROLAND, Romain, 100, 432.

ROLAND-HOLST, Henriette, 30, 39.

ROMERO, Francisco, 455.

ROSE, D. S., 456, 457.

ROSENBERG, Arthur, 101, 103, 133, 159.

ROSENBERG, Marcel (nome verdadeiro: Moses Israélevitch ROSENBERG), 215, 224, 228, 412, 420.

ROSENDAHL, Synnoeve, 381.

ROSENFELD, Boris, 360, 361.

ROSENFELD, Nina, 360.

ROSENTHAL, Gérard, 368, 370, 373, 374, 375, 376.

ROSMER, Alfred, 120, 127, 165, 284, 370, 376, 389.

ROSMER, Marguerite, 389.

ROUS, Jean, 374, 375, 379.

ROUSSET, David, 340, 341.

RUBINSTEIN, Resnitchka (segunda esposa de Serguei SEDOV), 360, 361, 362, 364.

RÜHLE, Otto, 41, 47, 48, 72, 284.

RYKOV, Alexei, 150, 151, 182, 244, 248, 256, 259, 269, 271, 273, 274, 282, 345, 362.

S

"Sabo" (nome verdadeiro: Elise EWERT), 446, 447, 449, 452, 453, 454.

SADEK, Abraham ("André LEFÈVRE"), 434, 438, 439, 442.

SALES GOMES, Paulo Emílio, 335.

SALINI, Pierre (nome verdadeiro: Maurice SIEGLMANN, segundo nome usado: Maurice SÉGAL), 434, 438, 440, 442.

SALUS, Wolfgang, 381, 382.

SAÑA, Heleno, 220, 226.

SARTRE, Jean-Paul, 265, 288, 327.

SCHEIDEMANN, Philipp, 25, 30, 58, 70, 87.

SCHIAPPARELLI, Stefano, 440, 441.

SCHILDBACH, Gertrude, 367.

SCHLAGETER, Leo, 72, 113, 115, 118, 119, 120, 121, 125, 127, 172.

SCHLEICHER, Kurt von, 176, 178.

SCHMIERER, Paul, 439, 440.

SCHOLEM, Werner, 133, 139.

SCHÜRER, Heinz, 50.

SCOTT, Gordon D., 457, 458.

SEDOV, Lev, Léon, Liova (filho de Natalia SEDOVA e TRÓTSKI pseudônimo literário: N. MARKINE), 251, 266, 271, 274, 278, 283, 284, 342, 344, 346, 358, 359, 360, 361, 362, 364, 367, 368, 369, 370, 371, 372, 373, 374, 375, 376, 377, 378, 403, 421, 422.

SEDOV, Lev (filho de Serguei SEDOV, n. em 1877, e Klávdia SEDOVA), 364.

SEDOV, Serguei (filho de TRÓTSKI), 261, 358, 359, 360, 361, 362, 363, 364.

SEDOV, Serguei (irmão de Natália SEDOVA, n. em 1877), 364.

SEDOVA, Anna (primeira esposa de Lev SEDOV), 358.

SEDOVA, Klávdia (esposa de Serguei SEDOV, n. em 1877), 364.

SEDOVA, Natalia (segunda esposa de TRÓTSKI), 358, 360, 363, 364, 375, 381, 385.

SEDOVA, Valentina (filha de Serguei SEDOV, n. em 1877, e Klávdia SEDOVA), 364.

SEECKT, Hans von (general), 115, 124.

SÉMARD, Pierre, 165.

SEREBRIÁKOV, Leonid, 269, 270.

SEREBRIÁNSKI, Iakov Isaakovitch ("POLTÁVSKI", "Iacha"), 393, 394, 395, 419, 421, 424, 428.

SERGE, Victor (nome verdadeiro: Victor Lvóvich KIBÁLTCHITCH), 89, 91, 156, 221, 232, 245, 248, 249, 252, 261, 269, 271, 283, 284, 330, 333, 334, 335, 336,

Do partido único ao stalinismo

345, 346, 365, 368, 371, 376, 390, 402, 417, 419.

SERRATI, Giacinto, 59, 61, 62, 63, 78, 79, 80, 94, 134.

SHACHTMAN, Max, 401.

SHELDON HARTE, Robert, 385, 386, 387, 395.

SIEGLMAMM, Maurice (nome verdadeiro de SALINI, Pierre), 434, 438, 440, 442.

SILONE, Ignazio, 161, 191, 440.

SÍMONOV, Konstantin, 316, 317, 319.

SINAMI (pseudônimo de: Georgi Vassílievitch SKALOV), 459.

SIQUEIROS, David Alfaro, 385, 386, 387, 388, 391, 425, 426.

SIRTSOV, Serguei I., 254, 350.

SKOBLIÉVSKI, Piotr Alelsandrovitch (nome verdadeiro: Vladímir Efímovich GÓREV), 103, 409, 414, 415, 417.

SKÓBLIN, Nikolai ("Farmer"), 422.

SLANSKI, Richard, 311.

SLANSKI, Rudolf (nome verdadeiro: SALZMANN), 310, 311, 429.

SLÚTSKI, Abram Arónovich ("Marcos"), 230, 231, 279, 280, 384, 401, 419, 420, 421, 422, 423, 428.

SMILGA, Ivars, 255, 275, 370.

SMIRIÉNSKI, Dimitri, 373.

SMÍRNOV, Aleksandr, 255.

SMÍRNOV, Ivan N., 255, 268, 269, 279, 363, 370, 420.

SMIRNOVA, (esposa de I. N. SMÍRNOV), 363.

SNEEVLIET, Henk, 221, 365, 366, 368, 369, 376, 379, 402.

SOBOLEVICIUS, Abram ("Adolf SENIN" - "Jack SOBLE"), 370, 371, 373, 378.

SOBOLEVICIUS, Ruvin ("Roman WELL"), 370, 371, 373.

SOBRAL PINTO, Heráclito, 454.

SOKÓLNIKOV, Grigóri Iakovlevitch, 250, 269, 270, 271, 282, 344.

SOKOLÓVSKAIA, Aleksandra (primeira esposa de TRÓTSKI), 334, 358, 359, 361, 364.

SOKOLÓVSKAIA, Maria (irmã de Alexandra SOKOLÓVSKAIA), 364.

SOLJENITSIN, Alexander, 342.

SOMMER, Josef, 118.

SORGE, Richard, 290, 413.

SOSSO, Giovanni (nomes usados: Capitão Jean - Jean AUBER - coronel GUILLEMOT), 436, 442, 443.

SOUVARINE, Boris, 39, 108, 127, 165, 244, 245, 250, 276, 283, 341.

SPIEGELGLASS, Serguei Mikháilovitch ("Douglas"), 366, 368, 369, 375, 384, 419, 420, 421, 422, 423, 428, 429.

SPIRIDÓNOVA, Maria, 275.

SPRIANO, Paolo, 161, 221.

STACHEVSKI, Artur Hirschfeld, 227, 413, 416, 420.

STÁKHANOV, Alexis, 262, 315.

STÁSSOVA, Elena, 426.

STAVISKY, Serge Alexandre, 199.

STEINER, Renée, 367, 373.

STEN, Jan, 344, 350.

STERN, Manfred (nome verdadeiro de Emilio KLEBER), 227, 413.

STRESEMANN, Gustav, 114, 115, 122, 123, 124, 125, 167, 173, 174.

STROÍLOV, Mikhail S., 271, 344.

STRUVE, Piotr Berngárdovitch, 31.

STUCHEVSKAIA, Sofia Semionova (segundo nome: Alphonsine VALLÉE), 449, 452, 459, 462.

STUCHEVSKI, Pável Vladimirovitch (segundo nome: Léon-Jules VALLÉE), 449, 452, 456, 459, 462.

SUBBÓTIN, Aleksandr, 361, 362.

SUDOPLÁTOV, Pável, 380, 383, 384, 385, 387, 389, 391, 395, 423, 424, 425.

SUKHÁNOV (mome verdadeiro: Nilolai Nikolaievitch HIMMER), 252.

SÚSLOV, Mikhail, 320.

SVERDLOV, Iákov, 244.

T

TACKE, Erich ("Bom"), 395, 415.

"Tampinha" (nome verdadeiro: Adelino Deícola dos SANTOS), 462.

TAROV (nome verdadeiro: Arben Abramovitch DAVTIAN – nome usado: Armenak MANOUKIAN; Missak), 278, 328, 371.

TASCA, Angelo, 135, 137, 155, 158, 161, 163, 191.

TCHUKÓVSKAIA, Lídia, 281.

TERRACINI, Umberto, 98, 99, 108, 134, 135, 163.

TER-VAGANIAN, Vagarshak, 268, 370.

THALHEIMER, August, 69, 74, 80, 95, 103, 118, 127, 128, 140, 155, 185, 186, 348, 374.

THÄLMANN, Ernst, 50, 103, 122, 133, 139, 153, 154, 155, 158, 172, 173, 176, 177, 351, 448.

THALMANN, Klara, 403, 404.

THALMANN, Paul, 402, 403, 404, 405.

"Thomas", "camarada" (nome verdadeiro: Iakov REICH), 79.

THOREZ, Maurice, 165, 166, 200, 203, 223, 265, 429, 430.

TILLON, Charles, 430, 431.

TIMOCHENKO, Semion (general), 291.

TIOLI, Giorgio, 402, 403.

TITO (Josip BROZ), 225, 300, 304, 305, 306, 307, 308, 309, 310, 425.

TOGLIATTI, Palmiro ("Ercoli" - "Alfredo"), 62, 135, 137, 153, 158, 162, 163, 181, 182, 205, 206, 207, 219, 221, 225, 229, 230, 265, 433, 440, 441, 443, 444, 445, 450.

TÓMSKI, Mikhail, 150, 151, 248, 251, 256, 269, 273, 345.

TORGLER, Ernst, 195, 196, 197.

TREINT, Albert, 108, 127, 165.

TREPPER, Leopold ("Jean Gilbert"), 290, 298, 413, 414.

TRESSO, Pietro ("Blasco"), 5, 19, 161, 189, 343, 434, 438, 439, 440, 441, 442, 443, 444, 445.

TRESSO, Barbara (nome verdadeiro: Debora SAIDENFELD), 437, 438, 439, 440, 441, 445..

TRILISSER, MIKHAIL (nome usado: Mikhail MOSKVIN), 207, 428.

TRÓTSKI, Lev, Léon (nome verdadeiro: Lev Davídovich BRONSTEIN), 12, 13, 17, 18, 28, 38, 39, 42, 43, 44, 57, 58, 90, 94, 95, 96, 99, 116, 117, 121, 122, 124, 126, 127, 129, 131, 134, 136, 139, 144, 146, 147, 149, 151, 156, 159, 164, 165, 167, 169, 173, 182, 189, 190, 191, 192, 193, 220, 221, 226, 229, 231, 244, 248, 249, 251, 252, 254, 255, 256, 259, 261, 266, 268, 269, 270, 271, 273, 274, 275, 276, 278, 280, 282, 283, 284, 288, 301, 307, 323, 329, 334, 342, 344, 347, 348, 349, 352, 358, 359, 360, 361, 362, 363, 364, 369, 370, 371, 372, 373, 375, 376, 377, 378, 379, 380, 381, 382, 383, 384, 385, 386, 387, 388, 389, 390, 391, 395, 396, 401, 403, 405, 406, 410, 416, 422, 423, 424, 425, 426, 427, 429, 432.

TSAREV, Oleg, 393, 394, 429.

TSÉ-TUNG, Mao, 266.

TSVETÁIEVA, Marina, 368.

TUKHATCHIÉVSKI, Mikhail Nikolaievich (general), 272.

TURATI, Filippo, 61, 62.

U

ULBRICHT, Walter, 50, 304.

V

VACHERON, Raymond, 441, 442, 445.

VAKSBERG, Arkadi, 380, 422, 434.

VALTIN, Jan (nome verdadeiro: Richard KREBS), 11, 16, 17, 18, 196, 330, 331, 332, 333, 347, 414, 448, 449.

VAN DRENDRESCHD, Jacques Mornard (nome usado por Ramón MERCADER), 388

VAN HEIJENOORT, Jean, 389, 402, 438.

VARGA, Euguiéni, 95, 160.

VARGAS, Getúlio, 446, 447, 453, 454, 459, 461.

VARTANIAN, Arno, 347, 348, 352.

Do partido único ao stalinismo

VASSÍLIEV, Boris Afanássevitch (segundo nome: Pável VASSÍLIEV), 459.

VAUPCHÁSOV, Stanislav, 408.

VÁZQUEZ, Mariano, 235.

VDOVIN, Aleksei Nikoláeivitch, 343.

VEREEKEN, Georges, 221, 379, 402.

VIANNA, Marly de Almeida Gomes, 452, 455, 461, 462.

VICHÍNSKI, Andrei, 269, 270, 271, 275.

VIDALI, Vittorio ("Carlos Contreras"; "Enea Sormenti"; "Mario"), 212, 231, 238, 385, 393, 398, 425, 426, 427.

VINOGRÁDOV,V. N. (médico), 323, 324.

VISCONTI, Luchino, 285.

Volina, (filha de Nina BRONSTEIN e Man NEVELSON), 360.

VOLKOGONOV, Dmitri, 294, 372, 375.

VOLODARSKY, Boris, 227, 376, 379, 394, 395, 400, 405, 408, 420, 429.

VÓLKOVA, Aleksandra Platónovitch (filha de Platon VÓLKOV e Zinaída BRONS-TEIN), 359, 360, 364.

VÓLKOV, Platon (segundo marido de Zinaída BRONSTEIN), 358, 364.

VÓLKOV, Vsiévolod Platónovitch (chamado de Sieva - filho de Platon VÓLKOV e Zinaída BRONSTEIN - no México Esteban VÓLKOV), 359, 389.

VOROCHÍLOV, Klement Efremovitch, 231, 264, 269, 288, 293, 294, 355, 416, 418.

VOZNESSIÉNSKI, Nikolai Alexeievitch, 293, 321, 322.

VUYOVITCH, Voja, 260.

W

WAAK, William, 456.

WAJDA, Andrzej, 287.

WALCHER, Jacob, 69, 103.

WALLENBERG, Raoul, 424.

WALTER, Gérard, 164.

WARCHAVSKY, Tobias, 463.

WARSZAWSKI, Adolf (WARSKI), 44, 127.

WEIL, Simone, 226.

WEISSMAN, Susan, 336.

WERTH, Nicolas, 343.

WITTORF, John, 154, 448.

WODLI, Georges, 434, 436, 437, 439, 440, 442.

WOLF, Erwin ("Nicole BRAUN"), 375, 378, 401, 402, 403, 404.

WOLF, Félix (nome verdadeiro: Vladímir Efímovich Górev – nome usado: Piotr Alelsandrovitch Skobliévski), 103, 409, 415, 417.

WOLFHEIN, Fritz, 71.

WOLLENBERG, Erich, 349, 407.

Y

YOUBMANN, Marcos ("Arias" - "Ramón"), 450, 453.

Z

ZAISSER, Wilhelm ("general Gomez"), 305, 429.

ZAKS (sobrinho de Zinoviev), 362.

ZALKA, Mate (nome verdadeiro: Pavel LUKÁCS), 227.

ZAPOROJETS, Ivan, 259,

ZARUBINA, Liza, 346, 347.

ZBOROWSKI, Marc (nome verdadeiro: Mordka Grigórievtch ZBOROWSKI – "Etienne" - B-187 do GPU - "Tioulpan" - "Tulip"-"Kant"), 330, 369, 372, 373, 374, 376, 377, 378, 429.

ZETKIN, Clara, 12, 44, 45, 48, 57, 80, 83, 85, 86, 94, 95, 99, 103, 119, 122, 130, 180, 181, 190, 311.

ZINÓVIEV, Grigóri, 41, 63, 71, 80, 94, 98, 99, 102, 103, 107, 110, 112, 117, 118, 121, 122, 124, 126, 127, 128, 130, 131, 133, 134, 136, 149, 165, 179, 182, 223, 244, 248, 249, 251, 255, 256, 258, 259, 268, 269, 270, 278, 279, 280, 283, 334, 344, 348, 353, 362, 377.

ZUGAZAGOITIA MENDIETA, 392, 404.

Alameda nas redes sociais:

Site: www.alamedaeditorial.com.br
Facebook.com/alamedaeditorial/
Twitter.com/editoraalameda
Instagram.com/editora_alameda/

Esta obra foi impressa em São Paulo no outono de 2021. No texto foi utilizada a fonte Minion Pro Regular em corpo 10 e entrelinha de 14 pontos.